UTB 2336

Eine Arbeitsgemeinschaft der Verlage

Beltz Verlag Weinheim und Basel
Böhlau Verlag Köln · Weimar · Wien
Wilhelm Fink Verlag München
A. Francke Verlag Tübingen und Basel
Paul Haupt Verlag Bern · Stuttgart · Wien
Verlag Leske + Budrich Opladen
Lucius & Lucius Verlagsgesellschaft Stuttgart
Mohr Siebeck Tübingen
C. F. Müller Verlag Heidelberg
Ernst Reinhardt Verlag München und Basel
Ferdinand Schöningh Verlag Paderborn · München · Wien · Zürich
Eugen Ulmer Verlag Stuttgart
UVK Verlagsgesellschaft Konstanz
Vandenhoeck & Ruprecht Göttingen
WUV   Facultas · Wien

Flugblatt 1848 (Neuruppiner Bilderbogen)

An das deutsche Volk

An Euch, Ihr deutschen Bürger und Brüder in allen Gauen des Vaterlandes, richten wir diese Worte. Große Tage sind an uns vorübergegangen, in denen fast alle Theile des Vaterlandes sich freie Verfassungen errungen haben. Groß war die Zeit des Freiheits-Krieges, aber größer noch ist die unsrige; denn während es damals nur galt, eine äußere Knechtschaft abzuschütteln, hat die unsrige die weit schlimmere Geistesknechtschaft abgeworfen und sich jene freien Institutionen errungen, welche das Glück und die Wohlfahrt des Volkes begründen und sichern.

Wir stehn am Morgen einer neuen, schöneren Zeit! Laßt uns nun aber jene Tage des Kampfes mit allen ihren erhebenden Zügen von Aufopferung und Vaterlandsliebe welche dieser neuen Zeit des Segens vorangingen, fest in unsere Erinnerung prägen, damit unsere Kinder und Enkel noch sich im Hinblick auf diese Tage stärken und kräftigen mögen: dem frei gewordenen Vaterlande seine Freiheit zu e r h a l t e n.

HERMANN-JOSEF BLANKE (HG.)

Deutsche Verfassungen

Dokumente zu Vergangenheit und Gegenwart

FERDINAND SCHÖNINGH

PADERBORN · MÜNCHEN · WIEN · ZÜRICH

Universitätsprofessor Dr. iur. Hermann-Josef Blanke ist Inhaber des Lehrstuhls für Öffentliches Recht sowie Europa- und Völkerrecht an der Universität Erfurt. Zu seinen wichtigsten Veröffentlichungen gehören: Föderalismus und Integrationsgewalt (1991); Europa auf dem Weg zu einer Bildungs- und Kulturgemeinschaft (1994); Vertrauensschutz im deutschen und europäischen Verwaltungsrecht (2000).

Bibliografische Informationen der Deutschen Bibliothek

Die Deutsche Bibliothek verzeichnet diese Publikation in der Deutschen Nationalbibliografie; detaillierte bibliografische Daten sind im Internet über http://dnb.ddb.de abrufbar.

Gedruckt auf umweltfreundlichem, chlorfrei gebleichtem Papier (mit 50 % Altpapieranteil)

© 2003 Verlag Ferdinand Schöningh, Paderborn
(Verlag Ferdinand Schöningh GmbH, Jühenplatz 1, D-33098 Paderborn)
ISBN 3-506-97019-4

Internet: www.schoeningh.de

Printed in Germany.
Herstellung: Ferdinand Schöningh, Paderborn
Einbandgestaltung: Atelier Reichert, Stuttgart

UTB-Bestellnummer: ISBN 3-8252-2336-1

INHALTSVERZEICHNIS

Der Historiker und sein Leser müssen der Vergangenheit wiedergeben, was sie einmal hatte, was jede Zeit und auch unsere Gegenwart hat, nämlich eine offene Zukunft.

(*Th. Nipperdey*, Deutsche Geschichte 1866-1918, Bd. II, S. 880 f.)

VORWORT

Der Durchbruch der Moderne ins Breite der Gesellschaft, ins Politische, ins Institutionelle geschah durch eine Kette von Revolutionen, die in der Französischen gipfelte. Mit ihr beginnt nach deutschem Sprachgebrauch die moderne Geschichte. Die fast tausendjährige Epoche des Heiligen Römischen Reiches deutscher Nation ging zu Ende. Das Zeitalter napoleonischer Herrschaft ist zugleich das Zeitalter der großen Reformen, in Preußen wie in den Rheinbundstaaten. Damals wurden die Grundlagen des modernen Staates und der modernen Gesellschaft in Deutschland geschaffen. Eines der zentralen Reformprobleme in den deutschen Territorialstaaten betraf die Verfassungsfrage. Im Ansatz zielten alle Reformen auf eine Verfassung, auf Beteiligung der Regierten durch Repräsentanten an der politischen Willensbildung, um so die Trennung von Staat und Gesellschaft, Regierung und Nation aufzuheben. Am schärfsten war der Modernitätsumbruch in den Staaten des Rheinbundes. Hier, in Bayern, Baden und Württemberg, schafft der Umbruch eine Tradition der Reform, die das ganze Jahrhundert nachwirkt. Im Süden entsteht die deutsche konstitutionelle Modernität der frühen Verfassungen, in Preußen die ökonomisch-soziale der liberalen und dynamischen Wirtschaftsgesellschaft. Von da aus fließt der Strom der deutschen Verfassunggebung durch das europäische Revolutionsjahr 1848 den Katarakten des 20. Jahrhunderts zu. Dabei galt bis 1989, dem Jahr der friedlichen ostdeutschen Revolution, die Feststellung *G. Manns*: „Revolution liegt den Deutschen nicht, ihr Sinn für Legalität, für Rechtskontinuität war ein sehr stark ausgeprägter ...".

Die vorliegende Sammlung mit ausgewählten Dokumenten zur deutschen Verfassungsgeschichte versucht, diese Entwicklung zu illustrieren. Sie löst das letztmalig in 14. Auflage im Jahre 1992 von *Horst Hildebrandt* publizierte Werk „Die deutschen Verfassungen des 19. und 20. Jahrhunderts" ab und ist umfassend neu konzipiert worden. Die Dokumente, die den Verfassungsprozeß vom Deutschen Bund bis zur Weimarer Republik widerspiegeln, sind – auch stilistisch – in der Fassung ihrer jeweiligen Verkündung abgedruckt. Wichtige – nicht sämtliche – Verfassungsänderungen werden durch Hinweise in den Fußnoten hervorgehoben. Das

Grundgesetz sowie die gegenwärtigen Verfassungen der Länder Baden-Württemberg und Sachsen sind hingegen in der geltenden Fassung publiziert. Der ursprüngliche Verfassungsbefund wird hier, sofern für das Verständnis der Entwicklung bedeutsam, durch einen Verweis auf die Verfassungsgesetzänderung kenntlich gemacht. Auch in ihren anderen Teilen ist die Textausgabe vor allem unter methodisch-didaktischen Gesichtspunkten gestaltet worden. Erläuterungen der verfassungshistorischen Terminologie und ein Stichwortverzeichnis wollen dem Leser das Verständnis der Lektüre der Verfassungstexte sowie ihr schnelles Erschließen erleichtern. Im Ergebnis soll Lehrern, Schülern und Studenten ein hilfreiches Vademekum beim Studium der neueren deutschen Verfassungsgeschichte an die Hand gegeben werden.

Ich danke Herrn Privatdozent Dr. *Hans-Christof Kraus* für die Erstellung des Glossars sowie für viele wertvolle Hinweise bei der Konzeption des Gesamtwerkes. Meinem Wissenschaftlichen Assistenten, Herrn Dr. *Wito Schwanengel*, bin ich für seine kritische Beratung und Unterstützung bei der Entstehung der verschiedenen Teile dieser Ausgabe, insbesondere bei der juristisch-terminologischen Fundierung des Glossars, verbunden. Dank gebührt aber auch weiteren Mitarbeitern meines Lehrstuhls: Frau *Sandy Stöcker* hat sich als geprüfte Rechtskandidatin bei der zügigen Erstellung des Stichwortverzeichnisses verdient gemacht. Frau *Dorothee Gönner* und Herr *Tim Stoltenberg* haben als studentische Mitarbeiter die Verfassungstexte redaktionell überarbeitet. Meine Sekretärin, Frau *Jana Starkloff*, hat wie immer mit großer Ausdauer und Gewissenhaftigkeit die computertechnische Umsetzung und Betreuung des Werkes übernommen.

Die Entstehung der Studie wurde durch Mittel aus dem Hochschul- und Wissenschaftsprogramm (HWP) großzügig gefördert. Der Verlag Ferdinand Schöningh und sein zuständiger Lektor, Herr Dr. *Diethard Sawicki*, haben ihre Gestaltung engagiert begleitet und unterstützt. Mögliche Irrtümer und Fehler habe ich indes allein zu verantworten. Kritik und Hinweise sind auch deshalb unter meiner Lehrstuhlanschrift herm.-j.blanke@uni-erfurt.de stets willkommen.

Erfurt, im September 2002   Univ.-Prof. Dr. Herm.-J. Blanke

ABKÜRZUNGSVERZEICHNIS

Bad Verf
Verfassungsurkunde für das Großherzogtum Baden vom 22. August 1818 (Staats- und Regierungsblatt, S. 101ff.)

Bad Wü Verf
Verfassung des Landes Baden-Württemberg vom 11. November 1953 (Gesetzblatt für Baden-Württemberg, S. 173 ff.)

Bay Verf
Verfassungsurkunde für das Königreich Bayern vom 26. Mai 1818 (Gesetzblatt für das Königreich Baiern, S. 101 ff.)

DDR-Verf.
Verfassung der Deutschen Demokratischen Republik vom 6. April 1968 i.d.F. vom 7. Oktober 1974 (GBl. I S. 432 ff.)

DDR-Verf. 1949
Verfassung der Deutschen Demokratischen Republik vom 7. Oktober 1949 (GBl. I S. 4 ff.)

DDR-Verf. 1968
Verfassung der Deutschen Demokratischen Republik vom 6. April 1968 (GBl. I. S. 199 ff.)

DDR-Verf. 1974
Verfassung der Deutschen Demokratischen Republik vom 7. Oktober 1974 (GBl. I S. 432 ff.)

DBA
Deutsche Bundesakte vom 8. Juni 1815, Corpus Juris Confoederationis Germanicae, Bd. 2, S. 1 ff.

EUV
Vertrag über die Europäische Union vom 7. Februar 1992 – Konsolidierte Fassung mit den Änderungen durch den Vertrag von Nizza vom 26. Februar 2001 (ABl. EG 2001, Nr. C 80/1)

GG
Grundgesetz für die Bundesrepublik Deutschland vom 23. Mai 1949 (BGBl. I S. 1 ff.)

Kurhess Verf
Verfassungsurkunde für das Kurfürstentum Hessen vom 5. Januar 1831 (Gesetz- und Verordnungs-Sammlung, S. 1 ff.)

NDB
Verfassung des Norddeutschen Bundes vom 26. Juni 1867 (BGBl. S. 2)

Preuß Verf
revidierte preußische Verfassung, Verfassungsurkunde für den Preußischen Staat vom 31. Januar 1850 (Gesetz-Sammlung für die Königlichen Preußischen Staaten, S. 17 ff.)

RV 1849
Verfassung des Deutschen Reiches vom 28. März 1849 (RGBl. S. 101)

RV 1871
Verfassung des Deutschen Reiches vom 16. April 1871 (BGBl. S. 63)

SächsVerf
Verfassung des Freistaates Sachsen vom 27. Mai 1992 (GVBl. S. 243 ff.)

WRV
Verfassung des Deutschen Reiches vom 11. August 1919 (RGBl. S. 1383 ff.)

WSA
Wiener Schlussakte vom 15. Mai 1820, Corpus Juris Confoederationis Germanicae, Bd. 2, S. 101 ff.

WürttVerf
Verfassungsurkunde für das Königreich Württemberg vom 25. September 1819 (Königlich-Württembergisches Staats- und Regierungsblatt 1819, S. 633 ff.)

Einführung

Einführung
Hermann-Josef Blanke

Die deutsche Verfassungsgeschichte seit 1789 ist, ungeachtet aller Umwege, Rückschläge und Katastrophen, die Geschichte der um „Verfassung" ringenden Nation. Ihre Entwicklung ist bestimmt durch das Spannungsverhältnis zwischen Absolutismus, Konstitutionalismus und Parlamentarismus, das das Verfassungsdenken und -handeln des gesamten 19. Jahrhunderts bestimmt hat. Es war „wie kein anderes ein Jahrhundert der Verfassungsfragen, der Verfassungsschöpfung und Verfassungskämpfe, aber auch ein Jahrhundert des Verfassungsglaubens".[1] Der Konstitutionalismus ist ein „Produkt des deutschen Geisteslebens" (*H. Gangl*), in dem sich die literarische Klassik, der philosophische Idealismus, die Antriebe der preußischen Reformzeit, die Anregungen der Romantik und die Tradition des Reichsgedankens verbinden.[2] Abweichend von der für Deutschland im übrigen festgestellten „traditionellen Diskontinuität" (*M. Reich-Ranicki*), ist seine Verfassungsgeschichte bis zum 19. Jahrhundert durch ein hohes Maß an Stetigkeit der institutionellen Entwicklung und der Gewährleistung individueller Rechte gekennzeichnet. Sie findet ihre Ursache nicht zuletzt in der Vielgestalt politisch-territorialer Herrschaft in Deutschland.

I. Der Deutsche Bund

1. Die Deutsche Bundesakte und die Wiener Schlußakte

Die entscheidenden Schritte auf dem Wege zum Verfassungsstaat wurden mit der Verfassung des Deutschen Bundes und mit der süddeutschen Verfassunggebung gemacht. In der **Deutschen Bundesakte vom 8. Juni 1815** sind die Grundzüge der Bundesverfassung niedergelegt, die die staatlichen Verhältnisse in Deutschland nach dem Ende der Ära *Napoleons* im Sinne der Knüpfung eines „föderativen Bandes"[3] neuordnen sollte. Ihre wichtigsten Bestimmungen (Art. I-XI DBA) wurden zugleich in die Wiener Kongreßakte vom 9. Juni 1815 aufgenommen und damit unter den internationalen Schutz der Signatarmächte gestellt. Sie begründeten einen Bund „aus souveränen Fürsten", der – „als ein unauflöslicher Verein gegründet" – verfassungsrechtlich als Staatenbund *par excellence* zu qualifizieren ist (Art.

---

[1] Vgl. *H. Gangl*, Der deutsche Weg zum Verfassungsstaat im 19. Jahrhundert – Eine Problemskizze, Der Staat, Beiheft 1/1975, S. 23 (24 f.).
[2] Vgl. *A. Scharff*, in: *Th. Schieffer* (Hrsg.), Deutsche Geschichte im Überblick, 3. Aufl. 1973, S. 395 (400).
[3] Vgl. Art. 6 Abs. 2 des 1. Pariser Friedens vom Mai 1814: „Les Etats de l'Allemagne seront indépendants et unis par un lien fédératif.".

I, V WSA). Unter Besatzungsherrschaft und in den Befreiungskriegen hatte sich Deutschland zwar zur Nation gebildet, die Staatlichkeit blieb ihr aber vorenthalten. Was man auf dem Schlachtfeld errungen hatte, wurde im Ballsaal verspielt.[4] Um die „Ruhe und das Gleichgewicht Europas" zu wahren, bestimmten die deutschen Großmächte in Art. II DBA als „Zweck" des Deutschen Bundes die „Erhaltung der äußeren und inneren Sicherheit Deutschlands und der Unabhängigkeit und Unverletzbarkeit der einzelnen deutschen Staaten". Der Bundesversammlung übertrug die Bundesakte die „Abfassung der Grundgesetze des Bundes und dessen organische Einrichtung in Rücksicht auf seine auswärtigen, militärischen und inneren Verhältnisse" (Art. X DBA). Es war vor allem das innenpolitische Wirken der Bundesversammlung unter dem Vorsitz Österreichs (Art. V DBA), wie es sich in der Übernahme der Karlsbader Beschlüsse vom August 1819 oder in ihren Reaktionen auf das Hambacher Fest vom Mai 1832 manifestierte, das das Urteil über die Bundesakte als Dokument der Unterdrückung der Freiheit und Einheit begründet hat. So enthielten die Karlsbader Beschlüsse gravierende Beschränkungen für die Presse[5] und die Universitäten als Wirkungsstätten des Bürgertums, die von der Bundesversammlung in Kraft gesetzt und von den Einzelstaaten vollzogen wurden. Indes garantierte die Bundesakte eine Reihe von institutionellen und staatsbürgerrechtlichen Garantien, die der politischen Kultur in Deutschland förderlich waren:[6] So wurde etwa den „Unterthanen der deutschen Bundesstaaten" das Recht des Erwerbs von Grundeigentum außerhalb des Aufenthaltsstaates sowie das Recht der Freizügigkeit innerhalb des Bundesgebietes zugestanden (Art. XVIII DBA). Bürgerliche und politische Rechte wurden ungeachtet der Verschiedenheit der christlichen Religionsparteien gewährt (Art. XVI DBA).

Vor allem aber sollte in allen Bundesstaaten „eine landständische Verfassung statt finden" (Art. XIII DBA). Die Stände waren auf bestimmte, ausdrücklich aufgezählte Rechte beschränkt und durften allein in diesem Umfang an der Verfassunggebung mitwirken. Diese Verpflichtung bedeutete einen tiefen Einschnitt in die Souveränität der Einzelstaaten, doch war die Verfassunggebung zeitlich weithin dem Ermessen des Landesherrn überlassen.[7] Der Schritt von der „Sondervertretung privilegierter Stände"[8] hin zu einer Repräsentation des Gesamtvolkes war damit aber – trotz des eher repräsentativen denn landständischen Typs der süddeutschen Verfassungen – noch nicht getan. Die Großmächte, namentlich

---

4   *D. Merten*, Deutschland im europäischen Kräftefeld, in: *M. Kloepfer u.a.* (Hrsg.), Kontinuität und Diskontinuität in der deutschen Verfassungsgeschichte, 1994, S. 19 (21).

5   Das hiermit u.a. verfügte Bundespressegesetz unterwarf alle Druck-Erzeugnisse unter 320 Seiten Umfang einer generellen Vorzensur und Genehmigung. In Art. 18 lit. d DBA, also im Kontext der Zusicherung bestimmter Rechte der „Untertanen", war hingegen die Bundesversammlung mit der „Abfassung gleichförmiger Verfügungen über die Preßfreiheit" beauftragt worden.

6   Vgl. *D. Willoweit*, Deutsche Verfassungsgeschichte, 4. Aufl. 2001, S. 254.

7   Vgl. *K. Stern*, Das Staatsrecht der Bundesrepublik Deutschland, Bd. V, 2000, S. 208 ff.

8   *R. Wahl*, in: *J. Isensee/ P. Kirchhof* (Hrsg.), Handbuch des Staatsrechts, Bd. I, 1987, § 1 Rn. 14.

Österreich, dachten ohnehin zuvörderst an eine modifizierte Wiederherstellung der altständischen Verfassungen.

Die Deutsche Bundesakte wurde ergänzt und konkretisiert durch die Bestimmungen der **Wiener Schlußakte vom 15. Mai 1820.** Nach außen wurde der Bund als Schutz- und Verteidigungsbündnis ausgestaltet (Art. XXXV WSA), im Innern „zur Erhaltung oder Wiederherstellung der Ruhe, im Fall einer Widersetzlichkeit der Unterthanen gegen die Regierung, eines offenen Aufruhrs, oder gefährlicher Bewegungen in mehreren Bundesstaaten" zur „Wiederherstellung der Ruhe" ermächtigt. Im Regelfall aber stand „die Aufrechthaltung der inneren Ruhe und Ordnung in den Bundesstaaten ... den Regierungen allein zu" (Art. XXV WSA). In diesen normativen Ausprägungen der internen Bundesaufgaben zeigen sich deutlich die restaurativen und repressiven Ziele des deutschen Staatenbundes, der die Souveränitätsfrage, ohne sie zu entscheiden, in der Schwebe hielt.[9]

Dem Wesen des Fürstenbundes gemäß mußte „mit Ausnahme der freien Städte ... die gesammte Staatsgewalt in dem Oberhaupte des Staates vereinigt bleiben ... Der Souverain (konnte) durch eine landständische Verfassung nur in Ausübung bestimmter Rechte an die Mitwirkung der Stände gebunden werden" (Art. LVII WSA). Während die revolutionär durchgesetzten Konstitutionen Amerikas und Frankreichs die monarchische Staatsgewalt gegen eine demokratische austauschten, tasteten die auf freiwilliger Selbstbindung des Monarchen beruhenden deutschen Verfassungen die Legitimationsgrundlagen der Herrschaft nicht an.[10] Diese für den Konstitutionalismus prägende Verbindung des monarchischen Prinzips mit dem Repräsentativgrundsatz fand ihren klassischen Ausdruck in Tit. II § 1 der **Verfassung für das Königreich Bayern vom 26. Mai 1818:** „Der König ist das Oberhaupt des Staats, vereinigt in sich alle Rechte der Staatsgewalt und übt sie unter den von Ihm gegebenen in der gegenwärtigen Verfassungs-Urkunde festgesetzten Bestimmungen aus." Dem Souverän blieb die Substanz der Staatsgewalt. Das Prinzip der Volkssouveränität und die Parlamentarisierung der Exekutive waren abgewehrt; die Landstände waren kein dem Landesherrn gleichgeordnetes, sondern ein ihm nachgeordnetes Organ.[11] Nach *E. R. Huber* sind die beiden entgegengesetzten Strukturprinzipien der Monarchie und der Repräsentation gleichwohl im Wege eines „echten Kompromisses ... in einer Synthese" aufgehoben worden. Die deutsche konstitutionelle Monarchie, wie sie sich vor allem in der preußischen Verfassung von 1850 sowie in der Reichsverfassung von 1871 ausgeformt hat, stellt hiernach „eine eigenständige Form der Staats- und Verfassungsgestaltung" dar, also „keinen die Antinomien des monarchisch-autoritären und des demokratisch-par-

---

[9] Vgl. *C. Schmitt*, Verfassungslehre, 5. Aufl. 1970, S. 366 ff.

[10] *D. Grimm*, Zwei Jahrhunderte Verfassungsentwicklung in Deutschland, in: *J. Limbach/R. Herzog/D. Grimm* (Hrsg.), Die Deutschen Verfassungen, 1999, S. 44 (46), mißt ihnen denn auch keine „herrschaftkonstituierende, sondern nur herschaftsmodifizierende Bedeutung" zu.

[11] Vgl. *K. Stern*, Das Staatsrecht der Bundesrepublik Deutschland, Bd. V, 2000, S. 212 f.

lamentarischen Systems nur formal und dilatorisch verdeckenden Scheinkompro-
miß".[12] Nach *E.-W. Böckenförde* liegt die Bedeutung der konstitutionellen Monarchie hingegen nicht „in einer eigenen, deren Gegensatz aufhebenden politischen
Form ..., sondern in der Ermöglichung eines kontinuierlichen, auf einer Reihe von
Kompromissen beruhenden Übergangs von monarchischer zu parlamentarischer
Regierung, von der Monarchie zur Volkssouveränität".[13] Die Beschreibung des
monarchischen Systems als eine transistorische Regierungsform kann auf den revolutionären Übergang zum parlamentarischen System in Deutschland im Jahre
1918 verweisen, den die Gegenansicht nicht für möglich gehalten hatte.[14]

2. Die landständische Verfassunggebung

Art. LVII der Wiener Schlußakte ist als eine „Maßnahme vorausschauenden Verfassungsschutzes" bezeichnet worden, da zum Zeitpunkt seines Erlasses die meisten deutschen Staaten, vor allem Österreich und Preußen, noch fest im vorkon-
stitutionellen Verfassungszustand verharrten.[15] Bayern ging indes wie
selbstverständlich von einer Gesamtrepräsentation des ganzen Staates durch die
„Stände-Versammlung" und nicht von einer Restauration der alten Territorial-
stände aus. Um jeder Bevormundung des deutschen Bundes zuvorzukommen,
setzte der bayerische König *Maximilian I. Josef* die erste der süddeutschen Konstitutionen am 26. Mai 1818, also noch vor Unterzeichnung der Wiener Schlußakte in Kraft. Sie blieb – in wichtigen Punkten mehrfach geändert – 101 Jahre in
Kraft und war der Modellfall einer oktroyierten – also nicht vereinbarten – Verfassung. *M. von Seydel* würdigte sie als „Ausgangspunkt einer geordneten staatsrechtlichen Entwicklung in Bayern".[16] Drei Monate später, am 22. August 1818,

---

[12] Vgl. *E. R. Huber*, Die Bismarcksche Reichsverfassung im Zusammenhang der deutschen Verfassungsgeschichte, in: *E.-W. Böckenförde/ R. Wahl* (Hrsg.), Moderne deutsche Verfassungsgeschichte (1815-1914), 2. Aufl. 1981, S. 171 (198); *dens.*, Deutsche Verfassungsgeschichte seit 1789,
Bd. 3, 3. Aufl. 1988, S. 4 ff.

[13] *E.-W. Böckenförde*, Der Verfassungstyp der deutschen konstitutionellen Monarchie im 19. Jahrhundert, in: *E.-W. Böckenförde/ R. Wahl* (Hrsg.), Moderne deutsche Verfassungsgeschichte
(1815-1914), 2. Aufl. 1981, S. 146 (159). Einmal in Geltung getreten, stellt er, aaO., S. 161, 170,
anders als *E. R. Huber* die gewährten bzw. oktroyierten Verfassungen den vereinbarten gleich.
Denn auch jene könnten nur auf dem Wege der Gesetzgebung, also unter Beteiligung und Zustimmung der Volksvertretung, geändert werden. Die Auffassung, daß die konstitutionelle
Monarchie in ihrer traditionellen Form nicht mehr als „ein dilatorischer Kompromiß", „ein dua-
listischer Zwischenzustand" gewesen sei, geht auf *C. Schmitt*, Verfassungslehre, 1928, 6. unv.
Aufl. 1983, S. 53 f., zurück.

[14] Zur kontroversen Debatte dieser Frage zwischen *C. Schmitt* einerseits und *O. Hintze* sowie *F.
Hartung* andererseits vgl. *H.-C. Kraus*, Verfassungslehre und Verfassungsgeschichte, in: *D.
Murswiek/U. Storost/H.A. Wolff* (Hrsg.), Staat- Souveränität-Verfassung, Fs. H. Quaritsch,
2000, S. 637 (648 f., 655 ff.).

[15] Vgl. *E. R. Huber*, Deutsche Verfassungsgeschichte seit 1789, Bd. 3, 3. Aufl. 1988, S. 7.

[16] *M. v. Seydel*, Bayerisches Staatsrecht, Bd. I, 1913, neu bearbeitet von *J. v. Graßmann und R. Pi-
loty*, S. 37.

folgte dem bayerischen König der Großherzog *Karl von Baden*. Obwohl in der Präambel vom Versprechen einer „landständischen Verfassung" die Rede war, handelte es sich bei der badischen Verfassung um eine echte Repräsentativverfassung; denn sie garantierte fast jedem Badener das aktive und passive Wahlrecht zur zweiten Kammer (§§ 53 ff. BadVerf). In Württemberg mündeten die Auseinandersetzungen um die 1815 von König *Friedrich I.* einseitig verordnete („oktroyierte") Verfassung in einen Kompromiß, die **Verfassungs-Urkunde für das Königreich Württemberg vom 25. September 1819.** Damit war nach langen Kämpfen zwischen den württembergischen Ständen und König *Friedrich* sowie seinem Nachfolger König *Wilhelm I.* der erste echte Verfassungsvertrag des konstitutionellen Repräsentativsystems zustandegekommen. Stärker als in den Verfassungen Bayerns und Badens traten in ihm – als Ergebnis des Streits um die altständische Restauration – Relikte des altständischen Rechts hervor (§§ 135 ff. WürttVerf). Träger der württembergischen verfassungsgebenden Gewalt („pouvoir constituant") waren indes der Herrscher und das Volk, die nur durch ihren übereinstimmenden Willen die Verfassung in Kraft zu setzen vermochten.

Der Übergang zur Repräsentativverfassung war für die süddeutschen Herrscher ein Gebot der dynastischen Selbstbehauptung wie der Staatsräson. Nach dem Ende der Rheinbundzeit konnten die süddeutschen Fürsten die Herrschaft über ihre seit 1806 durch administrative Integration allmählich zu einer festen staatlichen Einheit verschmolzenen Länder nicht allein auf das monarchisch-bürokratische System stützen. Vielmehr mußten sie ihre Untertanen in den durch territoriale Erweiterungen allmählich arrondierten Gebieten zu einer mit gemeinsamem Staatsbewußtsein erfüllten „Nation" formen. Aus Untertanen mußten Staatsbürger werden. Zudem pochten die Landstände auf die Einhaltung der Versprechungen, die die monarchischen Regierungen in den Freiheitskriegen mit Blick auf die Wiederherstellung der Volksfreiheit und des landständischen Rechts geleistet hatten. Hinzu traten die liberalen Forderungen, einen demokratischen Rechtsstaat zu schaffen, wie sie insbesondere von den Freiburger Professoren *K. v. Rotteck* und *C. Th. Welcker*[17] sowie von dem Tübinger Staatsrechtslehrer *R. v. Mohl*[18] erhoben wurden. Deshalb wandten sich die süddeutschen Souveräne vom Absolutismus ab und schlugen nach 1815 den konstitutionellen Weg ein. Sie gaben ihren Ländern Verfassungsurkunden nach dem Muster der französischen „Charte Constitutionelle" *Ludwigs XVIII.* vom 4. Juni 1814. Ein Beleg für die Abwendung des aufgeklärten Absolutismus vom Despotismus war die Selbstbindung des Herrschers an das Gesetz („Vorrang des Gesetzes"). Alle Verfassungsurkunden des Frühkonstitutionalismus beruhten auf einem monarchisch-liberalen Kompromiß. Sie such-

---

[17] Vgl. das von *v. Rotteck/ Welcker* verfaßte fünfzehnbändige „Staats-Lexikon", 1834-1843, das sich als „Encyklopädie der sämmtlichen Staatswissenschaften" verstand und das gesamte liberale Gedankengut seiner Zeit zusammenfaßte.
[18] *R. v. Mohl*, Polizey-Wissenschaft nach den Grundsätzen des Rechtsstaates, Erster Band, 1832.

ten die überlieferte monarchische Herrschaftsgewalt mit bürgerlichen Freiheits-
und Mitbestimmungsrechten zu vereinen.[19] Damit wurde im Ergebnis eine eigenständige deutsche konstitutionelle Idee verwirklicht.

In den frühliberalen Verfassungen traten Staat und Staatsoberhaupt nach der ge-
danklichen Vorarbeit der Aufklärung auch förmlich auseinander. Das Staatsgebiet
wurde der rechtsgeschäftlichen Verfügungsmacht des Fürsten entzogen, sein Pri-
vatgut vom Staatsgut getrennt. Dem einzelnen Staatsbürger wurde ein weiter Bereich persönlicher Rechte und eine „staatsfreie Sphäre" garantiert. Erfüllt wurde
vor allem die Hauptforderung des Liberalismus nach einem Katalog von Grundrechten, die die Stellung der bürgerlichen Gesellschaft im Staat verfassungsmäßig
abschirmten.[20] Zwar war der Begriff der Grundrechte zu Beginn der Entstehung
der Verfassungen noch nicht geläufig, aber die dort gewährten Rechte, seien sie als
„allgemeine Rechte", „Staatsbürgerrechte" oder Rechte der jeweiligen Staatsangehörigen ausgewiesen, entsprachen dem Inhalt nach Grundrechten.[21] In den verfassungsrechtlichen Verbürgungen über die Freiheiten der Person, der Meinung,
des Eigentums und des Berufs wie auch in den Bestimmungen über die Staatsangehörigkeit entwickelten sich die Grundformen der modernen bürgerlichen Staats-
und Gesellschaftsordnung.[22] Von zentraler Bedeutung war die Garantie der bürgerlichen Rechtsgleichheit. Die bayerische Verfassung bekannte sich in ihrem Vor-
spruch zu diesem Prinzip mit der berühmten Doppelformel: „Gleichheit der Gesetze und vor dem Gesetze". Damit war auch die inhaltliche Gleichheit der Gesetze
selbst verbrieft. Von radikaler Egalität weit entfernt, waren in den Verfassungen
Süddeutschlands wichtige Teile des auf bürgerliche Gleichheit gerichteten Reform-
programms verwirklicht: So das Verbot der Leibeigenschaft und die Gleichheit der
Wehr- und der Steuerpflicht. Es handelte sich aber nur um staatsgewährte Rechte, nicht um unveräußerliche und unverletzliche Menschenrechte, wie sie nach der
amerikanischen und der französischen Doktrin dem Individuum kraft seines
Menschseins zustanden. Sie begrenzten allein die monarchische Exekutive, waren
wegen ihres programmatisch-richtungsweisenden Charakters aber politisch höchst
bedeutsam.[23]

Das Aufgabenfeld der neuen, aus zwei Kammern bestehenden Repräsentativor-
gane lag im Bereich der Gesetzesberatung und Steuerbewilligung. Das Recht der
Gesetzesinitiative stand nur der Regierung zu. Doch konnten die Abgeordneten

---

[19] Vgl. *E. R. Huber*, Deutsche Verfassungsgeschichte, Bd. 1, 2. Aufl. 1967 (durchgesehener Nachdruck 1990), S. 316 ff.
[20] Vgl. *G. Anschütz*, Die Verfassungs-Urkunde für den Preußischen Staat vom 31. Januar 1850,
Bd. I, 1912, S. 91.
[21] Vgl. *K. Stern*, Das Staatsrecht der Bundesrepublik Deutschland, Bd. III/1, 1988, S. § 59 V 3 b a.
[22] Vgl. *dens.*, ebda., S. 350 f.
[23] Vgl. *U. Scheuner*, Die Verwirklichung der Bürgerlichen Gleichheit, in: *G. Birtsch* (Hrsg.),
Grund- und Freiheitsrechte im Wandel von Gesellschaft und Geschichte, 1981, S. 376 (396 ff.).

durch Petitionen Gesetzesvorlagen fordern und beraten. Gesetze, mit denen Eingriffe in Freiheit und Eigentum verbunden waren, bedurften fast überall ihrer Zustimmung („Vorbehalt des Gesetzes"). Zu den Neuerungen des konstitutionellen Staatsrechts gehörte die Errichtung eines selbständigen Ministeriums als zentraler Regierungsbehörde. Dieser Übergang zur Minister-Regierung entsprach dem Erfordernis moderner rationaler Staatslenkung und Staatsverwaltung. Ein in seiner Bedeutung zunächst nicht hinreichend beachtetes Institut war die Notwendigkeit der Gegenzeichnung der königlichen Anordnungen durch den zuständigen Minister. Die damit verbundene Verantwortungsübernahme gegenüber den Landständen ist in konsequentester Weise in der Württembergischen Verfassung normiert worden. Sie, die umfangreichste ihrer Zeit, forderte nicht nur, daß „Verfügungen" des Königs, „welche die Staatsverwaltung betreffen ... contrasignirt" sein müssen (§ 51 WürttVerf), sondern sah auch einen Staats-Gerichtshof vor, der die Verfassung vor Umsturzversuchen sowie einer „Verletzung einzelner Punkte" zu schützen hatte (§ 195 WürttVerf).

Eine zweite Welle der Verfassungsgesetzgebung löste erst die Pariser Julirevolution von 1830 aus. Zwischen 1831 und 1833 erhielten Hessen-Kassel, Sachsen, Braunschweig und Hannover neuständische Verfassungen. Unter ihnen gilt die durch den Marburger Staatsrechtler S. Jordan geprägte **Verfassung Kurhessens vom 5. Januar 1831** als eine der kühnsten und liberalsten unter den Verfassungen des Vormärz.[24] Sie ging in der Beschränkung der monarchischen Gewalt einen Schritt weiter und sah nur eine Kammer vor, in der Städte und Bauern mit 32 Stimmen, der Adel mit lediglich 20 Stimmen vertreten waren. Vor allem besaß die Kammer das Steuerbewilligungsrecht und die volle Gesetzgebungskompetenz, einschließlich der Gesetzesinitiative. Ein Bundesbeschluß vom 27. März 1852 erklärte die Verfassung für bundeswidrig und ordnete ihre Aufhebung an. Nach einem weiteren Bundesbeschluß wurde sie – unter Suspension der angeblich bundesrechtswidrigen Teile – am 21. Juni 1862 wiederhergestellt. Die dritte Periode der deutschen Verfassunggebung begann im „Revolutionsjahr" 1848. Ihr deutlichster Ausweis sind die preußischen Verfassungen vom 6. Dezember 1848 („oktroyierte Verfassung") sowie vom 31. Januar 1850 („revidierte Verfassung"). Im Vergleich zur oktroyierten Verfassung, die an der belgischen Verfassung von 1831 orientiert war, stellte die **revidierte preußische Verfassungs-Urkunde vom 31. Januar 1850** „eine Rückwärts-Revision auf der Grundlage eines konservativ-rechtsliberalen Kompromisses" dar.[25] Das ebenso wie in den meisten anderen Verfassungen festgelegte Zweikammersystem war in der Zweiten Kammer durch das Dreiklassenwahlrecht ausgestaltet, bis heute ein Paradebeispiel eines ungleichen Wahlsy-

---

24 Vgl. *K. Stern*, Das Staatsrecht der Bundesrepublik Deutschland, Bd. V, 2000, S. 220 mit weiteren Nachweisen.
25 *E. R. Huber*, Deutsche Verfassungsgeschichte seit 1789, Bd. 3, 3. Aufl. 1988, S. 52.

stems.[26] Bemerkenswert war andererseits die schon im Lichte der Frankfurter Nationalversammlung getroffene Festlegung von Grundrechten als „Rechte der Preußen" in Titel II (Art. 3-42 PreußVerf). Zudem unterschied sich die Verfassung von 1850 von den übrigen Verfassungen des frühen und mittleren Konstitutionalismus dadurch, daß sie die gesamte Staatsgewalt in drei Funktionen aufteilte, die jeweils zur Ausübung verschiedenen Organen zugeteilt waren. Nur die vollziehende Gewalt stand allein dem König zu, der sich dabei auf den Kammern gegenüber verantwortliche Minister stützte (Art. 44, 45, 60, 61 PreußVerf). Dies zeigt einen weiteren Grundzug des Konstitutionalismus, der die Königsherrschaft („auctoritas") und die Ministerregierung („potestas") kombiniert.[27] Die gesetzgebende Gewalt war zwischen König und Kammern geteilt (Art. 62 PreußVerf). Doch enthielt das Verfassungssystem keine Bestimmung darüber, wie im Fall eines Konfliktes zwischen beiden Organen zu verfahren sei. Damit war die Auseinandersetzung, die wegen einer seit 1860 betriebenen Heeresreform nach der Ablehnung des Militäretats durch das Abgeordnetenhaus den preußischen Staat von 1862 bis 1866 – dem Jahr der nachträglichen Billigung der Staatshaushalte dieses Zeitraums („Indemnitätsvorlage") – erschütterte, in der Verfassung selbst angelegt. Hier behauptete sich schließlich, obwohl in der Verfassung nicht ausdrücklich verankert, das monarchische Prinzip, das die Entscheidungsgewalt in Zweifelsfällen dem König zuwies („Lückentheorie").[28] Insgesamt wurde Preußen durch die Verfassungen von 1848 und 1850 in die Reihe der konstitutionellen Monarchien geführt.

II. Die Frankfurter Nationalversammlung und das Ende des Deutschen Bundes

„Konstitutionalismus" bedeutete schon dem bürgerlichen Verfassungsdenken des Vormärz auch in Deutschland ein System der Parlamentsherrschaft. Die landständischen Verfassungen der frühkonstitutionellen Zeit, „in welchen Mitglieder oder Abgeordnete durch sich selbst bestehender Körperschaften ein Recht der Teilnahme an der Staatsgesetzgebung ... ausüben",[29] erschienen den konsequenten Ver-

---

[26] Vgl. W. Frotscher/ B. Pieroth, Verfassungsgeschichte, 3. Aufl. 2002, Rn. 346 ff.

[27] Zu dem Begriffspaar „auctoritas" und „potestas" vgl. C. Schmitt, Verfassungslehre, 1928, 6. unv. Aufl. 1983, S. 75 Anm. 1.

[28] Vgl. W. Frotscher/ B. Pieroth, Verfassungsgeschichte, 3. Aufl. 2002, Rn. 340 ff., 356 ff.; zur Herkunft der „Lückentheorie" aus der Zeit der Verfassungsrevisionsverhandlungen vgl. H.-C. Kraus, Ursprung und Genese der „Lückentheorie" im preußischen Verfassungskonflikt, Der Staat 29 (1990), S. 209 ff.

[29] Vgl. hierzu die im Auftrag Metternichs verfaßte Schrift von Fr. v. Gentz, Über den Unterschied zwischen den landständischen und Repräsentativ-Verfassungen, abgedr. bei Klüber-Welcker (Hrsg.), Wichtige Urkunden für den Rechtszustand der deutschen Nation, 1844, S. 221 ff.

fechtern des Verfassungsprinzips in Deutschland nur als „eine bruchstückhafte Vorbereitung auf den eigentlichen ‚Verfassungsstaat'".[30] Mit dieser Vorstellung trat die liberale Verfassungsbewegung Deutschlands in die Revolution von 1848 ein, deren verfassungspolitisches Ziel die Volksherrschaft in der Form der Parlamentsherrschaft war. Am 5. März 1848 siegte auf einer Heidelberger Versammlung süd- und westdeutscher Liberaler die Idee einer deutschen Nationalvertretung, für welche sich längst auch Abgeordnete der Ständeversammlungen eingesetzt hatten. Ein zu Heidelberg eingesetzter Ausschuß von sieben Vertretern lud schon am 12. März 1848 alle Mitglieder deutscher Ständeversammlungen sowie weitere Personen als „Männer des Vertrauens unseres Volkes" ein, über die „Grundlagen einer nationalen deutschen Parlamentsverfassung" zu beraten. Diese Versammlung, das „Vorparlament", das vom 31. März bis 3. April 1848 in Frankfurt tagte, berief das eigentliche Parlament, die Frankfurter Nationalversammlung, ein, beschloß die Grundsätze für deren Wahl und übertrug ihr die Aufgabe, „einzig und allein" die neue deutsche Verfassung auszuarbeiten. Zugleich setzte sie sämtliche seit 1819 erlassenen Ausnahmegesetze, darunter die Karlsbader Beschlüsse von 1819, außer Kraft.

Am 18. Mai 1848 trat die „Deutsche verfassunggebende Nationalversammlung" in der Paulskirche zu Frankfurt zusammen.[31] Die große Mehrheit der Abgeordneten gehörte dem gebildeten und besitzenden Bürgertum an,[32] obwohl das Wahlrecht zur Nationalversammlung für seine Zeit von revolutionärer Radikalität war. Je 50.000 volljährige Männer wählten ohne jeden weitern Zensus in unmittelbarer, gleicher und geheimer Wahl einen Abgeordneten. „Nie gab es auf Erden ein gebildeteres Parlament."[33] Die Zusammensetzung der Nationalversammlung zeigt, daß die deutsche Revolution von 1848 vor allem eine politische Bewegung war, die indes zugleich soziale Ziele verfolgte. Das deutsche Bürgertum kämpfte um seine Gleichberechtigung im konstitutionellen Staat.[34] Die gemäßigte politische Linke trat für einen monarchisch-parlamentarischen Kompromiß ein, die radikale für eine Abschaffung der Monarchie und für einen Übergang zu einer demokratischen Republik mit wirklicher Volkssouveränität. Nach und nach formierten sich in der Nationalversammlung Fraktionen, die ihre Namen nach den jeweiligen Frankfurter Tagungslokalen wählten. Immerhin ein Drittel der Abgeordneten, unter ihnen *E. M. Arndt* und *L. Uhland*, blieben jedoch fraktionslos. Auch gab es keinen zureichenden Verfassungsentwurf, der den Beratungen hätte zugrundegelegt werden

---

[30] *E. R. Huber*, Deutsche Verfassungsgeschichte seit 1789, Bd. 3, 3. Aufl. 1988, S. 8.

[31] Vgl. zum folgenden *W. Frotscher/ B. Pieroth*, Verfassungsgeschichte, 3. Aufl. 2002, Rn. 305 ff.

[32] Unter den 812 Abgeordneten und Stellvertretern befanden sich 357 Angehörige der geistigen und freien Berufe, 312 Staats- und Gemeindediener sowie 99 Vertreter der Wirtschaftsstände; akademisch gebildet waren davon ca. 570 Abgeordnete; vgl. *E. R. Huber*, Deutsche Verfassungsgeschichte seit 1789, Bd. 2, 3. Aufl. 1988, S. 610 f.

[33] *G. Mann*, Deutsche Geschichte des 19. und 20. Jahrhunderts, 20. Aufl. 1958, S. 210.

[34] *C.-F. Menger*, Deutsche Verfassungsgeschichte der Neuzeit, 8. Aufl. 1993, Rn. 264.

können. Aber es war nicht allein die Verfassungsfrage, die die Nationalversammlung bewegte. Die Linke und die Mitte begriffen sich als Reichsgewalt, von der staatslenkende Funktionen in Gesetzgebung und Verwaltung ausgehen sollten. Es war ein Sieg der Linken, daß, ehe noch das Deutsche Reich begründet war, die Bestellung einer Reichsregierung, einer „provisorischen Zentralgewalt", beschlossen wurde. Als „Reichsverweser" wählte die Versammlung einen Habsburger, den Erzherzog *Johann von Österreich*. Schließlich erkor sie sich dazu, die deutsche Einheit zu schaffen.

Stürmischen Beifall erhielt der neugewählte Präsident der Versammlung *Heinrich von Gagern*, als er in seiner Antrittsrede die Vollmacht zur Verfassunggebung ausdrücklich auf die „Souveränität der Nation" zurückführte.[35] Die Versammlung beschloß die bedingungslose Gültigkeit ihres Gesetzeswerkes für alle deutschen Staaten, also auch Österreich, sofern es deutsch ist oder deutsch sein will. Die Lage war aber in Wirklichkeit von Beginn an umgekehrt; es waren nicht Wien und Berlin von Frankfurt, es war Frankfurt von Wien und Berlin abhängig.[36] Die Verfassungsberatungen galten zunächst den **„Grundrechten des Deutschen Volkes"**, die bereits vorab am **27. Dezember 1848** als Reichsgesetz beschlossen und noch vor der Fertigstellung der Reichsverfassung in Kraft gesetzt wurden.[37] Dieses Einführungsgesetz schrieb zwar die Anwendung der Grundrechte vor, wurde aber in mehreren Staaten, insbesondere Österreich und Preußen, nicht publiziert und blieb damit weitgehend wirkungslos. Die Grundrechtsbestimmungen gewährleisteten namentlich ein einheitliches Reichsbürgerrecht (§ 132 RV 1849), die Aufhebung aller Standesvorrechte und die Gleichheit aller vor dem Gesetz (§ 137 RV 1849), die Freiheit der Person (§ 138 RV 1849), die Unverletzlichkeit der Wohnung (§ 140 RV 1849), das Briefgeheimnis (§ 142 RV 1849), die Meinungs- und Pressefreiheit (§ 143 RV 1849), die Glaubens- und Gewissensfreiheit (§ 144 RV 1849), die Berufs- und Eigentumsfreiheit (§§ 158, 164 RV 1849) sowie die Versammlungs- und Vereinsfreiheit (§§ 161, 162 RV 1849). Grundlegende Bedeutung erlangte insbesondere das Bekenntnis zur staatlichen Justizhoheit, das mit dem frühkonstitutionellen Verständnis vom Monarchen als der Quelle der Justiz brach. Die Patrimonialgerichtsbarkeit und die Rechtsprechung durch Verwaltungsbeamte wurden abgeschafft und dem einzelnen im Interesse eines effektiven Rechtsschutzes der Rechtsweg zu selbständigen Gerichten und unabhängigen Richtern eröffnet (Art. X RV 1849). Die neue Dimension der Grundrechte kommt in der Eingangsvorschrift des § 130 RV 1849 zum Ausdruck, der ihre unmittelbare Verbindlichkeit festlegte. Moderne Überlegungen wie objektiv-rechtliche Grundrechtsgehalte und Ausstrahlungswirkungen auf das gesamte Recht waren ebenso angesprochen wie

---

[35] Zitiert nach *E. R. Huber*, Deutsche Verfassungsgeschichte seit 1789, Bd. 2, 3. Aufl. 1988, S. 621.
[36] Vgl. *G. Mann*, Deutsche Geschichte des 19. und 20. Jahrhunderts, 20. Aufl. 1958, S. 210.
[37] RGBl. 1848 I 49 ff.
[38] Vgl. *J.-D. Kühne*, Die Reichsverfassung der Paulskirche, 2. Aufl. 1998, S. 159 ff.

das Problem sozialer Grundrechte.[38] Auch das Recht auf Arbeit wurde eingehend diskutiert, letztlich aber mit der vor allem auf *R. von Mohl* zurückgehenden Begründung verworfen, daß Grundrechte unmittelbar einklagbar sein müßten, soziale Grundrechte hingegen erst im Wege gesetzlicher Ausgestaltung Konturen erhielten. Insgesamt war der Anschluß an den grundrechtlichen Standard der westlichen Welt erreicht.

Vor allem dieser Teil des Reichsverfassungswerks von 1848/49 (§§ 130-189 RV 1849) stand in der Tradition des demokratischen Verfassungsgedankens und wirkte über die Rezeption in der Weimarer Reichsverfassung bis in das Grundgesetz hinein. Indem die neuen Grundrechtsverbürgungen zahlreiche einzelstaatliche Befugnisse aufhoben und den so geschaffenen Freiheitsraum der Deutschen vom künftigen Reich gewährleistet sehen wollten (§ 130 RV 1849), stellten sie einen wichtigen Schritt auf dem Wege zur deutschen Einheit dar.[39] So konnte *Th. Mommsen* bereits 1849 resümieren: „... diese Grundrechte werden euch allen, jedem Bürger und Bauer, wie jeder Gemeinde in Stadt und Land, zugesichert in der Weise, daß euer Landesherr und eure besonderen Landstände, wenn sie pflichtvergessen solche Rechte zu kränken versuchen sollten, davon abgemahnt werden durch die höchste Gewalt der deutschen Nation ... Denn dies sind die Grundrechte nicht der Sachsen oder der Hessen, nicht der Schwaben oder der Preußen, sondern des deutschen Volkes, welches jetzt zum erstenmal vereinigt wird in eine rechtliche und staatliche Gemeinschaft...“[40]. Als die Nationalversammlung im Dezember 1848 die Grundrechte im Kraft setzte, war die Revolution in Österreich und Preußen indes schon militärisch niedergeschlagen.

Anders als bei den Grundrechten ging es bei der Staatsorganisation um eine völlige Neukonzeption. Die Verfassung enthielt eine wohl erwogene Kompetenzverteilung zwischen Reich und Ländern, die dann auch später von *Bismarck* weitgehend in die Verfassungen des Norddeutschen Bundes und des Deutschen Reiches übernommen wurde. Die **Verfassung des Deutschen Reiches vom 28. März 1849** übertrug dem Reich die Zuständigkeit für die auswärtigen Beziehungen und die Entscheidung über Krieg und Frieden, das ausschließliche Recht zum Aufbau einer Kriegsmarine, die Aufsicht über das Heerwesen und das Verkehrswesen, das Recht zur Gesetzgebung über Maß- und Gewichtssysteme, über das Zoll- und Münzwesen, den Handel sowie die Maßnahmen zur Herstellung der Rechtseinheit in Deutschland. Um die Entwicklungsfähigkeit des Reiches zu sichern, ermächtigte § 63 RV 1849 das Reich, im Wege des verfassungsändernden Gesetzes die Kompetenzen zu erweitern („Kompetenz-Kompetenz"). Die Fortschrittlichkeit der Paulskirchenverfassung zeigte sich auch in ihren Bestimmungen über die

---

[39] Vgl. *C.-F. Menger*, Deutsche Verfassungsgeschichte der Neuzeit, 8. Aufl. 1993, Rn. 269.
[40] *Th. Mommsen*, Die Grundrechte des deutschen Volkes – mit Belehrung und Erläuterungen (1849), Frankfurt 1969, S. 7.

Reichsgerichtsbarkeit (§§ 125-129 RV 1849), die namentlich das Institut der Verfassungsbeschwerde (§ 126 lit. g RV 1849) einführten.

Auch die Frankfurter Paulskirchenverfassung gründete auf dem Dualismus von monarchischer Regierung und Volksvertretung. Der Reichstag war in ein Volkshaus und in ein Staatenhaus gegliedert. Parlamentarismus und konstitutionelle Monarchie waren nach überwiegender Ansicht der Abgeordneten miteinander vereinbar, weil die Berufung der Regierung durch den Monarchen in Übereinstimmung mit der Parlamentsmehrheit erfolgen konnte.[41] Das Volkshaus sollte nach allgemeinem, gleichem und direktem Wahlrecht gewählt werden und der jeweiligen Bevölkerungszahl entsprechen; im Staatenhaus sollten die Vertreter der Einzelstaaten mit unterschiedlichen Stimmen – zwischen 1 und 40 – vertreten sein, wobei von mehren Stimmen jeweils die Hälfte von den Landesregierungen, die andere Hälfte von den Landtagen zu bestellen und zu instruieren war. Die Fülle der Staatsgewalt sollte in der Person des Reichsoberhaupts erhalten bleiben, die Volksvertretung auf die ihr zugestandenen einzelnen Mitwirkungsrechte beschränkt werden. Bei der Gesetzgebung konnte sich der Reichstag aber letztlich durchsetzen, weil die Reichsregierung nur ein suspensives Veto hatte (§§ 80, 99-101 RV 1849). Im Verhältnis der monarchischen zur parlamentarischen Gewalt bestand hingegen ein Vorrang des Kaisers, der sich aus seiner Exekutivgewalt (§ 73 Abs. 2 RV 1849), auswärtigen Gewalt (§ 77 RV 1849) und Kommandogewalt (§§ 76, 83 RV 1849), aber auch aus der für ihn wirkenden Zuständigkeitsvermutung (§ 84 RV 1849) ergab.

Gravierende Probleme bereitete das Verhältnis des Reichs zu den Ländern mit außerdeutschen Territorien, vor allem zu Österreich, das mit seinen fast 40 Millionen Einwohnern nur zu einem knappen Viertel aus Deutschen bestand. Die ungeteilte Zugehörigkeit dieses Vielvölkerstaates hätte letztlich eine Rückkehr zum staatenbündischen System bedeutet. Der völlige Verzicht auf Österreich, die sog. „kleindeutsche Lösung", hätte hingegen den Nationalstaat unvollendet gelassen. Die Mehrheit der Nationalversammlung entschied sich daher am 27. Oktober 1848 dafür, allein die deutschen Gebietsteile Österreichs in das Reich zu integrieren, während die nichtdeutschen Territorien durch die Person des Kaisers mit dem deutschen Teil Österreichs verbunden sein sollten („großdeutsche Lösung"). Auf diese Weise sollte die bundesstaatliche Struktur der Verfassung erhalten bleiben, ohne auf Österreich ganz verzichten zu müssen. Damit mußte sich Österreich zwischen dem Eintritt in das Reich unter Aufgabe der staatlichen Einheit und der Erhaltung seiner staatsrechtlichen Einheit durch Verlassen des Reiches entscheiden.[42] Nachdem die Gegenreaktion unter dem kaiserlichen Feldmarschall Fürst *Windischgrätz* vor Wien gesiegt hatte und die neue österreichische Führung unter Fürst

---

[41] *M. Botzenhart*, Die Parlamentarismusmodelle der deutschen Parteien 1848/49, in: *D. Langewiesche* (Hrsg.), Die deutsche Revolution von 1848/49, 1983, S. 291 (301 f.)

[42] Vgl. *E. R. Huber*, Deutsche Verfassungsgeschichte seit 1789, Bd. 2, 3. Aufl. 1988, S. 799.

Schwarzenberg am 4. März 1849 eine einheitliche Verfassung für die ganze Habsburger Monarchie unter Einschluß der ungarischen und der italienischen Besitzungen oktroyiert hatte, war der Weg zu einem kollektiven Bundesdirektorium
der beiden deutschen Großmächte und der vier Königreiche (Bayern, Hannover,
Sachsen, Württemberg) versperrt. Es hätte die Herrschaft Österreichs über
Deutschland bedeutet.

Mit den Stimmen der erbkaiserlichen Fraktion und mit Unterstützung aus dem
Lager der vereinigten Linken wurde die auf eine kleindeutsche Lösung gegründete
Paulskirchenverfassung am 27. März 1849 angenommen und tags darauf verkündet. Dafür wurde der Linken das allgemeine, gleiche, direkte und geheime Wahlrecht zugestanden. Einen Tag später erfolgte die Wahl König *Friedrich Wilhelms
IV.* von Preußen mit 290 Stimmen bei 248 Enthaltungen zum deutschen Kaiser.
Als am 3. April 1849 eine Deputation der Nationalversammlung in Berlin erschien,
um dem König die Kaiserwürde feierlich anzutragen, kam dessen Antwort bereits
einer Ablehnung gleich: „Ich würde Deutschlands Einheit nicht aufrichten, wollte Ich, mit Verletzung heiliger Rechte und Meiner früheren ausdrücklichen und
feierlichen Versicherungen, ohne das freie Einverständniß der gekrönten Häupter,
der Fürsten und freien Städte Deutschlands, eine Entschließung fassen, welche für
sie und für die von ihnen regierten deutschen Stämme die entschiedensten Folgen
haben muß."[43] Gegenüber dem britischen Gesandten in Preußen soll er als „legi-
timer König von Gottes Gnaden" und „König von Preußen" bereits am 13. Dezember 1848 die zu vergebende Krone als einen „imaginären Reif, aus Dreck und
Letten gebacken" verschmäht haben. Damit bekannte er sich zugleich zu einer
christlich-abendländischen Herrscheridee, die auf göttlicher Legitimation gründete.[44]

Am 28. April 1849 lehnte Preußen die Reichsverfassung und die Kaiserwürde
unmißverständlich ab. Diese Entscheidung löste im Mai 1849 eine nationalrevo-
lutionäre Bewegung aus. Unruhen im Rheinland und Aufstände in Baden, Sachsen und der Rheinpfalz wurden von dem herbeigerufenen preußischen Militär un-
terdrückt. Viele der preußischen und österreichischen Beamten in der
Nationalversammlung folgten der dienstlichen Weisung, ihre Amtsgeschäfte in
der Heimat wiederaufzunehmen. Ein Rest von etwa 100 Abgeordneten der Nationalversammlung, das Rumpfparlament, wurde am 18. Juni 1849 von württembergischen Truppen in Stuttgart aufgelöst. Am 1. September 1849 nahm die Bundesversammlung in Frankfurt ihre Tätigkeit wieder auf. Ein Bundesbeschluß vom
23. August 1851 erklärte die „sogenannten Grundrechte des deutschen Volkes"

---

[43] Vgl. *E. R. Huber*, Dokumente zur deutschen Verfassungsgeschichte, Bd. 1, 3. Aufl. 1978, Nr.
114.

[44] Vgl. *F.-L. Kroll*, Friedrich Wilhelm IV. und das Staatsdenken der deutschen Romantik, 1990; *D.
E. Barclay*, Anarchie und guter Wille: Friedrich Wilhelm IV. und die preußische Monarchie,
1995.

auch in den Ländern „als aufgehoben", wo sie für verbindlich erklärt waren oder für rechtsgültig gehalten wurden.[45] Die Revolution war gescheitert. *G. Beseler* erkannte dies bereits im April 1849: „Unser schwer geschaffenes Werk war zerschlagen und klirrend fielen die Scherben zu Boden."[46] Doch ging von der Paulskirchenversammlung ein beachtlicher allgemeiner „Modernisierungsschub"[47] aus. Beratungen, Diskussionen und Verfassungstextformulierungen wirkten fort.[48] Sie gaben die entscheidenden Anstöße für die Entwicklung einer verfassungsgebenden Gewalt des Volkes, einer von der Volksvertretung bestimmten Reichsexekutive, einer Verfassung mit Grundrechten und einer unabhängigen Reichsgerichtsbarkeit.

In der öffentlichen Meinung Deutschlands war trotz des Scheiterns der Frankfurter Nationalversammlung die Idee der nationalstaatlichen Einheit nicht erloschen. 1859 wurde zur Propagierung der nationalen Idee der Deutsche Nationalverein gegründet, dessen Ziel es war, die nationale Einigung und die freiheitliche Entwicklung des Vaterlandes mit allen Mitteln zu erstreben. Die deutsche Einigungsbewegung erhielt Auftrieb durch die Einigung Italiens. 1859 vertrieben Kaiser *Napoleon III.* von Frankreich und das mit ihm verbündete Sardinien unter Führung des Grafen *Cavour* die Österreicher endgültig aus Oberitalien. Das restliche Italien – mit Ausnahme des französisch besetzten Rom – schloß sich Sardinien an, so daß sich dieses unter der Herrschaft des Hauses *Savoyen* zum Königreich ausweitete. Diese Entwicklungen mußten auf die Deutschen nachhaltigen Eindruck machen. Preußen schlug 1861 die Gründung eines Duumvirates mit Österreich innerhalb des weiteren Deutschen Bundes vor,[49] Österreich versuchte 1863 auf dem Frankfurter Fürstentag, seine Pläne für die Reform des Deutschen Bundes gegen Preußen durchzusetzen. Beide Versuche scheiterten am unüberbrückbaren Gegensatz der beiden deutschen Großmächte.[50] Auf die Idee der Einheit konnte die Reform des Deutschen Bundes nicht länger gegründet werden. Aber erst am 10. Juni 1866 unterbreitete Preußen „Grundzüge zu einer neuen Bundesverfassung", denen zufolge die „Kaiserlich-Österreichischen und Königlich-Niederländischen Landestheile" nicht mehr zum Bundesgebiet gehören sollten.[51] Der Bundesbeschluß vom 14. Juni 1866, der im Streit der beiden deutschen Großmächte um die

---

[45] Abgedr. bei *E. R. Huber*, Dokumente zur deutschen Verfassungsgeschichte, Bd. 2, 3. Aufl. 1986, Nr. 2.

[46] Zitiert bei *R. Hübner*, Die nationalen Einheitsbestrebungen von 1848-1863, in: Handbuch des Deutschen Staatsrechts, Bd. I, 1930, S. 31 (41).

[47] *H. Boldt*, Deutsche Verfassungsgeschichte. Politische Strukturen und ihr Wandel, Bd. 2, 1990, S. 103.

[48] *J. D. Kühne*, Die Reichsverfassung der Paulskirche, 2. Aufl. 1998, S. 62 ff.

[49] Vgl. die Depesche von Graf *Bernstorff* an den Gesandten *v. Savigny*, abgedr. bei *E. R. Huber*, Dokumente zur deutschen Verfassungsgeschichte, Bd. 2, 3. Aufl. 1986, Nr. 94.

[50] Vgl. *K. Stern*, Das Staatsrecht der Bundesrepublik Deutschland, Bd. V, 2000, S. 273 ff.

[51] Abgedr. bei *E. R. Huber*, Dokumente zur deutschen Verfassungsgeschichte, Bd. 2, 3. Aufl. 1986, Nr. 173.

Elbherzogtümer Schleswig und Holstein die Mobilmachung des Bundesheeres gegen Preußen beinhaltete, führte zur Sprengung des Bundes und zum Krieg Preußens gegen Österreich. Preußen erklärte umgehend den Rücktritt vom Bundesvertrag („Sezession") und dessen „Nullifikation". Noch bevor die Entscheidung im Waffengang am 3. Juli 1866 gefallen war (Schlacht bei Königgrätz), richtete Preußen am 16. Juni 1866 ein „Bündnisangebot" an 19 norddeutsche Staaten. Am 18. August 1866 wurde der Bündnisvertrag zwischen Preußen und 15 norddeutschen Staaten geschlossen; es folgten später sieben weitere Staaten. Dieses „Augustbündnis" war die völkerrechtliche Grundlage für den Norddeutschen Bund. Der Kaiser von Österreich gab im Frieden von Prag am 23. August seine Einwilligung zu der Auflösung des Deutschen Bundes und einer „neuen Gestaltung Deutschlands" unter Ausschluß Österreichs. Außerdem erklärte er sich in Art. IV damit einverstanden, „daß die südlich (von der Linie des Mains) gelegenen Deutschen Staaten in einem Verein zusammentreten, dessen nationale Verbindung mit dem Norddeutschen Bund der näheren Verständigung zwischen beiden vorbehalten bleibt und der eine international unabhängige Existenz haben wird." Endgültig war die Idee eines „Reiches" im Sinne universalistischer Herrschaft, das Erbe des römischen Reiches, wie es das Habsburgerreich noch ansatzweise repräsentierte, untergegangen. Untergegangen war auch der Deutsche Bund von 1815. Er hatte sich aufgrund seiner staatenbündischen Ordnung und wegen des deutschen Dualismus als reformunfähig erwiesen. Die Ansprüche der Gesellschaft auf Sicherheit, verfassungsmäßige Ordnung, Wirtschafts- und Rechtseinheit waren unerfüllt geblieben.[52] Das Ausscheiden Österreichs aus Deutschland hat *Th. Nipperdey* als die „erste moderne Teilung der Nation" bezeichnet, die paradoxerweise den Grundstein für die Etablierung einer staatlich verfaßten deutschen Nation gelegt habe.[53]

III. Der Norddeutsche Bund

Nach Art. 1 NDB schlossen die Vertragsparteien „ein Offensiv- und Defensiv-Bündniß zur Erhaltung der Unabhängigkeit und Integrität, sowie der inneren und äußeren Sicherheit ihrer Staaten, und treten sofort zur gemeinschaftlichen Vertheidigung ihres Besitzstandes ein, welchen sie sich gegenseitig durch dieses Bündniß garantieren". Insoweit handelte es sich um einen militärischen Beistandspakt. Bedeutender war die Verpflichtung zur Errichtung eines „neuen Bundesverhältnisses" in Art. 2 NDB, die man als Vertrag zur Errichtung eines Bundesstaates bewerten kann.[54] Insoweit handelte es sich jedoch nicht nur um einen (echten) Bun-

---

[52] Vgl. *Th. Nipperdey*, Deutsche Geschichte – 1800-1866, 4. Aufl. 1987, S. 790 f.
[53] Vgl. *dens.*, Deutsche Geschichte – 1800-1866, 4. Aufl. 1987, S. 791.
[54] Vgl. *K. Stern*, Das Staatsrecht der Bundesrepublik Deutschland, Bd. V, 2000, S. 292.

desvertrag zwischen den sich zum Norddeutschen Bund zusammenschließenden Fürsten und freien Städten, sondern zugleich um einen Verfassungsvertrag zwischen diesen auf der einen und einem verfassungsberatenden Reichstag auf der anderen Seite, der eigens zu diesem Zweck gewählt worden war. Demgemäß hieß es im Publikandum dieser Verfassung vom 26. Juni 1867: „Nachdem die Verfassung des Norddeutschen Bundes von Uns (scil.: dem König von Preußen), seiner Majestät dem König von Sachsen ... mit dem zu diesem Zweck berufenen Reichstag vereinbart worden ist...".[55] Die Verfassung des Norddeutschen Bundes gilt daher als das berühmteste Beispiel einer vereinbarten Verfassung.

Am 24. Februar 1867 eröffnete König *Wilhelm I.* von Preußen den Reichstag. *Otto Eduard Leopold von Bismarck-Schönhausen* brachte als preußischer Ministerpräsident den Verfassungsentwurf der Regierungen ein und drängte auf Eile für die Beratungen. Am 16. April 1867 wurden die Beratungen beendet und der geänderte Entwurf mit 230 gegen 53 Stimmen im Reichstag angenommen. Nachdem auch die Bevollmächtigten der Regierungen des Bundes und die Ständeversammlungen oder Landtage dem Verfassungsentwurf zugestimmt hatten, trat die Bundesverfassung am 1. Juli 1867 in Kraft. Sie war auch ein Ergebnis des Bündnisses, das die nationalliberale Bewegung seit 1866 mit dem konservativen preußischen Staat unter der politischen Führung *Bismarcks* eingegangen war. Dabei hatten die Liberalen bei allen Kompromissen mit der überkommenen Ordnung ihre Ziele von 1848/49 keinesfalls aufgegeben: Sie wollten den Ausbau des Verfassungsstaates sowie die Fortentwicklung der bürgerlichen Gesellschaft und glaubten dieses Programm besser durch „Partnerschaft und Anteil an der Macht" statt durch „pure Gegnerschaft und Konfrontation" verwirklichen zu können.[56]

Staatsgründung und Verfassunggebung sind bei der Entstehung des Norddeutschen Bundes aufs engste miteinander verknüpft. „Uno actu wurde der Norddeutsche Bund geschaffen und seine Verfassung in Kraft gesetzt."[57] Der Norddeutsche Bund bildete ein neues Völkerrechtssubjekt, das nicht Rechtsnachfolger des Deutschen Bundes war. Trotz der völkerrechtlichen Gründung wird das neue Gebilde angesichts seiner unitarischen Institutionen als Bundesstaat qualifiziert. Sein Verfassungsgefüge ist wegen der Kongruenz mit der Reichsverfassung von 1871 hier nur in einigen Grundzügen darzustellen: Das Machtzentrum des Bundes bildete das Bundespräsidium und sein Bundeskanzler. Sie waren die wichtigsten Träger der Regierungsfunktionen und der sonstigen Exekutivgewalt. Das Präsidium vertrat den Bund völkerrechtlich, konnte im Namen des Bundes Kriege erklären, Frieden schließen, Bündnisse und andere Verträge mit fremden Staaten eingehen so-

---

[55] BGBl. 1867, S. 1.
[56] Vgl. *Th. Nipperdey*, Deutsche Geschichte – 1800-1866, 4. Aufl. 1987, S. 800, der aber (Deutsche Geschichte – 1800-1866, 4. Aufl. 1987, S. 801 f.) auch die Gefahren dieses Kompromisses analysiert.
[57] *G. Meyer-Anschütz*, Lehrbuch des deutschen Staatsrechts, 7. Aufl. 1919, S. 194.

wie Gesandte beglaubigen und empfangen (Art. 11 NDB). Als Leiter der Bundesexekutive war der Bundeskanzler dem Reichstag verantwortlich. Aus allgemeinen und direkten Wahlen mit geheimer Abstimmung hervorgegangen, bildete er das demokratisch-unitarische Organ. Zusammen mit dem Bundesrath war der Reichstag für die Bundesgesetzgebung zuständig (Art. 5 NDB). Die Abgeordneten galten als Vertreter des ganzen Volkes und waren an Aufträge und Instruktionen nicht gebunden (Art. 29 NDB). Diäten durften nicht bezahlt werden (Art. 32 NDB). Der Bundesrath war die „monarchisch-föderative Verfassungskomponente"[58], die nach Art. 6 NDB „aus den Vertretern der Mitglieder des Bundes" bestand. In ihm nahm Preußen unter Einschluß der ehemals selbständigen Staaten Hannover, Kurhessen, Holstein, Nassau und Frankfurt mit 17 Stimmen eine Vormachtstellung ein. Die Gerichtsbarkeit war dem Bund nur in geringem Umfang anvertraut. Er verfügte zudem über wenige Steuereinnahmen und war daher auf die Beiträge der Länder angewiesen.

Grundrechte fehlten in der Verfassung des Norddeutschen Bundes, weshalb sie als „reines Organisationsstatut" gekennzeichnet worden ist.[59] Grundrechtlichen Charakter hatten allein der Schutzanspruch der Bundesangehörigen gegenüber dem Ausland (Art. 3 Abs. 6 NDB) und das Justizgewährleistungsgebot (Art. 77 NDB) sowie das „gemeinsame Indigenat", also das Gebot, die Angehörigen jedes deutschen Bundesstaates in jedem anderen Bundesstaat wie Inländer zu behandeln und somit zum Genuß aller bürgerlichen Rechte „unter denselben Voraussetzungen wie der Einheimische zuzulassen" (Art. 3 Abs. 1 NDB). *Bismarck* hielt eine Verankerung von Grundrechten wegen ihrer unitarisierenden Wirkung mit dem Föderativsystem des Norddeutschen Bundes für unvereinbar. Zudem hielt er sie für entbehrlich, weil nach damaligem Grundrechtsverständnis die Grundrechte nur die Verwaltung und nicht den Gesetzgeber banden, der Bund indes praktisch keine grundrechtsrelevanten Funktionen in der Exekutive ausübte. Mit beiden Argumenten überzeugte *Bismarck* den Reichstag.[60] Auf der Ebene der einfachen Bundesgesetzgebung wurden jedoch schon im Norddeutschen Bund eine Reihe grundrechtlicher Positionen verwirklicht, etwa hinsichtlich der Freizügigkeit,[61] der Gewerbe- und Koalitionsfreiheit[62] sowie der Konfessionsfreiheit[63].

---

[58] *W. Ogris*, Der Norddeutsche Bund, Zum hundertsten Geburtstag der Augustverträge von 1866, JuS 1966, 306 (308).

[59] Vgl. *K. Stern*, Das Staatsrecht der Bundesrepublik Deutschland, Bd. V, 2000, S. 306.

[60] Vgl. *E. R. Huber*, Deutsche Verfassungsgeschichte seit 1789, Bd. 3, 3. Aufl. 1988, S. 665.

[61] Vgl. das Gesetz über die Freizügigkeit vom 1. November 1867 (BGBl. I S. 55).

[62] Vgl. §§ 1 und 152 ff. der Gewerbeordnung für den Norddeutschen Bund vom 21. Juni 1869 (BGBl. I S. 245).

[63] Vgl. das Gesetz betreffend die Gleichberechtigung der Konfessionen in bürgerlicher und staatsbürgerlicher Beziehung vom 3. Juli 1869 (BGBl. I S. 292).

IV. Der Deutsch-Französische Krieg und die Gründung des Deutschen Reiches

Nach *Bismarcks* Plänen sollte der Norddeutsche Bund nur ein Zwischenschritt zu einem „kleindeutschen" Bundesstaat unter Einbeziehung der Staaten jenseits der Mainlinie sein. Bayern, Baden, Württemberg und Hessen-Darmstadt hatten nach dem Ende des preußisch-österreichischen Krieges keine Absicht, einen eigenen Südbund zu schaffen. Vor allem Baden war der Idee der nationalen Einheit Deutschlands sehr gewogen. Den Antrag von Großherzog *Friedrich* auf Beitritt zum Norddeutschen Bund lehnte *Bismarck* unter Hinwies auf Art. IV des Prager Friedensvertrages aus außenpolitischer Rücksichtnahme 1867 und 1870 ab.[64] Im Norddeutschen Reichstag überwogen indes klar die Kräfte, die auf die Vollendung der Einigung Deutschlands drängten, gegenüber den partikularistischen Gruppierungen. Erst recht aber mußten *Bismarcks* Reichspläne, vor allem sein Kaiserplan für den preußischen König als Wiederbelebung der römisch-deutschen Kaideridee des alten Deutschen Reiches,[65] den Argwohn Frankreichs schüren. Innen- und außenpolitisch kam jedoch die Einheit nicht voran. Preußen war zwar über sein ursprüngliches erstes Ziel, die Hegemonie im Norden, schon durch den Ausschluß Österreichs aus Deutschland hinausgelangt. Aber die Zukunft des Verhältnisses des preußisch geführten Nordens zum Süden blieb einstweilen offen.[66] Es bedurfte eines „eruptiven Ereignisses", um die Nation für die Einheit zu gewinnen.[67] *Bismarck*, der bereits 1862 zu Beginn des preußischen Verfassungskonfliktes erklärt hatte, daß „nicht durch Reden und Majoritätsbeschlüsse ..., sondern durch Eisen und Blut ... die großen Fragen der Zeit entschieden (werden)",[68] nutzte in dieser Lage eine Krise der preußisch-französischen Beziehungen aus. Krieg war für ihn als Katalysator der Einigung nicht nur denkbar, sondern sogar wünschbar. Ergab er sich, konnte man ihn als Möglichkeit ergreifen, ohne ihn indes um jeden Preis herbeizuführen.[69] Nach dem Scheitern der Koalitionspläne *Napoleons III.* mit Österreich und Italien führte das diplomatische Tauziehen um die von *Bismarck* unterstützte Kandidatur des Prinzen *Leopold von Hohenzollern-Sigmaringen* für den spanischen Thron, insbesondere das französische Verlangen nach einer for-

---

[64] Vgl. *K. Stern*, Das Staatsrecht der Bundesrepublik Deutschland, Bd. V, 2000, S. 315 f., der zwischen der Haltung Badens, Württembergs und Bayerns sorgfältig unterscheidet.

[65] Dieser Erlaß Bismarcks ist abgedr. bei *E.-R. Huber*, Dokumente zur deutschen Verfassungsgeschichte, Bd. 2, 3. Aufl. 1986, Nr. 215; vgl. hierzu *L. Gall*, Bismarck – Der weiße Revolutionär, 1980, S. 424 ff.

[66] Vgl. *Th. Nipperdey*, Deutsche Geschichte – 1800-1866, 4. Aufl. 1987, S. 794.

[67] Vgl. *K. Stern*, Das Staatsrecht der Bundesrepublik Deutschland, Bd. V, 2000, S. 318.

[68] Rede vor der Budgetkommission des preußischen Abgeordnetenhauses v. 30.9.1862, abgedr. bei *E. R. Huber*, Dokumente zur deutschen Verfassungsgeschichte, Bd. 2, 3. Aufl. 1986, Nr. 46.

[69] Vgl. *Th. Nipperdey*, Deutsche Geschichte – 1866-1918, Bd. II, Machtstaat vor der Demokratie, 3. Aufl. 1995, S. 56.

mellen Garantie des bereits erfolgten Verzichts *Leopolds* durch *Wilhelm I.* („Emser Depesche") zum Deutsch-Französischen Krieg. Seine Ursachen lagen in den seit 1866 verschobenen Machtverhältnisse in Europa, namentlich in der vom „Meister-Macchiavellisten" *Bismarck* gegen das französische Hegemonialstreben betriebenen Politik der dynamischen Veränderung des Status quo, sowie in der innenpolitischen Situation beider Staaten. Die überspitzten französischen Forderungen an den preußischen König waren indes nicht voraussehbar und kalkulierbar gewesen. Frankreich war gegen die drohende Bildung eines deutschen Nationalstaates und darum vor allem zum Krieg entschlossen. Am 19. Juli 1870 erklärte es Preußen den Krieg; der Bündnisfall für die süddeutschen Staaten war gegeben. Damit hatte es das provoziert, was es ursprünglich vermeiden wollte: die Mobilisierung des deutschen Nationalgefühls an der Seite Preußens.[70] *Napoleon III.* geriet nach der verlorenen Schlacht bei Sedan und der Kapitulation des Hauptteils der französischen Armee am 2. September 1870 in Gefangenschaft. In Paris wurde die Republik ausgerufen und die neue Regierung erklärte am 6. September desselben Jahres ihre Bereitschaft, Frieden zu schließen, bekannte sich aber zur unbedingten Verteidigung der Territorialität Frankreichs. *Bismarck* wurden die Verhandlungen zum Waffenstillstand anvertraut, der zu vergleichsweise gemäßigten Bedingungen und ohne französische Demütigung am 20. Januar 1871 abgeschlossen wurde. Frankreich mußte Elsaß und Lothringen abtreten.

Bereits am 1. Januar 1871 war das Deutsche Reich formal ins Leben getreten. Nachdem Hessen und Baden im Oktober 1870 ihren „Beitritt" zum Norddeutschen Bund beantragt hatten, gelang es *Bismarck* am 23. November 1870 den Vertrag über die Gründung eines Deutschen Bundes mit Bayern zu schließen; Württemberg schloß den entsprechenden Vertrag am 25. November 1870. Dabei waren diesen beiden deutschen Staaten geringfügige „Konzessionen" gemacht worden, die auch in der späteren Verfassungspraxis mehr symbolische als substantielle Bedeutung hatten. Die Rechte des Bundesrathes wurden namentlich durch einen Auswärtigen Ausschuß unter bayerischem Vorsitz ansatzweise gestärkt; das Vetorecht bei Verfassungsänderungen stand nicht mehr Preußen allein zu, sondern auch einem Stimmblock von drei Mittelstaaten. Die Reservatrechte Bayerns – in geringerem Maße auch Württembergs – betrafen in erster Linie Fragen der Militärhoheit, des Post- und Eisenbahnwesens und einige Verbrauchssteuerfragen (u.a. bei Bier) sowie bestimmte Sonderrechte bei den diplomatischen Beziehungen und bei Friedensverhandlungen. Die Reichsgründung war das Ergebnis des Konsenses der beteiligten Regierungen und fand in allen Landtagen die notwendige Zustimmung.[71] Die Rolle der führenden Vertreter der bürgerlichen Nationalbewegung, von *Ben-*

---

[70] Vgl. *dens.*, Deutsche Geschichte – 1866-1918, Bd. II, Machtstaat vor der Demokratie, 3. Aufl. 1995, S. 60.

[71] In Bayern fiel die Abstimmung im Landtag bei notwendiger Zweidrittelmehrheit mit 102 zu 48 Stimmen nur knapp zugunsten der Ratifikation aus.

nigsen, Bamberger, Lasker, Hölder und *Barth*, blieb in den Monaten der Gründungsverhandlungen hingegen gering.[72] Auch die „Kaiser"-Frage hatte *Bismarck* zwischenzeitlich vorangetrieben. Es war die Gemeinschaft der „verbündeten" Fürsten, die dem preußischen König, als Mitglied des Bundespräsidiums, die Reichsgewalt eines Kaisers übertrug. Eine Deputation des norddeutschen Reichstages, die dem König die Übernahme der Kaiserwürde antrug, war demgegenüber nachgeordnet. Am 18. Januar 1871, dem alten preußischen Krönungstag seit 1701, wurde König *Wilhelm I.* von Preußen im Spiegelsaal zu Versailles mit der Huldigungsformel „Kaiser Wilhelm" zum Deutschen Kaiser proklamiert. Der weithin verbreitete Begriff „Reichsgründung" verdeckte, wie *P. Laband* ausführte, daß es sich lediglich um eine „Ausdehnung, Erweiterung und Modifikation des Norddeutschen Bundes (handele), der natürlich formell in seiner alten Gestalt nicht mehr fortdauern (könne) nach der neuen größeren Gestalt, zu der er sich fortentwickeln sollte."[73] Realpolitisch betrachtet war der entstandene Bundesstaat indes nicht mehr norddeutsch, sondern gesamtdeutsch, wenn auch ohne die deutschen Teile Österreichs. Für ihn besteht daher nicht Identität, sondern Rechtsnachfolge des Deutschen Reiches in den Deutschen Bund.[74] Süddeutschland ging nicht in dem von Preußen dominierten Norddeutschen Bund auf, sondern Preußen in Deutschland.

Die zentrale Bedeutung der **Verfassung des Deutschen Reiches vom 16. April 1871** im Gang der deutschen Verfassungsgeschichte besteht darin, daß sie die nationale Einheit begründet und den Prozeß der Reichsgründung formell beendet. Trotz der taktlosen Kaiserproklamation in Versailles, die Chance einer Staatsgründung auf der Basis der nationalen Selbstbestimmung des Volkes, wie sie 1848/49 versucht wurde, war realpolitisch vertan.[75] „National" – das war die Selbstverständlichkeit eines gemeinsamen politischen, auch interkulturell-sozialen Bewußtseins im Deutschen Reich.[76] Dabei war das beginnende Reich mit einer Gleichzeitigkeit von Problemen konfrontiert: Staats- und Nationsbildung, Liberalisierung oder gar Demokratisierung der Verfassung, Bewältigung der sozialen Probleme der Klassengesellschaft sowie das verdichtete Tempo der Modernisierung.[77] Im Kern entsprach die Verfassung von 1871 der Norddeutschen Bundesverfassung, die durch die Novemberverträge vielfach geändert und diesen als Anlage beige-

---

[72] Vgl. *Th. Nipperdey*, Deutsche Geschichte – 1866-1918, Bd. II, Machtstaat vor der Demokratie, 3. Aufl. 1995, S. 76 f.

[73] *P. Laband*, Das Staatsrecht des Deutschen Reiches, Bd. I, 5. Aufl. 1911, S. 44.

[74] *E. R. Huber*, Deutsche Verfassungsgeschichte seit 1789, Bd. 3, 3. Aufl. 1988, S. 761 ff.

[75] Vgl. *W. Frotscher/ B. Pieroth*, Verfassungsgeschichte, 3. Aufl. 2002, Rn. 382.

[76] Vgl. *Th. Nipperdey*, Deutsche Geschichte – 1866-1918, Bd. II, Machtstaat vor der Demokratie, 3. Aufl. 1995, S. 84; als das Standardwerk der nationalliberalen Geschichtsschreibung gilt *H. v. Sybel*, Die Begründung des Deutschen Reiches durch Wilhelm I., 7 Bde, 3. Aufl. 1890.

[77] *Th. Nipperdey*, Deutsche Geschichte – 1866-1918, Bd. II, Machtstaat vor der Demokratie, 3. Aufl. 1995, S. 879.

fügt wurde. Am 16. April 1871 wurde eine redigierte Fassung unter Berücksichtigung aller durch die Verträge und durch die Beschlüsse des Bundesrathes und des Reichstages über die Einführung der Bezeichnungen „Deutsches Reich" und „Deutscher Kaiser" eingetretenen Modifikationen im Reichsgesetzblatt verkündet.[78] Die Verfassung war so Ausdruck von Rechtskontinuität, nicht von Neuschöpfung.[79] Sie war Ergebnis des Kompromisses zwischen dem Nationalstaat und seiner Einheit, zwischen der Vielfalt der Gliedstaaten und der Hegemonie Preußens, zwischen den preußischen Traditionen und den national-liberalen Kräften, zwischen der starken Monarchie und der schwächeren nationalen Demokratie, zwischen Adel und Militär einerseits und dem Bürgertum andererseits.

Der Verfassungstext war – ohne Grundrechtsteil – wiederum ein Organisationsstatut. Vor allem *Bismarck* fürchtete langwierige Debatten über die Grundrechtsfrage, wie sie 1848 stattgefunden hatten, und damit Gefahren für das Einigungswerk. Eine weitere Erklärung bestand darin, daß nicht das Reich, sondern nur die Einzelstaaten in direktem Kontakt zum Bürger stünden. So richtete sich der Schutz des einzelnen durch Grundrechte nach den jeweiligen Regelungen in den Länderverfassungen. Die Staatsrechtslehre ließ die Grundrechte ohnehin im Prinzip der Gesetzmäßigkeit der Verwaltung aufgehen und sprach ihnen jede das geltende Gesetzesrecht überschießende rechtliche Programmatik ab.[80] Hinzu kamen Freiheitsgewährleistungen durch (einfache) Reichsgesetze.

Das Reich wurde bundesstaatlich verfaßt, so daß es sich aus dem Gesamtstaat und den Gliedstaaten zusammensetzte. Die Präambel der Reichsverfassung nennt die Fürsten der Einzelstaaten als Gründer des Bundesstaates. Auch darin unterschied sich die Struktur des neuen deutschen Nationalstaates grundlegend von der des Heiligen Römischen Reiches. In dieser staatsrechtlichen Verbindung hatten sowohl die Einzelstaaten als auch das Reich Staatsqualität und teilten sich die Fülle der staatlichen Aufgaben und Befugnisse nach Maßgabe der Verfassung. Ihre Verbindung war nicht mehr völkerrechtlicher Natur, sondern durch die Verfassung geordnet und durch „Treue" zueinander überwölbt.[81] Nach der vorherrschenden Meinung der staatsrechtlichen Literatur des Kaiserreiches stand Souveränität allein dem Reich zu; die Länder waren „mediatisiert".[82] Der preußisch hegemoniale Charakter dieses Bundesstaates war schon seit 1866 vorgegeben. Mehr als die Hälfte des Reichsgebietes und der Gesamtbevölkerung waren preußisch.

Nach Art. 5 RV 1871 wurde die Reichsgesetzgebung durch Bundesrath und Reichstag ausgeübt. Beide „Versammlungen" mußten durch Mehrheitsbeschlüsse

---

[78] RGBl. 1871 I 63.
[79] Vgl. *K. Stern*, Das Staatsrecht der Bundesrepublik Deutschland, Bd. V, 2000, S. 340 mit weiteren Nachweisen.
[80] Vgl. *D. Grimm*, Zwei Jahrhunderte Verfassungsentwicklung in Deutschland, in: *J. Limbach/R. Herzog/D. Grimm* (Hrsg.), Die Deutschen Verfassungen, 1999, S. 44 (60)
[81] Vgl. *G. v. Eppstein/ C. Bornhak*, Bismarcks Staatsrecht, 2. Aufl. 1923, S. 220 ff.
[82] Vgl. *P. Laband*, Das Staatsrecht des Deutschen Reiches, Bd. I, 5. Aufl. 1911, S. 58 f.

zustimmen. Die Erteilung des Gesetzesbefehls, die „Sanktion" nach damaligem Sprachgebrauch, oblag dem Kaiser (Art. 17 RV 1871), dem ein formelles Prüfungsrecht zugestanden wurde. Die Gesetzesinitiative stand nach Art. 7 und 23 RV 1871 ausdrücklich nur Bundesrath und Reichstag zu. In der Kompetenzverteilung zwischen Bund und Gliedstaaten war ein deutliches Übergewicht zugunsten des Reiches begründet (Art. 4 RV 1871), dem namentlich die legislativen Befugnisse in den Bereichen Freizügigkeit, Staatsbürgerrecht, Gewerberecht, Handelsgesetzgebung, Maß-, Münz- und Gewichtswesen, Post- und Telegraphenwesen, Strafrecht, Handels- und Wechselrecht zugewiesen waren. Hier sind viele der Materien genannt, die auch heute noch zur Gesetzgebungszuständigkeit des Bundes gehören, wobei die Reichsverfassung jedoch noch keine Differenzierung zwischen ausschließlicher und konkurrierender Kompetenz kannte. Trotz insgesamt deutlicher Unitarisierungstendenzen war die Wahrnehmung der Verwaltungsaufgaben im Grundsatz Sache der Einzelstaaten. Dem Reich stand nach Art. 4 RV 1871 nur eine „Beaufsichtigung" in den Angelegenheiten zu, in denen es auch die Gesetzgebungskompetenz hatte. Der Reichsgesetzgeber konnte die Verfassung ändern, besaß mithin die sog. Kompetenz-Kompetenz, also die Befugnis, die eigenen Zuständigkeit durch verfassungsänderndes Reichsgesetz über den zunächst vorgesehenen Umfang hinaus auf Kosten der Länder zu erweitern. Allerdings war diese Zuständigkeit zur verfassungsändernden Gesetzgebung gemäß Art. 78 Abs. 1 RV 1871 an eine qualifizierte Zustimmung im Bundesrath geknüpft. Da im Bundesrath insgesamt 58 Stimmen versammelt waren, davon allein 17 preußische, konnte eine Verfassungsänderung allenfalls gegen die Stimmen der kleineren Mitgliedstaaten durchgesetzt werden. Unter den Reichsorganen standen dem Kaiser als Träger des Bundespräsidiums die meisten Befugnisse zu – so im Bereich der auswärtigen Gewalt, welche das Recht zur Entscheidung über Krieg und Friede beinhaltete (Art. 11 RV 1871), der Einberufung, Eröffnung und Schließung des Bundesrathes (Art. 12 RV 1871), der Ernennung des Reichskanzlers, welcher den Vorsitz im Bundesrath führte und die Geschäfte leitete (Art. 15 RV 1871), der Ausfertigung und Verkündung der Reichsgesetze und der Überwachung ihrer Ausführung (Art. 17 RV 1871) sowie der Ernennung und Entlassung der Reichsbeamten (Art. 18 RV 1871).

Von Verfassungs wegen regierte der Kaiser nicht selbst. Die Regierungsgeschäfte leitete vielmehr der Reichskanzler (Art. 15 RV 1871). Praktisch war die Regierung des Reiches eine „Kanzlerregierung".[83] Alle Anordnungen und Verfügungen des Kaisers bedurften dessen Gegenzeichnung, wodurch dieser die Verantwortlichkeit übernahm (Art. 17 Satz 2 RV 1871). Diesen Umstand nutzte *Bismarck* denn auch für eine Verschiebung des politischen Gewichts zu seinen Gunsten. Das monarchische System des Deutschen Reiches stand damit in der Entwicklungslinie des Konstitutionalismus des 19. Jahrhunderts. Der Bundesrath war die eigentümlichste In-

---

[83] Vgl. *E. R. Huber*, Deutsche Verfassungsgeschichte seit 1789, Bd. 3, 3. Aufl. 1988, S. 822.

stitution des Deutschen Reiches. Er war seiner Struktur nach keine Erste Kammer, sondern orientierte sich an seinen staatenbündischen Vorläufern, also an dem Bundestag des Deutschen Bundes und an dem Reichstag des Heiligen Römischen Reiches Deutscher Nation. In ihm waren die Bevollmächtigten der Einzelstaaten vertreten mit mindestens einer, teilweise zwei bis sechs und Preußen mit 17 Stimmen. Insofern war der Bundesrath Gesandtenkongreß, dem der vom Kaiser berufene Reichskanzler vorsaß. Gleichzeitig war er aber auch Reichsorgan, das den Reichswillen mitformte. Gemäß Art. 5 RV 1871 wirkte er neben dem Reichstag gleichberechtigt an der Beschlußfassung der Reichsgesetze mit. Im auswärtigen Bereich bedurften Verträge mit fremden Staaten, die in den Bereich der Reichsgesetzgebung fielen, der Zustimmung des Bundesrathes (Art. 11 Abs. 3 RV 1871). Schließlich fungierte er auch als Organ der verfassungsrechtlichen Streitentscheidung (Art. 76, 77 RV 1871). Ein Verfassungsgericht sah die Reichsverfassung im Unterschied zur Paulskirchenverfassung nicht vor. Als demokratisch-unitarisches Organ im Verfassungsgefüge des Reiches war der Reichstag zur Mitwirkung an der Gesetzgebung (Art. 5 RV 1871), zur Verabschiedung des Reichshaushalts in Form eines Gesetzes (Art. 69 RV 1871) sowie zur Genehmigung auswärtiger Verträge befugt, welche Gegenstände der Reichsgesetzgebung betrafen (Art. 11 Abs. 3 RV 1871). In Art. 29 RV 1871 war das freie Mandat normiert, das seit der Französischen Revolution als unverzichtbarer Bestandteil jedweder Repräsentativverfassung gilt.

Die *Bismarck*sche Reichsverfassung, in der der deutsche Konstitutionalismus des 19. Jahrhunderts seine letzte Ausprägung fand, steht in einer Entwicklungslinie, die zurückweist auf die Deutsche Bundesakte und die hinführt zu der Verfassung der Weimarer Republik. Von beiden ist sie durch scharfe Gegensätze getrennt und doch „zugleich durch gemeinsames ‚Verfassungserbgut' verbunden".[84] Die starken Kompetenzen des Bundesraths als Nachfolger der alten Bundesversammlung, die Verfassungsfunktionen der Armee und der Bürokratie, vor allem aber die Übernahme des monarchischen Prinzips im konstitutionellen Kaisertum rücken sie auf den ersten Blick in die Nähe der Verfassung des Deutschen Bundes. Ihr innovatives Moment besteht indes im „Durchbruch zum bürgerlichen Nationalstaat".[85] Im Vergleich zu anderen westeuropäischen Staaten war die Nationalstaatsbildung der Deutschen spät. Mit Blick auf die in Einheit und Freiheit organisierte Nation sowie die bundesstaatliche Struktur des Reichs steht die Reichsverfassung von 1871 in der Tradition der frühliberalen bürgerlichen Verfassungsbewegung und des Verfassungswerkes von 1848/49. Sie war eine Verfassung „in Ambivalenz von Tradition und Progression",[86] ein „System umgangener Entscheidungen".[87]

---

[84] *Ders.*, Deutsche Verfassungsgeschichte seit 1789, Bd. 3, 3. Aufl. 1988, S. 172.
[85] *Ders.*, Deutsche Verfassungsgeschichte seit 1789, Bd. 3, 3. Aufl. 1988, S. 175.
[86] *Ders.*, Bewahrung und Wandlung, 1975, S. 66.
[87] *W. J. Mommsen*, Das Ringen um den nationalen Staat, in: *D. Groh* (Hrsg.), Propyläen Geschichte Deutschlands, Bd. 7, 1. Teilbd., 1993, S. 333.

Die der Reichsgründung folgende Periode, die bis 1890 dauerte, ist zu Recht mit dem Namen *Bismarcks* gekennzeichnet worden. Der erste Reichskanzler war die dominierende Persönlichkeit, nicht der Kaiser, nicht der Bundesrath, nicht der Reichstag. Am 15 Juni 1866 bestieg *Wilhelm II.* als deutscher Kaiser und König von Preußen den Thron. Der Krieg, den das Reich am 1. August 1914 Rußland und am 3. August 1914 Frankreich erklärt hatte, führte zum Ende des monarchischen Reiches, ja zum Ende des 19. Jahrhunderts. Das Thema Verfassungsreform wurde durch den Krieg immer aktueller. Im Juli 1917 ergab sich im Kronrat eine Mehrheit für eine sofortige Proklamation des gleichen Wahlrechts in Preußen, das allerdings erst am 24. Oktober 1918 im Plenum des Herrenhauses angenommen wurde. Zugleich nahm die Parlamentarisierung der Reichsleitung ihren Lauf. Bereits am 30. September 1918 hatte der Kaiser praktisch die Einführung des parlamentarischen Systems angeordnet. Die Verfassungsreform vom 28. Oktober 1918 wandelte dann das Reich in eine parlamentarische Monarchie um.[88] Der Reichskanzler bedurfte zu seiner Amtsführung des Vertrauens des Reichstages (Art. 15 Abs. 3 RV 1871) und war dem Bundesrath und dem Reichstag für seine Amtsführung verantwortlich (Art. 15 Abs. 4 RV 1871). Doch konnten diese und andere Verfassungsänderungen in letzter Stunde für das politische Leben im Kaiserreich keine Bedeutung mehr erlangen. „Die Oktoberreformen hatten keine eigenständige Wirkung, sondern gingen auf in der Radikalisierung der Novemberrevolution", resümiert *Th. Nipperdey*.[89] Unter anderen außen- und innenpolitischen Vorzeichen hätte sie den evolutionären Übergang zu einer parlamentarischen Monarchie bedeuten können.[90] Am 9. November 1918, nachdem *Wilhelm II.* als „Kaiser und König ... sich entschlossen (hatte), dem Throne zu entsagen"[91], übertrug Reichskanzler *Max von Baden* das Kanzleramt auf den Sozialdemokraten *Friedrich Ebert*. Wenige Stunden später rief *Philipp Scheidemann*, ebenfalls Mehrheitssozialdemokrat und noch Staatssekretär, ohne Auftrag *Eberts* vom Balkon des Reichstages vor einer versammelten Menge die Republik aus. Die direkte Amtsübergabe von Reichskanzler zu Reichskanzler war zwar ebenso wie der revolutionäre Akt der Ausrufung der Republik Verfassungsbruch, aber letztlich die „Rettung des Reiches". Relativ rasch wurden die revolutionären Schritte von verfassungsmäßigen Zuständen abgelöst. Bereits am 25. November 1918 betonte

---

[88] RGBl. I 1274.

[89] *Th. Nipperdey*, Deutsche Geschichte – 1866-1918, Bd. II, Machtstaat vor der Demokratie, 3. Aufl. 1995, S. 868. Nach *M. Rauh*, Die Parlamentarisierung des Deutschen Reiches, 1977, S. 433, 457, diente die Einführung des parlamentarischen Systems außenpolitisch gegenüber dem amerikanischen Präsidenten Wilson als „Vorzeigeobjekt" für demokratische Reformen, innenpolitisch sollte das Parlament die Verantwortung für den verlorenen Krieg übernehmen.

[90] Vgl. *W. Frotscher/ B. Pieroth*, Verfassungsgeschichte, 3. Aufl. 2002, Rn. 468.

[91] Die Abdankungserklärung ist abgedr. bei *E. R. Huber*, Dokumente zur deutschen Verfassungsgeschichte, Bd. 3, 3. Aufl. 1990, Nr. 243.

Ebert, daß die „Reichsleitung entschlossen (sei), die Nationalversammlung baldigst zu berufen".[92] Die Vorentscheidung für die Wahl der Nationalversammlung war damit gefallen. Der „Allgemeine Deutsche Rätekongreß", der am 16. Dezember 1918 zusammentrat, sprach sich trotz scharfer Angriffe auf *Ebert* und *Scheidemann* für die Wahl zur Nationalversammlung am 19. Januar 1919 aus. Gestützt auf die Idee der Volkssouveränität, setzte der „Rat der Volksbeauftragten" diese Wahlen durch. Nicht die Räteherrschaft nach sowjetischem Muster triumphierte, sondern die demokratische Konzeption.[93] Nach dem Ergebnis der Wahlen zur National-versammlung, an denen erstmals auch Frauen teilnehmen durften, war die Ent-scheidung eindeutig: Vertreter des Räteprinzips waren in der Minderheit geblie-ben; die bürgerlichen Parteien und die Mehrheitssozialdemokraten traten für ein demokratisch-parlamentarisches Regierungssystem westlicher Prägung ein.

V. Die Weimarer Republik

Art. 1 Abs. 1 der **Weimarer Reichsverfassung vom 11. August 1919** konstituier-te das Deutsche Reich als Republik, womit eine „Verneinung aller erbmonarchi-schen oder auch lebenslänglich unabsetzbar monarchischen (durch Wahl oder Ko-optation übertragenen) Herrschaftsgewalt einer Einzelperson" zum Ausdruck kam.[94] Zugleich war damit ein Programmsatz formuliert, der eine stärkere Teil-habe des Volkes am politischen Geschehen und damit größere Freiheit verbürgte.[95] Die Verfassungsentscheidung für eine demokratische Staatsform wurde, ohne aus-drückliche Aufnahme des Wortes Demokratie in den Verfassungstext, vor allem im Grundsatz der Volkssouveränität verankert (Art. 1 Abs. 2 WRV). Eine umfas-sende Verfassungskontrolle der unmittelbar vom Volk legitimierten Staatsorgane erschien der Nationalversammlung mit diesem Prinzip unvereinbar zu sein. Der Staatsgerichtshof (Art. 108 WRV) war daher auf die Entscheidung von Föderalis-mus-Streitigkeiten und die Wahlprüfung beschränkt. Das repräsentative Prinzip (Art. 20 ff. WRV) war nicht in reiner Form verwirklicht. Es gab plebiszitäre Ele-mente, die in der unmittelbaren Wahl des Reichspräsidenten (Art. 41 Abs. 1 WRV) und in unmittelbaren Sachentscheidungen des Volkes ihren Ausdruck fanden. Sol-che Sachentscheide waren bei Gebietsänderungen und -neubildungen (Art. 18 WRV) sowie bei der sog. Volksgesetzgebung durch vom Reichspräsidenten veran-laßten Volksentscheid oder aufgrund eines Volksbegehrens (Art. 73, 76 WRV) vor-gesehen.

---

[92] Vgl. *E. R. Huber*, Deutsche Verfassungsgeschichte seit 1789, Bd. 5, 1978, S. 786.

[93] *E.-W. Böckenförde*, in: *Bracher-Funke-Jacobsen* (Hrsg.), Die Weimarer Republik 1918-1933, 1987, S. 17 (26 ff.).

[94] *R. Thoma*, Das Reich als Demokratie, in: Handbuch des Deutschen Staatsrechts, Bd. I, 1930, S. 186.

[95] Vgl. *K. Stern*, Das Staatsrecht der Bundesrepublik Deutschland, Bd. V, 2000, S. 566.

Nicht die Praxis plebiszitärer Initiativen, sondern die „Doppel-Repräsenta-
tion"[96] der Nation durch das Reichsoberhaupt und das Reichsparlament erwies
sich als ein gewichtiges strukturelles Defizit des Weimarer Verfassungswerkes. Diese konkurrierende Legitimität war Ursache eines „hinkenden parlamentarischen
Regierungssystems"[97], in dem der Reichspräsident kraft seiner Befugnisse die parlamentarische Regierungsweise aus den Angeln heben konnte: Gemäß Art. 53
WRV wurden der Reichskanzler und auf seinen Vorschlag hin die Reichsminister
vom Reichspräsidenten ernannt und entlassen. Eine Beteiligung des Reichstages
an der Regierungsbildung war mithin nicht vorgesehen. Zum „aktiven Faktor der
Regierungsmacht"[98] wurde der Reichspräsident aber vor allem durch das Regime
des Ausnahmezustandes nach Art. 48 Abs. 2 WRV. Es verlieh ihm die Befugnis,
„die zur Wiederherstellung der öffentlichen Sicherheit und Ordnung nötigen Maßnahmen zu treffen", wenn diese Belange erheblich gestört oder gefährdet waren.
Diese Vollmacht ist als (kommissarische) „Diktaturgewalt des Reichspräsidenten"
beschrieben worden. Sie war für das Schicksal der Verfassung bestimmend, denn
die tatbestandlichen Voraussetzungen des Art. 48 WRV wurden immer weiter aus-
gelegt. So erließ Reichspräsident *v. Hindenburg* auf dieser Grundlage zwischen
1930 und 1932 nicht nur wie sein Vorgänger *Fr. Ebert* zahlreiche Notverordnungen zur Beseitigung wirtschaftlicher und finanzieller Notstände, sondern auch
Maßnahmen im Wege des Verfassungsnotstandes. Die gesamte Gesetzgebungstä-
tigkeit erfolgte damit durch Notverordnungen, ohne daß es der Reichstag in der
Endphase der Republik wagte, dieser Maßnahmeherrschaft Einhalt zu gebieten.[99]
1930 verabschiedete der Reichstag noch 98 Gesetze, 1931 waren es 34 und 1932
nur noch 5. Hingegen stieg die Zahl der präsidialen Notverordnungen in der gleichen Zeit von fünf (1930) auf 60 (1932).[100] Auch Art. 54 Satz 2 WRV, der es dem
Reichstag erlaubte, dem Reichskanzler oder einzelnen Reichsministern das Vertrauen zu entziehen, gilt mit Blick auf die zwingende Folge der Entlassung des betroffenen Kabinettsmitglieds durch den Reichspräsidenten als ein Konstruktions-
fehler der Weimarer Reichsverfassung. Nur drei Regierungen wurden indes durch
ein Mißtrauensvotum gestürzt, die übrigen scheiterten zumeist an Koalitionszer-
würfnissen.
      Die Ausformung des Amtes des republikanischen Staatsoberhauptes beschäf-
tigte wegen ihrer neuartigen Konstruktion die Weimarer Staatsrechtslehre, Geschichtsschreibung und Politikwissenschaft mehr als die anderer Verfassungsor-
gane. Diese Präsidentschaft beruhte auf dem Gedanken des Gleichgewichts der

---

[96] Vgl. *E. R. Huber*, Deutsche Verfassungsgeschichte seit 1789, Bd. 6, 1981, S. 38 f.
[97] Vgl. *R. Thoma*, Die rechtliche Ordnung des parlamentarischen Regierungssystems, in: Hand-
      buch des Deutschen Staatsrechts, Bd. I, 1930, S. 503 (504).
[98] Vgl. *E. R. Huber*, Deutsche Verfassungsgeschichte seit 1789, Bd. 6, 1981, S. 322.
[99] Vgl. ausführlich *K. Stern*, Das Staatsrecht der Bundesrepublik Deutschland, Bd. V, 2000,
      S. 598 ff.
[100] Vgl. *W. Frotscher/ B. Pieroth*, Verfassungsgeschichte, 3. Aufl. 2002, Rn. 516.

parlamentarischen und der gouvernementalen Gewalt[101] und war – mit den Worten von *G. Anschütz* – „plebiszitär und parlamentarisch zugleich"[102]. Das plebiszitäre Moment lag in der unmittelbaren Volkswahl des Reichspräsidenten mit der Möglichkeit der Wiederwahl (Art. 41, 43 WRV); das parlamentarische Element zeigte sich darin, daß der Reichspräsident – anders als der Präsident der Vereinigten Staaten von Amerika – nicht selbst regierte, sondern eine Regierung ernannte, die des Vertrauens der Reichstages bedurfte und von diesem durch Mißtrauensvotum gestürzt werden konnte (Art. 52 – 56 WRV). So war der Reichspräsident mehr als ein repräsentierendes Staatsoberhaupt, ohne indes die Stellung des Präsidenten der gegenwärtigen 5. Französischen Republik zu erreichen. Prägend für sein Amt war neben den Befugnissen, die das Verhältnis zum Parlament und zur Regierung betrafen, sowie den präsidialen Kompetenzen im Ausnahmezustand der Oberbefehl über die Streitkräfte (Art. 47 WRV). Es war nicht diese Konstruktion, sondern das Versagen der Inhaber der hohen Regierungsämter bei der Verteidigung der Staatsordnung gegen verfassungsfeindliche Kräfte der extremen Rechten und Linken, das in der Endzeit der Weimarer Republik zu ihrem Scheitern führte.

Als staatliche Hauptorgane kannte die Weimarer Reichsverfassung weiterhin den Reichstag und den Reichsrat. Als unitarisches Organ war der Reichstag die Vertretung des deutschen Volkes (Art. 20 WRV), von diesem gewählt (Art. 22 WRV) und zu dessen Repräsentation berufen. Zuständig war er vor allem für die Rechtssetzung (Art. 68 Abs. 2 WRV), die Regierungskontrolle (Art. 33 Abs. 1 WRV) und – begrenzt – für die Verwaltung des Reiches (Art. 84, 89, 97). Der Reichsrat bildete das föderale Organ (Art. 60 WRV). In ihm waren die Länder auf der Grundlage eines abgestuften Stimmrechts vertreten, das sich – bei mindestens einer Stimme und höchstens zwei Fünftel aller Stimmen je Land – an der jeweiligen Einwohnerzahl orientierte (Art. 61 Abs. 1 WRV). Die wichtigste Zuständigkeit des Reichsrats bestand in seiner Mitwirkung bei der Gesetzgebung gemäß Art. 68 ff. WRV. Danach hatte er das Recht, eine Gesetzesvorlage zu beschließen (Art. 69 Abs. 2 WRV). Die Einbringung von Gesetzesvorlagen der Reichsregierung bedurfte seiner Zustimmung (Art. 69 Abs. 1 WRV). Unter den Mitwirkungsbefugnissen bei der Reichsverwaltung war die Zustimmungsbefugnis des Reichsrates beim Erlaß allgemeiner Verwaltungsvorschriften bedeutend, sofern die Ausführung der Reichsgesetze den Landesbehörden zustand (Art. 77 WRV).

Die Weimarer Reichsverfassung änderte nichts an der Qualität des Deutschen Reiches als Bundesstaat (Art. 2 WRV). Doch wurden die unitarischen Komponenten des Bundesstaates deutlich verstärkt. Die politischen Parteien, Bürokratien und Verbände spielten eine wichtige Rolle; insgesamt war die „Suprematie des Reiches"

---

[101] Vgl. *H. Preuß*, Staat, Recht, Freiheit, 1926, S. 417.
[102] *G. Anschütz*, Die Verfassung des Deutschen Reichs vom 11. August 1919, 14. Aufl. 1933, S. 243.

offenkundig.[103] Namentlich im Bereich der Finanzverfassung (Art. 14 WRV) und
der Reichsaufsicht (Art. 15 Abs. 2 und 3 WRV)[104] wurden die Kompetenzen des
Bundes gegenüber den Ländern vermehrt. Die Verteilung der Gesetzgebungszuständigkeiten zwischen den beiden Ebenen folgte hingegen im wesentlichen den
Vorgaben der Reichsverfassung von 1871 (Art. 6 ff. WRV). Auch bei der Festlegung der Zuständigkeit des Reichs im Verwaltungsbereich knüpfte die Weimarer
Reichsverfassung (Art. 14 WRV) an älteres Verfassungsrecht an, das die Ausführung der Reichsgesetze grundsätzlich den Ländern überantwortete.

Im zweiten Hauptteil der Verfassung (Art. 109 ff. WRV) waren die Grundrechte
und Grundpflichten der Deutschen normiert. Der Weimarer Katalog nahm die
Grundrechte der Paulskirchenverfassung auf und fügte weitere hinzu. Eingang fanden in ihn die klassischen Grundrechte der personalen Selbstbestimmung, Freiheit und Gleichheit, der Schutz der Ehe der Familie und der Jugend, die Grundrechte der Meinungs-, Versammlungs-, Vereinigungs- und Koalitionsfreiheit, das
Petitionsrecht, die Freiheit von Kunst, Wissenschaft und Erziehung (Schule), die
Wirtschafts-, Vertrags- und Eigentumsfreiheit sowie die Freiheit der Vereinigung
zu Religionsgesellschaften. Neben die traditionellen Freiheitsrechte traten soziale
Grundrechte und Grundpflichten, etwa das Recht und die Pflicht zu arbeiten (Art.
163 WRV), aber auch – nach den bisherigen Grundrechtskatalogen unbekannte –
Aussagen zur Wirtschafts-, Arbeits- und Betriebsverfassung, namentlich mit Blick
auf Arbeiter und Angestellte (Art. 160, 162, 165 WRV) sowie den Mittelstand (Art.
164 WRV). Die wirtschaftliche Freiheit wurde am Beginn in die Grenzen der „Gerechtigkeit mit dem Ziele der Gewährleistung eines menschenwürdigen Daseins
für alle" verwiesen (Art. 151 Abs. 1 WRV). Zusammen mit dem in seiner Bedeutung herausgehobenen Gleichheitssatz (Art. 109 WRV) markieren sie die Abkehr
von einem rein liberalen Staatsverständnis hin zu einem sozialen Rechtsstaat.[105] In
den Krisenjahren 1921 bis 1926 entwickelte das Reichsgericht eine lebhafte Grund-
rechtsjudikatur.[106] Die „Prinzipienfrage",[107] ob die Grundrechte eine normative
Wirkung entfalten, indem sie den einzelnen berechtigen oder verpflichten, oder ob
sie lediglich unverbindliche Programmsätze bilden, blieb indes während der gesamten Weimarer Zeit eine „Quelle steter Streitigkeiten".[108] Rechtsprechung und

---

[103] Vgl. *K. Stern*, Das Staatsrecht der Bundesrepublik Deutschland, Bd. V, 2000, S. 585 f.
[104] Vgl. insoweit die wegweisende, am Ende des Kaiserreiches von *H. Triepel* verfaßte Arbeit „Die
Reichsaufsicht", 1917.
[105] Zur Prägung dieses, der Weimarer Verfassung noch unbekannten Begriffes vgl. *H. Heller*,
Rechtsstaat oder Diktatur, 1930.
[106] Vgl. *A. Buschke*, Die Grundrechte der Weimarer Reichsverfassung in der Rechtsprechung des
Reichsgerichts, Diss. Halle-Wittenberg, 1930.
[107] Vgl. *R. Thoma*, Die juristische Bedeutung der grundrechtlichen Sätze der deutschen Reichsverfassung im allgemeinen, in: *H. C. Nipperdey* (Hrsg.), Die Grundrechte und Grundpflichten der Reichsverfassung, Bd. 1, 1929, S. 5.
[108] *A. Finger*, Das Staatsrecht des Deutschen Reichs, 1923, S. 94.

Lehre verstanden viele Bestimmungen dieses Teils der Verfassung nicht als aktuelles Recht, sondern als unverbindliche Programmsätze.

Sieht man von der Verfassung des Norddeutschen Bundes ab, war die Verfassung des Deutschen Reiches vom 11. August 1919 diejenige mit der kürzesten Geltungsdauer in Deutschland von praktisch nur dreizehneinhalb Jahren. Da es nicht gelang, ihre Grundgedanken im Bewußtsein des Volkes zu verankern, hat sie der Zerstörung durch den Nationalsozialismus nicht standgehalten. Sie war bestenfalls eine „hingenommene Verfassung"[109], die keine loyalen Vollstrecker fand. Weimarer Reichsverfassung und Versailler Vertrag markieren als politische und juristische „Grunddokumente"[110] höchst unterschiedlichen Inhalts den Beginn, die Existenz sowie das Ende der Weimarer Republik. Die Bestimmungen des am 28. Juni 1919 unterzeichneten Vertrags von Versailles, der den Deutschen Gebietsabtretungen, Pfandbesetzungen und hohe Reparationszahlungen auferlegte, griff in die Gestalt der neuen Republik und ihre innere Ordnung einschließlich der entstehenden Verfassung tief ein. Seine Wirkung auf das Denken und Verhalten der Menschen war verheerend. Mit bleierner Schwere hing das Alte am Neuen.[111] Eine überwiegend kritische, ja feindselige Haltung wichtiger Teile der Bevölkerung gegen die republikanisch-demokratische Staatsform und die wachsende Zustimmung zu extremistischen Parteien des rechten und linken Spektrums entzogen Staat und Verfassung die Legitimation. Allen voran für die Extremisten von rechts wurde der Kampf gegen das „System von Versailles" und das „System von Weimar" ein und dasselbe. Mit dieser Delegitimierung einher ging ab 1930 eine Bevorzugung autoritärer Politikkonzepte. Genährt wurde dieser Prozeß ab 1929 durch eine nahezu permanente Wirtschaftskrise bei hoher Arbeitslosigkeit und Inflation, die zu instabilen sozialen Verhältnissen führte. Bei den Neuwahlen am 14. September 1930 errang die NSDAP 107 Mandate (18,3 %) und wurde nach der SPD (24,5 %; 143 Mandate) zur zweitstärksten Fraktion. In den Folgejahren kam es zu einer immer stärkeren, schon beschriebenen Verlagerung der Rechtsetzung vom Reichstag auf die Regierung. Damit wurde das Prinzip der parlamentarischen Demokratie ausgehöhlt. Bereits in seiner 1923 erschienen Schrift über „Die geistesgeschichtliche Lage des heutigen Parlamentarismus" hatte C. Schmitt ausgeführt: „Es kann eine Demokratie geben ohne das, was man modernen Parlamentarismus nennt, und einen Parlamentarismus ohne Demokratie; und Diktatur ist ebensowenig der entscheidende Gegensatz zu Demokratie wie Demokratie der zu Diktatur."[112] Dahinter verbarg sich indirekt eine sehr deutliche Kritik an der Idee der parlamentarischen Demokratie, denn in geistes- und ideengeschichtlicher Per-

---

[109] Vgl. *H. A. Winkler*, Weimar, 1918-1933, 1993, S. 99.
[110] *G. Mann*, Deutsche Geschichte des 19. und 20. Jahrhunderts, 20. Aufl. 1958, S. 652.
[111] Vgl. *Chr. Graf von Krockow*, Die Deutschen in ihrem Jahrhundert, 1890-1990, 1990, S. 117 ff.
[112] 2. Aufl. 1926, S. 63; in seiner 1928 erschienen Verfassungslehre entwickelte *C. Schmitt* diese Gedanken anhand einer systematischen Analyse der Weimarer Reichsverfassung weiter.

spektive sah er einen deutlichen Gegensatz zwischen der – auf innere Homogenität des souveränen Staatsvolks angelegten – Demokratie (Gleichheit) und dem repräsentativen Parlamentarismus des modernen pluralistisch-liberalen Staates (Freiheit).[113] Die Konstruktion der Weimarer Verfassung, die Gleichheit und Freiheit miteinander zu verbinden versuchte, war nach *C. Schmitt* zum Scheitern verurteilt. Im Kontext der politischen Entwicklungen der Weimarer Republik wirkten solche Äußerungen verheerend. Denn sie waren dazu angetan, antidemokratisches Denken zu nähren, das mit völkisch-nationalistischen Strömungen eine unheilvolle Verbindung einging.

VI. Der nationalsozialistische Führerstaat

Gleichgültigkeit und Passivität der Mehrheit der deutschen Bevölkerung einschließlich ihrer Eliten angesichts offener Terrorakte gegenüber Andersdenkenden und Minderheiten ebneten den Weg für das Willkürsystem des Nationalsozialismus. Am 30. Januar 1933 wurde *Adolf Hitler* vom Reichspräsidenten *Paul von Hindenburg* zum Reichskanzler ernannt. Im Zeichen einer Legalitätstaktik, die den Schein der Gesetzmäßigkeit zu wahren versuchte, wurde eine Reihe von Notverordnungen erlassen, die den Übergang des degenerierten parlamentarischen Regierungssystems von Weimar zu einer Machtmonopolisierung in nationalsozialistischer Hand ermöglichten. Hervorzuheben sind die „Reichstagsbrandverordnung" sowie das „Ermächtigungsgesetz". Als Reaktion auf den Reichstagsbrand vom 27. Februar 1933 erging die „Verordnung des Reichspräsidenten zum Schutz von Volk und Staat vom 28. Februar 1933", die unter anderem die Grundrechte der Art. 114, 115, 117, 118, 123, 124 und 153 WRV, vor allem also die politisch relevanten Rechte, „auch außerhalb der hierfür bestimmten gesetzlichen Grenzen" bis auf weiteres suspendierte (§ 1).[114] Bis zum Ende des Dritten Reiches wurde die Verordnung nicht mehr aufgehoben. Eine immense machtpolitische Bedeutung im Prozeß der „legalen Revolution" (*H. Triepel*) erlangte das „Gesetz zur Behebung der Not von Volk und Reich vom 24. März 1933" (Ermächtigungsgesetz).[115] 444 der 647 Reichstagsabgeordneten ermächtigten unter Abänderung der Weimarer Reichsverfassung die Reichsregierung, nicht bloß Rechtsverordnungen, sondern (formelle und materielle) Reichsgesetze einschließlich Haushalts- und Kreditaufnahmegesetze zu erlassen. Diese Gesetze sollten auch von der Reichsverfassung abweichen können und allein vom Reichskanzler ausgefertigt werden. Die 94 an der Abstimmung teilnehmenden Abgeordneten der SPD lehnten dieses „Reichs-

---

[113] Vgl. *H.-C. Kraus,* Carl Schmitt (1888-1989), in: Die Weimarer Republik, Portrait einer Epoche in Biographien, 2002, S. 326 (329).

[114] RGBl. I 83.

[115] RGBl. I 141.

führungsgesetz" ab. Zunächst befristet bis zum 1. April 1937, wurde es mehrmals in seiner Geltungsdauer verlängert – zuletzt am 10. Mai 1943 durch „Führererlaß" auf unbestimmte Zeit.[116] Der Sache nach gehörte es wie andere, die politische Substanz der Weimarer Ordnung zerstörende Grundordnungsgesetze[117] zu den Verfassungsgesetzen des nationalsozialistischen Führerstaates.

Eine Verfassung des neuen, zunächst Drittes, nach 1938 Großdeutsches Reich genannten Staates kam nicht zustande.[118] Im Kompetenzchaos, im Dualismus von Partei und Staat, in *Hitlers* Machtpolitik blieben auch alle vorhandenen Konzepte der nationalsozialistischen Reichsreform stecken. Dabei hatte die Administration die Reform planmäßig in Angriff genommen und vorangetrieben. Ein Strukturkonzept war spätestens Mitte 1934 dem Gesetzentwurf zum Neuaufbau der Reichsverwaltung zu entnehmen.[119] Jedoch stand der Glaube an einen nationalsozialistischen „Rechts- und Verfassungsstaat" in fundamentalem Gegensatz zu mehreren Essentialia der herrschenden Lehrmeinung. Wo der Wille des „Führers" Gesetz war,[120] bedurfte es keiner „Führer"bindung an (geschriebenes) Recht. Je mehr sich die totale Machtposition des „Führers" stabilisierte, umso überflüssiger wurde eine verfassungsrechtliche Verankerung der Exekutive. Mit dem Beginn des 2. Weltkrieges zeigte sich *Hitlers* wahres Weltbild. Er verabscheute die an Regelhaftigkeit und Normen orientierte „Bürokratie". Stattdessen bediente er sich in steigendem Maße der NSDAP zur Ausführung seiner völkisch-rassischen und politischen Ziele.[121]

Die Fortexistenz des Reichstags nach 1933 als akklamatorische Institution des nationalsozialistischen Staates beruhte auf einer Vielzahl von Ursachen, deren we-

---

[116] RGBl. I 295.

[117] Vgl. hierzu *K. Stern*, Das Staatsrecht der Bundesrepublik Deutschland, Bd. V, 2000, S. 812 f.

[118] Entlarvend hierzu *E. R. Huber*, Aufbau und Ausbau der deutschen Reichsverfassung, „Das Reich" v. 13.10.1940, S. 46 f.: „Es war ein liberaldemokratischer Irrtum zu meinen, das Verfassungsrecht könne nur als geschriebene Norm entstehen. Doch wäre es ein romantischer Irrglaube, anzunehmen, in einem modernen großen Reich könne das in der politischen Wirklichkeit geborene Verfassungsrecht für seine Durchsetzung und Ausgestaltung auf das Mittel des geschriebenen Rechtssatzes verzichten. Die nationalsozialistische Verfassung ist in ihrem Kernbestand ein ungeschriebener Kodex politischer Leitideen ... Die Stärke der nationalsozialistischen Revolution trat ... darin hervor, daß sie die Weimarer Verfassung durch einfache Nichtbeachtung und Begründung einer neuen politischen Ordnung außer Geltung zu setzen vermochte; einer ausdrücklichen Aufhebung bedurfte es nicht mehr. Nicht minder oberflächlich aber war die im Ausland vielfach verbreitete Auffassung, der Nationalsozialismus habe mit der Abkehr vom liberaldemokratischen Modell der Verfassungsurkunde überhaupt auf eine „Verfassung" und auf verbindliches Verfassungsrecht verzichtet ... Die nationalsozialistische Reichsverfassung wurde Schritt für Schritt im Zuge eines planvollen und durchdachten Neuaufbaus der politischen Ordnung entwickelt; das Recht ist nicht dem politischen Aufbau vorausgeeilt, sondern es ist im politischen Aufbau und Ausbau des Reichs organisch entwickelt worden ...".

[119] Bundesarchiv, Akte R 18/5437, Bl. 85 ff.

[120] *E. R. Huber*, Verfassungsrecht des Großdeutschen Reiches, 2. Aufl. 1939, S. 202, 208.

[121] *U. Bachnick*, Die Verfassungsvorstellungen im nationalsozialistischen Deutschen Reich und ihre Verwirklichung, 1995, S. 381, 369 f.

sentliche in *Hitlers* letztlich unentschlossener Haltung gegenüber diesem Organ und dem gesamten endgültigen Aufbau des Dritten Reiches zu sehen ist. *Hitler* wollte das traditionelle Ansehen des Reichstags, das dieser trotz aller antiparlamentarischen Agitation vor 1933 noch genoß, für seine Politik nutzen und nach Bedarf jene Einigkeitsstimmung aus der Zeit des Beginns des 1. Weltkrieges augenfällig durch das Parlament demonstrieren lassen. Die einstimmige Akklamation des Reichstags wurde zum Ritual und verlor deshalb zwangsläufig an Überzeugungskraft. Das besondere Engagement, das Reichsinnenminister *W. Frick* für den Reichstag zeigte, lag vor allem darin begründet, daß er in ihm eine Einrichtung erblickte, die seinem zentralistischen Ideal entsprach und ihm deshalb in einer *Hitlers* Herrschaftsbedürfnissen gemäßen Form eines Einparteienparlaments erhaltenswert erschien.[122] Der Reichskanzler schürte den Dualismus von Partei und Staat, anstatt ihn zu beseitigen. Auf dem Parteitag im September 1935 äußerte sich *Hitler* grundlegend über das Verhältnis von Partei und Staat und wiederholte den schon in „Mein Kampf" formulierten Angriff auf die Funktion des Staats als höchste normgebundene Rechtseinheit.[123] Erst *Hitlers* unumschränkte Macht bedingte schließlich das Emporkommen von Ansichten wie der, bereits der Führerwille sei Gesetz.[124] Der Anteil der Gesetze ging im Zeitraum von 1939 bis 1945 kontinuierlich und drastisch zurück. Auf die Gemeinschaftakte, die Gesetze, entfielen lediglich rund 10 %, den Löwenanteil der Rechtsakte bildeten die höchstpersönlichen Direktiven, also die Erlasse, Befehle, Verordnungen, Anordnungen und Verfügungen des Führers. Ganz offensichtlich riefen der Krieg und vor allem die Administration der eroberten Gebiete sowie die Steuerung der Kriegswirtschaft einen so gigantischen Regelungs- und Handlungsbedarf hervor, daß dieser ohne schriftlich fixierte Anordnungen des Diktators gar nicht zu befriedigen war.[125] Geschaffen wurde zunächst ein autoritärer, dann totalitärer Staat, der zum Unrechtsstaat schlechthin wurde. Er mündete in der „deutschen Katastrophe" (*F. Meinecke*).

VII. Besatzungszeit und Wiederbelebung der deutschen Länder

Auf die Unterzeichnung der (militärischen) Kapitulationsurkunden am 7. und 8. Mai 1945 folgte die politische Kapitulation Deutschlands erst am 5. Juni 1945 durch die „Erklärung in Anbetracht der Niederlage Deutschlands und der Übernahme

---

[122] Vgl. *P. Hubert*, Uniformierter Reichstag, Die Geschichte der Pseudo-Volksvertretung 1933-1945, 1992, S. 371 ff.

[123] Vgl. *A. Hitler*, Mein Kampf, 52. Aufl., 1933, S. 425 ff. (Kapitel: „Der Staat").

[124] Vgl. *U. Bachnick*, Die Verfassungsvorstellungen im nationalsozialistischen Deutschen Reich und ihre Verwirklichung, 1995, S. 377, 384 f.

[125] Vgl. *M. Moll*, „Führer-Erlasse" 1939-1945, 1997, S. 29, 49 (Einleitung).

der obersten Regierungsgewalt in Deutschland".[126] Die vier alliierten Regierungen des Vereinigten Königreichs, der Vereinigten Staaten von Amerika, der Union der Sozialistischen Sowjetrepubliken und der Französischen Republik übernahmen damit „die oberste Regierungsgewalt in Deutschland". Zugleich betonten sie, daß dies „nicht die Annektierung Deutschlands (bewirke)". Bereits infolge des Abkommens über Kontrolleinrichtungen in Deutschland vom 14. November 1944 wurde die „oberste Gewalt in Deutschland nach Weisungen (der) jeweiligen Regierungen von den Oberbefehlshabern der Streitkräfte" der vier Siegermächte „ausgeübt, von jedem in seiner eigenen Besatzungszone und gemeinsam (durch den Kontrollrat) in allen Deutschland als ganzes betreffenden Angelegenheiten".[127] Die Krimkonferenz in Jalta (4. bis 11. Februar 1945) stellte die Weichen für die Nachkriegsordnung in Deutschland und Teilen des östlichen Mitteleuropa. Noch einschneidender waren die Beschlüsse der sog. Potsdamer Konferenz („Conference of Berlin" – 17. Juli bis 2. August 1945). Sie schuf eine Demarkationslinie quer durch Deutschland, die sich sehr bald zu einem „eisernen Vorhang" entwickelte. Die wichtigste Entscheidung der Besatzungsmächte für die zukünftige Entwicklung lag im Wiederaufgreifen der Länderstaatlichkeit. Die bis zu den Gesetzen über die Gleichschaltung der Länder aus den Jahren 1933 bis 1935[128] geltende Gliederung nach Ländern hatte in der Nachkriegszeit schon für die Abgrenzung der Besatzungszonen eine gewisse Bedeutung. Innerhalb der amerikanischen Zone erhielten Bayern, Württemberg-Baden, Groß-Hessen und Bremen, innerhalb der britischen Besatzungszone Hamburg, Niedersachsen, Nordrhein-Westfalen und Schleswig-Holstein, innerhalb der französischen Besatzungszone Württemberg-Hohenzollern, Baden, Rheinland-Pfalz und das Saargebiet deutsche Regierungen mit Ministerpräsidenten und Ministern. Auch in der sowjetischen Besatzungszone wurden Landes- und Provinzialeinheiten („Präsidien") geschaffen, so Mark Brandenburg, Mecklenburg-Vorpommern, Sachsen, Sachsen-Anhalt und Thüringen. Berlin erhielt am 4. September 1946 eine von der Kommandatur erlassene „Vorläufige Verfassung von Groß-Berlin", die ein Sitz- und Stimmrecht der Vertreter aller anerkannten politischen Parteien im Magistrat vorsah. Die sie ablösende Berliner Verfassung von 1950 galt nur noch in den westlichen Sektoren; der Ostsektor wurde zur Hauptstadt der DDR erklärt.
Der Aufbau der deutschen Staatlichkeit auf der Grundlage der wiederbelebten Länderstaatlichkeit wurde gestärkt durch die Schaffung von Landesverfassungen. Diese Entwicklung begann 1946 und war in der amerikanischen, sowjetischen und französischen Besatzungszone Mitte 1947 (erste Generation), in der britischen Be-

---

[126] Abgedr. in: *I. v. Münch* (Hrsg.), Dokumente des geteilten Deutschland, Bd. 1, 2. Aufl. 1976, S. 19 ff.

[127] Abgedr. in: *I. v. Münch* (Hrsg.), Dokumente des geteilten Deutschland, Bd. 1, 2. Aufl. 1976, S. 83 ff.

[128] RGBl. 1933 I 153; RGBl. 1933 I 173; RGBl. 1934 I 75; RGBl. 1935 I 65.

satzungszone 1950 (zweite Generation) abgeschlossen.[129] Die Verfassunggebung
in den Ländern erfolgte durch besonders zu diesem Zweck gewählte verfassunggebende Versammlungen oder durch die Landtage. Für die Länder der westlichen
Besatzungszonen waren die Prinzipien der atlantisch-westeuropäischen Verfas-
sungsstaaten prägend, mithin die Entscheidung für die parlamentarische Demokratie, der Grundsatz der Gewaltenteilung, ausgreifende Grundrechtskataloge sowie eine Verfassungs- bzw. Staatsgerichtsbarkeit. Das Prinzip der Menschenwürde
sowie der gegen „Verfassungsfeinde" gerichtete Ausschluß der Berufung auf bestimmte Grundrechte oder deren Verwirkung wurden vor dem Hintergrund der
geschichtlichen Erfahrungen zum Vorbild für das Grundgesetz. In zahlreichen
Landesverfassungen wurden auch plebiszitäre Elemente wie Volksbegehren und
nachfolgender Volksentscheid verankert. Die **Verfassung Baden-Württembergs
vom 19. November 1953** bildet den Schlußpunkt der ursprünglichen Verfassunggebung in den alten Bundesländern. Ihre späte Inkraftsetzung ist unmittelbare Folge der späten Gründung des Landes selbst, die erst mit der Vereinigung der Länder Baden, Württemberg-Baden und Württemberg-Hohenzollern zu einem
einzigen Land („Südweststaat") im Jahre 1952 gelungen war. Typologisch ist sie
eine schlankere Variante der Vollverfassung nach nordrhein-westfälischem Muster,
rezipiert mithin die Bundesgrundrechte und enthält einige eigene Grundrechtsbestimmungen.

Die fünf Länderverfassungen der sowjetischen Besatzungszone, unter denen die
Thüringer Verfassung vom 20. Oktober 1946 als erste in Kraft trat, waren an einem SED-Entwurf ausgerichtet, doch wichen sie in manchen Punkten von den
Vorstellungen der Einheitspartei ab.[130] Nachdem dieser Entwurf zunächst keinen
Grundrechtskatalog enthielt, wurden in die Verfassungen von Thüringen[131] (Art.
3) und Brandenburg[132] (Art. 6) zumindest in einem Artikel zusammengefaßte
Grundrechtsbestimmungen aufgenommen, während die Verfassung Sachsens[133]
den ausführlichsten Grundrechtsteil aufwies (Art. 7-25). Einen eigenen Abschnitt
über die Grundrechte enthielten auch die Verfassungen von Mecklenburg[134] (Art.
7-21) und Sachsen-Anhalt[135] (Art. 8-23). Die ostdeutschen Verfassungen konsti-
tuierten die Länder als „Glied einer Deutschen Demokratischen Republik" und
bekannten sich zur parlamentarischen Demokratie, nicht hingegen zum Grundsatz der Gewaltenteilung. Mit der Entwicklung der DDR zu einem sozialistischen

---

[129] *J. Menzel*, Landesverfassungsrecht, 2002, S. 329 ff., 349 ff.
[130] Vgl. *G. Braas*, Die Entstehung der Länderverfassungen in der Sowjetischen Besatzungszone
       Deutschlands 1946/47, 1987.
[131] Verfassung des Landes Thüringen vom 20.12.1946, Regierungsblatt Teil I, 1947, S. 1.
[132] Verfassung für die Mark Brandenburg vom 6.2.1947, GVBl. Teil I, 1947, S. 4.
[133] Verfassung des Landes Sachsen vom 28.2.1947, Gesetze/ Befehle/ Verordnungen/ Bekanntma-
       chungen der Landesregierungen, 1947, S. 103.
[134] Verfassung des Landes Mecklenburg vom 16.1.1947, Regierungsblatt 1947, S. 1.
[135] Verfassung der Provinz Sachsen-Anhalt vom 10.1.1947, GBl. Teil I, 1947, S. 9.

Einheitsstaat infolge ihrer Aufteilung in 14 Verwaltungsbezirke – mit Berlin (Ost) als 15. Bezirk – verschwanden die ostdeutschen Landesverfassungen aus dem Blickfeld. Die ostdeutschen Länder waren nach der Selbstauflösung der Landtage und Landesregierungen[136] verfassungsrechtlich nur noch ein handlungsunfähiger Torso.

VIII. Die Verfassungsstaatlichkeit der Bundesrepublik Deutschland

Eine bedeutende Zäsur in dieser Periode der Konstitutionalisierung der deutschen Gliedstaaten brachte das **Grundgesetz für die Bundesrepublik Deutschland vom 23. Mai 1949.** Als Ausgangspunkt seiner Schöpfung gelten drei Dokumente, die am 1. Juli 1948 im Frankfurter I.G.-Farben-Haus, dem alliierten Hauptquartier, den Ministerpräsidenten der Länder der drei westlichen Besatzungszonen übergeben wurden. Diese „Frankfurter Dokumente" enthielten auch die Empfehlung zur Schaffung einer Verfassunggebenden Versammlung.[137] Nach einer Reihe von Konferenzen der Ministerpräsidenten der elf westdeutschen Länder auf dem Koblenzer Rittersturz und im Jagdschloß Niederwald im Juli und August 1948, auf denen sie sich mit Blick auf den transitorischen Charakter des zu konstituierenden westdeutschen Staates auf den Begriff „Grundgesetz" anstelle von Verfassung geeinigt hatten, beriefen sie für den 10. August 1948 eine Verfassungskommission von Sachverständigen nach Herrenchiemsee ein. Sie sollte dem Parlamentarischen Rat vorarbeiten, dessen Wahl durch die Landtage die drei westlichen Militärgouverneure am 26. Juli 1948 in Frankfurt a.M. gebilligt hatten. Der Herrenchiemseer Konvent (10. bis 23. August 1948) erarbeitete einen Bericht, der u.a. einen „Entwurf eines Grundgesetzes" mit einem „kommentierenden" Teil enthielt.[138] Auch wenn es ihm nicht gelang, alle für die Ausarbeitung einer Verfassung wichtigen Fragen zu lösen und er eine Reihe von Streitpunkten als solche ausdrücklich kennzeichnen mußte, hat der Konventsentwurf dem Parlamentarischen Rat gute Vorarbeit geleistet.[139] Seine Beratungen begannen am 1. September 1948 im Museum Alexander Koenig in Bonn und dauerten bis zum Mai 1949. Er bestand aus 65 voll stimmberechtigten Mitgliedern, wovon die CDU/CSU und SPD je 27, die FDP fünf, Deutsche Partei, KPD und Zentrum je zwei Vertreter stellten; fünf Berliner Delegierte nahmen als nicht stimmberechtigte „Beobachter" teil. Als Präsident wurde *Konrad Adenauer* gewählt, der Vorsitz des wichtigen Hauptausschusses *Carlo Schmid* (SPD) übertragen. Publizisten im weitesten Sinne, aber auch Professoren wie *L. Bergsträßer, Th. Heuß, W. Laforet* und *E. Reuter*, Berufsbeamte

---

[136] 1958 wurde sodann die Länderkammer aufgelöst; GBl. DDR I 867.
[137] Abgedr. in *H. v. Mangoldt*, Das Bonner Grundgesetz, 1953, S. 4.
[138] Abgedr. in: Parlamentarischer Rat, Bonn 1948/49, Bd. 2, S. 504 ff.
[139] Vgl. *K. Stern*, Das Staatsrecht der Bundesrepublik Deutschland, Bd. V, 2000, S. 1269 f.

und Richter prägten das Bild des Parlamentarischen Rates. Die berufliche und soziale Schichtung des Volkes spiegelte sich in ihm nicht wider. Zwar waren Freibe-
rufler, Landwirte und Angestellte knapp repräsentiert, Handwerker und Arbeiter
aber kaum; auch Vertreter der Gewerkschaften und der Kirchen fehlten. Nur vier
Frauen gehörten ihm an: *Fr. Nadig, E. Selbert, H. Weber* und *H. Wessel*. Fast 50
der 65 Abgeordneten gaben an, in ihrer beruflichen oder politischen Karriere durch
den Nationalsozialismus beeinträchtigt oder aktive Gegner desselben gewesen zu
sein.[140]

Zu keinem Zeitpunkt stand im Parlamentarischen Rat die Verankerung des un-
verzichtbaren Selbstbestimmungsrechts des Deutschen Volkes in Frage. Ebenso
klar war das Ziel Deutschlands, die Einheit der Nation herbeizuführen und „als
Glied in einem vereinten Europa dem Frieden der Welt zu dienen" (Präambel des
Grundgesetzes). Angesichts der besonderen Situation Deutschlands sollte das
Grundgesetz in zeitlicher und räumlicher Hinsicht nur eine begrenzte Geltung, in
seiner materiellen Ausformung hingegen den Charakter einer Verfassung haben.
Angelehnt an die Bayerische Verfassung von 1946 wurde nach einigen Debatten
die Verantwortung des deutschen Volkes vor Gott (Präambel) aufgenommen.

Unter dem Eindruck des gerade erst beendeten Krieges und der programmatischen Antihumanität des nationalsozialistischen Unrechtsstaates stellte der Parlamentarische Rat das Bekenntnis zur unantastbaren Würde des Menschen an die
Spitze des ersten Teils des Grundgesetzes über die Grundrechte (Art. 1 Abs. 1 GG).
Zugleich bekannte er sich zu unverletzlichen und unveräußerlichen Menschenrechten (Art. 1 Abs. 2 GG) und band Gesetzgebung, vollziehende Gewalt und Rechtsprechung an die Grundrechte „als unmittelbar geltendes Recht" (Art. 1 Abs. 3 GG).
Damit ist diesen Verbürgungen als „Magna Charta unseres politischen Lebens" ein
strikt normativer Charakter auf die Stirn geschrieben. Spekulationen über einen
bloß programmatischen Gehalt des Grundrechtskatalogs, wie er die Diskussion in
der Weimarer Zeit bestimmte, sind damit ebenso ausgeschlossen wie die im Kaiserreich entwickelte und in der Weimarer Zeit übernommene Ansicht, daß die Grundrechte nur für die Exekutive, nicht für die Legislative gelten.[141] Zusammen mit der
in Art. 20 Abs. 3 GG vollzogenen Bindung der Gesetzgebung an die verfassungsmäßige Ordnung sowie der vollziehenden Gewalt und der Rechtsprechung an Gesetz und Recht legt diese Bestimmung die änderungsfesten Fundamente des materiellen Rechtsstaates (Art. 79 Abs. 3 GG). Soweit es sich um die klassischen
Freiheitsrechte, die politischen Rechte und die Prozeßgrundrechte handelte, waren
die Grundrechte nicht umstritten. Kontrovers wurden hingegen die Grundrechte
zur Lebensordnung, wie der Schutz von Ehe und Familie, das Eltern- und Schul-

---

[140] Vgl. zu diesem Soziogramm *K. Stern*, Das Staatsrecht der Bundesrepublik Deutschland, Bd. V,
        2000, S. 1283; Kurzporträts einiger Mitglieder des Parlamentarischen Rats finden sich bei *C.
        Schmid*, Erinnerungen, 1979, S. 405 ff.
[141] Vgl. *C. Schmid*, Erinnerungen, 1979, S. 361.

recht sowie die Aufnahme sozialer Grundrechte, debattiert. Hier spielten konfessionelle und weltanschauliche Gegensätze und unterschiedliche Standpunkte zu Staat und Kirche, Gesellschaft und Kultur eine maßgebliche Rolle. Ebenso umstritten waren die Regelungen zur Staatsangehörigkeit und zum Asylrecht sowie die Garantie eines Rechtes auf Kriegsdienstverweigerung. Der Hauptausschuß votierte mit 19 Stimmen für ein „absolutes Asylrecht",[142] das dann bis zur Verfassungsänderung am 28. Juni 1993 in Art. 16 Abs. 2 GG verankert war. Bei der Aufnahme eines Individualgrundrechts auf Kriegsdienstverweigerung im Grundgesetz berücksichtigte der Parlamentarische Rat die zahlreichen Eingaben aus der Bevölkerung, in denen nach den erschütternden Erfahrungen des Zweiten Weltkriegs eine staatlich anerkannte Verweigerungsmöglichkeit gefordert wurde.[143] Zwar war auch die besondere Bedeutung der Schaffung eines Bundesverfassungsgerichtes (Art. 93, 94 GG) von Anfang an unstreitig, doch wurde die Möglichkeit einer Verfassungsbeschwerde trotz mehrer Vorschläge des Herrenchiemseer Konvents nicht in das Grundgesetz aufgenommen. Dies sollte einem Bundesverfassungsgerichtsgesetz vorbehalten bleiben, welches dann 1951 im Rang eines einfachen Gesetzes das Institut der Verfassungsbeschwerde regelte; erst 1969 fand es Aufnahme in das Grundgesetz.[144] Damit wurde die wichtigste verfahrensrechtliche Konsequenz aus der verfassungsrechtlichen Formulierung der Menschen- und Bürgerrechte als einklagbare subjektive Rechte gezogen. Die Verfassungsbeschwerde beruft die Bürgerinnen und Bürger zu „Wächtern des Grundgesetzes".[145]

Lehren aus der Weimarer Erfahrung suchte das Grundgesetz bei der Konkretisierung der obersten Verfassungsprinzipien (Art. 1 und 20 GG) zu ziehen. Die hier normierten Grundsätze sind nach Art. 79 Abs. 3 GG unabänderlich und so der demokratischen Disposition entzogen. Diese Entscheidung des Grundgesetzes setzt sich in der verfassungsrechtlichen Ermächtigung fort, die Fundamentalgegner der grundgesetzlichen Ordnung vom politischen Prozeß fernzuhalten (Art. 20 Abs. 4 GG). Politische Parteien, die die freiheitlich demokratische Grundordnung bekämpfen, können für verfassungswidrig erklärt und aufgelöst (Art. 21 Abs. 2 GG), Vereinigungen mit solchen Zielen verboten werden (Art. 9 Abs. 2 GG), Einzelpersonen bestimmter politisch verwendbarer Grundrechte verlustig gehen (Art. 18 GG). Als „streitbare", „wehrhafte", „abwehrbereite" Demokratie grenzt sich das Grundgesetz ausdrücklich vom formalen Demokratieverständnis der Weimarer Verfassung ab.[146]

---

[142] Parlamentarischer Rat, Bd. 5/ I, S. 83.
[143] Überblick hierzu in: Bundesarchiv, Hauptdienststelle Koblenz, Parl.Rat (Z 5) 107-115.
[144] BGBl. 1969 I 97.
[145] Vgl. *J. Limbach,* Verfassung und politische Kultur, in: *J. Limbach/ R. Herzog/ D. Grimm* (Hrsg.), Die Deutschen Verfassungen, 1999, S. 9 (23).
[146] Vgl. *D. Grimm,* Zwei Jahrhunderte Verfassungsentwicklung in Deutschland, in: *J. Limbach/ R. Herzog/ D. Grimm* (Hrsg.), Die Deutschen Verfassungen, 1999, S. 44 (71).

Die heftigste Kontroverse im staatsorganisationsrechtlichen Teil entzündete sich an der bundesstaatlichen Verfassung, insbesondere an der Konstruktion und den Kompetenzen der „Zweiten Kammer" und der Ausgestaltung der Finanzverfassung. Art. 66 des Herrenchiemseer Entwurfs hatte noch die Bundesratslösung mit weisungsgebundenen Mitgliedern der Landesregierung und eine Senatslösung mit weisungsunabhängigen Senatoren alternativ nebeneinandergestellt. Im Hauptausschuß des Parlamentarischen Rates zeichnete sich aber schon bald eine Tendenz der Fraktionen zum Bundesratsprinzip ab (Art. 50 GG). Im Sinne einer Kompromißlösung steht er in der Mitte zwischen dem Bundesrat der Reichsverfassung von 1871 und dem Reichsrat der Weimarer Reichsverfassung. Der kompetentielle Schwerpunkt der beiden Kammern sollte aber auf jedem Fall beim Deutschen Bundestag liegen, der das Repräsentationsorgan des Deutschen Volkes darstellt (Art. 37 ff. GG). Das Parlament ist das einzige vom Volk direkt legitimierte Staatsorgan. Eine Schwächung seiner Kompetenzen durch konkurrierende Präsidentenbefugnisse oder Appellmöglichkeiten an das Volk sollte ausgeschlossen sein. Wie im Herrenchiemseer Konvent war auch im Parlamentarischen Rat die verfassungsrechtliche Position des Staatsoberhauptes umstritten. Die überwiegende Mehrheit sprach sich für ein Staatsoberhaupt als „pouvoir neutre" vorwiegend repräsentativen Charakters aus. Auch dieses Verfassungsorgan muß aus der eigenständigen Konzeption des Grundgesetzes verstanden werden, das im Amt des Bundespräsidenten Aufgaben der Staatspflege, der Staatsrepräsentation und der staatlichen Integration miteinander verbindet (Art. 54 ff. GG). Hinsichtlich der Wahl dieses nicht-regierenden Präsidenten wurde ein plebiszitäres Verfahren wie in der Weimarer Republik abgelehnt. Man einigte sich auf eine Bundesversammlung (Art. 54 Abs. 1 GG), die sich paritätisch aus Mitgliedern des Bundestages und solchen Mitgliedern zusammensetzt, die von den Landtagen gewählt werden (Art. 54 Abs. 3 GG). Eine originäre Konstruktion bilden auch die Organisations- und Strukturprinzipien für die Bundesregierung, die die Stellung des Bundeskanzlers in der politischen Führung hervorheben (Kanzlerprinzip) und zugleich die gleichberechtigte Stellung der Bundesminister im Kabinett (Kabinettsprinzip) sowie als Leiter ihrer Ressorts (Ressortprinzip) unterstreichen (Art. 62 ff. GG). Die Schwäche des Bundespräsidenten ist die Stärke des Hauptes der Exekutive, des Bundeskanzlers. Er ist das einzige Kabinettsmitglied, das vom Parlament gewählt wird (Art. 63 GG), er „bestimmt die Richtlinien der Politik" (Art. 65 GG) und kann nur durch eine Neuwahl gestürzt werden (Art. 67 GG), weshalb das Regierungssystem der Bundesrepublik Deutschland als „Kanzler-Demokratie" beschrieben wird. Den Parteien, die Parlament und Regierung beherrschen, wird eine demokratische Binnenordnung vorgeschrieben (Art. 21 Abs. 1 GG).

Art. 30 GG stellt unter Rückgriff auf § 5 RV 1849 eine Zuständigkeitsvermutung zu Gunsten der Länder für staatliches Tätigwerden auf. In der Verfassungswirklichkeit der Bundesrepublik Deutschland hat sich indes ein deutlicher Trend der Unitarisierung und der Abwanderung der Kompetenzen an den Bund bemerkbar gemacht. Die Schwächung der Substanz der Staatlichkeit der Länder rührt vor allem daher, daß das Schwergewicht gesetzgeberischer Tätigkeit aufgrund der zahlreichen Titel in den Art. 73 ff. GG eindeutig beim Bund liegt. Daran hat auch die Novellierung des Art. 72 GG anläßlich der Verfassungsreform im Jahre 1994 nichts geändert, die mit Blick auf die konkurrierende Gesetzgebung die „Erforderlichkeits-Klausel" neu faßte.[147] Art. 79 Abs. 3 GG enthält ein an die Weimarer staatsrechtliche Diskussion anknüpfendes Novum, indem er neben der bundesstaatlichen Verfaßtheit auch die „in den Artikeln 1 und 20 niedergelegten Grundsätze" als unantastbar erklärt („Ewigkeitsgarantie"). Damit werden in materiellrechtlicher Hinsicht unter anderem die Menschenwürde und die Menschenrechte (Art. 1 GG), der republikanische, demokratische und soziale Staatscharakter der Bundesrepublik Deutschland (Art. 20 Abs. 1 GG) sowie die Volkssouveränität (Art. 20 Abs. 2 Satz 1 GG) einer Revision durch den Verfassungsänderungsgesetzgeber entzogen.

Am 23. Mai 1949 tagte der Parlamentarische Rat ein letztes Mal und seine Abgeordneten unterzeichneten das am 8. Mai 1949 mit 53 gegen 12 Stimmen beschlossene Grundgesetz. Zwei Abgeordnete fehlten, *Reimann* und *Renner* von der KPD verweigerten ihre Unterschrift, die fünf Abgeordneten von Groß-Berlin unterzeichneten gesondert. Noch im Mai stimmten die Landesparlamente mit Ausnahme des Bayerischen Landtags zu. Eine Volksabstimmung über das Grundgesetz hatten die Ministerpräsidenten aus triftigen Gründen abgelehnt. Seine Verkündung erfolgte in dem als Nr. 1 am 23. Mai 1949 ausgegebenen Bundesgesetzblatt auf Seite 1, woraufhin es am gleichen Tag um 24.00 Uhr in Kraft trat. Die Wahlen zum ersten Deutschen Bundestag vom 14. August 1949 brachten bei einer Beteiligung von 78,5% der CDU/CSU 139, der SPD 131, der FDP 52 und den übrigen 14 Parteien 80 Mandate. Damit gewann zugleich das Grundgesetz an Legitimation und wurde allmählich zur „vertrauten und akzeptierten konstitutionellen Heimstatt".[148] Die Bundesversammlung wählte am 12. September 1949 *Theodor Heuß* zum ersten Bundespräsidenten, der Bundestag am 15. September 1949 *Konrad Adenauer* zum ersten Bundeskanzler der Bundesrepublik Deutschland. Mit *Adenauer* kam das deutsche, das westdeutsche Bürgertum zum erstenmal zur Macht.[149]

IX. Die sozialistische Verfaßtheit der DDR

Nachdem sich bei der SED bereits im Frühjahr 1948 die Entscheidung zugunsten einer Eigenstaatlichkeit in ihrem Herrschaftsbereich verfestigt und *Stalin* am 27.

---

[147] BGBl. I 3146.
[148] Vgl. *K. Stern*, Das Staatsrecht der Bundesrepublik Deutschland, Bd. V, 2000, S. 1967 f.
[149] *G. Mann*, Deutsche Geschichte des 19. und 20. Jahrhunderts, 20. Aufl. 1958, S. 992.

September 1949 seine Einwilligung zur Staatsgründung gegeben hatte, trat am 7. Oktober 1949 auf der Grundlage des „Gesetzes über die Konstituierung der Provisorischen Volkskammer der Deutschen Demokratischen Republik"[150] der „Deutsche Volksrat" als „Provisorische Volkskammer" zusammen. Unter der Leitung von *Wilhelm Pieck* wurde der vom „3. Volkskongreß" am 30. Mai 1949 verabschiedete Verfassungsentwurf ohne Diskussion angenommen und verkündet.[151] Er bekannte sich zu Republik, parlamentarischer Demokratie mit plebiszitären Elementen, Bundesstaatlichkeit und Volkssouveränität (Art. 1 Abs. 1 bis 3, Art. 3 Abs. 1 bis 4 DDR-Verf. 1949). Der am rechtsstaatlichen Vorbild der Weimarer Verfassung orientierte reichhaltige Grundrechtskatalog dieser Gründungsverfassung der DDR war faktisch gegenstandslos oder wurde unter dem Gesichtspunkt der Einheit von Grundrechten und -pflichten einer neuen Funktionsbestimmung zugeführt. Die stärksten Einbußen in der tradierten verfassungsrechtlichen Ausgestaltung mußte die rechtsprechende Gewalt hinnehmen, da hier die deutlichste Absage an die Idee der Gewaltenteilung erfolgte. Die von Art. 51 Abs. 2 der Verfassung vom 7. Oktober 1949 vorgeschriebene Wahl nach den Grundsätzen der Verhältniswahl blieb toter Buchstabe, da bereits anläßlich der ersten Wahl der Volkskammer am 15. Oktober 1950 nur eine Einheitsliste der auf Initiative der SED am 7. Januar 1950 gebildeten „Nationalen Front" zur Akklamation gestellt wurde.

Die Verfassung vom 9. April 1968 brachte formell eine Zusammenfassung der staatsrechtlichen Grundsatznormen in einer novellierten Verfassungsurkunde, die zugleich eine Phase vollständiger Neukodifikation des sozialistischen Rechts in der DDR einleitete. Während sich die Verfassung von 1949 noch auf Deutschland als „unteilbare demokratische Republik" bezog (Art. 1 DDR-Verf. 1949), versuchte die 68er Verfassung die mit dem Bau der Berliner Mauer verfestigte Teilung der beiden deutschen Staaten konstitutionell zu verankern. Ausgehend von einem in der Präambel proklamierten Staatsvolk der DDR und einer eigenen Staatsangehörigkeit (Art. 19 Abs. 4 DDR-Verf. 1968), bezeichnete die Verfassung die DDR als „sozialistischen Staat deutscher Nation" (Art. 1 DDR-Verf. 1968). Ohne Beteiligung der Öffentlichkeit wurde am 27. September 1974 das **„Gesetz zur Ergänzung und Änderung der Verfassung vom 7. Oktober 1974"** auf die Tagesordnung der Volkskammersitzung gesetzt. Nachdem der Präsident auf derselben Sitzung mitgeteilt hatte, daß der Verfassungs- und Rechtsausschuß die Vorlage beraten habe und dem Plenum zur Annahme empfehle, und *E. Honecker* den Gesetzesentwurf kurz begründet hatte, wurde die Vorlage ohne Aussprache angenommen. Dieses Verfahren der Verfassunggebung verstieß eindeutig gegen das Verfassungsgebot des Art. 65 Abs. 4 DDR-Verf. 1968, wonach grundlegende Gesetzesentwürfe vor ihrer Verabschiedung der Bevölkerung zu unterbreiten und die

---

[150] GBl. DDR 1949 I 1.
[151] GBl. DDR 1949 I 4.

Ergebnisse dieser „Volksdiskussion" bei der endgültigen Fassung auszuwerten waren.

Durch die Totalrevision der bisherigen Verfassung sollten die ideologischen, politischen, wirtschaftlichen und staatsorganisatorischen Veränderungen in einer neuen Verfassungsurkunde festgeschrieben werden. Mit der Eliminierung aller Verfassungsbestimmungen, die sich auf eine einheitliche deutsche Nation bezogen, ging die Aufwertung der sowjetischen Hegemonialmacht einher (Art. 6 DDR-Verf. 1974). Das wichtigste Strukturmerkmal der sozialistischen Staatlichkeit war die in Art. 1 Abs. 1 der **Verfassung der Deutschen Demokratischen Republik vom 7.** Oktober **1974** normierte Suprematie der marxistisch-leninistischen Partei. Ausgehend davon errichtete die Verfassung ein permanentes Allparteienbündnis (Art. 2 Abs. 2 DDR-Verf. 1974) im Rahmen der Dachorganisation der Nationalen Front (Art. 3 Abs. 2 DDR-Verf. 1974), die spätestens seit Ende der 60er Jahre die Aufgabe eines Legitimationsorgans der SED mit reiner Akklamationsfunktion erfüllte. Bereits in Art. 2 Abs. 1 DDR-Verf. 1974 wurde die zentrale Rolle der Wirtschaftsentwicklung für den gesellschaftlichen Fortschritt betont und später unter dem Stichwort der „Einheit von Wirtschafts- und Sozialpolitik" zur „Hauptaufgabe" staatlichen Wirkens erklärt. Art. 9 Abs. 1 DDR-Verf. 1974 bezeichnete demgemäß die Volkswirtschaft der DDR als eine auf dem sozialistischen Eigentum an den Produktionsmitteln beruhende Planwirtschaft. Das einzig an sich noch geduldete Privateigentum fand in der Form des Eigentums privater Handwerks- und Gewerbebetriebe nach Art. 14 Abs. 2 DDR-Verf. 1974 Erwähnung, stand aber trotz der staatlichen Förderungspflicht zur weiteren Disposition des einfachen Gesetzgebers.

Aufgrund einer behaupteten Übereinstimmung zwischen individuellen und gesellschaftlichen Interessen sollten die Grundrechte (Art. 19 ff. DDR-Verf. 1974) keinen Freiraum des Bürgers gegenüber dem Staat gewährleisten, waren also nicht als einklagbare Freiheitsgewährleistung, sondern lediglich als von der Staatsmacht widerruflich gewährte Berechtigungen konzipiert.[152] Sie unterlagen einerseits einer weltanschaulichen Zweckbindung und beruhten andererseits auf der sogenannten dialektischen Einheit von Grundrechten und Grundpflichten. Nach Art. 19 Abs. 1 DDR-Verf. 1974 „garantierte" der Staat allen Bürgern die Ausübung ihrer Rechte und erhob die Mitwirkung an der gesellschaftlichen Entwicklung zum „Hauptgrundrecht", dessen Ausgestaltung in Art. 21 DDR-Verf. 1974 weitgehend deklamatorische Willensbekundungen enthielt. Nach Art. 19 Abs. 3 DDR-Verf. 1974 verwirklichte der einzelne die „Freiheit und Würde seiner Persönlichkeit",

---

[152] Vgl. dazu *Th. Friedrich*, Das Verfassungslos der DDR – die verfassungslose DDR, in: *G. Dilcher* (Hrsg.) Rechtserfahrung DDR, 1997, S. 41, 57 ff., der auch darauf hinweist, daß die Grundrechte nicht als vorgegebene, unveräußerliche Menschenrechte verstanden wurden und sich die DDR der humanen Dimension der Grundrechte erst im Rahmen des KSZE-Prozesses näherte.

indem er „seine Kräfte aus freiem Entschluß zum Wohle der Gesellschaft und zu seinem eigenen Nutzen in der sozialistischen Gemeinschaft" entfaltete. Das Recht auf freie Meinungsäußerung des Art. 27 DDR-Verf. 1974 bestand nur nach den „Grundsätzen der Verfassung" und wurde insbesondere durch das politische Strafrecht erheblich eingeschränkt. Die in Art. 27 Abs. 2 DDR-Verf. 1974 schrankenlos gewährte Pressefreiheit wurde hingegen nicht als Individualfreiheit verstanden. Mangels einer Verwaltungsgerichtsbarkeit und verfassungsrechtlicher Spruchorgane konnten die Grundrechte im Rechtsleben nur eine mittelbare Bedeutung erlangen. Der Bürger war vor allem auf die außergerichtlichen und zudem verfahrensrechtlich kaum strukturierten Beschwerdeverfahren (Eingabewesen) angewiesen[153], wobei die Beschwerdeausschüsse der Volksvertretung, an die man sich gemäß Art. 105 DDR-Verf. 1968 nach erfolgloser Anfechtung auf dem Verwaltungswege wenden konnte, mit der Verfassungsänderung 1974 stillschweigend abgeschafft wurden. Die organisationsrechtlichen Bestimmungen der DDR-Verfassung wurden durch das Strukturprinzip der Gewalteneinheit und das für den Staatsaufbau maßgebliche Organisationsprinzip des demokratischen Zentralismus geprägt.[154] Während der Grundsatz der Gewalteneinheit die Trennung verschiedener Gewalten auf horizontaler Ebene verhinderte, war der Staatsaufbau in vertikaler Ebene durch das in Art. 47 Abs. 2 DDR-Verf. 1974 niedergelegte Prinzip des „demokratischen Zentralismus" lückenlos in der Spitze konzentriert.

Erst in der Umbruch- und Endphase der DDR erlangte die Verfassung eine zuvor nie gekannte und bis dahin wohl auch nicht vorstellbare Wirkkraft. Es gehörte zu den Besonderheiten der friedlichen Revolution von 1989/90, daß diese sich auf einer legalistischen Ebene vollzog, indem sich die erkämpften Rechte und Freiheiten formal im Verfassungsrahmen hielten oder die Verfassung durch zahlreiche Änderungs- und Ergänzungsgesetze einem Verfassungswandel unterzogen wurde.[155] Eine Zäsur bildete schließlich das von der ersten frei gewählten Volkskammer am 17. Juni 1990 beschlossene Verfassungsgrundsätzegesetz,[156] das in Art. 1 Abs. 1 die DDR zu einem freiheitlichen, demokratischen, föderativen, sozialen und ökologisch orientierten Rechtsstaat erklärte und damit die Voraussetzungen für das Inkrafttreten des Vertragswerkes der deutschen Wiedervereinigung schuf. Zugleich

---

[153] Vgl. dazu W. *Bernet*, Verwaltungsakte und Rechtsbehelfe im Systemwandel, LKV 1992, S. 346 ff.

[154] Vgl. dazu allgemein G. *Brunner*, Staatsapparat und Parteiherrschaft in der DDR, in: Machtstrukturen und Entscheidungsmechanismen im SED-Staat und die Frage der Verantwortung. Materialien der Enquête-Kommission „Aufarbeitung von Geschichte und Folgen der SED-Diktatur", hrsg. vom Deutschen Bundestag, Bd. II/ 2, S. 989 ff.

[155] Kritisch dazu H. *Quaritsch*, Eigenarten und Rechtsfragen der DDR-Revolution, VerwArch. 1992, S. 314 ff.

[156] Gesetz zur Änderung und Ergänzung der Verfassung der DDR vom 17.6.1990, GBl. DDR I 229.

beendete es alle Projekte einer erneuerten DDR-Verfassung, für die insbesondere der Verfassungsentwurf des „Runden Tisches" stand.[157]

X. Verfassungsnovellierungen im Zeichen der deutschen Einheit auf Bundes- und Landesebene

Nach der gewaltlosen ostdeutschen Revolution und dem Fall der Berliner Mauer am 9. November 1989 war es der Einigungsvertrag vom 29. September 1990, der die deutsche Einheit in Erfüllung des Wiedervereinigungsgebotes des Grundgesetzes besiegelte[158] und damit den „Beitritt der DDR zum Geltungsbereich des Grundgesetzes" nach Art. 23 GG a.F. zum 3. Oktober 1990[159] ermöglichte. Es war gewiß ein Glücksfall, daß sich die Bundesrepublik zu einem stabilen demokratischen Gemeinwesen entwickelt hatte, als der Eiserne Vorhang fiel. Bereits am 22. Juli 1990 hatte die Volkskammer das Verfassungsgesetz zur Bildung von Ländern in der Deutschen Demokratischen Republik erlassen.[160] Danach wurden mit Wirkung vom 14. Oktober 1990 die Länder Mecklenburg-Vorpommern, Brandenburg, Sachsen-Anhalt, Sachsen und Thüringen wiederhergestellt. Der Einigungsvertrag, der – neben dem die äußeren Aspekte der Wiedervereinigung betreffenden Zwei-plus-vier-Vertrag – „alle für erforderlich gehaltenen Regelungen zur Vorbereitung und Vollziehung des Beitritts der DDR zur Bundesrepublik Deutschland" normiert,[161] enthält in Art. 5 eine Empfehlung der Regierungen der beiden Vertragsparteien an die „gesetzgebenden Körperschaften des vereinten Deutschlands". Diese sollten „sich innerhalb von zwei Jahren mit den im Zusammenhang mit der deutschen Einheit aufgeworfenen Fragen zur Änderung oder Ergänzung des Grundgesetzes ... befassen ...". Die auf dieser Grundlage eingesetzte Gemeinsame Verfassungskommission von Bundestag und Bundesrat legte kurz vor dem Ende der 12. Legislaturperiode Vorschläge zur Novellierung des Grundgesetzes vor, die durch Änderungsgesetz vom 27. Oktober 1994 größtenteils umgesetzt wurden.[162] Es zielte im wesentlichen auf eine Stärkung der Länder (Art. 72, 74, 75, 76 Abs. 2 und 3, 77 Abs. 2a, 80 Abs. 3 und 4, 87 Abs. 2, 93 Abs. 1 Nr. 2a GG). Eingefügt wurde das Staatsziel Umweltschutz, das im Jahre 2002 noch um das Staatsziel Tierschutz erweitert wurde.[163] Die Stellung der Frauen (Art. 3 Abs. 2 Satz 2 GG) und

---

[157] Verfassungsentwurf für die DDR, Berlin (Ost) 1990.

[158] BGBl. II 1360.

[159] So der Wortlaut des Beitrittsbeschlusses der Volkskammer vom 23.8.1990, Volkskammerprot. Bd. 28, S. 1382 ff.

[160] GBl. DDR I 955.

[161] *B. Schmidt-Bleibtreu*, Der Einigungsvertrag in seiner rechtlichen Gestaltung und Umsetzung, in: K. Stern /B. Schmidt-Bleibtreu (Hrsg.), Verträge und Rechtsakte zur Deutschen Einheit, Bd. 2, 1990, S. 57 (59).

[162] BGBl. I 3146.

[163] BGBl. I 2862.

der Behinderten (Art. 3 Abs. 3 Satz 2 GG) wurde verbessert. Erleichtert wurde die Neugliederung des Gebiets von Brandenburg und Berlin (Art. 118a GG), die aber dann doch im Mai 1996 am Widerstand der Berliner Bevölkerung scheiterte. Schon 1992 war im Rahmen der Ratifizierung des Maastrichter Vertrages der durch die Wiedervereinigung „verbrauchte" Art. 23 GG zum Sitz des Bekenntnisses der Bundesrepublik Deutschland zu einem vereinten Europa sowie zur Ausgestaltung der Europäischen Union gemacht worden.[164]

Im Bundesstaat ist die Verfassungseinheit jedoch erst dann vollständig, wenn auch die Gliedstaaten mit Verfassungen ausgestattet sind. Das Recht der deutschen Länder zur Verfassunggebung wird von Art. 28 Abs. 1 GG vorausgesetzt, aber auch begrenzt, wenn hier in Anknüpfung an Art. 18 WRV[165] ein auf Homogenität, nicht Uniformität bedachter Rahmen gesteckt wird. Damit soll der Grundkonsens über die „Grundsätze des republikanischen, demokratischen und sozialen Rechtsstaates" im Sinne des Grundgesetzes mit dem Ziel des Zusammenhalts des Bundesstaates gesichert werden. Der Verfassungsgebungsprozeß der dritten Generation erfolgte in den deutschen Ländern zwischen 1990 und 1993.[166] Er war nicht auf Berlin, Brandenburg, Mecklenburg-Vorpommern, Sachsen, Sachsen-Anhalt und Thüringen beschränkt, sondern hat auch in einigen „alten" Ländern Revisionen der Verfassungen inspiriert.[167] So wurde etwa anläßlich einer umfangreicheren Reform der Verfassung Baden-Württembergs im Jahre 1995 die Präambel um ein Europabekenntnis erweitert, in Art. 2a BadWüVerf ein Verbot der Benachteiligung Behinderter eingefügt, in Art. 3a BadWüVerf der Schutz der Lebensgrundlagen aufgenommen, die Legislaturperiode in Art. 30 BadWüVerf auf fünf Jahre verlängert, mit Art. 34a BadWüVerf eine Regelung zur Beteiligung des Landtages in Europaangelegenheiten aufgenommen, in Art. 43 BadWüVerf die Selbstauflösung des Landtags ermöglicht und in Art. 72 BadWüVerf das Ausländerwahlrecht eingeführt.[168] Im Mai 2000 wurde sodann „im Trend der Zeit"[169] das Gebot der Achtung und des Schutzes der Tiere als Lebewesen und Mitgeschöpfe (Art. 3 b BadWüVerf) sowie das Staatsziel der Förderung von Kultur und Sport (Art. 3 c Abs. 1 BadWüVerf) in die Baden-Württembergische Verfassung aufgenommen.[170]

Auch die Verfassungen der „neuen" Länder erheben allesamt den Anspruch, Vollverfassungen zu sein.[171] Daher sind sie mit ausführlichen Grundrechtskatalo-

---

[164] BGBl. I 2086.

[165] Vgl. *H. Preuß*, Staat, Recht und Freiheit, 1926 (Neudruck 1964), S. 401.

[166] Zu dieser dritten Generation der 16 Landesverfassungen vgl. *J. Menzel*, Landesverfassungsrecht, 2002, S. 365 ff.

[167] Vgl. *M. Niedobitek*, Neuere Entwicklungen im Verfassungsrecht der Länder, 1994.

[168] GBl. 269.

[169] *J. Menzel*, Landesverfassungsrecht, 2002, S. 362.

[170] GBl. 449.

[171] Zu der für diese Textsammlung exemplarisch ausgewählten sächsischen Verfassung vgl. *B. Kunzmann/ M. Haas/ H. Baumann-Hasske/ U. Bartlitz*, Die Verfassung des Freistaates Sachsen, 1993.

gen ausgestattet, die namentlich durch die Verbürgung sozialer Grundrechte, wie das Recht auf Arbeit, Bildung und Wohnung (bspw. Art. 7 Abs. 1 der **Verfassung des Freistaates Sachsen vom 27. Mai 1992**), vom politischen Selbstverständnis der Beitrittsländer und ihrem rechtspolitischen Gestaltungswillen zeugen. Dies gilt auch für die starke Betonung von Staatszielen. Sie knüpfen zum Teil an traditionelle Gehalte an, etwa hinsichtlich der Entwicklung der Kinder (bspw. Art. 9 SächsVerf) oder der Sorge für Arbeit, Wohnung, soziale Sicherung und Lebensunterhalt (bspw. Art. 7 Abs. 1 SächsVerf), formulieren aber auch neue Staatsziele wie den Umweltschutz, teilweise auch den Tierschutz (bspw. Art. 10 SächsVerf), den Sport (bspw. Art. 11 SächsVerf), die Beachtung nationaler und ethnischer Minderheiten deutscher Nationalität (bspw. Art. 6 SächsVerf), die tatsächliche Gleichstellung von Frauen und Männern (bspw. Art. 8 SächsVerf) und die Gleichwertigkeit der Lebensbedingungen alter und behinderter Menschen (bspw. Art. 7 Abs. 2 SächsVerf). Während die Verfassungen von Mecklenburg-Vorpommern, Sachsen, und Sachsen-Anhalt klar zwischen Grundrechten als subjektiven Rechten und Staatszielen als allein objektiv-rechtlichen Verbürgungen trennen, sind in Brandenburg und Thüringen diese Grenzen verwischt.[172]

Mit dem Inkrafttreten der Verfassungen der beigetretenen Länder war die Verfassungseinheit im wiedervereinigten Deutschland vollendet. Das gebrochene Verhältnis der Deutschen zu ihrer Nation hat seit dem Ende der 70-er Jahre das Wort vom „Verfassungspatriotismus" (*D. Sternberger*) in Deutschland beflügelt.[173] Vaterlandsliebe und gesellschaftlicher Zusammenhang sollen danach vor allem durch das rationale Element einer Rückbindung an die freiheitliche demokratische Grundordnung des Grundgesetzes geprägt sein. Doch ist die damit verbundene Gleichsetzung von Vaterland und Verfassung angesichts der Ausblendung des Staatlichen nicht unproblematisch. Gleichwohl kann die Verfassung angesichts ihrer Integrationskraft und als Ausschnitt des Schrifttums einer Nation Teil des „portativen [tragbaren] Vaterlandes"[174] sein, das ihren geistigen Raum als Gemeinschaft absteckt.

Bundesverfassung und Landesverfassungen bilden ihrerseits Bausteine im „Verfassungsverbund"[175] der Europäischen Union. So bekräftigt denn auch die Präambel der Charta der Grundrechte der Europäischen Union die „Achtung der Viel-

---

[172] Kritisch *K. Stern*, Das Staatsrecht der Bundesrepublik Deutschland, Bd. V, 2000, S. 2085.

[173] Vgl. *D. Sternberger*, Verfassungspatriotismus, in: *ders.*, Schriften, Bd. 10, 1990, S. 13.

[174] *H. Heine* sah die Torah als „portatives Vaterland".

[175] Vgl. *I. Pernice*, Bestandssicherung der Verfassungen: Verfassungsrechtliche Mechanismen zur Wahrung der Verfassungsordnung, in: *R. Bieber/ P. Widmer* (Hrsg.), Der europäische Verfassungsraum, 1995, S. 225 (261 ff.); *ders.*, Kompetenzabgrenzung im Europäischen Verfassungsverbund, JZ 2000, S. 870 f.; vgl. auch BVerfG (E 89, 155 [183]), das in der EU einen „engeren Rechtsverbund einer zwischenstaatlichen Gemeinschaft" sieht.

falt der Kulturen und Traditionen der Völker Europas sowie der nationalen Identität der Mitgliedstaaten und der Organisation ihrer staatlichen Gewalt auf nationaler, regionaler und lokaler Ebene". Die Europäische Union ist damit im Begriff,
sich als ein föderales System freier Staaten im Sinne *I. Kants*[176] zu konstituieren,
das auf dem Gedanken einer geteilten Herrschaft zwischen Zentralgewalt und konstituierenden Teilgewalten beruht. Als Mindeststandards seiner legitimen Verfaßtheit gelten auch hier die Grundsätze der Freiheit, der Demokratie, der Achtung
der Menschenrechte und Grundfreiheiten sowie der Rechtsstaatlichkeit (Art. 6
Abs. 1 EUV). Sie sichern die Homogenität der sich entwickelnden europäischen
Verfassungsstrukturen im Zeichen der Gemeinschaftlichkeit und einer freiheitlichen Gesellschaftsform.

---

[176] *I. Kant*, Zum ewigen Frieden, 1795 (1984), Zweiter Definitivartikel zum ewigen Frieden, S. 16:
„Föderalismus freier Staaten".

VERFASSUNGSDOKUMENTE

Deutsche Bundesakte
vom 8. Juni 1815

Quelle: *Corpus Juris Confoederationis Germanicae, Bd. 2, S. 1 ff.*

Im Namen der allerheiligsten und untheilbaren Dreieinigkeit

Die souveränen Fürsten und freien Städte Deutschlands, den gemeinsamen Wunsch hegend, den 6. Artikel des Pariser Friedens vom 30. Mai 1814 in Erfüllung zu setzen, und von den Vortheilen überzeugt, welche aus ihrer festen und dauerhaften Verbindung für die Sicherheit und Unabhängigkeit Deutschlands, und die Ruhe und das Gleichgewicht Europa's hervorgehen würden, sind übereingekommen, sich zu einem beständigen Bunde zu vereinigen, und haben zu diesem Behuf ihre Gesandten und Abgeordneten am Congresse in Wien mit Vollmachten versehen, nämlich:

[es folgen die Namen der Bevollmächtigten]

In Gemäßheit dieses Beschlusses haben die vorstehenden Bevollmächtigten, nach geschehener Auswechslung ihrer richtig befundenen Vollmachten, folgende Artikel verabredet.

I. Allgemeine Bestimmungen

Art. I Die souveränen Fürsten und freien Städte Deutschlands mit Einschluß Ihrer Majestäten des Kaisers von Oesterreich und der Könige von Preußen, von Dänemark und der Niederlande, und zwar der Kaiser von Oesterreich, der König von Preußen, beide für ihre gesammten vormals zum deutschen Reich gehörigen Besitzungen, der König von Dänemark für Holstein, der König der Niederlande für das Großherzogthum Luxemburg, vereinigen sich zu einem beständigen Bunde, welcher der *deutsche Bund* heißen soll.

Art. II Der Zweck desselben ist Erhaltung der äußeren und inneren Sicherheit Deutschlands und der Unabhängigkeit und Unverletzbarkeit der einzelnen deutschen Staaten.

Art. III Alle Bundesglieder haben als solche gleiche Rechte; sie verpflichten sich alle gleichmäßig die Bundesacte unverbrüchlich zu halten.

Art. IV Die Angelegenheiten des Bundes werden durch eine Bundesversammlung besorgt, in welcher alle Glieder desselben durch ihre Bevollmächtigten theils einzelne, theils Gesammtstimmen folgendermaßen, jedoch unbeschadet ihres Ranges führen:

 1. Oesterreich . . . . 1 Stimme
 2. Preußen . . . . 1 –
 3. Baiern . . . . 1 –
 4. Sachsen . . . . 1 –
 5. Hannover . . . . 1 –
 6. Würtemberg . . . . 1 –
 7. Baden. . . . . 1 –
 8. Kurhessen . . . . 1 –
 9. Großherzogthum Hessen . . . . 1 –
10. Dänemark wegen Holstein . . . . 1 –
11. Niederlande wegen des Großherzogthums Luxemburg . . . . 1 –
12. Die Großherzoglich und Herzoglich Sächsischen Häuser . . . . . 1 –
13. Braunschweig und Nassau . . . . 1 –
14. Mecklenburg-Schwerin und Mecklenburg-Strelitz . . . . 1 –
15. Holstein-Oldenburg, Anhalt und Schwarzburg . . . . 1 –
16. Hohenzollern, Liechtenstein, Reuß, Schaumburg-Lippe, Lippe
     und Waldeck . . . . 1 –
17. Die freien Städte: Lübeck, Frankfurt, Bremen und Hamburg . . . 1 –

Totale . . . . 17 Stimmen

Art. V Oesterreich hat bei der Bundesversammlung den Vorsitz. Jedes Bundesglied ist befugt, Vorschläge zu machen und in Vortrag zu bringen, und der Vorsitzende ist verpflichtet, solche in einer zu bestimmenden Zeitfrist der Berathung zu
übergeben.

Art. VI Wo es auf Abfassung und Abänderung von Grund gesetzen des Bundes,
auf Beschlüsse, welche die Bundes-Acte selbstbetreffen, auf organische Bundes-
Einrichtungen und auf gemeinnützige Anordnungen sonstiger Art ankömmt, bil-
det sich die Versammlung zu einem Plenum, wobei jedoch mit Rücksicht auf die
Verschiedenheit der Größe der einzelnen Bundesstaaten folgende Berechnung und
Vertheilung der Stimmen verabredet ist:

 1. Oesterreich erhält. . . . . 4 Stimmen
 2. Preußen . . . . 4 –
 3. Sachsen . . . . 4 –
 4. Baiern . . . . 4 –
 5. Hannover . . . . 4 –
 6. Würtemberg . . . . 4 –
 7. Baden . . . . 3 –
 8. Kurhessen . . . . 3 –
 9. Großherzogthum Hessen . . . . 3 –
10. Holstein . . . . 3 –
11. Luxemburg . . . . 3 –

12. Braunschweig .... 2 –
13. Mecklenburg-Schwerin .... 2 –
14. Nassau .... 2 –
15. Sachsen-Weimar .... 1 –
16. Sachsen-Gotha .... 1 –
17. Sachsen-Coburg .... 1 –
18. Sachsen-Meinungen .... 1 –
19. Sachsen-Hildburghausen .... 1 –
20. Mecklenburg-Strelitz .... 1 –
21. Holstein-Oldenburg .... 1 –
22. Anhalt-Dessau .... 1 –
23. Anhalt-Bernburg .... 1 –
24. Anhalt-Cöthen .... 1 –
25. Schwarzburg-Sondershausen .... 1 –
26. Schwarzburg-Rudolstadt .... 1 –
27. Hohenzollern-Hechingen .... 1 –
28. Liechtenstein .... 1 –
29. Hohenzollern-Sigmaringen .... 1 –
30. Waldeck .... 1 –
31. Reuß ältere Linie .... 1 –
32. Reuß jüngere Linie .... 1 –
33. Schaumburg-Lippe .... 1 –
34. Lippe .... 1 –
35. Die freie Stadt Lübeck .... 1 –
36. Die freie Stadt Frankfurt .... 1 –
37. Die freie Stadt Bremen .... 1 –
38. Die freie Stadt Hamburg .... 1 –

Totale. .... 69 Stimmen

Ob den mediatisirten vormaligen Reichsständen auch einige Curiatstimmen in Pleno zugestanden werden sollen, wird die Bundesversammlung bei der Berathung der organischen Bundesgesetze in Erwägung nehmen.

Art. VII In wiefern ein Gegenstand nach obiger Bestimmung für das Plenum geeignet sei, wird in der engern Versammlung durch Stimmenmehrheit entschieden.

Die der Entscheidung des Pleni zu unterziehenden Beschluß-Entwürfe werden in der engern Versammlung vorbereitet und bis zur Annahme oder Verwerfung zur Reife gebracht; sowohl in der engern Versammlung, als in Pleno werden die Beschlüsse nach der Mehrheit der Stimmen gefaßt, jedoch in der Art, daß in der erstern die absolute, in letzterer aber nur eine auf zwei Drittheilen der Abstimmung beruhende Mehrheit entscheidet.

Bei Stimmengleichheit in der engern Versammlung stehet dem Vorsitzenden die Entscheidung zu.

Wo es aber auf Annahme oder Abänderung der Grundgesetze, auf organische Bundes-Einrichtungen, auf jura singulorum oder Religions-Angelegenheiten ankommt, kann weder in der engern Versammlung, noch in Pleno ein Beschluß durch Stimmenmehrheit gefaßt werden.

Die Bundesversammlung ist beständig, hat aber die Befugniß, wenn die ihrer Berathung unterzogenen Gegenstände erledigt sind, auf eine bestimmte Zeit, jedoch nicht auf länger als vier Monate sich zu vertagen. Alle näheren die Vertagung und die Besorgung der etwa während derselben vorkommenden dringenden Geschäfte betreffenden Bestimmungen werden der Bundesversammlung bei Abfassung der organischen Gesetze vorbehalten.

Art. VIII Die Abstimmungsordnung der Bundesglieder betreffend, wird festgesetzt, daß so lange die Bundesversammlung mit Abfassung der organischen Gesetze beschäftigst ist, hierüber keinerlei Bestimmung gelte, und die zufällig sich fügende Ordnung keinem der Mitglieder zum Nachtheil gereichen, noch eine Regel begründen soll. Nach Abfassung der organischen Gesetze wird die Bundesversammlung die künftige als beständige Folge einzuführende Stimmenordnung in Berathung nehmen und sich darin so wenig als möglich von der ehemals auf dem Reichstage und namentlich in Gemäßheit des Reichsdeputationsschlusses von 1803 beobachteten entfernen. Auch diese Ordnung kann aber auf den Rang der Bundesglieder überhaupt, und ihren Vortritt außer den Verhältnissen der Bundesversammlung keinen Einfluß ausüben.

Art. IX Die Bundesversammlung hat ihren Sitz zu Frankfurt am Main. Die Eröffnung derselben ist auf den 1. September 1815 festgesetzt.

Art. X Das erste Geschäft der Bundesversammlung nach ihrer Eröffnung wird die Abfassung der Grundgesetze des Bundes und dessen organische Einrichtung in Rücksicht auf seine auswärtigen, militairischen und inneren Verhältnisse sein.

Art. XI Alle Mitglieder des Bundes versprechen sowohl ganz Deutschland als jeden einzelnen Bundesstaat gegen jeden Angriff in Schutz zu nehmen und garantiren sich gegenseitig ihre sämmtlichen unter dem Bunde begriffenen Besitzungen.

Bei einmal erklärtem Bundeskrieg darf kein Mitglied einseitige Unterhandlungen mit dem Feinde eingehen, noch einseitig Waffenstillstand oder Frieden schließen.

Die Bundesglieder behalten zwar das Recht der Bündnisse aller Art; verpflichten sich jedoch in keine Verbindung einzugehen, welche gegen die Sicherheit des Bundes oder einzelner Bundesstaaten gerichtet wären.

Die Bundesglieder machen sich ebenfalls verbindlich, einander unter keinerlei Vorwand zu bekriegen, noch ihre Streitigkeiten mit Gewalt zu verfolgen, sondern sie bei der Bundesversammlung anzubringen. Dieser liegt alsdann ob, die Vermittlung durch einen Ausschuß zu versuchen; falls dieser Versuch fehlschlagen sollte, und demnach eine richterliche Entscheidung nothwendig würde, solche durch eine wohlgeordnete Austrägal-Instanz zu bewirken, deren Ausspruch die streitenden Theile sich sofort zu unterwerfen haben.

II. Besondere Bestimmungen

Außer den in den vorhergehenden Artikeln bestimmten auf die Feststellung des Bundes gerichteten Punkten sind die verbündeten Mitglieder übereingekommen hiemit über folgende Gegenstände die in den nachstehenden Artikeln enthaltenen Bestimmungen zu treffen, welche mit jenen Artikeln gleiche Kraft haben sollen.

Art. XII Diejenigen Bundesglieder, deren Besitzungen nicht eine Volkszahl von 300.000 Seelen erreichen, werden sich mit den ihnen verwandten Häusern oder andern Bundesgliedern, mit welchen sie wenigstens eine solche Volkszahl ausmachen, zu Bildung eines gemeinschaftlichen obersten Gerichts vereinigen.

In den Staaten von solcher Volksmenge, wo schon jetzt dergleichen Gerichte dritter Instanz vorhanden sind, werden jedoch diese in ihrer bisherigen Eigenschaft erhalten, wofern nur die Volkszahl, über welche sie sich erstrecken, nicht unter 150.000 Seelen ist.

Den vier freien Städten steht das Recht zu, sich unter einander über die Errichtung eines gemeinsamen obersten Gerichts zu vereinigen.

Bei den solchergestalt errichteten gemeinschaftlichen obersten Gerichten soll jeder der Partheien gestattet sein, auf die Verschickung der Acten auf eine deutsche Facultät oder an einen Schöppenstuhl zu Abfassung des Endurtheils anzutragen.

Art. XIII In allen Bundesstaaten wird eine landständische Verfassung statt finden.

Art. XIV Um den im Jahr 1806 und seitdem mittelbar gewordenen ehemaligen Reichsständen und Reichsangehörigen in Gemäßheit der gegenwärtigen Verhältnisse in allen Bundesstaaten einen gleichförmig bleibenden Rechtszustand zu verschaffen, so vereinigen die Bundesstaaten sich dahin:

a) daß diese fürstlichen und gräflichen Häuser fortan nichts desto weniger zu dem hohen Adel in Deutschland gerechnet werden, und ihnen das Recht der Ebenbürtigkeit, in dem bisher damit verbundenen Begriff verbleibt;

b) sind die Häupter dieser Häuser die ersten Standesherrn in dem Staate zu dem sie gehören; – Sie und ihre Familien bilden die privilegirteste Classe in demselben, insbesondere in Ansehen der Besteuerung;

c) es sollen ihnen überhaupt in Rücksicht ihrer Personen, Familien und Besitzungen alle diejenigen Rechte und Vorzüge zugesichert werden oder bleiben, welche aus ihrem Eigenthum und dessen ungestörten Genusse herrühren, und nicht zu der Staatsgewalt und den höheren Regierungsrechten gehören. Unter vorerwähnten Rechten sind insbesondere und namentlich begriffen:

1) die unbeschränkte Freiheit ihren Aufenthalt in jedem zu dem Bunde gehörenden, oder mit demselben im Frieden lebenden Staat zu nehmen;

2) werden nach den Grundsätzen der früheren deutschen Verfassung die noch bestehenden Familienverträge aufrecht erhalten, und ihnen die Befugniß zugesichert, über ihre Güter und Familienverhältnisse verbindliche Verfügungen zu treffen, welche jedoch dem Souverain vorgelegt und bei den höchsten Landesstellen zur allgemeinen Kenntniß und Nachachtung gebracht werden müssen. Alle bisher dagegen erlassenen Verordnungen sollen für künftige Fälle nicht weiter anwendbar sein;

3) privilegirter Gerichtsstand und Befreiung von aller Militairpflichtigkeit für sich und ihre Familien.

4) die Ausübung der bürgerlichen und peinlichen Gerechtigkeitspflege in erster, und wo die Besitzung groß genug ist in zweiter Instanz, der Forstgerichtsbarkeit, Ortspolizei und Aufsicht in Kirchen- und Schulsachen, auch über milde Stiftungen, jedoch nach Vorschrift der Landesgesetze, welchen sie, so wie der Militairverfassung und der Oberaufsicht der Regierungen über jene Zuständigkeit unterworfen bleiben.

Bei der näheren Bestimmung der angeführten Befugnisse sowohl, wie überhaupt und in allen übrigen Punkten wird zur weitern Begründung und Feststellung eines in allen deutschen Bundesstaaten übereinstimmenden Rechtszustandes der mittelbar gewordenen Fürsten, Grafen und Herren die in dem Betreff erlassene Königl. Baierische Verordnung vom Jahr 1807 als Basis und Norm unterlegt werden.

Dem ehemaligen Reichsadel werden die sub Nr. I und 2 angeführten Rechte, Antheil der Begüterten an Landstandschaft, Patrimonial- und Forstgerichtsbarkeit, Ortspolizei, Kirchenpatronat und der privilegirte Gerichtsstand zugesichert. Diese Rechte werden jedoch nur nach der Vorschrift der Landesgesetze ausgeübt.

In den durch den Frieden von Lüneville vom 9. Februar 1801 von Deutschland abgetretenen und jetzt wieder damit vereinigten Provinzen werden bei Anwendung der obigen Grundsätze auf den ehemaligen unmittelbaren Reichsadel diejenigen Beschränkungen statt finden, welche die dort bestehenden besondern Verhältnisse nothwendig machen.

Art. XV Die Fortdauer der auf die Rheinschifffahrts-Octroi angewiesenen directen und subsidiarischen Renten, die durch den Reichsdeputationsschluß vom 25. Februar 1803 getroffenen Verfügungen, in Betreff des Schuldenwesens und festgesetzter Pensionen an geist- und weltliche Individuen, werden von dem Bunde garantirt.

Die Mitglieder der ehemaligen Dom- und freien Reichsstifter haben die Befugniß, ihre durch den erwähnten Reichsdeputationsschluß festgesetzten Pensionen ohne Abzug in jedem mit dem deutschen Bunde im Frieden stehenden Staate verzehren zu dürfen.

Die Mitglieder des deutschen Ordens werden ebenfalls nach den in dem Reichsdeputations-Hauptschluß von 1803 für die Domstifter festgesetzten Grundsätzen

Pensionen erhalten, insofern sie ihnen noch nicht hinreichend bewilligt worden, und diejenigen Fürsten, welche eingezogene Besitzungen des deutschen Ordens erhalten haben, werden diese Pensionen nach Verhältniß ihres Antheils an den ehemaligen Besitzungen bezahlen.

Die Berathung über die Regulirung der Sustentations-Casse und der Pensionen für die überrheinischen Bischöfe und Geistlichen, welche Pensionen auf die Besitzer des linken Rheinufers übertragen werden, ist der Bundesversammlung vorbehalten. Diese Regulirung ist binnen Jahresfrist zu beendigen, bis dahin wird die Bezahlung der erwähnten Pensionen auf die bisherige Art fortgesetzt.

Art. XVI Die Verschiedenheit der christlichen Religionspartheien kann in den Ländern und Gebieten des deutschen Bundes keinen Unterschied in dem Genusse der bürgerlichen und politischen Rechte begründen.

Die Bundesversammlung wird in Berathung ziehen, wie auf eine möglichst übereinstimmende Weise die bürgerliche Verbesserung der Bekenner des jüdischen Glaubens in Deutschland zu bewirken sei, und wie insonderheit denselben der Genuß der bürgerlichen Rechte gegen die Uebernahme aller Bürgerpflichten in den Bundesstaaten verschafft und gesichert werden könne; jedoch werden den Bekennern dieses Glaubens bis dahin die denselben von den einzelnen Bundesstaaten bereits eingeräumten Rechte erhalten.

Art. XVII Das fürstliche Haus Thurn und Taxis bleibt in dem durch den Reichsdeputationsschluß vom 25. Februar 1803 oder spätere Verträge bestätigten Besitz und Genuß der Posten in den verschiedenen Bundesstaaten, so lange als nicht etwa durch freie Uebereinkunft anderweitige Verträge abgeschlossen werden sollten.

In jedem Falle werden demselben, in Folge des Artikels 13 des erwähnten Reichsdeputations-Hauptschlusses, seine auf Belassung der Posten, oder auf eine angemessene Entschädigung gegründeten Rechte und Ansprüche versichert.

Dieses soll auch da statt finden, wo die Aufhebung der Posten seit 1803 gegen den Inhalt des Reichsdeputations-Hauptschlusses bereits geschehen wäre, in sofern diese Entschädigung durch Verträge nicht schon definitiv festgesetzt ist.

Art. XVIII Die verbündeten Fürsten und freien Städte kommen überein, den Unterthanen der deutschen Bundesstaaten folgende Rechte zuzusichern:

    a) Grundeigenthum außerhalb des Staates, den sie bewohnen, zu erwerben und zu besitzen, ohne deßhalb in dem fremden Staate mehreren Abgaben und Lasten unterworfen zu seyn, als dessen eigene Unterthanen.

    b) Die Befugniß

1) des freien Wegziehens aus einem deutschen Bundesstaat in den andern, der erweislich sie zu Unterthanen annehmen will, auch

2) in Civil- und Militairdienste desselben zu treten, beides jedoch nur in so fern keine Verbindlichkeit zu Militairdiensten gegen das bisherige Vaterland im Wege stehe; und damit wegen der dermalen verwaltenden Verschiedenheit

der gesetzlichen Vorschriften über Militairpflichtigkeit hierunter nicht ein un-
gleichartiges, für einzelne Bundesstaaten nachtheiliges Verhältniß entstehen
möge, so wird bei der Bundesversammlung die Einführung möglichst gleichförmiger Grundsätze über diesen Gegenstand in Berathung genommen werden.

c) Die Freiheit von aller Nachsteuer (jus detractus, gabella emigrationis), insofern das Vermögen in einen andern deutschen Bundesstaat übergeht und mit
diesem nicht besondere Verhältnisse durch Freizügigkeits-Verträge bestehen.

d) Die Bundesversammlung wird sich bei ihrer ersten Zusammenkunft mit Abfassung gleichförmiger Verfügungen über die Preßfreiheit und die Sicherstellung der Rechte der Schriftsteller und Verleger gegen den Nachdruck beschäftigen.

Art. XIX Die Bundesglieder behalten sich vor, bei der ersten Zusammenkunft der
Bundesversammlung in Frankfurt wegen des Handels und Verkehrs zwischen den
verschiedenen Bundesstaaten, so wie wegen der Schifffahrt nach Anleitung der auf
dem Congreß zu Wien angenommenen Grundsätze in Berathung zu treten.

Art. XX. Der gegenwärtige Vertrag wird von allen contrahirenden Theilen ratifi-
cirt werden und die Ratificationen sollen binnen der Zeit von sechs Wochen, oder
womöglich noch früher, nach Wien an die Kaiserlich Oesterreichische Hof- und
Staatscanzlei eingesandt und bei Eröffnung des Bundes in das Archiv desselben
niedergelegt werden.

Zur Urkunde dessen haben sämmtliche Bevollmächtigte den gegenwärtigen
Vertrag unterzeichnet und mit ihren Wappen besiegelt. So geschehen Wien den achten Juni im Jahr eintausend achthundert und fünfzehn.

Fürst von *Metternich.*
Freiherr *von Wessenberg.*
Carl Fürst *v. Hardenberg.*
Wilh. Frhr. *v. Humbold.*
Christ. Graf *v. Bernstorff.*
Joach. Graf *v. Bernstorff.*
Aloys Graf *von Rechberg* und Rothenlöwen.
H. A. Fürchtegott *v. Globig.*
H. C. Frhr. *v. Gagern.*
E. Graf *von Münster.*
E. Graf *von Hardenberg.*
Graf *von Keller,* zugleich für Braunschweig.
Georg Ferd. Frhr. *v. Lepel.*
Joh. Frhr. *v. Türkheim.*
Frhr. *v. Mincktvitz,* substitituirt für Herrn v. Gersdorf, Großherzogl. Sachsen-
Weimarischen Bevollmächtigten, und Hzgl. Sachsen-Gothaischer und Sachsen –

Meiningischer Bevollmächtigter.
C. L. Frhr. *v. Baumbach.*
Frhr. *Fischler von Treuberg.*
Frhr. *v. Maltzahn.*
Leopold Frhr. v. *Plessen.*
Frhr. *v. Oertzen.*
v. Wolfframsdorff.
Frhr. *v. Franck.*
F. A. Edler Hr. *v. Kirchbaur.*
F. Marschall *v. Bieberstein.*
D. Georg *v. Wiese*, Fürstl. Liechtensteinischer und Reußischer Bevollmächtigter.
v. Weise.
Frhr. *v. Ketelhodt.*
v. Berg, Fürstl. Waldeckischer und Schaumburg-Lippescher Bevollmächtigter.
Helwing
J. F. *Hach. Danz.*
Smidt.
Gries.

Wiener Schlussakte

(Schluß-Acte der über Ausbildung und Befestigung des deutschen Bundes zu Wien gehaltenen Ministerial-Conferenzen)

vom 15. Mai 1820

Quelle: *Corpus Juris Confoederationis Germanicae, Bd. 2, S. 101 ff.*

Die souverainen Fürsten und freien Städte Deutschlands, eingedenk ihrer bei Stiftung des deutschen Bundes übernommenen Verpflichtung, den Bestimmungen der Bundesacte durch ergänzende und erläuternde Grundgesetze eine zweckmäßige Entwickelung und hiemit dem Bundesverein selbst die erforderliche Vollendung zu sichern, überzeugt, daß sie, um das Band, welches das gesammte Deutschland in Friede und Eintracht verbindet, unauflöslich zu befestigen, nicht länger anstehen durften, jener Verpflichtung und einem allgemein gefühlten Bedürfnisse durch gemeinschaftliche Berathungen Genüge zu leisten, haben zu diesem Ende nachstehende Bevollmächtigte ernannt, nämlich:

[es folgen die Namen der Bevollmächtigten]
welche zu Wien, nach geschehener Auswechslung ihrer richtig befundenen Vollmachten, in Cabinets-Conferenzen zusammengetreten, und, nach sorgfältiger Erwägung und Ausgleichung der wechselseitigen Ansichten, Wünsche und Vorschläge ihrer Regierungen, zu einer definitiven Vereinbarung über folgende Artikel gelangt sind:

Art. I Der deutsche Bund ist ein völkerrechtlicher Verein der deutschen souverainen Fürsten und freien Städte, zur Bewahrung der Unabhängigkeit und Unverletzbarkeit ihrer im Bunde begriffenen Staaten, und zur Erhaltung der innern und äußern Sicherheit Deutschlands.

Art. II Dieser Verein besteht in seinem Innern als eine Gemeinschaft selbständiger, unter sich unabhängiger Staaten, mit wechselseitigen gleichen Vertrags-Rechten und Vertrags-Obliegenheiten, in seinen äußern Verhältnissen aber, als eine in politischer Einheit verbundene Gesammt-Macht.

Art. III Der Umfang und die Schranken, welche der Bund seiner Wirksamkeit vorgezeichnet hat, sind in der Bundacte bestimmt, die der Grundvertrag und das erste Grundgesetz dieses Vereins ist. Indem dieselbe die Zwecke des Bundes ausspricht, bedingt und begränzt sie zugleich dessen Befugnisse und Verpflichtungen.

Art. IV Der Gesammtheit der Bundesglieder steht die Befugniß der Entwickelung und Ausbildung der Bundesacte zu, in so fern die Erfüllung der darin aufgestellten Zwecke solche nothwendig macht. Die deßhalb zu fassenden Beschlüsse dürfen aber mit dem Geiste der Bundesacte nicht im Widerspruch stehen, noch von dem Grundcharakter des Bundes abweichen.

Art. V Der Bund ist als ein unauflöslicher Verein gegründet, und es kann daher der Austritt aus diesem Verein keinem Mitgliede desselben frei stehen.

Art. VI Der Bund ist nach seiner ursprünglichen Bestimmung auf die gegenwärtig daran Theil nehmenden Staaten beschränkt. Die Aufnahme eines neuen Mitgliedes kann nur Statt haben, wenn die Gesammtheit der Bundesglieder solche mit den bestehenden Verhältnissen vereinbar und dem Vortheil des Ganzen angemessen findet. Veränderungen in dem gegenwärtigen Besitzstande der Bundesglieder können keine Veränderungen in den Rechten und Verpflichtungen derselben in Bezug auf den Bund, ohne ausdrückliche Zustimmung der Gesammtheit, bewirken. Eine freiwillige Abtretung auf einem Bundesgebiete haftender Souverainetäts-Rechte kann ohne solche Zustimmung nur zu Gunsten eines Mitverbündeten geschehen.

Art. VII Die Bundesversammlung, aus den Bevollmächtigten sämmtlicher Bundesglieder gebildet, stellt den Bund in seiner Gesammtheit vor, und ist das beständige verfassungsmäßige Organ seines Willens und Handelns.

Art. VIII Die einzelnen Bevollmächtigten am Bundestage sind von ihren Committenten unbedingt abhängig, und diesen allein wegen getreuer Befolgung der ihnen ertheilten Instructionen, so wie wegen ihrer Geschäftsführung überhaupt verantwortlich.

Art. IX Die Bundesversammlung übt ihre Rechte und Obliegenheiten nur innerhalb der ihr vorgezeichneten Schranken aus. Ihre Wirksamkeit ist zunächst durch Vorschriften der Bundesacte und durch die in Gemäßheit derselben beschlossenen oder ferner zu beschließenden Grundgesetze, wo aber diese nicht zureichen, durch die im Grundvertrage bezeichneten Bundeszwecke bestimmt.

Art. X Der Gesammtwille des Bundes wird durch verfassungsmäßige Beschlüsse der Bundesversammlung ausgesprochen; verfassungsmäßig aber sind diejenigen Beschlüsse, die innerhalb der Gränzen der Competenz der Bundesversammlung, nach vorgängiger Berathung, durch freie Abstimmung entweder im engern Rathe oder im Plenum, gefaßt werden, je nachdem das Eine oder das Andere durch die grundgesetzlichen Bestimmungen vorgeschrieben ist.

Art. XI In der Regel faßt die Bundesversammlung die zur Besorgung der gemeinsamen Angelegenheiten des Bundes erforderlichen Beschlüsse im engern Rathe, nach absoluter Stimmenmehrheit. Diese Form der Schlußfassung findet in allen Fällen Statt, wo bereits feststehende allgemeine Grundsätze in Anwendung, oder beschlossene Gesetze und Einrichtungen zur Ausführung zu bringen sind, überhaupt aber bei allen Berathungs-Gegenständen, welche die Bundesacte oder spätere Beschlüsse nicht bestimmt davon ausgenommen haben.

Art. XII Nur in den in der Bundesacte ausdrücklich bezeichneten Fällen, und, wo es auf eine Kriegserklärung, oder Friedensschluß-Bestätigung von Seiten des Bundes ankommt, wie auch, wenn über die Aufnahme eines neuen Mitgliedes in den Bund entschieden werden soll, bildet sich die Versammlung zu einem Plenum. Ist in einzelnen Fällen die Frage, ob ein Gegenstand vor das Plenum gehört, zweifelhaft, so steht die Entscheidung derselben dem engern Rathe zu. Im Plenum findet keine Erörterung noch Berathung Statt, sondern es wird nur darüber abgestimmt, ob ein im engern Rathe vorbereiteter Beschluß angenommen oder verworfen werden soll. Ein gültiger Beschluß im Plenum setzt eine Mehrheit von zwei Drittheilen der Stimmen voraus.

Art. XIII Ueber folgende Gegenstände:
1. Annahme neuer Grundgesetze, oder Abänderung der bestehenden;
2. Organische Einrichtungen, das heißt, bleibende Anstalten, als Mittel zur Erfüllung der ausgesprochenen Bundeszwecke;
3. Aufnahme neuer Mitglieder in den Bund;
4. Religions-Angelegenheiten;
   findet kein Beschluß durch Stimmenmehrheit Statt; jedoch kann eine definitive Abstimmung über Gegenstände dieser Art nur nach genauer Prüfung und Erörterung der den Widerspruch einzelner Bundesglieder bestimmenden Gründe, deren Darlegung in keinem Falle verweigert werden darf, erfolgen.

Art. XIV Was insbesondere die organischen Einrichtungen betrifft, so muß nicht nur über die Vorfrage, ob solche unter den obwaltenden Umständen nothwendig sind, sondern auch über Entwurf und Anlage derselben in ihren allgemeinen Umrissen und wesentlichen Bestimmungen, im Plenum, und durch Stimmen-Einhelligkeit entschieden werden. Wenn die Entscheidung zu Gunsten der vorgeschlagenen Einrichtung ausgefallen ist, so bleiben die sämmtlichen weiteren Verhandlungen über die Ausführung im Einzelnen der engern Versammlung überlassen, welche alle dabei noch vorkommenden Fragen durch Stimmenmehrheit entscheidet, auch nach Befinden der Umstände eine Commission aus ihrer Mitte anordnet, um die verschiedenen Meinungen und Anträge mit möglichster Schonung und Berücksichtigung der Verhältnisse und Wünsche der Einzelnen auszugleichen.

Art. XV In Fällen, wo die Bundesglieder nicht in ihrer vertragsmäßigen Einheit, sondern als einzelne, selbständige und unabhängige Staaten erscheinen, folglich jura singulorum obwalten, oder wo einzelnen Bundesgliedern eine besondere, nicht in den gemeinsamen Verpflichtungen Aller begriffene Leistung oder Verwilligung für den Bund zugemuthet werden sollte, kann ohne freie Zustimmung sämmtlicher Betheiligten kein dieselben verbindender Beschluß gefaßt werden.

Art. XVI Wenn die Besitzungen eines souveränen deutschen Hauses durch Erbfolge auf ein anderes übergehen, so hängt es von der Gesammtheit des Bundes ab, ob und in wie fern die auf jenen Besitzungen haftenden Stimmen im Plenum, da im engern Rathe kein Bundesglied mehr als eine Stimme führen kann, dem neuen Besitzer beigelegt werden sollen.

Art. XVII Die Bundesversammlung ist berufen, zur Aufrechthaltung des wahren Sinnes der Bundes-Acte, die darin enthaltenen Bestimmungen, wenn über deren Auslegung Zweifel entstehen sollten, dem Bundeszweck gemäß zu erklären, und in allen vorkommenden Fällen den Vorschriften dieser Urkunde ihre richtige Anwendung zu sichern.

Art. XVIII Da Eintracht und Friede unter den Bundesgliedern ungestört aufrecht erhalten werden soll, so hat die Bundesversammlung, wenn die innere Ruhe und Sicherheit des Bundes auf irgend eine Weise bedroht oder gestört ist, über Erhaltung oder Wiederherstellung derselben Rath zu pflegen, und die dazu geeigneten Beschlüsse nach Anleitung der in den folgenden Artikeln enthaltenen Bestimmungen zu fassen.

Art. XIX Wenn zwischen Bundesgliedern Thätlichkeiten zu besorgen, oder wirklich ausgeübt worden sind, so ist die Bundesversammlung berufen, vorläufige Maßregeln zu ergreifen, wodurch jeder Selbsthülfe vorgebeugt, und der bereits unternommenen Einhalt gethan werde. Zu dem Ende hat sie vor allem für Aufrechthaltung des Besitzstandes Sorge zu tragen.

Art. XX Wenn die Bundesversammlung von einem Bundesgliede zum Schutze des Besitzstandes angerufen wird, und der jüngste Besitzstand streitig ist, so soll sie für diesen besondern Fall befugt sein, ein bei der Sache nicht betheiligtes Bundesglied in der Nähe des zu schützenden Gebietes aufzufordern, die Thatsache des jüngsten Besitzes, und die angezeigte Störung desselben ohne Zeitverlust durch seinen obersten Gerichtshof summarisch untersuchen, und darüber einen rechtlichen Bescheid abfassen zu lassen, dessen Vollziehung die Bundesversammlung, wenn der Bundesstaat, gegen welchen er gerichtet ist, sich nicht auf vorgängige Aufforderung freiwillig dazu versteht, durch die ihr zu diesem Ende angewiesenen Mittel zu bewirken hat.

Art. XXI Die Bundesversammlung hat in allen, nach Vorschrift der Bundesacte bei ihr anzubringenden Streitigkeiten der Bundesglieder die Vermittlung durch einen Ausschuß zu versuchen. Können die entstandenen Streitigkeiten auf diesem Wege nicht beigelegt werden, so hat sie die Entscheidung derselben durch eine Austrägal-Instanz zu veranlassen, und dabei, so lange nicht wegen der Austrägal-Gerichte überhaupt eine anderweitige Uebereinkunft zwischen den Bundesgliedern Statt gefunden hat, die in dem Bundestags-Beschlusse vom sechszehnten Juni achtzehn hundert und siebenzehn enthaltenen Vorschriften, so wie den in Folge gleichzeitig an die Bundestags-Gesandten ergehender Instructionen, zu fassenden besondern Beschluß zu beobachten.

Art. XXII Wenn nach Anleitung des obgedachten Bundestags-Beschlusses der oberste Gerichtshof eines Bundesstaats zur Austrägal-Instanz gewählt ist, so steht demselben die Leitung des Processes und die Entscheidung des Streits in allen seinen Haupt- und Nebenpunkten uneingeschränkt, und ohne alle weitere Einwirkung der Bundesversammlung oder der Landesregierung zu. Letztere wird jedoch, auf Antrag der Bundesversammlung, oder der streitenden Theile, im Fall einer Zögerung von Seiten des Gerichts, die zur Beförderung der Entscheidung nöthigen Verfügungen erlassen.

Art. XXIII Wo keine besondere Entscheidungs-Normen vorhanden sind, hat das Austrägal-Gericht nach den in Rechtsstreitigkeiten derselben Art vormals von den Reichsgerichten subsidiarisch befolgten Rechtsquellen, in so fern solche auf die jetzigen Verhältnisse der Bundesglieder noch anwendbar sind, zu erkennen.

Art. XXIV Es steht übrigens den Bundesgliedern frei, sowohl bei einzelnen vorkommenden Streitigkeiten, als für alle künftige Fälle, wegen besonderer Austräge oder Compromisse übereinzukommen, wie denn auch frühere Familien- oder Vertrags-Austräge durch Errichtung der Bundes-Austrägal-Instanz nicht aufgehoben, noch abgeändert werden.

Art. XXV Die Aufrechthaltung der innern Ruhe und Ordnung in den Bundesstaaten steht den Regierungen allein zu. Als Ausnahme kann jedoch, in Rücksicht auf die innere Sicherheit des gesammten Bundes, und in Folge der Verpflichtung der Bundesglieder zu gegenseitiger Hülfsleistung, die Mitwirkung der Gesammtheit zur Erhaltung oder Wiederherstellung der Ruhe, im Fall einer Widersetzlichkeit der Unterthanen gegen die Regierung, eines offenen Aufruhrs, oder gefährlicher Bewegungen in mehreren Bundesstaaten, Statt finden.

Art. XXVI Wenn in einem Bundesstaate durch Widersetzlichkeit der Unterthanen gegen die Obrigkeit die innere Ruhe unmittelbar gefährdet, und eine Verbreitung aufrührerischer Bewegungen zu fürchten, oder ein wirklicher Aufruhr zum Ausbruch gekommen ist, und die Regierung selbst, nach Erschöpfung der verfassungsmäßigen und gesetzlichen Mittel, den Beistand des Bundes anruft, so liegt der Bundesversammlung ob, die schleunigste Hülfe zur Wiederherstellung der Ordnung zu veranlassen. Sollte im letztgedachten Falle die Regierung notorisch außer Stande sein, den Aufruhr durch eigene Kräfte zu unterdrücken, zugleich aber durch die Umstände gehindert werden, die Hülfe des Bundes zu begehren, so ist die Bundesversammlung nichts desto weniger verpflichtet, auch unaufgerufen zur Wiederherstellung der Ordnung und Sicherheit einzuschreiten. In jedem Falle aber dürfen die verfügten Maßregeln von keiner längern Dauer sein, als die Regierung, welcher die bundesmäßige Hülfe geleistet wird, es nothwendig erachtet.

Art. XXVII Die Regierung, welcher eine solche Hülfe zu Theil geworden, ist gehalten, die Bundesversammlung von der Veranlassung der eingetretenen Unruhen in Kenntniß zu setzen, und von den zur Befestigung der wiederhergestellten gesetzlichen Ordnung getroffenen Maßregeln eine beruhigende Anzeige an dieselbe gelangen zu lassen.

Art. XXVIII Wenn die öffentliche Ruhe und gesetzliche Ordnung in mehreren Bundesstaaten durch gefährliche Verbindungen und Anschläge bedroht sind, und dagegen nur durch Zusammenwirken der Gesammtheit zureichende Maßregeln ergriffen werden können, so ist die Bundesversammlung befugt und berufen, nach vorgängiger Rücksprache mit den zunächst bedrohten Regierungen, solche Maßregeln zu berathen und zu beschließen.

Art. XXIX Wenn in einem Bundesstaate der Fall einer Justiz-Verweigerung eintritt, und auf gesetzlichen Wegen ausreichende Hülfe nicht erlangt werden kann, so liegt der Bundesversammlung ob, erwiesene, nach der Verfassung und den bestehenden Gesetzen jedes Landes zu beurtheilende Beschwerden über verweigerte oder gehemmte Rechtspflege anzunehmen, und darauf die gerichtliche Hülfe bei der Bundesregierung, die zu der Beschwerde Anlaß gegeben hat, zu bewirken.

Art. XXX Wenn Forderungen von Privatpersonen deßhalb nicht befriedigt werden können, weil die Verpflichtung, denselben Genüge zu leisten, zwischen mehreren Bundesgliedern zweifelhaft oder bestritten ist, so hat die Bundesversammlung, auf Anrufen der Betheiligten, zuvörderst eine Ausgleichung auf gütlichem Wege zu versuchen, im Fall aber, daß dieser Versuch ohne Erfolg bliebe, und die in Anspruch genommenen Bundesglieder sich nicht in einer zu bestimmenden Frist über ein Compromiß vereinigten, die rechtliche Entscheidung der streitigen Vorfrage durch eine Austrägal-Instanz zu veranlassen.

Art. XXXI Die Bundesversammlung hat das Recht und die Verbindlichkeit, für die Vollziehung der Bundesacte und übrigen Grundgesetze des Bundes, der in Gemäßheit ihrer Competenz von ihr gefaßten Beschlüsse, der durch Austräge gefällten schiedsrichterlichen Erkenntnisse, der unter die Gewährleistung des Bundes gestellten compromissarischen Entscheidungen und der am Bundestage vermittelten Vergleiche, so wie für die Aufrechthaltung der von dem Bunde übernommenen besonderen Garantien, zu sorgen, auch zu diesem Ende, nach Erschöpfung aller andern bundesverfassungsmäßigen Mittel, die erforderlichen Executions-Maßregeln mit genauer Beobachtung der in einer besonderen Executions-Ordnung dieserhalb festgesetzten Bestimmungen und Normen in Anwendung zu bringen.

Art. XXXII Da jede Bundesregierung die Obliegenheit hat, auf Vollziehung der Bundesbeschlüsse zu halten, der Bundesversammlung aber eine unmittelbare Einwirkung auf die innere Verwaltung der Bundesstaaten nicht zusteht, so kann in der Regel nur gegen die Regierung selbst ein Executions-Verfahren Statt finden. – Ausnahmen von dieser Regel treten jedoch ein, wenn eine Bundesregierung in Ermangelung eigener zureichenden Mittel, selbst die Hülfe des Bundes in Anspruch nimmt, oder, wenn die Bundesversammlung unter den im sechs und zwanzigsten Artikel bezeichneten Umständen, zur Wiederherstellung der allgemeinen Ordnung und Sicherheit unaufgerufen einzuschreiten verpflichtet ist. – Im ersten Fall muß jedoch immer in Uebereinstimmung mit den Anträgen der Regierung, welcher die bundesmäßige Hülfe geleistet wird, verfahren, und im zweiten Fall ein Gleiches, sobald die Regierung wieder in Thätigkeit gesetzt ist, beobachtet werden.

Art. XXXIII Die Executions-Maßregeln werden im Namen der Gesammtheit des Bundes beschlossen und ausgeführt. Die Bundesversammlung ertheilt zu dem Ende, mit Berücksichtigung aller Localumstände und sonstigen Verhältnisse, einer oder mehreren, bei der Sache nicht betheiligten Regierungen, den Auftrag zur Vollziehung der beschlossenen Maßregeln, und bestimmt zugleich sowohl die Stärke der dabei zu verwendenden Mannschaft, als die nach dem jedesmaligen Zweck des Executions-Verfahrens zu bemessende Dauer desselben.

Art. XXXIV Die Regierung, an welche der Auftrag gerichtet ist, und welche solchen als eine Bundespflicht zu übernehmen hat, ernennt zu diesem Behuf einen Civil-Commissair, der, in Gemäßheit einer, nach den Bestimmungen der Bundesversammlung, von der beauftragten Regierung zu ertheilenden besondern Instruction, das Executions-Verfahren unmittelbar leitet. Wenn der Auftrag an mehrere Regierungen ergangen ist, so bestimmt die Bundesversammlung, welche derselben den Civil-Commissair zu ernennen hat. Die beauftragte Regierung wird, während der Dauer des Executions-Verfahrens, die Bundesversammlung von dem Erfolge desselben in Kenntniß erhalten, und sie, sobald der Zweck vollständig erfüllt ist, von der Beendigung des Geschäfts unterrichten.

Art. XXXV Der Bund hat als Gesammtmacht das Recht, Krieg, Frieden, Bündnisse und andere Verträge zu beschließen. Nach dem im zweiten Artikel der Bundesacte ausgesprochenen Zwecke des Bundes übt derselbe aber diese Rechte nur zu seiner Selbstvertheidigung, zur Erhaltung der Selbständigkeit und äußern Sicherheit Deutschlands, und der Unabhängigkeit und Unverletzbarkeit der einzelnen Bundesstaaten aus.

Art. XXXVI Da in dem elften Artikel der Bundesacte alle Mitglieder des Bundes sich verbindlich gemacht haben, sowohl ganz Deutschland als jeden einzelnen Bundesstaat gegen jeden Angriff in Schutz zu nehmen, und sich gegenseitig ihre sämmtlichen unter dem Bunde begriffenen Besitzungen zu garantiren, so kann kein einzelner Bundesstaat von Auswärtigen verletzt werden, ohne daß die Verletzung zugleich und in demselben Maße die Gesammtheit des Bundes treffe.

Dagegen sind die einzelnen Bundesstaaten verpflichtet, von ihrer Seite weder Anlaß zu dergleichen Verletzungen zu geben, noch auswärtigen Staaten solche zuzufügen. Sollte von Seiten eines fremden Staates über eine von einem Mitgliede des Bundes ihm widerfahrne Verletzung bei der Bundesversammlung Beschwerde geführt, und diese gegründet befunden werden, so liegt der Bundesversammlung ob, das Bundesglied, welches die Beschwerde veranlaßt hat, zur schleunigen und genügenden Abhülfe aufzufordern, und mit dieser Aufforderung, nach Befinden der Umstände, Maßregeln, wodurch weitern friedestörenden Folgen zur rechten Zeit vorgebeugt werde, zu verbinden.

Art. XXXVII Wenn ein Bundesstaat, bei einer zwischen ihm und einer auswärtigen Macht entstandenen Irrung, die Dazwischenkunft des Bundes anruft, so hat die Bundesversammlung den Ursprung solcher Irrung und das wahre Sachverhältnis sorgfältig zu prüfen. – Ergiebt sich aus dieser Prüfung, daß dem Bundesstaate das Recht nicht zur Seite steht, so hat die Bundesversammlung denselben von Fortsetzung des Streites ernstlich abzumahnen, und die begehrte Dazwischenkunft zu verweigern, auch erforderlichen Falls zur Erhaltung des Friedensstandes geeignete Mittel anzuwenden. Ergiebt sich das Gegentheil, so ist die Bundesversammlung verpflichtet, dem verletzten Bundesstaate ihre wirksamste Verwendung und Vertretung angedeihen zu lassen, und solche so weit auszudehnen, als nöthig ist, damit demselben volle Sicherheit und angemessene Genugthuung zu Theil werde.

Art. XXXVIII Wenn aus der Anzeige eines Bundesstaats, oder aus andern zuverlässigen Angaben, Grund zu der Besorgniß geschöpft wird, daß ein einzelner Bundesstaat oder die Gesammtheit des Bundes, von einem feindlichen Angriffe bedroht sei, so muß die Bundesversammlung sofort die Frage, ob die Gefahr eines solchen Angriffs wirklich vorhanden ist, in Berathung nehmen, und darüber in der kürzest-möglichen Zeit einen Ausspruch thun. Wird die Gefahr anerkannt, so muß, gleichzeitig mit diesem Ausspruche, wegen der in solchem Falle unverzüglich in Wirksamkeit zu setzenden Vertheidigungs-Maßregeln, ein Beschluß gefaßt werden. Beides, jener Ausspruch und dieser Beschluß, ergeht von der engern Versammlung, die dabei nach der in ihr geltenden absoluten Stimmenmehrheit verfährt.

Art. XXXIX Wenn das Bundesgebiet von einer auswärtigen Macht feindlich überfallen wird, tritt sofort der Stand des Krieges ein, und es muß in diesem Falle, was auch ferner von der Bundesversammlung beschlossen werden mag, ohne weitern Verzug zu den erforderlichen Vertheidigungs-Maßregeln geschritten werden.

Art. XL Sieht sich der Bund zu einer förmlichen Kriegserklärung genöthigt, so kann solche nur in der vollen Versammlung nach der für dieselbe vorgeschriebenen Stimmenmehrheit von zwei Drittheilen beschlossen werden.

Art. XLI Der in der engern Versammlung gefaßte Beschluß über die Wirklichkeit der Gefahr eines feindlichen Angriffs verbindet sämmtliche Bundesstaaten zur Theilnahme an den vom Bundestage nothwendig erachteten Vertheidigungs-Maßregeln. Gleicherweise verbindet die in der vollen Versammlung ausgesprochene Kriegserklärung sämmtliche Bundesstaaten zur unmittelbaren Theilnahme an dem gemeinschaftlichen Kriege.

Art. XLII Wenn die Vorfrage, ob Gefahr vorhanden ist, durch die Stimmenmehrheit verneinend entschieden wird, so bleibt nichts desto weniger denjenigen Bundesstaaten, welche von der Wirklichkeit der Gefahr überzeugt sind, unbenommen, gemeinschaftliche Vertheidigungs-Maßregeln unter einander zu verabreden.

Art. XLIII Wenn in einem Falle, wo es die Gefahr und Beschützung einzelner Bundesstaaten gilt, einer der streitenden Theile auf die förmliche Vermittelung des Bundes anträgt, so wird derselbe, in so fern er es der Lage der Sachen und seiner Stellung angemessen findet, unter vorausgesetzter Einwilligung des andern Theils, diese Vermittelung übernehmen; jedoch darf dadurch der Beschluß wegen der zur Sicherheit des Bundesgebiets zu ergreifenden Vertheidigungs-Maßregeln nicht aufgehalten werden, noch in der Ausführung der bereits beschlossenen ein Stillstand oder eine Verzögerung eintreten.

Art. XLIV Bei ausgebrochenem Kriege steht jedem Bundesstaate frei, zur gemeinsamen Vertheidigung eine größere Macht zu stellen, als sein Bundes-Contingent beträgt; es kann jedoch in dieser Hinsicht keine Forderung an den Bund Statt finden.

Art. XLV Wenn in einem Kriege zwischen auswärtigen Mächten, oder in andern Fällen Verhältnisse eintreten, welche die Besorgniß einer Verletzung der Neutralität des Bundesgebiets veranlassen, so hat die Bundesversammlung ohne Verzug im engern Rathe die zur Behauptung dieser Neutralität erforderlichen Maßregeln zu beschließen.

Art. XLVI Beginnt ein Bundesstaat, der zugleich außerhalb des Bundesgebiets Besitzungen hat, in seiner Eigenschaft als Europäische Macht einen Krieg, so bleibt ein solcher, die Verhältnisse und Verpflichtungen des Bundes nicht berührender Krieg dem Bunde ganz fremd.

Art. XLVII In den Fällen, wo ein solcher Bundesstaat in seinen außer dem Bunde belegenen Besitzungen bedroht oder angegriffen wird, tritt für den Bund die Verpflichtung zu gemeinschaftlichen Vertheidigungs-Maßregeln, oder zur Theilnahme und Hülfsleistung nur in so fern ein, als derselbe nach vorgängiger Berathung durch Stimmenmehrheit in der engern Versammlung Gefahr für das Bundesgebiet erkennt. Im letzten Falle finden die Vorschriften der vorhergehenden Artikel ihre gleichmäßige Anwendung.

Art. XLVIII Die Bestimmung der Bundesacte, vermöge welcher, nach einmal erklärtem Bundeskriege, kein Mitglied des Bundes einseitig Unterhandlungen mit dem Feinde eingehen, noch einseitig Waffenstillstand oder Frieden schließen darf, ist für sämmtliche Bundesstaaten, sie mögen außerhalb des Bundes Besitzungen haben oder nicht, gleich verbindlich.

Art. XLIX Wenn von Seiten des Bundes Unterhandlungen über Abschluß des Friedens oder eines Waffenstillstandes Statt finden, so hat die Bundesversammlung zu specieller Leitung derselben einen Ausschuß zu bestellen, zu dem Unterhandlungs-Geschäft selbst aber eigene Bevollmächtigte zu ernennen, und mit gehörigen Instructionen zu versehen. Die Annahme und Bestätigung eines Friedensvertrages kann nur in der vollen Versammlung geschehen.

Art. L In Bezug auf die auswärtigen Verhältnisse überhaupt liegt der Bundesversammlung ob:

1) Als Organ der Gesammtheit des Bundes für die Aufrechthaltung friedlicher und freundschaftlicher Verhältnisse mit den auswärtigen Staaten Sorge zu tragen;

2) Die von fremden Mächten bei dem Bunde beglaubigten Gesandten anzunehmen, und wenn es nöthig befunden werden sollte, im Namen des Bundes Gesandte an fremde Mächte abzuordnen;

3) In eintretenden Fällen Unterhandlungen für die Gesammtheit des Bundes zu führen, und Verträge für denselben abzuschließen;

4) Auf Verlangen einzelner Bundesregierungen, für dieselben die Verwendung des Bundes bei fremden Regierungen, und in gleicher Art, auf Verlangen fremder Staaten die Dazwischenkunft des Bundes bei einzelnen Bundesgliedern eintreten zu lassen.

Art. LI Die Bundesversammlung ist ferner verpflichtet, die auf das Militairwesen des Bundes Bezug habenden organischen Einrichtungen, und die zur Sicherstellung seines Gebiets erforderlichen Vertheidigungs-Anstalten zu beschließen.

Art. LII Da zu Erreichung der Zwecke und Besorgung der Angelegenheiten des Bundes, von der Gesammtheit der Mitglieder Geldbeiträge zu leisten sind, so hat die Bundesversammlung

1) den Betrag der gewöhnlichen verfassungsmäßigen Ausgaben so weit solches im Allgemeinen geschehen kann, festsetzen;

2) in vorkommenden Fällen die zur Ausführung besonderer, in Hinsicht auf anerkannte Bundeszwecke gefaßten Beschlüsse erforderlichen außerordentlichen Ausgaben, und die zur Bestreitung derselben zu leistenden Beiträge zu bestimmen;

3) das matrikelmäßige Verhältniß, nach welchem von den Mitgliedern des Bundes beizutragen ist, festzusetzen;

4) die Erhebung, Verwendung und Verrechnung der Beiträge anzuordnen und darüber die Aufsicht zu fuhren.

Art. LIII Die durch die Bundesacte den einzelnen Bundesstaaten garantirte Unabhängigkeit schließt zwar im Allgemeinen jede Einwirkung des Bundes in die innere Staatseinrichtung und Staatsverwaltung aus. Da aber die Bundesglieder sich in dem zweiten Abschnitt der Bundesacte über einige besondere Bestimmungen vereinigt haben, welche sich theils auf Gewährleistung zugesicherter Rechte, theils auf bestimmte Verhältnisse der Unterthanen beziehen, so liegt der Bundesversammlung ob, die Erfüllung der durch diese Bestimmungen übernommenen Verbindlichkeiten, wenn sich aus hinreichend begründeten Anzeigen der Betheiligten ergibt, daß solche nicht statt gefunden habe, zu bewirken. Die Anwendung der in Gemäßheit dieser Verbindlichkeiten getroffenen allgemeinen Anordnungen auf die einzelnen Fälle bleibt jedoch den Regierungen allein überlassen.

Art. LIV Da nach dem Sinn des dreizehnten Artikels der Bundesacte, und den darüber erfolgten spätern Erklärungen, in allen Bundesstaaten landständische Verfassungen Statt finden sollen, so hat die Bundesversammlung darüber zu wachen, daß diese Bestimmung in keinem Bundesstaate unerfüllt bleibe.

Art. LV Den souverainen Fürsten der Bundesstaaten bleibt überlassen, diese innere Landes-Angelegenheit mit Berücksichtigung sowohl der früherhin gesetzlich bestandenen ständischen Rechte, als der gegenwärtig obwaltenden Verhältnisse zu ordnen.

Art. LVI Die in anerkannter Wirksamkeit bestehenden landständischen Verfassungen können nur auf verfassungsmäßigem Wege wieder abgeändert werden.

Art. LVII Da der deutsche Bund, mit Ausnahme der freien Städte, aus souverainen Fürsten besteht, so muß, dem hierdurch gegebenen Grundbegriffe zufolge, die gesammte Staatsgewalt in dem Oberhaupte des Staats vereinigt bleiben, und der Souverain kann durch eine landständische Verfassung nur in der Ausübung bestimmter Rechte an die Mitwirkung der Stände gebunden werden.

Art. LVIII Die im Bunde vereinten souverainen Fürsten dürfen durch keine landständische Verfassung an der Erfüllung ihrer bundesmäßigen Verpflichtungen gehindert oder beschränkt werden.

Art. LIX Wo die Oeffentlichkeit landständischer Verhandlungen durch die Verfassung gestattet ist, muß durch die Geschäftsordnung dafür gesorgt werden, daß die gesetzlichen Gränzen der freien Aeußerung, weder bei den Verhandlungen selbst, noch bei deren Bekanntmachung durch den Druck, auf eine die Ruhe des einzelnen Bundesstaats oder des gesammten Deutschlands gefährdende Weise überschritten werden.

Art. LX Wenn von einem Bundesgliede die Garantie des Bundes für die in seinem Lande eingeführte landständische Verfassung nachgesucht wird, so ist die Bundesversammlung berechtigt, solche zu übernehmen. Sie erhält dadurch die Befugniß, auf Anrufen der Betheiligten, die Verfassung aufrecht zu erhalten, und die über Auslegung oder Anwendung derselben entstandenen Irrungen, so fern dafür nicht anderweitig Mittel und Wege gesetzlich vorgeschrieben sind, durch gütliche Vermittelung oder compromissarische Entscheidung beizulegen.

Art. LXI Außer dem Fall der übernommenen besondern Garantie einer landständischen Verfassung, und der Aufrechthaltung der über den dreizehnten Artikel der Bundesacte hier festgesetzten Bestimmungen, ist die Bundesversammlung nicht berechtigt, in landständische Angelegenheiten, oder in Streitigkeiten zwischen den Landesherren und ihren Ständen einzuwirken, so lange solche nicht den im sechs und zwanzigsten Artikel bezeichneten Character annehmen, in welchem Falle die Bestimmungen dieses, sowie des sieben und zwanzigsten Artikels auch hiebei ihre Anwendung finden. – Der sechs und vierzigste Artikel der Wiener Congreßacte vom Jahre achtzehn hundert und fünfzehn in Betreff der Verfassung der freien Stadt Frankfurt erhält jedoch hiedurch keine Abänderung.

Art. LXII Die vorstehenden Bestimmungen in Bezug auf den dreizehnten Artikel der Bundesacte sind auf die freien Städte in so weit anwendbar, als die besondern Verfassungen und Verhältnisse derselben es zulassen.

Art. LXIII Es liegt der Bundesversammlung ob, auf die genaue und vollständige Erfüllung derjenigen Bestimmungen zu achten, welche der vierzehnte Artikel der Bundesacte in Betreff der mittelbar gewordenen ehemaligen Reichsstände und des ehemaligen unmittelbaren Reichsadels enthält. Diejenigen Bundesglieder, deren Ländern die Besitzungen derselben einverleibt worden, bleiben gegen den Bund zur unverrückten Aufrechthaltung der durch jene Bestimmungen begründeten staatsrechtlichen Verhältnisse verpflichtet. Und wenn gleich die über die Anwendung der in Gemäßheit des vierzehnten Artikels der Bundesacte erlassenen Verordnungen oder abgeschlossenen Verträge entstehenden Streitigkeiten in einzelnen Fällen an die competenten Behörden des Bundesstaates, in welchem die Besitzungen der mittelbar gewordenen Fürsten, Grafen, und Herren gelegen sind, zur Entscheidung gebracht werden müssen, so bleibt demselben doch, im Fall der verweigerten gesetzlichen und verfassungsmäßigen Rechtshülfe, oder einer einseitigen zu ihrem Nachtheil erfolgten legislativen Erklärung der durch die Bundesacte ihnen zugesicherten Rechte, der Recurs an die Bundesversammlung vorbehalten; und diese ist in einem solchen Falle verpflichtet, wenn sie die Beschwerde gegründet findet, eine genügende Abhülfe zu bewirken.

Art. LXIV Wenn Vorschläge mit gemeinnützigen Anordnungen, deren Zweck nur durch die zusammenwirkende Theilnahme aller Bundesstaaten vollständig erreicht werden kann, von einzelnen Bundesgliedern an die Bundesversammlung gebracht werden, und diese sich von der Zweckmäßigkeit und Ausführbarkeit solcher Vorschläge im Allgemeinen überzeugt, so liegt ihr ob, die Mittel zur Vollführung derselben in sorgfältige Erwägung zu ziehen, und ihr anhaltendes Bestreben dahin zu richten, die zu dem Ende erforderliche freiwillige Vereinbarung unter den sämmtlichen Bundesgliedern zu bewirken.

Art. LXV Die in den besondern Bestimmungen der Bundesacte, Artikel 16, 18, 19, zur Berathung der Bundesversammlung gestellten Gegenstände bleiben derselben, um durch gemeinschaftliche Uebereinkunft zu möglichst gleichförmigen Verfügungen darüber zu gelangen, zur fernern Bearbeitung vorbehalten.

Die vorstehende Acte wird als das Resultat einer unabänderlichen Vereinbarung zwischen den Bundesgliedern, mittelst Präsidial-Vortrags an den Bundestag gebracht, und dort, in Folge gleichlautender Erklärung der Bundesregierungen, durch förmlichen Bundesbeschluß zu einem Grundgesetz erhoben werden, welches die nämliche Kraft und Gültigkeit wie die Bundesacte selbst haben und der Bundesversammlung zur unabweichlichen Richtschnur dienen soll.

Zur Urkunde dessen haben sämmtliche hier versammelte Bevollmächtigte die gegenwärtige Acte unterzeichnet und mit ihren Wappen untersiegelt.

So geschehen zu *Wien*, den *fünfzehnten* des Monats *Mai*, im Jahr *ein tausend acht hundert und zwanzig.*

Fürst von *Metternich.*	Freiherr v. *Tettenborn.*
Graf *Bernstorff.*	*Münchhausen.*
Krusemarck.	*du Bos du Thil.*
J. E. von *Küster.*	J. *Bernstorff.*
Freiherr von *Zentner.*	A. R. *Falck.*
Freiherr v. *Stainlein.*	Carl Wilhelm Freiherr v. *Fritsch.*
Graf *v. d. Schulenburg.*	E. F. L. Marschall v. *Bieberstein.*
von *Globig.*	L. H. Freiherr v. *Plessen.*
Ernst Graf v. *Hardenberg.*	von *Berg.*
Graf von *Mandelsloh.*	J. F. *Hach.*
Freiherr von *Berstett.*	

Maximilian Joseph,
von Gottes Gnaden König von Baiern.

Von den hohen Regenten-Pflichten durchdrungen und geleitet — haben Wir Unsere
bisherige Regierung mit solchen Einrichtungen bezeichnet, welche Unser fortgesetztes
Bestreben, das Gesammt-Wohl Unserer
Unterthanen zu befördern, beurkunden. —
Zur festern Begründung desselben gaben
Wir schon im Jahre 1808 Unserem Reiche
eine seinen damaligen äußern und innern
Verhältnißen angemessene Verfassung, in
welche Wir schon die Einführung einer
ständischen Versammlung, als eines wesentlichen Bestandtheiles, aufgenommen haben.
— Kaum hatten die großen seit jener Zeit
eingetretenen Weltbegebenheiten, von welchen kein deutscher Staat unberührt geblie-

ben ist, und während welcher das Volk von
Baiern gleich groß im erlittenen Drucke wie
im bestandenen Kampfe sich gezeigt hat, in
der Acte des Wiener-Congresses ihr Ziel
gefunden, als Wir sogleich das nur durch
die Ereignisse der Zeit unterbrochene Werk,
mit unverrücktem Blicke auf die allgemeinen
und besondern Forderungen des Staatszweckes zu vollenden suchten; — die im Jahre
1814 dafür angeordneten Vorarbeiten und
das Decret vom 2. Februar 1817 bestätigen Unsern hierüber schon früher gefaßten
festen Entschluß. — Die gegenwärtige Acte
ist, nach vorgegangener reifer und vielseitiger Berathung, und nach Vernehmung Unseres Staats=Rathes — das Werk Unseres
eben so freyen als festen Willens. — Unser
Volk wird in dem Inhalte desselben die
kräftigste Gewährleistung Unserer landesväterlichen Gesinnungen finden.

Freyheit der Gewissen, und gewissenhafte Scheidung und Schützung dessen, was
des Staates und der Kirche ist;

VERFASSUNGSURKUNDE FÜR DAS KÖNIGREICH BAIERN

vom 26. Mai 1818

Quelle: *Gesetzblatt für das Königreich Baiern 1818, S. 101.*

Maximilian Joseph, von Gottes Gnaden König von Baiern. Von den hohen Regenten-Pflichten durchdrungen und geleitet – haben Wir Unsere bisherige Regierung mit solchen Einrichtungen bezeichnet, welche Unser fortgesetztes Bestreben, das Gesammt-Wohl Unserer Unterthanen zu befördern, beurkunden. – Zur festern Begründung desselben gaben Wir schon im Jahre 1808 Unserem Reiche eine seinen damaligen äußern und innern Verhältnißen angemessene Verfassung, in welche Wir schon die Einführung einer ständischen Versammlung, als eines wesentlichen Bestandtheiles, aufgenommen haben. – Kaum hatten die großen seit jener Zeit eingetretenen Weltbegebenheiten, von welchen kein deutscher Staat unberührt geblieben ist, und während welcher das Volk von Baiern gleich groß im erlittenen Drucke wie im bestandenen Kampfe sich gezeigt hat, in der Acte des Wiener-Congresses ihr Ziel gefunden, als Wir sogleich das nur durch die Ereignisse der Zeit unterbrochene Werk, mit unverrücktem Blicke auf die allgemeinen und besondern Forderungen des Staatszweckes zu vollenden suchten; – die im Jahre 1814 dafür angeordneten Vorarbeiten und das Decret vom 2. Februar 1817 bestätigen Unsern hierüber schon früher gefaßten festen Entschluß. – Die gegenwärtige Acte ist, nach vorgegangener reifer und vielseitiger Berathung, und nach Vernehmung Unseres Staats-Rathes – das Werk Unseres eben so freyen als festen Willens. – Unser Volk wird in dem Inhalte desselben die kräftigste Gewährleistung Unserer landesväterlichen Gesinnungen finden.

Freyheit der Gewissen, und gewissenhafte Scheidung und Schützung dessen, was des Staates und der Kirche ist;

Freyheit der Meinungen, mit gesetzlichen Beschränkungen gegen den Mißbrauch;

Gleiches Recht der Eingebornen zu allen Graden des Staatsdienstes und zu allen Bezeichnungen des Verdienstes;

Gleiche Berufung zur Pflicht und zur Ehre der Waffen;

Gleichheit der Gesetze und vor dem Gesetze;

Unpartheylichkeit und Unaufhaltbarkeit der Rechtspflege;

Gleichheit der Belegung und der Pflichtigkeit ihrer Leistung;

Ordnung durch alle Theile des Staats-Haushaltes, rechtlicher Schutz des Staats-Credits, und gesicherte Verwendung der dafür bestimmten Mittel;

Wiederbelebung der Gemeinde-Körper durch die Wiedergabe der Verwaltung der ihr Wohl zunächst berührenden Angelegenheiten;

Eine Standschaft – hervorgehend aus allen Klassen der im Staate ansäßigen Staatsbürger, – mit den Rechten des Beyrathes, der Zustimmung, der Willigung, der Wünsche und der Beschwerdeführung wegen verletzter verfassungsmäßiger Rechte, – berufen, um in öffentlichen Versammlungen die Weisheit der Berathung zu verstärken, ohne die Kraft der Regierung zu schwächen;

Endlich eine Gewähr der Verfassung, sichernd gegen willkührlichen Wechsel, aber nicht hindernd das Fortschreiten zum Bessern nach geprüften Erfahrungen.

Baiern! – Dies sind die Grundzüge der aus Unserm freyen Entschlusse euch gegebenen Verfassung, – sehet darin die Grundsätze eines Königs, welcher das Glück seines Herzens und den Ruhm seines Thrones nur von dem Glücke des Vaterlandes und von der Liebe seines Volkes empfangen will! –

Wir erklären hiernach folgende Bestimmungen als Verfassung des Königreiches Baiern:

Titel I. Allgemeine Bestimmungen

§ 1. Das Königreich Baiern in der Gesammt-Vereinigung aller ältern und neuern Gebietstheile ist ein souverainer monarchischer Staat nach den Bestimmungen der gegenwärtigen Verfassungs-Urkunde.

§ 2. Für das ganze Königreich besteht eine allgemeine in zwey Kammern abgetheilte Stände-Versammlung.[1]

Titel II. Von dem Könige und der Thronfolge, dann der Reichs-Verwesung

§ 1. Der König ist das Oberhaupt des Staats, vereiniget in sich alle Rechte der Staats-Gewalt, und übt sie unter den von Ihm gegebenen in der gegenwärtigen Verfassungs-Urkunde festgesetzten Bestimmungen aus.

Seine Person ist heilig und unverletzlich.

§ 2. Die Krone ist erblich in dem Mannsstamme des Königlichen Hauses nach dem Rechte der Erstgeburt, und der agnatisch-linealischen Erbfolge.

§ 3. Zur Successions-Fähigkeit wird eine rechtmäßige Geburt aus einer ebenbürtigen – mit Bewilligung des Königs geschlossenen Ehe erfordert.

§ 4. Der Mannsstamm hat vor den weiblichen Nachkommen den Vorzug, und die Prinzessinnen sind von der Regierungs-Folge in so lange ausgeschlossen, als in dem Königlichen Hause noch ein successionsfähiger männlicher Sproße oder ein durch Erbverbrüderung zur Thronfolge berechtigter Prinz vorhanden ist.

---

[1] Durch Gesetz vom 4. Juni 1848 (GBl. 77) wurde die „Stände-Versammlung" in Landtag umbenannt. Die Verfassungsurkunde des Großherzogtums Baden vom 22. August 1818 kennt den Begriff „Landtag" seit ihrem Erlaß (51 Abs. 2 BadVerf).

§ 5. Nach gänzlicher Erlöschung des Mannsstammes und in Ermanglung einer mit einem andern fürstlichen Hause aus dem deutschen Bunde für diesen Fall geschlossenen Erbverbrüderung geht die Thronfolge auf die weibliche Nachkommenschaft nach eben der Erbfolge-Ordnung, die für den Mannsstamm festgesetzt ist, über, so, daß die zur Zeit des Ablebens des letzt regierenden Königs lebenden Baierischen Prinzessinnen oder Abkömmlinge von denselben, ohne Unterschied des Geschlechtes eben so, als wären sie Prinzen des ursprünglichen Mannsstammes des Baierischen Hauses, nach dem Erstgeburts-Rechte und der Lineal-Erbfolge-Ordnung zur Thronfolge berufen werden.

Wenn in dem regierenden neuen Königlichen Hause wieder Abkömmlinge des ersten Grades von beyderley Geschlecht geboren werden, tritt alsdann der Vorzug des männlichen Geschlechts vor dem weiblichen wieder ein.

§ 6. Sollte die Baierische Krone nach Erlöschung des Mannsstamms an den Regenten einer größern Monarchie gelangen, welcher seine Residenz im Königreiche Baiern nicht nehmen könnte, oder würde, so soll dieselbe an den zweytgebornen Prinzen dieses Hauses übergehen, und in dessen Linie sodann dieselbe Erbfolge eintreten, wie sie oben vorgezeichnet ist.

Kömmt aber die Krone an die Gemahlin eines auswärtigen größern Monarchen, so wird sie zwar Königin, sie muß jedoch einen Vice-König, der seine Residenz in der Hauptstadt des Königreichs zu nehmen hat, ernennen, und die Krone geht nach ihrem Ableben an ihren zweytgebornen Prinzen über.

§ 7. Die Volljährigkeit der Prinzen und Prinzessinnen des Königlichen Hauses tritt mit dem zurückgelegten Achtzehnten Jahre ein.

§ 8. Die übrigen Verhältnisse der Mitglieder des Königlichen Hauses richten sich nach den Bestimmungen des pragmatischen Familien-Gesetzes.

§ 9. Die Reichs-Verwesung tritt ein:
a) während der Minderjährigkeit des Monarchen;
b) wenn derselbe an der Ausübung der Regierung auf längere Zeit verhindert ist, und für die Verwaltung des Reichs nicht selbst Vorsorge getroffen hat; oder treffen kann.

§ 10. Dem Monarchen steht es frey, unter den volljährigen Prinzen des Hauses, den Reichs-Verweser für die Zeit der Minderjährigkeit seines Nachfolgers zu wählen.

In Ermanglung einer solchen Bestimmung gebührt die Reichs-Verwesung demjenigen volljährigen Agnaten, welcher nach der festgesetzten Erbfolge-Ordnung der Nächste ist.

Wäre der Prinz, welchem dieselbe nach obiger Bestimmung gebührt, selbst noch minderjährig, oder durch ein sonstiges Hinderniß abgehalten, die Regentschaft zu übernehmen, so fällt sie auf denjenigen Agnaten, welcher nach ihm der Nächste ist.

§ 11. Sollte der Monarch durch irgend eine Ursache, die in ihrer Wirkung länger als ein Jahr dauert, an der Ausübung der Regierung gehindert werden, und für diesen Fall nicht selbst Vorsehung getroffen haben, oder treffen können, so findet mit Zustimmung der Stände, welchen die Verhinderungs-Ursachen anzuzeigen sind, gleichfalls die für den Fall der Minderjährigkeit bestimmte gesetzliche Regentschaft statt.

§ 12. Wenn der König nach § 10 den Reichs-Verweser für den Fall der Minderjährigkeit ernennt, so wird die darüber ausgefertigte Urkunde durch denjenigen Minister, welchem die Verrichtungen eines Ministers des Königlichen Hauses übertragen sind, im Haus-Archiv bis zum Ableben des Monarchen aufbewahrt, und dann dem Gesammt-Staats-Ministerium zur Einsicht und öffentlichen Bekanntmachung vorgelegt. Dem Reichs-Verweser wird die über seine Ernennung ausgefertigte Urkunde zugleich mitgetheilt.

§ 13. Wenn kein zur Reichs-Verwesung geeigneter Agnat vorhanden ist, der Monarch jedoch eine verwittibte Königin hinterläßt, so gebührt dieser die Reichs-Verwesung.

In Ermanglung derselben aber übernimmt sie jener Kron-Beamte, welchen der letzte Monarch hiezu ernennt, und wenn von demselben keine solche Bestimmung getroffen ist, so geht sie an den ersten Kron-Beamten über, welchem kein gesetzliches Hinderniß entgegen steht.

§ 14. In jedem Falle gebührt einer verwittibten Königin unter der Aufsicht des Reichs-Verwesers die Erziehung ihrer Kinder nach den in dem Familien-Gesetze hierüber enthaltenen nähern Bestimmungen.

§ 15. In den im § 9 a und b bezeichneten Fällen wird die Regierung im Nahmen des minderjährigen, oder in der Ausübung der Regierung gehinderten Monarchen geführt.

Alle Ausfertigungen werden in seinem Nahmen und unter dem gewöhnlichen Königlichen Siegel erlassen; alle Münzen mit seinem Brustbilde, Wappen und Titel geprägt.

Der Regent unterzeichnet als:

„des Königreichs Baiern Verweser."

§ 16. Der Prinz des Hauses, die verwittibte Königin oder derjenige Kron-Beamte, welchem die Reichs-Verwesung übertragen wird, muß gleich nach dem Antritte der Regentschaft die Stände versammeln, und in ihrer Mitte und in Gegenwart der Staats-Minister, so wie der Mitglieder des Staats-Rathes nachstehenden Eid ablegen:

„Ich schwöre, den Staat in Gemäßheit der Verfassung und der Gesetze des Reichs zu verwalten, die Integrität des Königreiches und die Rechte der Krone zu erhalten, und dem Könige die Gewalt, deren Ausübung mir anvertraut

ist, getreu zu übergeben, so wahr mir Gott helfe und sein heiliges Evangelium;"
worüber eine besondere Urkunde aufgenommen wird.

§ 17. Der Regent übt während seiner Reichs-Verwesung alle Regierungs-Rechte
aus, welche durch die Verfassung nicht besonders ausgenommen sind.

§ 18. Alle erledigten Aemter, mit Ausnahme der Justiz-Stellen, können während
der Reichs-Verwesung nur provisorisch besetzt werden. Der Reichs-Verweser
kann weder Krongüter veräußern oder heimgefallene Lehen verleihen, noch neue
Aemter einführen.

§ 19. Das Gesammt-Staats-Ministerium bildet den Regentschafts-Rath, und der
Reichs-Verweser ist verbunden, in allen wichtigen Angelegenheiten das Gutachten desselben zu erholen.

§ 20. Der Reichs-Verweser hat während der Dauer der Regentschaft seine Wohnung in der Königlichen Residenz, und wird auf Kosten des Staates unterhalten;
auch werden ihm nebstdem zu seiner eigenen Verfügung jährlich zweymal hundert tausend Gulden in monatlichen Raten auf die Staats-Kasse angewiesen.

§ 21. Die Regentschaft dauert in den in § 9 bemerkten zwey Fällen – im ersten bis
zur Großjährigkeit des Königs, und im zweyten – bis das eingetretene Hinderniß
aufhört.

§ 22. Nachdem die Regentschaft beendiget ist, und der in die Regierung eintretende neue König den feierlichen Eid (Tit. X § 1) abgelegt hat, werden alle Verhandlungen der Regentschaft geschlossen, und der Regierungs-Antritt des Königs
wird in der Residenz und im ganzen Königreiche feyerlich kund gemacht.

Titel III. Von dem Staatsgute

§ 1. Der ganze Umfang des Königreichs Baiern bildet eine einzige untheilbare unveräußerliche Gesammt-Masse aus sämmtlichen Bestandtheilen an Landen, Leuten, Herrschaften, Gütern, Regalien und Renten mit allem Zugehör.
    Auch alle neuen Erwerbungen aus Privat-Titeln, an unbeweglichen Gütern, sie
mögen in der Haupt- oder Nebenlinie geschehen, wenn der erste Erwerber während seines Lebens nicht darüber verfügt hat, kommen in den Erbgang des Mannsstammes, und werden als der Gesammt-Masse einverleibt angesehen.

§ 2. Zu dem unveräußerlichen Staatsgute, welches im Falle einer Sonderung des
Staats-Vermögens von der Privat-Verlassenschaft in das Inventar der letztern nicht
gebracht werden darf, gehören:
    1. Alle Archive und Registraturen;
    2. Alle öffentlichen Anstalten und Gebäude mit ihrem Zugehör;

3. Alles Geschütz, Munition, alle Militaire-Magazine und was zur Landeswehr nöthig ist;

4. Alle Einrichtungen der Hof-Capellen und Hof-Aemter mit allen Mobilien, welche der Aufsicht der Hof-Stäbe und Hof-Intendanzen anvertraut, und zum Bedarf oder zum Glanze des Hofes bestimmt sind;

5. Alles, was zur Einrichtung oder zur Zierde der Residenzen und Lustschlösser dienet;

6. Der Hausschatz und was von dem Erblasser mit demselben bereits vereiniget worden ist;

7. Alle Sammlungen für Künste und Wissenschaften, als: Bibliotheken, physicalische, Naturalien- und Münz-Cabinette, Antiquitäten, Statuen, Sternwarten mit ihren Instrumenten, Gemählde- und Kupferstich-Sammlungen und sonstige Gegenstände, die zum öffentlichen Gebrauche oder zur Beförderung der Künste und Wissenschaften bestimmt sind;

8. Alle vorhandenen Vorräthe an baarem Gelde und Capitalien in den Staats-Kassen oder an Naturalien bey den Aemtern, samt allen Ausständen an Staatsgefällen;

9. Alles, was aus Mitteln des Staats erworben wurde.

§ 3. Sämmtliche Bestandtheile des Staatsguts sind, wie bereits in der Pragmatik vom 20. October 1804 bestimmt war, aus welcher die nach den veränderten Verhältnissen hierüber noch geltenden Bestimmungen in gegenwärtige Verfassungs-Urkunde übertragen sind, auf ewig unveräußerlich, vorbehaltlich der unten folgenden Modificationen.

Vorzüglich sollen, ohne Ausnahme, alle Rechte der Souverainetät bey der Primogenitur ungetheilt und unveräußert erhalten werden.

§ 4. Als Veräußerung des Staatsguts ist anzusehen, nicht nur jeder wirkliche Verkauf, sondern auch eine Schenkung unter den Lebenden, oder eine Vergebung durch eine letzte Willens-Verordnung, Verleihung neuer Lehen, oder Beschwerung mit einer ewigen Last, oder Verpfändung oder Hingabe durch einen Vergleich gegen Annahme einer Summe Geldes.

Auch kann keinem Staatsbürger eine Befreyung von den öffentlichen Lasten bewilligst werden.

§ 5. Die bisher zu Belohnung vorzüglicher dem Staate geleisteter Dienste verliehenen Lehen, Staats-Domänen und Renten sind von obigem Verbote ausgenommen.

Auch steht dem Könige die Wiederverleihung heimfallender Lehen jederzeit frey.

Zu Belohnung großer und bestimmter dem Staate geleisteter Dienste können auch andere Staats-Domänen oder Renten, jedoch mit Zustimmung der Stände, in der Eigenschaft als Mannlehen der Krone verliehen werden.

Anwartschaften auf künftige der Krone heimfallende Güter, Renten und Rechte, können eben so wenig als auf Aemter oder Würden ertheilt werden.

§ 6. Unter dem Veräußerungs-Verbote sind ferner nicht begriffen:

1) alle Staatshandlungen des Monarchen, welche innerhalb der Grenzen des Ihm zustehenden Regierungs-Rechts nach dem Zwecke und zur Wohlfahrt des Staats mit Auswärtigen oder mit Unterthanen im Lande über Stamm- und Staatsgüter vorgenommen werden; insbesondere was

2) an einzelnen Gütern und Gefällen zur Beendigung eines anhängigen Rechtsstreits gegen Erhaltung oder Erlangung anderer Güter, Renten oder Rechte, oder zur Grenzberichtigung mit benachbarten Staaten, gegen andern angemessenen Ersatz abgetreten wird;

3) Was gegen andere Realitäten und Rechte von gleichem Werthe vertauscht wird;

4) Alle einzelnen Veräußerungen oder Veränderungen, welche bey den Staatsgütern dem Staatszwecke gemäß, und in Folge der bereits erlassenen Vorschriften nach richtigen Grundsätzen der fortschreitenden Staatswirthschaft, zur Beförderung der Landes-Cultur oder sonst zur Wohlfahrt des Landes, oder zum Besten des Staats-Aerars, und zur Aufhebung einer nachtheiligen Selbstverwaltung für gut gefunden werden.

§ 7. In allen diesen Fällen (§ 6) dürfen jedoch die Staats-Einkünfte nicht geschmälert, sondern es soll als Ersatz entweder eine Dominical-Rente – wo möglich in Getreide, dafür bedungen, oder der Kaufschilling zu neuen Erwerbungen oder zur zeitlichen Aushülfe des Schuldentilgungs-Fonds, oder zu andern das Wohl des Landes bezielenden Absichten verwendet werden.

Mit dem unter dem Staatsgute begriffenen beweglichen Vermögen (§ 2) kann der Monarch nach Zeit und Umständen zweckmäßige Veränderungen und Verbesserungen vornehmen.

Titel IV. Von allgemeinen Rechten und Pflichten

§ 1. Zum vollen Genusse aller bürgerlichen, öffentlichen und Privatrechte in Baiern, wird das Indigenat erfordert, welches entweder durch die Geburt oder durch die Naturalisirung nach den nähern Bestimmungen des Edictes über das Indigenat erworben wird.

§ 2. Das Baierische Staats-Bürgerrecht wird durch das Indigenat bedingt, und geht mit demselben verloren.

§ 3. Nebst diesem wird zu dessen Ausübung noch erfordert:

a) die gesetzliche Volljährigkeit;

b) die Ansässigkeit im Königreiche, entweder durch den Besitz besteuerter Gründe, Renten oder Rechte, oder durch die Ausübung besteuerter Gewerbe, oder durch den Eintritt in ein öffentliches Amt.

§ 4. Kron-Aemter, oberste Hof-Aemter, Civil-Staatsdienste und oberste Militaire-Stellen, wie auch Kirchen-Aemter oder Pfründen können nur Eingebornen oder verfassungsmäßig Naturalisirten ertheilt werden.

§ 5. Jeder Baier ohne Unterschied kann zu allen Civil-, Militaire- und Kirchen-Aemtern oder Pfründen gelangen.

§ 6. In dem Umfange des Reichs kann keine Leibeigenschaft bestehen, nach den nähern Bestimmungen des Edictes vom 3. August 1808.

§ 7. Alle ungemessenen Frohnen sollen in Gemessene umgeändert werden, und auch diese ablösbar seyn.

§ 8. Der Staat gewährt jedem Einwohner Sicherheit seiner Person, seines Eigenthums und seiner Rechte.

Niemand darf seinem ordentlichen Richter entzogen werden.

Niemand darf verfolgt oder verhaftet werden, als in den durch die Gesetze bestimmten Fällen, und in der gesetzlichen Form.

Niemand darf gezwungen werden, sein Privat-Eigenthum, selbst für öffentliche Zwecke abzutreten, als nach einer förmlichen Entscheidung des versammelten Staatsraths, und nach vorgängiger Entschädigung, wie solches in der Verordnung vom 14. August 1815 bestimmt ist.

§ 9. Jedem Einwohner des Reichs wird vollkommene Gewissens-Freyheit gesichert; die einfache Haus-Andacht darf daher Niemanden, zu welcher Religion er sich bekennen mag, untersagt werden.

Die in dem Königreiche bestehenden drey christlichen Kirchen-Gesellschaften genießen gleiche bürgerliche und politische Rechte.[2]

Die nicht christlichen Glaubens-Genossen haben zwar vollkommene Gewissens-Freyheit; sie erhalten aber an den Staatsbürgerlichen Rechten nur in dem Maaße einen Antheil, wie ihnen derselbe in den organischen Edicten über ihre Aufnahme in die Staats-Gesellschaft zugesichert ist.

Allen Religionstheilen, ohne Ausnahme, ist das Eigenthum der Stiftungen und der Genuß ihrer Renten nach den ursprünglichen Stiftungs-Urkunden und dem rechtmäßigen Besitze, sie seyen für den Cultus, den Unterricht oder die Wohlthätigkeit bestimmt, vollständig gesichert.

Die geistliche Gewalt darf in ihrem eigentlichen Wirkungs-Kreise nie gehemmt werden, und die weltliche Regierung darf in rein geistlichen Gegenständen der Religions-Lehre und des Gewissens sich nicht einmischen, als in soweit das Oberst-hoheitliche Schutz- und Aufsichts-Recht eintritt, wonach keine Verordnungen und

---

[2] Absatz 3 hinzugefügt durch Gesetz vom 1. Juli 1834 (GBl. 41):
„Die Bekenner der unirten sowohl, als der nicht unirten griechischen Kirche genießen mit den Bekennern der in dem Königreiche bereits verfassungsmäßig bestehenden drey christlichen Kirchen-Gesellschaften gleiche bürgerliche und politische Rechte."

Gesetze der Kirchen-Gewalt ohne vorgängige Einsicht und das Placet des Königs verkündet und vollzogen werden dürfen.

Die Kirchen und Geistlichen sind in ihren bürgerlichen Handlungen und Beziehungen – wie auch in Ansehung des ihnen zustehenden Vermögens den Gesetzen des Staates und den weltlichen Gerichten untergeben; auch können sie von öffentlichen Staatslasten keine Befreyung ansprechen.

Die übrigen nähern Bestimmungen über die äußern Rechts-Verhältnisse der Bewohner des Königreichs, in Beziehung auf Religion und kirchliche Gesellschaften, sind in dem der gegenwärtigen Verfassungs-Urkunde beygefügten besondern Edicte enthalten.

§ 10. Das gesammte Stiftungsvermögen nach den drey Zwecken des Cultus, des Unterrichts und der Wohlthätigkeit, wird gleichfalls unter den besondern Schutz des Staates gestellt; es darf unter keinem Vorwande zu dem Finanz-Vermögen eingezogen, und in der Substanz für andere, als die drey genannten Zwecke ohne Zustimmung der Betheiligten, und bey allgemeinen Stiftungen ohne Zustimmung der Stände des Reiches veräußert, oder verwendet werden.

§ 11. Die Freyheit der Presse und des Buchhandels ist nach den Bestimmungen des hierüber erlassenen besondern Edictes gesichert.

§ 12. Alle Baiern haben gleiche Pflichtigkeit zu dem Kriegsdienste und zur Landwehr nach den dießfalls bestehenden Gesetzen.

§ 13. Die Theilnahme an den Staats-Lasten ist für alle Einwohner des Reichs allgemein, ohne Ausnahme irgend eines Standes, und ohne Rücksicht auf vormals bestandene besondere Befreyungen.

§ 14. Es ist den Baiern gestattet, in einen andern Bundesstaat, welcher erweißlich sie zu Unterthanen annehmen will, auszuwandern, auch in Civil- und Militaire-Dienste desselben zu treten, wenn sie den gesetzlichen Verbindlichkeiten gegen ihr bisheriges Vaterland Genüge geleistet haben.

Sie dürfen, solange sie im Unterthans-Verbande bleiben, ohne ausdrückliche Erlaubniß des Monarchen von einer auswärtigen Macht weder Gehalte noch Ehrenzeichen annehmen.

Titel V. Von besondern Rechten und Vorzügen

§ 1. Die Kron-Aemter werden als oberste Würden des Reichs, entweder auf die Lebenszeit der Würdeträger oder auf deren männliche Erben, nach dem Rechte der Erstgeburt und der agnatisch-linealischen Erbfolge als Thron-Lehen verliehen.

Die Kron-Beamten sind durch ihre Reichswürden Mitglieder der ersten Kammer in der Stände-Versammlung.

§ **2.** Den vormals Reichsständischen Fürsten und Grafen werden alle jene Vorzuge und Rechte zugesichert, welche in dem ihre Verhältnisse bestimmenden besondern Edicte ausgesprochen sind.

§ **3.** Die der Baierischen Hoheit untergebenen ehemaligen unmittelbaren Reichsadelichen genießen diejenigen Rechte, welche in Gemäßheit der Königlichen Declaration durch die constitutionellen Edicte ihnen zugesichert werden.

§ **4.** Der gesammte übrige Adel des Reichs behält, wie jeder Guts-Eigenthümer, seine gutsherrlichen Rechte nach den gesetzlichen Bestimmungen.

Uebrigens hat derselbe folgende Vorzüge zu genießen:

1) ausschließend das Recht, eine gutsherrliche Gerichtsbarkeit ausüben zu können;

2) Familien-Fidei-Commisse auf Grundvermögen zu errichten;

3) Einen von dem landgerichtlichen befreyten Gerichtsstand in bürgerlichen und strafrechtlichen Fällen;

4) die Rechte der Siegelmäßigkeit unter den Beschränkungen der Gesetze über das Hypothekenwesen; endlich

5) bey der Militaire-Conscription die Auszeichnung, daß die Söhne der Adelichen als Cadetten eintreten.[3]

§ **5.** Einige dieser Vorzüge theilen für ihre Personen die geistlichen und die wirklichen Collegial-Räthe, und die mit diesen in gleicher Categorie stehenden höhern Beamten.

Die Geistlichen genießen denselben befreyten Gerichtsstand in bürgerlichen und strafrechtlichen Fällen; – die Collegial-Räthe und höhern Beamten außer diesem auch die Rechte der Siegelmäßigkeit und die obige Auszeichnung bey der Militaire-Conscription.

§ **6.** Die Dienstes-Verhältnisse und Pensions-Ansprüche der Staatsdiener und öffentlichen Beamten richten sich nach den Bestimmungen der Dienstes-Pragmatik.

Titel VI. Von der Stände-Versammlung

§ **1.** Die zwey Kammern der allgemeinen Versammlung der Stände des Reichs sind:

a) die der Reichs-Räthe,

b) die der Abgeordneten.

§ **2.** Die Kammer der Reichs-Räthe ist zusammengesetzt aus

1) den volljährigen Prinzen des Königlichen Hauses;

2) den Kron-Beamten des Reichs;

---

3   § 4 Abs. 2 aufgehoben durch Art. 35 des Gesetzes vom 10. Juni 1899 (GVBl. 1899, Beilage zum Landtagsabschied).

3) den beyden Erzbischöfen;
4) den Häuptern der ehemals Reichsständischen – fürstlichen und gräflichen Familien, als erblichen Reichs-Räthen, so lange sie im Besitze ihrer vormaligen Reichsständischen im Königreiche gelegenen Herrschaften bleiben;
5) einem vom Könige ernannten Bischofe und dem jedesmaligen Präsidenten des protestantischen General-Consistoriums;
6) aus denjenigen Personen, welche der König entweder wegen ausgezeichneten dem Staate geleisteter Dienste, oder wegen ihrer Geburt, oder ihres Vermögens zu Mitgliedern dieser Kammer entweder erblich oder lebenslänglich besonders ernennt.

§ 3. Das Recht der Vererbung wird der König nur adelichen Gutsbesitzern verleihen, welche im Königreiche das volle Staatsbürgerrecht, und ein mit dem Lehen- oder Fidei-Commissarischen Verbande belegtes Grund-Vermögen besitzen, von welchem sie an Grund- und Dominical-Steuern in simplo Dreyhundert Gulden entrichten, und wobey eine agnatisch-linealische Erbfolge nach dem Rechte der Erstgeburt eingeführt ist.

Die Würde eines erblichen Reichs-Raths geht jedesmal mit den Gütern, worauf das Fidei-Commiß gegründet ist, nur auf den nach dieser Erbfolge eintretenden Besitzer über.

§ 4. Die Zahl der lebenslänglichen Reichs-Räthe kann den dritten Theil der erblichen nicht übersteigen.

§ 5. Die Reichs-Räthe haben Zutritt in die erste Kammer nach erreichter Volljährigkeit; eine entscheidende Stimme aber kommt den Prinzen des Königlichen Hauses erst mit dem Einundzwanzigsten, den übrigen Reichs-Räthen mit dem Fünfundzwanzigsten Lebensjahre zu.

§ 6. Die Kammer der Reichs-Räthe kann nur dann eröffnet werden, wenn wenigstens die Hälfte der sämmtlichen Mitglieder anwesend ist.

§ 7. Die zweyte Kammer der Stände-Versammlung bildet sich
a) aus den Grundbesitzern, welche eine gutsherrliche Gerichtsbarkeit ausüben, und nicht Sitz und Stimme in der ersten Kammer haben;
b) aus Abgeordneten der Universitäten;
c) aus Geistlichen der katholischen und protestantischen Kirche;
d) aus Abgeordneten der Städte und Märkte;
e) aus den nicht zu a) gehörigen Landeigenthümern.[4]

---

[4] An die Stelle der §§ 7-12 und 14 trat das Gesetz vom 4. Juni 1848 (GBl. 77), die Wahl der Landtagsabgeordneten betreffend, das das ursprüngliche Besitz-Wahlrecht durch ein demokratisches, auf die Prinzipien der Allgemeinheit und der Gleichheit gegründetes Wahlrecht ersetzte.

§ 8. Die Zahl der Mitglieder richtet sich im Ganzen nach der Zahl der Familien im Königreiche, in dem Verhältniße, daß auf 7 000 Familien ein Abgeordneter gerechnet wird.

§ 9. Von der auf solche Art bestimmten Zahl stellt:
  a) die Klasse der adelichen Gutsbesitzer ein Achttheil;
  b) die Klasse der Geistlichen der katholischen und protestantischen Kirche ein Achttheil;
  c) die Klasse der Städte und Märkte ein Viertheil; – und
  d) die Klasse der übrigen Landeigenthümer, welche keine gutsherrliche Gerichtsbarkeit ausüben, zwey Viertheile der Abgeordneten;
  e) jede der drey Universitäten ein Mitglied.

§ 10. Die jede einzelne Klasse treffende Zahl von Abgeordneten wird nach den Bestimmungen des über die Stände-Versammlung hier beygefügten besondern Edictes, auf die einzelnen Regierungs-Bezirke vertheilt.

§ 11. Jede Klasse wählt in jedem Regierungs-Bezirke die sie daselbst treffende Zahl von Abgeordneten nach der in dem angeführten Edicte vorgeschriebenen Wahlordnung für die sechsjährige Dauer der Versammlung. Die während derselben erledigten Stellen werden aus denjenigen ersetzt, welche den Gewählten in der Stimmenzahl zunächst kommen.

§ 12. Jedes Mitglied der Kammer der Abgeordneten muß ohne Rücksicht auf Standes- oder Dienst-Verhältnisse ein selbstständiger Staatsbürger seyn, welcher das dreißigste Lebensjahr zurückgelegt hat, und den freyen Genuß eines solchen im betreffenden Bezirke oder Orte gelegenen Vermögens besitzt, welches seinen unabhängigen Unterhalt sichert, und durch die im Edicte festgesetzte Größe der jährlichen Versteuerung bestimmt wird.

Er muß sich zu einer der drey christlichen Religionen bekennen, und darf niemals einer Special-Untersuchung, wegen Verbrechen oder Vergehen unterlegen haben, wovon er nicht gänzlich freygesprochen worden ist.

§ 13. Alle sechs Jahre wird eine neue Wahl der Abgeordneten vorgenommen, und sonst nur in dem Falle, wenn die Kammer von dem Könige aufgelöset wird.

Die austretenden Mitglieder sind wieder wählbar.

§ 14. Der Austritt eines bereits ernannten Mitgliedes erfolgt während der Dauer der Versammlung
  1) Wenn dasselbe die Realität, das Gericht, Gewerbe oder die geistliche Pfründe, welche seine Wahl für den betreffenden Regierungs-Bezirk, oder die Klasse besonders begründeten, aus was immer für Veranlassungen zu besitzen aufhört, ohne einen gleichen Ersatz in demselben Bezirke, Orte, oder in derselben Klasse zu erwerben;
  2) Wenn das Mitglied unter der Zeit eine der oben (§ 12) zur passiven Wahlfähigkeit wesentlich erforderlichen Eigenschaften verliert.

In diesen Fällen hat die Kammer der Abgeordneten auf die geschehene Anzeige und nach Vernehmung des Betheiligten zu entscheiden.

§ 15. Zur gültigen Constituirung der Kammer der Abgeordneten wird die Anwesenheit von wenigstens zwey Drittheilen der gewählten Mitglieder erfordert.

§ 16. Die Kammer der Reichs-Räthe wird gleichzeitig mit jener der Abgeordneten zusammenberufen, eröffnet und geschlossen.

§ 17. Kein Mitglied der ersten oder zweyten Kammer darf sich in der Sitzung durch einen Bevollmächtigten vertreten lassen.

§ 18. Die Anträge über die Staats-Auflagen geschehen zuerst in der Kammer der Abgeordneten, und werden dann durch diese an die Kammer der Reichs-Räthe gebracht.

Alle übrigen Gegenstände können nach der Bestimmung des Königs der einen oder der andern Kammer zuerst vorgelegt werden.

§ 19. Kein Gegenstand des den Ständen des Reichs angewiesenen gemeinschaftlichen Wirkungskreises kann von einer Kammer allein in Berathung gezogen werden, und die Wirkung einer gültigen Einwilligung der Stände erlangen.

Titel VII. Von dem Wirkungskreise der Stände-Versammlung

§ 1. Die beyden Kammern können nur über jene Gegenstände in Berathung treten, die in ihren Wirkungskreis gehören, welcher in den §§ 2 bis 19 näher bezeichnet ist.

§ 2. Ohne den Beyrath und die Zustimmung der Stände des Königreichs kann kein allgemeines neues Gesetz, welches die Freyheit der Personen oder das Eigenthum des Staats-Angehörigen betrifft, erlassen, noch ein schon bestehendes abgeändert, authentisch erläutert oder aufgehoben werden.

§ 3. Der König erholt die Zustimmung der Stände zur Erhebung aller directen Steuern, so wie zur Erhebung neuer indirecten Auflagen, oder zu der Erhöhung oder Veränderung der bestehenden.

§ 4. Den Ständen wird daher nach ihrer Eröffnung die genaue Uebersicht des Staatsbedürfnisses, so wie der gesammten Staats-Einnahmen (Budget) vorgelegt werden, welche dieselbe durch einen Ausschuß prüfen, und sodann über die zu erhebenden Steuern in Berathung treten.

§ 5. Die zur Deckung der ordentlichen beständigen und bestimmt vorherzusehenden Staats-Ausgaben, mit Einschluß des nothwendigen Reserve-Fonds, erforderlichen directen Steuern werden jedesmal auf sechs Jahre bewilligt.

Um jedoch jede Stockung der Staatshaushaltung zu vermeiden, werden in dem Etats-Jahre, in welchem die erste Stände-Versammlung einberufen wird, die in dem vorigen Etats-Jahre erhobenen Staats-Auflagen fortentrichtet.

§ 6. Ein Jahr vor dem Ablaufe des Termins, für welchen die fixen Ausgaben festgesetzt sind, somit nach Verlauf von sechs Jahren, läßt der König für die sechs Jahre, welche diesem Termine folgen, den Ständen ein neues Budget vorlegen.

§ 7. In dem Falle, wo der König durch außerordentliche äußere Verhältnisse verhindert ist, in diesem letzten Jahre der ordentlichen Steuer-Bewilligung die Stände zu versammeln, kömmt Ihm die Befugniß einer Forterhebung der letztbewilligten Steuer auf ein halbes Jahr zu.

§ 8. In Fällen eines außerordentlichen und unvorhergesehenen Bedürfnisses und der Unzulänglichkeit der bestehenden Staats-Einkünfte zu dessen Deckung, wird dieses den Ständen zur Bewilligung der erforderlichen außerordentlichen Auflagen vorgelegt werden.

§ 9. Die Stände können die Bewilligung der Steuern mit keiner Bedingung verbinden.

§ 10. Den Ständen des Reichs wird bey einer jeden Versammlung eine genaue Nachweisung über die Verwendung der Staats-Einnahmen vorgelegt werden.

§ 11. Die gesammte Staatsschuld wird unter die Gewährleistung der Stände gestellt.

Zu jeder neuen Staatsschuld, wodurch die zur Zeit bestehende Schulden-Masse im Capitals-Betrage oder der jährlichen Verzinsung vergrößert wird, ist die Zustimmung der Stände des Reichs erforderlich.

§ 12. Eine solche Vermehrung der Staatsschulden hat nur für jene dringenden und außerordentlichen Staatsbedürfnisse statt, welche weder durch die ordentlichen noch durch außerordentliche Beyträge der Unterthanen, ohne deren zu große Belastung bestritten werden können, und die zum wahren Nutzen des Landes gereichen.

§ 13. Den Ständen wird der Schuldentilgungs-Plan vorgelegt, und ohne ihre Zustimmung kann an dem von ihnen angenommenen Plane keine Abänderung getroffen, noch ein zur Schuldentilgung bestimmtes Gefäll zu irgend einem andern Zwecke verwendet werden.

§ 14. Jede der beyden Kammern hat aus ihrer Mitte einen Commissaire zu ernennen, welche gemeinschaftlich bey der Schuldentilgungs-Commission von allen ihren Verhandlungen genaue Kenntniß zu nehmen, und auf die Einhaltung der festgesetzten Normen zu wachen haben.

§ 15. In außerordentlichen Fällen, wo drohende äußere Gefahren die Aufnahme von Capitalien dringend erfordern, und die Einberufung der Stände durch äußere Verhältnisse unmöglich gemacht wird, soll diesen Commissaire's die Befugniß zustehen, zu diesen Anleihen im Nahmen der Stände vorläufig ihre Zustimmung zu ertheilen.

Sobald die Einberufung der Stände möglich wird, ist ihnen die ganze Verhandlung über diese Capitals-Aufnahme vorzulegen, um in das Staatsschulden-Verzeichniß eingetragen zu werden.

§ 16. Den Ständen wird bey jeder Versammlung die genaue Nachweisung des Standes der Staatsschulden-Tilgungs-Kasse vorgelegt werden.

§ 17. Die Stände haben das Recht der Zustimmung zur Veräußerung oder Verwendung allgemeiner Stiftungen in ihrer Substanz für andere als ihre ursprünglichen Zwecke.

§ 18. Eben so ist ihre Zustimmung zur Verleihung von Staats-Domainen oder Staats-Renten zu Belohnung großer und bestimmter dem Staate geleisteter Dienste erforderlich.

§ 19. Die Stände haben das Recht, in Beziehung auf alle zu ihrem Wirkungskreise gehörigen Gegenstände dem Könige ihre gemeinsamen Wünsche und Anträge in der geeigneten Form vorzubringen.

§ 20. Jeder einzelne Abgeordnete hat das Recht, in dieser Beziehung seine Wünsche und Anträge in seiner Kammer vorzubringen, welche darüber: ob dieselben in nähere Ueberlegung gezogen werden sollen, durch Mehrheit der Stimmen erkennt, und sie im bejahenden Falle an den betreffenden Ausschuß zur Prüfung und Würdigung bringt.

Die von einer Kammer über solche Anträge gefaßten Beschlüsse müssen der andern Kammer mitgetheilt, und können erst nach deren erfolgten Beystimmung dem Könige vorgelegt werden.

§ 21. Jeder einzelne Staatsbürger, so wie jede Gemeinde kann Beschwerden über Verletzung der constitutionellen Rechte an die Stände-Versammlung, und zwar an jede der beyden Kammern bringen, welche sie durch den hierüber bestehenden Ausschuß prüft, und findet dieser sie dazu geeignet, in Berathung nimmt.

Erkennt die Kammer durch Stimmenmehrheit die Beschwerde für gegründet, so theilt sie ihren diesfalls an den König zu erstattenden Antrag der andern Kammer mit, welcher, wenn diese demselben beystimmt, in einer gemeinsamen Vorstellung dem Könige übergeben wird.

§ 22. Der König wird wenigstens alle drey Jahre die Stände zusammenberufen.[5]

Der König eröffnet und schließt die Versammlung entweder in eigener Person, oder durch einen besonders hiezu Bevollmächtigten.

Die Sitzungen einer solchen Versammlung dürfen in der Regel nicht länger als zwey Monate dauern, und die Stände sind verbunden, in ihren Sitzungen die von

---

[5] Nach dem Gesetz vom 10. Juli 1865 (GBl. 137) mußte der Landtag alle zwei Jahre berufen werden.

dem Könige an sie gebrachten Gegenstände vor allen übrigen in Berathung zu nehmen.

§ 23. Dem Könige steht jederzeit das Recht zu, die Sitzungen der Stände zu verlängern, sie zu vertagen, oder die ganze Versammlung aufzulösen.

In dem letzten Falle muß wenigstens binnen drey Monaten eine neue Wahl der Kammer der Abgeordneten vorgenommen werden.

§ 24. Die Staats-Minister können den Sitzungen der beyden Kammern beywohnen, wenn sie auch nicht Mitglieder derselben sind.

§ 25. Jedes Mitglied der Stände-Versammlung hat folgenden Eid zu leisten:
„Ich schwöre Treue dem Könige, Gehorsam dem Gesetze, Beobachtung und Aufrechthaltung der Staats-Verfassung und in der Stände-Versammlung nur des ganzen Landes allgemeines Wohl und Beste ohne Rücksicht auf besondere Stände oder Klassen nach meiner innern Ueberzeugung zu berathen; – So wahr mir Gott helfe und sein heiliges Evangelium.“

§ 26. Kein Mitglied der Stände-Versammlung kann während der Dauer der Sitzungen ohne Einwilligung der betreffenden Kammer zu Verhaft gebracht werden, den Fall der Ergreifung auf frischer That bey begangenem Verbrechen ausgenommen.

§ 27. Kein Mitglied der Stände-Versammlung kann für die Stimme, welche es in seiner Kammer geführt hat, anders als in Folge der Geschäfts-Ordnung durch die Versammlung selbst zur Rede gestellt werden.

§ 28. Ein Gegenstand, über welchen die beyden Kammern sich nicht vereinigen, kann in derselben Sitzung nicht wieder zur Berathung gebracht werden.

§ 29. Die Königliche Entschließung auf die Anträge der Reichsstände erfolgt nicht einzeln, sondern auf alle verhandelten Gegenstände zugleich bey dem Schluße der Versammlung.

§ 30. Der König allein sanctionirt die Gesetze und erläßt dieselben mit seiner Unterschrift und Anführung der Vernehmung des Staats-Raths und des erfolgten Beyraths und der Zustimmung der Lieben und Getreuen, der Stände des Reichs.

§ 31. Wenn die Versammlung der Reichsstände vertagt, förmlich geschlossen oder aufgelöst worden ist, können die Kammern nicht mehr gültig berathschlagen, und jede fernere Verhandlung ist ungesetzlich.

Titel VIII. Von der Rechtspflege

§ 1. Die Gerichtsbarkeit geht vom Könige aus. – Sie wird unter Seiner Oberaufsicht durch eine geeignete Zahl von Aemtern und Obergerichten in einer gesetzlich bestimmten Instanzen-Ordnung verwaltet.

§ 2. Alle Gerichtsstellen sind verbunden, ihren Urtheilen Entscheidungsgründe beyzufügen.

§ 3. Die Gerichte sind innerhalb der Grenzen ihrer amtlichen Befugniß unabhängig, und die Richter können nur durch einen Rechtsspruch von ihren Stellen mit Verlust des damit verbundenen Gehaltes entlassen – oder derselben entsetzt werden.

§ 4. Der König kann in strafrechtlichen Sachen Gnade ertheilen, die Strafe mildern oder erlassen; – aber in keinem Falle irgend eine anhängige Streitsache, oder angefangene Untersuchung hemmen.

§ 5. Der Königliche Fiscus wird in allen streitigen Privatrechts-Verhältnissen bey den Königlichen Gerichtshöfen Recht nehmen.

§ 6. Die Vermögens-Confiscation hat in keinem Falle, den der Desertion ausgenommen, statt.

§ 7. Es soll für das ganze Königreich ein und dasselbe bürgerliche und Straf-Gesetzbuch bestehen.

Titel IX. Von der Militaire-Verfassung

§ 1. Jeder Baier ist verpflichtet, zur Vertheidigung seines Vaterlandes, nach den hierüber bestehenden Gesetzen mitzuwirken.

Von der Pflicht, die Waffen zu tragen, ist der geistliche Stand ausgenommen.

§ 2. Der Staat hat zu seiner Vertheidigung eine stehende Armee, welche durch die allgemeine Militaire-Conscription ergänzt, und auch im Frieden gehörig unterhalten wird.

§ 3. Neben dieser Armee bestehen noch Reserve-Bataillons und die Landwehr.

§ 4. Die Reserve-Bataillons sind zur Verstärkung des stehenden Heeres bestimmt, und theilen im Falle des Aufgebots alle Verpflichtungen, Ehren und Vorzüge mit demselben.

Im Frieden bleibt sämmtliche in den Reserve-Bataillons eingereihte Mannschaft, die zu den Waffenübungen erforderliche Zeit ausgenommen, in ihrer Heimath, frey von allem militairischen Zwange, bloß der bürgerlichen Gerichtsbarkeit und den bürgerlichen Gesetzen unterworfen, ohne an der Veränderung des Wohnsitzes, der Ansässigmachung oder Verehelichung gehindert zu sein.

§ 5. Die Landwehr kann in Kriegszeiten zur Unterstützung der schon durch die Reserve-Bataillons verstärkten Armee auf besondern Königlichen Aufruf, jedoch nur innerhalb der Grenzen des Reichs, in militairische Thätigkeit treten.

Zur zweckmäßigen Benützung dieser Masse wird dieselbe in zwey Abtheilungen ausgeschieden, deren zweyte die zur Mobilisirung weniger geeigneten Individuen begreift, und in keinem Falle außer ihrem Bezirke verwendet werden soll.

In Friedenszeiten wirkt die Landwehr zur Erhaltung der innern Sicherheit mit, in so ferne es erforderlich ist, und die dazu bestimmten Truppen nicht hinreichen.

§ 6. Die Armee handelt gegen den äußern Feind und im Innern nur dann, wenn die Militaire-Macht von der competenten Civil-Behörde förmlich dazu aufgefordert wird.

§ 7. Die Militaire-Personen stehen in Dienstsachen, dann wegen Verbrechen der Vergehen unter der Militaire-Gerichtsbarkeit, in Real- und gemischten Rechtssachen aber unter den bürgerlichen Gerichten.

Titel X. Von der Gewähr der Verfassung

§ 1. Bey dem Regierungs-Antritte schwört der König in einer feierlichen Versammlung der Staats-Minister, der Mitglieder des Staats-Raths, und einer Deputation der Stände, wenn sie zu der Zeit versammelt sind, folgenden Eid:
„Ich schwöre nach der Verfassung und den Gesetzen des Reichs zu regieren, so wahr mit Gott helfe, und sein heiliges Evangelium."
Ueber diesen Act wird eine Urkunde verfaßt, in das Reichs-Archiv hinterlegt und beglaubigte Abschrift davon der Stände-Versammlung mitgetheilt.

§ 2. Der Reichs-Verweser leistet in Beziehung auf die Erhaltung der Verfassung den Titel II § 16 vorgeschriebenen Eid.
Sämmtliche Prinzen des Königlichen Hauses leisten nach erlangter Volljährigkeit ebenfalls einen Eid auf die genaue Beobachtung der Verfassung.

§ 3. Alle Staatsbürger sind bey der Ansässigmachung und bey der allgemeinen Landes-Huldigung, so wie alle Staatsdiener bey ihrer Anstellung verbunden, folgenden Eid abzulegen:
„Ich schwöre Treue dem Könige, Gehorsam dem Gesetze und Beobachtung der Staats-Verfassung; so wahr mit Gott helfe, und sein heiliges Evangelium."

§ 4. Die Königlichen Staats-Minister und sämmtliche Staatsdiener sind für die genaue Befolgung der Verfassung verantwortlich.

§ 5. Die Stände haben das Recht, Beschwerden über die durch die Königlichen Staats-Ministerien oder andere Staatsbehörden geschehene Verletzung der Verfassung in einen gemeinsamen Antrag an den König zu bringen, welcher denselben auf der Stelle abhelfen, oder, wenn ein Zweyfel dabey obwalten sollte, sie näher nach der Natur des Gegenstandes durch den Staatsrath oder die oberste Justiz-Stelle untersuchen, und darüber entscheiden lassen wird.

§ 6. Finden die Stände sich durch ihre Pflichten aufgefordert, gegen einen höhern Staats-Beamten wegen vorsetzlicher Verletzung der Staats-Verfassung eine förmliche Anklage zu stellen, so sind die Anklags-Puncte bestimmt zu bezeichnen, und in jeder Kammer durch einen besondern Ausschuß zu prüfen.

Vereinigen sich beyde Kammern hierauf in ihren Beschlüssen über die Anklage; so bringen sie dieselbe mit ihren Belegen in vorgeschriebener Form an den König.

Dieser wird sie sodann der obersten Justiz-Stelle – in welcher im Falle der nothwendigen oder freywilligen Berufung auch die zweite Instanz durch Anordnung eines andern Senats gebildet wird, – zur Entscheidung übergeben, und die Stände von dem gefällten Urtheile in Kenntniß setzen.

§ 7. Abänderungen in den Bestimmungen der Verfassungs-Urkunde, oder Zusätze zu derselben können ohne Zustimmung der Stände nicht geschehen.

Die Vorschläge hiezu gehen allein vom Könige aus, und nur wenn Derselbe sie an die Stände gebracht hat, dürfen diese darüber berathschlagen.[6]

Zu einem gültigen Beschlusse in dieser höchst wichtigen Angelegenheit wird wenigstens die Gegenwart von drey Viertheilen der bey der Versammlung anwesenden Mitglieder in jeder Kammer, und eine Mehrheit von zwey Drittheilen der Stimmen erfordert.

Indem Wir dieses Staats-Grundgesetz zur allgemeinen Befolgung und genauen Beobachtung in seinem ganzen Inhalte, einschlüßig der dasselbe ergänzenden und in der Haupt-Urkunde als Beylagen bezeichneten Edicte, hierdurch kundmachen, so verordnen Wir zugleich, daß die darin angeordnete Versammlung der Stände zur Ausübung der zu ihrem Wirkungskreise gehörigen Rechte am 1. Januar 1819 einberufen, und inzwischen die hiezu erforderliche Einleitung veranstaltet werde.

Gegeben in Unserer Haupt- und Residenzstadt München, am sechs und zwanzigsten Tage des Monats May im Eintausend achthundert und achtzehnten Jahre, Unseres Reiches im dreyzehnten.

Maximilian Joseph.

---

6 Durch Gesetz vom 4. Juni 1848 (GBl. 1848, Sp. 61) wurde das Recht, Verfassungsänderungen zu beantragen, in gewissem Umfang auf die Stände ausgedehnt.

VERFASSUNGS-URKUNDE FÜR DAS KÖNIGREICH WÜRTTEMBERG

vom 25. September 1819

Quelle: *Königlich – Württembergisches Staats- und Regierungsblatt 1819, S. 633 ff.*

Königliches Manifest,
die Verkündigung der Verfassungs-Urkunde betreffend.

Wilhelm,
von Gottes Gnaden König von Württemberg.

Durch Unser Manifest vom 10. Juni 1819 haben Wir Unsere Absicht ausgesprochen, durch die Stände Unseres Königreichs vollständig die Wünsche zu vernehmen, welche dem Lande in Beziehung auf die ihm von Uns zugedachte Verfassung noch übrig bleiben möchten, um hiernächst das ganze Werk mit gemeinschaftlichem Einverständniß zu vollenden.

Wenn Wir – nach den manchfaltigen Erfahrungen der letzten Jahre – Unserem Volke nochmals die Hand zum Vertrage boten, so geschah dieß im Vertrauen auf diejenigen Gesinnungen treuer Anhänglichkeit an seinen Regenten, durch welche sich das Württembergische Volk von jeher ausgezeichnet hat.

Dieses Vertrauen hat Uns nicht getäuscht. Durch freie Uebereinkunft mit den Ständen des Landes ist das Grundgesetz des Staates zu Stande gekommen, das schönste Denkmal der Eintracht zwischen dem König und Seinem Volke.

Die Verfassungs-Urkunde des Königreichs ist von Uns und den sämtlichen Mitgliedern der Stände-Versammlung, welche zu diesem wichtigen Werke berufen waren, unterzeichnet; und aus Unserem Munde haben die versammelten Stände die feierliche Versicherung der unverbrüchlichen Festhaltung des Verfassungs-Vertrages vernommen.

Mit freudiger Empfindung verkünden Wir Unserem getreuen Volke dieses Ereigniß, welches der Regierung ihre wohlthätige Wirksamkeit, dem Volke seine gesetzmäßige Freiheit, und dem gesamten Vaterland eine glückliche Zukunft sichert. Möge die Vorsehung Unsere Bemühungen für das Glück Unseres Volkes segnen; mögen alle Keime des Guten, welche in die Verfassung gelegt sind, unter der sorgsamen Pflege treuer Diener des Staates und würdiger Stände des Königreichs gedeihen; mögen künftige Geschlechter die Früchte der Anstrengungen genießen, welche die gegenwärtige Zeit gebietet.

Gegeben, Stuttgart den 27. September 1819.

(Unterzeichnet) Wilhelm.
Auf Befehl des Königs:
der Staats-Sekretär
(Unterzeichnet) Vellnagel.

Wilhelm,
von Gottes Gnaden König von Württemberg.

Thun kund und zu wissen für U n s und U n s e r e Nachfolger in der Regierung:

U n s e r e s in Gott ruhenden Herrn Vaters Majestät und Gnaden haben schon im Jahre 1815 auf die Errichtung einer Staats-Grund-Verfassung für das gesamte Königreich Württemberg ernstlichen Bedacht genommen, und zu diesem Ende mit den zu einer Stände-Versammlung einberufenen Fürsten, Grafen, Edelleuten, Geistlichen beider Haupt-Confessionen und den von einigen Städten, auch sämtlichen Oberamts-Bezirken gewählten Abgeordneten Unterhandlungen eröffnen lassen, welche unter U n s e r e r Regierung bis in das Jahr 1817 fortgesetzt wurden.

Wiewohl damals der gewünschte Zweck nicht zu erreichen gewesen, so haben W i r denselben dennoch unverrückt im Auge behalten, und um einestheils der U n s, als einem Gliede des deutschen Bundes, obliegenden Verbindlichkeit zu Erfüllung des XIII. Artikels der Bundes-Akte, anderntheils den Wünschen und Bitten U n s e r e r getreuen Unterthanen um endliche Begründung des öffentlichen Rechtszustandes, übereinstimmend mit U n s e r e r eigenen Ueberzeugung, zu entsprechen, eine neue Stände-Versammlung auf den 13. Juli gegenwärtigen Jahres in U n s e r e Residenz-Stadt Ludwigsburg berufen.

Nachdem nun über den Entwurf einer den früheren vertrags- und gesetzmäßigen Rechten und Freiheiten U n s e r e s alten Stammlandes, so wie der damit vereinigten neuen Landestheile, zugleich aber auch den gegenwärtigen Verhältnissen möglichst angemessenen, Grund-Verfassung die von der Stände-Versammlung hiezu besonders gewählten Mitglieder sich mit den von U n s ernannten Commissarien vorläufig beredet haben, und die hierüber erstatteten Berichte einerseits von U n s in U n s e r e m Geheimen Rathe, andererseits von der vollen Stände-Versammlung vollständig und sorgfältig geprüft und erwogen, sodann die gesamten Wünsche U n s e r e r getreuen Stände U n s vorgelegt worden sind: so ist endlich durch höchste Entschließung und allerunterthänigste Gegen-Erklärung eine vollkommene beiderseitige Vereinigung über folgende Punkte zu Stande gekommen:

I. Kapitel. Von dem Königreiche.

§ 1. Sämtliche Bestandtheile des Königreichs sind und bleiben zu einem unzertrennlichen Ganzen und zur Theilnahme an Einer und derselben Verfassung vereinigt.

§ 2. Würde in der Folgezeit das Königreich einen neuen Landeszuwachs durch Kauf, Tausch, oder auf andere Weise erhalten; so wird derselbe in die Gemeinschaft der Verfassung des Staates aufgenommen.

Als Landeszuwachs ist alles anzusehen, was der König nicht bloß für Seine Person, sondern durch Anwendung der Staatskräfte, oder mit der ausdrücklichen Bestimmung, daß es einen Bestandtheil des Königreichs ausmachen soll, erwirbt. Sollte ein unabwendbarer Nothfall die Abtretung eines Landestheiles unvermeidlich machen, so ist wenigstens dafür zu sorgen, daß den Eingesessenen des getrennten Landestheiles eine hinlängliche Zeitfrist gestattet wird, um sich anderwärts im Königreiche mit ihrem Eigenthume niederlassen zu können, ohne in Veräußerung ihrer Liegenschaften übereilt oder durch eine auf das mitzunehmende Vermögen gelegte Abgabe oder sonst auf andere Weise belästigt zu werden.

§ 3. Das Königreich Württemberg ist ein Theil des deutschen Bundes; daher haben alle organischen Beschlüsse der Bundesversammlung, welche die verfassungsmässigen Verhältnisse Deutschlands, oder die allgemeinen Verhältnisse deutscher Staatsbürger betreffen, nachdem sie von dem Könige verkündet sind, auch für Württemberg verbindende Kraft. Jedoch tritt in Ansehung der Mittel zu Erfüllung der hiedurch begründeten Verbindlichkeiten die verfassungsmäßige Mitwirkung der Stände ein.

II. Kapitel. Von dem Könige, der Thronfolge und der Reichsverwesung.

§ 4. Der König ist das Haupt des Staates, vereinigt in sich alle Rechte der Staatsgewalt, und übt sie unter den durch die Verfassung festgesetzten Bestimmungen aus. Seine Person ist heilig und unverletzlich.

§ 5. Der König bekennt sich zu einer der christlichen Kirchen.

§ 6. Der Sitz der Regierung kann in keinem Falle außerhalb des Königreichs verlegt werden.

§ 7. Das Recht der Thronfolge gebührt dem Mannsstamme des Königlichen Hauses; die Ordnung derselben wird durch die Lineal-Erbfolge nach dem Erstgeburtsrechte bestimmt. Erlischt der Mannsstamm, so geht die Thronfolge auf die weibliche Linie, ohne Unterschied des Geschlechtes, über, und zwar so, daß die Nähe der Verwandtschaft mit dem zuletzt regierenden Könige, und bei gleichem Verwandtschafts-Grade das natürliche Alter den Vorzug gibt. Jedoch tritt bei der Descendenz des sodann regierenden Königlichen Hauses das Vorrecht des Mannsstammes wieder ein.

§ 8. Die Fähigkeit zur Thronfolge setzt rechtmäßige Geburt aus einer ebenbürtigen, mit Bewilligung des Königes geschlossenen Ehe voraus.

§ 9. Die Volljährigkeit des Königes tritt mit zurückgelegtem achtzehnten Jahre ein.

§ 10. Der Huldigungs-Eid wird dem Thronfolger erst dann abgelegt, wann Er in einer den Ständen des Königreichs auszustellenden feierlichen Urkunde die unverbrüchliche Festhaltung der Landes-Verfassung bei Seinem Königlichen Worte zugesichert hat.

§ 11. Ist der König minderjährig, oder aus einer andern Ursache an der eigenen Ausübung der Regierung verhindert; so tritt eine Reichs-Verwesung ein.

§ 12. In beiden Fällen wird die Reichs-Verwesung von dem der Erbfolge nach nächsten Agnaten geführt. Sollte kein dazu fähiger Agnat vorhanden seyn, so fällt die Regentschaft an die Mutter, und nach dieser an die Großmutter des Königes von väterlicher Seite.

§ 13. Sollte sich bei einem zunächst nach dem regierenden Könige zur Erbfolge bestimmten Familien-Gliede eine solche Geistes- oder körperliche Beschaffenheit zeigen, welche demselben die eigene Verwaltung des Reichs unmöglich machen würde; so ist noch unter der Regierung des Königes durch ein förmliches Staats-Gesetz über den künftigen Eintritt der gesetzmäßigen Reichs-Verwesung zu entscheiden.

Würde der König während seiner Regierung oder bei dem Anfall der Thronfolge durch ein solches Hinderniß von der eigenen Verwaltung des Reiches abgehalten seyn, ohne daß schon früher die oben bestimmte Vorsehung getroffen wäre; so soll längstens binnen Jahresfrist in einer von dem Geheimen Rathe zu veranlassenden Versammlung sämtlicher im Königreich anwesenden volljährigen, nicht mehr unter väterlicher Gewalt stehenden Prinzen des Königlichen Hauses, mit Ausschluß des zunächst zur Regentschaft berufenen Agnaten, auf vorgängiges Gutachten des Geheimen Rathes, durch einen nach absoluter Stimmen-Mehrheit zu fassenden Beschluß, mit Zustimmung der Stände über den Eintritt der gesetzmäßigen Regentschaft entschieden werden.

§ 14. Der Reichsverweser hat eben so, wie der König, den Ständen die Beobachtung der Landes-Verfassung feierlich zuzusichern.

§ 15. Der Reichs-Verweser übt die Staats-Gewalt in dem Umfange, wie sie dem Könige zusteht, im Namen des Königes verfassungsmäßig aus; daher steht auch der Geheime Rath zum Reichs-Verweser in demselben Verhältnisse, wie zu dem regierenden Könige.

Es kann aber der Reichs-Verweser keine Standes-Erhöhungen vornehmen, keine neuen Ritter-Orden und Hofämter errichten, und kein Mitglied des Geheimen Rathes anders, als in Folge eines gerichtlichen Erkenntnisses, entlassen. Jede während einer Reichs-Verwesung verabschiedete Abänderung eines Verfassungs-Punktes gilt nur auf die Dauer der Regentschaft. Auch können die dem Reiche heimgefallenen Lehen während der Regentschaft nicht wieder verliehen werden.

§ 16. In Ermanglung einer von dem Könige getroffenen, und dem Geheimen Rathe bekannt gemachten Anordnung gebührt die Erziehung des minderjährigen Königes der Mutter, und wenn diese nicht mehr lebt, der Großmutter von väterlicher

Seite; jedoch kann die Ernennung der Erzieher und Lehrer und die Festsetzung des Erziehungs-Planes nur unter Rücksprache mit dem Vormundschafts-Rathe geschehen, welcher sich aus den Mitgliedern des Geheimen Rathes unter dem Vorsitze des Reichsverwesers bildet, so, daß Letzterer bei den deshalb zu fassenden Beschlüssen eine mitzuzählende, und im Falle einer Stimmen-Gleichheit eine entscheidende Stimme hat. Bei einer Verschiedenheit der Ansichten hat der Vormundschafts-Rath die Entscheidung; auch liegt diesem nach dem Ableben der Mutter und der Großmutter die Sorge für die Erziehung des minderjährigen Königes allein ob.

§ 17. Die Reichs-Verwesung hört auf, sobald der König das Alter der Volljährigkeit erreicht hat, oder sonst das bisherige Hinderniß seiner Selbst-Regierung gehoben ist.

§ 18. Die Verhältnisse der Mitglieder des Königlichen Hauses zum Könige, als Oberhaupt der Familie, und unter sich, werden in einem eigenen Haus-Gesetze bestimmt.

III. Kapitel. Von den allgemeinen Rechts-Verhältnissen der Staats-Bürger.

§ 19. Das Staatsbürgerrecht wird theils durch Geburt, wenn bei ehelich Geborenen der Vater, oder bei Unehelichen die Mutter das Staatsbürgerrecht hat, theils durch Aufnahme erworben. Letztere setzt voraus, daß der Aufzunehmende von einer bestimmten Gemeinde die vorläufige Zusicherung des Bürger- oder Beisitz-Rechtes erhalten habe. Außerdem erfolgt durch die Anstellung in dem Staatsdienste die Aufnahme in das Staatsbürgerrecht, jedoch nur auf die Dauer der Dienstzeit.

§ 20. Der Huldigungs-Eid ist von jedem gebornen Württemberger nach zurückgelegtem sechzehnten Jahre, und von jedem neu Aufgenommenen bei der Aufnahme abzulegen.

§ 21. Alle Württemberger haben gleiche staatsbürgerliche Rechte, und eben so sind sie zu gleichen staatsbürgerlichen Pflichten und gleicher Theilnahme an den Staats-Lasten verbunden, so weit nicht die Verfassung eine ausdrückliche Ausnahme enthält; auch haben sie gleichen verfassungsmäßigen Gehorsam zu leisten.

§ 22. Kein Staatsbürger kann wegen seiner Geburt von irgend einem Staatsamte ausgeschlossen werden.

§ 23. Die Verpflichtung zur Vertheidigung des Vaterlandes und die Verbindlichkeit zum Waffendienste ist allgemein; es finden in letzterer Hinsicht keine andere, als die durch die Bundes-Akte und die bestehenden Gesetze begründeten Ausnahmen Statt.

Ueber das Recht, Waffen zu tragen, wird ein Gesetz die nähere Bestimmung geben.

§ 24. Der Staat sichert jedem Bürger Freiheit der Person, Gewissens- und Denk-Freiheit, Freiheit des Eigenthums, und Auswanderungs-Freiheit.

§ 25. Die Leib-Eigenschaft bleibt für immer aufgehoben.

§ 26. Niemand darf seinem ordentlichen Richter entzogen, und anders, als in den durch das Gesetz bestimmten Fällen, und in den gesetzlichen Formen verhaftet und bestraft, noch länger als Einmal vier und zwanzig Stunden über die Ursache seiner Verhaftung in Ungewißheit gelassen werden.

§ 27. Jeder ohne Unterschied der Religion genießt im Königreiche ungestörte Gewissens-Freiheit.

Den vollen Genuß der staatsbürgerlichen Rechte gewähren die drei christlichen Glaubens-Bekenntnisse. Andere christliche und nicht christliche Glaubens-Genossen können zur Theilnahme an den bürgerlichen Rechten nur in dem Verhältnisse zugelassen werden, als sie durch die Grundsätze ihrer Religion an der Erfüllung der bürgerlichen Pflichten nicht gehindert werden.[1]

§ 28. Die Freiheit der Presse und des Buchhandels findet in ihrem vollen Umfange statt, jedoch unter Beobachtung der gegen den Mißbrauch bestehenden oder künftig zu erlassenden Gesetze.

§ 29. Jeder hat das Recht, seinen Stand und sein Gewerbe nach eigener Neigung zu wählen, und sich dazu im In- und Auslande auszubilden, mithin auch auswärtige Bildungs-Anstalten in Gemäßheit der gesetzlichen Vorschriften zu besuchen.

§ 30. Niemand kann gezwungen werden, sein Eigenthum und andere Rechte für allgemeine Staats- oder Corporations-Zwecke abzutreten, als nachdem der Geheime Rath über die Nothwendigkeit entschieden hat, und gegen vorgängige volle Entschädigung. Entsteht aber ein Streit über die Summe der Entschädigung, und der Eigenthümer will sich bei der Entscheidung der Verwaltungs-Behörde nicht beruhigen; so ist die Sache im ordentlichen Rechtswege zu erledigen, einstweilen aber die von jener Stelle festgesetzte Summe ohne Verzug auszubezahlen.[2]

---

[1] Abs. 2 geändert durch Gesetz vom 31. Dezember 1861 (RegBl. 1862 S. 3):
„Die staatsbürgerlichen Rechte sind unabhängig von dem religiösen Bekenntnisse."
[2] Geändert durch Gesetz vom 20. Dezember 1888 (RegBl. S. 445):
„Niemand kann gezwungen werden, sein Eigenthum und andere Rechte für allgemeine Staats- oder Korporationszwecke abzutreten, ehe über die Nothwendigkeit in dem gesetzlich bestimmten Verfahren von der zuständigen Behörde entschieden und volle Entschädigung geleistet worden ist. Entsteht aber ein Streit über die Summe der Entschädigung und will sich der Eigenthümer bei der Entscheidung der Verwaltungsbehörde nicht beruhigen, so ist die Sache im ordentlichen Rechtswege zu erledigen, einstweilen aber die von jener Stelle festgesetzte Summe ohne Verzug auszubezahlen.
Den politischen Gemeinden sind bezüglich der Zulässigkeit der Zwangsenteignung die Kirchengemeinden gleichgestellt."

§ 31. Ausschließliche Handels- und Gewerbs-Privilegien können nur zu Folge eines Gesetzes, oder mit besonderer, für den einzelnen Fall gültiger Beistimmung der Stände ertheilt werden.

Dem Ermessen der Regierung bleibt überlassen, nützliche Erfindungen durch Patente zu deren ausschließlichen Benützung bis auf die Dauer von zehn Jahren zu belohnen.

§ 32. Jedem Staatsbürger steht frei, aus dem Königreiche, ohne Bezahlung einer Nachsteuer, auszuwandern, so bald er dem ihm vorgesetzten Beamten von seinem Vorsatze die Anzeige gemacht, seine Schulden und andere Obliegenheiten berichtigt, und hinreichende Versicherung ausgestellt hat, daß er innerhalb Jahresfrist gegen König und Vaterland nicht dienen, und eben so lange in Hinsicht auf die vor seinem Wegzuge erwachsenen Ansprüche vor den Gerichten des Königreichs Recht geben wolle.

§ 33. Durch den Wegzug verliert der Auswandernde sein Staatsbürgerrecht für sich und seine mit ihm wegziehenden Kinder.

Das Vermögen derjenigen Kinder, welche nicht mit den Eltern auswandern, wird im Lande zurückbehalten.

§ 34. Wer ohne einen ihm zugestandenen Vorbehalt des Staatsbürgerrechtes in auswärtige Staatsdienste tritt, wird desselben verlustig.

§ 35. Wer in einem fremden Staate seine bleibende Wohnung nimmt, kann sein Württembergisches Staatsbürgerrecht nur mit Königlicher Bewilligung und unter der Bedingung beibehalten, daß er den ihm obliegenden staatsbürgerlichen Pflichten in jeder Hinsicht Genüge leiste.

§ 36. Jeder hat das Recht, über gesetz- und ordnungswidriges Verfahren einer Staats-Behörde oder Verzögerung der Entscheidung, bei der unmittelbar vorgesetzten Stelle schriftliche Beschwerde zu erheben, und nöthigenfalls stufenweise bis zur höchsten Behörde zu verfolgen.

§ 37. Wird die angebrachte Beschwerde von der vorgesetzten Behörde ungegründet gefunden, so ist letztere verpflichtet, den Beschwerdeführer über die Gründe ihres Urtheils zu belehren.

§ 38. Glaubt der Beschwerdeführer sich auch bei der Entscheidung der obersten Staats-Behörde nicht beruhigen zu können; so darf er die Beschwerde den Ständen mit der schriftlichen Bitte um Verwendung vortragen. Haben sich diese überzeugt, daß jene Stufen-Folge beobachtet worden, und die Beschwerde eine Berücksichtigung verdiene, so ist ihnen auf ihr Verlangen von dem Königlichen Geheimen Rathe[3] die nöthige Auskunft über den Gegenstand zu ertheilen.

3　Durch Gesetz vom 1. Juli 1876 (RegBl. S. 275) trat an Stelle der Worte „Geheimen Rathe" das Wort „Staatsministerium".

§ 39. Der ritterschaftliche Adel des Königreichs bildet zum Behuf der Wahl seiner Abgeordneten in die Stände-Versammlung und der Erhaltung seiner Familien in jedem der vier Kreise eine Körperschaft.

§ 40. Die Aufnahme in eine dieser Körperschaften hängt von ihrer Zustimmung und der Genehmigung des Königes ab. In Beziehung auf die Aufnahme adelicher Besitzer immatrikulirter Rittergüter soll jedoch durch die Statute dieser Körperschaften das Nähere festgesetzt werden.

§ 41. Gedachte Statute erhalten auf eben die Art wie andere Landes-Gesetze verbindliche Kraft.

§ 42. Den Mitgliedern der Ritterschaft stehen alle allgemeinen staatsbürgerlichen Rechte zu.

Die näheren Bestimmungen über die Ausübung der im XIV. Artikel der Bundes-Akte der Ritterschaft zugesicherten Rechte werden den Ständen mitgetheilt.

IV. Kapitel. Von den Staats-Behörden.

A. Allgemeine Bestimmungen.

§ 43. Die Staatsdiener werden, soferne nicht Verfassung oder besondere Rechte eine Ausnahme begründen, durch den König ernannt, und zwar – die Collegial-Vorstände ausgenommen – auf Vorschläge der vorgesetzten Collegien, wobei jedesmal alle Bewerber aufzuzählen sind.

§ 44. Niemand kann ein Staatsamt erhalten, ohne zuvor gesetzmäßig geprüft und für tüchtig erkannt zu seyn. Landes-Eingeborne sind bei gleicher Tüchtigkeit vorzugsweise vor Fremden zu berücksichtigen.

§ 45. In den Dienst-Eid, welchen sämtliche Staatsdiener dem Könige abzulegen haben, ist die Verpflichtung aufzunehmen, die Verfassung gewissenhaft zu wahren.

§ 46. Kein Staatsdiener, der ein Richteramt bekleidet, kann aus irgend einer Ursache ohne richterliches Erkenntniß seiner Stelle entsetzt, entlassen, oder auf eine geringere versetzt werden.

§ 47. Ein Gleiches hat bei den übrigen Staatsdienern statt, wenn die Entfernung aus der bisherigen Stelle wegen Verbrechen oder gemeiner Vergehen geschehen soll. Es kann aber gegen dieselben wegen Unbrauchbarkeit und Dienst-Verfehlungen auch auf Collegial-Anträge der ihnen vorgesetzten Behörden und des Geheimen Raths die Entlassung oder Versetzung auf ein geringeres Amt durch den König verfügt werden; jedoch hat in einem solchen Falle der Geheime Rath zuvor die oberste Justizstelle gutächtlich zu vernehmen, ob in rechtlicher Hinsicht bei dem Antrage der Collegialstelle nichts zu erinnern sey.

Nach diesem Grundsatze sind auch die Vorsteher und übrigen Beamten der Gemeinden und anderer Körperschaften zu behandeln.

§ 48. Die nämlichen Bestimmungen, wie bei Entlassungen und Versetzungen auf eine geringere Stelle, treten bei Suspensionen ein, welche mit Verlust des Amts-Gehaltes verbunden sind.

§ 49. Versetzungen der Staatsdiener ohne Verlust an Gehalt und Rang können nur aus erheblichen Gründen und nach vorgängigem Gutachten des Departements-Chefs verfügt werden.

Staatsdiener, welche ohne ihr Ansuchen versetzt werden, erhalten für die Umzugskosten die gesetzliche Entschädigung.

§ 50. Für die Staatsdiener, welche durch Krankheit oder Alter zu Führung ihres Amtes unfähig geworden sind, so wie für die Hinterbliebenen der Staatsdiener, ist durch ein Gesetz gesorgt.

§ 51. Alle von dem Könige ausgehenden Verfügungen, welche die Staats-Verwaltung betreffen, müssen von dem Departements-Minister oder Chef contrasignirt seyn, welcher dadurch für ihren Inhalt verantwortlich wird.

§ 52. Außerdem ist jeder Departements-Minister oder Chef für dasjenige verantwortlich, was er für sich verfügt, oder was ihm vermöge des ihm zugewiesenen Geschäftskreises zu thun oder zu verfügen obliegt.

§ 53. Auf gleiche Weise (§ 52) sind auch die übrigen Staatsdiener und Behörden in ihrem Geschäftskreise verantwortlich; sie haben bei eigener Verantwortlichkeit nur die ihnen von den geeigneten Stellen in der ordnungsmäßigen Form zukommenden Anweisungen zu beobachten.

Sind sie im Zweifel, ob die Stelle, welche ihnen einen Auftrag ertheilte, dazu competent sey; so haben sie darüber bei ihrer vorgesetzten Behörde anzufragen, so wie ihnen auch obliegt, wenn sie bei dem Inhalt einer höhern Verfügung Anstände finden, solche auf geziemende Weise und unter Vermeidung jeder nachtheiligen Verzögerung, der verfügenden Stelle vorzutragen, im Fall eines beharrenden Bescheides aber die Verfügung zu befolgen.

B. Von dem Geheimen Rath insbesondere.

§ 54. Der Geheime Rath bildet die oberste, unmittelbar unter dem Könige stehende, und seiner Hauptbestimmung nach bloß berathende Staatsbehörde.

§ 55. Mitglieder des Geheimen Raths sind die Minister oder die Chefs der verschiedenen Departements und diejenigen Räthe, welche der König dazu ernennen wird.

§ 56. Die Verwaltungs-Departements, an deren Spitze die verschiedenen Minister stehen, sind folgende:

das Ministerium der Justiz;

das Ministerium der auswärtigen Angelegenheiten;
das Ministerium des Innern; das des Kirchen- und Schulwesens;
das Ministerium des Kriegswesens, und
das Ministerium der Finanzen.

§ 57. Der König ernennt und entläßt die Mitglieder des Geheimen Rathes nach eigener freier Entschließung.

Wird ein Mitglied des Geheimen Rathes entlassen, ohne daß Dienst-Entfernung gegen dasselbe gerichtlich erkannt wäre; so behält ein Minister viertausend Gulden als Pension, und ein anderes Mitglied des Geheimen Rathes die Hälfte seiner Besoldung, so ferne dem einen oder dem andern nicht durch Vertrag eine andere Summe, welche jedoch zwei Drittel des Gehalts nicht übersteigen wird, zugesichert worden ist.

§ 58. Alle dem Könige vorzulegenden Vorschläge der Minister in wichtigen Angelegenheiten, namentlich in solchen, welche auf die Staats-Verfassung, die Organisation der Behörden und die Abänderung der Territorial-Eintheilung, oder auf die Staats-Verwaltung im Allgemeinen und die Normen derselben sich beziehen, wie auch in Gegenständen der Gesetzgebung und allgemeiner Verordnungen, so weit es sich von deren Erlassung, Abänderung, Aufhebung oder authentischen Erklärung handelt, müssen, so ferne nicht bei Gegenständen des Departements der auswärtigen Angelegenheiten oder des Kriegswesens die Natur der Sache eine Ausnahme begründet, in dem Geheimen Rathe zur Berathung vorgetragen, und mit dessen Gutachten begleitet an den König gebracht werden.

§ 59. Uebrigens gehören zu dem Geschäftskreise des Geheimen Rathes als b e -
r a t h e n d e r Behörde
1.) alle ständischen Angelegenheiten;
2.) Anträge auf Entlassung oder Zurücksetzung eines Staatsdieners nach §. 47;
3.) Competenz-Streitigkeiten zwischen den Justiz- und Verwaltungs-Behörden;
4.) die Verhältnisse der Kirche zum Staate, oder auch Streitigkeiten einzelner Kirchen unter einander, wenn die Centralstellen dieser Kirchen sich nicht vereinigen können;
5.) alles, was dem Geheimen Rathe von dem Könige zur Berathung besonders aufgetragen wird.

§ 60. Als e n t s c h e i d e n d e und v e r f ü g e n d e Behörde wirkt der Geheime Rath
1.) bei Recursen von Verfügungen der Departements-Minister, wobei jedesmal die Vorstände des Ober-Tribunals zuzuziehen sind;
2.) bei Recursen von Straf-Erkenntnissen der Administrativstellen, wobei 6 Rechtsgelehrte zugegen seyn müssen, deren Zahl erforderlichen Falls durch Mitglieder des Ober-Tribunals vom Präsidenten abwärts zu ergänzen ist;
3.) im Falle des § 30.

§ 61. Kein Mitglied des Geheimen Rathes kann außer dem Falle, wenn der Gegenstand dasselbe persönlich angeht, von der Theilnahme an den collegialischen Berathschlagungen ausgeschlossen werden.

V. Kapitel. Von den Gemeinden und Amts-Körperschaften.

§ 62. Die Gemeinden sind die Grundlage des Staats-Vereins. Jeder Staatsbürger muß daher, so ferne nicht gesetzlich eine Ausnahme besteht, einer Gemeinde als Bürger oder Beisitzer angehören.

§ 63. Die Aufnahme der Gemeindebürger und Beisitzer hängt von der Gemeinde ab, unter Vorbehalt der gesetzmäßigen Entscheidung der Staats-Behörden in streitigen Fällen. Indessen setzt die Ertheilung des Bürger- und Beisitzrechtes die vorgängige Erwerbung des Staatsbürgerrechtes voraus.

§ 64. Sämtliche zu einem Oberamte gehörige Gemeinden bilden die Amtskörperschaft. Veränderung der Oberamts-Bezirke ist Gegenstand der Gesetzgebung.

§ 65. Die Rechte der Gemeinden werden durch die Gemeinde-Räthe unter gesetzmäßiger Mitwirkung der Bürger-Ausschüsse, die Rechte der Amtskörperschaften durch die Amts-Versammlungen verwaltet, nach Vorschrift der Gesetze und unter der Aufsicht der Staats-Behörden.

§ 66. Keine Staats-Behörde ist befugt, über das Eigenthum der Gemeinden und Amtskörperschaften mit Umgehung oder Hintansetzung der Vorsteher zu verfügen.

§ 67. Weder die Amtskörperschaften noch einzelne Gemeinden sollen mit Leistungen und Ausgaben beschwert werden, wozu sie nicht vermöge der allgemeinen Gesetze, oder kraft der Lagerbücher oder anderer besondern Rechts-Titel, verbunden sind.

§ 68. Was nicht auf örtliche Bedürfnisse der Gemeinden oder Amtskörperschaften, sondern zu Erfüllung allgemeiner Landes-Verbindlichkeiten zu verwenden ist, kann nur auf das gesamte Land vertheilt werden.

§ 69. Sämtliche Vorsteher der Gemeinden und Amtskörperschaften sind eben so, wie die Staatsdiener, auf Festhaltung der Verfassung, und insbesondere auch auf Wahrung der dadurch begründeten Rechte der Gemeinden und Körperschaften, zu verpflichten.

VI. Kapitel. Von dem Verhältnisse der Kirchen zum Staate.

§ 70. Jeder der drei im Königreiche bestehenden christlichen Confessionen wird freie öffentliche Religions-Uebung und der volle Genuß ihrer Kirchen-Schul- und Armenfonds zugesichert.

§ **71.** Die Anordnungen in Betreff der innern kirchlichen Angelegenheiten bleiben der verfassungsmäßigen Autonomie einer jeden Kirche überlassen.

§ **72.** Dem Könige gebührt das obersthoheitliche Schutz- und Aufsichtsrecht über die Kirchen. Vermöge desselben können die Verordnungen der Kirchengewalt ohne vorgängige Einsicht und Genehmigung des Staats-Oberhauptes weder verkündet noch vollzogen werden.

§ **73.** Die Kirchendiener sind in Ansehung ihrer bürgerlichen Handlungen und Verhältnisse der weltlichen Obrigkeit unterworfen.

§ **74.** Kirchen- und Schul-Diener, welche durch Altersschwäche oder eine ohne Hoffnung der Wiedergenesung andauernde Kränklichkeit zu Versehung ihres Amtes unfähig werden, haben Anspruch auf einen angemessenen lebenslänglichen Ruhe-Gehalt.

§ **75.** Das Kirchen-Regiment der evangelisch-lutherischen Kirche wird durch das Königliche Consistorium und den Synodus nach den bestehenden, oder künftig zu erlassenden verfaßungsmäßigen Gesetzen verwaltet.

§ **76.** Sollte in künftigen Zeiten sich der Fall ereignen, daß der König einer andern, als der evangelischen Confession zugethan wäre; so treten alsdann in Hinsicht auf dessen Episcopal-Rechte die dahin gehörigen Bestimmungen der früheren Religions-Reversalien ein.

§ **77.** Die abgesonderte Verwaltung des evangelischen Kirchenguts des vormaligen Herzogthums Württemberg wird wieder hergestellt. Zu dem Ende wird ungesäumt eine gemeinschaftliche Commission niedergesetzt, welche zuvörderst mit der Ausscheidung des Eigenthums dieser Kirche in dem alten Land und mit Bestimmung der Theilnahme der Kirche gleicher Confession in den neuen Landestheilen sich zu beschäftigen, und sodann über die künftige Verwaltungsart desselben Vorschläge zu machen hat.

§ **78.** Die Leitung der innern Angelegenheiten der katholischen Kirche steht dem Landes-Bischoffe nebst dem Domkapitel zu. Derselbe wird in dieser Hinsicht mit dem Kapitel alle diejenigen Rechte ausüben, welche nach den Grundsätzen des katholischen Kirchenrechts mit jener Würde wesentlich verbunden sind.

§ **79.** Die in der Staatsgewalt begriffenen Rechte über die katholische Kirche werden von dem Könige durch eine aus katholischen Mitgliedern bestehende Behörde ausgeübt, welche auch bei Besetzung geistlicher Aemter, die von dem Könige abhängen, jedesmal um ihre Vorschläge vernommen wird.

§ **80.** Die katholischen Kirchendiener genießen eben dieselben persönlichen Vorrechte, welche den Dienern der protestantischen Kirchen eingeräumt sind.

§ **81.** Auch wird darauf Rücksicht genommen werden, daß katholische Geistliche, welche sich durch irgend ein Vergehen die Entsetzung vom Amte zugezogen haben, ohne zugleich ihrer geistlichen Würde verlustig geworden zu seyn, ihren hinreichenden Unterhalt finden.

§ 82. Die katholische Kirche erhält zu Bestreitung derjenigen kirchlichen Bedürfnisse, wozu keine örtlichen Fonds vorhanden sind, oder die vorhandenen nicht zureichen, und besonders für die Kosten der höheren Lehranstalten, einen eigenen, diesen Zwecken ausschließlich gewidmeten Kirchenfond. Zum Behufe der Ausscheidung desselben vom Staatsgut, und der näheren Bestimmung der künftigen Verwaltungsweise, wird auf gleiche Art, wie oben (§ 77) bei dem altwürttembergischen Kirchengute festgesetzt ist, eine Commission niedergesetzt werden.

§ 83. Was die in dem Königreiche befindlichen reformirten Kirchen-Gemeinden betrifft, so wird sowohl auf Verbesserung ihrer kirchlichen Einrichtung und besonders ihrer Unterrichts-Anstalten, als auch auf Ausmittlung hinreichender Einkünfte zum Unterhalt ihrer Kirchen- und Schuldiener und zu Bestreitung der übrigen kirchlichen Bedürfnisse gesorgt werden.

§ 84. Für Erhaltung und Vervollkommnung der höheren und niederen Unterrichts-Anstalten jeder Art und namentlich der Landes-Universität wird auch künftig auf das zweckmäßigste gesorgt.

VII. Kapitel. Von Ausübung der Staatsgewalt.

§ 85. Der König vertritt den Staat in allen seinen Verhältnissen gegen auswärtige Staaten. Es kann jedoch ohne Einwilligung der Stände durch Verträge mit Auswärtigen kein Theil des Staats-Gebietes und Staats-Eigenthums veräußert, keine neue Last auf das Königreich und dessen Angehörige übernommen, und kein Landesgesetz abgeändert oder aufgehoben, keine Verpflichtung, welche den Rechten der Staatsbürger Eintrag thun würde, eingegangen, namentlich auch kein Handels-Vertrag, welcher eine neue gesetzliche Einrichtung zur Folge hätte, und kein Subsidien-Vertrag zu Verwendung der Königlichen Truppen, in einem Deutschland nicht betreffenden Kriege, geschlossen werden.

§ 86. Der König wird von den Traktaten und Bündnissen, welche von ihm mit auswärtigen Mächten angeknüpft werden, die Stände in Kenntniß setzen, sobald es die Umstände erlauben.

§ 87. Alle Subsidien und Kriegs-Contributionen, so wie andere ähnliche Entschädigungs-Gelder und sonstige Erwerbungen, welche dem Könige zu Folge eines Staats-Vertrags, Bündnisses oder Krieges zu Theil werden, sind Staats-Eigenthum.

§ 88. Ohne Beistimmung der Stände kann kein Gesetz gegeben, aufgehoben, abgeändert oder authentisch erläutert werden.

§ 89. Der König hat aber das Recht, ohne die Mitwirkung der Stände die zu Vollstreckung und Handhabung der Gesetze erforderlichen Verordnungen und Anstalten zu treffen, und in dringenden Fällen zur Sicherheit des Staates das Nöthige vorzukehren.

§ 90. Eben diese Bestimmungen (§§ 88, 89) finden auch bei den Gesetzen, Verordnungen und Anstalten im Landes-Polizeiwesen Statt.

§ 91. Alle Gesetze und Verordnungen, welche mit einer ausdrücklichen Bestimmung der gegenwärtigen Verfassungs-Urkunde im Widerspruche stehen, sind hiedurch aufgehoben. Die übrigen sind der verfassungsmäßigen Revision unterworfen.

§ 92. Die Gerichtsbarkeit wird im Namen des Königs und unter dessen Oberaufsicht durch collegialisch gebildete Gerichte in gesetzlicher Instanzen-Ordnung verwaltet.

§ 93. Die Gerichte, sowohl die bürgerlichen als die peinlichen, sind innerhalb der Grenzen ihres Berufes unabhängig.

§ 94. Der Königliche Fiskus wird in allen Privatrechtsstreitigkeiten bei den ordentlichen Gerichten Recht geben und nehmen.

§ 95. Keinem Bürger, der sich durch einen Akt der Staatsgewalt in seinem auf einem besonderen Titel beruhenden Privatrechte verletzt glaubt, kann der Weg zum Richter verschlossen werden.

§ 96. Die Erkenntnisse der Criminalgerichte bedürfen, um in Rechtskraft überzugehen, keiner Bestätigung des Regenten.

§ 97. Dagegen steht dem Könige zu, Straf-Erkenntnisse vermöge des Begnadigungs-Rechtes auf erforderten und erstatteten Bericht des erkennenden Gerichts aufzuheben oder zu mildern. Es sind daher die Criminal-Gerichte nicht nur verbunden, in schweren Fällen die Akten samt ihrem Erkenntnisse vor der Eröffnung desselben durch das Königl. Justiz-Ministerium dem Könige zum Behuf einer etwaigen Begnadigung vorzulegen; sondern es kann auch nach Eröffnung des Erkenntnisses der Verurtheilte sich an die Gnade des Königs wenden.

Auf gleiche Weise kann auch, wenn nach dem Gutachten des Königl. Justiz-Ministeriums hinlängliche Gründe dazu vorhanden sind, vermöge des dem Könige zustehenden Abolitions-Rechts, noch ehe das Verbrechen oder Vergehen untersucht, oder über die Bestrafung erkannt worden ist, alles Verfahren gegen den Beschuldigten eingestellt und niedergeschlagen werden.

Der König wird jedoch bei Ausübung sowohl des einen, als des andern Rechtes darauf Rücksicht nehmen, daß dem Ansehen und der Wirksamkeit der Straf-Gesetze dadurch nicht zu nahe getreten werde.

§ 98. Die Strafe der Vermögens-Confiscation ist allgemein aufgehoben.

§ 99. Was die Militär-Verfassung betrifft, so wird die Zahl der zu Ergänzung des Königlichen Militärs jährlich erforderlichen Mannschaft mit den Ständen verabschiedet.

§ 100. Die Auswahl-Ordnung, die nähere Bezeichnung der übrigen Landes-Vertheidigungs-Anstalten und der Verbindlichkeit der Staatsbürger, sich außerhalb des regulären Militärs zu dem Waffendienste tüchtig zu machen, die bürgerlichen Verhältnisse der unter dem Militär befindlichen Staats-Angehörigen, die militärischen Straf-Gesetze, wie auch die Bestimmung der Fälle, in welchen das Königl. Militär ausnahmsweise bei den Bürgern einquartirt werden kann, sind Gegenstände der Gesetzgebung und Gesetz-Revision.

§ 101. Für die Unterstützung der Militär-Personen, welche im Dienste des Vaterlandes ihre Kräfte aufgeopfert haben, so wie ihrer Hinterbliebenen, ist durch ein Gesetz gesorgt.

VIII. Kapitel. Von dem Finanzwesen.

§ 102. Sämtliche zu dem vormaligen Herzoglich Württembergischen Familien-Fidei-Commisse gehörigen, so wie die von dem Könige neu erworbenen Grundstücke, Gefälle und nutzbaren Rechte, bilden, mit Ausschluß des sogenannten Hof-Domainen-Kammer-Guts, das Königl. Kammergut.

§ 103. Auf demselben haftet die Verbindlichkeit, neben den persönlichen Bedürfnissen des Königes als Staats-Oberhauptes und der Mitglieder des Königlichen Hauses, auch den mit der Staats-Verwaltung verbundenen Aufwand, so weit es möglich ist, zu bestreiten; es kommt ihm daher die Eigenschaft eines von dem Königreich unzertrennlichen Staatsgutes zu.

§ 104. Für den Aufwand, welchen die Bedürfnisse des Königes und der Hofstaat erfordern, wird auf die Regierungszeit eines jeden Königes eine theils in Geld, theils in Naturalien bestehende Civil-Liste verabschiedet, deren Betrag in bestimmten Raten an die von dem Könige zu benennende Verwaltungs-Stelle abgegeben wird.

§ 105. Die Appanagen, Wittume, Heirathgüter und andere dergleichen Leistungen, welche die Mitglieder des Königlichen Hauses in Anspruch zu nehmen haben, werden an diese von der Staatskasse unmittelbar entrichtet.

§ 106. Die Kosten der Hofhaltung des Reichsverwesers werden aus den Mitteln der Civil-Liste bestritten; die Appanage desselben wird bis zum Betrag der einem Kronprinzen gebührenden erhöht.

§ 107. Das Kammergut ist in seinem wesentlichen Bestande zu erhalten, und kann daher ohne Einwilligung der Stände weder durch Veräußerung vermindert, noch mit Schulden oder sonst mit einer bleibenden Last beschwert werden.

Als eine Verminderung des Kammerguts ist es jedoch nicht anzusehen, wenn zu einer entschieden vortheilhaften Erwerbung ein Geld-Anlehen aufgenommen, oder zum Vortheil des Ganzen eine Veräußerung oder Austauschung einzelner minder bedeutender Bestandtheile desselben vorgenommen wird. Es muß aber den Ständen in jedem Jahre eine genaue Berechnung über den Erlös aus solchen Veräußerungen und über dessen Wieder-Verwendung zum Grundstocke vorgelegt werden.

Auch ist unter Veräußerung der Fall nicht begriffen, wenn vom Könige ein heimfallendes Lehen zur Belohnung ausgezeichneter Verdienste um den Staat wieder verliehen wird.

§ 108. Das oben (§. 102) erwähnte Hof-Domänen-Kammergut ist ein Privat-Eigenthum der Königlichen Familie, dessen Verwaltung und Benutzung dem Könige zusteht; der Grundstock darf nicht vermindert werden; es gelten jedoch, was die Aufnahme von Geld-Anlehen zu einer vortheilhaften Erwerbung und die Veräußerung oder Austauschung einzelner minder bedeutenden Bestandtheile zum Vortheil des Ganzen betrifft, die in dem vorigen § bei dem Kammergut angegebenen Verwaltungs-Grundsätze. Zu den allgemeinen Landes-Lasten liefert das Hof-Domänen-Kammergut seinen Beitrag, und zwar, so weit es bisher steuerfrei war, gleich andern früher steuerfreien Gütern.

§ 109. Soweit der Ertrag des Kammerguts nicht zureicht, wird der Staatsbedarf durch Steuern bestritten. Ohne Verwilligung der Stände kann weder in Kriegs- noch in Friedenszeiten eine direkte oder indirekte Steuer ausgeschrieben und erhoben werden.

§ 110. Dem Ansinnen einer Steuer-Verwilligung muß jedesmal eine genaue Nachweisung über die Nothwendigkeit oder Nützlichkeit der zu machenden Ausgaben, über die Verwendung der früheren Staats-Einnahmen und über die Unzulänglichkeit der Kammer-Einkünfte vorangehen.

§ 111. Zu dem Ende hat der Finanzminister den Haupt-Etat den Ständen zur Prüfung vorzulegen. Die einzelnen Minister haben die Ausgaben für ihre Ministerien zu erläutern.

§ 112. Der von den Ständen anerkannte und angenommene Haupt-Etat ist in der Regel auf drei Jahre gültig.

§ 113. Die Verwilligung der Steuern darf nicht an Bedingungen geknüpft werden, welche die Verwendung dieser Steuern nicht unmittelbar betreffen.

§ 114. Die auf einen gewissen Zeitraum verwilligten Jahres-Steuern werden nach Ablauf dieses Zeitraumes, in gleichem Maße, auch im ersten Drittel des folgenden Jahres auf Rechnung der neuen Verwilligung eingezogen.

§ 115. Die verwilligten Steuern werden auf die Amts-Körperschaften ausgeschrieben, und von diesen sowohl auf die einzelnen Gemeinden, als auch auf die in keinem Gemeinde-Verbande stehenden Güterbesitzer vertheilt. Letztere liefern ihre Steuer-Antheile unmittelbar an die Amts-Pflegen.

§ 116. Von den Amts-Pflegern, so wie von den Ober-Einbringern der indirekten Steuern, werden die Steuer-Gelder theils an die Staats-Casse, theils an die Schulden-Zahlungs-Casse, nach der deshalb bei der Verwilligung zu treffenden Verabschiedung, eingeliefert. Die erwähnten Steuer-Einnehmer sind dafür verantwortlich, daß sie die eingehenden Steuer-Gelder unter keinem Vorwand an eine andere, als an die durch die Verabschiedung bestimmte Casse, oder auf eine von derselben im gesetzlichen Wege ausgestellte Anweisung verabfolgen.

§ 117. Die höhere Leitung des Einzugs der direkten und indirekten Steuern ist einer Central-Behörde übertragen. Diese hat die Akkorde über indirekte Steuern zu schließen, die Repartition der direkten zu entwerfen, für deren Beitreibung zu sorgen, über Steuer-Nachlässe nach verabschiedeten Grundsätzen Anträge zu machen, und diese, so wie die Steuer-Repartition, dem Finanz-Ministerium vorzulegen.

§ 118. Das Finanz-Ministerium hat den Ständen die ihm vorgelegte Steuer-Repartition, so wie monatlich den Cassen-Bericht über die eingegangenen Steuern und etwaigen Ausstände, mitzutheilen.

§ 119. Die Staats-Schuld, worunter auch diejenige begriffen ist, welche derzeit noch auf den neuen Landestheilen haftet, ist unter die Gewährleistung der Stände gestellt.

§ 120. Die Schulden-Zahlungs-Casse wird nach den Normen eines zu verabschiedenden Statuts von ständischen, durch die Regierung bestätigten Beamten, unter Leitung und Verantwortlichkeit der Stände, verwaltet.

§ 121. Es werden dem ständischen Ausschusse monatliche Cassenberichte gedoppelt ausgefertigt übergeben, und jener hat jedesmal Ein Exemplar dem Finanz-Ministerium mitzutheilen.

§ 122. Der Regierung steht vermöge des Ober-Aufsichts-Rechtes frei, von dem Zustande dieser Casse zu jeder Zeit Einsicht nehmen zu lassen.

§ 123. Die Jahres-Rechnung über dieselbe wird von einer Königlichen und ständischen Commission abgehört, das Resultat aber öffentlich durch den Druck bekannt gemacht.

IX. Kapitel. Von den Landständen.

§ 124. Die Stände sind berufen, die Rechte des Landes in dem durch die Verfassung bestimmten Verhältnisse zum Regenten geltend zu machen. Vermöge dieses

Berufes haben sie bei Ausübung der Gesetzgebungs-Gewalt durch ihre Einwilligung mitzuwirken, in Beziehung auf Mängel oder Mißbräuche, die sich bei der Staats-Verwaltung ergeben, ihre Wünsche, Vorstellungen und Beschwerden dem Könige vorzutragen, auch wegen verfassungswidriger Handlungen Klage anzustellen, die nach gewissenhafter Prüfung für nothwendig erkannten Steuern zu verwilligen, und überhaupt das unzertrennliche Wohl des Königes und des Vaterlandes mit treuer Anhänglichkeit an die Grundsätze der Verfassung zu befördern.

§ 125. Angelegenheiten, welche, der (§. 124) angegebenen Bestimmung zu Folge, vor die gesamten Stände gehören, werden in keinem Falle, weder von dem Könige und der Regierung, noch von den Land-Ständen und dem ständischen Ausschusse, an einzelne Stände gebracht, oder die Erklärungen einzelner ständischer Mitglieder, Städte oder Oberamtsbezirke darüber eingefordert werden.

§ 126. Der Geheime Rath ist die Behörde, durch welche sowohl der König seine Eröffnungen an die Stände erlassen wird, als auch letztere ihre Erklärungen, Bitten und Wünsche an den König zu bringen haben.

Der Geheime Rath hat dieselben jedesmal dem Könige vorzulegen, wenn er nicht Anstände dabei findet, welche ihn veranlassen, vor der Vorlegung an den König mit den Landständen Rücksprache zu nehmen.

Die Anträge der Stände sind von ihm mit seinen auf die Verfassung gegründeten Berichten und Gutachten zu begleiten.

§ 127. Der König wird alle drei Jahre die Versammlung der Stände (Landtag) einberufen; und außerordentlicherweise, so oft es zur Erledigung wichtiger oder dringender Landes-Angelegenheiten erforderlich ist.

Auch werden bei jeder Regierungs-Veränderung die Stände innerhalb der ersten vier Wochen versammelt werden.

§ 128. Die Stände theilen sich in zwei Kammern.

§ 129.[4] Die erste Kammer (Kammer der Standesherrn) besteht
    1.) aus den Prinzen des Königlichen Hauses;

---

[4] Geändert durch Gesetz vom 16. Juli 1906 (RegBl. S. 161):
„Die Erste Kammer besteht
1) aus den Prinzen des Königlichen Hauses;
2) aus den Häuptern der fürstlichen und gräflichen Familien, auf deren Besitzungen vormals eine Reichs- oder Kreistagsstimme geruht hat,
   sowie aus den Häuptern der gräflichen Familien von Rechberg und von Neipperg, solange sie sich im Besitz ihres mit Fideikommiß belegten, nach dem Rechte der Erstgeburt sich vererbenden Grundvermögens im Königreich befinden;
3) aus höchstens sechs von dem König auf Lebenszeit ernannten Mitgliedern;
4) aus acht Mitgliedern des ritterschaftlichen Adels (vgl. § 132);
5) aus dem Präsidenten des Evangelischen Konsistoriums, dem Präsidenten der Evangelischen Landessynode – im Falle der Erledigung der Stelle dem durch die Landessynodalordnung

2.) aus den Häuptern der fürstlichen und gräflichen Familien, und den Vertretern der standesherrlichen Gemeinschaften, auf deren Besitzungen vormals
eine Reichs- oder Kreistags-Stimme geruht hat;
3.) aus den von dem Könige erblich oder auf Lebenszeit ernannten Mitgliedern.

§ 130. Zu erblichen Mitgliedern wird der König nur solche Gutsbesitzer aus dem
standesherrlichen oder ritterschaftlichen Adel ernennen, welche von einem mit Fidei-Commiß belegten, nach dem Rechte der Erstgeburt sich vererbenden Grund-
vermögen im Königreiche, nach Abzug der Zinsen aus den darauf haftenden Schulden, eine jährliche Rente von sechstausend Gulden beziehen.

§ 131. Die lebenslänglichen Mitglieder werden vom Könige, ohne Rücksicht auf
Geburt und Vermögen, aus den würdigsten Staatsbürgern ernannt.

§ 132. Die Zahl sämtlicher von dem Könige erblich oder auf lebenslang ernannten
Mitglieder kann den dritten Theil der übrigen Mitglieder der ersten Kammer nicht
übersteigen.

§ 133. Die zweite Kammer (Kammer der Abgeordneten) ist zusammengesetzt
1.) aus dreizehn Mitgliedern des ritterschaftlichen Adels, welche von diesem aus
seiner Mitte gewählt werden;
2.) aus den sechs protestantischen General-Superintendenten;
3.) aus dem Landesbischoff, einem von dem Domkapitel aus dessen Mitte gewählten Mitgliede und dem der Amtszeit nach ältesten Dekan katholischer
Confession;
4.) aus dem Kanzler der Landes-Universität;
5.) aus einem gewählten Abgeordneten von jeder der Städte Stuttgart, Tübingen, Ludwigsburg, Ellwangen, Ulm, Heilbronn und Reutlingen;
6.) aus einem gewählten Abgeordneten von jedem Oberamts-Bezirke.

§ 134. Der Eintritt in die erste Kammer geschieht bei den Prinzen des Königlichen
Hauses und den übrigen erblichen Mitgliedern nach zurückgelegtem Alter der
Minderjährigkeit, deren Dauer bei den ersteren von der hausgesetzlichen, bei den
letzteren von der gemeinrechtlichen Bestimmung abhängt.
In die zweite Kammer kann keiner gewählt werden, welcher noch nicht das drei-
ßigste Lebensjahr zurückgelegt hat.

bestimmten Stellvertreter desselben – und zwei evangelischen Generalsuperintendenten, ferner
einem Vertreter des Bischöflichen Ordinariats (des Landesbischofs nebst dem Domkapitel), und
einem von den katholischen Dekanen aus ihrer Mitte gewählten Mitgliede (vgl. § 132a Abs. 1
und 2);
6) aus je einem Vertreter der Landesuniversität in Tübingen und der Technischen Hochschule
in Stuttgart (vgl. § 132a Abs. 3);
7) aus zwei Vertretern des Handels und der Industrie, zwei Vertretern der Landwirtschaft und
einem Vertreter des Handwerks (vgl. § 132b)."
Anm. der Red.: §§ 132, 132a und 132b sind hier nicht abgedruckt.

§ 135.[5] Die allgemeinen Erfordernisse eines Mitglieds der Stände-Versammlung sind folgende:

1.) dasselbe muß einem der drei christlichen Glaubens-Bekenntnisse angehören, und das württembergische Staatsbürgerrecht haben;

2.) dasselbe darf weder in eine Criminal-Untersuchung verflochten, noch durch gerichtliches Erkenntniß zur Dienst-Entsetzung, zur Vestungsstrafe mit Zwang zu öffentlichen Arbeiten oder angemessener Beschäftigung, oder zum Zuchthaus verurtheilt worden, oder wegen eines angeschuldigten Verbrechens blos von der Instanz entbunden seyn;

3.) es darf kein Concurs gegen dasselbe gerichtlich eröffnet seyn; und selbst nach geendigtem Concurs-Verfahren dauert seine Unfähigkeit fort, wenn es wegen Vermögens-Zerrüttung gestraft worden ist. Jedoch werden die erblichen Mitglieder der ersten Kammer durch die Erkennung einer Debit-Commission von der Stimmführung nicht ausgeschlossen, wenn ihnen eine Competenz von wenigstens Zweitausend Gulden ausgesetzt ist. Endlich

4.) darf ein Mitglied der Stände-Versammlung weder unter väterlicher Gewalt, noch unter Vormundschaft, noch unter Privat-Dienstherrschaft stehen.

§ 136. Die dreizehn ritterschaftlichen Mitglieder der zweiten Kammer werden von den immatriculirten Besitzern oder Theilhabern der Rittergüter nach den vier Kreisen des Königreichs, in den Kreisstädten, unter der Leitung des betreffenden Regierungs-Präsidenten mit Zuziehung zweier Mitglieder der Ritterschaft, aus sämtlichen Mitgliedern ritterschaftlicher Familien gewählt.

§ 137. Die Abgeordneten von den Städten, die eigenes Landstandschaftsrecht haben, und von den Oberamts-Bezirken, werden durch die besteuerten Bürger jeder einzelnen Gemeinde gewählt.

§ 138. Die Zahl der Wählenden verhält sich zur Zahl der sämtlichen Bürger einer Gemeinde wie eins zu sieben, so daß z. B. auf 140 Bürger (ungefähr 700 Einwohner) zwanzig Wahlmänner kommen.

§ 139. Zwei Drittheile der Wahlmänner bestehen aus denjenigen Bürgern, welche im nächstvorhergegangenen Finanzjahre die höchste ordentliche directe Steuer, sey

---

[5] Geändert durch Gesetz vom 16. Juli 1906 (RegBl. S. 161):
„Zum Eintritt in die Ständeversammlung sind außerdem männliches Geschlecht, der Besitz der württembergischen Staatsangehörigkeit und ein Wohnsitz im Königreich erforderlich. Der Eintritt der in § 129 Ziff. 1 und 2 bezeichneten Mitglieder hat einen Wohnsitz im Deutschen Reich zur Voraussetzung. Im Falle der Wahl oder Ernennung muß der Eintretende die Staatsangehörigkeit und den Wohnsitz am Tage der Wahl oder Ernennung besessen haben.
Einen Wohnsitz im Sinne des Abs. 1 hat eine Person an dem Orte, an dem sie eine Wohnung unter Umständen inne hat, welche auf die Absicht der dauernden Beibehaltung einer solchen schließen lassen. Von dem Eintritt in die Ständeversammlung sind diejenigen Personen ausgeschlossen, welchen nach § 142 Abs. 2 Ziff. 1 bis 4 die Ausübung des Wahlrechts versagt ist."

es aus eigenem oder aus nutznießlichem Vermögen, an den Staat zu entrichten hatten. Diese werden jedesmal vor Anstellung einer Wahl von dem Ortsvorsteher nebst dem Steuer-Einbringer, dem Obmann des Bürger-Ausschusses und dem Rathsschreiber, oder, wenn dessen Amt mit der Stelle eines Orts-Vorstehers vereinigt ist, dem ersten Gemeinde Rath, aus dem Steuer-Register, als Wahlmänner ausgezeichnet.

§ 140. Das letzte Drittheil der Wahlmänner wird von den übrigen Steuer-Contribuenten, unter der Leitung des Ortsvorstehers mit Zuziehung der (§ 139) erwähnten Personen gewählt. Die Stimmen müssen einzeln (im Durchgang) abgegeben werden.

§ 141. Die Liste der Wahlmänner, sowohl derjenigen, welche wegen der Größe ihres Steuer-Antheils von selbst zur Wahl berechtigt sind, als der gewählten, wird der Gemeinde bekannt gemacht.

§ 142.[6] Zur Ausübung des Wahlrechtes jeder Art werden eben die persönlichen Eigenschaften erfordert, welche nach §. 135 der Abzuordnende selbst haben muß, nur mit der Ausnahme, daß das Alter der Volljährigkeit hinreicht.

§ 143. Eine gültige Wahl kommt nur durch die Abstimmung von wenigstens zwei Drittheilen der Wahlberechtigten zu Stande.
Die Ausübung des Wahlrechts kann nicht durch einen Bevollmächtigten geschehen; den Fall ausgenommen, wenn der Wahlberechtigte durch Dienstverhältnisse verhindert ist, sich am Wahlorte einzufinden.

§ 144. Die Wahlen geschehen nach relativer Stimmenmehrheit; jedoch darf diese niemals weniger als den dritten Theil der abgegebenen Stimmen betragen. Nur in dem Falle des §. 140 findet die letztere Beschränkung nicht Statt.

---

[6] Geändert durch Gesetz vom 16. Juli 1906 (RegBl. S. 161):
„Zur Ausübung des Wahlrechts für die Ständeversammlung sind männliches Geschlecht, der Besitz der württembergischen Staatsangehörigkeit und die Zurücklegung des fünfundzwanzigsten Lebensjahres erforderlich.
Von der Berechtigung zum Wählen sind ausgeschlossen:
1) Personen, welche unter Vormundschaft stehen, entmündigt sind oder wegen geistiger Gebrechen unter Pflegschaft stehen;
2) Personen, über deren Vermögen der Konkurs eröffnet ist, während der Dauer des Verfahrens;
3) Personen, welche – den Fall eines vorübergehenden Unglücks ausgenommen – eine Armenunterstützung aus öffentlichen Mitteln beziehen oder im letzten der Wahl vorhergegangenen Jahr bezogen haben und diese zur Zeit des endgültigen Abschlusses der Wählerliste nicht wieder erstattet haben;
4) Personen, denen infolge rechtskräftiger Verurteilung der Vollgenuß der staatsbürgerlichen Rechte entzogen ist, für die Zeit der Entziehung, sofern sie nicht in diese Rechte wieder eingesetzt sind."

Im Falle der Stimmen-Gleichheit zwischen zwei Gewählten geht der Aeltere dem Jüngeren vor.

Niemand kann sich selbst die Stimme geben.

§ 145. Wer in mehreren Kreisen als Rittergutsbesitzer, oder in mehreren Orten als Gemeindebürger besteuert wird, kann in mehreren Kreisen oder Gemeinden das Wahlrecht ausüben.

§ 146. Wählbar ist jeder, welchem die oben (§. 134 und 135) vorgeschriebenen Eigenschaften nicht fehlen. Jedoch können Staatsdiener nicht innerhalb des Bezirks ihrer Amts-Verwaltung, und Kirchendiener nicht innerhalb des Oberamts-Bezirkes, in welchem sie wohnen, gewählt werden, und eine anderwärts auf sie gefallene Wahl nur mit Genehmigung der ihnen vorgesetzten höchsten Behörde annehmen.

Auch können weder die Häupter der standesherrlichen Familien, noch die Rittergutsbesitzer (§. 136) gewählt werden.

§ 147. Die Wahlmänner eines Kreises, eines Oberamts oder einer Stadt sind in Ansehung der Person des Abgeordneten nicht auf ihren Wahlbezirk beschränkt; sie können auch einem anderswo im Königreiche wohnenden Staatsbürger ihre Stimme geben. Wer aber an mehreren Orten gewählt worden ist, kann nur Eine der auf ihn gefallenen Wahlen annehmen.

§ 148. Tritt der Fall ein, daß Vater und Sohn zugleich Mitglieder der Stände-Versammlung werden, so wird, wenn der Vater nicht aus eigener Entschließung zurücktritt, der Sohn durch denselben ausgeschlossen.

§ 149. Was das Wahlverfahren betrifft, so müssen von den Städten und Oberamtsbezirken längstens binnen acht Tagen von der Zeit an, da das Einberufungs-Rescript zu ihrer amtlichen Kenntniß gekommen ist, die Listen sämtlicher Wahlmänner an das Oberamt eingeschickt werden; worauf sodann von letzterer Behörde längstens binnen zehn Tagen, von dem Empfange jenes Rescripts an gerechnet, ein Wahltermin zu bestimmen ist, dessen Bekanntmachung acht Tage vor dem Eintritte geschehen muß.

§ 150. Die Wahl geschieht in der Amtsstadt durch die persönlich anwesenden Wahlmänner vermittelst der Uebergabe eines von ihnen geschriebenen oder wenigstens unterschriebenen oder, wenn der Wahlmann nicht schreiben kann, mit dessen beglaubigtem Handzeichen, statt der Unterschrift, versehenen Stimmzettels.

§ 151. Die Leitung der Wahl steht dem Oberamtmann zu, bei den zu eigener Landstandschaft berechtigten Städten, unter Zuziehung eines aus wenigstens vier Personen bestehenden Ausschusses von dem Stadtrathe und dem Bürger-Ausschusse; bei den Oberamts-Bezirken besteht dieser Ausschuß aus vier Mitgliedern der Amtsversammlung, nebst einem Mitgliede des Bürger-Ausschusses von der Stadt und einem von dem Lande; das Protokoll hat der betreffende Aktuar zu führen.

Die Mitglieder dieses Ausschusses sind nicht wählbar in ihrem Bezirke, und eben so wenig bei den Wahlen der Ritterschaft die zur Leitung der Wahlhandlung zuzuziehenden ritterschaftlichen Mitglieder (§. 136).

§ 152. Die Wahlhandlung darf nicht über drei Tage dauern, welche sich in ununterbrochener Reihe folgen müssen.

§ 153. Kann oder will der Gewählte die Wahl nicht annehmen, so kann der nächste in der Stimmenzahl für ihn eintreten, vorausgesetzt, daß dieser nicht weniger als den dritten Theil der abgelegten Stimmen erhalten hat; außerdem muß eine neue Wahl vorgenommen werden.

Das Letztere muß auch dann geschehen, wenn nach bereits angenommener Wahl die Stelle des Abgeordneten wieder erledigt wird.

§ 154. Nach dem Schlusse der Wahlhandlung muß für den Gewählten zu dessen Legitimation eine Wahlurkunde mit der Unterschrift sämtlicher zur Leitung und Beurkundung der Wahl zugegen gewesenen Personen ausgefertigt werden.

§ 155. Der Gewählte ist als Abgeordneter, nicht des einzelnen Wahlbezirkes, sondern des ganzen Landes anzusehen.

Es kann ihm daher auch keine Instruktion, an welche er bei seinen künftigen Abstimmungen in der Stände-Versammlung gebunden wäre, ertheilt werden.

§ 156. Die Mitglieder beider Kammern haben ihr Stimmrecht in Person auszuüben; nur den erblichen Mitgliedern der ersten Kammer ist gestattet, ihre Stimme einem andern in der Versammlung anwesenden Mitgliede dieser Kammer oder einem Sohne oder dem sonstigen präsumtiven Nachfolger in der Standesherrschaft zu übertragen.

Dieses besondere Recht der Stimm-Uebertragung kann auf gleiche Weise auch für einen wegen Minderjährigkeit oder anderer persönlichen Unfähigkeit unter Vormundschaft stehenden Standesherrn von dessen Vormund ausgeübt werden.

In jedem Fall aber kann ein Mitglied der ersten Kammer oder ein Stellvertreter desselben niemals mehr als Eine übertragene Stimme führen.

§ 157. Alle sechs Jahre muß eine neue Wahl der Abgeordneten, welche nicht Amtshalber Sitz und Stimme in der zweiten Kammer haben, vorgenommen werden; die bisherigen sind wieder wählbar.

§ 158. Während dieses sechsjährigen Zeitraumes erfolgt der Austritt eines Mitgliedes der Kammer, außer dem Falle des freiwilligen Entschlusses oder der gerichtlich erkannten Ausschließung (§. 199) nur dann, wenn

1.) ein Mitglied das Grund-Vermögen, den Stand oder das Amt, worauf dessen Befähigung beruht, zu besitzen aufhört;

2.) wenn das Mitglied in der Zwischenzeit eine der oben (§. 136) festgesetzten Eigenschaften verliert.

In solchen Fällen wird, wenn das austretende Mitglied ein gewählter Abgeordneter war, eine neue Wahl von einem neuen Wahl-Collegium vorgenommen.

§ 159. Die Mitglieder beider Kammern haben sich vor Eröffnung des Landtages zu legitimiren, und zu dem Ende einige Tage vor dem in dem Einberufungs-Rescripte vorgeschriebenen Termin an dem bestimmten Orte der Versammlung sich einzufinden. Die Legitimation geschieht, für den ersten künftigen Landtag, auf die bisher übliche Weise, in der Folge aber bei dem ständischen Ausschusse (§. 187) durch Vorlegung des Einberufungsschreibens, welches in dem (§. 156) erwähnten Falle der Stimm-Uebertragung mit der hierauf gerichteten Vollmacht begleitet seyn muß, und vermittelst der Wahlurkunde.

Die zur Versammlung aufs neue gewählten Mitglieder des Ausschusses selbst werden zur Prüfung ihrer eigenen Legitimation durch die zuerst legitimirten Abgeordneten ersetzt.

Es hängt von dem Könige ab, zu dem Legitimations-Geschäfte Commissarien abzuordnen.

§ 160. Die erste Kammer wird durch die Anwesenheit der Hälfte, die zweite Kammer durch das Erscheinen von zwei Drittheilen ihrer Glieder als vollständig besetzt angesehen.

Der ständische Ausschuß hat am Tage vor dem in dem Einberufungsschreiben bestimmten Termin dem Geheimen Rathe von dem Erfolge des Legitimationsgeschäfts Anzeige zu machen.

Der König wird hierauf, wenn jene Zahl durch solche Abgeordnete erfüllt ist, bei deren Legitimation sich kein Anstand gefunden hat, den Landtag in den für diesen Fall vereinigten Kammern eröffnen; wobei der vom König ernannte Präsident der ersten Kammer, oder, wenn noch keiner ernannt ist, derjenige, welcher es bei der vorigen Versammlung war, die Stelle des Vorstandes vertritt.

Die Legitimation der etwa später eintreffenden Mitglieder, so wie die Erledigung der noch übrigen Legitimations-Anstände, geschieht bei der betreffenden Kammer. Das Resultat muß dem Geheimen Rathe vorgelegt werden; auch ist der andern Kammer davon Nachricht zu ertheilen.

§ 161. Sollte bei Einberufung eines Landtages eine der beiden Kammern nicht in der nach §. 160 erforderlichen Anzahl zusammen kommen, so wird sie als einwilligend in die Beschlüsse der andern angesehen. Jedoch steht es in diesem Falle den erschienenen Mitgliedern der unvollzähligen Kammer frei, den Sitzungen der andern mit Stimmrecht beizuwohnen.

§ 162. In der ersten Kammer nehmen die Prinzen des Königlichen Hauses den ersten Platz ein; auf sie folgen die Standesherren, beide unter sich nach ihrem sonst bestehenden Range; sodann die übrigen erblichen und die auf Lebenszeit vom König ernannten Mitglieder, nach der Zeit ihrer Ernennung.

In der zweiten Kammer sitzen die verschiedenen Classen, woraus sie zusammengesetzt ist, in der §. 187 angegebenen Ordnung; unter den Gliedern jeder einzelnen Classe entscheidet, je nach Beschaffenheit derselben, das Amts- oder das Lebensalter, und unter den Geistlichen katholischer Confession der Vorzug der Amtswürde.

Die Abstimmungen geschehen nach der Sitz-Ordnung, jedoch so, daß in der zweiten Kammer bei dem Stimmen-Aufrufe immer zwischen den vier ersten und den zwei übrigen Classen gewechselt wird, bis jene erschöpft sind.

§ 163. Jedes Mitglied der ersten und der zweiten Kammer hat bei seinem erstmaligen Eintritte in dieselbe den Stände-Eid abzulegen. Dieser lautet so:

Ich schwöre, die Verfassung heilig zu halten, und in der Stände-Versammlung das unzertrennliche Wohl des Königs und des Vaterlandes, ohne alle Nebenrücksicht, nach meiner eigenen Ueberzeugung, treu und gewissenhaft zu berathen. So wahr mir Gott helfe!

Der Stände-Eid wird von einem bei Eröffnung eines Landtages neu eintretenden Mitglied in die Hände des Königs selbst, oder des zur Eröffnung bevollmächtigten Ministers, außerdem in die Hände des Präsidenten einer jeden Kammer abgelegt.

§ 164. Der Vorstand der Stände-Versammlung besteht aus einem Präsidenten und einem Vice-Präsidenten in jeder der beiden Kammern. Das Amt desselben dauert bis zum Ablaufe des sechsjährigen Zeitraums. (§. 157)

Den Präsidenten der ersten Kammer ernennt der König ohne Vorschlag; für die Stelle des Vice-Präsidenten werden von der ersten Kammer drei standesherrliche Mitglieder durch absolute Stimmen-Mehrheit gewählt, aus welchen der König eines ernennt.

Ebenso wählt die zweite Kammer aus ihrer Mitte, ohne Unterschied der Classen, drei Mitglieder zur Stelle ihres Präsidenten, und wenn hierauf die Königliche Ernennung erfolgt ist, auf gleiche Art zu dem Amte des Vice-Präsidenten, welchen der König ebenfalls aus den hiezu vorgeschlagenen drei Mitgliedern ernennt.

Kommt nach Ablauf des sechsjährigen Zeitraumes die zweite Kammer zum erstenmal zusammen, oder sollte sonst der Fall eintreten, daß bei derselben beide Präsidial-Stellen zugleich erledigt wären, so vertritt bis zur Ernennung des Präsidenten das älteste rechtsgelehrte Mitglied die Stelle des Vorstandes.

Jede der Kammern wählt auf die Dauer eines Landtages einen oder mehrere Sekretäre aus ihrer Mitte.

§ 165. Der Präsident einer jeden Kammer sorgt für die Aufrechthaltung der Ordnung, bestimmt die Sitzungstage, eröffnet und schließt die Sitzungen, ordnet den Gang der Verhandlungen, und leitet die Berathungen und Abstimmungen.

§ 166. Die Mitglieder der Kammern sind verbunden, jeder Sitzung anzuwohnen; im Fall eines gegründeten Hindernisses haben sie solches dem Präsidenten anzuzeigen.

Während der Dauer der Versammlung dürfen sie sich nicht ohne Erlaubniß des Präsidenten entfernen, und bei einer über acht Tage dauernden Abwesenheit nicht ohne Bewilligung der Kammer; jedoch kann der Präsident in besonders dringenden Fällen auch einen solchen längern Urlaub ertheilen, hat aber davon der Kammer in der folgenden Sitzung Kenntniß zu geben.

§ 167. Die Sitzungen der zweiten Kammer sind öffentlich; auch hat sie ihre Verhandlungen durch den Druck bekannt zu machen. Von der ersten Kammer muß wenigstens das letztere geschehen.

Die Zuhörer, die ein Zeichen des Beifalls oder der Mißbilligung geben, werden unverzüglich entfernt.

§ 168. Die Sitzungen werden geheim, theils auf das Begehren der Minister und Königlichen Commissarien bei Vorträgen, die sie, ihrer Erklärung nach, im Namen des Königes zu machen haben, und welche nur im Fall einer solchen Erklärung für amtliche Aeußerungen zu halten sind; theils auf den Antrag von wenigstens drei Mitgliedern, wenn diesen, nach vorläufigem Abtritt der Zuhörer, die Mehrheit der Kammer beistimmt.

§ 169. Die Minister sind befugt, den Verhandlungen der beiden Kammern anzuwohnen und an den Berathschlagungen Theil zu nehmen. Sie können sich auch von andern Staatsdienern begleiten lassen, welche etwa den vorliegenden Gegenstand besonders bearbeitet haben, oder sonst vorzügliche Kenntniß davon besitzen. An den Sitzungen der ständischen Commissionen steht ihnen im Fall einer ausdrücklichen Einladung gleichfalls Theilnahme zu.

§ 170. Deputationen kann die Stände-Versammlung weder annehmen, noch ohne Erlaubniß des Königes abordnen.

§ 171. Nur den Ministern oder Königl. Commissarien, den Bericht-Erstattern der ständischen Commissionen und den Mitgliedern, welche einen Gegenstand zur Berathung in Antrag zu bringen (eine Motion zu machen) haben, steht die Befugniß zu, schriftliche Reden in der Versammlung abzulesen. Außerdem finden bloß mündliche Vorträge statt.

§ 172. Gesetzes-Entwürfe können nur von dem Könige an die Stände, nicht von den Ständen an den König gebracht werden. Den Ständen ist aber unbenommen, im Wege der Petition auf neue Gesetze sowohl, als auf Abänderung oder Aufhebung der bestehenden anzutragen.[7]

---

[7] Abs. 1 geändert und ergänzt durch Gesetz vom 23. Juni 1874 (RegBl. S. 177):
„Das Recht, Gesetze vorzuschlagen, steht dem Könige wie jeder der beiden Kammern zu. Gesetzesentwürfe über Auflegung von Steuern, über die Aufnahme von Anlehen, über die Feststellung des Staatshaushalts oder über außerordentliche, im Etat nicht vorgesehene Ausgaben können nur vom Könige ausgehen. Auch können Ausgabeposten nicht über den Betrag der von der Regierung vorgeschlagenen Summe erhöht werden.

Der König allein sanctionirt und verkündet die Gesetze unter Anführung der Vernehmung des Geheimen Raths und der erfolgten Zustimmung der Stände.

§ 173. In der Regel soll kein Gegenstand der Berathung in derselben Sitzung, worin der Antrag dazu gemacht wird, zur Verhandlung und Abstimmung gebracht werden. Wenn jedoch drei Viertheile der Mitglieder einstimmen, kann ein Gegenstand für so dringend oder so unwichtig erklärt werden, daß von jener Regel abgegangen werden darf.

Königliche Anträge sind, ehe sie zur Berathung in der Versammlung kommen können, an Kommissionen zu verweisen, welche über deren Inhalt Vortrag zu erstatten haben.

§ 174. Bei der Abstimmung ist der Antrag, mit den während der Berathschlagung in Vorwurf gekommenen Modificationen, in einzelne, einfache Fragen so aufzulösen, daß jedes Mitglied durch bloße Bejahung oder Verneinung seine Stimme abgeben kann.

§ 175. Zu Fassung eines gültigen Beschlusses wird in jeder Kammer, die zur vollständigen Besetzung derselben (§. 160) nothwendige Anzahl von Mitgliedern erfordert.

§ 176. Die Beschlüsse werden nach der Stimmenmehrheit, welche nach Beschaffenheit des Gegenstandes eine absolute oder relative seyn kann, abgefaßt, so daß im Falle der Stimmen-Gleichheit der Präsident den Ausschlag gibt. Wenn jedoch von Abänderung irgend eines Punktes der Verfassung die Rede ist, so ist die Beistimmung von zwei Drittheilen der anwesenden Mitglieder in beiden Kammern nothwendig.

§ 177. Die zum Wirkungskreise der Stände gehörigen Angelegenheiten werden in jeder Kammer besonders verhandelt. Doch können, um eine Ausgleichung verschiedener Ansichten zu versuchen, beide Kammern sich mit einander zu vertraulichen Besprechungen, ohne Protokoll-Führung und Beschlußnahme, vereinigen.

§ 178. Es hängt von dem Könige ab, die Gesetzes-Entwürfe oder andere Vorschläge an die erste oder an die zweite Kammer zu bringen, ausgenommen, wenn sie Verwilligung von Abgaben betreffen; in welchem Falle solche immer zuerst an die zweite Kammer gelangen.

Von Kammermitgliedern ausgehende Gesetzesvorschläge müssen in der ersten Kammer von mindestens fünf, in der zweiten Kammer von mindestens fünfzehn Mitgliedern unterzeichnet sein.

Auf die von der einen Kammer auf einen Gesetzesvorschlag gefaßten Beschlüsse finden die Bestimmungen der §§. 179, Abs. 1 und 182 Anwendung.

Den Ständen bleibt unbenommen, auch im Wege der Petition auf neue Gesetze sowohl als auf Abänderung oder Aufhebung der bestehenden anzutragen."

§ 179. Die von der einen Kammer gefaßten Beschlüsse werden der andern zu gleich-mäßiger Berathung mitgetheilt. Nur zu Ausübung des Rechts der Petitionen und Beschwerden, so wie zu einer Anklage wegen verletzter Verfassung, (§. 199) ist jede Kammer auch einzeln berechtigt.

§ 180. Die Kammer, an welche die Mittheilung geschieht, kann den Antrag der mitt-heilenden verwerfen oder annehmen, und zwar entweder unbedingt, oder mit bei-gefügten Modificationen. Die Verwerfung muß aber jederzeit mit Anführung der Gründe geschehen.

§ 181. Von der vorstehenden Regel (§. 180) macht die Abgaben-Verwilligung eine Ausnahme in folgenden Punkten:

1.) Eine Abgaben-Verwilligung wird in der zweiten Kammer, nach der von ihr in Gemäßheit des §. 110 vorgenommenen Untersuchung, in Berathung ge-zogen, und nach vorgängiger vertraulicher Besprechung mit der ersten Kam-mer, (§. 177) Beschluß darüber in der zweiten gefaßt;

2.) dieser Beschluß wird sodann der ersten Kammer mitgetheilt, welche densel-ben nur im Ganzen, ohne Aenderung, annehmen oder verwerfen kann;

3.) erfolgt das Letztere, so werden die bejahenden und die verneinenden Stim-men beider Kammern zusammen gezählt, und nach der Mehrheit sämtlicher Stimmen wird alsdann der Stände-Beschluß abgefaßt. Würde in diesem Fal-le Stimmen-Gleichheit eintreten, so hat der Präsident der zweiten Kammer die Entscheidung.

§ 182. In allen anderen Fällen gilt der Grundsatz, daß nur solche Beschlüsse, wo-rüber beide Kammern, nach gegenseitiger Mittheilung, einverstanden sind, an den König gebracht und von dem Könige bestätigt werden können.

§ 183. Der von der einen Kammer verworfene Antrag der andern kann auf demsel-ben Landtage nicht wiederholt werden. Wird aber ein solcher Antrag bei der näch-sten Stände-Versammlung erneuert und abermals verworfen, so treten die zwei Kam-mern zu einer vertraulichen Besprechung über den Gegenstand zusammen. Sollte auch hiedurch die Verschiedenheit der Ansichten nicht ausgeglichen werden, so haben die Kammern, wenn die Frage einen ihnen von dem Könige zugekommenen Gegenstand betrifft, ihre Nicht-Uebereinstimmung dem Könige blos anzuzeigen, woferne sie nicht mit einander übereinkommen, die Entscheidung dem Könige zu überlassen.

§ 184. Kein Mitglied der beiden Kammern kann während der Dauer der Stände-Versammlung ohne Einwilligung der betreffenden Kammer zu Verhaft gebracht werden, den Fall der Ergreifung auf frischer That wegen eines Verbrechens ausge-nommen. In letzterem Fall ist aber die Kammer von der geschehenen Verhaftung, mit Angabe des Grundes, unverzüglich in Kenntniß zu setzen.

§ 185. Niemand kann wegen seiner, in der Stände-Versammlung gehaltenen Vor-träge und gegebenen Abstimmungen zur Verantwortung gezogen werden. Jedoch sind Beleidigungen oder Verläumdungen der Regierung, der Stände-Versammlung oder einzelner Personen der Bestrafung nach den bestehenden Gesetzen in dem ordentlichen Wege des Rechts unterworfen.

Verfehlungen gegen die Gesetze des Anstandes oder der innern Polizei, oder gegen die Geschäfts-Vorschriften, hat der Präsident zu bemerken, und, wenn sie bedeutend sind, solche zur Kenntniß der Kammer zu bringen, welche nach Beschaffenheit der Umstände ihre Mißbilligung ausdrücken, Verweis ertheilen, oder auch Widerruf verlangen kann.

§ 186. Der König eröffnet und entläßt die Stände-Versammlung entweder in eigener Person, oder durch einen dazu bevollmächtigten Minister.

Dem Könige steht auch das Recht zu, die Versammlung zu vertagen oder ganz aufzulösen.

Im Falle der Auflösung wird spätestens binnen sechs Monaten eine neue Versammlung einberufen werden; es ist hiezu eine neue Wahl der Abgeordneten nöthig, bei welcher jedoch die vorigen Mitglieder wieder gewählt werden können.

§ 187. So lange die Stände nicht versammelt sind, besteht, als Stellvertreter derselben, ein Ausschuß für diejenigen Geschäfte, deren Besorgung von einem Landtage zum andern zur ununterbrochenen Wirksamkeit der Repräsentation des Landes nothwendig ist.

§ 188. In dieser Hinsicht liegt dem Ausschuß ob, die ihm, nach der Verfassung, zur Erhaltung derselben zustehenden Mittel in Anwendung zu bringen, und hievon bei wichtigen Angelegenheiten die in dem Königreich wohnenden Stände-Mitglieder in Kenntniß zu setzen, in den geeigneten Fällen bei der höchsten Staats-Behörde Vorstellungen, Verwahrungen und Beschwerden einzureichen, und nach Erforderniß der Umstände, besonders wenn es sich von der Anklage der Minister handelt, um Einberufung einer außerordentlichen Stände-Versammlung zu bitten, welche in letzterem Falle nie verweigert werden wird, wenn der Grund der Anklage und die Dringlichkeit derselben gehörig nachgewiesen ist.

Außerdem hat der Ausschuß am Ende der in die Zwischenzeit fallenden Finanz-Jahre nach Maßgabe dessen, was §. 110 festgesetzt ist, die richtige, der Verabschiedung angemessene Verwendung der verwilligten Steuern in dem verflossenen Jahre zu prüfen, und den Etat des künftigen Jahrs mit dem Finanz-Ministerium zu berathen. Auch steht dem Ausschusse die Aufsicht über die Verwaltung der Staats-Schulden-Zahlungs-Casse zu.

Insbesondere gehört es zu seinem Wirkungskreise, die für eine Stände-Versammlung sich eignenden Geschäfts-Gegenstände, namentlich die Erörterungen vorgelegter Gesetzes-Entwürfe, zur künftigen Berathung vorzubereiten, und für die Vollziehung der landständischen Beschlüsse Sorge zu tragen.

§ 189. Dagegen kann sich der Ausschuß auf solche Gegenstände, welche verfassungsmäßig eine Verabschiedung mit den Ständen erfordern, namentlich auf Gesetzgebungs-Anträge, Steuer-Verwilligungen, Schulden-Uebernahmen und Militär-Aushebungen, nicht anderst als auf eine vorbereitende Weise einlassen.

§ 190. Der ständische Ausschuß besteht aus zwölf Personen, nämlich den Präsidenten der beiden Kammern, zwei Mitgliedern aus der ersten, und acht aus der zweiten Kammer. Die Wahl derselben geschieht von den zu diesem Zwecke vereinigten Kammern nach relativer Stimmenmehrheit auf die Zeit von einem ordentlichen Landtage zum andern (auf drei Jahre), und ist jedesmal dem Könige anzuzeigen.

Ein in der Zwischenzeit abgehendes Ausschuß-Mitglied wird von der nächsten Versammlung der Stände wieder definitiv ersetzt; bis dahin rückt an dessen Stelle dasjenige Stände-Mitglied ein, welches bei der letzten Ausschußwahl die meisten Stimmen nach den Gewählten erhalten hatte.

In Verhinderung der Präsidenten treten die Vice-Präsidenten für sie ein; sind letztere schon Mitglieder des Ausschusses, so werden deren Stellen auf die so eben festgesetzte Weise ersetzt.

Sechs Mitglieder des Ausschusses, die Präsidenten der beiden Kammern mit eingeschlossen, müssen in Stuttgart anwesend seyn. Die übrigen sechs Mitglieder können außerhalb Stuttgart ihre Wohnungen haben, und werden, so oft es die Umstände erfordern, von den Anwesenden einberufen.

§ 191. Bei jeder Stände-Versammlung hat der Ausschuß aber dasjenige, was von ihm in der Zwischenzeit verhandelt worden ist, in einem Zusammentritte beider Kammern Rechenschaft abzulegen.

§ 192. Die Verrichtungen des Ausschusses hören mit der Eröffnung eines neuen Landtages auf, und werden nach einer bloßen Vertagung desselben, oder nach Beendigung einer außerordentlichen Stände-Versammlung, wieder fortgesetzt.

Bei der Auflösung eines jeden Landtages und bei der Entlassung eines ordentlichen muß ein neuer Ausschuß gewählt werden, wobei die vorigen Mitglieder wieder wählbar sind. Zu dieser Wahl wird den Ständen jedesmal, auch bei einer Auflösung der Versammlung, die erforderliche Sitzung noch gestattet.

Sollten außerordentliche Umstände es ihnen unmöglich machen, diese Sitzung noch zu halten, so haben die bisherigen Mitglieder oder deren Stellvertreter (§. 190), so ferne sie zugleich Stände-Mitglieder sind, die Verrichtungen des Ausschuß-Collegiums wieder zu übernehmen.

§ 193. Das ständische Amts-Personal besteht, außer den Beamten der Schulden-Zahlungs-Kasse, für beide Kammern aus einem Archivar, für jede Kammer aus einem Registrator und den erforderlichen Canzellisten; die Registratoren haben zugleich bei dem Ausschuß das Secretariat zu versehen.

Jede Kammer wählt ihren Registrator und Canzellisten; die Beamten der Schulden-Zahlungs-Kasse, so wie der Archivar, werden von den hiezu vereinigten Kammern gewählt.

Dem König ist die Bestellung der Kassenbeamten, des Archivars und der Registratoren zur Bestätigung vorzulegen, und von der Wahl der Canzellisten Anzeige zu machen.

Die Dienst-Entlassung dieser Beamten geschieht auf gleiche Art, wie deren Anstellung, durch die einzelnen oder durch die vereinigten Kammern, und richtet sich im Uebrigen nach den deshalb bei den Königlichen Beamten geltenden Gesetzen.

Die Annahme und Entlassung der ständischen Kanzlei-Diener hängt von den Präsidenten ab.

Das gesamte Amts- und Dienst-Personal steht bei nicht versammeltem Landtag unter der Aufsicht und den Befehlen des Ausschusses, welcher auch in der Zwischenzeit die erforderlichen Amtsverweser zu bestellen, und ungetreue oder sonst sich vergehende Diener in den gesetzlichen Fällen den Gerichten zu übergeben hat.

§ 194. Eine eigene ständische Kasse, welche die für die sie jedesmal zugleich mit dem Finanz-Etat zu verabschiedende Summe aus der Staats-Kasse in bestimmten Raten erhält, bestreitet den ständischen Aufwand.

Hieher gehören die Taggelder und Reisekosten der Mitglieder der Stände-Versammlung, die Besoldungen der ständischen Ausschuß-Mitglieder, Beamten und Diener, die Belohnungen derjenigen, welche durch besondere Aufträge der Stände oder des ständischen Ausschusses bemüht gewesen sind, die Unterhaltung einer angemessenen Büchersammlung, die Canzlei-Kosten überhaupt, und andere mit der Geschäftsführung verbundene Ausgaben.

Die jährliche Kassenrechnung, welche mit Angabe aller einzelnen Einnahmen und Ausgaben zu führen ist, wird von einer besondern ständischen Commission probirt, in der Stände-Versammlung zum Vortrag gebracht, und von dieser justificirt. Jedes Mitglied der Versammlung kann die eigene Einsicht dieser Rechnung verlangen.

Die Besoldungen der Mitglieder und der Beamten des Ausschusses, so wie die Taggelder und Reisekosten der Stände-Mitglieder, werden durch Verabschiedung bestimmt werden.

Die nicht in Stuttgart anwesenden Mitglieder des Ausschusses erhalten, wenn sie einberufen werden, gleiche Diäten und Reisegelder, wie die Stände-Mitglieder, und beziehen solche aus der ständischen Casse.

X. Kapitel. Von dem Staats-Gerichtshofe.

§ 195. Zum gerichtlichen Schutze der Verfassung wird ein Staats-Gerichtshof errichtet. Diese Behörde erkennt über Unternehmungen, welche auf den Umsturz der Verfassung gerichtet sind, und über Verletzung einzelner Punkte der Verfassung.

§ 196. Der Staats-Gerichtshof besteht aus einem Präsidenten, welcher von dem Könige aus den ersten Vorständen der höheren Gerichte ernannt wird, und aus zwölf Richtern, wovon der König die Hälfte aus den Mitgliedern jener Gerichte ernennt,

die Stände-Versammlung aber die andere Hälfte nebst drei Stellvertretern im Zusammentritte beider Kammern außerhalb ihrer Mitte wählt.

Unter den ständischen Mitgliedern müssen wenigstens zwei Rechts-Gelehrte
seyn, welche auch, mit Vorbehalt der Einwilligung des Königes, aus Königlichen
Staatsdienern gewählt werden können. Außerdem müssen die Mitglieder alle zur
Stelle eines Stände-Mitgliedes erforderliche Eigenschaften haben.

Das Canzlei-Personal wird aus dem Ober-Tribunal genommen.

§ 197. Sämtliche Richter werden für diesen ihren Beruf besonders verpflichtet, und
können gleich den übrigen Justiz-Beamten nur durch Urtheilsspruch ihrer Stelle
als Mitglieder dieses Gerichtshofes entsetzt werden. Nimmt jedoch ein ständischer
Richter ein Staatsamt an, so hört er dadurch auf, Mitglied dieser Stelle zu seyn,
kann aber von der Stände-Versammlung wieder gewählt werden. Ebenso tritt ein
vom Könige ernanntes Mitglied aus dem Gerichte, wenn es aufhört, sein richterliches Hauptamt zu bekleiden.

§ 198. Das Gericht versammelt sich auf Einberufung durch den Präsidenten, welche von diesem sogleich geschehen muß, wenn er dazu einen von dem Justiz-Mi-
nister contrasignirten Befehl des Königes oder eine Aufforderung mit Angabe des
Gegenstandes von einer der beiden Kammern durch deren Präsidenten erhält.

Das Gericht löst sich auf, wenn der Proceß geendigt ist. Der Präsident hat für
die Vollziehung der Beschlüsse zu sorgen, und in Anstands-Fällen das Gericht wieder zu versammeln.

§ 199. Eine Anklage von dem Staats-Gerichtshofe wegen der oben (§. 195) erwähnten Handlung kann geschehen von der Regierung gegen einzelne Mitglieder der
Stände und des Ausschusses und von den Ständen sowohl gegen Minister und Departements-Chefs als gegen einzelne Mitglieder und höhere Beamten der Stände-
Versammlung. Andere Staatsdiener als Minister und Departements-Chefs können
vor diesem Gerichte nicht angeklagt werden, außer wegen Uebertretung der §. 53
enthaltenen Vorschrift.

Anklage und Vertheidigung geschieht öffentlich. Die Protocolle werden mit den
Abstimmungen und Beschlüssen durch den Druck bekannt gemacht.

§ 200. Wenn es erforderlich ist, Inquirenten zu bestellen, so wählt der Gerichtshof
dieselben aus den Räthen der Criminal-Gerichte. Der Untersuchung hat jedesmal
ein Königliches und ein ständisches Mitglied des Gerichtshofs anzuwohnen.

§ 201. Es werden jedesmal zwei Referenten bestellt. Ist der erste Referent ein Königlicher Richter, so muß der Correferent ein ständischer seyn, und umgekehrt.

§ 202. Bei jedem Beschlusse muß eine gleiche Anzahl von Königlichen und ständischen Richtern anwesend seyn. Sollte durch Zufall eine Ungleichheit der Zahl
eintreten, welche nicht sogleich durch anderweitige Ernennung oder Eintritt eines Stellvertreters gehoben werden könnte, so tritt der jüngste im Dienste von der
überzählenden Seite aus; doch darf die Zahl der Richter nie unter zehn seyn.

Im Verhinderungsfalle vertritt die Stelle des Präsidenten der erste Königliche Richter.

Dem Präsidenten steht keine Stimme zu; im Falle der Stimmengleichheit entscheidet die für den Angeklagten günstigere Meinung.

§ 203. Die Strafbefugniß des Gerichtshofes erstreckt sich nur auf Verweise und Geldstrafen, auf Suspension und Entfernung vom Amte, auf zeitliche oder immerwährende Ausschließung von der Landstandschaft.

Wenn dieses Gericht die höchste in seiner Competenz liegende Strafe erkannt hat, ohne eine weitere ausdrücklich auszuschließen; so bleibt den ordentlichen Gerichten vorbehalten, gegen den Verurtheilten ein weiteres Verfahren von Amtswegen eintreten zu lassen.

§ 204. Gegen den Ausspruch des Staats-Gerichtshofes findet keine Appellation statt, sondern nur das Rechtsmittel der Revision und der Wieder-Einsetzung in den vorigen Stand.

§ 205. Der König wird nicht nur die Untersuchung niemals hemmen, sondern auch das ihm zustehende Begnadigungsrecht nie dahin ausdehnen, daß ein von diesem Gerichte in die Entfernung vom Amte verurtheilter Staatsdiener in seiner bisherigen Stelle gelassen, oder daß derselbe in einem andern Justiz- oder Staats-Verwaltungs-Amte angestellt würde, es wäre denn, daß in Rücksicht auf Wieder-Anstellung das gerichtliche Erkenntniß einen ausdrücklichen Vorbehalt zu Gunsten des Verurtheilten enthielte.

* * *

Wie nun die vorstehenden Bestimmungen von nun an die Staats-Grund-Verfassung U n s e r e s Königreichs enthalten; so geloben W i r hiemit bei U n s e r e r Königlichen Würde, für U n s und U n s e r e Nachfolger in der Regierung, den gegenwärtigen Vertrag fest und unverbrüchlich nicht nur für U n s Selbst zu halten und zu erfüllen, sondern auch gegen alle Eingriffe und Verletzungen zu schützen und bei Kräften zu erhalten.

Zu dessen Urkunde haben W i r denselben eigenhändig unterzeichnet, und mit U n s e r e m großen Königlichen Insiegel versehen lassen.

So geschehen in U n s e r e r Haupt- und Residenzstadt Stuttgart an dem 25sten Tage des Monats September im Eintausend Achthundert und Neunzehnten Jahre, U n s e r e r Königlichen Regierung im dritten.

(Unterzeichnet) W i l h e l m .

(L. S.)

A u f B e f e h l d e s K ö n i g s :
der Staats-Sekretär

(Unterzeichnet) V e l l n a g e l .

Von Gottes Gnaden Wir Wilhelm der II⁺ᵉ,
Kurfürst von Hessen, Großherzog von
Fulda, Fürst zu Hersfeld, Hanau,
Fritzlar und Isenburg, Graf zu Catzen-
elnbogen, Dietz, Ziegenhain, Nidda und
Schaumburg ꝛc. ꝛc.

haben, durchdrungen von den hohen Regenten-
Pflichten, Uns stets thätigst bemühet, die Wohlfahrt Unserer verschiedenen Landestheile, sowie
aller Klassen Unserer geliebten Unterthanen zu
befördern, und sind daher mit aufrichtiger Bereitwilligkeit den Bitten und Wünschen Unseres
Volkes entgegengekommen, welches in einer landständischen Mitwirkung zu den inneren Staats-
Angelegenheiten von allgemeiner Wichtigkeit die
kräftigste Gewährleistung Unserer landesväterlichen Gesinnungen und eine dauernde Sicherstellung seines Glückes erblickt. Nachdem Wir sodann
zur Ausführung Unserer deshalbigen Absichten mit
den getreuen Ständen Unserer althessischen Lande,
zu welchen noch Abgeordnete aus den übrigen
bisher nicht vertretenen Gebietstheilen und aus
der Grafschaft Schaumburg hinzugezogen worden sind, über ein Staatsgrundgesetz haben
Berathung pflegen lassen, ertheilen Wir nunmehr in vollem Einverständnisse mit den Ständen, deren Einsicht und treue Anhänglichkeit Wir
hierbei erprobt haben, die gegenwärtige Verfassungs-Urkunde mit dem herzlichen Wunsche,
daß dieselbe als festes Denkmal der Eintracht
zwischen Fürst und Unterthanen noch in späten
Jahrhunderten bestehen, und deren Inhalt sowohl
die Staatsregierung in ihrer wohlthätigen Wirksamkeit unterstützen, als dem Volke die Bewahrung seiner bürgerlichen Freiheiten versichern, und
dem gesammten Vaterlande eine lange segensreiche
Zukunft verbürgen möge.

Erster Abschnitt.

Von dem Staatsgebiete, der Regierungs-
form, Regierungsfolge und Regentschaft.

§. 1.

Sämmtliche kurhessischen Lande,
namentlich Nieder- und Oberhessen, das Großherzogthum Fulda, die Fürstenthümer Hersfeld,
Hanau, Fritzlar und Isenburg, die Grafschaften

VERFASSUNGSURKUNDE FÜR DAS KURFÜRSTENTUM HESSEN
vom 5. Januar 1831

Quelle: *Gesetz- und Verordnungs-Sammlung 1831, S. 1 ff.*

Von Gottes Gnaden Wir Wilhelm der IIte, Kurfürst von Hessen, Grosherzog von Fulda, Fürst zu Hersfeld, Hanau, Fritzlar und Isenburg, Graf zu Catzenelnbogen, Dietz, Ziegenhain, Nidda, und Schaumburg etc. etc. haben, durchdrungen von den hohen Regenten-Pflichten, Uns stets thätigst bemühet, die Wohlfahrt Unserer verschiedenen Landestheile, sowie aller Klassen Unserer geliebten Unterthanen zu befördern, und sind daher mit aufrichtiger Bereitwilligkeit den Bitten und Wünschen Unseres Volkes entgegengekommen, welches in einer landständischen Mitwirkung zu den inneren Staats-Angelegenheiten von allgemeiner Wichtigkeit die kräftigste Gewährleistung Unserer landesväterlichen Gesinnungen und eine dauernde Sicherstellung seines Glückes erblickt. Nachdem Wir sodann zur Ausführung Unserer deshalbigen Absichten mit den getreuen Ständen Unserer althessischen Lande, zu welchen noch Abgeordnete aus den übrigen bisher nicht vertretenen Gebietstheilen und aus der Grafschaft Schaumburg hinzugezogen worden sind, über ein Staatsgrundgesetz haben Berathung pflegen lassen, ertheilen Wir nunmehr in vollem Einverständnisse mit den Ständen, deren Einsicht und treue Anhänglichkeit Wir hierbei erprobt haben, die gegenwärtige Verfassungs-Urkunde mit dem herzlichen Wunsche, daß dieselbe als festes Denkmal der Eintracht zwischen Fürst und Unterthanen noch in späten Jahrhunderten bestehen, und deren Inhalt sowohl die Staatsregierung in ihrer wohlthätigen Wirksamkeit unterstützen, als dem Volke die Bewahrung seiner bürgerlichen Freiheiten versichern, und dem gesammten Vaterlande eine lange segensreiche Zukunft verbürgen möge.

Erster Abschnitt.
Von dem Staatsgebiete, der Regierungsform, Regierungsfolge und Regentschaft.

§. 1. Sämmtliche kurhessischen Lande, namentlich Nieder- und Oberhessen, das Grosherzogthum Fulda, die Fürstenthümer Hersfeld, Hanau, Fritzlar und Isenburg, die Grafschaften Ziegenhain und Schaumburg, auch die Herrschaft Schmalkalden, so wie Alles, was etwa noch in der Folge mit Kurhessen verbunden werden wird, bilden für immer ein untheilbares und unveräuserliches, in einer Verfassung vereinigtes, Ganzes, und einen Bestandtheil des deutschen Bundes.

Nur gegen einen vollständigen Ersatz an Land und Leuten, verbunden mit anderen wesentlichen Vortheilen, kann die Vertauschung einzelner Theile mit Zustimmung der Landstände Statt finden. Von dieser Zustimmung sind jedoch die mit auswärtigen Staaten dermal bereits eingeleiteten Verträge ausgenommen.

§. 2. Die Regierungsform bleibt, so wie bisher, monarchisch, und es bestehet dabei eine landständische Verfassung.

§. 3. Die Regierung des kurhessischen Staates mit dessen sämmtlichen gegenwärtigen und künftigen Bestandtheilen und Zubehörungen ist erblich vermöge leiblicher Abstammung aus ebenbürtiger Ehe, nach der Linealfolge und dem Rechte der Erstgeburt, mit Ausschluß der Prinzessinnen.

§. 4. Würden dereinst Besorgnisse wegen der Thron-Erledigung bei Ermangelung eines durch Verwandtschaft oder fortdauernde Erbverbrüderung zur Nachfolge berechtigten Prinzen entstehen; so soll zeitig von dem Landesherrn in Uebereinstimmung mit den Landständen durch ein weiteres Grundgesetz über die Thronfolge die nöthige Vorsorge getroffen werden.

§. 5. Der Landesfürst wird volljährig, sobald er das achtzehnte Jahr zurückgelegt hat.

§. 6. Der Regierungs-Nachfolger wird bei dem Regierungs-Antritte geloben, die Staatsverfassung aufrecht zu halten und in Gemäsheit derselben sowie nach den Gesetzen zu regieren. Er stellt darüber eine (im landständischen Archive zu hinterlegende) Urkunde aus, worauf die Huldigung, und zwar zuerst von den versammelten Landständen, erfolgt.

§. 7. Ist entweder der Regierungs-Nachfolger minderjährig, oder der Landesherr an der Ausübung der Regierung auf längere Zeit verhindert, ohne daß dieser selbst, oder dessen Vorfahr durch eine mit landständischer Zustimmung errichtete Verfügung, deshalb genügende Vorsorge getroffen hat, oder hat treffen können; so tritt für die Dauer der Minderjährigkeit oder der sonstigen Verhinderung eine Regentschaft ein. Diese gebührt in Beziehung auf den minderjährigen Landesfürsten zunächst dessen leiblicher Mutter, so lange dieselbe sich nicht anderweit vermählen wird, und in deren Ermangelung oder bei deren Unfähigkeit zur Regierung dem hierzu fähigen nächsten Agnaten. Bei der obgedachten Verhinderung des Landesherrn kommt die Regentschaft dessen Gemahlin zu, wenn aus der gemeinschaftlichen Ehe ein zur unmittelbaren Nachfolge berechtigter, noch minderjähriger Prinz vorhanden ist, auserdem aber dem zur Regierung fähigen nächsten Agnaten.

§. 8. In allen Fällen stehet der Regentschaft ein Rath von vier Mitgliedern zur Seite, welche zugleich Minister oder Geheimeräthe seyn können und wenigstens zur Hälfte mit Beistimmung der Landstände zu wählen sind. Ohne die Zustimmung dieses Regentschaftsrathes kann keine, dem Landesherrn ausschließlich zukommende, Regierungshandlung gültig ausgeübt werden. Von Seiten der Regentschaft und deren Rathes ist die Aufrechthaltung der Landesverfassung und die Regierung nach den Gesetzen ebenso, wie von dem Thronfolger urkundlich zu geloben.

Die nöthige Einleitung zur Regentschaft liegt dem Gesammt-Staatsministerium ob, und zwar alsbald im Falle eines landständischen Antrages. Zum Zwecke der deshalbigen Berathung hat nämlich dasselbe das Zusammentreten eines fürstlichen Familienrathes zu veranlassen, welcher aus den volljährigen, nicht mehr unter väterlicher Gewalt befindlichen Prinzen des kurfürstlichen Hauses, mit Ausschluß des zunächst zur Regentschaft berufenen Agnaten, bestehen wird.

§. 9. Sollte bei einem zunächst nach dem regierenden Landesfürsten zur Erbfolge berufenen Prinzen eine solche Geistes- oder körperliche Beschaffenheit sich zeigen, welche es demselben wahrscheinlich für immer unmöglich machen würde, die Regierung des Landes selbst zu führen; so ist über den künftigen Eintritt der Regentschaft durch ein Gesetz zeitig zu verfügen.

Zweiter Abschnitt.
Von dem Landesfürsten und den Gliedern des Fürstenhauses.

§. 10. Der Kurfürst ist das Oberhaupt des Staates, vereinigt in sich alle Rechte der Staatsgewalt, und übt sie auf verfassungsmäsige Weise aus.
  Seine Person ist heilig und unverletzlich.

§. 11. Der Sitz der Regierung kann nicht auser Landes verlegt werden.

§. 12. Kein Prinz und keine Prinzessin des Hauses darf ohne Einwilligung des Landesherrn sich vermählen.

§. 13. Eben so wenig darf ein Prinz aus der wirklich regierenden Linie, oder der präsumtive Thronfolger aus einer Seitenlinie, ohne vorgängige Genehmigung des Landesherrn in auswärtige Dienste treten.

§. 14. Alle festgesetzten Apanagen sind stets regelmäsig auszuzahlen. Bei eintretendem bedeutenden Zuwachse von Gebiet, oder bei dem Anfalle beträchtlicher Grundbesitzungen mit Erlöschen einer Seitenlinie, kann unter Beistimmung der Landstände die Vermehrung einer dermaligen Apanage, in keinem Falle aber deren Verminderung Statt finden.

§. 15. Die künftig nöthigen Apanagen für nachgeborne Prinzen und unvermählte Prinzessinnen der regierenden Linie werden in Geldrenten mit Zustimmung der Landstände festgesetzt.

§. 16. Auf gleiche Weise erfolgt die Bestimmung der nöthig werdenden Witthümer.

§. 17. Ueber das Grundeigenthum, welches den Prinzen zur Apanage oder sonst von dem Landesherrn überwiesen oder irgend eingeräumt, oder auf dieselben von väterlicher Seite her oder von Agnaten vererbt oder sonst übertragen worden ist, können die Prinzen in keiner Art ohne die landesherrliche Bewilligung und die, hinsichtlich der Apanage-Güter erforderliche, Zustimmung der Landstände gültig verfügen, es sey denn zur Abtretung an den Staat selbst, zur Ausgleichung von

Grenz- und anderen Rechts-Streitigkeiten, oder zur Ablösung von Diensten, Zehnten oder Grundzinsen. In solchen Fällen muß aber der empfangene Ersatz wieder in inländischem Grundeigenthume, welches ganz die Natur der veräußerten Besitzung annimmt und an deren Stelle tritt, gehörig angelegt werden.

§. 18. Die bisher vom Lande besonders aufgebrachte Aussteuer der Prinzessinnen wird in den herkömmlichen Beträgen künftig aus der Staatskasse geleistet werden.

Dritter Abschnitt.
Von den allgemeinen Rechten und Pflichten der Unterthanen.

§. 19. Der Aufenthalt innerhalb der Grenzen des Kurstaates verpflichtet zur Beobachtung der Gesetze, und begründet dagegen den gesetzlichen Schutz.

§. 20. Die Staats-Angehörigkeit (Recht des Inländers, Indigenat) stehet zu vermöge der Geburt, oder wird besonders erworben durch ausdrückliche oder stillschweigende Aufnahme, und gehet verloren durch Auswanderung oder eine dergleichen Handlung nach den näheren Bestimmungen, welche ein deshalb zu erlassendes Gesetz enthalten wird.

Der Genuß der Ortsbürger-Rechte, sey es in Städten oder Landgemeinden, kann nur Staats-Angehörigen zukommen.

§. 21. Ein jeder Inländer männlichen Geschlechts hat im achtzehnten Lebensjahre den Huldigungseid zu leisten, mittelst dessen er Treue dem Landesfürsten und dem Vaterlande, Beobachtung der Verfassung und Gehorsam den Gesetzen gelobt.

§. 22. Ein jeder Staats-Angehörige (Inländer) ist der Regel nach (vergl. §. 23 und §. 24) auch Staatsbürger, somit zu öffentlichen Aemtern und zur Theilnahme an der Volksvertretung befähigt, vorbehaltlich derjenigen Eigenschaften, welche diese Verfassung oder andere Gesetze in Bezug auf die Ausübung einzelner staatsbürgerlichen Rechte erfordern.

§. 23. Das Staats-Bürgerrecht hört auf:
1) mit dem Verluste der Staats-Angehörigkeit, und
2) mit der rechtskräftigen Verurtheilung zu einer peinlichen Strafe, unbeschadet einer etwa erfolgenden Rehabilitation (s. §. 126).

§. 24. Der Mangel oder Verlust des Staatsbürgerrechts an sich ist ohne Einfluß auf den Unterthanen-Verband, sowie auf die blos bürgerlichen Rechte und Pflichten, wenn nicht besondere Gesetze eine Ausnahme begründen.

§. 25. Die Leibeigenschaft ist und bleibt aufgehoben. Die von ihr herrührenden unständigen Abgaben, in so weit sie noch rechtlich fortbestehen, namentlich für die Sterbefälle, sollen auf eine für die Betheiligten billige Weise im Wege des Vertrages oder für die Fälle, wo der deshalbige Versuch ohne Erfolg geblieben seyn würde, durch ein zu erlassendes Gesetz anderweit geordnet werden.

§. 26. Alle Einwohner sind in so weit vor den Gesetzen einander gleich und zu gleichen staatsbürgerlichen Verbindlichkeiten verpflichtet, als nicht gegenwärtige Verfassung oder sonst die Gesetze eine Ausnahme begründen.

§. 27. Einem Jeden ohne Unterschied stehet die Wahl des Berufes und die Erlernung eines Gewerbes frei. Ebenso kann jeder die öffentlichen Lehr- und Bildungs-Anstalten des In- und Auslandes, selbst zum Zwecke der Bewerbung um einen Staatsdienst, benutzen, ohne einer besonderen Erlaubniß der Staatsregierung hierzu zu bedürfen. Er muß jedoch jedenfalls vor dem Besuchen der Universität den für die deshalbige Vorbereitung gesetzlich vorgeschriebenen Erfordernissen genügen (vergl. übrigens §. 52).

§. 28. Kein Inländer kann wegen seiner Geburt von irgend einem öffentlichen Amte ausgeschlossen werden. Auch giebt dieselbe kein Vorzugsrecht zu irgend einem Staatsamte.

§. 29. Die Verschiedenheit des christlichen Glaubensbekenntnisses hat auf den Genuß der bürgerlichen und staatsbürgerlichen Rechte keinen Einfluß.

Die den Israeliten bereits zustehenden Rechte sollen unter den Schutz der Verfassung gestellt seyn, und die besonderen Verhältnisse derselben gleichförmig für alle Gebietstheile durch ein Gesetz geordnet werden.

§. 30. Jedem Einwohner stehet vollkommene Freiheit des Gewissens und der Religions-Uebung zu. Jedoch darf die Religion nie als Vorwand gebraucht werden, um sich irgend einer gesetzlichen Verbindlichkeit zu entziehen.

§. 31. Die Freiheit der Person und des Eigenthums unterliegt keiner anderen Beschränkung, als welche das Recht und die Gesetze bestimmen.

§. 32. Das Eigenthum oder sonstige Rechte und Gerechtsame können für Zwecke des Staates oder einer Gemeinde, oder solcher Personen, welche Rechte derselben ausüben, nur in den durch die Gesetze bestimmten Fällen und Formen gegen vorgängige volle Entschädigung in Anspruch genommen werden. Ueber Nothfälle, in denen ausnahmsweise nachfolgende Entschädigung eintreten soll, wird ein besonderes Gesetz das Nähere bestimmen.

§. 33. Die Jagd-, Waldkultur- und Teich-Dienste, nebst den Wildprets- und Fisch-Fuhren oder dergleichen Traggängen zur Frohne, sollen überall nicht mehr Statt finden, und die Privatberechtigten, welche hierdurch einen Verlust erleiden, nach dessen Ermittelung auf den Grund der deshalb zu ertheilenden gesetzlichen Vorschriften, vom Staate entschädiget werden. Gleichfalls werden die dem Staate zu leistenden Fruchtmagazins-Fuhren und Handdienste auf den Fruchtböden gänzlich aufgehoben.

Die übrigen ungemessenen Hof-, Kameral- und gutsherrlichen Frohnen sollen in gemessene umgewandelt werden.

Alle gemessenen Frohnen sind ablösbar. Die Art und Weise ihrer Umwandlung und Ablösung ist durch ein besonderes Gesetz mit gehöriger Berücksichtigung der Interessen der Berechtigten und Verpflichteten näher zu bestimmen, auch demnächst die Ausführung nach Möglichkeit durch entsprechende Verwaltungs-Maasregeln unter angemessener Beihülfe aus der Staatskasse zu befördern.

Die Last der Landfolgedienste, welche nach deren gesetzlicher Feststellung fortbestehen werden, soll durch Beschränkung auf den wirklichen Bedarf gemindert und so viel, als thunlich, durch zweckdienliche Verdingung erleichtert werden.

§. 34. Alle Grundzinsen, Zehnten und übrigen gutsherrlichen Natural- und Geldleistungen, auch andere Reallasten, sind ablösbar. Ueber die deshalbigen Bedingungen und Entschädigungen wird ein Gesetz, unter gehöriger Berücksichtigung der Interessen der Pflichtigen und der Berechtigten, ergehen.

§. 35. Jedermann bleibt es frei, über das sein Interesse benachtheiligende verfassungs-, gesetz- oder ordnungswidrige Benehmen oder Verfahren einer öffentlichen Behörde bei der unmittelbar vorgesetzten Stelle Beschwerde zu erheben und solche nöthigenfalls bis zur höchsten Behörde zu verfolgen. Wird die angebrachte Beschwerde von der vorgesetzten Behörde ungegründet befunden; so ist dieselbe verpflichtet, dem Beschwerdeführer die Gründe ihrer Entscheidung zu eröffnen.

Ebenwohl bleibt in jedem Falle, wo jemand sich in seinen Rechten verletzt glaubt, ihm die gerichtliche Klage offen, auch in geeigneten wichtigeren Fällen unbenommen, die Verwendung der Landstände anzusprechen.

Ueberhaupt ist es den einzelnen Unterthanen, sowie ganzen Gemeinden und Körperschaften, frei gelassen, ihre Wünsche und Bitten auf gesetzlichem Wege zu berathen und vorzubringen.

§. 36. Ausschließliche Handels- und Gewerbs-Privilegien sollen ohne Zustimmung der Landstände nicht mehr ertheilt werden. Die Aufhebung der bestehenden Monopole, sowie der Bann- oder Zwangsrechte, ist durch ein besonderes Gesetz zu bewirken. Patente für Erfindungen können von der Regierung auf bestimmte Zeit, jedoch nicht länger, als auf zehn Jahre, ertheilt werden.

Diejenigen Gewerbe, für deren Ausübung aus polizeilichen oder staatswirthschaftlichen Rücksichten eine Konzession erforderlich ist, sollen gesetzlich bestimmt werden. Indessen ist das Erforderniß einer Konzession, wie solches bisher bestand, nirgend auszudehnen.

§. 37. Die Freiheit der Presse und des Buchhandels wird in ihrem vollen Umfange Statt finden. Es soll jedoch zuvor gegen Preßvergehen ein besonderes Gesetz alsbald erlassen werden. Die Zensur ist nur in den durch die Bundesgesetze bestimmten Fällen zulässig.

§. 38. Das Briefgeheimniß ist auch künftig unverletzt zu halten. Die absichtliche unmittelbare oder mittelbare Verletzung desselben bei der Postverwaltung soll peinlich bestraft werden.

§. 39. Niemand kann wegen der freien Aeuserung bloser Meinungen zur Verantwortung gezogen werden, den Fall eines Vergehens oder einer Rechtsverletzung ausgenommen.

§. 40. Jeder Waffenfähige bis zum zurückgelegten 50sten Lebensjahre, ist im Falle der Noth zur Vertheidigung des Vaterlandes verpflichtet. Ueber die Verbindlichkeit zum Kriegsdienste, die Art der Ergänzung des Kriegsheeres und die sonstigen hierauf bezüglichen Verhältnisse sowie über die nach und nach erfolgende Verabschiedung der Leute, welche bereits fünf Jahre und darüber gedient haben, ist alsbald ein Gesetz zu erlassen. In diesem soll die Dienstzeit für das aktive Heer nicht über fünf Jahre, auser dem Falle des Kriegs ausgedehnt, die Stellvertretung für zulässig erklärt, und bei der Bestimmung der Verbindlichkeit zum Kriegsdienste in der Linie auf Familienwohlfahrt, Ackerbau, Gewerbe, Künste und Wissenschaften nach Möglichkeit schonende Rücksicht genommen werden. Auserdem ist noch die Einrichtung der Bürgerbewaffnung in den Stadt- und Landgemeinden, als einer bleibenden Anstalt zur geeigneten Mitwirkung für die Aufrechthaltung der inneren Ruhe und Ordnung, sowie in Nothfällen zur Landesvertheidigung, gesetzlich näher zu bestimmen.

§. 41. Jedem Einwohner steht das Recht der freien Auswanderung unter Beobachtung der gesetzlichen Bestimmungen zu.

Vierter Abschnitt.
Von den Gemeinden und von den Bezirksräthen.

§. 42. Die Rechte und Verbindlichkeiten der Gemeinden sollen in einer besonderen Städte- und Gemeinde-Ordnung alsbald festgesetzt, und darin die freie Wahl ihrer Vorstände und Vertreter, die selbstständige Verwaltung des Gemeinde-Vermögens und der örtlichen Einrichtungen, unter Mitaufsicht ihrer besonders erwählten Ausschüsse, die Bewirkung der Aufnahme in den Gemeinde-Verband, und die Befugniß zur Bestellung der Gemeinde-Diener, zum Grunde gelegt, auch die Art der oberen Aufsicht der Staatsbehörden näher bestimmt werden.

§. 43. Keine Gemeinde kann mit Leistungen oder Ausgaben beschwert werden, wozu sie nicht nach allgemeinen Gesetzen oder anderen besonderen Rechtsverhältnissen verbunden ist. Dasselbe gilt von mehreren, in einem Verbande stehenden Gemeinden.

§. 44. Alle Lasten, welche nicht die örtlichen Bedürfnisse der Gemeinden oder deren Verbände, sondern die Erfüllung allgemeiner Verbindlichkeiten des Landes oder einzelner Theile desselben erheischen, müssen, in so weit nicht bestehende Rechtsverhältnisse eine Ausnahme begründen, auch von dem gesammten Lande oder dem betreffenden Landestheile getragen werden.

§. 45. Das Vermögen und Einkommen der Gemeinden und ihrer Anstalten darf nie mit dem Staatsvermögen oder den Staats-Einnahmen vereinigt werden.

§. 46. Sämmtliche Vorstände sowie die übrigen Beamten der Gemeinden und deren Verbände sind, gleich den Staatsdienern, auf Festhaltung der Landesverfassung und insbesondere auf Wahrung der dadurch begründeten Rechte der Gemeinden zu verpflichten.

§. 47. Das Verhältniß der Rittergüter und der ehemals adelichen geschlossenen Freigüter zu den Gemeinden, zu welchen sie in polizeilichen und anderen bestimmten Beziehungen gehören sollen, wird in der Gemeinde-Ordnung auf eine zweckmäsige und den bisherigen Rechtsverhältnissen entsprechende Weise festgestellt werden.

§. 48. Für die Berathung und Vorbereitung von Verwaltungs-Maasregeln, welche nur das Beste eines einzelnen Bezirkes zum Gegenstande haben, sowie für eine angemessene Mitaufsicht auf die zweckdienliche und die Kräfte der Unterthanen thunlichst schonende Ausführung der in jener Beziehung durch allgemeine Gesetze, oder durch besondere Anordnungen der Staatsbehörden getroffenen wichtigeren Einrichtungen, sollen Bezirksräthe mittelst geeigneter Wahl gebildet werden. Die deshalb erforderlichen näheren Vorschriften sind durch ein Gesetz zu erlassen.

Fünfter Abschnitt.
Von den Standesherren etc. und den ritterschaftlichen Körperschaften.

§. 49. Die besonderen Rechtsverhältnisse der Standesherrschaften werden in Gemäsheit der bundesgesetzlichen Bestimmungen und nach vorgängiger näherer Verständigung der Staatsregierung mit den Standesherren durch ein Edikt geordnet werden, welches, nachdem dessen Inhalt von den Landständen dieser Verfassung entsprechend befunden worden, unter deren Schutz gestellt werden soll.

In gleicher Art sollen die besonderen Rechtsverhältnisse des vormals reichsunmittelbaren Adels geordnet und geschützt werden.

§. 50. Die besonderen Rechte des althessischen und des schaumburgischen ritterschaftlichen Adels geniesen den Schutz dieser Verfassung nach dem Inhalte der deshalb zu entwerfenden Statuten, welche von der Staatsregierung genehmigt und von den Landständen den Bestimmungen der Verfassung entsprechend befunden seyn werden.

Sechster Abschnitt.
Von den Staatsdienern.

§. 51. Der Landesherr ernennt oder bestätigt alle Staatsdiener, des geistlichen und weltlichen, sowohl des Militär- als Civil-Standes, in so fern den Behörden nicht die Bestellung überlassen ist. In Ansehung derjenigen Stellen, für welche einzelnen Berechtigten oder Körperschaften ein Präsentations- oder Wahlrecht zustehet, erfolgt die Ernennung in Form einer Bestätigung nach Maasgabe der deshalb bestehenden Verhältnisse.

§. 52. Ein Staatsamt kann nur demjenigen übertragen werden, welcher vorher gesetzmäsig geprüft und für tüchtig und würdig zu demselben erkannt worden ist. Uebrigens muß von denjenigen, welche künftig ein akademisches Studium beginnen, demnächst die Nachweisung geschehen, daß den gesetzlichen Vorschriften über das Besuchen der Landes-Universität genügt worden sey.

Bei einer Weiterbeförderung ist eine abermalige Prüfung nur erforderlich, wenn solche besonders vorgeschrieben ist.

§. 53. Der Ernennung oder Beförderung zu einem Staatsamte muß der Vorschlag der vorgesetzten Behörde, wenn eine solche vorhanden ist, vorausgehen.

§. 54. Die Ertheilung von Anwartschaften auf bestimmte Staatsdienerstellen ist völlig unstatthaft; gleichwohl kann den Gehülfen, welche altersschwachen oder sonst an gehöriger Dienstversehung gehinderten Staatsbeamten beigegeben werden, die demnächstige selbstständige Anstellung, nach Maasgabe ihrer bewährten Tüchtigkeit, zugesichert werden.

§. 55. Alle erledigten Stellen sollen so bald, als thunlich, dem betreffenden Etat (vergl. §. 62) gemäs wieder besetzt werden.

§. 56. Ohne Urtheil und Recht darf kein Staatsdiener abgesetzt, oder wieder seinen Willen entlassen, noch demselben sein rechtmäsiges Diensteinkommen vermindert oder entzogen werden, vorbehaltlich der besonderen Bestimmungen, welche das Staatsdienstgesetz enthält.

Diejenigen geringeren Diener gleichwohl, welche von den Behörden ohne ein durch den Landesherrn oder ein Ministerium vollzogenes Bestellungs- oder Bestätigungs-Reskript angenommen worden sind, können wegen Verletzung oder Versäumung ihrer Berufspflichten von denselben Behörden wieder entlassen werden, nachdem die vorgesetzte höhere oder höchste Behörde, nach genauer Erwägung des gehörig in Gewissheit gesetzten Verschuldens, die Entlassung genehmigt haben wird.

§. 57. Jeder Staatsdiener muß sich Versetzungen, welche seinen Fähigkeiten oder seiner bisherigen Dienstführung entsprechen, aus höheren Rücksichten des Staats, ohne Verlust an Rang und Gehalt (vergl. jedoch §. 56) gefallen lassen. Staatsdiener, welche ohne ihr Ansuchen oder Verschulden versetzt werden, erhalten für die Kosten des Umzugs eine angemessene Entschädigung, sofern ihnen nicht durch die Verbesserung ihres Diensteinkommens eine entsprechende Vergütung dafür zu Theil geworden ist.

§. 58. Diejenigen Staatsdiener, welche wegen Altersschwäche oder anderer Gebrechen ihre Berufs-Obliegenheiten nicht mehr erfüllen können und daher in den Ruhestand versetzt werden, sollen eine angemessene Pension nach Maasgabe des Staatsdienstgesetzes erhalten.

§. 59. Keinem Staatsdiener kann die nachgesuchte Entlassung versagt werden. Hinsichtlich seines wirklichen Abganges sind die näheren, durch das Staatsdienstgesetz vorgeschriebenen, Bedingungen zu erfüllen.

§. 60. Die Verpflichtung zur Beobachtung und Aufrechthaltung der Landesverfassung soll in den Diensteid eines jeden Staatsdieners mit aufgenommen werden. Keine Dienst-Anweisung darf etwas enthalten, was den Gesetzen zuwider ist.

§. 61. Ein jeder Staatsdiener bleibt hinsichtlich seiner Amtsverrichtungen verantwortlich. Derjenige, welcher sich einer Verletzung der Landesverfassung, namentlich auch durch Vollziehung einer, nicht in der verfassungsmäsigen Form ergangenen, Verfügung einer höchsten Staatsbehörde (s. §. 108), einer Veruntreuung öffentlicher Gelder oder einer Erpressung schuldig macht, sich bestechen lässt, seine Berufspflichten gröblich hintansetzt oder seine Amtsgewalt mißbraucht, kann auch von den Landständen oder deren Ausschusse (s. §. 102) bei der zuständigen Gerichtsbehörde angeklagt werden. Die Sache muß alsdann auf dem gesetzlichen Wege schleunig untersucht und den Landständen oder deren Ausschusse von dem Ergebnisse der Anklage Nachricht ertheilt werden.

§. 62. Die übrigen besonderen Rechtsverhältnisse der Staatsdiener, sowohl des Civil- als Militär-Standes (Offiziere und Militär-Beamten), sind in dem Staatsdienstgesetze, welches unter dem Schutze der Verfassung stehen wird, näher bestimmt.

Die Versorgung oder Unterstützung der dazu geeigneten, nicht zum Offizierstande gehörenden Militärpersonen wird durch ein besonderes Regulativ geordnet werden.

Siebenter Abschnitt.
Von den Landständen.

§. 63. Die Ständeversammlung wird gebildet durch folgende Mitglieder, nämlich:
1) einen Prinzen des kurfürstlichen Hauses für eine jede, dermal apanagirte Linie desselben, welche in Ermangelung von dazu fähigen Gliedern oder bei deren Verhinderung sich durch einen geeigneten, in Kurhessen begüterten Bevollmächtigten vertreten lassen kann;

2) das Haupt jeder fürstlichen oder gräflichen, ehemals reichsunmittelbaren Familie, welche eine Standesherrschaft in Kurhessen besitzt, mit Gestattung der Stellvertretung durch eines ihrer dazu fähigen Familienglieder, und in deren Ermangelung oder Verhinderung durch einen anderen geeigneten Bevollmächtigten, welcher in Kurhessen begütert ist;

3) den Senior oder das sonst mit dem Erbmarschall-Amte beliehene Mitglied der Familie der Freiherren v. Riedesel;

4) einen der ritterschaftlichen Obervorsteher der adelichen Stifter Kaufungen und Wetter;

5) einen Abgeordneten der Landes-Universität;

6) einen Abgeordneten der althessischen Ritterschaft von jedem der fünf Bezirke, nämlich der Diemel, Fulda, Schwalm, Werra und Lahn;

7) einen Abgeordneten aus der Ritterschaft der Grafschaft Schaumburg, gewählt von derselben unter Mitstimmung der adelichen Stifter Fischbeck und Obernkirchen;

8) einen Abgeordneten aus dem ehemals reichsunmittelbaren Adel in den Kreisen Fulda und Hünfeld;

9) einen Abgeordneten aus dem ehemals reichsunmittelbaren und sonst stark begüterten Adel in der Provinz Hanau;

10) sechzehn Abgeordnete von den Städten, nämlich:

a. zwei von der Residenzstadt Cassel,

b. zwei von der Stadt Hanau,

c. einen von der Stadt Marburg,

d. einen von der Stadt Fulda,

e. einen von der Stadt Hersfeld oder der Stadt Melsungen, welche unter einander dergestalt abwechseln, daß die erstgenannte Stadt zu zwei Landtagen und die Stadt Melsungen zu einem Landtage den Abgeordneten sendet,

f. einen von der Stadt Schmalkalden,

g. einen von der Stadt Rinteln und den Städten Obernkirchen, Oldendorf, Rodenberg und Sachsenhagen,

h. einen von den Städten Hofgeismar, Carlshafen, Grebenstein, Helmarshausen, Immenhausen, Liebenau, Naumburg, Trendelburg, Volkmarsen, Wolfhagen und Zierenberg,

i. einen von der Stadt Hersfeld oder Melsungen (s. oben e) und den Städten Lichtenau, Rotenburg, Sontra, Spangenberg und Waldkappel,

k. einen von den Städten Homberg, Borken, Felsberg, Fritzlar, Gudensberg, Neukirchen, Niedenstein, Schwarzenborn, Treysa und Ziegenhain,

l. einen von den Städten Eschwege, Allendorf, Großalmerode, Wanfried und Witzenhausen,

m. einen von den Städten Frankenberg, Amöneburg, Frankenau, Gemünden, Kirchhain, Neustadt, Pauschenberg, Rosenthal, Schweinsberg und Wetter,

n. einen von den Städten Hünfeld, Salmünster, Schlüchtern, Soden und Steinau, auch

o. einen von den Städten Gelnhausen, Bockenheim, Wächtersbach und Windecken,

11)sechzehn Abgeordnete der nachgenannten Landbezirke, mit Ausschluß der darin befindlichen Städte, und derjenigen adelichen Güter, deren Besitzer an der Wahl der oben unter Nr. 6 bis 9 aufgeführten Abgeordneten Theil nehmen. Diese Bezirke sind:

a. der Diemel-Bezirk, bestehend aus den Kreisen Cassel, Hofgeismar und Wolfhagen,

b. der (Nieder-)Fulda-Bezirk, begreifend die Kreise Hersfeld, Rotenburg und Melsungen (ohne das Amt Felsberg),

c. der Werra-Bezirk, umfassend die Kreise Eschwege, Witzenhausen und Schmalkalden,

d. der Schwalm-Bezirk; enthaltend die Kreise Homberg, Fritzlar und Ziegenhain, auch das Amt Felsberg (aus dem Kreise Melsungen),

e. der Lahn-Bezirk, bestehend aus den Kreisen Marburg, Frankenberg und Kirchhain,

f. der Ober-Fulda-Bezirk, begreifend die Kreise Fulda und Hünfeld,

g. der Main-Bezirk, enthaltend die Kreise Hanau, Gelnhausen und Schlüchtern,

h. der Weser-Bezirk, bestehend aus der Grafschaft Schaumburg.

§. 64. Acht von den Abgeordneten der Städte, nämlich einer für Cassel sowie einer für Hanau, und sechs für die übrigen Städte gemäß der, nach dem Wahlgesetze von Landtag zu Landtag eintretenden Abwechselung, müssen Magistratsglieder oder solche Einwohner seyn, welche als Mitglieder der Bürger-Ausschüsse zum zweiten Male gewählt worden sind, oder ein Vermögen von mindestens sechstausend Thalern besitzen, oder ein sicheres und ständiges Einkommen von vierhundert Thalern jährlich geniesen, oder monatlich einen Thaler zwölf gGr. an öffentlichen ständigen Abgaben entrichten.

§. 65. Ebenso müssen acht Abgeordnete der Landbezirke entweder so viel Grundeigenthum besitzen, daß es ihnen an eigentlicher Grundsteuer (zu deren vollen ordentlichen Ansatze und nach Abzug der gesetzlich zu vergütenden Real-Lasten) wenigstens zwei Thaler monatlich erträgt, – oder sie müssen mindestens fünftausend Thaler im Vermögen haben und zugleich die Landwirtschaft, als Haupt-Erwerbsquelle, betreiben.

§. 66. Die Wahl der übrigen acht Abgeordneten der Städte, sowie der übrigen acht Abgeordneten der Landbezirke kann ohne Unterschied auf einen Jeden fallen, welcher überhaupt wählbar (s. §. 67) und in dem Stromsbezirke wohnhaft ist. Dagegen können ausnahmsweise die unteren landesfürstlichen, standesherrlichen oder

Patrimonial-Justiz-, Verwaltungs- und Finanz-Beamten nur außer dem Wahlbezirke gewählt werden, worin sie ihren Wohnsitz haben.

§. 67. Weder zur Wahl berechtigt noch irgend wählbar sind diejenigen, welche
  1) wegen solcher Vergehungen, die entweder nach gesetzlicher Bestimmung
     oder nach allgemeinen Begriffen für entehrend zu halten sind (worüber im
     letzteren Falle hinsichtlich der Abgeordneten die Ständeversammlung zu ent-
     scheiden hat), vor Gericht gestanden haben, ohne von der Anschuldigung
     völlig losgesprochen worden zu seyn;
  2) noch nicht das 30ste Jahr zurück gelegt haben, oder
  3) unter Kuratel stehen, oder
  4) über deren Vermögen ein gerichtliches Konkursverfahren entstanden ist, bis
     zur völligen Befriedigung der Gläubiger.
Die vorstehenden Gründe der Ausschließung finden auch auf die ohne Wahl berufenen Landstände Anwendung.

§. 68. Bei der Wahl eines jeden landständischen Deputirten wird zu gleicher Zeit
ein Stellvertreter gewählt, auf welchen im Falle des Todes, der eintretenden Unfähigkeit oder einer längeren Verhinderung die landständischen Pflichten und
Rechte des Ersteren während des begonnenen Landtages bis zu dessen Schlusse
übergehen.
Ueber die Einberufung des Stellvertreters entscheidet die Ständeversammlung.[1]

---

[1] §§ 63-68 geändert durch Gesetz vom 5. April 1849 (Sammlung von Gesetzen 37):
    „§. 2. Die Ständeversammlung wird gebildet durch folgende Mitglieder, nämlich:
    1) sechzehn Abgeordnete von den Städten
    2) sechzehn Abgeordnete der Landbevölkerung
    3) sechzehn Abgeordnete der höchst besteuerten Grundbesitzer und Gewerbtreibenden und
       zwar zwei für jeden der Verwaltungs-Bezirke Cassel, Hersfeld, Fritzlar, Eschwege, Marburg,
       Hanau und Fulda, und einen für jeden der Verwaltungs-Bezirke Schmalkalden und Schaum-
       burg.
    §. 3. Von der Theilnahme an den Wahlen der Landtags-Abgeordneten sind überhaupt ausge-
    schlossen Alle, welche
    1) eine peinliche Strafe erlitten haben, oder wegen eines, die öffentliche Achtung entziehenden
       Vergehens (insbesondere wegen Diebstahls, Unterschlagung, Betrugs, Fälschung) vom zu-
       ständigen Gerichte verurtheilt worden sind;
    2) noch nicht das 30ste Lebensjahr zurückgelegt haben, oder
    3) unter Curatel stehen, oder
    4) über deren Vermögen ein Concurs, oder ein nach §. 14 des Gesetzes vom 24. Juli 1834 ein-
       geleitetes Vertheilungs-Verfahren besteht oder bestanden hat, bis zur völligen Befriedigung
       der Gläubiger.
    §. 6. Zu den Wahlen der Höchstbesteuerten (§. 2, Nr. 3) sind diejenigen mit dem Staatsbürger-
    rechte versehenen Stadt- und Landbewohner des Bezirks berechtigt, welche im abgelaufenen
    Kalenderjahre die meiste Grund- und Gewerbsteuer gezahlt haben und bei Aufstellung der Wäh-
    lerliste überhaupt noch Grund- oder Gewerbsteuer entrichten. ...
    §. 7. Wählbar zum Landtags-Abgeordneten ist jeder Staatsbürger, ohne Rücksicht auf Stand und
    Wohnort, weicher nach den Bestimmungen des §. 3 wahlfähig ist. Jedoch können ausnahms-

§. 69. Kann oder will der (hauptsächlich oder zur Aushülfe) Gewählte die Landstandschaft nicht übernehmen; so schreiten die Wahlmänner zur neuen Wahl. Letzteres muß auch dann geschehen, wenn die Stelle eines Abgeordneten nach bereits erklärter Annahme vor Eröffnung oder nach dem Schlusse des Landtages wieder erledigt wird.

§. 70. Erfolgt die Ernennung oder Beförderung eines Abgeordneten zu einem Staatsamte; so wird dadurch eine neue Wahl erforderlich, wobei jedoch derselbe wieder gewählt werden kann.

§. 71. Sobald ein Staatsdiener, des geistlichen oder weltlichen Standes, zum Abgeordneten gewählt ist, hat derselbe davon der vorgesetzten Behörde Anzeige zu machen, damit diese die Genehmigung (welche nicht ohne erhebliche, der Ständeversammlung mitzutheilende Ursache zu versagen ist) ertheilen, auch wegen einstweiliger Versehung seines Amtes Vorsorge treffen könne.

§. 72. Die einzelnen Vorschriften über die Ausübung der Wahlrechte setzt das Wahlgesetz fest, welches einen Theil der Staatsverfassung bildet.

§. 73. Die Abgeordneten sind nicht an Vorschriften eines Auftrages gebunden, sondern geben ihre Abstimmungen, gemäß den Pflichten gegen ihren Landesfürsten und ihre Mitbürger überhaupt, nach ihrer eigenen Ueberzeugung, wie sie es vor Gott und ihrem Gewissen zu verantworten gedenken.

Auch können sie weder einen Dritten, noch selbst ein Landtags-Mitglied beauftragen, in ihrem Namen zu stimmen.

Daneben bleibt es dem Abgeordneten überlassen, die etwa an ihn für die Ständeversammlung gelangenden besonderen Anliegen weiter zu befördern.

§. 74. Jedes Mitglied der Ständeversammlung leistet folgenden Eid:
„Ich gelobe, die Staatsverfassung heilig zu halten und in der Ständeversammlung das unzertrennliche Wohl des Landesfürsten und des Vaterlandes, ohne Nebenrücksichten, nach meiner eigenen Ueberzeugung bei meinen Anträgen und Abstimmungen zu beachten. So wahr mir Gott helfe!“

§. 75. Die Beschlüsse werden nur in Sitzungen, denen wenigstens zwei Drittel der ordnungsmäßigen Anzahl von Mitgliedern beiwohnen, und nach der absoluten Stimmen-Mehrheit gefasst. Wenn Gleichheit der Stimmen eintritt; so ist die Sache in einer folgenden Sitzung zum Vortrage zu bringen. Würde auch in dieser Sitzung eine Stimmen-Mehrheit nicht zu Stande kommen; so giebt ausnahmsweise die Stimme des Vorsitzenden den Ausschlag, jedoch muß die abweichende Meinung in diesem Falle der Staatsregierung mitgetheilt werden.

weise die unteren landesfürstlichen, standesherrlichen oder Patrimonial-Justiz-, Verwaltungs- und Finanzbeamten in dem Wahlbezirke nicht gewählt werden, in welchem sie zur Zeit der Wahl ihren Wohnsitz haben, oder in amtlicher Funktion stehen.“

§. 76. Die Abstimmungen geschehen von den einzelnen Mitgliedern ohne Rücksicht auf Verschiedenheit der Stände und der Bezirke. Gleichwohl ist es den Abgeordneten eines Standes oder eines von den Hauptlanden abgesonderten oder entlegenen Bezirkes unbenommen, wenn sie einhellig den Stand, aus welchem sie abgeordnet worden, in seinen wohl erworbenen Rechten, oder den betreffenden Bezirk nach dessen eigenthümlichen Verhältnissen durch den Beschluß der Mehrheit beschwert erachten, sich über eine Separat-Stimme zu vereinigen.

Eine solche Standes- oder Bezirks-Stimme hat die Wirkung, daß sie in die von dem Landtage ergehende Erklärung, neben dem Beschlusse der Mehrheit, aufgenommen werden muß; – und es bleibt der Staatsregierung vorbehalten, die gedachte Erklärung in Beziehung auf den betreffenden Stand oder den besonderen Bezirk nach Maasgabe der auser Zweifel gesetzten eigenthümlichen Verhältnisse zu berücksichtigen.

§. 77. Die Verhandlungen der Ständeversammlung sollen der Regel nach öffentlich seyn.

Die näheren Bestimmungen über die landständische Geschäftsbehandlung enthält die Geschäfts-Ordnung.

§. 78. Die Abgeordneten und deren Stellvertreter behalten ihre Eigenschaft für die landständischen Verrichtungen, welche in den nächsten drei Jahren vorkommen werden. In dem dritten Jahre wird, ohne weitere Aufforderung von Seiten der Staatsregierung, zu einer neuen Wahl geschritten; doch können bei dieser dieselben Personen wieder gewählt werden.

§. 79. Sie verlieren ihre Eigenschaft als Abgeordnete früher, wenn
1) sie nach Maasgabe des §. 67 zur landständischen Vertretung unfähig, oder
2) zu einem Staatsdienste ernannt oder darin befördert werden (s. §. 70), oder wenn
3) der Landesherr die ständische Versammlung auflöset (s. §. 83).
In den letzten beiden Fällen dürfen sie von Neuem gewählt werden.

§. 80. Der Landesherr verordnet die Zusammenkunft der Stände, so oft er solches zur Erledigung wichtiger und dringender Landes-Angelegenheiten nöthig erachtet.

Die Zusammenberufung muß aber wenigstens alle drei Jahre geschehen, und es ist alsdann dazu, der Regel nach, der Anfang des Monats November bestimmt.

§. 81. Die Einberufung erfolgt mittelst einer, vom Ministerium des Innern ausgehenden, allgemeinen Bekanntmachung in dem Gesetzblatte, deren zeitige Bewirkung dem Vorstande des genannten Ministeriums als verfassungsmäßige Pflicht obliegt, und wegen deren Hintansetzung derselbe durch den landständischen Ausschuß (s. §. 102) bei der im §. 100 genannten Gerichtsbehörde anzuklagen ist.

§. 82. Eine auserordentliche Ständeversammlung ist jedesmal nöthig bei einem Regierungswechsel, dergestalt, daß die Landstände ohne besondere Berufung am vierzehnten Tage nach eingetretener Regierungs-Veränderung zusammenkommen.

§. 83. Der Landesherr kann die Ständeversammlung vertagen, auch sie auflösen. Die Vertagung darf jedoch nicht über drei Monate dauern, und im Falle der Auflösung des Landtages soll hiermit zugleich die Wahl neuer Stände verordnet werden, auch deren Einberufung innerhalb der nächsten sechs Monate erfolgen.

§. 84. Der Landesherr eröffnet und entlässt die Ständeversammlung entweder in eigener Person, oder durch einen dazu bevollmächtigten Minister oder anderen Kommissar.

§. 85. Die Landtage dürfen der Regel nach nicht über drei Monate dauern, und es ist daher mit den wichtigsten Geschäften der Anfang zu machen.

§. 86. Die Urschriften der Landtags-Abschiede nebst den etwa beigefügten besonderen Urkunden werden in doppelten Exemplaren, wovon das eine für das Staats- und das andere für das landständische Archiv bestimmt ist, von dem Landesherrn, auch von den Landständen unterzeichnet und untersiegelt. Die für die öffentliche Bekanntmachung bestimmten Abdrücke aber werden in derselben Form, wie andere Staatsgesetze, ausgefertigt.

§. 87. Die Mitglieder der Ständeversammlung können während der Dauer des Landtages, sowie sechs Wochen vor und nach demselben, auser der Ergreifung auf frischer verbrecherischer That, nicht anders, als mit Zustimmung der Ständeversammlung oder ihres Ausschusses (s. §. 102) verhaftet, und zu keiner Zeit wegen Aeuserung ihrer Meinung zur Rechenschaft gezogen werden, den Fall der beleidigten Privat-Ehre ausgenommen.

§. 88. Die Mitglieder der Ständeversammlung, mit Ausnahme der Prinzen des Kurhauses, sowie der Standesherren, erhalten angemessene Reise- und Tagegelder.

§. 89. Die Landstände sind im Allgemeinen berufen, die verfassungsmäsigen Rechte des Landes geltend zu machen und überhaupt das unzertrennliche Wohl des Landesherrn und des Vaterlandes mit treuer Anhänglichkeit an die Grundsätze der Verfassung möglichst zu befördern.

§. 90. Die, in Folge des §. 82 versammelten, Landstände haben insbesondere dahin zu wirken, daß der Thronfolger bei seinem Regierungs-Antritte dem Inhalte des §. 6 gegenwärtiger Verfassung Genüge leiste.

In dem von ihnen hiernächst geleisteten Huldigungs-Eide liegt zugleich die allgemeine Anerkennung des verfassungsmäsig geschehenen Regierungs-Antrittes.

§. 91. Den Landständen wird es dereinst obliegen, wegen der nöthig befundenen Maasregeln zur Verhinderung einer Thron-Erledigung (s. §. 4) oder zur Einleitung der nöthigen Regentschaft (s. §§. 7 bis 9) geeignete Anträge zu thun.

§. 92. Die Ständeversammlung ist befugt, über alle Verhältnisse, welche nach ihrem Ermessen auf das Landeswohl wesentlichen Einfluß haben, die zweckdienliche Aufklärung von den landesherrlichen Kommissaren zu begehren. Auch werden in geeigneten Fällen die Vorstände der betreffenden Ministerial-Departements persönlich der Ständeversammlung die gewünschte Auskunft ertheilen.

§. 93. Ein jeder, von den Landständen zu einer vorbereitenden Arbeit oder Geschäfts-Einleitung gewählter, Ausschuß kann zur Erlangung von Aufschlüssen über die ihm vorliegenden Gegenstände mit der kurfürstlichen Landtags-Kommission sich benehmen, oder schriftliche Mittheilungen von den einschlägigen Behörden, und zwar hinsichtlich der im §. 144 erwähnten Angelegenheiten unmittelbar, einziehen, auch die persönliche Zuziehung von den dazu sich hauptsächlich eignenden Staatsbeamten durch die genannte Kommission veranlassen.

§. 94. Ohne Einwilligung der Stände kann weder das Staatsgebiet überhaupt, noch ein einzelner Theil desselben mit Schulden oder auf sonstige Art belastet werden (vergl. übrigens wegen Veränderung des Staatsgebiets §. 1, und wegen des Staatsvermögens §. 142).

§. 95. Ohne ihre Beistimmung kann kein Gesetz gegeben, aufgehoben, abgeändert oder authentisch erläutert werden. Im Eingange eines jeden Gesetzes ist der landständischen Zustimmung ausdrücklich zu erwähnen.

Verordnungen, welche die Handhabung oder Vollziehung bestehender Gesetze bezwecken, werden von der Staatsregierung allein erlassen. Auch kann, wenn die Landstände nicht versammelt sind, zu solchen ausnahmsweise erforderlichen Maasregeln, welche bei außerordentlichen Begebenheiten, wofür die vorhandenen Gesetze unzulänglich sind, von dem Staatsministerium unter Zuziehung des landständischen Ausschusses (s. §. 102) auf den Antrag der betreffenden Ministerial-Vorstände für wesentlich und unaufschieblich zur Sicherheit des Staates oder zur Erhaltung der ernstlich bedrohten öffentlichen Ordnung erklärt werden sollten, ungesäumt geschritten werden. Hierauf aber wird nach dem Antrage jenes Ausschusses sobald, als möglich, die Einberufung der Landstände Statt finden, um deren Beistimmung zu den, in gedachten Fällen erlassenen, Anordnungen zu erwirken.

§. 96. Dispensazionen von den schon jetzt bestehenden gesetzlichen Vorschriften sollen nur mit größter Vorsicht ertheilt werden, und dürfen niemals gegen die künftig ergehenden verfassungsmäsigen Gesetze Statt finden, sofern nicht solche in dem Gesetze ausdrücklich vorbehalten sind.

§. 97. Die Stände können zu neuen Gesetzen sowie zur Abänderung oder Aufhebung der bestehenden Vorschriften Anträge machen.

§. 98. Den Ständen stehet das Recht der Steuerbewilligung in der dafür festgesetzten Weise (s. §. 143 fg.) zu.

§. 99. Sie dürfen die begründeten Bitten und Beschwerden einzelner Unterthanen, ganzer Klassen derselben oder Körperschaften, insofern solche auf allen verfassungsmäßig gegebenen Wegen keine Abhülfe fanden (s. §. 35), der einschlägigen höchsten Behörde, oder nach Befinden dem Landesherrn selbst, zur geeigneten Berücksichtigung vorlegen, sowie über die in der Landesverwaltung oder der Rechtspflege wahrgenommenen Misbräuche Beschwerde führen, worauf, wenn diese begründet gefunden wird, die Abstellung derselben ohne Verzug erfolgen soll.

§. 100. Die Landstände sind befugt, aber auch verpflichtet, diejenigen Vorstände der Ministerien oder deren Stellvertreter, welche sich einer Verletzung der Verfassung schuldig gemacht haben würden, vor dem Ober-Appellations-Gerichte anzuklagen, welches sodann ohne Verzug die Untersuchung einzuleiten, selbst zu führen und nach deren Beendigung in voller Versammlung (in pleno) zu erkennen hat. Die gegründet befundene Anklage ziehet, wenn nicht schon das Straf-Urtheil die Amts-Entsetzung des Angeklagten ausspricht, jedenfalls dessen Entfernung vom Amte nach sich.

Nach gefälltem Urtheile findet unter den gesetzlichen Erfordernissen, die Wiederaufnahme der Untersuchung sowie das Rechtsmittel der Restitution Statt.

§. 101. Auch stehet den Landständen und deren Ausschusse (s. §. 102) die Befugniß zu, gegen andere Beamten, welche sich eine der im §. 61 genannten Vergehungen zu Schulden kommen liesen, die gerichtliche Untersuchung, insofern diese nicht schon eingeleitet seyn sollte, auf geeignete Weise zu veranlassen.

§. 102. Vor der Verabschiedung, Vertagung oder Auflösung eines jedesmaligen Landtages haben die Stände aus ihrer Mitte einen Ausschuß von drei bis fünf Mitgliedern zu wählen, welcher bis zum nächsten Landtage über die Vollziehung der Landtags-Abschiede zu wachen und dabei in der verfassungsmäsigen Weise thätig zu seyn, auch sonst das landständische Interesse wahrzunehmen, sowie die ihm nach der jedesmal besonders zu ertheilenden Instruktion, weiter obliegenden Geschäfte im Namen der Landstände zu verrichten hat.

Der Ausschuß wählt aus seiner Mitte einen Vorstand, und kann in Fällen, in welchen er es für nöthig findet, noch andere ständische Mitglieder zu Rathe ziehen, auch nach dem Abgange eines Mitgliedes sich aus der Zahl der Mitglieder der letzten Ständeversammlung ergänzen.

Die Mehrzahl der Mitglieder des Ausschusses darf nicht aus Staats- oder wirklichen Hof-Dienern bestehen.

§. 103. Die Landstände sind auch befugt, einen Landsyndikus, als beständigen Sekretär, auf dessen Lebenszeit anzunehmen. Dieser muß ein Rechtsgelehrter von bewährter wissenschaftlichen Tüchtigkeit und erprobter moralischen Würdigkeit, auch wenigstens dreisig Jahre alt seyn. Von der bewirkten Wahl des Landsyndikus geschiehet dem Landesherrn Anzeige, welcher denselben, wenn gegen dessen Person nichts zu erinnern ist, bestätiget.

Mit diesem Amte ist jeder andere Staatsdienst, sowie jeder andere Erwerbsberuf, unvereinbar.

Der Gehalt des Landsyndikus wird von den Landständen bestimmt; dessen sonstige Dienstverhältnisse richten sich nach dem Staatsdienstgesetze.

§. 104. Der Landsyndikus führt das Protokoll in der Ständeversammlung, und ist der Konsulent des landständischen Ausschusses (s. §. 102). Er hat sowohl jener, als diesem, über alle vorkommenden Gegenstände, so oft es verlangt wird, die nöthigen Nachrichten und Gutachten schriftlich und mündlich zu ertheilen, das landständische Archiv zu beaufsichtigen und überhaupt Alles zu thun, was ihm nach seiner besonderen Dienst-Anweisung obliegt, welche er, nach seiner Bestätigung, von der Ständeversammlung erhält, und worauf er sodann verpflichtet wird. Sein Wohnsitz ist in der Residenzstadt und, wo möglich, im Versammlungs-Gebäude.

§. 105. Auf jeden Antrag der Landstände, sowie ihres Ausschusses (§. 102), wird eine Beschlußnahme, und zwar, wenn diese dem Antrage nicht entspricht, mit Angabe der Gründe thunlichst bald erfolgen.

Achter Abschnitt.
Von den obersten Staatsbehörden.

§. 106. Für die Staats-Angelegenheiten werden als höchste Behörden nur bestehen das Gesammt-Staatsministerium und die Vorstände der Ministerial-Departements. Durch diese wird der Regent in der unmittelbaren Ausübung seiner Regierungsrechte unterstützt.

§ 107. Die einzelnen Zweige der Staatsverwaltung: die Justiz, das Innere, worunter auch die Polizei-Verwaltung in ihrem ganzen Umfange begriffen ist, das Finanzwesen, das Kriegswesen, so weit solches nicht für den Landesherrn als obersten Militär-Chef ausschließlich gehört, und die auswärtigen Angelegenheiten, sind hinsichtlich der Kompetenz stets sorgfältig von einander abgegrenzt zu halten. Keines dieser Departements darf jemals ohne einen verantwortlichen Vorstand seyn. Ein solcher kann zwar zwei Ministerial-Departements, jedoch nicht mehrere, zugleich verwalten. Er bleibt aber stets für jedes derselben besonders, sowie überhaupt hinsichtlich der zum Staatsministerium kommenden Angelegenheiten seines Departements (vergl. §. 110) auch dann, wenn er darüber nicht selbst den Vortrag gehalten hat, verantwortlich.

§. 108. Der Vorstand eines jeden Ministerial-Departements hat die vom Regenten in Bezug auf die Regierung und Verwaltung des Staates ausgehenden Anordnungen und Verfügungen, welche in sein Departement einschlagen, zum Zeichen, daß die betreffende Angelegenheit auf verfassungsmäsige Weise behandelt worden sey, zu kontrasigniren, und ist für die Verfassungs- und Gesetzmäßigkeit ihres Inhaltes persönlich verantwortlich. Hinsichtlich derjenigen Angelegenheiten, welche mehrere oder sämmtliche Departements betreffen, haben deren Vorstände gemeinschaftlich zu kontrasigniren, und zwar mit persönlicher Verantwortlichkeit eines Jeden für die Gegenstände seines Departements.

Durch die gedachte Kontrasignatur erhalten solche Anordnungen und Verfügungen allgemeine Glaubwürdigkeit und Vollziehbarkeit.

§. 109. Für die wichtigeren Angelegenheiten der Gesetzgebung können Vorstände der oberen Staatsbehörden oder sonst vorzüglich geeignete Staatsdiener durch das einschlägige Ministerial-Departement auserordentliche Aufträge zur Vorbereitung der Entwürfe etc. erhalten, auch von demselben zu den betreffenden Berathungen zugezogen werden.

§. 110. Die Vorstände sämmtlicher Ministerial-Departements, zu welchen nach Ermessen des Landesherrn noch andere, besonders berufene Staatsdiener hinzutreten, bilden das Gesammt-Staatsministerium. Dieses hat alle Staats-Angelegenheiten, welche der landesherrlichen Entschließung bedürfen, oder in seinen Sitzungen wegen ihrer Wichtigkeit von Seiten der Ministerial-Departements zum Vortrage gebracht werden, zu berathen.

In auserordentlichen und zugleich dringenden Angelegenheiten des auswärtigen, sowie des Kriegs-Departements können die betreffenden Vorstände die landesherrliche Beschlußnahme, ohne vorgängige Berathung im gesammten Staatsministerium, einholen.

§. 111. Das Gesammt-Staatsministerium hat über die Beschwerden gegen Ministerial-Beschlüsse, und über erhobene Zweifel hinsichtlich der gegenseitigem Kompetenz einzelner Ministerien zu entscheiden.

Neunter Abschnitt.
Von der Rechtspflege.

§. 112. Die Rechtspflege soll von der Landesverwaltung fernerhin auf immer getrennt seyn.

§. 113. Niemand kann an der Betretung und Verfolgung des Rechtsweges vor den Landesgerichten gehindert werden.

Die Beurtheilung, ob eine Sache zum Gerichtsverfahren sich eigne, gebührt dem Richter nach Maasgabe der allgemeinen Rechtsgrundsätze und solcher Gesetze, welche mit Beistimmung der Landstände werden erlassen werden.

§. 114. Niemand darf seinem gesetzlichen Richter, sey es in bürgerlichen oder peinlichen Fällen, entzogen werden, es sey denn auf dem regelmäßigen Wege nach den Grundsätzen des bestehenden Rechtes durch das zuständige obere Gericht.

Es dürfen demnach auserordentliche Kommissionen oder Gerichtshöfe, unter welcher Benennung es sey, nie eingeführt werden. Gegen Civil-Personen findet die Militär-Gerichtsbarkeit nur in dem Falle, wenn der Kriegszustand erklärt ist, und zwar nur innerhalb der gesetzlich bestimmten Grenzen, Statt.

Würde die Zahl der gewöhnlichen Mitglieder des zuständigen Gerichtes für ausserordentliche und dringende Fälle (z. B. bei öffentlichen Ruhestörungen) nicht hinreichen, um solche gehörig und mit der nöthigen Beschleunigung zu behandeln; so soll alsdann durch das Justiz-Ministerium die erforderliche Beihülfe durch hinzutretende Mitglieder anderer Gerichte verschafft werden.

§. 115. Niemand darf anders, als in den durch die Gesetze bestimmten Fällen und Formen, zur gerichtlichen Untersuchung gezogen, zu gefänglicher Haft gebracht, darin zurückgehalten, oder gestraft werden.

Jeder Verhaftete muß, wo möglich, sofort, jedenfalls binnen den nächsten 48 Stunden, von der Ursache seiner Verhaftung in Kenntniß gesetzt und durch einen Gerichtsbeamten verhört werden.

Geschah die Verhaftung nicht von der zum weiteren Verfahren zuständigen Gerichtsbehörde; so soll der Verhaftete ohne Verzug an diese abgeliefert werden.

§. 116. Jeder Angeschuldigte soll, wofern nicht dringende Anzeigen eines schweren peinlichen Verbrechens wider ihn vorliegen, der Regel nach gegen Stellung einer angemessenen, durch das Gericht zu bestimmenden, Kauzion seiner Haft ohne Verzug entlassen werden.

Alle Urtheile über politische und Preß-Vergehen sollen mit den Entscheidungsgründen öffentlich bekannt gemacht werden, soweit nicht etwa eine Begnadigung des Verurtheilten erfolgt, oder ein Privat-Beleidigter dagegen Widerspruch einlegt, auch nicht ein öffentliches Aergerniß daraus entstehen würde.

§. 117. Die Haussuchung findet nur auf Verfügung des zuständigen Gerichtes oder der Orts-Obrigkeit in den gesetzlich bestimmten Fällen und Formen Statt.

§. 118. Keinem Angeschuldigten darf das Recht der Beschwerdeführung während der Untersuchung, das Recht der Vertheidigung, oder der verlangte Urtheilsspruch versagt werden.

§. 119. Der Verhaftete ist berechtigt, unter der geeigneten gerichtlichen Aufsicht mündlich oder schriftlich über seine Familien-Angelegenheiten mit seinen Angehörigen sich zu benehmen, auch während der Untersuchung aus seinen eigenen Mitteln bessere, als die gewöhnliche, Kost sich zu verschaffen.

Wegen Misbrauches oder aus sonstigen wichtigen Gründen kann diese Berechtigung vom Gerichte untersagt werden.

§. 120 Damit eine unparteiische, tüchtige und unverzögerte Rechtshülfe erwartet werden könne, soll die Zahl der Mitglieder der Gerichte gesetzlich bestimmt, und jedes Gericht vollständig besetzt seyn.

§. 121 Das Ober-Apellationsgericht wird nur aus wirklichen Räthen bestehen, die Obergerichte sollen wenigstens zu zwei Dritteln aus wirklichen Räthen und nur zu einem Drittel aus Beisitzern bestehen.

§. 122. Zur Bekleidung des Richter-Amtes wird jedenfalls ein Alter von 24 Jahren, in der höchsten Instanz aber ein Alter von wenigstens dreisig Jahren erfordert.

§. 123. Die Gerichte für die bürgerliche und Straf-Rechtspflege sind innerhalb der Grenzen ihres richterlichen Berufes in allen Instanzen unabhängig. Dieselben entscheiden, ohne irgend eine fremde Einwirkung, nach den bestehenden Rechten und den verfassungsmäsigen Gesetzen. Sie sollen in ihrem Verfahren, namentlich auch in der Vollziehung ihrer Verfügungen und Urtheile – jedoch ohne Eintrag für die Verfügung der höheren Gerichtsbehörden, und unbeschadet des landesherrlichen Begnadigungs-Rechtes (s. §. 126) – geschützt, und soll ihnen hierzu von allen Civil- und Militär-Behörden der gebührende Beistand geleistet werden.

Das Edikt vom 26sten November 1743 bleibt hinsichtlich der Bestimmungen über die Selbstständigkeit der Rechtspflege auch fernerhin in Kraft, und zwar mit deren ausdrücklicher Ausdehnung auf die Strafrechtspflege.

§. 124. Die Verhältnisse der Staats-Anwälte, als Vertreter des Staates und der Landesherrschaft in den streitigen Rechtssachen, werden durch ein Gesetz näher festgestellt werden.

§. 125. Gemeinden und Körperschaften bedürfen zu einer Klage gegen den Staats-Anwalt zwar nicht der Ermächtigung einer Verwaltungs-Behörde; indessen soll derjenigen Behörde, welcher die obere Aufsicht auf die Verwaltung des Gemeinde- oder Körperschafts-Vermögens zustehet, mit Ausnahme eiliger Fälle (z. B. wegen des jüngsten Besitzes), sechs Wochen vor Anstellung der Klage Anzeige geschehen, um etwa einen vorgängigen Versuch der Güte einleiten zu können.

§. 126. Der Landesherr ist befugt, Strafen zu erlassen oder zu mildern.
Derselbe wird bei der Ausübung des Rechtes der Begnadigung oder Abolizion darauf Rücksicht nehmen, daß dem wirksamen Ansehen der Strafgesetze nicht zu nahe getreten werde.

Eine gerichtliche Untersuchung, welche wegen Dienstvergehungen von den Landständen oder deren Ausschusse veranlasst, oder von der dem angeschuldigten Staatsdiener vorgesetzten Behörde oder dem oberen Gerichte eingeleitet oder angemessen befunden ist, wird niemals im Wege der Gnade niedergeschlagen werden.

Ausgenommen von dem landesherrlichen Rechte der Begnadigung und Abolizion überhaupt sind die Fälle, welche eine Verletzung der Verfassung oder eine auf deren Umsturz gerichtete Unternehmung betreffen.

§. 127. Ein künftig zur Entsetzung vom Amte gerichtlich verurtheilter Staats-diener kann, selbst nach erlangter Begnadigung, weder seine bisherige Stelle wieder erhalten, noch in einem anderen Justiz- oder Staatsverwaltungs-Amte angestellt werden, sofern nicht in Hinsicht auf Wiederanstellung das gerichtliche Erkenntniß einen ausdrücklichen Vorbehalt zu Gunsten des Verurheilten ent-hält.

§. 128. Die Konfiskazion kann künftig nur bei einzelnen Sachen, welche als Ge-genstand oder Werkzeug einer Vergehung gedient haben, Statt finden. Eine allge-meine Vermögens-Konfiskazion tritt in keinem Falle ein.

§. 129. Moratorien dürfen nicht ertheilt werden.

§. 130. Die Rechtspflege soll auf eine der Gleichheit vor dem Rechte entsprechende Weise zweckmäßig eingerichtet werden, und somit die Aufhebung der privilegir-ten persönlichen Gerichtsstände unter den bundesgesetzlichen und anderen geeig-neten Ausnahmen erfolgen.

§. 131. Die wichtigeren Angelegenheiten der Vormundschaften und persönlichen Kuratelen sollen künftig unter Mitwirkung von Familienräthen nach den deshalb zu erlassenden gesetzlichen Vorschriften besorgt werden.

Zehnter Abschnitt.
Von den Kirchen, den Unterrichts-Anstalten und den milden Stiftungen.

§. 132. Alle im Staate anerkannten Kirchen geniesen gleichen Schutz desselben. Ih-ren verfassungsmäsigen Beschlüssen bleiben die Sachen des Glaubens und der Li-turgie überlassen.

§. 133. Die Staatsregierung übt die unveräuserlichen hoheitlichen Rechte des Schut-zes und der Oberaufsicht über die Kirchen in ihrem vollen Umfange aus.

§. 134. Die unmittelbare und mittelbare Ausübung der Kirchengewalt über die evangelischen Glaubensparteien verbleibt, wie bisher, dem Landesherrn. Doch muß bei dem Uebertritte desselben zu einer anderen, als evangelischen Kirche die alsdann zur Beruhigung der Gewissen gereichende Beschränkung dieser Gewalt mit den Landständen ohne Aufschub näher festgestellt werden.

Ueberhaupt aber wird in liturgischen Sachen der evangelischen Kirchen keine Neuerung ohne die Zustimmung einer Synode Statt finden, welche von der Staats-regierung berufen wird.

§. 135. Für das besondere Verhältniß der katholischen Kirche zu der Staatsgewalt dienen folgende Bestimmungen zur Richtschnur:
    a) In Ansehung des kirchlichen Zensur- und Strafrechtes, sowie des bischöfli-
       chen Amts-Einflusses auf die Unterrichts-Anstalten bleibt das (mit dem vor-

maligen bischöflichen General-Vikariat zu Fulda verabredete) Regulativ vom 31sten August 1829 ferner in Kraft.

b) Die von dem Bischof und den übrigen katholischen Kirchen-Behörden aus-gehenden allgemeinen Anordnungen, Kreisschreiben und dergleichen allge-meinen Erlasse an die Geistlichkeit und Diözesanen, welche nicht reine Glaubens- und kirchliche Lehr-Sachen betreffen, oder durch welche diesel-ben zu Etwas verbunden werden sollen, was nicht ganz in dem eigenthüm-lichen Wirkungskreise der Kirche liegt, bedürfen der Genehmigung des Staates, und können nur mit solcher kund gemacht und in Ausführung ge-bracht werden.

c) Solche allgemeine Erlasse der Kirchen-Behörde, welche rein geistliche Ge-genstände betreffen, sind der einschlägigen Staatsbehörde zur Einsicht vor-zulegen, und diese wird die Bekanntmachung nicht hindern, wenn der In-halt keinen Nachtheil dem Staate bringen würde.

d) Von allen bischöflichen, unmittelbaren oder mittelbaren, Kommunikazionen mit dem päbstlichen Stuhle, welche nicht etwa lediglich in Beziehung auf ein-zelne Fälle der eigentlichen Seelsorge oder auf gewöhnliche, der römischen Kurie unstreitig zukommende Dispensazionen beabsichtigt werden möch-ten, noch blos in Glückwünschungs-, Danksagungs- und anderen derglei-chen Ceremonial-Schreiben bestehen, wird die Staatsregierung durch den landesherrlichen Bevollmächtigten bei dem Bisthume nach wie vor Einsicht nehmen lassen.

e) In allen Fällen, wo ein Misbrauch der geistlichen Gewalt Statt findet, bleibt die Beschwerde oder der Rekurs ebenwohl an die Landesbehörden offen, je-doch, was das geistliche Personal in seinem Berufe angehet, erst alsdann, wenn ein bei der zuständigen oberen Kirchenbehörde geschehener Versuch zur gebührenden Abhülfe als erfolglos dargethan oder in so fern etwa Ge-fahr bei dem Verzuge seyn würde.

§. 136. Der Staat gewährt den Geistlichen jede, zur Erfüllung ihrer Berufsgeschäfte erforderliche, gesetzliche Unterstützung, und schützt sie in dem Genusse der Ach-tung und Auszeichnung, welche ihrer vom Staate anerkannten Amtswürde gebüh-ret.

Hinsichtlich ihrer bürgerlichen Handlungen und Verhältnisse sind dieselben der weltlichen Obrigkeit unterworfen.

§. 137. Für den öffentlichen Unterricht, sonach die Erhaltung und Vervollkomm-nung der niederen und höheren Bildungs-Anstalten, und namentlich der Landes-Universität, sowie der Landschullehrer-Seminare, ist zu allen Zeiten nach Kräften zu sorgen.

§. 138. Alle Stiftungen ohne Ausnahme, sie mögen für den Kultus, den Unterricht oder die Wohlthätigkeit bestimmt seyn, stehen unter dem besonderen Schutze des

Staates, und das Vermögen oder Einkommen derselben darf unter keinem Vorwande zum Staatsvermögen eingezogen oder für andere, als die stiftungsmäßigen Zwecke, verwendet werden.

Nur in dem Falle, wo der stiftungsmäßige Zweck nicht mehr zu erreichen stehet, darf eine Verwendung zu anderen ähnlichen Zwecken mit Zustimmung der Betheiligten, und, so fern öffentliche Anstalten in Betracht kommen, mit Bewilligung der Landstände, erfolgen.

Elfter Abschnitt.
Von dem Staatshaushalte.

§. 139. Zum Staatsvermögen gehören vornehmlich die bisher bei den Finanz- und anderen Staatsbehörden verwalteten oder nach erfolgter Feststellung dieses Vermögens zur Staatsverwaltung übergehenden Gebäude, Domanial-(Kammer-) Güter und Gefälle, Forste, Jagden, Fischereien, Berg-, Hütten- und Salzwerke, auch Fabriken, nutzbaren Regalien und Rechte, Kapitalien und sonstige Werthgegenstände, welche ihrer Natur und Bestimmung nach, als Staatsgut zu betrachten sind, oder aus Mitteln des Staates oder zum Staatsvermögen erworben seyn werden.

§. 140. Das Staatsvermögen soll vollständig verzeichnet, und hierbei sowie bei dessen näherer Feststellung der Inhalt derjenigen Vereinbarungen mit zum Grunde gelegt werden, welche hinsichtlich der Sonderung des Staatsvermögens vom Fideikommiß-Vermögen des kurfürstlichen Hauses, sowie hinsichtlich des Bedarfes für den kurfürstlichen Hof, mit den dermal versammelten Landständen getroffen sind, und hiermit unter den Schutz dieser Verfassung gestellt werden.

§. 141. Für den in der betreffenden Vereinbarung festgesetzten Bedarf des kurfürstlichen Hofes an Geld und Naturalien bleiben die dazu durch dieselbe vorbehaltenen Domänen und Gefälle auch immer bestimmt. Diese werden aber dessen ungeachtet auch ferner durch die Staats-Finanzbehörden ganz so, wie das übrige Domanial-Vermögen verwaltet; deren Ertrag flieset in die Staatskasse, und hinsichtlich ihrer Veräusernng finden die Bestimmungen des folgenden §§ ebenwohl Anwendung.

§. 142. Das Staatsvermögen ist stets in seinen wesentlichen Bestandtheilen zu erhalten, und kann daher ohne Einwilligung der Stände weder durch Veräusernng vermindert, noch mit Schulden, oder sonst einer bleibenden Last beschwert werden.

Unter dem Veräusernngs-Verbote aber sind diejenigen Veränderungen nicht begriffen, welche bei einzelnen Besitzungen zur Beförderung der Landeskultur, oder sonst zur Wohlfahrt des Staates und Entfernung wahrgenommener Nachtheile, durch Verkauf, Austausch, Vererbleihung, Ablösung oder Umwandlung in ständige Renten, oder in Folge eines gerichtlichen Urtheiles, nothwendig oder gut befunden werden sollten. Der Erlös und überhaupt alles Aufkommen aus veräuserten Besitzungen dieser Art muß jederzeit wieder zum Grundstock geschlagen, und so bald, als thunlich, zur Erwerbung neuer Besitzungen, oder auch zur Verbesserung der vorhandenen Domänen und Erhöhung ihres Ertrages verwendet werden, worüber demnächst den Landständen oder deren Ausschusse eine genaue Nachweisung geschiehet.

Auch die kunftig heimfallenden Lehen werden zum Staatsgute gehören. Gleichwohl bleibt der Regent berechtigst, die während der Dauer seiner Regierung heimgefallenen Lehen an Glieder des kurfürstlichen Hauses oder der hessischen (ehemals reichsunmittelbaren, althessischen und schaumburgischen) Ritterschaft, oder zur Belohnung von kundbar ausgezeichneten Verdiensten um den Staat, wieder zu verleihen.

§. 143. Die Stände haben für die Aufbringung des ordentlichen und außerordentlichen Staatsbedarfes, soweit die übrigen Hülfsmittel zu dessen Deckung nicht hinreichen, durch Verwilligung von Abgaben zu sorgen. Ohne landständische Bewilligung kann vom Jahre 1831 an weder in Kriegs- noch in Friedens-Zeiten eine direkte oder indirekte Steuer, so wenig, als irgend eine sonstige Landes-Abgabe, sie habe Namen, welchen sie wolle, ausgeschrieben oder erhoben werden, vorbehaltlich der Einziehung aller Steuern und anderer Landes-Einkünfte von den Vorjahren, auch unbeschadet der im § 160 enthaltenen vorläufigen Bestimmung.

§. 144. Die Verwilligung des ordentlichen Staatsbedarfes erfolgt in der Regel für die nächsten drei Jahre. Es ist zu diesem Zwecke der Ständeversammlung der Voranschlag, welcher die Einnahmen und Ausgaben für diese Jahre mit thunlichster Vollständigkeit und Genauigkeit enthalten muß, zeitig vorzulegen. Zugleich muß die Nothwendigkeit oder Nützlichkeit der zu machenden Ausgaben nachgewiesen, das Bedürfniß der vorgeschlagenen Abgaben, unter welcher Benennung solche irgend vorkommen mögen, gezeigt, auch von den betreffenden Behörden diejenige Auskunft und Nachweisung aus den Belegen, Akten, Büchern und Literalien gegeben werden, welche die Stände in dieser Beziehung zu begehren, sich veranlaßt sehen könnten.

Ueber die Verwendung des dem kurfürstlichen Hofe aus den Domanial-Einkünften zukommenden Betrages (s. §. 141) findet jedoch keinerlei Nachweisung Statt.

§. 145. Ueber die möglich beste Art der Aufbringung und Vertheilung der, für den ermittelten Staatsbedarf neben den übrigen Einnahmequellen noch erforderlichen Abgabenbeträge haben die Landstände, nach vorgängiger Prüfung der deshalb von der Staatsregierung geschehenen oder nach Befinden weiter zu begehrenden Vorschläge, die geeigneten Beschlüsse zu nehmen.

§. 146. In den Ausschreiben und Verordnungen, welche Steuern und andere Abgaben betreffen, soll die landständische Verwilligung besonders erwähnt seyn, ohne welche weder die Erheber zur Einforderung berechtigt, noch die Pflichtigen zur Entrichtung schuldig sind.

§. 147. Die Auflagen für den ordentlichen Staatsbedarf, insofern sie nicht ausdrücklich blos für einen vorübergehenden und bereits erreichten Zweck bestimmt waren, dürfen nach Ablauf der Verwilligungszeit noch sechs Monate fort erhoben werden, wenn etwa die Zusammenkunft der Landstände durch auserordentliche Ereignisse gehindert oder die Ständeversammlung aufgelöset ist, ehe ein neues Finanzgesetz zu Stande kommt, oder wenn die in dieser Hinsicht nöthige Beschlußnahme der Landstände sich verzögert.

Diese sechs Monate werden jedoch in die neue Finanz-Periode eingerechnet.

§. 148. Für diejenigen Grundstücke, welche früherhin als exemte Güter oder sonst wegen ihrer besondern Verhältnisse mit keiner, oder mit einer geringeren, als der gewöhnlichen Grundsteuer belegt waren, werden die gesetzlichen Vorschriften wegen der bisherigen Exemtensteuer, und beziehungsweise der für die Erbleihe- und dergleichen besonders belasteten Güter bisher gesetzliche Zustand, so lange beibehalten, bis die, nach Möglichkeit zu beschleunigende, gleichmäsige Besteuerung, unter Zusicherung einer angemessenen Entschädigung für die bisherigen rechtmäßigen Steuer-Freiheiten und Vorzüge, gesetzlich eingeführt seyn wird.

§. 149. Die Güter der Kirchen und Pfarreien, der öffentlichen Unterrichts-Anstalten und der milden Stiftungen bleiben, so lange sie sich in deren Eigenthume befinden, von Steuern befreit. Diese Steuerfreiheit erstreckt sich jedoch nicht auf diejenigen Grundstücke, welche bisher schon steuerpflichtig waren, oder nach der Verkündung dieser Verfassung von ihnen erworben werden.

§. 150. Die Grundstücke, welche von der Landesherrschaft zu eigenem Gebrauche oder von Gliedern des Kurhauses erworben sind oder werden, bleiben in ihrer bisherigen Steuerverbindlichkeit.

§. 151. Die gesetzlich in Rücksicht ihres dermaligen Besitzers steuerfreien Grundstücke verlieren diese Eigenschaft, sobald sie in Privat-Eigenthum übergehen.

§. 152. Bei der, im §. 144 erwähnten, Vorlegung des Voranschlages für die nächsten drei Jahre muß zugleich die Verwendung des Staats-Einkommens zu den bestimmten Zwecken für die seit Anfang des Jahres 1831 verflossenen einzelnen Rechnungsjahre, soweit sie noch nicht ihre volle Erledigung bei dem Landtage erhalten haben, nachgewiesen werden.

Zwölfter Abschnitt.
Allgemeine Bestimmungen.

§. 153. Zur Annahme einer in Vorschlag gebrachten Abänderung oder Erläuterung der gegenwärtigen Verfassungs-Urkunde ist entweder völlige Stimmen-Einhelligkeit der auf dem Landtage anwesenden ständischen Mitglieder, oder eine, auf zwei nach einander folgenden Landtagen sich aussprechende, Stimmen-Mehrheit von drei Vierteln derselben erforderlich.

§. 154. Sollten dereinst etwa zwischen der Staatsregierung und den Landständen über den Sinn einzelner Bestimmungen der Verfassungs-Urkunde oder der für Bestandtheile derselben erklärten Gesetze Zweifel sich erheben, und würde wider Verhoffen eine Verständigung darüber nicht erfolgen; so muß der zweifelhafte Punkt bei einem Kompromiß-Gerichte zur Entscheidung gebracht werden. Dieses wird zusammengesetzt aus sechs unbescholtenen, der Rechte und der Verfassung kundigen, wenigstens dreisig Jahre alten Inländern, von welchen drei durch die Regierung und drei durch die Stände zu wählen sind. Niemand darf die auf ihn gefallene Wahl ohne hinreichende Entschuldigungsgründe, welche die wählende Partei zu beurtheilen hat, ausschlagen.

Das Kompromiß-Gericht wählt sodann aus seiner Mitte durch das Loos einen Vorsitzenden mit entscheidender Stimme im Falle der Stimmen-Gleichheit.

§. 155. Alle gesetzliche Bestimmungen und andere Anordnungen jeder Art, welche mit dem Inhalte der gegenwärtigen Verfassungs-Urkunde und der für Bestandtheile derselben erklärten Gesetze im Widerspruche stehen, sind hierdurch aufgehoben.

§. 156. Diese Verfassungs-Urkunde tritt in ihrem ganzen Umfange sofort nach ihrer Verkündung in Kraft und Wirksamkeit, und muß ohne Verzug von allen Staatsdienern des geistlichen und weltlichen, sowohl des Militär- als Civil-Standes, sowie von allen Unterthanen männlichen Geschlechts, welche das achtzehnte Jahr erreicht haben, beschworen werden.

Die obersten Staatsbeamten stellen über die von ihnen geschehene eidliche Angelobung noch einen besonderen Revers aus, welcher im landständischen Archive niederzulegen ist.

§. 157. Eine gleichlautende Ausfertigung gegenwärtiger Verfassungs-Urkunde wird der hohen deutschen Bundesversammlung mit dem Ersuchen um Uebernahme der bundesgesetzlichen Garantie überreicht werden.

Vorübergehende Bestimmungen.
(Die §§. 158 bis 160 enthalten nur vorübergehende Bestimmungen).

Es ist Unser unabänderlicher Wille, daß die vorstehenden Bestimmungen, welche Wir stets aufrecht erhalten werden, als bleibende Grundverfassung Unserer Lan-

de auch von jedem Nachfolger in der Regierung zu allen Zeiten treu und unverbrüchlich beobachtet, und überhaupt wider Eingriffe und Verletzungen jeder Art
geschützt werden.

Urkundlich Unserer eigenhändigen Unterschrift und des beigedrückten Staats-
siegels gegeben zu Wilhelmshöhe am 5ten Januar 1831.

Wilhelm, Kurfürst.

(St. S.)

Vt. Rr. v. Meysenbug.

Die deutsche verfassunggebende Nationalversammlung hat beschlossen, und verkündigt als Reichsverfassung:

Verfassung des deutschen Reiches.

Abschnitt I. Das Reich.

Artikel I.

§. 1.

Das deutsche Reich besteht aus dem Gebiete des bisherigen deutschen Bundes. Die Festsetzung der Verhältnisse des Herzogthums Schleswig bleibt vorbehalten.

§. 2.

Hat ein deutsches Land mit einem nichtdeutschen Lande dasselbe Staatsoberhaupt, so soll das deutsche Land eine von dem nichtdeutschen Lande getrennte eigene Verfassung, Regierung und Verwaltung haben. In die Regierung und Verwaltung des deutschen Landes dürfen nur deutsche Staatsbürger berufen werden.

Die Reichsverfassung und Reichsgesetzgebung hat in einem solchen deutschen Lande dieselbe verbindliche Kraft, wie in den übrigen deutschen Ländern.

§. 3.

Hat ein deutsches Land mit einem nichtdeutschen Lande dasselbe Staatsoberhaupt, so muß dieses entweder in seinem deutschen Lande residiren, oder es muß auf verfassungsmäßigem Wege in demselben eine Regentschaft niedergesetzt werden, zu welcher nur Deutsche berufen werden dürfen.

§. 4.

Abgesehen von den bereits bestehenden Verbindungen deutscher und nichtdeutscher Länder soll kein Staatsoberhaupt eines nichtdeutschen Landes zugleich zur Regierung eines deutschen Landes gelangen, noch darf ein in Deutschland regierender Fürst, ohne seine deutsche Regierung abzutreten, eine fremde Krone annehmen.

§. 5.

Die einzelnen deutschen Staaten behalten ihre Selbstständigkeit, soweit dieselbe nicht durch die Reichsverfassung beschränkt ist; sie haben alle staatlichen Hoheiten und Rechte, soweit diese nicht der Reichsgewalt ausdrücklich übertragen sind.

Abschnitt II. Die Reichsgewalt.

Artikel I.

§. 6.

Die Reichsgewalt ausschließlich übt dem Auslande gegenüber die völkerrechtliche

VERFASSUNG DES DEUTSCHEN REICHES
vom 28. März 1849

Quelle: *Verfassung des Deutschen Reiches vom 28. März 1849 (RGBl S. 101)*

Die deutsche verfassunggebende Nationalversammlung hat beschlossen, und verkündigt als Reichsverfassung:

Verfassung des deutschen Reiches

Abschnitt I. Das Reich.

Artikel I.

§. 1. Das deutsche Reich besteht aus dem Gebiete des bisherigen deutschen Bundes.

Die Festsetzung der Verhältnisse des Herzogthums Schleswig bleibt vorbehalten.

§. 2. Hat ein deutsches Land mit einem nichtdeutschen Lande dasselbe Staatsoberhaupt, so soll das deutsche Land eine von dem nichtdeutschen Lande getrennte eigene Verfassung, Regierung und Verwaltung haben. In die Regierung und Verwaltung des deutschen Landes dürfen nur deutsche Staatsbürger berufen werden.

Die Reichsverfassung und Reichsgesetzgebung hat in einem solchen deutschen Lande dieselbe verbindliche Kraft, wie in den übrigen deutschen Ländern.

§ 3 Hat ein deutsches Land mit einem nichtdeutschen Lande dasselbe Staatsoberhaupt, so muß dieses entweder in seinem deutschen Lande residiren, oder es muß auf verfassungsmäßigem Wege in demselben eine Regentschaft niedergesetzt werden, zu welcher nur Deutsche berufen werden dürfen.

§ 4 Abgesehen von den bereits bestehenden Verbindungen deutscher und nichtdeutscher Länder soll kein Staatsoberhaupt eines nichtdeutschen Landes zugleich zur Regierung eines deutschen Landes gelangen, noch darf ein in Deutschland regierender Fürst, ohne seine deutsche Regierung abzutreten, eine fremde Krone annehmen.

§ 5 Die einzelnen deutschen Staaten behalten ihre Selbstständigkeit, soweit dieselbe nicht durch die Reichsverfassung beschränkt ist; sie haben alle staatlichen Hoheiten und Rechte, soweit diese nicht der Reichsgewalt ausdrücklich übertragen sind.

Abschnitt II. Die Reichsgewalt.

Artikel I.

§. 6. Die Reichsgewalt ausschließlich übt dem Auslande gegenüber die völkerrechtliche Vertretung Deutschland's und der einzelnen deutschen Staaten aus. Die Reichsgewalt stellt die Reichsgesandten und die Consuln an. Sie führt den diplomatischen Verkehr, schließt die Bündnisse und Verträge mit dem Auslande, namentlich auch die Handels- und Schifffahrtsverträge, so wie die Auslieferungsverträge ab. Sie ordnet alle völkerrechtlichen Maaßregeln an.

§. 7. Die einzelnen deutschen Regierungen haben nicht das Recht, ständige Gesandte zu empfangen oder solche zu halten.

Auch dürfen dieselben keine besonderen Consuln halten. Die Consuln fremder Staaten erhalten ihr Exequatur von der Reichsgewalt.

Die Absendung von Bevollmächtigten an das Reichsoberhaupt ist den einzelnen Regierungen unbenommen.

§. 8. Die einzelnen deutschen Regierungen sind befugt, Verträge mit anderen deutschen Regierungen abzuschließen.

Ihre Befugniß zu Verträgen mit nichtdeutschen Regierungen beschränkt sich auf Gegenstände des Privatrechts, des nachbarlichen Verkehrs und der Polizei.

§. 9. Alle Verträge nicht rein privatrechtlichen Inhalts, welche eine deutsche Regierung mit einer anderen deutschen oder nichtdeutschen abschließt, sind der Reichsgewalt zur Kenntnißnahme und, insofern das Reichsinteresse dabei betheiligt ist, zur Bestätigung vorzulegen.

Artikel II.

§. 10. Der Reichsgewalt ausschließlich steht das Recht des Krieges und Friedens zu.

Artikel III.

§. 11. Der Reichsgewalt steht die gesammte bewaffnete Macht Deutschland's zur Verfügung.

§. 12. Das Reichsheer besteht aus der gesammten zum Zwecke des Kriegs bestimmten Landmacht der einzelnen deutschen Staaten. Die Stärke und Beschaffenheit des Reichsheeres wird durch das Gesetz über die Wehrverfassung bestimmt.

Diejenigen Staaten, welche weniger als 500.000 Einwohner haben, sind durch die Reichsgewalt zu größeren militärischen Ganzen, welche dann unter der unmittelbaren Leitung der Reichsgewalt stehen, zu vereinigen, oder einem angrenzenden größeren Staate anzuschließen.

Die näheren Bedingungen einer solchen Vereinigung sind in beiden Fällen durch Vereinbarung der betheiligten Staaten unter Vermittelung und Genehmigung der Reichsgewalt festzustellen.

§. 13. Die Reichsgewalt ausschließlich hat in Betreff des Heerwesens die Gesetzgebung und die Organisation; sie überwacht deren Durchführung in den einzelnen Staaten durch fortdauernde Controle.

Den einzelnen Staaten steht die Ausbildung ihres Kriegswesens auf Grund der Reichsgesetze und der Anordnungen der Reichsgewalt und beziehungsweise in den Grenzen der nach §. 12 getroffenen Vereinbarungen zu. Sie haben die Verfügung über ihre bewaffnete Macht, soweit dieselbe nicht für den Dienst des Reiches in Anspruch genommen wird.

§. 14. In den Fahneneid ist die Verpflichtung zur Treue gegen das Reichsoberhaupt und die Reichsverfassung an erster Stelle aufzunehmen.

§. 15. Alle durch Verwendung von Truppen zu Reichszwecken entstehenden Kosten, welche den durch das Reich festgesetzten Friedensstand übersteigen, fallen dem Reiche zur Last.

§. 16. Ueber eine allgemeine für ganz Deutschland gleiche Wehrverfassung ergeht ein besonderes Reichsgesetz.

§. 17. Den Regierungen der einzelnen Staaten bleibt die Ernennung der Befehlshaber und Offiziere ihrer Truppen, soweit deren Stärke sie erheischt, überlassen.

Für die größeren militärischen Ganzen, zu denen Truppen mehrerer Staaten vereinigt sind, ernennt die Reichsgewalt die gemeinschaftlichen Befehlshaber.

Für den Krieg ernennt die Reichsgewalt die commandirenden Generale der selbstständigen Corps, so wie das Personale der Hauptquartiere.

§. 18. Der Reichsgewalt steht die Befugniß zu, Reichsfestungen und Küstenvertheidigungswerke anzulegen und, insoweit die Sicherheit des Reiches es erfordert, vorhandene Festungen gegen billige Ausgleichung, namentlich für das überlieferte Kriegsmaterial, zu Reichsfestungen zu erklären.

Die Reichsfestungen und Küstenvertheidigungswerke des Reiches werden auf Reichskosten unterhalten.

§. 19. Die Seemacht ist ausschließlich Sache des Reiches. Es ist keinem Einzelstaate gestattet, Kriegsschiffe für sich zu halten oder Kaperbriefe auszugeben.

Die Bemannung der Kriegsflotte bildet einen Theil der deutschen Wehrmacht. Sie ist unabhängig von der Landmacht.

Die Mannschaft, welche aus einem einzelnen Staate für die Kriegsflotte gestellt wird, ist von der Zahl der von demselben zu haltenden Landtruppen abzurechnen. Das Nähere hierüber, so wie über die Kostenausgleichung zwischen dem Reiche und den Einzelstaaten, bestimmt ein Reichsgesetz.

Die Ernennung der Offiziere und Beamten der Seemacht geht allein vom Reiche aus.

Der Reichsgewalt liegt die Sorge für die Ausrüstung, Ausbildung und Unterhaltung der Kriegsflotte und die Anlegung, Ausrüstung und Unterhaltung von Kriegshäfen und See-Arsenälen ob.

Ueber die zur Errichtung von Kriegshäfen und Marine-Etablissements nöthigen Enteignungen, so wie über die Befugnisse der dabei anzustellenden Reichsbehörden, bestimmen die zu erlassenden Reichsgesetze.

Artikel IV.

§. 20. Die Schifffahrtsanstalten am Meere und in den Mündungen der deutschen Flüsse (Häfen, Seetonnen, Leuchtschiffe, das Lootsenwesen, das Fahrwasser u.s.w.) bleiben der Fürsorge der einzelnen Uferstaaten überlassen. Die Uferstaaten unterhalten dieselben aus eigenen Mitteln.

Ein Reichsgesetz wird bestimmen, wie weit die Mündungen der einzelnen Flüsse zu rechnen sind.

§. 21. Die Reichsgewalt hat die Oberaufsicht über diese Anstalten und Einrichtungen.

Es steht ihr zu, die betreffenden Staaten zu gehöriger Unterhaltung derselben anzuhalten, auch dieselben aus den Mitteln des Reiches zu vermehren und zu erweitern.

§. 22. Die Abgaben, welche in den Seeuferstaaten von den Schiffen und deren Ladungen für die Benutzung der Schifffahrtsanstalten erhoben werden, dürfen die zur Unterhaltung dieser Anstalten nothwendigen Kosten nicht übersteigen. Sie unterliegen der Genehmigung der Reichsgewalt.

§. 23. In Betreff dieser Abgaben sind alle deutschen Schiffe und deren Ladungen gleichzustellen.

Eine höhere Belegung fremder Schifffahrt kann nur von der Reichsgewalt ausgehen.

Die Mehrabgabe von fremder Schifffahrt fließt in die Reichskasse.

Artikel V.

§. 24. Die Reichsgewalt hat das Recht der Gesetzgebung und die Oberaufsicht über die in ihrem schiffbaren Lauf mehrere Staaten durchströmenden oder begrenzenden Flüsse und Seen und über die Mündungen der in dieselben fallenden Nebenflüsse, so wie über den Schifffahrtsbetrieb und die Flößerei auf denselben.

Auf welche Weise die Schiffbarkeit dieser Flüsse erhalten oder verbessert werden soll, bestimmt ein Reichsgesetz.

Die übrigen Wasserstraßen bleiben der Fürsorge der Einzelstaaten überlassen. Doch steht es der Reichsgewalt zu, wenn sie es im Interesse des allgemeinen Verkehrs für nothwendig erachtet, allgemeine Bestimmungen über den Schifffahrtsbetrieb und die Flößerei auf denselben zu erlassen, so wie einzelne Flüsse unter derselben Voraussetzung den oben erwähnten gemeinsamen Flüssen gleich zu stellen.

Die Reichsgewalt ist befugt, die Einzelstaaten zu gehöriger Erhaltung der Schiffbarkeit dieser Wasserstraßen anzuhalten.

§. 25. Alle deutschen Flüsse sollen für deutsche Schifffahrt von Flußzöllen frei seyn. Auch die Flößerei soll auf schiffbaren Flußstrecken solchen Abgaben nicht unterliegen. Das Nähere bestimmt ein Reichsgesetz.

Bei den mehrere Staaten durchströmenden oder begrenzenden Flüssen tritt für die Aufhebung dieser Flußzölle eine billige Ausgleichung ein.

§. 26. Die Hafen-, Krahn-, Waag-, Lager-, Schleusen- und dergleichen Gebühren, welche an den gemeinschaftlichen Flüssen und den Mündungen der in dieselben sich ergießenden Nebenflüsse erhoben werden, dürfen die zur Unterhaltung derartiger Anstalten nöthigen Kosten nicht übersteigen. Sie unterliegen der Genehmigung der Reichsgewalt.

Es darf in Betreff dieser Gebühren keinerlei Begünstigung der Angehörigen eines deutschen Staates vor denen anderer deutscher Staaten stattfinden.

§. 27. Flußzölle und Flußschifffahrtsabgaben dürfen auf fremde Schiffe und deren Ladungen nur durch die Reichsgewalt gelegt werden.

Artikel VI.

§. 28. Die Reichsgewalt hat über die Eisenbahnen und deren Betrieb, soweit es der Schutz des Reiches oder das Interesse des allgemeinen Verkehrs erheischt, die Oberaufsicht und das Recht der Gesetzgebung. Ein Reichsgesetz wird bestimmen, welche Gegenstände dahin zu rechnen sind.

§. 29. Die Reichsgewalt hat das Recht, soweit sie es zum Schutze des Reiches oder im Interesse des allgemeinen Verkehrs für nothwendig erachtet, die Anlage von Eisenbahnen zu bewilligen so wie selbst Eisenbahnen anzulegen, wenn der Einzelstaat, in dessen Gebiet die Anlage erfolgen soll, deren Ausführung ablehnt. Die Benutzung der Eisenbahnen für Reichszwecke steht der Reichsgewalt jederzeit gegen Entschädigung frei.

§. 30. Bei der Anlage oder Bewilligung von Eisenbahnen durch die einzelnen Staaten ist die Reichsgewalt befugt, den Schutz des Reiches und das Interesse des allgemeinen Verkehrs wahrzunehmen.

§. 31. Die Reichsgewalt hat über die Landstraßen die Oberaufsicht und das Recht der Gesetzgebung, soweit es der Schutz des Reiches oder das Interesse des allgemeinen Verkehrs erheischt. Ein Reichsgesetz wird bestimmen, welche Gegenstände dahin zu rechnen sind.

§. 32. Die Reichsgewalt hat das Recht, soweit sie es zum Schutze des Reiches oder im Interesse des allgemeinen Verkehrs für nothwendig erachtet, zu verfügen, daß Landstraßen und Kanäle angelegt, Flüsse schiffbar gemacht oder deren Schiffbarkeit erweitert werde.

Die Anordnung der dazu erforderlichen baulichen Werke erfolgt nach vorgängigem Benehmen mit den betheiligten Einzelstaaten durch die Reichsgewalt.

Die Ausführung und Unterhaltung der neuen Anlagen geschieht von Reichswegen und auf Reichskosten, wenn eine Verständigung mit den Einzelstaaten nicht erzielt wird.

Artikel VII.

§. 33. Das deutsche Reich soll Ein Zoll- und Handelsgebiet bilden, umgeben von gemeinschaftlicher Zollgrenze, mit Wegfall aller Binnengrenzzölle.

Die Aussonderung einzelner Orte und Gebietstheile aus der Zolllinie bleibt der Reichsgewalt vorbehalten.

Der Reichsgewalt bleibt es ferner vorbehalten, auch nicht zum Reiche gehörige Länder und Landestheile mittelst besonderer Verträge dem deutschen Zollgebiete anzuschließen.

§. 34. Die Reichsgewalt ausschließlich hat die Gesetzgebung über das gesammte Zollwesen, so wie über gemeinschaftliche Produktions- und Verbrauchs-Steuern. Welche Produktions- und Verbrauchs-Steuern gemeinschaftlich seyn sollen, bestimmt die Reichsgesetzgebung.

§. 35. Die Erhebung und Verwaltung der Zölle, so wie der gemeinschaftlichen Produktions- und Verbrauchs-Steuern, geschieht nach Anordnung und unter Oberaufsicht der Reichsgewalt.

Aus dem Ertrage wird ein bestimmter Theil nach Maaßgabe des ordentlichen Budgets für die Ausgaben des Reiches vorweggenommen, das Uebrige wird an die einzelnen Staaten vertheilt.

Ein besonderes Reichsgesetz wird hierüber das Nähere feststellen.

§. 36. Auf welche Gegenstände die einzelnen Staaten Produktions- oder Verbrauchssteuern für Rechnung des Staates oder einzelner Gemeinden legen dürfen und welche Bedingungen und Beschränkungen dabei eintreten sollen, wird durch die Reichsgesetzgebung bestimmt.

§. 37. Die einzelnen deutschen Staaten sind nicht befugt, auf Güter, welche über die Reichsgrenze ein- oder ausgehen, Zölle zu legen.

§. 38. Die Reichsgewalt hat das Recht der Gesetzgebung über den Handel und die Schifffahrt, und überwacht die Ausführung der darüber erlassenen Reichsgesetze.

§. 39. Der Reichsgewalt steht es zu, über das Gewerbewesen Reichsgesetze zu erlassen und die Ausführung derselben zu überwachen.

§. 40. Erfindungs-Patente werden ausschließlich von Reichswegen auf Grundlage eines Reichsgesetzes ertheilt; auch steht der Reichsgewalt ausschließlich die Gesetzgebung gegen den Nachdruck von Büchern, jedes unbefugte Nachahmen von Kunstwerken, Fabrikzeichen, Mustern und Formen und gegen andere Beeinträchtigungen des geistigen Eigenthums zu.

Artikel VIII.

§. 41. Die Reichsgewalt hat das Recht der Gesetzgebung und die Oberaufsicht über das Postwesen, namentlich über Organisation, Tarife, Transit, Portotheilung und die Verhältnisse zwischen den einzelnen Postverwaltungen.

Dieselbe sorgt für gleichmäßige Anwendung der Gesetze durch Vollzugsverordnungen, und überwacht deren Durchführung in den einzelnen Staaten durch fortdauernde Controle.

Der Reichsgewalt steht es zu, die innerhalb mehrerer Postgebiete sich bewegenden Course im Interesse des allgemeinen Verkehrs zu ordnen.

§. 42. Postverträge mit ausländischen Postverwaltungen dürfen nur von der Reichsgewalt oder mit deren Genehmigung geschlossen werden.

§. 43. Die Reichsgewalt hat die Befugniß, insofern es ihr nöthig scheint, das deutsche Postwesen für Rechnung des Reiches in Gemäßheit eines Reichsgesetzes zu übernehmen, vorbehaltlich billiger Entschädigung der Berechtigten.

§. 44. Die Reichsgewalt ist befugt, Telegraphenlinien anzulegen, und die vorhandenen gegen Entschädigung zu benutzen, oder auf dem Wege der Enteignung zu erwerben.

Weitere Bestimmungen hierüber, so wie über Benutzung von Telegraphen für den Privatverkehr, sind einem Reichsgesetz vorbehalten.

Artikel IX.

§. 45. Die Reichsgewalt ausschließlich hat die Gesetzgebung und die Oberaufsicht über das Münzwesen. Es liegt ihr ob, für ganz Deutschland dasselbe Münzsystem einzuführen.

Sie hat das Recht, Reichsmünzen zu prägen.

§. 46. Der Reichsgewalt liegt es ob, in ganz Deutschland dasselbe System für Maaß und Gewicht, so wie für den Feingehalt der Gold- und Silberwaaren zu begründen.

§. 47. Die Reichsgewalt hat das Recht, das Bankwesen und das Ausgeben von Papiergeld durch die Reichsgesetzgebung zu regeln. Sie überwacht die Ausführung der darüber erlassenen Reichsgesetze.

Artikel X.

§. 48. Die Ausgaben für alle Maaßregeln und Einrichtungen, welche von Reichswegen ausgeführt werden, sind von der Reichsgewalt aus den Mitteln des Reiches zu bestreiten.

§. 49. Zur Bestreitung seiner Ausgaben ist das Reich zunächst auf seinen Antheil an den Einkünften aus den Zöllen und den gemeinsamen Produktions- und Verbrauchs-Steuern angewiesen.

§. 50. Die Reichsgewalt hat das Recht, insoweit die sonstigen Einkünfte nicht ausreichen, Matrikularbeiträge aufzunehmen.

§. 51. Die Reichsgewalt ist befugt, in außerordentlichen Fällen Reichssteuern aufzulegen und zu erheben oder erheben zu lassen, so wie Anleihen zu machen oder sonstige Schulden zu contrahiren.

Artikel XI.

§. 52. Den Umfang der Gerichtsbarkeit des Reiches bestimmt der Abschnitt vom Reichsgericht.

§. 53. Der Reichsgewalt liegt es ob, die kraft der Reichsverfassung allen Deutschen verbürgten Rechte oberaufsehend zu wahren.

§. 54. Der Reichsgewalt liegt die Wahrung des Reichsfriedens ob.
Sie hat die für die Aufrechterhaltung der innern Sicherheit und Ordnung erforderlichen Maaßregeln zu treffen:
1) wenn ein deutscher Staat von einem andern deutschen Staate in seinem Frieden gestört oder gefährdet wird;
2) wenn in einem deutschen Staate die Sicherheit und Ordnung durch Einheimische oder Fremde gestört oder gefährdet wird. Doch soll in diesem Falle von der Reichsgewalt nur dann eingeschritten werden, wenn die betreffende Regierung sie selbst dazu auffordert, es sey denn, daß dieselbe dazu notorisch außer Stande ist oder der gemeine Reichsfrieden bedroht erscheint;
3) wenn die Verfassung eines deutschen Staates gewaltsam oder einseitig aufgehoben oder verändert wird, und durch das Anrufen des Reichsgerichtes unverzügliche Hülfe nicht zu erwirken ist.

§. 55. Die Maaßregeln, welche von der Reichsgewalt zur Wahrung des Reichsfriedens ergriffen werden können, sind: 1) Erlasse, 2) Absendung von Commissarien, 3) Anwendung von bewaffneter Macht.
Ein Reichsgesetz wird die Grundsätze bestimmen, nach welchen die durch solche Maaßregeln veranlaßten Kosten zu tragen sind.

§. 56. Der Reichsgewalt liegt es ob, die Fälle und Formen, in welchen die bewaffnete Macht gegen Störungen der öffentlichen Ordnung angewendet werden soll, durch ein Reichsgesetz zu bestimmen.

§. 57. Der Reichsgewalt liegt es ob, die gesetzlichen Normen über Erwerb und Verlust des Reichs- und Staatsbürgerrechts festzusetzen.

§. 58. Der Reichsgewalt steht es zu, über das Heimathsrecht Reichsgesetze zu erlassen und die Ausführung derselben zu überwachen.

§. 59. Der Reichsgewalt steht es zu, unbeschadet des durch die Grundrechte gewährleisteten Rechts der freien Vereinigung und Versammlung, Reichsgesetze über das Associationswesen zu erlassen.

§. 60. Die Reichsgesetzgebung hat für die Aufnahme öffentlicher Urkunden diejenigen Erfordernisse festzustellen, welche die Anerkennung ihrer Aechtheit in ganz Deutschland bedingen.

§. 61. Die Reichsgewalt ist befugt, im Interesse des Gesammtwohls allgemeine Maaßregeln für die Gesundheitspflege zu treffen.

Artikel XIII.

§. 62. Die Reichsgewalt hat die Gesetzgebung, soweit es zur Ausführung der ihr verfassungsmäßig übertragenen Befugnisse und zum Schutze der ihr überlassenen Anstalten erforderlich ist.

§. 63. Die Reichsgewalt ist befugt, wenn sie im Gesammtinteresse Deutschland's gemeinsame Einrichtungen und Maaßregeln nothwendig findet, die zur Begründung derselben erforderlichen Gesetze in den für die Veränderung der Verfassung vorgeschriebenen Formen zu erlassen.

§. 64. Der Reichsgewalt liegt es ob, durch die Erlassung allgemeiner Gesetzbücher über bürgerliches Recht, Handels- und Wechselrecht, Strafrecht und gerichtliches Verfahren die Rechtseinheit im deutschen Volke zu begründen.

§. 65. Alle Gesetze und Verordnungen der Reichsgewalt erhalten verbindliche Kraft durch ihre Verkündigung von Reichswegen.

§. 66. Reichsgesetze gehen den Gesetzen der Einzelstaaten vor, insofern ihnen nicht ausdrücklich eine nur subsidiäre Geltung beigelegt ist.

Artikel XIV.

§. 67. Die Anstellung der Reichsbeamten geht vom Reiche aus.
Die Dienstpragmatik des Reiches wird ein Reichsgesetz feststellen.

Abschnitt III. Das Reichsoberhaupt.

Artikel I.

§. 68. Die Würde des Reichsoberhauptes wird einem der regierenden deutschen Fürsten übertragen.

§. 69. Diese Würde ist erblich im Hause des Fürsten, dem sie übertragen worden. Sie vererbt im Mannesstamme nach dem Rechte der Erstgeburt.

§. 70. Das Reichsoberhaupt führt den Titel: Kaiser der Deutschen.

§. 71. Die Residenz des Kaisers ist am Sitze der Reichsregierung. Wenigstens während der Dauer des Reichstags wird der Kaiser dort bleibend residiren.

So oft sich der Kaiser nicht am Sitze der Reichsregierung befindet, muß einer der Reichsminister in seiner unmittelbaren Umgebung seyn.

Die Bestimmungen über den Sitz der Reichsregierung bleiben einem Reichsgesetz vorbehalten.

§. 72. Der Kaiser bezieht eine Civilliste, welche der Reichstag festsetzt.

Artikel II.

§. 73. Die Person des Kaisers ist unverletzlich.

Der Kaiser übt die ihm übertragene Gewalt durch verantwortliche von ihm ernannte Minister aus.

§. 74. Alle Regierungshandlungen des Kaisers bedürfen zu ihrer Gültigkeit der Gegenzeichnung von wenigstens einem der Reichsminister, welcher dadurch die Verantwortung übernimmt.

Artikel III

§. 75. Der Kaiser übt die völkerrechtliche Vertretung des deutschen Reiches und der einzelnen deutschen Staaten aus. Er stellt die Reichsgesandten und die Consuln an und führt den diplomatischen Verkehr.

§. 76. Der Kaiser erklärt Krieg und schließt Frieden.

§. 77. Der Kaiser schließt die Bündnisse und Verträge mit den auswärtigen Mächten ab, und zwar unter Mitwirkung des Reichstages, insoweit diese in der Verfassung vorbehalten ist.

§. 78. Alle Verträge nicht rein privatrechtlichen Inhalts, welche deutsche Regierungen unter sich oder mit auswärtigen Regierungen abschließen, sind dem Kaiser zur Kenntnißnahme, und insofern das Reichsinteresse dabei betheiligt ist, zur Bestätigung vorzulegen.

§. 79. Der Kaiser beruft und schließt den Reichstag; er hat das Recht, das Volkshaus aufzulösen.

§. 80. Der Kaiser hat das Recht des Gesetzvorschlages. Er übt die gesetzgebende Gewalt in Gemeinschaft mit dem Reichstage unter den verfassungsmäßigen Beschränkungen aus. Er verkündigt die Reichsgesetze und erläßt die zur Vollziehung derselben nöthigen Verordnungen.

§. 81. In Strafsachen, welche zur Zuständigkeit des Reichsgerichts gehören, hat der Kaiser das Recht der Begnadigung und Strafmilderung. Das Verbot der Einleitung oder Fortsetzung von Untersuchungen kann der Kaiser nur mit Zustimmung des Reichstages erlassen.

Zu Gunsten eines wegen seiner Amtshandlungen verurtheilten Reichsministers kann der Kaiser das Recht der Begnadigung und Strafmilderung nur dann ausüben, wenn dasjenige Haus, von welchem die Anklage ausgegangen ist, darauf anträgt. Zu Gunsten von Landesministern steht ihm ein solches Recht nicht zu.

§. 82. Dem Kaiser liegt die Wahrung des Reichsfriedens ob.

§. 83. Der Kaiser hat die Verfügung über die bewaffnete Macht.

§. 84. Ueberhaupt hat der Kaiser die Regierungsgewalt in allen Angelegenheiten des Reiches nach Maßgabe der Reichsverfassung. Ihm als Träger dieser Gewalt stehen diejenigen Rechte und Befugnisse zu, welche in der Reichsverfassung der Reichsgewalt beigelegt und dem Reichstage nicht zugewiesen sind.

Abschnitt IV. Der Reichstag.

Artikel I.

§. 85. Der Reichstag besteht aus zwei Häusern, dem Staatenhaus und dem Volkshaus.

Artikel II.

§. 86. Das Staatenhaus wird gebildet aus den Vertretern der deutschen Staaten.

§. 87. Die Zahl der Mitglieder vertheilt sich nach folgendem Verhältniß:

Preußen	40 Mitglieder.
Oesterreich	38 ”
Bayern	18 ”
Sachsen	10 ”
Hannover	10 ”
Würtemberg	10 ”

Baden.. 9 „
Kurhessen .... 6 „
Großherzogthum Hessen .... 6 „
Holstein (-Schleswig, s. Reich § 1)...................... 6 „
Mecklenburg-Schwerin .... 4 „
Luxemburg-Limburg................................. 3 „
Nassau.. 3 „
Braunschweig .... 2 „
Oldenburg... 2 „
Sachsen-Weimar .... 2 „
Sachsen-Coburg-Gotha................................ 1 „
Sachsen-Meiningen-Hildburghausen...................... 1 „
Sachsen-Altenburg.................................... 1 „
Mecklenburg-Strelitz.................................. 1 „
Anhalt-Dessau .... 1 „
Anhalt-Bernburg .... 1 „
Anhalt-Köthen....................................... 1 „
Schwarzburg-Sondershausen .... 1 „
Schwarzburg-Rudolstadt............................... 1 „
Hohenzollern-Hechingen............................... 1 „
Liechtenstein .... 1 „
Hohenzollern-Sigmaringen............................. 1 „
Waldeck... 1 „
Reuß ältere Linie .... 1 „
Reuß jüngere Linie.................................... 1 „
Schaumburg-Lippe.................................... 1 „
Lippe-Detmold....................................... 1 „
Hessen-Homburg .... 1 „
Lauenburg... 1 „
Lübeck.. 1 „
Frankfurt.. 1 „
Bremen .... 1 „
Hamburg.. 1 „

192 Mitglieder

So lange die deutsch-österreichischen Lande an dem Bundesstaate nicht Theil nehmen, erhalten nachfolgende Staaten eine größere Anzahl von Stimmen im Staatenhause; nämlich:

Bayern.. 20
Sachsen 12
Hannover 12
Würtemberg 12

Baden.	10
Großherzogthum Hessen	8
Kurhessen	7
Nassau	4
Hamburg.	2

§. 88. Die Mitglieder des Staatenhauses werden zur Hälfte durch die Regierung und zur Hälfte durch die Volksvertretung der betreffenden Staaten ernannt.

In denjenigen deutschen Staaten, welche aus mehreren Provinzen oder Ländern mit abgesonderter Verfassung oder Verwaltung bestehen, sind die durch die Volksvertretung dieses Staates zu ernennenden Mitglieder des Staatenhauses nicht von der allgemeinen Landesvertretung, sondern von den Vertretungen der einzelnen Länder oder Provinzen (Provinzialständen) zu ernennen.

Das Verhältniß, nach welchem die Zahl der diesen Staaten zukommenden Mitglieder unter die einzelnen Länder oder Provinzen zu vertheilen ist, bleibt der Landesgesetzgebung vorbehalten.

Wo zwei Kammern bestehen und eine Vertretung nach Provinzen nicht stattfindet, wählen beide Kammern in gemeinsamer Sitzung nach absoluter Stimmenmehrheit.

§. 89. In denjenigen Staaten, welche nur Ein Mitglied in das Staatenhaus senden, schlägt die Regierung drei Candidaten vor, aus denen die Volksvertretung mit absoluter Stimmenmehrheit wählt.

Auf dieselbe Weise ist in denjenigen Staaten, welche eine ungerade Zahl von Mitgliedern senden, in Betreff des letzten derselben zu verfahren.

§. 90. Wenn mehrere deutsche Staaten zu einem Ganzen verbunden werden, so entscheidet ein Reichsgesetz über die dadurch etwa nothwendig werdende Abänderung in der Zusammensetzung des Staatenhauses.

§. 91. Mitglied des Staatenhauses kann nur seyn, wer
1) Staatsbürger des Staates ist, welcher ihn sendet,
2) das 30ste Lebensjahr zurückgelegt hat,
3) sich im vollen Genuß der bürgerlichen und staatsbürgerlichen Rechte befindet.

§. 92. Die Mitglieder des Staatenhauses werden auf sechs Jahre gewählt. Sie werden alle drei Jahre zur Hälfte erneuert.

Auf welche Weise nach den ersten drei Jahren das Ausscheiden der einen Hälfte stattfinden soll, wird durch ein Reichsgesetz bestimmt. Die Ausscheidenden sind stets wieder wählbar.

Wird nach Ablauf dieser drei Jahre und vor Vollendung der neuen Wahlen für das Staatenhaus ein ausserordentlicher Reichstag berufen, so treten, so weit die neuen Wahlen noch nicht stattgefunden haben, die früheren Mitglieder ein.

Artikel III.

§. 93. Das Volkshaus besteht aus den Abgeordneten des deutschen Volkes.

§. 94. Die Mitglieder des Volkshauses werden für das erste Mal auf vier Jahre demnächst immer auf drei Jahre gewählt.

Die Wahl geschieht nach den in dem Reichswahlgesetze enthaltenen Vorschriften.

Artikel IV.

§. 95. Die Mitglieder des Reichstages beziehen aus der Reichskasse ein gleichmäßiges Tagegeld und Entschädigung für ihre Reisekosten. Das Nähere bestimmt ein Reichsgesetz.

§. 96. Die Mitglieder beider Häuser können durch Instruktionen nicht gebunden werden.

§. 97. Niemand kann gleichzeitig Mitglied von beiden Häusern seyn.

Artikel V.

§. 98. Zu einem Beschluß eines jeden Hauses des Reichstages ist die Theilnahme von wenigstens der Hälfte der gesetzlichen Anzahl seiner Mitglieder und die einfache Stimmenmehrheit erforderlich.

Im Falle der Stimmengleichheit wird ein Antrag als abgelehnt betrachtet.

§. 99. Das Recht des Gesetzvorschlages, der Beschwerde, der Adresse und der Erhebung von Thatsachen, so wie der Anklage der Minister, steht jedem Hause zu.

§. 100. Ein Reichstagsbeschluß kann nur durch die Uebereinstimmung beider Häuser gültig zu Stande kommen.

§. 101. Ein Reichstagsbeschluß, welcher die Zustimmung der Reichsregierung nicht erlangt hat, darf in derselben Sitzungsperiode nicht wiederholt werden.

Ist von dem Reichstage in drei sich unmittelbar folgenden ordentlichen Sitzungsperioden derselbe Beschluß unverändert gefaßt worden, so wird derselbe, auch wenn die Zustimmung der Reichsregierung nicht erfolgt, mit dem Schlusse des dritten Reichstages zum Gesetz. Eine ordentliche Sitzungsperiode, welche nicht wenigstens vier Wochen dauert, wird in dieser Reihenfolge nicht mitgezählt.

§. 102. Ein Reichstagsbeschluß ist in folgenden Fällen erforderlich:
1) Wenn es sich um die Erlassung, Aufhebung, Abänderung oder Auslegung von Reichsgesetzen handelt.
2) Wenn der Reichshaushalt festgestellt wird, wenn Anleihen contrahirt werden, wenn das Reich eine im Budget nicht vorgesehene Ausgabe übernimmt, oder Matrikularbeiträge oder Steuern erhebt.

3) Wenn fremde See- und Flußschifffahrt mit höheren Abgaben belegt werden soll.

4) Wenn Landesfestungen zu Reichsfestungen erklärt werden sollen.

5) Wenn Handels-, Schifffahrts- und Auslieferungsverträge mit dem Auslande geschlossen werden, so wie überhaupt völkerrechtliche Verträge, insofern sie das Reich belasten.

6) Wenn nicht zum Reich gehörige Länder oder Landestheile dem deutschen Zollgebiete angeschlossen, oder einzelne Orte oder Gebietstheile von der Zolllinie ausgeschlossen werden sollen.

7) Wenn deutsche Landestheile abgetreten, oder wenn nichtdeutsche Gebiete dem Reiche einverleibt oder auf andere Weise mit demselben verbunden werden sollen.

§. 103. Bei Feststellung des Reichshaushaltes treten folgende Bestimmungen ein:

1) Alle die Finanzen betreffenden Vorlagen der Reichsregierung gelangen zunächst an das Volkshaus.

2) Bewilligungen von Ausgaben dürfen nur auf Antrag der Reichsregierung und bis zum Belauf dieses Antrages erfolgen. Jede Bewilligung gilt nur für den besonderen Zweck, für welchen sie bestimmt worden. Die Verwendung darf nur innerhalb der Grenze der Bewilligung erfolgen.

3) Die Dauer der Finanzperiode und Budgetbewilligung ist ein Jahr.

4) Das Budget über die regelmäßigen Ausgaben des Reiches und über den Reservefond, so wie über die für beides erforderlichen Deckungsmittel, wird auf dem ersten Reichstage durch Reichstagsbeschlüsse festgestellt. Eine Erhöhung dieses Budgets auf späteren Reichstagen erfordert gleichfalls einen Reichstagsbeschluß.

5) Dieses ordentliche Budget wird auf jedem Reichstage zuerst dem Volkshause vorgelegt, von diesem in seinen einzelnen Ansätzen nach den Erläuterungen und Belegen, welche die Reichsregierung vorzulegen hat, geprüft und ganz oder theilweise bewilligt oder verworfen.

6) Nach erfolgter Prüfung und Bewilligung durch das Volkshaus wird das Budget an das Staatenhaus abgegeben. Diesem steht, innerhalb des Gesammtbetrages des ordentlichen Budgets, so wie derselbe auf dem ersten Reichstage oder durch spätere Reichstagsbeschlüsse festgestellt ist, nur das Recht zu, Erinnerungen und Ausstellungen zu machen, über welche das Volkshaus endgültig beschließt.

7) Alle außerordentlichen Ausgaben und deren Deckungsmittel bedürfen, gleich der Erhöhung des ordentlichen Budgets, eines Reichstagsbeschlusses.

8) Die Nachweisung über die Verwendung der Reichsgelder wird dem Reichstage, und zwar zuerst dem Volkshause, zur Prüfung und zum Abschluß vorgelegt.

Artikel VI.

§. 104. Der Reichstag versammelt sich jedes Jahr am Sitze der Reichsregierung. Die Zeit der Zusammenkunft wird vom Reichsoberhaupt bei der Einberufung angegeben, insofern nicht ein Reichsgesetz dieselbe festsetzt.

Außerdem kann der Reichstag zu außerordentlichen Sitzungen jederzeit vom Reichsoberhaupt einberufen werden.

§. 105. Die ordentlichen Sitzungsperioden der Landtage in den Einzelstaaten sollen mit denen des Reichstages in der Regel nicht zusammenfallen. Das Nähere bleibt einem Reichsgesetz vorbehalten.

§. 106. Das Volkshaus kann durch das Reichsoberhaupt aufgelöst werden.

In dem Falle der Auflösung ist der Reichstag binnen drei Monaten wieder zu versammeln.

§. 107. Die Auflösung des Volkshauses hat die gleichzeitige Vertagung des Staatenhauses bis zur Wiederberufung des Reichstages zur Folge.

Die Sitzungsperioden beider Häuser sind dieselben.

§. 108. Das Ende der Sitzungsperiode des Reichstages wird vom Reichsoberhaupt bestimmt.

§. 109. Eine Vertagung des Reichstages oder eines der beiden Häuser durch das Reichsoberhaupt bedarf, wenn sie nach Eröffnung der Sitzung auf länger als vierzehn Tage ausgesprochen werden soll, der Zustimmung des Reichstages oder des betreffenden Hauses.

Auch der Reichstag selbst so wie jedes der beiden Häuser kann sich auf vierzehn Tage vertagen.

Artikel VII.

§. 110. Jedes der beiden Häuser wählt seinen Präsidenten, seine Vicepräsidenten und seine Schriftführer.

§. 111. Die Sitzungen beider Häuser sind öffentlich. Die Geschäftsordnung eines jeden Hauses bestimmt, unter welchen Bedingungen vertrauliche Sitzungen stattfinden können.

§. 112. Jedes Haus prüft die Vollmachten seiner Mitglieder und entscheidet über die Zulassung derselben.

§. 113. Jedes Mitglied leistet bei seinem Eintritt den Eid: „Ich schwöre, die deutsche Reichsverfassung getreulich zu beobachten und aufrecht zu erhalten, so wahr mir Gott helfe".

§. 114. Jedes Haus hat das Recht, seine Mitglieder wegen unwürdigen Verhaltens im Hause zu bestrafen und äußersten Falls auszuschließen. Das Nähere bestimmt die Geschäftsordnung jedes Hauses.

Eine Ausschließung kann nur dann ausgesprochen werden, wenn eine Mehrheit von zwei Dritteln der Stimmen sich dafür entscheidet.

§. 115. Weder Ueberbringer von Bittschriften noch überhaupt Deputationen sollen in den Häusern zugelassen werden.

§. 116. Jedes Haus hat das Recht, sich seine Geschäftsordnung selbst zu geben. Die geschäftlichen Beziehungen zwischen beiden Häusern werden durch Uebereinkunft beider Häuser geordnet.

Artikel VIII.

§. 117. Ein Mitglied des Reichstages darf während der Dauer der Sitzungsperiode ohne Zustimmung des Hause, zu welchem es gehört, wegen strafrechtlicher Anschuldigungen weder verhaftet, noch in Untersuchung gezogen werden, mit alleiniger Ausnahme der Ergreifung auf frischer That.

§. 118. In diesem letzteren Falle ist dem betreffenden Hause von der angeordneten Maßregel sofort Kenntniß zu geben. Es steht demselben zu, die Aufhebung der Haft oder Untersuchung bis zum Schlusse der Sitzungsperiode zu verfügen.

§. 119. Dieselbe Befugniß steht jedem Hause in Betreff einer Verhaftung oder Untersuchung zu, welche über ein Mitglied desselben zur Zeit seiner Wahl verhängt gewesen, oder nach dieser bis zu Eröffnung der Sitzungen verhängt worden ist.

§. 120. Kein Mitglied des Reichstages darf zu irgend einer Zeit wegen seiner Abstimmung oder wegen der in Ausübung seines Berufes gethanen Aeusserungen gerichtlich oder disciplinarisch verfolgt oder sonst außerhalb der Versammlung zur Verantwortung gezogen werden.

Artikel IX.

§. 121. Die Reichsminister haben das Recht, den Verhandlungen beider Häuser des Reichstages beizuwohnen und jederzeit von denselben gehört zu werden.

§. 122. Die Reichsminister haben die Verpflichtung, auf Verlangen jedes der Häuser des Reichstages in demselben zu erscheinen und Auskunft zu ertheilen, oder den Grund anzugeben, weshalb dieselbe nicht ertheilt werden könne.

§. 123. Die Reichsminister können nicht Mitglieder des Staatenhauses seyn.

§. 124. Wenn ein Mitglied des Volkshauses im Reichsdienst ein Amt oder eine Beförderung annimmt, so muß es sich einer neuen Wahl unterwerfen; es behält seinen Sitz im Hause, bis die neue Wahl stattgefunden hat.

Abschnitt V. Das Reichsgericht.

Artikel I.

§. 125. Die dem Reiche zustehende Gerichtsbarkeit wird durch ein Reichsgericht ausgeübt.

§. 126. Zur Zuständigkeit des Reichsgerichts gehören:

a) Klagen eines Einzelstaates gegen die Reichsgewalt wegen Verletzung der Reichsverfassung durch Erlassung von Reichsgesetzen und durch Maaßregeln der Reichsregierung, so wie Klagen der Reichsgewalt gegen einen Einzelstaat wegen Verletzung der Reichsverfassung.

b) Streitigkeiten zwischen dem Staatenhause und dem Volkshause unter sich und zwischen jedem von ihnen und der Reichsregierung, welche die Auslegung der Reichsverfassung betreffen, wenn die streitenden Theile sich vereinigen, die Entscheidung des Reichsgerichts einzuholen.

c) Politische und privatrechtliche Streitigkeiten aller Art zwischen den einzelnen deutschen Staaten.

d) Streitigkeiten über Thronfolge, Regierungsfähigkeit und Regentschaft in den Einzelstaaten.

e) Streitigkeiten zwischen der Regierung eines Einzelstaates und dessen Volksvertretung über die Gültigkeit oder Auslegung der Landesverfassung.

f) Klagen der Angehörigen eines Einzelstaates gegen die Regierung desselben, wegen Aufhebung oder verfassungswidriger Veränderung der Landesverfassung.

Klagen der Angehörigen eines Einzelstaates gegen die Regierung wegen Verletzung der Landesverfassung können bei dem Reichsgericht nur angebracht werden, wenn die in der Landesverfassung gegebenen Mittel der Abhülfe nicht zur Anwendung gebracht werden können.

g) Klagen deutscher Staatsbürger wegen Verletzung der durch die Reichsverfassung ihnen gewährten Rechte. Die näheren Bestimmungen über den Umfang dieses Klagerechts und die Art und Weise dasselbe geltend zu machen, bleiben der Reichsgesetzgebung vorbehalten.

h) Beschwerden wegen verweigerter oder gehemmter Rechtspflege, wenn die landesgesetzlichen Mittel der Abhülfe erschöpft sind.

i) Strafgerichtsbarkeit über die Anklagen gegen die Reichsminister, insofern sie deren ministerielle Verantwortlichkeit betreffen.

k) Strafgerichtsbarkeit über die Anklagen gegen die Minister der Einzelstaaten, insofern sie deren ministerielle Verantwortlichkeit betreffen.

l) Strafgerichtsbarkeit in den Fällen des Hoch- und Landesverraths gegen das Reich.

Ob noch andere Verbrechen gegen das Reich der Strafgerichtsbarkeit des Reichsgerichts zu überweisen sind, wird späteren Reichsgesetzen vorbehalten.

m) Klagen gegen den Reichsfiscus.

n) Klagen gegen deutsche Staaten, wenn die Verpflichtung, dem Anspruche Genüge zu leisten, zwischen mehreren Staaten zweifelhaft oder bestritten ist, so wie wenn die gemeinschaftliche Verpflichtung gegen mehrere Staaten in einer Klage geltend gemacht wird.

§. 127. Ueber die Frage, ob ein Fall zur Entscheidung des Reichsgerichts geeignet sey, erkennt einzig und allein das Reichsgericht selbst.

§. 128. Ueber die Einsetzung und Organisation des Reichsgerichts, über das Verfahren und die Vollziehung der reichsgerichtlichen Entscheidungen und Verfügungen wird ein besonderes Gesetz ergehen.

Diesem Gesetze wird auch die Bestimmung, ob und in welchen Fällen bei dem Reichsgericht die Urtheilsfällung durch Geschworene erfolgen soll, vorbehalten. Ebenso bleibt vorbehalten: ob und wie weit dieses Gesetz als organisches Verfassungsgesetz zu betrachten ist.

§. 129. Der Reichsgesetzgebung bleibt es vorbehalten, Admiralitäts- und Seegerichte zu errichten, so wie Bestimmungen über die Gerichtsbarkeit der Gesandten und Consuln des Reiches zu treffen.

Abschnitt VI. Die Grundrechte des deutschen Volkes.

§. 130. Dem deutschen Volke sollen die nachstehenden Grundrechte gewährleistet seyn. Sie sollen den Verfassungen der deutschen Einzelstaaten zur Norm dienen, und keine Verfassung oder Gesetzgebung eines deutschen Einzelstaates soll dieselben je aufheben oder beschränken können.

Artikel I.

§. 131. Das deutsche Volk besteht aus den Angehörigen der Staaten, welche das deutsche Reich bilden.

§. 132. Jeder Deutsche hat das deutsche Reichsbürgerrecht. Die ihm kraft dessen zustehenden Rechte kann er in jedem deutschen Lande ausüben. Ueber das Recht, zur deutschen Reichsversammlung zu wählen, verfügt das Reichswahlgesetz.

§. 133. Jeder Deutsche hat das Recht, an jedem Orte des Reichsgebietes seinen Aufenthalt und Wohnsitz zu nehmen, Liegenschaften jeder Art zu erwerben und darüber zu verfügen, jeden Nahrungszweig zu betreiben, das Gemeindebürgerrecht zu gewinnen.

Die Bedingungen für den Aufenthalt und Wohnsitz werden durch ein Heimathsgesetz, jene für den Gewerbebetrieb durch eine Gewerbeordnung für ganz Deutschland von der Reichsgewalt festgesetzt.

§. 134. Kein deutscher Staat darf zwischen seinen Angehörigen und andern Deutschen einen Unterschied im bürgerlichen, peinlichen und Prozeß-Rechte machen, welcher die letzteren als Ausländer zurücksetzt.

§. 135. Die Strafe des bürgerlichen Todes soll nicht stattfinden, und da, wo sie bereits ausgesprochen ist, in ihren Wirkungen aufhören, soweit nicht hierdurch erworbene Privatrechte verletzt werden.

§. 136. Die Auswanderungsfreiheit ist von Staatswegen nicht beschränkt; Abzugsgelder dürfen nicht erhoben werden.

Die Auswanderungsangelegenheit steht unter dem Schutze und der Fürsorge des Reiches.

Artikel II.

§. 137. Vor dem Gesetze gilt kein Unterschied der Stände. Der Adel als Stand ist aufgehoben.

Alle Standesvorrechte sind abgeschafft.

Die Deutschen sind vor dem Gesetze gleich.

Alle Titel, insoweit sie nicht mit einem Amte verbunden sind, sind aufgehoben und dürfen nie wieder eingeführt werden.

Kein Staatsangehöriger darf von einem auswärtigen Staate einen Orden annehmen.

Die öffentlichen Aemter sind für alle Befähigten gleich zugänglich.

Die Wehrpflicht ist für Alle gleich; Stellvertretung bei derselben findet nicht statt.

Artikel III.

§. 138. Die Freiheit der Person ist unverletzlich.

Die Verhaftung einer Person soll, außer im Falle der Ergreifung auf frischer That, nur geschehen in Kraft eines richterlichen, mit Gründen versehenen Befehls. Dieser Befehl muß im Augenblicke der Verhaftung oder innerhalb der nächsten vier und zwanzig Stunden dem Verhafteten zugestellt werden.

Die Polizeibehörde muß Jeden, den sie in Verwahrung genommen hat, im Laufe des folgenden Tages entweder freilassen oder der richterlichen Behörde übergeben.

Jeder Angeschuldigte soll gegen Stellung einer vom Gericht zu bestimmenden Caution oder Bürgschaft der Haft entlassen werden, sofern nicht dringende Anzeigen eines schweren peinlichen Verbrechens gegen denselben vorliegen.

Im Falle einer widerrechtlich verfügten oder verlängerten Gefangenschaft ist der Schuldige und nöthigenfalls der Staat dem Verletzten zur Genugthuung und Entschädigung verpflichtet.

Die für das Heer- und Seewesen erforderlichen Modifikationen dieser Bestimmungen werden besonderen Gesetzen vorbehalten.

§. 139. Die Todesstrafe, ausgenommen wo das Kriegsrecht sie vorschreibt, oder das Seerecht im Fall von Meutereien sie zuläßt, so wie die Strafen des Prangers, der Brandmarkung und der körperlichen Züchtigung, sind abgeschafft.

§. 140. Die Wohnung ist unverletzlich.

Eine Haussuchung ist nur zulässig:
1) in Kraft eines richterlichen, mit Gründen versehenen Befehls, welcher sofort oder innerhalb der nächsten vier und zwanzig Stunden dem Betheiligten zugestellt werden soll,
2) im Falle der Verfolgung auf frischer That, durch den gesetzlich berechtigten Beamten,
3) in den Fällen und Formen, in welchen das Gesetz ausnahmsweise bestimmten Beamten auch ohne richterlichen Befehl dieselbe gestattet.

Die Haussuchung muß, wenn thunlich, mit Zuziehung von Hausgenossen erfolgen.

Die Unverletzlichkeit der Wohnung ist kein Hinderniß der Verhaftung eines gerichtlich Verfolgten.

§. 141. Die Beschlagnahme von Briefen und Papieren darf, außer bei einer Verhaftung oder Haussuchung, nur in Kraft eines richterlichen, mit Gründen versehenen Befehls vorgenommen werden, welcher sofort oder innerhalb der nächsten vier und zwanzig Stunden dem Betheiligten zugestellt werden soll.

§. 142. Das Briefgeheimniß ist gewährleistet.

Die bei strafgerichtlichen Untersuchungen und in Kriegsfällen nothwendigen Beschränkungen sind durch die Gesetzgebung festzustellen.

Artikel IV.

§. 143. Jeder Deutsche hat das Recht, durch Wort, Schrift, Druck und bildliche Darstellung seine Meinung frei zu äußern.

Die Preßfreiheit darf unter keinen Umständen und in keiner Weise durch vorbeugende Maaßregeln, namentlich Censur, Concessionen, Sicherheitsbestellungen, Staatsauflagen, Beschränkungen der Druckereien oder des Buchhandels, Postverbote oder andere Hemmungen des freien Verkehrs beschränkt, suspendirt oder aufgehoben werden.

Ueber Preßvergehen, welche von Amts wegen verfolgt werden, wird durch Schwurgerichte geurtheilt.

Ein Preßgesetz wird vom Reiche erlassen werden.

Artikel V.

§. 144. Jeder Deutsche hat volle Glaubens- und Gewissensfreiheit.

Niemand ist verpflichtet, seine religiöse Ueberzeugung zu offenbaren.

§. 145. Jeder Deutsche ist unbeschränkt in der gemeinsamen häuslichen und öffentlichen Uebung seiner Religion.

Verbrechen und Vergehen, welche bei Ausübung dieser Freiheit begangen werden, sind nach dem Gesetze zu bestrafen.

§. 146. Durch das religiöse Bekenntniß wird der Genuß der bürgerlichen und staatsbürgerlichen Rechte weder bedingt noch beschränkt. Den staatsbürgerlichen Pflichten darf dasselbe keinen Abbruch thun.

§. 147. Jede Religionsgesellschaft ordnet und verwaltet ihre Angelegenheiten selbstständig, bleibt aber den allgemeinen Staatsgesetzen unterworfen.

Keine Religionsgesellschaft genießt vor andern Vorrechte durch den Staat; es besteht fernerhin keine Staatskirche.

Neue Religionsgesellschaften dürfen sich bilden; einer Anerkennung ihres Bekenntnisses durch den Staat bedarf es nicht.

§. 148. Niemand soll zu einer kirchlichen Handlung oder Feierlichkeit gezwungen werden.

§. 149. Die Formel des Eides soll künftig lauten: „So wahr mir Gott helfe“.

§. 150. Die bürgerliche Gültigkeit der Ehe ist nur von der Vollziehung des Civilactes abhängig; die kirchliche Trauung kann nur nach der Vollziehung des Civilactes stattfinden.

Die Religionsverschiedenheit ist kein bürgerliches Ehehinderniß.

§. 151. Die Standesbücher werden von den bürgerlichen Behörden geführt.

Artikel VI.

§. 152. Die Wissenschaft und ihre Lehre ist frei.

§. 153. Das Unterrichts- und Erziehungswesen steht unter der Oberaufsicht des Staates, und ist, abgesehen vom Religionsunterricht, der Beaufsichtigung der Geistlichkeit als solcher enthoben.

§. 154. Unterrichts- und Erziehungsanstalten zu gründen, zu leiten und an solchen Unterricht zu ertheilen, steht jedem Deutschen frei, wenn er seine Befähigung der betreffenden Staatsbehörde nachgewiesen hat.

Der häusliche Unterricht unterliegt keiner Beschränkung.

§. 155. Für die Bildung der deutschen Jugend soll durch öffentliche Schulen überall genügend gesorgt werden.

Eltern oder deren Stellvertreter dürfen ihre Kinder oder Pflegebefohlenen nicht ohne den Unterricht lassen, welcher für die unteren Volksschulen vorgeschrieben ist.

§. 156. Die öffentlichen Lehrer haben die Rechte der Staatsdiener.

Der Staat stellt unter gesetzlich geordneter Betheiligung der Gemeinden aus der Zahl der Geprüften die Lehrer der Volksschulen an.

§. 157. Für den Unterricht in Volksschulen und niederen Gewerbeschulen wird kein Schulgeld bezahlt.

Unbemittelten soll auf allen öffentlichen Unterrichtsanstalten freier Unterricht gewährt werden.

§. 158. Es steht einem Jeden frei, seinen Beruf zu wählen und sich für denselben auszubilden, wie und wo er will.

Artikel VII.

§. 159. Jeder Deutsche hat das Recht, sich mit Bitten und Beschwerden schriftlich an die Behörden, an die Volksvertretungen und an den Reichstag zu wenden.

Dieses Recht kann sowohl von Einzelnen als von Corporationen und von Mehreren im Vereine ausgeübt werden; beim Heer und der Kriegsflotte jedoch nur in der Weise, wie es die Disciplinarvorschriften bestimmen.

§. 160. Eine vorgängige Genehmigung der Behörden ist nicht nothwendig, um öffentliche Beamte wegen ihrer amtlichen Handlungen gerichtlich zu verfolgen.

Artikel VIII.

§. 161. Die Deutschen haben das Recht, sich friedlich und ohne Waffen zu versammeln; einer besonderen Erlaubniß dazu bedarf es nicht.

Volksversammlungen unter freiem Himmel können bei dringender Gefahr für die öffentliche Ordnung und Sicherheit verboten werden.

§. 162. Die Deutschen haben das Recht, Vereine zu bilden. Dieses Recht soll durch keine vorbeugende Maaßregel beschränkt werden.

§. 163. Die in den §§ 161 und 162 enthaltenen Bestimmungen finden auf das Heer und die Kriegsflotte Anwendung, insoweit die militärischen Disciplinarvorschriften nicht entgegenstehen.

Artikel IX.

§. 164. Das Eigenthum ist unverletzlich.

Eine Enteignung kann nur aus Rücksichten des gemeinen Besten, nur auf Grund eines Gesetzes und gegen gerechte Entschädigung vorgenommen werden.

Das geistige Eigenthum soll durch die Reichsgesetzgebung geschützt werden.

§. 165. Jeder Grundeigenthümer kann seinen Grundbesitz unter Lebenden und von Todes wegen ganz oder theilweise veräußern. Den Einzelstaaten bleibt überlassen, die Durchführung des Grundsatzes der Theilbarkeit alles Grundeigenthums durch Uebergangsgesetze zu vermitteln.

Für die todte Hand sind Beschränkungen des Rechts, Liegenschaften zu erwerben und über sie zu verfügen, im Wege der Gesetzgebung aus Gründen des öffentlichen Wohls zulässig.

§. 166. Jeder Unterthänigkeits- und Hörigkeitsverband hört für immer auf.

§. 167. Ohne Entschädigung sind aufgehoben.

1) Die Patrimonialgerichtsbarkeit und die grundherrliche Polizei, sammt den aus diesen Rechten fließenden Befugnissen, Exemtionen und Abgaben.

2) Die aus dem guts- und schutzherrlichen Verbande fließenden persönlichen Abgaben und Leistungen.

Mit diesen Rechten fallen auch die Gegenleistungen und Lasten weg, welche dem bisher Berechtigten dafür oblagen.

§. 168. Alle auf Grund und Boden haftenden Abgaben und Leistungen, insbesondere die Zehnten, sind ablösbar: ob nur auf Antrag des Belasteten oder auch des Berechtigten, und in welcher Weise, bleibt der Gesetzgebung der einzelnen Staaten überlassen.

Es soll fortan kein Grundstück mit einer unablösbaren Abgabe oder Leistung belastet werden.

§. 169. Im Grundeigenthum liegt die Berechtigung zur Jagd auf eignem Grund und Boden.

Die Jagdgerechtigkeit auf fremden Grund und Boden, Jagddienste, Jagdfrohnden und andere Leistungen für Jagdzwecke sind ohne Entschädigung aufgehoben.

Nur ablösbar jedoch ist die Jagdgerechtigkeit, welche erweislich durch einen lästigen mit dem Eigenthümer des belasteten Grundstückes abgeschlossenen Vertrag erworben ist; über die Art und Weise der Ablösung haben die Landesgesetzgebungen das Weitere zu bestimmen.

Die Ausübung des Jagdrechts aus Gründen der öffentlichen Sicherheit und des gemeinen Wohls zu ordnen, bleibt der Landesgesetzgebung vorbehalten.

Die Jagdgerechtigkeit auf fremdem Grund und Boden darf in Zukunft nicht wieder als Grundgerechtigkeit bestellt werden.

§. 170. Die Familienfideicommisse sind aufzuheben. Die Art und Bedingungen der Aufhebung bestimmt die Gesetzgebung der einzelnen Staaten.

Ueber die Familienfideicommisse der regierenden fürstlichen Häuser bleiben die Bestimmungen den Landesgesetzgebungen vorbehalten.

§. 171. Aller Lehensverband ist aufzuheben. Das Nähere über die Art und Weise der Ausführung haben die Gesetzgebungen der Einzelstaaten anzuordnen.

§. 172. Die Strafe der Vermögenseinziehung soll nicht stattfinden.

§. 173. Die Besteuerung soll so geordnet werden, daß die Bevorzugung einzelner Stände und Güter in Staat und Gemeinde aufhört.

Artikel X.

§. 174. Alle Gerichtsbarkeit geht vom Staate aus. Es sollen keine Patrimonialgerichte bestehen.

§. 175. Die richterliche Gewalt wird selbstständig von den Gerichten geübt.
Cabinets- und Ministerialjustiz ist unstatthaft.
Niemand darf seinem gesetzlichen Richter entzogen werden. Ausnahmegerichte sollen nie stattfinden.

§. 176. Es soll keinen privilegirten Gerichtsstand der Personen oder Güter geben.
Die Militärgerichtsbarkeit ist auf die Aburtheilung militärischer Verbrechen und Vergehen, so wie der Militär-Disciplinarvergehen beschränkt, vorbehaltlich der Bestimmungen für den Kriegsstand.

§. 177. Kein Richter darf, außer durch Urtheil und Recht, von seinem Amt entfernt, oder an Rang und Gehalt beeinträchtigt werden.
Suspension darf nicht ohne gerichtlichen Beschluß erfolgen.
Kein Richter darf wider seinen Willen, ausser durch gerichtlichen Beschluß in den durch das Gesetz bestimmten Fällen und Formen, zu einer andern Stelle versetzt oder in Ruhestand gesetzt werden.

§. 178. Das Gerichtsverfahren soll öffentlich und mündlich sein.
Ausnahmen von der Oeffentlichkeit bestimmt im Interesse der Sittlichkeit das Gesetz.

§. 179. In Strafsachen gilt der Anklageprozeß.
Schwurgerichte sollen jedenfalls in schwereren Strafsachen und bei allen politischen Vergehen urtheilen.

§. 180. Die bürgerliche Rechtspflege soll in Sachen besonderer Berufserfahrung durch sachkundige, von den Berufsgenossen frei gewählte Richter geübt oder mitgeübt werden.

§. 181. Rechtspflege und Verwaltung sollen getrennt und von einander unabhängig seyn.
Ueber Competenzconflicte zwischen den Verwaltungs- und Gerichtsbehörden in den Einzelstaaten entscheidet ein durch das Gesetz zu bestimmender Gerichtshof.

§. 182. Die Verwaltungsrechtspflege hört auf; über alle Rechtsverletzungen entscheiden die Gerichte.
Der Polizei steht keine Strafgerichtsbarkeit zu.

§. 183. Rechtskräftige Urtheile deutscher Gerichte sind in allen deutschen Landen gleich wirksam und vollziehbar.
Ein Reichsgesetz wird das Nähere bestimmen.

Artikel XI.

§. 184. Jede Gemeinde hat als Grundrechte ihrer Verfassung:
a. die Wahl ihrer Vorsteher und Vertreter;
b. die selbstständige Verwaltung ihrer Gemeindeangelegenheiten mit Einschluß der Ortspolizei, unter gesetzlich geordneter Oberaufsicht des Staates;
c. die Veröffentlichung ihres Gemeindehaushaltes;
d. Oeffentlichkeit der Verhandlungen als Regel.

§. 185. Jedes Grundstück soll einem Gemeindeverbande angehören.
Beschränkungen wegen Waldungen und Wüsteneien bleiben der Landesgesetzgebung vorbehalten.

Artikel XII.

§. 186. Jeder deutsche Staat soll eine Verfassung mit Volksvertretung haben.
Die Minister sind der Volksvertretung verantwortlich.

§. 187. Die Volksvertretung hat eine entscheidende Stimme bei der Gesetzgebung, bei der Besteuerung, bei der Ordnung des Staatshaushaltes; auch hat sie wo zwei Kammern vorhanden sind, jede Kammer für sich – das Recht des Gesetzvorschlags, der Beschwerde, der Adresse, so wie der Anklage der Minister.
Die Sitzungen der Landtage sind in der Regel öffentlich.

Artikel XIII.

§. 188. Den nicht deutsch redenden Volksstämmen Deutschland's ist ihre volksthümliche Entwickelung gewährleistet, namentlich die Gleichberechtigung ihrer Sprachen, soweit deren Gebiete reichen, in dem Kirchenwesen, dem Unterrichte, der innern Verwaltung und der Rechtspflege.

Artikel XIV.

§. 189. Jeder deutsche Staatsbürger in der Fremde steht unter dem Schutze des Reichs.

Abschnitt VII. Die Gewähr der Verfassung.

Artikel I.

§. 190. Bei jedem Regierungswechsel tritt der Reichstag, falls er nicht schon versammelt ist, ohne Berufung zusammen, in der Art, wie er das letzte Mal zusammengesetzt war. Der Kaiser, welcher die Regierung antritt, leistet vor den zu einer Sitzung vereinigten beiden Häusern des Reichstages einen Eid auf die Reichsverfassung.

Der Eid lautet: „Ich schwöre, das Reich und die Rechte des deutschen Volkes zu schirmen, die Reichsverfassung aufrecht zu erhalten und sie gewissenhaft zu vollziehen. So wahr mir Gott helfe."

Erst nach geleistetem Eide ist der Kaiser berechtigt, Regierungshandlungen vorzunehmen.

§. 191. Die Reichsbeamten haben beim Antritt ihres Amtes einen Eid auf die Reichsverfassung zu leisten. Das Nähere bestimmt die Dienstpragmatik des Reiches.

§. 192. Ueber die Verantwortlichkeit der Reichsminister soll ein Reichsgesetz erlassen werden.

§. 193. Die Verpflichtung auf die Reichsverfassung wird in den Einzelstaaten mit der Verpflichtung auf die Landesverfassung verbunden und dieser vorangesetzt.

Artikel II.

§. 194. Keine Bestimmung in der Verfassung oder in den Gesetzen eines Einzelstaates darf mit der Reichsverfassung in Widerspruch stehen.

§. 195. Eine Aenderung der Regierungsform in einem Einzelstaate kann nur mit Zustimmung der Reichsgewalt erfolgen. Diese Zustimmung muß in den für Aenderungen der Reichsverfassung vorgeschriebenen Formen gegeben werden.

Artikel III.

§. 196. Abänderungen in der Reichsverfassung können nur durch einen Beschluß beider Häuser und mit Zustimmung des Reichsoberhaupts erfolgen.

Zu einem solchen Beschluß bedarf es in jedem der beiden Häuser:
1) der Anwesenheit von wenigstens zwei Dritteln der Mitglieder;
2) zweier Abstimmungen, zwischen welchen ein Zeitraum von wenigstens acht Tagen liegen muß;
3) einer Stimmenmehrheit von wenigstens zwei Dritteln der anwesenden Mitglieder bei jeder der beiden Abstimmungen.

Der Zustimmung des Reichsoberhaupts bedarf es nicht, wenn in drei sich unmittelbar folgenden ordentlichen Sitzungsperioden derselbe Reichstagsbeschluß unverändert gefaßt worden. Eine ordentliche Sitzungsperiode, welche nicht wenigstens vier Wochen dauert, wird in dieser Reihenfolge nicht mitgezählt.

Artikel IV.

§. 197. Im Falle des Kriegs oder Aufruhrs können die Bestimmungen der Grundrechte über Verhaftung, Haussuchung und Versammlungsrecht von der Reichsregierung oder der Regierung eines Einzelstaates für einzelne Bezirke zeitweise ausser Kraft gesetzt werden; jedoch nur unter folgenden Bedingungen:

1) die Verfügung muß in jedem einzelnen Falle von dem Gesammtministerium des Reiches oder Einzelstaates ausgehen;
2) das Ministerium des Reiches hat die Zustimmung des Reichstages, das Ministerium des Einzelstaates die des Landtages, wenn dieselben zur Zeit versammelt sind, sofort einzuholen. Wenn dieselben nicht versammelt sind, so darf die Verfügung nicht länger als 14 Tage dauern, ohne daß dieselben zusammenberufen und die getroffenen Maaßregeln zu ihrer Genehmigung vorgelegt werden.

Weitere Bestimmungen bleiben einem Reichsgesetz vorbehalten.

Für die Verkündigung des Belagerungszustandes in Festungen bleiben die bestehenden gesetzlichen Vorschriften in Kraft.

Zur Beurkundung:

Martin Eduard *Simson* von Königsberg in Preußen, d. Z. Präsident der verfassunggebenden Reichsversammlung.

Carl Kirchgeßner aus Würzburg, d. Z. II. Stellvertreter des Vorsitzenden, Abgeordneter des Wahlbezirkes Weiler in Bayern.

Friedrich Siegm. *Jucho* aus Frankfurt a. M., 1. Schriftführer.

Carl August *Fetzer* aus Stuttgart, Schriftführer.

Dr. Anton *Riehl* aus Wien, Abgeordneter für Zwettl, Schriftführer.

Carl *Biedermann* aus Leipzig, Abgeordneter für den XI. sächsischen Wahlbezirk, Schriftführer.

Gustav Robert v. *Maltzahn* aus Cüstrin, Abgeordneter für den Wahlkreis Königsberg i. d. N., Schriftführer.

Max *Neumayr* aus München, Abgeordneter für den X. oberbayerischen Wahlbezirk, Schriftführer.

Dr. Heinrich v. *Gagern,* aus Monsheim in Rheinhessen, Abgeordneter für den Wahlkreis Bensheim in der Bergstraße.

Dr. Konrad Dietrich *Haßler,* Abg. von Ulm, Mitglied der Redactions-Kommission.

Franz *Wigard*, Abgeordneter von Dresden, Mitglied der Redactions-Commission.

Gottlob *Tafel* aus Stuttgart, Abg. für den Wahlbezirk Schorndorf-Welzheim.

Dr. Alois *Boczek*, Abgeordneter für Tischnowitz in Mähren.

Joh. Gerh. *Räben*, Abgeordneter für den 26. hannöverischen Wahlbezirk aus Norden in Ostfriesland.

Friedrich *Evertsbusch* aus Altena in Westfalen.

Friedrich Emst *Scheller,* Abgeordneter für den Wahlbezirk Frankfurt a. d. O.

Friedrich Heinrich Leonhard *Albert*, Abgeordneter für den 5. preuß.-sächs. Wahlbezirk.

Wilhelm Joseph *Wichmann*, Abgeordneter für die Kreise Osterburg und Stendal.

K. *Nauwerck*, Abgeordneter aus Berlin.

Boch-Buschmann.

Jul. *Ostendorf*, Abg. für den Wahlbezirk Söst-Hamm.

Conrad *Rappard* aus Glambek, Abgeordneter für den Angermünder Wahlkreis.

J. A. *Itzstein* aus Mainz, Bürger in Mannheim.

C. *Schorn*, Abgeordneter für Essen.

Carl *Overweg* von Haus Ruhr, Abgeordneter für Iserlohn.

Bermbach, Abgeordneter für den Siegkreis (Rheinpreußen.)

von Saltzwedell, Abgeordneter für Gumbinnen und Stallupönen.

Werner, Abgeordneter für Melk aus Niederösterreich.

Julius *Gerlach*, Abgeordneter für Tilsit-Niederung.

Fr. *Sauken-Tarputschen*, Abgeordneter für Angerburg in Litthauen.

Kamillo *Wagner*, Abgeordneter für Steyr in Oberösterreich.

G. *Siemens* Dr., Abgeordneter für Schaumburg-Lippe.

F. J. D. *Junghanns* aus Mosbach in Baden.

E. *Wedekind* aus Bruchhausen, Abgeordneter des 5. hannöverischen Wahlbezirks.

Dr. Guido *Pattay*, Abgeord. aus Graz in Steiermark.

Carl Joh. Lud. *Dham* aus Schmallenberg, Abgeordneter für Meschede und Brilon in Westphalen.

v. *Schrötter*, Abg. für Pr. Holland und Mohrungen.

Presting, Abg. für Memel und Heydekrug.

Johann Carl Christian *Meyer*, Abg. für den Wahlbezirk Liegnitz-Lüben.

Lorenz *Götz*, Abg. aus Neuwied, für den Wahlbezirk Neuwied in Rheinpreußen.

Gustaf *Höfken*, Abg. für den Wahlbezirk Bochum-Dortmund.

Friedrich Wilhelm *Schubert* aus Königsberg, Abg. für Sensburg-Ortelsburg Pr.

Carl v. *Breuning*, Abg. für Landkreis Aachen-Geilenkirchen.

Christian *Heldmann*, Abg. für den Wahlbezirk Nidda in Hessen.

H. R. *Claussen*, Abg. für den 1. holsteinischen Wahldistrict.

K. Th. *Gier*, Abg. für den Wahlbezirk Mühlhausen-Langensalza.

Friedrich *Mölling*, Abg. aus Oldenburg.

Karl *Hehner*, Abgeordneter aus Nassau.

Gustav *Blumröder*, Abgeordneter des Wahlbezirks Wunsiedel.

Karl *Degenkolb* aus Eulenburg, Abgeordneter für den Wahlbezirk Delitzsch-Bitterfeld.

J. *Münch*, Abgeordneter aus Wetzlar, in der preußischen Rheinprovinz.

Wilhelm *Sachs*, Abgeordneter für Mannheim.

J. B. *Haggenmüller*, Abgeordneter des Wahlbezirkes Kempten.

W. *Loewe*, Abgeordneter für Wahlbezirk Calbe und Jerichow I.

Dominius *Kuenzer* von Konstanz, Abgeordneter aus dem Großherzogthum Baden.

Franz *Tafel* aus Zweibrücken, Abgeordneter für den 10. Wahlbezirk der Bairischen Rheinpfalz.

Bernhard *Eisenstück,* Abgeordneter des 18. sächsischen Wahlbezirkes.

Schulz von Darmstadt, Abgeordneter des 1. Wahlbezirks des Großh. Hessen.

Karl Friedrich *Rheinwald,* Abgeordneter des Würtembergischen Wahlbezirks Tuttlingen.

Karl *Nicol,* Abgeordneter des ersten Hannövrischen Wahlbezirks.

A. *Grumbrecht* aus Lüneburg, Abgeordneter des 12. Hannöverschen Wahldistrikts (Lüchov).

Ferd. *Nägele* aus Murrhardt, Abgeordneter des Bezirks Backnang-Weinsberg in Würtemberg.

Grüel aus Burg, Abgeordneter für die Jerichow'schen Kreise in der Provinz Sachsen.

Salomon *Fehrenbach* aus Säckingen, Abgeordneter aus dem Großherzogthum Baden.

C. W. *Weigle,* Abgeordneter des 6. Wahlbezirks in Würtemberg.

Franz *Raveaux* von Köln.

Bruno *Hildebrand* aus Marburg, Abgeordneter des 8. Kurhessischen Wahlbezirks.

Karl *Hagen* aus Heidelberg, Abgeordneter des Wahlbezirks Heidelberg.

Ernst *Heubner* aus Zwickau, Abgeordneter des 16. (Zschopau) sächsischen Wahlbezirks.

C. Th. *Gravenhorst* aus Lüneburg, Abgeordneter des 11. Hannoverschen Wahldistricts (Harburg).

Nik. *Schmitt* aus Kaiserslautern, Abgeordneter des 4. pfälzischen Wahlbezirks.

Emil *Rahm* aus Stettin, Abgeordneter für den 6. pommerschen Wahlbezirk.

August *Culmann* aus Zweibrücken, Abgeordneter des rheinbairischen Wahlbezirks Landau.

Baron von *Scherpenzel-Heusch,* Abgeordneter des Herzogthums Limburg, Wahlbezirk Roermonde.

Alexander von *Bally* aus Oberbeuthen.

Joseph *Huck* aus Ulm, Abgeordneter für Ellwangen-Neresheim.

Wilhelm *Jordan* von Berlin, Abgeordneter für den Ober-Barnimschen Kreis.

Robert *Mohl* aus Heidelberg, Abgeordneter von Mergentheim in Würtemberg.

A. L. J. *Michelsen* von Jena, Abgeordneter von Fehmarn und Hadersleben in Schleswig.

Theodor *Brescius* aus Züllichau, Abgeordneter für den 23. Brandenburger Wahlbezirk.

Constantin, *Fürst v. Waldburg-Zeil-Trauchburg.*

Alexander *Schneer,* Abgeordneter des 19. Schlesischen Wahlbezirks.

Marquard Adolph *Barth* aus Kaufbeuren, Abgeordneter für den Wahlbezirk Kaufbeuren in Bayern.

Agathon *Wernich* aus Elbing, Abgeordneter für den Wahlbezirk Elbing-Marienburg in Preußen.

Wilhelm *Bachmayer* aus Forchheim, Abgeordneter für den Wahlbezirk Forchheim.

Gustav Adolf *Stenzel* aus Breslau, Abgeordneter für Neumarkt und Striegau in Schlesien.

Franz August *Mammen* aus Plauen, Abgeordneter für den 12. sächsischen Wahlbezirk.

Ernst *Nizze* aus Stralsund, für den 15. Pommerschen Wahlbezirk.

Heinrich Carl *Esmarch* aus Schleswig, für den fünften Schleswigschen Wahldistrict.

G. *Gulden* von Zweibrücken, Abgeordneter für den 3. pfälzischen Wahlbezirk

Friedrich *Schulz* von Weilburg, Abgeordneter für den 3. nassauischen Wahlbezirk.

A. Fr. *Gfrörer* von Calw, Abgeordneter für Ehingen-Münsingen.

Richard *Pinckert* aus Zeitz, für die Wahlbezirke Zeitz – Weissenfels, Provinz Sachsen.

Heinrich *Henkel* aus Cassel für den 1. kurhessischen Wahlbezirk.

Wilhelm *Gysae* aus dem Wahlbezirk Prenzlau, Provinz Brandenburg.

A. *Christ* aus Bruchsal in Baden.

Josef *Rank* aus Wien.

Ambrosch aus dem Waldbezirk Ohlau und Strehlen in Preuß. Schlesien.

Böcking, Abgeordneter des 11. rheinpreußischen Wahlbezirks.

Fr. *Vischer* aus Tübingen.

C. *Schwarz* aus Halle.

Hermann *Loew* aus Posen.

Cyprian *Leleck* aus Hultschin in Oberschlesien.

Köhler aus Seehausen.

Heinrich *Waldmann* aus Heiligenstadt.

Hillart *Cropp* aus Oldenburg, Abgeordneter für Kniphausen.

Dr. H. C. *Scholten* aus Wardt bei Xanten für den 31. rheinpreußischen Wahlbezirk.

Heimbrod aus Sohrau für den 35. Schlesischen Wahlbezirk.

Engel aus Culm.

Friedrich Gottlieb *Becker* aus Gotha.

Deiters, Abgeordneter des 16. rheinpreußischen Wahlbezirks Bonn-Rheinbach.

Grubert aus Breslau.

Albert Julius v. *Gladis,* Abgeordneter des 14. preuß. schlesisch. Wahlbezirks.

Carl *Rättig*, Abgeordneter für den Wahlbezirk Potsdam, Prov. Brandenburg.

Conrad *Cucumus* aus München, Abgeordneter für Schweinfurt.

E. M. *Arndt* aus Bonn, Reichstagsmann für den Kreis Solingen.

John A. *Droege* aus Bremen, Abgeordneter des 18. hannöv. Wahlbezirks.

Friedrich Wilhelm *Schepp* aus Wiesbaden, Abgeordneter des 4. nassauischen Wahlbezirks.

Wilhelm *Jacobi*, Abgeordneter des fünften Kurhessischen Wahlbezirks.

Albert *Sprengel* aus Waren, Abgeordneter des siebenten Mecklenburgischen Wahlbezirks.

Albert *Schott* aus Stuttgart, Abgeordneter des dritten Württemb. Wahlbezirks des Neckarkreises (Böblingen.)

Friedrich v. *Selasinsky* aus Berlin, Abgeordneter des 13. Brandenburgischen Wahlbezirks

Soiron aus Mannheim.

Riesser aus Hamburg, Abgeordneter für Lauenburg.

G. *Beseler* aus Greifswalde.

Stephan *Matthies* aus Greifswalde für den Wahlbezirk Gremmen.

Dr. *Kahlert* aus Leobschütz in Schlesien.

Ch. *München* aus und für Luxemburg.

Hans v. *Raumer* aus Dinkelsbühl in Bayern.

Dr. *Stieber* aus Budissin, Abgeordneter des 3. sächsischen Wahlbezirks.

Titus *Mareck* aus Steiermark.

C. *Welcker* von Heidelberg.

Bauer aus Bamberg, Abgeordneter des 5. mittelfränkischen Wahlbezirks.

Theodor *Paur* aus Neisse, Abgeordneter des 29. preuß.-schles. Wahlbezirkes (Grottkau-Falkenberg).

August Heinrich *Oberg* aus Hildesheim

C. F. *Wurm,* für den ersten Wahlbezirk im würtembergischen Neckarkreise.

W. *Schrader,* Abgeordneter für Brandenburg a/H.

Dr. Wilhelm *Krafft* aus Nürnberg.

Breusing aus Osnabrück.

Herrmann *Metzke* von Sagan für Sagan Sprottau.

Dr. F. *Lammers* aus Erlangen.

Emst Erasmus *Vogel* aus Guben, Abgeordneter für den 23. brandenburgischen Wahlbezirk.

Hermann *von Kösteritz,* Abgeordneter für Elberfeld.

Karl *Zittel* aus Heidelberg, Abgeordneter für Karlsruhe.

Heinrich Schirmeister, Abgeordneter für Insterburg und Niederung.

Franz v. *Schleusing,* Abgeordneter für Rastenburg und Lötzen.

Johannes *Zeltner* aus Nürnberg für den Wahlbezirk Fürth.

Albert Kosmann aus Stettin, Abgeordneter für den 10. Wahlbezirk von Pommern.

Ernst *Deecke,* Abgeordneter der freien Stadt Lübeck.

Dr. Gustav *Schwetschke* aus Halle, Wahlbezirk Sangerhausen-Querfurth.

Giesebrecht aus Stettin.

C. *Marcus* aus Bartenstein, für den Wahlbezirk Friedland und Gerdauen.

Nerreter, für den Wahlbezirk Fraustadt in Deutsch-Posen.

Backhaus, für Waldeck und Pyrmont.

J. B. *Mann* jun. aus Rostock.

Gustav *Hofmann,* Abgeordneter des 8. Wahlbezirks im Großherzogthum Hessen.

Wilhelm *Stahl* aus Erlangen, Abgeordneter für den Wahlbezirk Ellingen in Bayern.

Schierenberg aus Detmold, Abgeordneter für Lippe.

Carl *Kotschy,* Pastor aus Ustron, Abgeordneter für den Bielitzer Wahlbezirk im österreichischen Schlesien.

E. *Viebig* aus Posen.

Franz *Möller*, Abgeordneter des Wahlbezirks Reichenberg in Böhmen.

Wilhelm *Junkmann* aus Münster, Wahlkreis Recklinghausen, Haltern, Dorsten, Dülmen.

Frisch aus Stuttgart.

Ph. J. *Caspers* aus Coblenz.

Aug. *Drechsler* aus Rostock, Abgeordneter des 5. Mecklenburg-Schwerin'schen Wahlreises.

Freese aus Stargard in Pommern.

Gustav Rob. *Groß,* Abg. für den Wahlbezirk Nimes in Böhmen.

Aloysius Mutius *Ottow,* Abgeordneter für die Kreise Wehlau und Labiau in Ostpreußen.

Max. Heinr. *Rüder* aus und für Oldenburg.

Werner Johannes, Abgeordneter für Meiningen.

Graf von *Giech* für Hof.

Theodor *Reh* von Darmstadt, Abgeordneter für den Großherzogl. Hessischen Wahlbezirk Offenbach.

Goltz, Abgeordneter für die Wahlkreise Brieg-Namslau.

Martiny aus Pr. Friedland, Abg. für den Wahlkreis Schlochau-Flatow in Westpreußen.

F. Zachariä, Abgeordneter von Anhalt-Bernburg.

Adolf von *Zerzog* aus Regensburg.

Gustav *Langerfeldt* von Woltenbüttel.

Hennig aus Dempowalonka in Westpreußen.

August *Klett* von Heilbronn, Abgeordneter des 8. Württembergischen Wahlbezirks (Neckarkreis).

v. *Borries,* Abgeordneter für den Wahlkreis Carthaus-Neustadt.

Carl *Laudien* aus Königsberg in Preußen, Abgeord. für den Wahlkreis Goldap-Oletzno.

J. P. *Welter,* Vertreter für den Wahlbezirk Merzig (in Rheinpreußen).

Dr. Maximilian Carl Friedrich Wilhelm *Grävell*, Vertreter des Rothenburg-Hoyerswerdaer Kreises in der Oberlausitz.

Ludwig *Ehrlich* aus Murzinek, Abgeord. für den Kreis Inowraclaw.

Georg Bernhard *Simson* aus Königsberg, Vertreter des Kreises preußisch Stargard und Schwetz.

Robert *Schick,* Abgeord. für den Wahlbezirk Weissensee-Erfurt in Preußen.

Dr. Paul *Herzog* aus Ebermannstadt, Vertreter des Wahlbezirks Pottenstein, bair. Oberfranken.

Teichert aus Berlin.

Göden aus Krotoschin.

Brons aus Emden.
Schultze aus Liebau.
Franz *Stark* aus Krumau.
Julius *Jordan* aus Gollnow.
Carl Friedrich *Bandelow* aus Kranz.
Franz *Hedrich* aus Prag.
Emil *Wagner* aus Jastrow.
Heinrich *Simon* aus Breslau, Abg. für Magdeburg.
Wilhelm *Leverkus* aus Oldenburg, für den rheinpreußischen Wahlkreis Lennep.
Georg *Waitz* aus Göttingen (Abg. v. Kiel).
August *Hirschberg* aus Sondershausen.
August *Hergenhahn* aus Wiesbaden.
Wilhelm *Oertel* aus Mittelwalde.
Heinrich *Reitter* aus Prag, für Böhmisch-Leipa.
Eberhard *Kaefferlein* aus Bayreuth.
August *Emmerling* aus Darmstadt.
R. *Haym* aus Halle.
Joseph *Kutzen* aus Breslau.
Carl Fuchs aus Breslau.
Sturm aus Sorau.
Siehr aus Gumbinnen.
Franz *Bresgen* aus Ahrweder.
L. F. *Houben* für Geldern.
Ph. *Schwarzenberg* aus Cassel.
Joh. Gustav *Droysen* aus Kiel.
Kerst aus Meseritz.
Lette aus Berlin.
Sylvester *Jordan.*
C. *Spatz* aus Frankenthal.
Moritz *Hartmann* für Leitmeritz in Böhmen.
Carl *Francke* aus Schleswig.
A. *Hollandt* aus Braunschweig.
Gustav Graf *Keller* aus Erfurt.
Eugen *Bock* aus pr. Minden.
Werthmüller aus Fulda.
Otto v. *Keudell* aus Berlin.
Gottlieb Ch. *Schüler* aus Jena.
C. W. *Wippermann* aus Cassel.
Thomas *Mayer* aus Ottobeuern, bairischen Wahlbezirks Memmingen.
Schenck aus Dillenburg.
Max *Simon* aus Breslau, Abg. des 13. schlesischen Wahlbezirks (Steinau-Wohlau-Guhrau).

Moritz *Mayfeld* aus Wien.

Wilhelm *Weissenborn* aus Eisenach.

Franz *Heisterbergk* aus Rochlitz.

K. *Jürgens,* Abg. für den 3. braunschweigischen Wahlbezirk.

v. *Buttel* aus Oldenburg.

A. *Cramer* aus Cöthen.

Kaspar Arnold Gottf. Jos. *Engel* Abgeordneter aus Holstein.

Adolph *Schmidt* aus Berlin, Abgeordneter des **i.** Brandenburg'schen Wahlbezirks (Berlin).

J. *Pinder,* Abgeordneter des Wahlkreises Lauban in Schlesien.

W. v. *Kalkstein,* Abg. des Wahlkreises preußisch Eilau in Ostpreußen.

Karl *Mertel,* Abgeordneter des Wahlbezirks Cronach in Baiern.

Heinrich *Anz,* Abgeordneter des Wahlbezirks Graudenz in Westpreußen.

Eduard Heinrich Wilhelm *Tannen* aus Zilenzig, Abgeordneter für den 22. Brandenburg'schen Wahlbezirk.

Carl *Versen* aus Nieheim, Abgeordneter des 6. westphälischen Wahlbezirks (Höxter-Warburg).

Alexander *Küntzel* aus Wolka, Abgeordneter des Neidenburg-Osteroder Wahlbezirks in Ostpreußen.

Reisinger aus Freistadt in Ober-Oesterreich.

Robert *Rothe* aus Berlin, für den Wahlbezirk Marienwerder-Rosenberg.

Carl *Cetto* aus Trier, für den vierten rheinpreußischen Wahlbezirk (St. Wendel-Ottweiler).

Wilhelm v. *Neischütz* aus Königsberg, für den Wahlbezirk Königsberg-Fischhausen.

Erdwin *von der Horst* II. aus Rotenburg, 17. hannoverscher Wahlbezirk.

Christian *Minkus* aus Marienfeld, für den Kreutzburger und Rosenberger Wahlbezirk.

Gottlieb Wilhelm *Freudentheil* aus Stade, 16. hannoverscher Wahlbezirk.

August *Prinzinger* aus Salzburg, für den Wahlbezirk St. Pölten in Nieder-Oesterreich.

Carl v. *Sänger* aus der Provinz Posen, für den Wirsitz-Chadzieswer Wahlbezirk.

Johann Carl Ernst *Kunth* aus Bunzlau in Schlesien.

Jacob Guido Theodor *Gülich* aus Schleswig.

J. L. *Tellkampf* aus Breslau, für den 24. schlesischen Wahlbezirk.

J. M. *von Radowitz* aus Rüthen.

Ernst Eduard *Eckert,* für den Wahlkreis Bromberg.

Friedrich August *Fritzsche* aus Roda, für das Herzogthum Altenburg.

Karl Emanuel *Groß* aus Leer in Ostfriesland, Abgeordneter des 24. Hannoverschen Wahlbezirks.

Arnold *Schlüter* von Paderborn.

Karl *Sellmer* aus Landsberg an der Warte.

Gustav Freiherr *von Amstetter*, für den 21. schlesischen Wahlbezirk (Breslau).

Alexander *Falk*, für Militsch-Wartenberg in Schlesien.

Carl Heinrich *Ebmeier*, für den Wahlbezirk Lübbecke in Westphalen.

Friedrich *Roeder* aus Neustettin, für den 5. Pommerschen Wahlbezirk.

Ch. *Becker* für die rheinpreußischen Wahlkreise Daun, Brüm und Bitburg.

Joseph *Brockhausen*, für den Wahlkreis Münster in Westphalen.

J. *Förster* aus Hünfeld, Abgeordneter des 11. kurhessischen Wahlbezirks.

Johann *Demel*, für den Wahlbezirk Teschen in österreichisch Schlesien.

August Ernst *Braun*, aus Cöslin für den 4. pommerschen Wahlbezirk.

Otto *Plathner*, für den Wahlkreis Halberstadt-Wernigerode.

Carl *Bernhardi* aus Cassel, für den 2. kurhessischen Wahlbezirk.

Wilhelm *Behncke*, für den 4. hannoverschen Wahlbezirk.

Franz *Tappehorn*, für den Wahlbezirk Oldenburg.

Christian Heinrich *Plaß* aus Stade, Abgeordneter des 19. hannoverschen Wahlbezirks.

Adolph *Richter* aus Danzig, Abgeordneter für die Kreise Danzig und Berendt.

August Hermann *Ziegert*, Abgeordneter für den Wahlbezirk Minden in Westphalen.

J. Friedrich *Schütz* aus Mainz, Abgeordneter des 11. Wahlbezirks des Großherzogthums Hessen.

Friedrich *Federer* aus Stuttgart.

Georg *Pfahler* aus Tettnang, Abgeordneter des 4. Oberschwäbischen Wahlbezirks, Königreich Würtemberg.

Friedrich *Anders* aus Goldberg, Abgeordneter für den 8. schlesischen Wahlbezirk.

Wilhelm August *Zöllner*, Abgeordneter für den 2. Wahlbezirk des Königreichs Sachsen.

Ludwig *Reinhard*, Abgeordneter für Mecklenburg-Schwerin.

F. C. *Hoenniger*, Abgeordneter für Schwarzburg-Rudolstadt.

Anderson aus Frankfurt a. d. Oder für den 16. brandenburg'schen Wahlbezirk.

Emil Franz *Rößler* aus Wien, Abgeordneter für Saaz in Böhmen.

Franz *Makowiczka*, Abgeordneter für Komotau inBöhmen.

Julius *Scharre*, Abgeordneter des 4. Wahlbezirks des Königreichs Sachsen.

Friedrich *Löw* aus Magdeburg, Abgeordneter für den Kreis Neuhaldensleben in der preußischen Provinz Sachsen.

Wilhelm Erdmann Florian *von Thielau*, Abgeordneter für den 4. braunschweig'schen Wahlbezirk.

Gustav Carl Albrecht Fürchtegott, Graf *von der Goltz*, Abgeordneter für den Wahlbezirk Czarnikow-Chodziesen, Königreich Preußen, Departement Bromberg.

Carl *Hahn*, Abgeordneter der Kreise Allenstein und Rössel (Preußen).

Rudolph *Christmann* aus Dürkheim, Abgeordneter für den Neustadter-Dürkheimer Wahlbezirk in Rheinbaiern.

Friedrich Wilhelm *Schlöffel* aus Halbendorf, Abgeordneter für den Kreis Hirschberg in Schlesien.

Hellmuth *Wöhler* aus Schwerin, Abgeordneter des 2. Meckl.-Schwer. Wahlbezirks.

Ernst Ludwig *Mauckisch*, Abgeordneter für den 17. Wahlbezirk im Königreich Sachsen.

Carl *Helbing*, Abgeordneter für den Wahlbezirk Stadt- und Land-Amt Freyburg in Baden.

Eduard *Strache*, Kaufmann aus Rumburg, für den Wahlbezirk Tetschen in Böhmen.

Jos. *Schneider*, Dr. j. aus Wien, gewählt im Wahlbezirk Müglitz in Mähren.

Ad. *Kolaczek*, für den Wahlbezirk Ostrau in österr. Schlesien.

Wilhelm Otto *Liebmann* aus Perleberg, für den 7. Brandenburgischen Wahlbezirk.

Gustav Adolph *Rösler*, Gymnasiallehrer aus Oels, gewählt für den schlesischen Wahlbezirk Oels-Wartenberg.

Gustav Moritz *Hallbauer* aus Meißen, für den 20. Wahlbezirk im Königreich Sachsen.

Heinrich Guischard v. *Quintus-Icilius* aus Fallingbostel, für den 15. Hannover'schen Wahlbezirk.

Ferdinand *Haubenschmied* aus Passau, für den Wahlbezirk Passau.

Johann Jacob *Lauk* aus München, für den Wahlbezirk Arnstein.

Paur aus Augsburg.

H. *Böcler* aus Schwerin für den 3. Mecklenburg-Schwerin'schen Wahlbezirk.

Traugott *Trabert* aus Rausche (Görlitz. Haide), für den Wahlbezirk Görlitz (2. schles.), luth. evang. Pfarrer.

Friedrich von *Raumer* aus Berlin.

Robert *Walter* aus Neustadt o/S., Abgeordneter für den 39. Schlesischen Wahlbezirk.

Franz *Scholz* aus Neisse, Abgeordneter für den 28. preußisch-schlesischen Wahlbezirk.

Dr. *Mohr* von Oberingelheim, Wahlbezirk Worms, Rheinhessen.

Wilhelm Adolph von *Trützschler*, Abgeordneter des 13. K. Sächsischen Wahlbezirks.

J. *Bürgers*, Abgeordneter für Landkreis Köln und Mülheim am Rhein, Rheinpreußen.

Philipp *Geigel*, Abg. des Bezirks Kitzingen in Bayern.

Werner von *Selchow*, Abgeordneter für den Bezirk Lauenburg-Bütow in Pommern.

Julius von *Treskow*, Abgeordneter für Schubin in Deutsch-Posen.

Moriz *Briegleb*, Abgeordneter für Coburg.

Med. Dr. W. *Raus*, gewählt für Kromau in Mähren.

Christian *Lodemann*, Regierungsrath zu Lüneburg, Abgeordneter des 13. Hannov. Wahldistricts.

Wilhelm *Schultze* aus Potsdam, für den 8. Brandenburgischen Wahlbezirk (Ruppin u. Ost-Priegnitz).

Mittermaier aus Heidelberg.

Dr. *Eisenmann* aus Würzburg, Abgeordneter für Würzburg.

Friedrich Wilhelm *von Reden* aus Hannover, Abgeordneter für den Harz.

Carl v. *Stremayr,* Abgeordneter für den Wahlbezirk Kindberg in Steyermark.

Carl Theodor *Gevekoht,* Abgeordneter für Bremen.

Carl *Vogt,* Abgeordneter für den 6. hessischen Wahlbezirk (Gießen-Biedenkopf-Vöhl).

Gustav *Kratz,* Abgeordneter für den 2. pommer'schen Wahlbezirk (Stolpe).

Robert Plehn, Abgeordneter für den 32. preußischen Wahlbezirk.

Gustav *Mevissen,* Abgeordneter für Siegen.

Moritz *Veit,* Abgeordneter für Berlin.

Franz *Schmidt,* Abgeordneter für Löwenberg.

Max *Duncker,* Abg. für Halle und den Saalkreis.

Lulius Carl *Pannier,* Abgeordneter für Anhalt-Dessau.

Karl Ludwig *Langbein* aus Wurzen, Abgeordneter des 5. Wahlbezirks im Königreich Sachsen.

Gustav *Rümelin*, Abgeordneter des Wahlbezirks Kirchheim-Nürtingen in Würtemberg.

Heinrich Thöl, Abgeordneter für Mecklenburg-Strelitz.

Adolph Cnyrim, Abgeordneter für Kurhessen.

Friedrich Ludwig *Jahn* von Freiburg an der Unstrut, Abgeordneter des 16. Wahlbezirks von Preußisch-Sachsen.

Schaedler Karl, Abgeordneter des Fürstenthums Liechtenstein.

Gustav *Codeffroy,* Abgeordneter für Hamburg.

Hermann, Freiherr von *Rotenhan* aus Rentweinsdorf, Abgeordneter für den Wahlbezirk Nördlingen.

Christian *Widenmann* aus Düsseldorf, Abgeordneter für den rheinpreußischeu Wahlbezirk Gladbach.

Emmanuel *Servais* aus Luxemburg, Abgeordneter für Luxemburg.

Wilhelm Michael *Schaffrath,* Abgeordneter für den 24. Wahlbezirk des Königreichs Sachsen (Stolpen), aus Neustadt bei Stolpen.

Ernst Wilhelm Eduard *Zimmermann,* Dr. j. u. Obergerichtsassessor, Bürgermeister von Spandow, Abgeordneter zur deutschen Reichsversammlung für den Lukkauer Wahlbezirk.

Anton Pius Gustav Wilhelm v. *Wegnern,* Landrath, Abgeordneter für den Wahlbezirk Lyck und Johanisburg in Ostpreußen.

Ludwig *Bogen* von Michelstadt im Odenwald, Abgeordneter des 4. Wahlbezirks, Großherzogthum Hessen.

Hermann von *Massow* aus der Grafschaft Glatz.

Aug. Frhr. v. *Ende,* Landrath, aus Waldenburg in Schlesien.

Joh. Carl Lud. *Schreiber,* Abgeordneter für den 3. westfälischen Wahlbezirk.

J. *Venedey* (aus Cöln) für Hessen-Homburg,

W. *Wiest* aus Tübingen, für den 5. würtembergischen Wahlbezirk.

Dr. E. *Giskra* aus Wien, abgeordnet vom Wahlbezirke Mährisch-Trübau.

Eduard *Marcks* aus Duisburg, Abgeordneter des 30. (rhein.) preuß. Wahlbezirks.

Friedrich Wilhelm *Levysohn*, Dr. phil. und Buchhändler aus Grünberg in Schlesien, Abgeordneter für den 12. schlesischen Wahlbezirk (Grünberg Freistadt).

Johann Friedrich *Kierulff*, Oberappellationsrath aus Rostock, Abgeordneter für den ersten Mecklenburg-Schwerin'schen Wahldistrikt.

Ludwig *Simon* von Trier.

Adolph *Wiesner* von Wien, Abgeordneter für den Wahlbezirk Feldsberg in Niederösterreich.

Würth aus Sigmaringen.

Wilhelm *Zimmermann* aus Stuttgart.

Karl *Damm* aus Tauberbischofsheim in Baden.

Friedrich *Stavenhagen,* Oberst, Abgeordneter für Berlin.

Louis Müller aus Sonnenberg, Abgeordneter für Meiningen.

Gustav *Fischer* aus Jena, Abgeordneter für den vierten Wahlkreis des Großherzogthums Weimar.

Johann Gottlieb August *Naumann* aus Frankfurt an der Oder, Abgeordneter für den Wahlbezirk des Cottbus- und Spremberger Kreises der Provinz Brandenburg.

Johann Georg *Günther* aus Leipzig, Abgeordneter des X. Wahlbezirks im Königreich Sachsen.

Julius *Fröbel* aus Grießheim im Fürstenthum Schwarzburg-Rudolstadt, Abgeordneter für Reuß jüngerer Linie.

Carl Ludwig Rudolph *Hoppenstedt,* aus Hannover, Abgeordneter für den zweiten Wahldistrict im Königreich Hannover.

Ph. *Umbscheiden,* gewählt im ersten pfälz. Wahlbezirke zu Bergzabem (Bayern).

Ludwig *Bonardy* aus Greiz, Abgeordneter des Fürstenthums Reuß. älterer Linie.

Josef Hermann *Kudlich*, Abgeordneter für den österr. schlesischen Wahlbezirk Benisch.

Wilhelm *Hoffbauer* aus Nordhausen, als Abgeordneter gewählt für den Wahlbezirk Nordhausen-Werbis in der preußischen Provinz Sachsen.

Johann Friedrich *Rödinger*, Rechtsconsulent in Stuttgart, Abgeordneter für den würtembergischen Wahlbezirk Oehringen-Künzelsau.

Johannes *Fallati*, Abgeordneter für Horb-Herrenberg-Nagold in Würtemberg.

Wilhelm *Wernher* von Nierstein, Abgeordneter für Alsfeld in Hessen.

Remigius *Vogel*, Abgeordneter des Wahlbezirks Dillingen.

August *Reitmayr*, Kreis- und Stadtgerichtsrath aus Regensburg für den Wahlbezirk Weiden in der Oberpfalz.

Emil Adolf *Roßmäßler*, Abgeordneter des XXII. sächsischen Wahlbezirks.

August *Rühl*, Abgeordneter von Hanau.

Friedr. Theophil *Hensel* aus Kamenz, Abgeordneter des XXIII. Wahlbezirks im Königreich Sachsen.

G. F. *Kolb*, Bürgermeister von Speyer, Abgeordneter für den Pfälzischen Wahlbezirk Speyer-Edenkoben-Germersheim.

Karl *Matthy.*

Bassermann, aus Stadtprozelten in Bayern.

Ernst *Merck*, Kaufmann aus Hamburg, für Hamburg.

Theodor *Dietzsch,* Abgeordneter für den 13. sächsischen Wahlbezirk.

Friedrich Christoph *Dahlmann*, Abgeordneter des 6. holsteinischen Wahlbezirks.

Johann Friedrich *Nagel* aus Balingen, Abgeordneter des 2. würtembergischen Wahlbezirks im Schwarzwaldkreise.

Heinrich Albert *Zachariä* aus Göttingen, Abgeordneter des 6. hannoverschen Wahlbezirks.

August *Reinstein* aus Naumburg a. S., Abgeordneter des Wahlbezirks Naumburg-Eckartsberga (Pr. Sachsen).

August *Pfeiffer*, Abgeordneter für den Wahlbezirk Soldin-Arnswalde in der Neumark (Preußen).

Adolph *Schoder* aus Stuttgart, Abgeordneter für den Wahlbezirk Besigheim-Brackenheim im Königreich Würtemberg.

Hermann *von Beckerath,* Abgeordneter für Crefeld.

Ernst Friedrich *Gottschalk* aus Schopfheim, Abgeordneter für die Aemter Staufen, Mülheim, Schönau und St. Blasien (Baden).

Heinrich Julius *Kümmel,* Subrector am Gymnasium in Zittau, Abgeordneter für den ersten Wahlbezirk des Königreichs Sachsen.

Heinrich *Ahrends* aus Salzgitter, Abgeordneter für den hannoverschen Wahlbezirk Goslar-Halle-Alfeld-Bockenem.

Oskar *von Wydenbrugk*, Abgeordneter des 1. Wahlbezirks des Großherzogthums Sachsen-Weimar.

VERFASSUNGSURKUNDE FÜR DEN PREUSSISCHEN STAAT
vom 31. Januar 1850

Quelle: *Gesetz-Sammlung für die Königlichen Preußischen Staaten 1850, S. 17 ff.*

Wir Friedrich Wilhelm, von Gottes Gnaden, König von Preußen etc. thun kund und fügen zu wissen, daß Wir, nachdem die von Uns unterm 5. Dezember 1848. vorbehaltlich der Revision im ordentlichen Wege der Gesetzgebung verkündigte und von beiden Kammern Unseres Königreichs anerkannte Verfassung des preußischen Staats der darin angeordneten Revision unterworfen ist, die Verfassung in Uebereinstimmung mit beiden Kammern endgültig festgestellt haben.

Wir verkünden demnach dieselbe als Staatsgrundgesetz, wie folgt:

Titel I. Vom Staatsgebiete.

Art. 1. Alle Landestheile der Monarchie in ihrem gegenwärtigen Umfange bilden das preußische Staatsgebiet.

Art. 2. Die Gränzen dieses Staatsgebiets können nur durch ein Gesetz verändert werden.

Titel II. Von den Rechten der Preußen.

Art. 3. Die Verfassung und das Gesetz bestimmen, unter welchen Bedingungen die Eigenschaft eines Preußen und die staatsbürgerlichen Rechte erworben, ausgeübt und verloren werden.

Art. 4. Alle Preußen sind vor dem Gesetze gleich. Standesvorrechte finden nicht statt. Die öffentlichen Aemter sind, unter Einhaltung der von den Gesetzen festgestellten Bedingungen, für alle dazu Befähigten gleich zugänglich.

Art. 5. Die persönliche Freiheit ist gewährleistet. Die Bedingungen und Formen, unter welchen eine Beschränkung derselben, insbesondere eine Verhaftung zulässig ist, werden durch das Gesetz bestimmt.

Art. 6. Die Wohnung ist unverletzlich. Das Eindringen in dieselbe und Haussuchungen so wie die Beschlagnahme von Briefen und Papieren sind nur in den gesetzlich bestimmten Fällen und Formen gestattet.

Art. 7. Niemand darf seinem gesetzlichen Richter entzogen werden. Ausnahmegerichte und außerordentliche Kommissionen sind unstatthaft.

Art. 8. Strafen können nur in Gemäßheit des Gesetzes angedroht oder verhängt werden.

Art. 9. Das Eigenthum ist unverletzlich. Es kann nur aus Gründen des öffentlichen Wohles gegen vorgängige in dringenden Fällen wenigstens vorläufig festzustellende Entschädigung nach Maaßgabe des Gesetzes entzogen oder beschränkt werden.

Art. 10. Der bürgerliche Tod und die Strafe der Vermögenseinziehung finden nicht statt.

Art. 11. Die Freiheit der Auswanderung kann von Staatswegen nur in Bezug auf die Wehrpflicht beschränkt werden.
Abzugsgelder dürfen nicht erhoben werden.

Art. 12. Die Freiheit des religiösen Bekenntnisses, der Vereinigung zu Religionsgesellschaften (Art. 30. und 31.) und der gemeinsamen häuslichen und öffentlichen Religionsübung wird gewährleistet. Der Genuß der bürgerlichen und staatsbürgerlichen Rechte ist unabhängig von dem religiösen Bekenntnisse. Den bürgerlichen und staatsbürgerlichen Pflichten darf durch die Ausübung der Religionsfreiheit kein Abbruch geschehen.

Art. 13. Die Religionsgesellschaften, so wie die geistlichen Gesellschaften, welche keine Korporationsrechte haben, können diese Rechte nur durch besondere Gesetze erlangen.

Art. 14. Die christliche Religion wird bei denjenigen Einrichtungen des Staats, welche mit der Religionsübung im Zusammenhange stehen, unbeschadet der im Art. 12 gewährleisteten Religionsfreiheit, zum Grunde gelegt.

Art. 15. Die evangelische und die römisch-katholische Kirche, so wie jede andere Religionsgesellschaft, ordnet und verwaltet ihre Angelegenheiten selbstständig und bleibt im Besitz und Genuß der für ihre Kultus-, Unterrichts- und Wohlthätigkeitszwecke bestimmten Anstalten, Stiftungen und Fonds.

Art. 16. Der Verkehr der Religionsgesellschaften mit ihren Oberen ist ungehindert. Die Bekanntmachung kirchlicher Anordnungen ist nur denjenigen Beschränkungen unterworfen, welchen alle übrigen Veröffentlichungen unterliegen.

Art. 17. Ueber das Kirchenpatronat und die Bedingungen, unter welchen dasselbe aufgehoben werden kann, wird ein besonderes Gesetz ergehen.

Art. 18. Das Ernennungs-, Vorschlags-, Wahl- und Bestätigungsrecht bei Besetzung kirchlicher Stellen ist, so weit es dem Staate zusteht, und nicht auf dem Patronat oder besonderen Rechtstiteln beruht, aufgehoben.
Auf die Anstellung von Geistlichen beim Militair und an öffentlichen Anstalten findet diese Bestimmung keine Anwendung.

Art. 19. Die Einführung der Civilehe erfolgt nach Maaßgabe eines besonderen Gesetzes, was auch die Führung der Civilstandsregister regelt.

Art. 20. Die Wissenschaft und ihre Lehre ist frei.

Art. 21. Für die Bildung der Jugend soll durch öffentliche Schulen genügend gesorgt werden.

Eltern und deren Stellvertreter dürfen ihre Kinder oder Pflegebefohlenen nicht ohne den Unterricht lassen, welcher für die öffentlichen Volksschulen vorgeschrieben ist.

Art. 22. Unterricht zu ertheilen und Unterrichtsanstalten zu gründen und zu leiten, steht Jedem frei, wenn er seine sittliche, wissenschaftliche und technische Befähigung den betreffenden Staatsbehörden nachgewiesen hat.

Art. 23. Alle öffentlichen und Privat-Unterrichts- und Erziehungsanstalten stehen unter der Aufsicht vom Staate ernannter Behörden.

Die öffentlichen Lehrer haben die Rechte und Pflichten der Staatsdiener.

Art. 24. Bei der Einrichtung der öffentlichen Volksschulen sind die konfessionellen Verhältnisse möglichst zu berücksichtigen.

Den religiösen Unterricht in der Volksschule leiten die betreffenden Religionsgesellschaften.

Die Leitung der äußeren Angelegenheiten der Volksschule steht der Gemeinde zu. Der Staat stellt unter gesetzlich geordneter Betheiligung der Gemeinden, aus der Zahl der Befähigten die Lehrer der öffentlichen Volksschulen an.

Art. 25. Die Mittel zur Errichtung, Unterhaltung und Erweiterung der öffentlichen Volksschule werden von den Gemeinden, und im Falle des nachgewiesenen Unvermögens, ergänzungsweise vom Staate aufgebracht. Die auf besonderen Rechtstiteln beruhenden Verpflichtungen Dritter bleiben bestehen.

Der Staat gewährleistet demnach den Volksschullehrern ein festes, den Lokalverhältnissen angemessenes Einkommen.

In der öffentlichen Volksschule wird der Unterricht unentgeltlich ertheilt.

Art. 26. Ein besonderes Gesetz regelt das ganze Unterrichtswesen.

Art. 27. Jeder Preuße hat das Recht, durch Wort, Schrift, Druck und bildliche Darstellung seine Meinung frei zu äußern.

Die Censur darf nicht eingeführt werden; jede andere Beschränkung der Preßfreiheit nur im Wege der Gesetzgebung.

Art. 28. Vergehen, welche durch Wort, Schrift, Druck oder bildliche Darstellung begangen werden, sind nach den allgemeinen Strafgesetzen zu bestrafen.

Art. 29. Alle Preußen sind berechtigt, sich ohne vorgängige obrigkeitliche Erlaubniß friedlich und ohne Waffen in geschlossenen Räumen zu versammeln.

Diese Bestimmung bezieht sich nicht auf Versammlungen unter freiem Himmel, welche auch in Bezug auf vorgängige obRigkeitliche Erlaubniß der Verfügung des Gesetzes unterworfen sind.

Art. 30. Alle Preußen haben das Recht, sich zu solchen Zwecken, welche den Strafgesetzen nicht zuwiderlaufen, in Gesellschaften zu vereinigen.

Das Gesetz regelt, insbesondere zur Aufrechthaltung der öffentlichen Sicherheit, die Ausübung des in diesem und in dem vorstehenden Artikel (29.) gewährleisteten Rechts.

Politische Vereine können Beschränkungen und vorübergehenden Verboten im Wege der Gesetzgebung unterworfen werden.

Art. 31. Die Bedingungen, unter welchen Korporationsrechte ertheilt oder verweigert werden, bestimmt das Gesetz.

Art. 32. Das Petitionsrecht steht allen Preußen zu. Petitionen unter einem Gesammtnamen sind nur Behörden und Korporationen gestattet.

Art. 33. Das Briefgeheimniß ist unverletzlich. Die bei strafgerichtlichen Untersuchungen und in Kriegsfällen nothwendigen Beschränkungen sind durch die Gesetzgebung festzustellen.

Art. 34. Alle Preußen sind wehrpflichtig. Den Umfang und die Art dieser Pflicht bestimmt das Gesetz.

Art. 35. Das Heer begreift alle Abtheilungen des stehenden Heeres und der Landwehr.

Im Falle des Krieges kann der König nach Maßgabe des Gesetzes den Landsturm aufbieten.

Art. 36. Die bewaffnete Macht kann zur Unterdrückung innerer Unruhen und zur Ausführung der Gesetze nur in den vom Gesetze bestimmten Fällen und Formen und auf Requisition der Civilbehörde verwendet werden. In letzterer Beziehung hat das Gesetz die Ausnahmen zu bestimmen.

Art. 37. Der Militairgerichtsstand des Heeres beschränkt sich auf Strafsachen und wird durch das Gesetz geregelt. Die Bestimmungen über die Militairdisziplin im Heere bleiben Gegenstand besonderer Verordnungen.

Art. 38. Die bewaffnete Macht darf weder in noch außer dem Dienste berathschlagen oder sich anders, als auf Befehl versammeln. Versammlungen und Vereine der Landwehr zur Berathung militairischer Einrichtungen, Befehle und Anordnungen sind auch dann, wenn dieselbe nicht zusammenberufen ist, untersagt.

Art. 39. Auf das Heer finden die in den Art. 5., 6., 29., 30. und 32. enthaltenen Bestimmungen nur in soweit Anwendung, als die militärischen Gesetze und Disziplinarvorschriften nicht entgegenstehen.

Art. 40. Die Errichtung von Lehen und die Stiftung von Familien-Fideikommissen ist untersagt. Die bestehenden Lehen und Familien-Fideikommisse sollen durch gesetzliche Anordnung in freies Eigenthum umgestaltet werden. Auf Familien-Stiftungen finden diese Bestimmungen keine Anwendung.

Art. 41. Vorstehende Bestimmungen (Artikel 40.) finden auf die Thronlehen, das Königliche Haus- und Prinzliche Fideikommiß, sowie auf die außerhalb des Staats belegenen Lehen und die ehemals reichsunmittelbaren Besitzungen und Fideikommisse, insofern letztere durch das deutsche Bundesrecht gewährleistet sind, zur Zeit keine Anwendung. Die Rechtsverhältnisse derselben sollen durch besondere Gesetze geordnet werden.

Art. 42. Das Recht der freien Verfügung über das Grundeigenthum unterliegt keinen anderen Beschränkungen, als denen der allgemeinen Gesetzgebung. Die Theilbarkeit des Grundeigenthums und die Ablösbarkeit der Grundlasten wird gewährleistet.

Für die todte Hand sind Beschränkungen des Rechts, Liegenschaften zu erwerben und über sie zu verfügen, zulässig.

Aufgehoben ohne Entschädigung sind:

1) die Gerichtsherrlichkeit, die gutsherrliche Polizei und obrigkeitliche Gewalt, sowie die gewissen Grundstücken zustehenden Hoheitsrechte und Privilegien;

2) die aus diesen Befugnissen, aus der Schutzherrlichkeit, der früheren Erbunterthänigkeit, der früheren Steuer- und Gewerbeverfassung herstammenden Verpflichtungen.

Mit den aufgehobenen Rechten fallen auch die Gegenleistungen und Lasten weg, welche den bisherigen Berechtigten dafür oblagen.

Bei erblicher Ueberlassung eines Grundstückes ist nur die Uebertragung des vollen Eigenthums zulässig; jedoch kann auch hier ein fester ablösbarer Zins vorbehalten werden.

Die weitere Ausführung dieser Bestimmungen bleibt besonderen Gesetzen vorbehalten.

Titel III. Vom Könige.

Art. 43. Die Person des Königs ist unverletzlich.

Art. 44. Die Minister des Königs sind verantwortlich. Alle Regierungsakte des Königs bedürfen zu ihrer Gültigkeit der Gegenzeichnung eines Ministers, welcher dadurch die Verantwortlichkeit übernimmt.

Art. 45. Dem Könige allein steht die vollziehende Gewalt zu. Er ernennt und entläßt die Minister. Er befiehlt die Verkündigung der Gesetze und erläßt die zu deren Ausführung nöthigen Verordnungen.

Art. 46. Der König führt den Oberbefehl über das Heer.

Art. 47. Der König besetzt alle Stellen im Heere, sowie in den übrigen Zweigen des Staatsdienstes, sofern nicht das Gesetz ein Anderes verordnet.

Art. 48. Der König hat das Recht, Krieg zu erklären und Frieden zu schließen, auch andere Verträge mit fremden Regierungen zu errichten. Letztere bedürfen zu ihrer Gültigkeit der Zustimmung der Kammern, sofern es Handelsverträge sind, oder wenn dadurch dem Staate Lasten oder einzelnen Staatsbürgern Verpflichtungen auferlegt werden.

Art. 49. Der König hat das Recht der Begnadigung und Strafmilderung.

Zu Gunsten eines wegen seiner Amtshandlungen verurtheilten Ministers kann dieses Recht nur auf Antrag derjenigen Kammer ausgeübt werden, von welcher die Anklage ausgegangen ist.

Der König kann bereits eingeleitete Untersuchungen nur auf Grund eines besonderen Gesetzes niederschlagen.

Art. 50. Dem Könige steht die Verleihung von Orden und anderen mit Vorrechten nicht verbundenen Auszeichnungen zu.

Er übt das Münzrecht nach Maaßgabe des Gesetzes.

Art. 51. Der König beruft die Kammern und schließt ihre Sitzungen. Er kann sie entweder beide zugleich oder auch nur eine auflösen. Es müssen aber in einem solchen Falle innerhalb eines Zeitraums von sechzig Tagen nach der Auflösung die Wähler und innerhalb eines Zeitraums von neunzig Tagen nach der Auflösung die Kammern versammelt werden.

Art. 52. Der König kann die Kammern vertagen. Ohne deren Zustimmung darf diese Vertagung die Frist von dreißig Tagen nicht übersteigen und während derselben Session nicht wiederholt werden.

Art. 53. Die Krone ist, den Königlichen Hausgesetzen gemäß, erblich in dem Mannsstamme des Königlichen Hauses nach dem Rechte der Erstgeburt und der agnatischen Linealfolge.

Art. 54. Der König wird mit Vollendung des achtzehnten Lebensjahres volljährig.

Er leistet in Gegenwart der vereinigten Kammern das eidliche Gelöbniß, die Verfassung des Königreichs fest und unverbrüchlich zu halten und in Uebereinstimmung mit derselben und den Gesetzen zu regieren.

Art. 55. Ohne Einwilligung beider Kammern kann der König nicht zugleich Herrscher fremder Reiche sein.

Art. 56. Wenn der König minderjährig oder sonst dauernd verhindert ist, selbst zu regieren, so übernimmt derjenige volljährige Agnat (Art. 53.), welcher der Krone am nächsten steht, die Regentschaft. Er hat sofort die Kammern zu berufen, die in vereinigter Sitzung über die Nothwendigkeit der Regentschaft beschließen.

Art. 57. Ist kein volljähriger Agnat vorhanden und nicht bereits vorher gesetzliche Fürsorge für diesen Fall getroffen, so hat das Staatsministerium die Kammern zu berufen, welche in vereinigter Sitzung einen Regenten erwählen. Bis zum Antritt der Regentschaft von Seiten desselben führt das Staatsministerium die Regierung.

Art. 58. Der Regent übt die dem Könige zustehende Gewalt in dessen Namen aus. Derselbe schwört nach Einrichtung der Regentschaft vor den vereinigten Kammern einen Eid, die Verfassung des Königreichs fest und unverbrüchlich zu halten und in Uebereinstimmung mit derselben und den Gesetzen zu regieren.

Bis zu dieser Eidesleistung bleibt in jedem Falle das bestehende gesammte Staatsministerium für alle Regierungshandlungen verantwortlich.

Art. 59. Dem Kron-Fideikommißfonds verbleibt die durch das Gesetz vom 17. Januar 1820. auf die Einkünfte der Domainen und Forsten angewiesene Rente.

Titel IV. Von den Ministern.

Art. 60. Die Minister, so wie die zu ihrer Vertretung abgeordneten Staatsbeamten haben Zutritt zu jeder Kammer und müssen auf ihr Verlangen zu jeder Zeit gehört werden.

Jede Kammer kann die Gegenwart der Minister verlangen.

Die Minister haben in einer oder der anderen Kammer nur dann Stimmrecht, wenn sie Mitglieder derselben sind.

Art. 61. Die Minister können durch Beschluß einer Kammer wegen des Verbrechens der Verfassungsverletzung, der Bestechung und des Verrathes angeklagt werden. Ueber solche Anklage entscheidet der oberste Gerichtshof der Monarchie in vereinigten Senaten. So lange noch zwei oberste Gerichtshöfe bestehen, treten dieselben zu obigem Zwecke zusammen.

Die näheren Bestimmungen über die Fälle der Verantwortlichkeit, über das Verfahren und über die Strafen werden einem besonderen Gesetze vorbehalten.

Titel V. Von den Kammern

Art. 62. Die gesetzgebende Gewalt wird gemeinschaftlich durch den König und durch zwei Kammern ausgeübt.

Die Uebereinstimmung des Königs und beider Kammern ist zu jedem Gesetze erforderlich.

Finanzgesetz-Entwürfe und Staatshaushalts-Etats werden zuerst der zweiten Kammer vorgelegt; letztere werden von der ersten Kammer im Ganzen angenommen oder abgelehnt.

Art. 63. Nur in dem Falle, wenn die Aufrechthaltung der öffentlichen Sicherheit, oder die Beseitigung eines ungewöhnlichen Nothstandes es dringend erfordert, können, insofern die Kammern nicht versammelt sind, unter Verantwortlichkeit des gesammten Staatsministeriums, Verordnungen, die der Verfassung nicht zuwiderlaufen, mit Gesetzeskraft erlassen werden. Dieselben sind aber den Kammern bei ihrem nächsten Zusammentritt zur Genehmigung sofort vorzulegen.

Art. 64. Dem Könige, so wie jeder Kammer, steht das Recht zu, Gesetze vorzuschlagen.

Gesetzesvorschläge, welche durch eine der Kammern oder den König verworfen worden sind, können in derselben Sitzungsperiode nicht wieder vorgebracht werden.

Art. 65.[1] Die erste Kammer besteht:
   a) aus den großjährigen Königlichen Prinzen;
   b) aus den Häuptern der ehemals unmittelbaren reichsständischen Häuser in Preußen – und aus den Häuptern derjenigen Familien, welchen durch Königliche Verordnung das nach der Erstgeburt und Linealfolge zu vererbende Recht auf Sitz und Stimme in der ersten Kammer beigelegt wird. In dieser Verordnung werden zugleich die Bedingungen festgesetzt, durch welche dieses Recht an einen bestimmten Grundbesitz geknüpft ist. Das Recht kann durch Stellvertretung nicht ausgeübt werden und ruht während der Minderjährigkeit oder während eines Dienstverhältnisses zu der Regierung eines nichtdeutschen Staats, ferner auch so lange der Berechtigte seinen Wohnsitz außerhalb Preußen hat;
   c) aus solchen Mitgliedern, welche der König auf Lebenszeit ernennt. Ihre Zahl darf den zehnten Theil der zu a. und b. genannten Mitglieder nicht übersteigen;
   d) aus neunzig Mitgliedern, welche in Wahlbezirken, die das Gesetz feststellt, durch die dreißigfache Zahl derjenigen Urwähler (Art. 70.), welche die höchsten direkten Staatssteuern bezahlen, durch direkte Wahl nach Maaßgabe des Gesetzes gewählt werden;
   e) aus dreißig, nach Maaßgabe des Gesetzes von den Gemeinderäthen gewählten Mitgliedern aus den größeren Städten des Landes.
Die Gesammtzahl der unter a. bis c. genannten Mitglieder darf die Zahl der unter d. und e. bezeichneten nicht übersteigen.

Eine Auflösung der ersten Kammer bezieht sich nur auf die aus Wahl hervorgegangenen Mitglieder.

---

[1] Art. 65-68 geändert durch Gesetz vom 7. Mai 1853 (GS. 181):
   „Die Erste Kammer wird durch Königliche Anordnung gebildet, welche nur durch ein mit Zustimmung der Kammern zu erlassendes Gesetz abgeändert werden kann.
   Die Erste Kammer wird zusammengesetzt aus Mitgliedern, welche der König mit erblicher Berechtigung oder auf Lebenszeit beruft.“

Art. 66. Die Bildung der ersten Kammer in der Art. 65. bestimmten Weise tritt am 7. August des Jahres 1852. ein.

Bis zu diesem Zeitpunkte verbleibt es bei dem Wahlgesetze für die erste Kammer vom 6. Dezember 1848.

Art. 67. Die Legislatur-Periode der ersten Kammer wird auf sechs Jahre festgesetzt.

Art. 68. Wählbar zum Mitgliede der ersten Kammer ist jeder Preuße, der das vierzigste Lebensjahr vollendet, den Vollbesitz der bürgerlichen Rechte in Folge rechtskräftigen richterlichen Erkenntnisses nicht verloren und bereits fünf Jahre lang dem preußischen Staatsverbande angehört hat.

Die Mitglieder der ersten Kammer erhalten weder Reisekosten noch Diäten.

Art. 69. Die zweite Kammer besteht aus dreihundert und funfzig Mitgliedern. Die Wahlbezirke werden durch das Gesetz festgestellt. Sie können aus einem oder mehreren Kreisen oder aus einer oder mehreren der größeren Städte bestehen.

Art. 70. Jeder Preuße, welcher das fünf und zwanzigste Lebensjahr vollendet hat und in der Gemeinde, in welcher er seinen Wohnsitz hat, die Befähigung zu den Gemeindewahlen besitzt, ist stimmberechtigter Urwähler.

Wer in mehreren Gemeinden an den Gemeindewahlen Theil zu nehmen berechtigt ist, darf das Recht als Urwähler nur in Einer Gemeinde ausüben.

Art. 71. Auf jede Vollzahl von zweihundert und funfzig Seelen der Bevölkerung ist ein Wahlmann zu wählen. Die Urwähler werden nach Maaßgabe der von ihnen zu entrichtenden direkten Staatssteuern in drei Abtheilungen getheilt, und zwar in der Art, daß auf jede Abtheilung ein Drittheil der Gesammtsumme der Steuerbeträge aller Urwähler fällt.

Die Gesammtsumme wird berechnet:

a) gemeindeweise, falls die Gemeinde einen Urwahlbezirk für sich bildet;
b) bezirksweise, falls der Urwahlbezirk aus mehreren Gemeinden zusammengesetzt ist.

Die erste Abtheilung besteht aus denjenigen Urwählern, auf welche die höchsten Steuerbeträge bis zum Belaufe eines Drittheils der Gesammtsteuer fallen.

Die zweite Abtheilung besteht aus denjenigen Urwählern, auf welche die nächst niedrigeren Steuerbeträge bis zur Gränze des zweiten Drittheils fallen.

Die dritte Abtheilung besteht aus den am niedrigsten besteuerten Urwählern, auf welche das dritte Drittheil fällt.

Jede Abtheilung wählt besonders und zwar ein Drittheil der zu wählenden Wahlmänner.

Die Abtheilungen können in mehrere Wahlverbände eingetheilt werden, deren keiner mehr als fünfhundert Urwähler in sich schließen darf.

Die Wahlmänner werden in jeder Abtheilung aus der Zahl der stimmberechtigten Urwähler des Urwahlbezirks ohne Rücksicht auf die Abtheilungen gewählt.

Art. 72. Die Abgeordneten werden durch die Wahlmänner gewählt.

Das Nähere über die Ausführung der Wahlen bestimmt das Wahlgesetz, welches auch die Anordnung für diejenigen Städte zu treffen hat, in denen an Stelle eines Theils der direkten Steuern die Mahl- und Schlachtsteuer erhoben wird.

Art. 73. Die Legislatur-Periode der zweiten Kammer wird auf drei Jahre festgesetzt.

Art. 74. Zum Abgeordneten der zweiten Kammer ist jeder Preuße wählbar, der das dreißigste Lebensjahr vollendet, den Vollbesitz der bürgerlichen Rechte in Folge rechtskräftigen richterlichen Erkenntnisses nicht verloren und bereits drei Jahre dem preußischen Staatsverbande angehört hat.

Art. 75. Die Kammern werden nach Ablauf ihrer Legislatur-Periode neu gewählt. Ein Gleiches geschieht im Falle der Auflösung. In beiden Fällen sind die bisherigen Mitglieder wieder wählbar.

Art. 76. Die Kammern werden durch den König regelmäßig im Monat November jeden Jahres, und außerdem, so oft es die Umstände erheischen, einberufen.

Art. 77. Die Eröffnung und die Schließung der Kammern geschieht durch den König in Person oder durch einen dazu von ihm beauftragten Minister in einer Sitzung der vereinigten Kammern.

Beide Kammern werden gleichzeitig berufen, eröffnet, vertagt und geschlossen. Wird eine Kammer aufgelöst, so wird die andere gleichzeitig vertagt.

Art. 78. Jede Kammer prüft die Legitimation ihrer Mitglieder und entscheidet darüber. Sie regelt ihren Geschäftsgang und ihre Disziplin durch eine Geschäftsordnung und erwählt ihren Präsidenten, ihre Vicepräsidenten und Schriftführer.

Beamte bedürfen keines Urlaubs zum Eintritt in die Kammer.

Wenn ein Kammermitglied ein besoldetes Staatsamt annimmt und im Staatsdienste in ein Amt eintritt, mit welchem ein höherer Rang oder ein höheres Gehalt verbunden ist, so verliert es Sitz und Stimme in der Kammer und kann seine Stelle in derselben nur durch neue Wahl wieder erlangen.

Niemand kann Mitglied beider Kammern sein.

Art. 79. Die Sitzungen beider Kammern sind öffentlich. Jede Kammer tritt auf den Antrag ihres Präsidenten oder von zehn Mitgliedern zu einer geheimen Sitzung zusammen, in welcher dann zunächst über diesen Antrag zu beschließen ist.

Art. 80. Keine der beiden Kammern kann einen Beschluß fassen, wenn nicht die Mehrheit der gesetzlichen Anzahl ihrer Mitglieder anwesend ist. Jede Kammer faßt ihre Beschlüsse nach absoluter Stimmenmehrheit, vorbehaltlich der durch die Geschäftsordnung für Wahlen etwa zu bestimmenden Ausnahmen.

Art. 81. Jede Kammer hat für sich das Recht, Adressen an den König zu richten.

Niemand darf den Kammern oder einer derselben in Person eine Bittschrift oder Adresse überreichen.

Jede Kammer kann die an sie gerichteten Schriften an die Minister überweisen und von denselben Auskunft über eingehende Beschwerden verlangen.

Art. 82. Eine jede Kammer hat die Befugniß, Behufs ihrer Information Kommissionen zur Untersuchung von Thatsachen zu ernennen.

Art. 83. Die Mitglieder beider Kammern sind Vertreter des ganzen Volkes. Sie stimmen nach ihrer freien Ueberzeugung und sind an Aufträge und Instruktionen nicht gebunden.

Art. 84. Sie können für ihre Abstimmungen in der Kammer niemals, für ihre darin ausgesprochenen Meinungen nur innerhalb der Kammer auf den Grund der Geschäftsordnung (Art. 78.) zur Rechenschaft gezogen werden.

Kein Mitglied einer Kammer kann ohne deren Genehmigung während der Sitzungsperiode wegen einer mit Strafe bedrohten Handlung zur Untersuchung gezogen oder verhaftet werden, außer wenn es bei Ausübung der That oder im Laufe des nächstfolgenden Tages nach derselben ergriffen wird.

Gleiche Genehmigung ist bei einer Verhaftung wegen Schulden nothwendig.

Jedes Strafverfahren gegen ein Mitglied der Kammer und eine jede Untersuchungs- oder Civilhaft wird für die Dauer der Sitzungsperiode aufgehoben, wenn die betreffende Kammer es verlangt.

Art. 85. Die Mitglieder der zweiten Kammer erhalten aus der Staatskasse Reisekosten und Diäten nach Maaßgabe des Gesetzes. Ein Verzicht hierauf ist unstatthaft.

Titel VI. Von der richterlichen Gewalt.

Art. 86. Die richterliche Gewalt wird im Namen des Königs durch unabhängige, keiner anderen Autorität als der des Gesetzes unterworfene Gerichte ausgeübt.

Die Urtheile werden im Namen des Königs ausgefertigt und vollstreckt.

Art. 87. Die Richter werden vom Könige oder in dessen Namen auf ihre Lebenszeit ernannt.

Sie können nur durch Richterspruch aus Gründen, welche die Gesetze vorgesehen haben, ihres Amtes entsetzt oder zeitweise enthoben werden. Die vorläufige Amtssuspension, welche nicht kraft des Gesetzes eintritt, und die unfreiwillige Versetzung an eine andere Stelle oder in den Ruhestand können nur aus den Ursachen und unter den Formen, welche im Gesetze angegeben sind, und nur auf Grund eines richterlichen Beschlusses erfolgen.

Auf die Versetzungen, welche durch Veränderungen in der Organisation der Gerichte oder ihrer Bezirke nöthig werden, finden diese Bestimmungen keine Anwendung.

Art. 88. Den Richtern dürfen andere besoldete Staatsämter fortan nicht übertragen werden. Ausnahmen sind nur auf Grund eines Gesetzes zulässig.

Art. 89. Die Organisation der Gerichte wird durch das Gesetz bestimmt.

Art. 90. Zu einem Richteramte darf nur der berufen werden, welcher sich zu demselben nach Vorschrift der Gesetze befähigt hat.

Art. 91. Gerichte für besondere Klassen von Angelegenheiten, insbesondere Handels- und Gewerbegerichte sollen im Wege der Gesetzgebung an den Orten errichtet werden, wo das Bedürfniß solche erfordert.

Die Organisation und Zuständigkeit solcher Gerichte, das Verfahren bei denselben, die Ernennung ihrer Mitglieder, die besonderen Verhältnisse der letzteren und die Dauer ihres Amtes werden durch das Gesetz festgestellt.

Art. 92. Es soll in Preußen nur Ein oberster Gerichtshof bestehen.

Art. 93. Die Verhandlungen vor dem erkennenden Gerichte in Civil- und Strafsachen sollen öffentlich sein. Die Oeffentlichkeit kann jedoch durch einen öffentlich zu verkündenden Beschluß des Gerichts ausgeschlossen werden, wenn sie der Ordnung oder den guten Sitten Gefahr droht.

In anderen Fällen kann die Oeffentlichkeit nur durch Gesetze beschränkt werden.

Art. 94. Bei den mit schweren Strafen bedrohten Verbrechen, bei allen politischen Verbrechen und bei allen Preßvergehen, welche das Gesetz nicht ausdrücklich ausnimmt, erfolgt die Entscheidung über die Schuld des Angeklagten durch Geschworene.

Die Bildung des Geschworenengerichts regelt das Gesetz.

Art. 95. Es kann durch ein mit vorheriger Zustimmung der Kammern zu erlassendes Gesetz ein besonderer Schwurgerichtshof errichtet werden, dessen Zuständigkeit die Verbrechen des Hochverraths und diejenigen schweren Verbrechen gegen die innere und äußere Sicherheit des Staats, welche ihm durch das Gesetz überwiesen werden, begreift. Die Bildung der Geschworenen bei diesem Gerichte regelt das Gesetz.

Art. 96. Die Kompetenz der Gerichte und Verwaltungsbehörden wird durch das Gesetz bestimmt. Ueber Kompetenzkonflikte zwischen den Verwaltungs- und Gerichtsbehörden entscheidet ein durch das Gesetz bezeichneter Gerichtshof.

Art. 97. Die Bedingungen, unter welchen öffentliche Civil- und Militairbeamte wegen durch Ueberschreitung ihrer Amtsbefugnisse verübter Rechtsverletzungen gerichtlich in Anspruch genommen werden können, bestimmt das Gesetz. Eine vorgängige Genehmigung der vorgesetzten Dienstbehörde darf jedoch nicht verlangt werden.

Titel VII. Von den nicht zum Richterstande gehörigen Staatsbeamten.

Art. 98. Die besonderen Rechtsverhältnisse der nicht zum Richterstande gehörigen Staatsbeamten, einschließlich der Staatsanwälte, sollen durch ein Gesetz geregelt werden, welches, ohne die Regierung in der Wahl der ausführenden Organe zweckwidrig zu beschränken, den Staatsbeamten gegen willkürliche Entziehung von Amt und Einkommen angemessenen Schutz gewährt.

Titel VIII. Von den Finanzen.

Art. 99. Alle Einnahmen und Ausgaben des Staats müssen für jedes Jahr im Voraus veranschlagt und auf den Staatshaushalts-Etat gebracht werden.
Letzterer wird jährlich durch ein Gesetz festgestellt.

Art. 100. Steuern und Abgaben für die Staatskasse dürfen nur, so weit sie in den Staatshaushalts-Etat aufgenommen oder durch besondere Gesetze angeordnet sind, erhoben werden.

Art. 101. In Betreff der Steuern können Bevorzugungen nicht eingeführt werden.
Die bestehende Steuergesetzgebung wird einer Revision unterworfen und dabei jede Bevorzugung abgeschafft.

Art. 102. Gebühren können Staats- oder Kommunalbeamte nur auf Grund des Gesetzes erheben.

Art. 103. Die Aufnahme von Anleihen für die Staatskasse findet nur auf Grund eines Gesetzes statt. Dasselbe gilt von der Uebernahme von Garantien zu Lasten des Staats.

Art. 104. Zu Etats-Ueberschreitungen ist die nachträgliche Genehmigung der Kammern erforderlich.
Die Rechnungen über den Staatshaushalts-Etat werden von der Ober-Rechnungskammer geprüft und festgestellt. Die allgemeine Rechnung über den Staatshaushalt jeden Jahres, einschließlich einer Uebersicht der Staatsschulden, wird mit den Bemerkungen der Ober-Rechnungskammer zur Entlastung der Staatsregierung den Kammern vorlegt.
Ein besonderes Gesetz wird die Einrichtung und die Befugnisse der Ober-Rechnungskammer bestimmen.

Titel IX. Von den Gemeinden, Kreis-, Bezirks- und Provinzialverbänden.

Art. 105. Die Vertretung und Verwaltung der Gemeinden, Kreise, Bezirke und Provinzen des preußischen Staats wird durch besondere Gesetze unter Festhaltung folgender Grundsätze näher bestimmt:

1) Ueber die innern und besondern Angelegenheiten der Provinzen, Bezirke, Kreise und Gemeinden beschließen aus gewählten Vertretern bestehende Versammlungen, deren Beschlüsse durch die Vorsteher der Provinzen, Bezirke, Kreise und Gemeinden ausgeführt werden.
Das Gesetz wird die Fälle bestimmen, in welchen die Beschlüsse dieser Vertretungen der Genehmigung einer höheren Vertretung oder der Staatsregierung unterworfen sind.

2) Die Vorsteher der Provinzen, Bezirke und Kreise werden von dem Könige ernannt.

Ueber die Betheiligung des Staats bei der Anstellung der Gemeindevorsteher und über die Ausübung des den Gemeinden zustehenden Wahlrechts wird die Gemeindeordnung das Nähere bestimmen.

3) Den Gemeinden insbesondere steht die selbstständige Verwaltung ihrer Gemeindeangelegenheiten unter gesetzlich geordneter Oberaufsicht des Staats zu.

Ueber die Betheiligung der Gemeinden bei Verwaltung der Ortspolizei bestimmt das Gesetz.

Zur Aufrechthaltung der Ordnung kann nach näherer Bestimmung des Gesetzes durch Gemeindebeschluß eine Gemeinde-Schutz- oder Bürgerwehr errichtet werden.

4) Die Berathungen der Provinzial-, Kreis- und Gemeindevertretungen sind öffentlich. Die Ausnahmen bestimmt das Gesetz. Ueber die Einnahmen und Ausgaben muß wenigstens jährlich ein Bericht veröffentlicht werden.

Allgemeine Bestimmungen.

Art. 106. Gesetze und Verordnungen sind verbindlich, wenn sie in der vom Gesetze vorgeschriebenen Form bekannt gemacht worden sind.

Die Prüfung der Rechtsgültigkeit gehörig verkündeter Königlicher Verordnungen steht nicht den Behörden, sondern nur den Kammern zu.

Art. 107. Die Verfassung kann auf dem ordentlichen Wege der Gesetzgebung abgeändert werden, wobei in jeder Kammer die gewöhnliche absolute Stimmenmehrheit bei zwei Abstimmungen, zwischen welchen ein Zeitraum von wenigstens ein und zwanzig Tagen liegen muß, genügt.

Art. 108. Die Mitglieder der beiden Kammern und alle Staatsbeamte leisten dem Könige den Eid der Treue und des Gehorsams und beschwören die gewissenhafte Beobachtung der Verfassung.

Eine Vereidigung des Heeres auf die Verfassung findet nicht statt.

Art. 109. Die bestehenden Steuern und Abgaben werden forterhoben, und alle Bestimmungen der bestehenden Gesetzbücher, einzelnen Gesetze und Verordnungen, welche der gegenwärtigen Verfassung nicht zuwiderlaufen, bleiben in Kraft, bis sie durch ein Gesetz abgeändert werden.

Art. 110. Alle durch die bestehenden Gesetze angeordneten Behörden bleiben bis zur Ausführung der sie betreffenden organischen Gesetze in Thätigkeit.

Art. 111. Für den Fall eines Krieges oder Aufruhrs können bei dringender Gefahr für die öffentliche Sicherheit die Artikel 5. 6. 7. 27. 28. 29. 30. und 36. der Verfassungs-Urkunde zeit- und distriktsweise außer Kraft gesetzt werden. Das Nähere bestimmt das Gesetz.

Uebergangsbestimmungen

Art. 112. Bis zum Erlaß des im Artikel 26. vorgesehenen Gesetzes bewendet es hinsichtlich des Schul- und Unterrichtswesens bei den jetzt geltenden gesetzlichen Bestimmungen.

Art. 113. Vor der erfolgten Revision des Strafrechts wird über Vergehen, welche durch Wort, Schrift, Druck oder bildliche Darstellung begangen werden, ein besonderes Gesetz ergehen.

Art. 114. Bis zur Emanirung der neuen Gemeindeordnung bleibt es bei den bisherigen Bestimmungen hinsichtlich der Polizeiverwaltung.

Art. 115. Bis zum Erlasse des im Art. 72. vorgesehenen Wahlgesetzes bleibt die Verordnung vom 30. Mai 1849., die Wahl der Abgeordneten zur zweiten Kammer betreffend, in Kraft.

Art. 116. Die noch bestehenden beiden obersten Gerichtshöfe sollen zu einem Einzigen vereinigt werden. Die Organisation erfolgt durch ein besonderes Gesetz.

Art. 117. Auf die Ansprüche der vor Verkündigung der Verfassungs-Urkunde etatsmäßig angestellten Staatsbeamten soll im Staatsdienergesetz besondere Rücksicht genommen werden.

Art. 118. Sollten durch die für den deutschen Bundesstaat auf Grund des Entwurfs vom 26. Mai 1849. festzustellende Verfassung Abänderungen der gegenwärtigen Verfassung nöthig werden, so wird der König dieselben anordnen und diese Anordnungen den Kammern bei ihrer nächsten Versammlung mittheilen.

Die Kammern werden dann Beschluß darüber fassen, ob die vorläufig angeordneten Abänderungen mit der Verfassung des deutschen Bundesstaats in Uebereinstimmung stehen.

Art. 119. Das im Art. 54. erwähnte eidliche Gelöbniß des Königs, so wie die vorgeschriebene Vereidigung der beiden Kammern und aller Staatsbeamten, erfolgen sogleich nach der auf dem Wege der Gesetzgebung vollendeten gegenwärtigen Revision dieser Verfassung. (Art. 62. und 108.)

Urkundlich unter Unserer Höchsteigenhändigen Unterschrift und beigedrucktem Königlichen Insiegel.

Gegeben Charlottenburg, den 31. Januar 1850.

(L.S.) Friedrich Wilhelm.

Graf v. Brandenburg.   v. Ladenberg.   v. Manteuffel.   v. Strotha.
v. d. Heydt.   v. Rabe.   Simons.   v. Schleinitz.

Bundes-Gesetzblatt
des
Deutschen Bundes.

№ 16.

(Nr. 628.) Gesetz, betreffend die Verfassung des Deutschen Reichs. Vom 16. April 1871.

Wir Wilhelm, von Gottes Gnaden Deutscher Kaiser, König von Preußen ꝛc.

verordnen hiermit im Namen des Deutschen Reichs, nach erfolgter Zustimmung des Bundesrathes und des Reichstages, was folgt:

§. 1.

An die Stelle der zwischen dem Norddeutschen Bunde und den Großherzogthümern Baden und Hessen vereinbarten Verfassung des Deutschen Bundes (Bundesgesetzbl. vom Jahre 1870. S. 627. ff.), sowie der mit den Königreichen Bayern und Württemberg über den Beitritt zu dieser Verfassung geschlossenen Verträge vom 23. und 25. November 1870. (Bundesgesetzbl. vom Jahre 1871. S. 9. ff. und vom Jahre 1870. S. 654. ff.) tritt die beigefügte

Verfassungs-Urkunde für das Deutsche Reich.

§. 2.

Die Bestimmungen in Artikel 80. der im §. 1. gedachten Verfassung des Deutschen Bundes (Bundesgesetzbl. vom Jahre 1870. S. 647.), unter III. §. 8. des Vertrages mit Bayern vom 23. November 1870. (Bundesgesetzbl. vom Jahre 1871. S. 21. ff.), in Artikel 2. Nr. 6. des Vertrages mit Württemberg vom 25. November 1870. (Bundesgesetzbl. vom Jahre 1870. S. 656.), über die Einführung der im Norddeutschen Bunde ergangenen Gesetze in diesen Staaten bleiben in Kraft.

Die dort bezeichneten Gesetze sind Reichsgesetze. Wo in denselben von dem Norddeutschen Bunde, dessen Verfassung, Gebiet, Mitgliedern oder Staaten, Indigenat, verfassungsmäßigen Organen, Angehörigen, Beamten, Flagge u. s. w. die Rede ist, sind das Deutsche Reich und dessen entsprechende Beziehungen zu verstehen.

Das-

Verfassung des Deutschen Reiches
vom 16. April 1871

Quelle: *Bundesgesetzblatt 1871, S. 64 ff.*

Wir Wilhelm, von Gottes Gnaden Deutscher Kaiser, König von Preußen etc. verordnen hiermit im Namen des Deutschen Reichs nach erfolgter Zustimmung des Bundesraths und des Reichstags, wie folgt:

§. 1. An die Stelle der zwischen dem Norddeutschen Bunde und den Großherzogthümern Baden und Hessen vereinbarten Verfassung des Deutschen Bundes (Bundesgesetzblatt vom Jahre 1870 Seite 627. ff.), sowie der mit den Königreichen Bayern und Württemberg über den Beitritt zu dieser Verfassung geschlossenen Verträge vom 23. und 25. November 1870 (Bundesgesetzblatt vom Jahre 1871 Seite 9. ff. und vom Jahre 1870 Seite 654. ff.) tritt die beigefügte:

V e r f a s s u n g s – U r k u n d e   f ü r   d a s   D e u t s c h e   R e i c h .

§. 2. Die Bestimmungen in Art. 80. der in §. 1. gedachten Verfassung des Deutschen Bundes (Bundesgesetzblatt vom Jahre 1870 S. 647), unter III. §. 8. des Vertrages mit Bayern vom 23. November 1870 (Bundesgesetzblatt vom Jahre 1871 S. 21 ff), in Art. 2. Nr. 6 des Vertrages mit Württemberg vom 25. November 1870 (Bundesgesetzblatt vom Jahre 1870 S. 656), über die Einführung der im Norddeutschen Bunde ergangenen Gesetze in diesen Staaten bleiben in Kraft.

Die dort bezeichneten Gesetze sind Reichsgesetze. Wo in denselben von dem Norddeutschen Bunde, dessen Verfassung, Gebiet, Mitgliedern oder Staaten, Indigenat, verfassungsmäßigen Organen, Angehörigen, Beamten, Flagge u.s.w. die Rede ist, sind das Deutsche Reich und dessen entsprechende Beziehungen zu verstehen.

Dasselbe gilt von denjenigen im Norddeutschen Bunde ergangenen Gesetzen, welche in der Folge in einem der genannten Staaten eingeführt werden.

§. 3. Die Vereinbarungen in dem zu Versailles am 15. November 1870 aufgenommenen Protokolle (Bundesgesetzblatt vom Jahre 1870 S. 650 ff), in der Verhandlung zu Berlin vom 25. November 1870 (Bundesgesetzblatt vom Jahre 1870 S. 657), dem Schlußprotokolle vom 23. November 1870 (Bundesgesetzblatt vom Jahre 1871 S. 23 ff.), sowie unter IV. des Vertrages mit Bayern vom 23. November 1870 (a.a.O. S. 21 ff.) werden durch dieses Gesetz nicht berührt.

Urkundlich unter Unserer Höchsteigenhändigen Unterschrift und beigedrucktem Kaiserlichen Insiegel.

Gegeben Berlin, den 16. April 1871.

Wilhelm

Fürst v. Bismarck

Verfassung des Deutschen Reichs.

Seine Majestät der König von Preußen im Namen des Norddeutschen Bundes, Seine Majestät der König von Bayern, Seine Majestät der König von Württemberg, Seine Königliche Hoheit der Großherzog von Baden und Seine Königliche Hoheit der Großherzog von Hessen und bei Rhein für die südlich vom Main belegenen Theile des Großherzogthums Hessen schließen einen ewigen Bund zum Schutze des Bundesgebietes und des innerhalb desselben gültigen Rechtes, sowie zur Pflege der Wohlfahrt des Deutschen Volkes. Dieser Bund wird den Namen *Deutsches Reich* führen und wird nachstehende

Verfassung

haben.

I. Bundesgebiet.

Art. 1. Das Bundesgebiet besteht aus den Staaten Preußen mit Lauenburg, Bayern, Sachsen, Württemberg, Baden, Hessen, Mecklenburg-Schwerin, Sachsen-Weimar, Mecklenburg-Strelitz, Oldenburg, Braunschweig, Sachsen-Meiningen, Sachsen-Altenburg, Sachsen-Koburg-Gotha, Anhalt, Schwarzburg-Rudolstadt, Schwarzburg-Sondershausen, Waldeck, Reuß älterer Linie, Reuß jüngerer Linie, Schaumburg-Lippe, Lippe, Lübeck, Bremen und Hamburg.

II. Reichsgesetzgebung.

Art. 2. Innerhalb dieses Bundesgebietes übt das Reich das Recht der Gesetzgebung nach Maßgabe des Inhalts dieser Verfassung und mit der Wirkung aus, daß die Reichsgesetze den Landesgesetzen vorgehen. Die Reichsgesetze erhalten ihre verbindliche Kraft durch ihre Verkündigung von Reichs wegen, welche vermittelst eines Reichsgesetzblattes geschieht. Sofern nicht in dem publizirten Gesetze ein anderer Anfangstermin seiner verbindlichen Kraft bestimmt ist, beginnt die letztere mit dem vierzehnten Tage nach dem Ablauf desjenigen Tages, an welchem das betreffende Stück des Reichsgesetzblattes in Berlin ausgegeben worden ist.

Art. 3. Für ganz Deutschland besteht ein gemeinsames Indigenat mit der Wirkung, daß der Angehörige (Unterthan, Staatsbürger) eines jeden Bundesstaates in jedem anderen Bundesstaate als Inländer zu behandeln und demgemäß zum festen Wohnsitz, zum Gewerbebetriebe, zu öffentlichen Aemtern, zur Erwerbung von Grundstücken, zur Erlangung des Staatsbürgerrechtes und zum Genusse aller sonstigen bürgerlichen Rechte unter denselben Voraussetzungen wie der Einheimische zuzulassen, auch in Betreff der Rechtsverfolgung und des Rechtsschutzes demselben gleich zu behandeln ist.

Kein Deutscher darf in der Ausübung dieser Befugniß durch die Obrigkeit seiner Heimath, oder durch die Obrigkeit eines anderen Bundesstaates beschränkt werden.

Diejenigen Bestimmungen, welche die Armenversorgung und die Aufnahme in den lokalen Gemeindeverband betreffen, werden durch den im ersten Absatz ausgesprochenen Grundsatz nicht berührt.

Ebenso bleiben bis auf Weiteres die Verträge in Kraft, welche zwischen den einzelnen Bundesstaaten in Beziehung auf die Uebernahme von Auszuweisenden, die Verpflegung erkrankter und die Beerdigung verstorbener Staatsangehörigen bestehen.

Hinsichtlich der Erfüllung der Militairpflicht im Verhältniß zu dem Heimathslande wird im Wege der Reichsgesetzgebung das Nöthige geordnet werden.

Dem Auslande gegenüber haben alle Deutschen gleichmäßig Anspruch auf den Schutz des Reichs.

Art. 4. Der Beaufsichtigung Seitens des Reichs und der Gesetzgebung desselben unterliegen die nachstehenden Angelegenheiten:

1. die Bestimmungen über Freizügigkeit, Heimaths- und Niederlassungsverhältnisse, Staatsbürgerrecht, Paßwesen und Fremdenpolizei und über den Gewerbebetrieb, einschließlich des Versicherungswesens, soweit diese Gegenstände nicht schon durch den Artikel 3. dieser Verfassung erledigt sind, in Bayern jedoch mit Ausschluß der Heimaths- und Niederlassungs-Verhältnisse, desgleichen über die Kolonisation und die Auswanderung nach außerdeutschen Ländern;

2. die Zoll- und Handelsgesetzgebung und die für die Zwecke des Reichs zu verwendenden Steuern;

3. die Ordnung des Maaß-, Münz- und Gewichtssystems, nebst Feststellung der Grundsätze über die Emission von fundirtem und unfundirtem Papiergeld;

4. die allgemeinen Bestimmungen über das Bankwesen;

5. die Erfindungspatente;

6. der Schutz des geistigen Eigenthums;

7. Organisation eines gemeinsamen Schutzes des Deutschen Handels im Auslande, der Deutschen Schifffahrt und ihrer Flagge zur See und Anordnung gemeinsamer konsularischer Vertretung, welche vom Reiche ausgestattet wird;

8. das Eisenbahnwesen, in Bayern vorbehaltlich der Bestimmung im Artikel 46. und die Herstellung von Land- und Wasserstraßen im Interesse der Landesvertheidigung und des allgemeinen Verkehrs;

9. der Flößerei- und Schifffahrtsbetrieb auf den mehreren Staaten gemeinsamen Wasserstraßen und der Zustand der letzteren, sowie die Fluß- und sonstigen Wasserzölle;

10. das Post- und Telegraphenwesen, jedoch in Bayern und Württemberg nur nach Maßgabe der Bestimmung im Artikel 52.;
11. Bestimmungen über die wechselseitige Vollstreckung von Erkenntnissen in Civilsachen und Erledigung von Requisitionen überhaupt;
12. sowie über die Beglaubigung von öffentlichen Urkunden;
13. die gemeinsame Gesetzgebung über das Obligationenrecht, Strafrecht, Handels- und Wechselrecht und das gerichtliche Verfahren;
14. das Militairwesen des Reichs und die Kriegsmarine;
15. Maßregeln der Medizinal- und Veterinairpolizei;
16. die Bestimmungen über die Presse und das Vereinswesen.

Art. 5. Die Reichsgesetzgebung wird ausgeübt durch den Bundesrath und den Reichstag. Die Uebereinstimmung der Mehrheitsbeschlüsse beider Versammlungen ist zu einem Reichsgesetze erforderlich und ausreichend.

Bei Gesetzesvorschlägen über das Militairwesen, die Kriegsmarine und die im Artikel 35. bezeichneten Abgaben giebt, wenn im Bundesrathe eine Meinungsverschiedenheit stattfindet, die Stimme des Präsidiums den Ausschlag, wenn sie sich für die Aufrechthaltung der bestehenden Einrichtungen ausspricht.

III. Bundesrath.

Art. 6. Der Bundesrath besteht aus den Vertretern der Mitglieder des Bundes, unter welchen die Stimmführung sich in der Weise vertheilt, daß Preußen mit den ehemaligen Stimmen von

Hannover, Kurhessen, Holstein, Nassau und Frankfurt	17 Stimmen
führt, Bayern..	6 "
Sachsen	4 "
Württemberg	4 "
Baden..	3 "
Hessen...	3 "
Mecklenburg-Schwerin	2 "
Sachsen-Weimar.......................................	1 "
Mecklenburg-Strelitz...................................	1 "
Oldenburg..	1 "
Braunschweig...	2 "
Sachsen-Meiningen	1 "
Sachsen-Altenburg.....................................	1 "
Sachsen-Koburg-Gotha.................................	1 "
Anhalt	1 "

Schwarzburg-Rudolstadt...............................	1	"
Schwarzburg-Sondershausen	1	"
Waldeck..	1	"
Reuß älterer Linie....................................	1	"
Reuß jüngerer Linie..................................	1	"
Schaumburg-Lippe	1	"
Lippe..	1	"
Lübeck...	1	"
Bremen	1	"
Hamburg...	1	"

zusammen 58 Stimmen.

Jedes Mitglied des Bundes kann so viel Bevollmächtigte zum Bundesrathe ernennen, wie es Stimmen hat, doch kann die Gesammtheit der zuständigen Stimmen nur einheitlich abgegeben werden.

Art. 7. Der Bundesrath beschließt:
1) über die dem Reichstage zu machenden Vorlagen und die von demselben gefaßten Beschlüsse;
2) über die zur Ausführung der Reichsgesetze erforderlichen allgemeinen Verwaltungsvorschriften und Einrichtungen, sofern nicht durch Reichsgesetz etwas Anderes bestimmt ist;
3) über Mängel, welche bei der Ausführung der Reichsgesetze oder der vorstehend erwähnten Vorschriften oder Einrichtungen hervortreten.

Jedes Bundesglied ist befugt, Vorschläge zu machen und in Vortrag zu bringen, und das Präsidium ist verpflichtet, dieselben der Berathung zu übergeben.

Die Beschlußfassung erfolgt, vorbehaltlich der Bestimmungen in den Artikeln 5., 37. und 78., mit einfacher Mehrheit. Nicht vertretene oder nicht instruirte Stimmen werden nicht gezählt. Bei Stimmengleichheit giebt die Präsidialstimme den Ausschlag.

Bei der Beschlußfassung über eine Angelegenheit, welche nach den Bestimmungen dieser Verfassung nicht dem ganzen Reiche gemeinschaftlich ist, werden die Stimmen nur derjenigen Bundesstaaten gezählt, welchen die Angelegenheit gemeinschaftlich ist.

Art. 8. Der Bundesrath bildet aus seiner Mitte dauernde Ausschüsse
1) für das Landheer und die Festungen;
2) für das Seewesen;
3) für Zoll- und Steuerwesen;
4) für Handel und Verkehr;
5) für Eisenbahnen, Post und Telegraphen;
6) für Justizwesen;
7) für Rechnungswesen.

In jedem dieser Ausschüsse werden außer dem Präsidium mindestens vier Bundesstaaten vertreten sein, und führt innerhalb derselben jeder Staat nur Eine Stimme. In dem Ausschuß für das Landheer und die Festungen hat Bayern einen ständigen Sitz, die übrigen Mitglieder desselben, sowie die Mitglieder des Ausschusses für das Seewesen werden vom Kaiser ernannt; die Mitglieder der anderen Ausschüsse werden von dem Bundesrathe gewählt. Die Zusammensetzung dieser Ausschüsse ist für jede Session des Bundesrathes resp. mit jedem Jahre zu erneuern, wobei die ausscheidenden Mitglieder wieder wählbar sind.

Außerdem wird im Bundesrathe aus den Bevollmächtigten der Königreiche Bayern, Sachsen und Württemberg und zwei, vom Bundesrathe alljährlich zu wählenden Bevollmächtigten anderer Bundesstaaten ein Ausschuß für die auswärtigen Angelegenheiten gebildet, in welchem Bayern den Vorsitz führt.

Den Ausschüssen werden die zu ihren Arbeiten nöthigen Beamten zur Verfügung gestellt.

Art. 9. Jedes Mitglied des Bundesrathes hat das Recht, im Reichstage zu erscheinen und muß daselbst auf Verlangen jederzeit gehört werden, um die Ansichten seiner Regierung zu vertreten, auch dann, wenn dieselben von der Majorität des Bundesrathes nicht adoptirt worden sind. Niemand kann gleichzeitig Mitglied des Bundesrathes und des Reichstages sein.

Art. 10. Dem Kaiser liegt es ob, den Mitgliedern des Bundesrathes den üblichen diplomatischen Schutz zu gewähren.

IV. Präsidium.

Art. 11.[1] Das Präsidium des Bundes steht dem Könige von Preußen zu, welcher den Namen *Deutscher Kaiser* führt. Der Kaiser hat das Reich völkerrechtlich zu vertreten, im Namen des Reichs Krieg zu erklären und Frieden zu schließen, Bündnisse und andere Verträge mit fremden Staaten einzugehen, Gesandte zu beglaubigen und zu empfangen.

Zur Erklärung des Krieges im Namen des Reichs ist die Zustimmung des Bundesrathes erforderlich, es sei denn, daß ein Angriff auf das Bundesgebiet oder dessen Küsten erfolgt.

---

[1] Abs. 2 und 3 geändert durch Gesetz vom 28. Oktober 1918 (RGBl. S. 1274):
„Zur Erklärung des Krieges im Namen des Reichs ist die Zustimmung des Bundesrats und des Reichstags erforderlich.
Friedensverträge sowie diejenigen Verträge mit fremden Staaten, welche sich auf Gegenstände der Reichsgesetzgebung beziehen, bedürfen der Zustimmung des Bundesrats und des Reichstags."

Insoweit die Verträge mit fremden Staaten sich auf solche Gegenstände beziehen, welche nach Artikel 4. in den Bereich der Reichsgesetzgebung gehören, ist zu ihrem Abschluß die Zustimmung des Bundesrathes und zu ihrer Gültigkeit die Genehmigung des Reichstages erforderlich.

Art. 12. Dem Kaiser steht es zu, den Bundesrath und den Reichstag zu berufen, zu eröffnen, zu vertagen und zu schließen.

Art. 13. Die Berufung des Bundesrathes und des Reichstages findet alljährlich statt und kann der Bundesrath zur Vorbereitung der Arbeiten ohne den Reichstag, letzterer aber nicht ohne den Bundesrath berufen werden.

Art. 14. Die Berufung des Bundesrathes muß erfolgen, sobald sie von einem Drittel der Stimmenzahl verlangt wird.

Art. 15. Der Vorsitz im Bundesrathe und die Leitung der Geschäfte steht dem Reichskanzler zu, welcher vom Kaiser zu ernennen ist.

Der Reichskanzler kann sich durch jedes andere Mitglied des Bundesrathes vermöge schriftlicher Substitution vertreten lassen.[2]

Art. 16. Die erforderlichen Vorlagen werden nach Maßgabe der Beschlüsse des Bundesrathes im Namen des Kaisers an den Reichstag gebracht, wo sie durch Mitglieder des Bundesrathes oder durch besondere von letzterem zu ernennende Kommissarien vertreten werden.

Art. 17. Dem Kaiser steht die Ausfertigung und Verkündigung der Reichsgesetze und die Ueberwachung der Ausführung derselben zu. Die Anordnungen und Verfügungen des Kaisers werden im Namen des Reichs erlassen und bedürfen zu ihrer Gültigkeit der Gegenzeichnung des Reichskanzlers, welcher dadurch die Verantwortlichkeit übernimmt.

Art. 18. Der Kaiser ernennt die Reichsbeamten, läßt dieselben für das Reich vereidigen und verfügt erforderlichen Falls deren Entlassung.

Den zu einem Reichsamte berufenen Beamten eines Bundesstaates stehen, sofern nicht vor ihrem Eintritt in den Reichsdienst im Wege der Reichsgesetzgebung etwas Anderes bestimmt ist, dem Reiche gegenüber diejenigen Rechte zu, welche ihnen in ihrem Heimathslande aus ihrer dienstlichen Stellung zugestanden hatten.

---

[2] Durch Gesetz vom 28. Oktober 1918 (RGBl. S. 1274) wurden folgende Absätze hinzugefügt:
„Der Reichskanzler bedarf zu seiner Amtsführung des Vertrauens des Reichstags. Der Reichskanzler trägt die Verantwortung für alle Handlungen von politischer Bedeutung, die der Kaiser in Ausübung der ihm nach der Reichsverfassung zustehenden Befugnisse vornimmt.
Der Reichskanzler und sein Stellvertreter sind für ihre Amtsführung dem Bundesrat und dem Reichstag verantwortlich."

Art. 19. Wenn Bundesglieder ihre verfassungsmäßigen Bundespflichten nicht erfüllen, können sie dazu im Wege der Exekution angehalten werden. Diese Exekution ist vom Bundesrath zu beschließen und vom Kaiser zu vollstrecken.

V. Reichstag.

Art. 20. Der Reichstag geht aus allgemeinen und direkten Wahlen mit geheimer Abstimmung hervor.

Bis zu der gesetzlichen Regelung, welche im § 5 des Wahlgesetzes vom 31. Mai 1869 (Bundesgesetzblatt 1869, S. 145.) vorbehalten ist, werden in Bayern 48, in Württemberg 17, in Baden 14, in Hessen, südlich des Main 6 Abgeordnete gewählt, und beträgt demnach die Gesammtzahl der Abgeordneten 382.

Art. 21. Beamte bedürfen keines Urlaubs zum Eintritt in den Reichstag.

Wenn ein Mitglied des Reichstages ein besoldetes Reichsamt oder in einem Bundesstaat ein besoldetes Staatsamt annimmt oder im Reichs- oder Staatsdienste in ein Amt eintritt, mit welchem ein höherer Rang oder ein höheres Gehalt verbunden ist, so verliert es Sitz und Stimme in dem Reichstag und kann seine Stelle in demselben nur durch neue Wahl wieder erlangen.

Art. 22. Die Verhandlungen des Reichstages sind öffentlich.

Wahrheitsgetreue Berichte über Verhandlungen in den öffentlichen Sitzungen des Reichstages bleiben von jeder Verantwortlichkeit frei.

Art. 23. Der Reichstag hat das Recht, innerhalb der Kompetenz des Reichs Gesetze vorzuschlagen und an ihn gerichtete Petitionen dem Bundesrathe resp. Reichskanzler zu überweisen.

Art. 24. Die Legislaturperiode des Reichstages dauert drei Jahre. Zur Auflösung des Reichstages während derselben ist ein Beschluß des Bundesrathes unter Zustimmung des Kaisers erforderlich.

Art. 25. Im Falle der Auflösung des Reichstages müssen innerhalb eines Zeitraumes von 60 Tagen nach derselben die Wähler und innerhalb eines Zeitraumes von 90 Tagen nach der Auflösung der Reichstag versammelt werden.

Art. 26. Ohne Zustimmung des Reichstages darf die Vertagung desselben die Frist von 30 Tagen nicht übersteigen und während derselben Session nicht wiederholt werden.

Art. 27. Der Reichstag prüft die Legitimation seiner Mitglieder und entscheidet darüber. Er regelt seinen Geschäftsgang und seine Disziplin durch eine Geschäftsordnung und erwählt seinen Präsidenten, seine Vizepräsidenten und Schriftführer.

Art. 28. Der Reichstag beschließt nach absoluter Stimmenmehrheit. Zur Gültigkeit der Beschlußfassung ist die Anwesenheit der Mehrheit der gesetzlichen Anzahl der Mitglieder erforderlich.

Bei der Beschlußfassung über eine Angelegenheit, welche nach den Bestimmungen dieser Verfassung nicht dem ganzen Reiche gemeinschaftlich ist, werden die Stimmen nur derjenigen Mitglieder gezählt, die in Bundesstaaten gewählt sind, welchen die Angelegenheit gemeinschaftlich ist.

Art. 29. Die Mitglieder des Reichstages sind Vertreter des gesammten Volkes und an Aufträge und Instruktionen nicht gebunden.

Art. 30. Kein Mitglied des Reichstages darf zu irgend einer Zeit wegen seiner Abstimmung oder wegen der in Ausübung seines Berufes gethanen Aeußerungen gerichtlich oder disziplinarisch verfolgt oder sonst außerhalb der Versammlung zur Verantwortung gezogen werden.

Art. 31. Ohne Genehmigung des Reichstages kann kein Mitglied desselben während der Sitzungsperiode wegen einer mit Strafe bedrohten Handlung zur Untersuchung gezogen oder verhaftet werden, außer wenn es bei Ausübung der That oder im Laufe des nächstfolgenden Tages ergriffen wird.

Gleiche Genehmigung ist bei einer Verhaftung wegen Schulden erforderlich.

Auf Verlangen des Reichstages wird jedes Strafverfahren gegen ein Mitglied desselben und jede Untersuchungs- oder Civilhaft für die Dauer der Sitzungsperiode aufgehoben.

Art. 32. Die Mitglieder des Reichstages dürfen als solche keine Besoldung oder Entschädigung beziehen.

VI. Zoll- und Handelswesen.

Art. 33. Deutschland bildet ein Zoll- und Handelsgebiet, umgeben von gemeinschaftlicher Zollgrenze. Ausgeschlossen bleiben die wegen ihrer Lage zur Einschließung in die Zollgrenze nicht geeigneten einzelnen Gebietstheile.

Alle Gegenstände, welche im freien Verkehr eines Bundesstaates befindlich sind, können in jeden anderen Bundesstaat eingeführt und dürfen in letzterem einer Abgabe nur insoweit unterworfen werden, als daselbst gleichartige inländische Erzeugnisse einer inneren Steuer unterliegen.

Art. 34. Die Hansestädte Bremen und Hamburg mit einem dem Zweck entsprechenden Bezirke ihres oder des umliegenden Gebietes bleiben als Freihäfen außerhalb der gemeinschaftlichen Zollgrenze, bis sie ihren Einschluß in dieselbe beantragen.

Art. 35. Das Reich ausschließlich hat die Gesetzgebung über das gesammte Zollwesen, über die Besteuerung des im Bundesgebiete gewonnenen Salzes und Ta-

backs, bereiteten Branntweins und Bieres und aus Rüben oder anderen inländi-
schen Erzeugnissen dargestellten Zuckers und Syrups, über den gegenseitigen
Schutz der in den einzelnen Bundesstaaten erhobenen Verbrauchsabgaben gegen
Hinterziehungen, sowie über die Maßregeln, welche in den Zollausschlüssen zur
Sicherung der gemeinsamen Zollgrenze erforderlich sind.

In Bayern, Württemberg und Baden bleibt die Besteuerung des inländischen
Branntweins und Bieres der Landesgesetzgebung vorbehalten. Die Bundesstaaten
werden jedoch ihr Bestreben darauf richten, eine Uebereinstimmung der Gesetzgebung über die Besteuerung auch dieser Gegenstände herbeizuführen.

Art. 36. Die Erhebung und Verwaltung der Zölle und Verbrauchssteuern (Art. 35.)
bleibt jedem Bundesstaate, soweit derselbe sie bisher ausgeübt hat, innerhalb seines Gebietes überlassen.

Der Kaiser überwacht die Einhaltung des gesetzlichen Verfahrens durch Reichs-
beamte, welche er den Zoll- oder Steuerämtern und den Direktivbehörden der einzelnen Staaten, nach Vernehmung des Ausschusses des Bundesrathes für Zoll- und
Steuerwesen, beiordnet.

Die von diesen Beamten über Mängel bei der Ausführung der gemeinschaftlichen Gesetzgebung (Art. 35.) gemachten Anzeigen werden dem Bundesrathe zur
Beschlußnahme vorgelegt.

Art. 37. Bei der Beschlußnahme über die zur Ausführung der gemeinschaftlichen
Gesetzgebung (Art. 35.) dienenden Verwaltungsvorschriften und Einrichtungen
giebt die Stimme des Präsidiums alsdann den Ausschlag, wenn sie sich für Aufrechthaltung der bestehenden Vorschrift oder Einrichtung ausspricht.

Art. 38. Der Ertrag der Zölle und der anderen, in Artikel 35. bezeichneten Abgaben,
letzterer soweit sie der Reichsgesetzgebung unterliegen, fließt in die Reichskasse.

Dieser Ertrag besteht aus der gesammten von den Zöllen und den übrigen Abgaben aufgekommenen Einnahme nach Abzug:
1. der auf Gesetzen oder allgemeinen Verwaltungsvorschriften beruhenden
   Steuervergütungen und Ermäßigungen,
2. der Rückerstattungen für unrichtige Erhebungen,
3. der Erhebungs- und Verwaltungskosten, und zwar:
   a) bei den Zöllen der Kosten, welche an den gegen das Ausland gelegenen
      Grenzen und in dem Grenzbezirke für den Schutz und die Erhebung der
      Zölle erforderlich sind,
   b) bei der Salzsteuer der Kosten, welche zur Besoldung der mit Erhebung
      und Kontrolirung dieser Steuer auf den Salzwerken beauftragten Beam-
      ten aufgewendet werden,
   c) bei der Rübenzuckersteuer und Tabacksteuer der Vergütung, welche nach
      den jeweiligen Beschlüssen des Bundesrathes den einzelnen Bundesregie-
      rungen für die Kosten der Verwaltung dieser Steuern zu gewähren ist,

d) bei den übrigen Steuern mit fünfzehn Prozent der Gesammteinnahme. Die außerhalb der gemeinschaftlichen Zollgrenze liegenden Gebiete tragen zu den Ausgaben des Reichs durch Zahlung eines Aversums bei.

Bayern, Württemberg und Baden haben an dem in die Reichskasse fließenden Erträge der Steuern von Branntwein und Bier und an dem diesem Ertrage entsprechenden Theile des vorstehend erwähnten Aversums keinen Theil.

Art. 39. Die von den Erhebungsbehörden der Bundesstaaten nach Ablauf eines jeden Vierteljahres aufzustellenden Quartal-Extrakte und die nach dem Jahres- und Bücherschlusse aufzustellenden Finalabschlüsse über die im Laufe des Vierteljahres beziehungsweise während des Rechnungsjahres fällig gewordenen Einnahmen an Zöllen und nach Artikel 38 zur Reichskasse fließenden Verbrauchsabgaben werden von den Direktivbehörden der Bundesstaaten, nach vorangegangener Prüfung, in Hauptübersichten zusammengestellt, in welchen jede Abgabe gesondert nachzuweisen ist, und es werden diese Uebersichten an den Ausschuß des Bundesrathes für das Rechnungswesen eingesandt.

Der letztere stellt auf Grund dieser Uebersichten von drei zu drei Monaten den von der Kasse jedes Bundesstaates der Reichskasse schuldigen Betrag vorläufig fest und setzt von dieser Feststellung den Bundesrath und die Bundesstaaten in Kenntniß, legt auch alljährlich die schließliche Feststellung jener Beträge mit seinen Bemerkungen dem Bundesrathe vor. Der Bundesrath beschließt über diese Feststellung.

Art. 40. Die Bestimmungen in dem Zollvereinigungs-Vertrage vom 8. Juli 1867 bleiben in Kraft, soweit sie nicht durch die Vorschriften dieser Verfassung abgeändert sind und so lange sie nicht auf dem im Artikel 7, beziehungsweise 78 bezeichneten Wege abgeändert werden.

VII. Eisenbahnwesen.

Art. 41. Eisenbahnen, welche im Interesse der Vertheidigung Deutschlands oder im Interesse des gemeinsamen Verkehrs für nothwendig erachtet werden, können kraft eines Reichsgesetzes auch gegen den Widerspruch der Bundesglieder, deren Gebiet die Eisenbahnen durchschneiden, unbeschadet der Landeshoheitsrechte, für Rechnung des Reichs angelegt oder an Privatunternehmer zur Ausführung konzessionirt und mit dem Expropriationsrechte ausgestattet werden.

Jede bestehende Eisenbahnverwaltung ist verpflichtet, sich den Anschluß neu angelegter Eisenbahnen auf Kosten der letzteren gefallen zu lassen.

Die gesetzlichen Bestimmungen, welche bestehenden Eisenbahn-Unternehmungen ein Widerspruchsrecht gegen die Anlegung von Parallel- oder Konkurrenzbahnen einräumen, werden, unbeschadet bereits erworbener Rechte, für das ganze Reich hierdurch aufgehoben. Ein solches Widerspruchsrecht kann auch in den künftig zu ertheilenden Konzessionen nicht weiter verliehen werden.

Art. 42. Die Bundesregierungen verpflichten sich, die deutschen Eisenbahnen im Interesse des allgemeinen Verkehrs wie ein einheitliches Netz verwalten und zu diesem Behuf auch die neu herzustellenden Bahnen nach einheitlichen Normen anlegen und ausrüsten zu lassen.

Art. 43. Es sollen demgemäß in thunlichster Beschleunigung übereinstimmende Betriebseinrichtungen getroffen, insbesondere gleiche Bahnpolizei-Reglements eingeführt werden. Das Reich hat dafür Sorge zu tragen, daß die Eisenbahnverwaltungen die Bahnen jederzeit in einem die nöthige Sicherheit gewährenden baulichen Zustande erhalten und dieselben mit Betriebsmaterial so ausrüsten, wie das Verkehrsbedürfniß es erheischt.

Art. 44. Die Eisenbahnverwaltungen sind verpflichtet, die für den durchgehenden Verkehr und zur Herstellung ineinander greifender Fahrpläne nöthigen Personenzüge mit entsprechender Fahrgeschwindigkeit, desgleichen die zur Bewältigung des Güterverkehrs nöthigen Güterzüge einzuführen, auch direkte Expeditionen im Personen- und Güterverkehr, unter Gestattung des Ueberganges der Transportmittel von einer Bahn auf die andere, gegen die übliche Vergütung einzurichten.

Art. 45. Dem Reiche steht die Kontrole über das Tarifwesen zu. Dasselbe wird namentlich dahin wirken:

1) daß baldigst auf allen deutschen Eisenbahnen übereinstimmende Betriebsreglements eingeführt werden;
2) daß die möglichste Gleichmäßigkeit und Herabsetzung der Tarife erzielt, insbesondere, daß bei größeren Entfernungen für den Transport von Kohlen, Koaks, Holz, Erzen, Steinen, Salz, Roheisen, Düngungsmitteln und ähnlichen Gegenständen ein dem Bedürfniß der Landwirthschaft und Industrie entsprechender ermäßigter Tarif, und zwar zunächst thunlichst der Ein-Pfennig-Tarif eingeführt werde.

Art. 46. Bei eintretenden Nothständen, insbesondere bei ungewöhnlicher Theuerung der Lebensmittel, sind die Eisenbahnverwaltungen verpflichtet, für den Transport, namentlich von Getreide, Mehl, Hülsenfrüchten und Kartoffeln, zeitweise einen dem Bedürfniß entsprechenden, von dem Kaiser auf Vorschlag des betreffenden Bundesraths-Ausschusses festzustellenden, niedrigen Spezialtarif einzuführen, welcher jedoch nicht unter den niedrigsten auf der betreffenden Bahn für Rohproducte geltenden Satz herabgehen darf.

Die vorstehend sowie die, in den Artikeln 42. bis 45. getroffenen Bestimmungen sind auf Bayern nicht anwendbar.

Dem Reiche steht jedoch auch Bayern gegenüber das Recht zu, im Wege der Gesetzgebung einheitliche Normen für die Konstruktion und Ausrüstung der für die Landesvertheidigung wichtigen Eisenbahnen aufzustellen.

Art. 47. Den Anforderungen der Behörden des Reichs in Betreff der Benutzung der Eisenbahnen zum Zweck der Vertheidigung Deutschlands haben sämmtliche

Eisenbahnverwaltungen unweigerlich Folge zu leisten. Insbesondere ist das Militair und alles Kriegsmaterial zu gleichen ermäßigten Sätzen zu befördern.

VIII. Post- und Telegraphenwesen.

Art. 48. Das Postwesen und das Telegraphenwesen werden für das gesammte Gebiet des Deutschen Reichs als einheitliche Staatsverkehrs-Anstalten eingerichtet und verwaltet.

Die im Artikel 4. vorgesehene Gesetzgebung des Reichs in Post- und Telegraphen-Angelegenheiten erstreckt sich nicht auf diejenigen Gegenstände, deren Regelung nach den in der Norddeutschen Post- und Telegraphenverwaltung maßgebend gewesenen Grundsätzen der reglementarischen Festsetzung oder administrativen Anordnung überlassen ist.

Art. 49. Die Einnahmen des Post- und Telegraphenwesens sind für das ganze Reich gemeinschaftlich. Die Ausgaben werden aus den gemeinschaftlichen Einnahmen bestritten. Die Ueberschüsse fließen in die Reichskasse (Abschnitt XII.).

Art. 50. Dem Kaiser gehört die obere Leitung der Post- und Telegraphenverwaltung an. Die von ihm bestellten Behörden haben die Pflicht und das Recht, dafür zu sorgen, daß Einheit in der Organisation der Verwaltung und im Betriebe des Dienstes, sowie in der Qualifikation der Beamten hergestellt und erhalten wird.

Dem Kaiser steht der Erlaß der reglementarischen Festsetzungen und allgemeinen administrativen Anordnungen, sowie die ausschließliche Wahrnehmung der Beziehungen zu anderen Post- und Telegraphenverwaltungen zu.

Sämmtliche Beamte der Post- und Telegraphenverwaltung sind verpflichtet, den Kaiserlichen Anordnungen Folge zu leisten. Diese Verpflichtung ist in den Diensteid aufzunehmen.

Die Anstellung der bei den Verwaltungsbehörden der Post und Telegraphie in den verschiedenen Bezirken erforderlichen oberen Beamten (z. B. der Direktoren, Räthe, Ober-Inspektoren), ferner die Anstellung der zur Wahrnehmung des Aufsichts- u.s.w. Dienstes in den einzelnen Bezirken als Organe der erwähnten Behörden fungirenden Post- und Telegraphenbeamten (z. B. Inspektoren, Kontroleure) geht für das ganze Gebiet des Deutschen Reichs vom Kaiser aus, welchem diese Beamten den Diensteid leisten. Den einzelnen Landesregierungen wird von den in Rede stehenden Ernennungen, soweit dieselben ihre Gebiete betreffen, Behufs der landesherrlichen Bestätigung und Publikation rechtzeitig Mittheilung gemacht werden.

Die anderen bei den Verwaltungsbehörden der Post und Telegraphie erforderlichen Beamten, sowie alle für den lokalen und technischen Betrieb bestimmten, mithin bei den eigentlichen Betriebsstellen fungirenden Beamten u.s.w. werden von den betreffenden Landesregierungen angestellt.

Wo eine selbstständige Landespost- resp. Telegraphenverwaltung nicht besteht, entscheiden die Bestimmungen der besonderen Verträge.

Art. 51. Bei Ueberweisung des Ueberschusses der Postverwaltung für allgemeine Reichszwecke (Artikel 49.) soll, in Betracht der bisherigen Verschiedenheit der von den Landes-Postverwaltungen der einzelnen Gebiete erzielten Reineinnahmen, zum Zwecke einer entsprechenden Ausgleichung während der unten festgesetzten Uebergangszeit folgendes Verfahren beobachtet werden.

Aus den Postüberschüssen, welche in den einzelnen Postbezirken während der fünf Jahre 1861 bis 1865 aufgekommen sind, wird ein durchschnittlicher Jahresüberschuß berechnet, und der Antheil, welchen jeder einzelne Postbezirk an dem für das gesammte Gebiet des Reichs sich darnach herausstellenden Postüberschusse gehabt hat, nach Prozenten festgestellt.

Nach Maßgabe des auf diese Weise festgestellten Verhältnisses werden den einzelnen Staaten während der auf ihren Eintritt in die Reichs-Postverwaltung folgenden acht Jahre die sich für sie aus den im Reiche aufkommenden Postüberschüssen ergebenden Quoten auf ihre sonstigen Beiträge zu Reichszwecken zu Gute gerechnet.

Nach Ablauf der acht Jahre hört jene Unterscheidung auf, und fließen die Postüberschüsse in ungetheilter Aufrechnung nach dem im Artikel 49. enthaltenen Grundsatz der Reichskasse zu.

Von der während der vorgedachten acht Jahre für die Hansestädte sich herausstellenden Quote des Postüberschusses wird alljährlich vorweg die Hälfte dem Kaiser zur Disposition gestellt zu dem Zwecke, daraus zunächst die Kosten für die Herstellung normaler Posteinrichtungen in den Hansestädten zu bestreiten.

Art. 52. Die Bestimmungen in den vorstehenden Artikeln 48. bis 51. finden auf Bayern und Württemberg keine Anwendung. An ihrer Stelle gelten für beide Bundesstaaten folgende Bestimmungen.

Dem Reiche ausschließlich steht die Gesetzgebung über die Vorrechte der Post und Telegraphie, über die rechtlichen Verhältnisse beider Anstalten zum Publikum, über die Portofreiheiten und das Posttaxwesen, jedoch ausschließlich der reglementarischen und Tarifbestimmungen für den internen Verkehr innerhalb Bayerns, beziehungsweise Württembergs, sowie, unter gleicher Beschränkung, die Feststellung der Gebühren für die telegraphische Korrespondenz zu.

Ebenso steht dem Reiche die Regelung des Post- und Telegraphenverkehrs mit dem Auslande zu, ausgenommen den eigenen unmittelbaren Verkehr Bayerns, beziehungsweise Württembergs mit seinen, dem Reiche nicht angehörenden Nachbarstaaten, wegen dessen Regelung es bei der Bestimmung im Artikel 49. des Postvertrages vom 23. November 1867 bewendet.

An den zur Reichskasse fließenden Einnahmen des Post- und Telegraphenwesens haben Bayern und Württemberg keinen Theil.

IX. Marine und Schifffahrt.

Art. 53. Die Kriegsmarine des Reichs ist eine einheitliche unter dem Oberbefehl des Kaisers. Die Organisation und Zusammensetzung derselben liegt dem Kaiser ob, welcher die Offiziere und Beamten der Marine ernennt, und für welchen dieselben nebst den Mannschaften eidlich in Pflicht zu nehmen sind.

Der Kieler Hafen und der Jadehafen sind Reichs-Kriegshäfen.

Der zur Gründung und Erhaltung der Kriegsflotte und der damit zusammenhängenden Anstalten erforderliche Aufwand wird aus der Reichskasse bestritten.

Die gesammte seemännische Bevölkerung des Reichs, einschließlich des Maschinenpersonals und der Schiffshandwerker, ist vom Dienste im Landheere befreit, dagegen zum Dienste in der Kaiserlichen Marine verpflichtet.

Die Vertheilung des Ersatzbedarfes findet nach Maßgabe der vorhandenen seemännischen Bevölkerung statt, und die hiernach von jedem Staate gestellte Quote kommt auf die Gestellung zum Landheere in Abrechnung.

Art 54. Die Kauffahrteischiffe aller Bundesstaaten bilden eine einheitliche Handelsmarine.

Das Reich hat das Verfahren zur Ermittelung der Ladungsfähigkeit der Seeschiffe zu bestimmen, die Ausstellung der Meßbriefe, sowie der Schiffscertifikate zu regeln und die Bedingungen festzustellen, von welchen die Erlaubniß zur Führung eines Seeschiffes abhängig ist.

In den Seehäfen und auf allen natürlichen und künstlichen Wasserstraßen der einzelnen Bundesstaaten werden die Kauffahrteischiffe sämmtlicher Bundesstaaten gleichmäßig zugelassen und behandelt. Die Abgaben, welche in den Seehäfen von den Seeschiffen oder deren Ladungen für die Benutzung der Schifffahrtsanstalten erhoben werden, dürfen die zur Unterhaltung und gewöhnlichen Herstellung dieser Anstalten erforderlichen Kosten nicht übersteigen.

Auf allen natürlichen Wasserstraßen dürfen Abgaben nur für die Benutzung besonderer Anstalten, die zur Erleichterung des Verkehrs bestimmt sind, erhoben werden. Diese Abgaben, sowie die Abgaben für die Befahrung solcher künstlichen Wasserstraßen, welche Staatseigenthum sind, dürfen die zur Unterhaltung und gewöhnlichen Herstellung der Anstalten und Anlagen erforderlichen Kosten nicht übersteigen. Auf die Flößerei finden diese Bestimmungen insoweit Anwendung, als dieselbe auf schiffbaren Wasserstraßen betrieben wird.

Auf fremde Schiffe oder deren Ladungen andere oder höhere Abgaben zu legen, als von den Schiffen der Bundesstaaten oder deren Ladungen zu entrichten sind, steht keinem Einzelstaate, sondern nur dem Reiche zu.

Art. 55. Die Flagge der Kriegs- und Handelsmarine ist schwarz-weiß-roth.

X. Konsulatwesen.

Art. 56. Das gesammte Konsulatwesen des Deutschen Reichs steht unter der Aufsicht des Kaisers, welcher die Konsuln, nach Vernehmung des Ausschusses des Bundesrathes für Handel und Verkehr, anstellt.

In dem Amtsbezirk der Deutschen Konsuln dürfen neue Landeskonsulate nicht errichtet werden. Die Deutschen Konsuln üben für die in ihrem Bezirk nicht vertretenen Bundesstaaten die Funktionen eines Landeskonsuls aus. Die sämmtlichen bestehenden Landeskonsulate werden aufgehoben, sobald die Organisation der Deutschen Konsulate dergestalt vollendet ist, daß die Vertretung der Einzelinteressen aller Bundesstaaten als durch die Deutschen Konsulate gesichert von dem Bundesrathe anerkannt wird.

XI. Reichs-Kriegswesen.

Art. 57. Jeder Deutsche ist wehrpflichtig und kann sich in Ausübung dieser Pflicht nicht vertreten lassen.

Art. 58. Die Kosten und Lasten des gesammten Kriegswesens des Reichs sind von allen Bundesstaaten und ihren Angehörigen gleichmäßig zu tragen, so daß weder Bevorzugungen, noch Prägravationen einzelner Staaten oder Klassen grundsätzlich zulässig sind. Wo die gleiche Vertheilung der Lasten sich in natura nicht herstellen läßt, ohne die öffentliche Wohlfahrt zu schädigen, ist die Ausgleichung nach den Grundsätzen der Gerechtigkeit im Wege der Gesetzgebung festzustellen.

Art. 59. Jeder wehrfähige Deutsche gehört sieben Jahre lang, in der Regel vom vollendeten 20. bis zum beginnenden 28. Lebensjahre, dem stehenden Heere – und zwar die ersten drei Jahre bei den Fahnen, die letzten vier Jahre in der Reserve – und die folgenden fünf Lebensjahre der Landwehr an. In denjenigen Bundesstaaten, in denen bisher eine längere als zwölfjährige Gesammtdienstzeit gesetzlich war, findet die allmälige Herabsetzung der Verpflichtung nur in dem Maße statt, als dies die Rücksicht auf die Kriegsbereitschaft des Reichsheeres zuläßt.

In Bezug auf die Auswanderung der Reservisten sollen lediglich diejenigen Bestimmungen maßregend sein, welche für die Auswanderung der Landwehrmänner gelten.

Art. 60. Die Friedens-Präsenzstärke des Deutschen Heeres wird bis zum 31. Dezember 1871 auf Ein Prozent der Bevölkerung von 1867 normirt, und wird pro rata derselben von den einzelnen Bundesstaaten gestellt. Für die spätere Zeit wird die Friedens-Präsenzstärke des Heeres im Wege der Reichsgesetzgebung festgestellt.

Art. 61. Nach Publikation dieser Verfassung ist in dem ganzen Reiche die gesammte Preußische Militairgesetzgebung ungesäumt einzuführen, sowohl die Gesetze selbst, als die zu ihrer Ausführung, Erläuterung oder Ergänzung erlassenen Reglements, Instruktionen und Reskripte, namentlich also das Militair-Strafgesetzbuch vom 3. April 1845, die Militair-Strafgerichtsordnung vom 3. April 1845, die Verordnung über die Ehrengerichte vom 20. Juli 1843, die Bestimmungen über Aushebung, Dienstzeit, Servis- und Verpflegungswesen, Einquartierung, Ersatz von Flurbeschädigungen, Mobilmachung u.s.w. für Krieg und Frieden. Die Militair-Kirchenordnung ist jedoch ausgeschlossen.

Nach gleichmäßiger Durchführung der Kriegsorganisation des Deutschen Heeres wird ein umfassendes Reichs-Militairgesetz dem Reichstage und dem Bundesrathe zur verfassungsmäßigen Beschlußfassung vorgelegt werden.

Art. 62. Zur Bestreitung des Aufwandes für das gesammte Deutsche Heer und die zu demselben gehörigen Einrichtungen sind bis zum 31. Dezember 1871 dem Kaiser jährlich sovielmal 225 Thaler, in Worten zwei hundert fünf und zwanzig Thaler, als die Kopfzahl der Friedensstärke des Heeres nach Artikel 60. beträgt, zur Verfügung zu stellen. Vergl. Abschnitt XII.

Nach dem 31. Dezember 1871 müssen diese Beiträge von den einzelnen Staaten des Bundes zur Reichskasse fortgezahlt werden. Zur Berechnung derselben wird die im Artikel 60 interimistisch festgestellte Friedens-Präsenzstärke so lange festgehalten, bis sie durch ein Reichsgesetz abgeändert ist.

Die Verausgabung dieser Summe für das gesammte Reichsheer und dessen Einrichtungen wird durch das Etatgesetz festgestellt.

Bei der Feststellung des Militair-Ausgabe-Etats wird die auf Grundlage dieser Verfassung gesetzlich feststehende Organisation des Reichsheeres zu Grunde gelegt.

Art. 63. Die gesammte Landmacht des Reichs wird ein einheitliches Heer bilden, welches in Krieg und Frieden unter dem Befehle des Kaisers steht.

Die Regimenter etc. führen fortlaufende Nummern durch das ganze Deutsche Heer. Für die Bekleidung sind die Grundfarben und der Schnitt der Königlich Preußischen Armee maßgebend. Dem betreffenden Kontingentsherrn bleibt es überlassen, die äußeren Abzeichen (Kokarden etc.) zu bestimmen.

Der Kaiser hat die Pflicht und das Recht, dafür Sorge zu tragen, daß innerhalb des Deutschen Heeres alle Truppentheile vollzählig und kriegstüchtig vorhanden sind und daß Einheit in der Organisation und Formation, in Bewaffnung und Kommando, in der Ausbildung der Mannschaften, sowie in der Qualifikation der Offiziere hergestellt und erhalten wird. Zu diesem Behufe ist der Kaiser berechtigt, sich jederzeit durch Inspektionen von der Verfassung der einzelnen Kontingente zu überzeugen und die Abstellung der dabei vorgefundenen Mängel anzuordnen.

Der Kaiser bestimmt den Präsenzstand, die Gliederung und Eintheilung der Kontingente des Reichsheeres, sowie die Organisation der Landwehr, und hat das Recht, innerhalb des Bundesgebietes die Garnisonen zu bestimmen, sowie die kriegsbereite Aufstellung eines jeden Theils des Reichsheeres anzuordnen.

Behufs Erhaltung der unentbehrlichen Einheit in der Administration, Verpflegung, Bewaffnung und Ausrüstung aller Truppentheile des Deutschen Heeres sind die bezüglichen künftig ergehenden Anordnungen für die Preußische Armee den Kommandeuren der übrigen Kontingente, durch den Artikel 8. Nr. 1. bezeichneten Ausschuß für das Landheer und die Festungen, zur Nachachtung in geeigneter Weise mitzutheilen.

Art. 64. Alle Deutsche Truppen sind verpflichtet, den Befehlen des Kaisers unbedingte Folge zu leisten. Diese Verpflichtung ist in den Fahneneid aufzunehmen.

Der Höchstkommendirende eines Kontingents, sowie alle Offiziere, welche Truppen mehr als eines Kontingents befehligen, und alle Festungskommandanten werden von dem Kaiser ernannt. Die von demselben ernannten Offiziere leisten Ihm den Fahneneid. Bei Generalen und den Generalstellungen versehenden Offizieren innerhalb des Kontingents ist die Ernennung von der jedesmaligen Zustimmung des Kaisers abhängig zu machen.

Der Kaiser ist berechtigt, Behufs Versetzung mit oder ohne Beförderung für die von Ihm im Reichsdienste, sei es im Preußischen Heere, oder in anderen Kontingenten zu besetzenden Stellen aus den Offizieren aller Kontingente des Reichsheeres zu wählen.

Art. 65. Das Recht, Festungen innerhalb des Bundesgebietes anzulegen, steht dem Kaiser zu, welcher die Bewilligung der dazu erforderlichen Mittel, soweit das Ordinarium sie nicht gewährt, nach Abschnitt XII. beantragt.

Art. 66. Wo nicht besondere Konventionen ein Anderes bestimmen, ernennen die Bundesfürsten, beziehentlich die Senate, die Offiziere ihrer Kontingente, mit der Einschränkung des Artikels 64. Sie sind Chefs aller ihren Gebieten angehörenden Truppentheile und genießen die damit verbundenen Ehren. Sie haben namentlich das Recht der Inspizirung zu jeder Zeit und erhalten, außer den regelmäßigen Rapporten und Meldungen über vorkommende Veränderungen, Behufs der nöthigen landesherrlichen Publikation, rechtzeitige Mittheilung von den die betreffenden Truppentheile berührenden Avancements und Ernennungen.

Auch steht ihnen das Recht zu, zu polizeilichen Zwecken nicht blos ihre eigenen Truppen zu verwenden, sondern auch alle anderen Truppentheile des Reichsheeres, welche in ihren Ländergebieten dislocirt sind, zu requiriren.

Art. 67. Ersparnisse an dem Militair-Etat fallen unter keinen Umständen einer einzelnen Regierung, sondern jederzeit der Reichskasse zu.

Art. 68. Der Kaiser kann, wenn die öffentliche Sicherheit in dem Bundesgebiete bedroht ist, einen jeden Theil desselben in Kriegszustand erklären. Bis zum Erlaß eines die Voraussetzungen, die Form der Verkündigung und die Wirkungen einer solchen Erklärung regelnden Reichsgesetzes gelten dafür die Vorschriften des Preußischen Gesetzes vom 4. Juni 1851 (Gesetz-Samml. für 1851 S. 451. ff.).

Schlußbestimmung zum XI. Abschnitt.

Die in diesem Abschnitt enthaltenen Vorschriften kommen in Bayern nach näherer Bestimmung des Bündniß-Vertrages vom 23. November 1870 (Bundesgesetzblatt 1871, S. 9.) unter III. §. 5., in Württemberg nach näherer Bestimmung der Militair-Konvention vom 21./25. November 1870 (Bundesgesetzblatt 1870, S. 658) zur Anwendung.

XII. Reichsfinanzen.

Art. 69. Alle Einnahmen und Ausgaben des Reichs müssen für jedes Jahr veranschlagt und auf den Reichshaushalts-Etat gebracht werden. Letzterer wird vor Beginn des Etatsjahres nach folgenden Grundsätzen durch ein Gesetz festgestellt.

Art. 70. Zur Bestreitung aller gemeinschaftlichen Ausgaben dienen zunächst die etwaigen Ueberschüsse der Vorjahre, sowie die aus den Zöllen, den gemeinschaftlichen Verbrauchssteuern und aus dem Post- und Telegraphenwesen fließenden gemeinschaftlichen Einnahmen. Insoweit dieselben durch diese Einnahmen nicht gedeckt werden, sind sie, so lange Reichssteuern nicht eingeführt sind, durch Beiträge der einzelnen Bundesstaaten nach Maßgabe ihrer Bevölkerung aufzubringen, welche bis zur Höhe des budgetmäßigen Betrages durch den Reichskanzler ausgeschrieben werden.

Art. 71. Die gemeinschaftlichen Ausgaben werden in der Regel für ein Jahr bewilligt, können jedoch in besonderen Fällen auch für eine längere Dauer bewilligt werden.

Während der im Artikel 60. normirten Uebergangszeit ist der nach Titeln geordnete Etat über die Ausgaben für das Heer dem Bundesrathe und dem Reichstage nur zur Kenntnißnahme und zur Erinnerung vorzulegen.

Art. 72. Ueber die Verwendung aller Einnahmen des Reichs ist durch den Reichskanzler dem Bundesrathe und dem Reichstage zur Entlastung jährlich Rechnung zu legen.

Art. 73. In Fällen eines außerordentlichen Bedürfnisses kann im Wege der Reichsgesetzgebung die Aufnahme einer Anleihe, sowie die Uebernahme einer Garantie zu Lasten des Reichs erfolgen.

Schlußbestimmung zum XII. Abschnitt.

Auf die Ausgaben für das Bayerische Heer finden die Artikel 69. und 71. nur nach Maßgabe der, in der Schlußbestimmung zum XI. Abschnitt erwähnten Bestimmungen des Vertrages vom 23. November 1870, und der Artikel 72. nur insoweit Anwendung, als dem Bundesrathe und dem Reichstage die Ueberweisung der für das Bayerische Heer erforderlichen Summe an Bayern nachzuweisen ist.

XIII. Schlichtung von Streitigkeiten und Strafbestimmungen.

Art. 74. Jedes Unternehmen gegen die Existenz, die Integrität, die Sicherheit oder die Verfassung des Deutschen Reichs, endlich die Beleidigung des Bundesrathes, des Reichstages, eines Mitgliedes des Bundesrathes oder des Reichstages, einer Behörde oder eines öffentlichen Beamten des Reichs, während dieselben in der Ausübung ihres Berufes begriffen sind oder in Beziehung auf ihren Beruf, durch Wort, Schrift, Druck, Zeichen, bildliche oder andere Darstellung, werden in den einzelnen Bundesstaaten beurtheilt und bestraft nach Maßgabe der in den letzteren bestehenden oder künftig in Wirksamkeit tretenden Gesetze, nach welchen eine gleiche gegen den einzelnen Bundesstaat, seine Verfassung, seine Kammern oder Stände, seine Kammer- oder Ständemitglieder, seine Behörden und Beamten begangene Handlung zu richten wäre.

Art. 75. Für diejenigen in Artikel 74. bezeichneten Unternehmungen gegen das Deutsche Reich, welche, wenn gegen einen der einzelnen Bundesstaaten gerichtet, als Hochverrath oder Landesverrath zu qualifiziren wären, ist das gemeinschaftliche Ober-Appellationsgericht der drei freien und Hansestädte in Lübeck die zuständige Spruchbehörde in erster und letzter Instanz.

Die näheren Bestimmungen über die Zuständigkeit und das Verfahren des Ober-Appellationsgerichts erfolgen im Wege der Reichsgesetzgebung. Bis zum Erlasse eines Reichsgesetzes bewendet es bei der seitherigen Zuständigkeit der Gerichte in den einzelnen Bundesstaaten und den auf das Verfahren dieser Gerichte sich beziehenden Bestimmungen.

Art. 76. Streitigkeiten zwischen verschiedenen Bundesstaaten, sofern dieselben nicht privatrechtlicher Natur und daher von den kompetenten Gerichtsbehörden zu entscheiden sind, werden auf Anrufen des einen Theils von dem Bundesrathe erledigt.

Verfassungsstreitigkeiten in solchen Bundesstaaten, in deren Verfassung nicht eine Behörde zur Entscheidung solcher Streitigkeiten bestimmt ist, hat auf Anrufen eines Theiles der Bundesrath gütlich auszugleichen oder, wenn das nicht gelingt, im Wege der Reichsgesetzgebung zur Erledigung zu bringen.

Art. 77. Wenn in einem Bundesstaate der Fall einer Justizverweigerung eintritt, und auf gesetzlichen Wegen ausreichende Hülfe nicht erlangt werden kann, so liegt dem Bundesrathe ob, erwiesene, nach der Verfassung und den bestehenden Gesetzen des betreffenden Bundesstaates zu beurtheilende Beschwerden über verweigerte oder gehemmte Rechtspflege anzunehmen, und darauf die gerichtliche Hülfe bei der Bundesregierung, die zu der Beschwerde Anlaß gegeben hat, zu bewirken.

XIV. Allgemeine Bestimmungen.

Art. 78. Veränderungen der Verfassung erfolgen im Wege der Gesetzgebung. Sie gelten als abgelehnt, wenn sie im Bundesrathe 14 Stimmen gegen sich haben.

Diejenigen Vorschriften der Reichsverfassung, durch welche bestimmte Rechte einzelner Bundesstaaten in deren Verhältnis zur Gesammtheit festgestellt sind, können nur mit Zustimmung des berechtigten Bundesstaates abgeändert werden.

Reichs-Gesetzblatt

Jahrgang 1919

Nr. 152

(Nr. 6982) Die Verfassung des Deutschen Reichs. Vom 11. August 1919.

Das Deutsche Volk, einig in seinen Stämmen und von dem Willen beseelt, sein Reich in Freiheit und Gerechtigkeit zu erneuen und zu festigen, dem inneren und dem äußeren Frieden zu dienen und den gesellschaftlichen Fortschritt zu fördern, hat sich diese Verfassung gegeben.

Erster Hauptteil
Aufbau und Aufgaben des Reichs
Erster Abschnitt
Reich und Länder
Artikel 1

Das Deutsche Reich ist eine Republik.
Die Staatsgewalt geht vom Volke aus.

Artikel 2

Das Reichsgebiet besteht aus den Gebieten der deutschen Länder. Andere Gebiete können durch Reichsgesetz in das Reich aufgenommen werden, wenn es ihre Bevölkerung kraft des Selbstbestimmungsrechts begehrt.

Artikel 3

Die Reichsfarben sind schwarz-rot-gold. Die Handelsflagge ist schwarz-weiß-rot mit den Reichsfarben in der oberen inneren Ecke.

Artikel 4

Die allgemein anerkannten Regeln des Völkerrechts gelten als bindende Bestandteile des deutschen Reichsrechts.

Ausgegeben zu Berlin den 14. August 1919.

VERFASSUNG DES DEUTSCHEN REICHS
vom 11. August 1919

Quelle: *Reichsgesetzblatt 1919, S. 1383 ff.*

Das Deutsche Volk, einig in seinen Stämmen und von dem Willen beseelt, sein Reich in Freiheit und Gerechtigkeit zu erneuen und zu festigen, dem inneren und dem äußeren Frieden zu dienen und den gesellschaftlichen Fortschritt zu fördern, hat sich diese Verfassung gegeben.

Erster Hauptteil. Aufbau und Aufgaben des Reichs.

Erster Abschnitt. Reich und Länder.

Art. 1. Das Deutsche Reich ist eine Republik.
Die Staatsgewalt geht vom Volke aus.

Art. 2. Das Reichsgebiet besteht aus den Gebieten der deutschen Länder. Andere Gebiete können durch Reichsgesetz in das Reich aufgenommen werden, wenn es ihre Bevölkerung kraft des Selbstbestimmungsrechts begehrt.

Art. 3. Die Reichsfarben sind schwarz-rot-gold. Die Handelsflagge ist schwarz-weiß-rot mit den Reichsfarben in der oberen inneren Ecke.

Art. 4. Die allgemein anerkannten Regeln des Völkerrechts gelten als bindende Bestandteile des deutschen Reichsrechts.

Art. 5. Die Staatsgewalt wird in Reichsangelegenheiten durch die Organe des Reichs auf Grund der Reichsverfassung, in Landesangelegenheiten durch die Organe der Länder auf Grund der Landesverfassungen ausgeübt.

Art. 6. Das Reich hat die ausschließliche Gesetzgebung über:
1. die Beziehungen zum Ausland;
2. das Kolonialwesen;
3. die Staatsangehörigkeit, die Freizügigkeit, die Ein- und Auswanderung und die Auslieferung;
4. die Wehrverfassung;
5. das Münzwesen;
6. das Zollwesen sowie die Einheit des Zoll- und Handelsgebiets und die Freizügigkeit des Warenverkehrs;
7. das Post- und Telegraphenwesen einschließlich des Fernsprechwesens.

Art. 7. Das Reich hat die Gesetzgebung über:
1. das bürgerliche Recht;

2. das Strafrecht;
3. das gerichtliche Verfahren einschließlich des Strafvollzugs, sowie die Amtshilfe zwischen Behörden;
4. das Paßwesen und die Fremdenpolizei;
5. das Armenwesen und die Wandererfürsorge;
6. das Presse-, Vereins- und Versammlungswesen;
7. die Bevölkerungspolitik, die Mutterschafts-, Säuglings-, Kinder- und Jugendfürsorge;
8. das Gesundheitswesen, das Veterinärwesen und den Schutz der Pflanzen gegen Krankheiten und Schädlinge;
9. das Arbeitsrecht, die Versicherung und den Schutz der Arbeiter und Angestellten, sowie den Arbeitsnachweis;
10. die Einrichtung beruflicher Vertretungen für das Reichsgebiet;
11. die Fürsorge für die Kriegsteilnehmer und ihre Hinterbliebenen;
12. das Enteignungsrecht;
13. die Vergesellschaftung von Naturschätzen und wirtschaftlichen Unternehmungen, sowie die Erzeugung, Herstellung, Verteilung und Preisgestaltung wirtschaftlicher Güter für die Gemeinwirtschaft;
14. den Handel, das Maß- und Gewichtswesen, die Ausgabe von Papiergeld, das Bankwesen sowie das Börsenwesen;
15. den Verkehr mit Nahrungs- und Genußmitteln sowie mit Gegenständen des täglichen Bedarfs;
16. das Gewerbe und den Bergbau;
17. das Versicherungswesen;
18. die Seeschiffahrt, die Hochsee- und die Küstenfischerei;
19. die Eisenbahnen, die Binnenschiffahrt, den Verkehr mit Kraftfahrzeugen zu Lande, zu Wasser und in der Luft, sowie den Bau von Landstraßen, soweit es sich um den allgemeinen Verkehr und die Landesverteidigung handelt;
20. das Theater- und Lichtspielwesen.

Art. 8. Das Reich hat ferner die Gesetzgebung über die Abgaben und sonstigen Einnahmen, soweit sie ganz oder teilweise für seine Zwecke in Anspruch genommen werden. Nimmt das Reich Abgaben oder sonstige Einnahmen in Anspruch, die bisher den Ländern zustanden, so hat es auf die Erhaltung der Lebensfähigkeit der Länder Rücksicht zu nehmen.

Art. 9. Soweit ein Bedürfnis für den Erlaß einheitlicher Vorschriften vorhanden ist, hat das Reich die Gesetzgebung über:
1. die Wohlfahrtspflege;
2. den Schutz der öffentlichen Ordnung und Sicherheit.

Art. 10. Das Reich kann im Wege der Gesetzgebung Grundsätze aufstellen für:
1. die Rechte und Pflichten der Religionsgesellschaften;

2. das Schulwesen einschließlich des Hochschulwesens und das wissenschaftliche Büchereiwesen;
3. das Recht der Beamten aller öffentlichen Körperschaften;
4. das Bodenrecht, die Bodenverteilung, das Ansiedlungs- und Heimstättenwesen, die Bindung des Grundbesitzes, das Wohnungswesen und die Bevölkerungsverteilung;
5. das Bestattungswesen.

Art. 11. Das Reich kann im Wege der Gesetzgebung Grundsätze über die Zulässigkeit und Erhebungsart von Landesabgaben aufstellen, soweit sie erforderlich sind, um

1. Schädigung der Einnahmen oder der Handelsbeziehungen des Reichs,
2. Doppelbesteuerungen,
3. übermäßige oder verkehrshindernde Belastung der Benutzung öffentlicher Verkehrswege und Einrichtungen mit Gebühren,
4. steuerliche Benachteiligungen eingeführter Waren gegenüber den eigenen Erzeugnissen im Verkehr zwischen den einzelnen Ländern und Landesteilen oder
5. Ausfuhrprämien

auszuschließen oder wichtige Gesellschaftsinteressen zu wahren.

Art. 12. Solange und soweit das Reich von seinem Gesetzgebungsrecht keinen Gebrauch macht, behalten die Länder das Recht der Gesetzgebung. Dies gilt nicht für die ausschließliche Gesetzgebung des Reichs.

Gegen Landesgesetze, die sich auf Gegenstände des Artikel 7 Ziffer 13 beziehen, steht der Reichsregierung, sofern dadurch das Wohl der Gesamtheit im Reich berührt wird, ein Einspruchsrecht zu.

Art. 13. Reichsrecht bricht Landrecht.

Bestehen Zweifel oder Meinungsverschiedenheiten darüber, ob eine landesrechtliche Vorschrift mit dem Reichsrecht vereinbar ist, so kann die zuständige Reichs- oder Landeszentralbehörde nach näherer Vorschrift eines Reichsgesetzes die Entscheidung eines obersten Gerichtshofs des Reichs anrufen.

Art. 14. Die Reichsgesetze werden durch die Landesbehörden ausgeführt, soweit nicht die Reichsgesetze etwas anderes bestimmen.

Art. 15. Die Reichsregierung übt die Aufsicht in den Angelegenheiten aus, in denen dem Reiche das Recht der Gesetzgebung zusteht.

Soweit die Reichsgesetze von den Landesbehörden auszuführen sind, kann die Reichsregierung allgemeine Anweisungen erlassen. Sie ist ermächtigt, zur Überwachung der Ausführung der Reichsgesetze zu den Landeszentralbehörden und mit ihrer Zustimmung zu den unteren Behörden Beauftragte zu entsenden.

Die Landesregierungen sind verpflichtet, auf Ersuchen der Reichsregierung Mängel, die bei der Ausführung der Reichsgesetze hervorgetreten sind, zu beseitigen. Bei Meinungsverschiedenheiten kann sowohl die Reichsregierung als die

Landesregierung die Entscheidung des Staatsgerichtshofs anrufen, falls nicht durch Reichsgesetz ein anderes Gericht bestimmt ist.

Art. 16. Die mit der unmittelbaren Reichsverwaltung in den Ländern betrauten Beamten sollen in der Regel Landesangehörige sein. Die Beamten, Angestellten und Arbeiter der Reichsverwaltung sind auf ihren Wunsch in ihren Heimatgebieten zu verwenden, soweit dies möglich ist und nicht Rücksichten auf ihre Ausbildung oder Erfordernisse des Dienstes entgegenstehen.

Art. 17. Jedes Land muß eine freistaatliche Verfassung haben. Die Volksvertretung muß in allgemeiner, gleicher, unmittelbarer und geheimer Wahl von allen reichsdeutschen Männern und Frauen nach den Grundsätzen der Verhältniswahl gewählt werden. Die Landesregierung bedarf des Vertrauens der Volksvertretung.

Die Grundsätze für die Wahlen zur Volksvertretung gelten auch für die Gemeindewahlen. Jedoch kann durch Landesgesetz die Wahlberechtigung von der Dauer des Aufenthalts in der Gemeinde bis zu einem Jahre abhängig gemacht werden.

Art. 18. Die Gliederung des Reichs in Länder soll unter möglichster Berücksichtigung des Willens der beteiligten Bevölkerung der wirschaftlichen und kulturellen Höchstleistung des Volkes dienen. Die Änderung des Gebiets von Ländern und die Neubildung von Ländern innerhalb des Reichs erfolgen durch verfassungsänderndes Reichsgesetz.

Stimmen die unmittelbar beteiligten Länder zu, so bedarf es nur eines einfachen Reichsgesetzes.

Ein einfaches Reichsgesetz genügt ferner, wenn eines der beteiligten Länder nicht zustimmt, die Gebietsänderung oder Neubildung aber durch den Willen der Bevölkerung gefordert wird und ein überwiegendes Reichsinteresse sie erheischt.

Der Wille der Bevölkerung ist durch Abstimmung festzustellen. Die Reichsregierung ordnet die Abstimmung an, wenn ein Drittel der zum Reichstag wahlberechtigten Einwohner des abzutrennenden Gebiets es verlangt.

Zum Beschluß einer Gebietsänderung oder Neubildung sind drei Fünftel der abgegebenen Stimmen, mindestens aber die Stimmenmehrheit der Wahlberechtigten erforderlich. Auch wenn es sich nur um Abtrennung eines Teiles eines preußischen Regierungsbezirkes, eines bayerischen Kreises oder in anderen Ländern eines entsprechenden Verwaltungsbezirkes handelt, ist der Wille der Bevölkerung des ganzen in Betracht kommenden Bezirkes festzustellen. Wenn ein räumlicher Zusammenhang des abzutrennenden Gebiets mit dem Gesamtbezirk nicht besteht, kann auf Grund eines besonderen Reichsgesetzes der Wille der Bevölkerung des abzutrennenden Gebiets als ausreichend erklärt werden.

Nach Feststellung der Zustimmung der Bevölkerung hat die Reichsregierung dem Reichstag ein entsprechendes Gesetz zur Beschlußfassung vorzulegen.

Entsteht bei der Vereinigung oder Abtrennung Streit über die Vermögensauseinandersetzung, so entscheidet hierüber auf Antrag einer Partei der Staatsgerichtshof für das Deutsche Reich.

Art. 19. Über Verfassungsstreitigkeiten innerhalb eines Landes, in dem kein Gericht zu ihrer Erledigung besteht, sowie über Streitigkeiten nichtprivatrechtlicher Art zwischen verschiedenen Ländern oder zwischen dem Reich und einem Land entscheidet auf Antrag eines der streitenden Teile der Staatsgerichtshof für das Deutsche Reich, soweit nicht ein anderer Gerichtshof des Reichs zuständig ist.

Der Reichspräsident vollstreckt das Urteil des Staatsgerichtshofs.

Zweiter Abschnitt. Der Reichstag.

Art. 20. Der Reichstag besteht aus den Abgeordneten des deutschen Volkes.

Art. 21. Die Abgeordneten sind Vertreter des ganzen Volkes. Sie sind nur ihrem Gewissen unterworfen und an Aufträge nicht gebunden.

Art. 22. Die Abgeordneten werden in allgemeiner, gleicher, unmittelbarer und geheimer Wahl von den über zwanzig Jahre alten Männern und Frauen nach den Grundsätzen der Verhältniswahl gewählt. Der Wahltag muß ein Sonntag oder öffentlicher Ruhetag sein.

Das Nähere bestimmt das Reichswahlgesetz.

Art. 23. Der Reichstag wird auf vier Jahre gewählt. Spätestens am sechzigsten Tage nach ihrem Ablauf muß die Neuwahl stattfinden.

Der Reichstag tritt zum ersten Male spätestens am dreißigsten Tage nach der Wahl zusammen.

Art. 24. Der Reichstag tritt in jedem Jahre am ersten Mittwoch des November am Sitze der Reichsregierung zusammen. Der Präsident des Reichstags muß ihn früher berufen, wenn es der Reichspräsident oder mindestens ein Drittel der Reichstagsmitglieder verlangt.

Der Reichstag bestimmt den Schluß der Tagung und den Tag des Wiederzusammentritts.

Art. 25. Der Reichspräsident kann den Reichstag auflösen, jedoch nur einmal aus dem gleichen Anlaß.

Die Neuwahl findet spätestens am sechzigsten Tage nach der Auflösung statt.

Art. 26. Der Reichstag wählt seinen Präsidenten, dessen Stellvertreter und seine Schriftführer. Er gibt sich seine Geschäftsordnung.

Art. 27. Zwischen zwei Tagungen oder Wahlperioden führen Präsident und Stellvertreter der letzten Tagung ihre Geschäfte fort.

Art. 28. Der Präsident übt das Hausrecht und die Polizeigewalt im Reichstagsgebäude aus. Ihm untersteht die Hausverwaltung; er verfügt über die Einnahmen und Ausgaben des Hauses nach Maßgabe des Reichshaushalts und vertritt das Reich in allen Rechtsgeschäften und Rechtsstreitigkeiten seiner Verwaltung.

Art. 29. Der Reichstag verhandelt öffentlich. Auf Antrag von fünfzig Mitgliedern kann mit Zweidrittelmehrheit die Öffentlichkeit ausgeschlossen werden.

Art. 30. Wahrheitsgetreue Berichte über die Verhandlungen in den öffentlichen Sitzungen des Reichstags, eines Landtags oder ihrer Ausschüsse bleiben von jeder Verantwortlichkeit frei.

Art. 31. Bei dem Reichstag wird ein Wahlprüfungsgericht gebildet. Es entscheidet auch über die Frage, ob ein Abgeordneter die Mitgliedschaft verloren hat.

Das Wahlprüfungsgericht besteht aus Mitgliedern des Reichstags, die dieser für die Wahlperiode wählt, und aus Mitgliedern des Reichsverwaltungsgerichts, die der Reichspräsident auf Vorschlag des Präsidiums dieses Gerichts bestellt.

Das Wahlprüfungsgericht erkennt auf Grund öffentlicher mündlicher Verhandlung durch drei Mitglieder des Reichstags und zwei richterliche Mitglieder.

Außerhalb der Verhandlungen vor dem Wahlprüfungsgericht wird das Verfahren von einem Reichsbeauftragten geführt, den der Reichspräsident ernennt. Im übrigen wird das Verfahren von dem Wahlprüfungsgericht geregelt.

Art. 32. Zu einem Beschluß des Reichstags ist einfache Stimmenmehrheit erforderlich, sofern die Verfassung kein anderes Stimmenverhältnis vorschreibt. Für die vom Reichstag vorzunehmenden Wahlen kann die Geschäftsordnung Ausnahmen zulassen.

Die Beschlußfähigkeit wird durch die Geschäftsordnung geregelt.

Art. 33. Der Reichstag und seine Ausschüsse können die Anwesenheit des Reichskanzlers und jedes Reichsministers verlangen.

Der Reichskanzler, die Reichsminister und die von ihnen bestellten Beauftragten haben zu den Sitzungen des Reichstags und seiner Ausschüsse Zutritt. Die Länder sind berechtigt, in diese Sitzungen Bevollmächtigte zu entsenden, die den Standpunkt ihrer Regierung zu dem Gegenstand der Verhandlung darlegen.

Auf ihr Verlangen müssen die Regierungsvertreter während der Beratung, die Vertreter der Reichsregierung auch außerhalb der Tagesordnung gehört werden.

Sie unterstehen der Ordnungsgewalt des Vorsitzenden.

Art. 34. Der Reichstag hat das Recht und auf Antrag von einem Fünftel seiner Mitglieder die Pflicht, Untersuchungsausschüsse einzusetzen. Diese Ausschüsse erheben in öffentlicher Verhandlung die Beweise, die sie oder die Antragsteller für erforderlich erachten. Die Öffentlichkeit kann vom Untersuchungsausschuß mit Zweidrittelmehrheit ausgeschlossen werden. Die Geschäftsordnung regelt das Verfahren des Ausschusses und bestimmt die Zahl seiner Mitglieder.

Die Gerichte und Verwaltungsbehörden sind verpflichtet, dem Ersuchen dieser Ausschüsse um Beweiserhebungen Folge zu leisten; die Akten der Behörden sind ihnen auf Verlangen vorzulegen.

Auf die Erhebungen der Ausschüsse und der von ihnen ersuchten Behörden finden die Vorschriften der Strafprozeßordnung sinngemäße Anwendung, doch bleibt das Brief-, Post-, Telegraphen- und Fernsprechgeheimnis unberührt.

Art. 35. Der Reichstag bestellt einen ständigen Ausschuß für auswärtige Angelegenheiten, der auch außerhalb der Tagung des Reichstags und nach der Beendigung der Wahlperiode oder der Auflösung des Reichstags bis zum Zusammentritt des neuen Reichstags tätig werden kann. Die Sitzungen dieses Ausschusses sind nicht öffentlich, wenn nicht der Ausschuß mit Zweidrittelmehrheit die Öffentlichkeit beschließt.

Der Reichstag bestellt ferner zur Wahrung der Rechte der Volksvertretung gegenüber der Reichsregierung für die Zeit außerhalb der Tagung und nach Beendigung einer Wahlperiode einen ständigen Ausschuß.

Diese Ausschüsse haben die Rechte von Untersuchungsausschüssen.

Art. 36. Kein Mitglied des Reichstags oder eines Landtags darf zu irgendeiner Zeit wegen seiner Abstimmung oder wegen der in Ausübung seines Berufs getanen Äußerungen gerichtlich oder dienstlich verfolgt oder sonst außerhalb der Versammlung zur Verantwortung gezogen werden.

Art. 37. Kein Mitglied des Reichstags oder eines Landtags kann ohne Genehmigung des Hauses, dem der Abgeordnete angehört, während der Sitzungsperiode wegen einer mit Strafe bedrohten Handlung zur Untersuchung gezogen oder verhaftet werden, es sei denn, daß das Mitglied bei Ausübung der Tat oder spätestens im Laufe des folgenden Tages festgenommen ist.

Die gleiche Genehmigung ist bei jeder anderen Beschränkung der persönlichen Freiheit erforderlich, die die Ausübung des Abgeordnetenberufs beeinträchtigt.

Jedes Strafverfahren gegen ein Mitglied des Reichstags oder eines Landtags und jede Haft oder sonstige Beschränkung seiner persönlichen Freiheit wird auf Verlangen des Hauses, dem der Abgeordnete angehört, für die Dauer der Sitzungsperiode aufgehoben.

Art. 38. Die Mitglieder des Reichstags und der Landtage sind berechtigt, über Personen, die ihnen in ihrer Eigenschaft als Abgeordneten Tatsachen anvertrauen, oder denen sie in Ausübung ihres Abgeordnetenberufs solche anvertraut haben, sowie über diese Tatsachen selbst das Zeugnis zu verweigern. Auch in Beziehung auf Beschlagnahme von Schriftstücken stehen sie den Personen gleich, die ein gesetzliches Zeugnisverweigerungsrecht haben.

Eine Durchsuchung oder Beschlagnahme darf in den Räumen des Reichstags oder eines Landtags nur mit Zustimmung des Präsidenten vorgenommen werden.

Art. 39. Beamte und Angehörige der Wehrmacht bedürfen zur Ausübung ihres Amtes als Mitglieder des Reichstags oder eines Landtags keines Urlaubs.

Bewerben sie sich um einen Sitz in diesen Körperschaften, so ist ihnen der zur Vorbereitung ihrer Wahl erforderliche Urlaub zu gewähren.

Art. 40. Die Mitglieder des Reichstags erhalten das Recht zur freien Fahrt auf allen deutschen Eisenbahnen sowie Entschädigung nach Maßgabe eines Reichsgesetzes.

Dritter Abschnitt. Der Reichspräsident und die Reichsregierung.

Art. 41. Der Reichspräsident wird vom ganzen deutschen Volke gewählt. Wählbar ist jeder Deutsche, der das fünfunddreißigste Lebensjahr vollendet hat. Das Nähere bestimmt ein Reichsgesetz.

Art. 42. Der Reichspräsident leistet bei der Übernahme seines Amtes vor dem Reichstag folgenden Eid:

Ich schwöre, daß ich meine Kraft dem Wohle des deutschen Volkes widmen, seinen Nutzen mehren, Schaden von ihm wenden, die Verfassung und die Gesetze des Reichs wahren, meine Pflichten gewissenhaft erfüllen und Gerechtigkeit gegen jedermann üben werde.

Die Beifügung einer religiösen Beteuerung ist zulässig.

Art. 43. Das Amt des Reichspräsidenten dauert sieben Jahre. Wiederwahl ist zulässig.

Vor Ablauf der Frist kann der Reichspräsident auf Antrag des Reichstags durch Volksabstimmung abgesetzt werden. Der Beschluß des Reichstags erfordert Zweidrittelmehrheit. Durch den Beschluß ist der Reichspräsident an der ferneren Ausübung des Amtes verhindert. Die Ablehnung der Absetzung durch die Volksabstimmung gilt als neue Wahl und hat die Auflösung des Reichstags zur Folge.

Der Reichspräsident kann ohne Zustimmung des Reichstags nicht strafrechtlich verfolgt werden.

Art. 44. Der Reichspräsident kann nicht zugleich Mitglied des Reichstags sein.

Art. 45. Der Reichspräsident vertritt das Reich völkerrechtlich. Er schließt im Namen des Reichs Bündnisse und andere Verträge mit auswärtigen Mächten. Er beglaubigt und empfängt die Gesandten.

Kriegserklärung und Friedensschluß erfolgen durch Reichsgesetz.

Bündnisse und Verträge mit fremden Staaten, die sich auf Gegenstände der Reichsgesetzgebung beziehen, bedürfen der Zustimmung des Reichstags.

Art. 46. Der Reichspräsident ernennt und entläßt die Reichsbeamten und die Offiziere, soweit nicht durch Gesetz etwas anderes bestimmt ist. Er kann das Ernennungs- und Entlassungsrecht durch andere Behörden ausüben lassen.

Art. 47. Der Reichspräsident hat den Oberbefehl über die gesamte Wehrmacht des Reichs.

Art. 48. Wenn ein Land die ihm nach der Reichsverfassung oder den Reichsgesetzen obliegenden Pflichten nicht erfüllt, kann der Reichspräsident es dazu mit Hilfe der bewaffneten Macht anhalten.

Der Reichspräsident kann, wenn im Deutschen Reich die öffentliche Sicherheit und Ordnung erheblich gestört oder gefährdet wird, die zur Wiederherstellung der öffentlichen Sicherheit und Ordnung nötigen Maßnahmen treffen, erforderlichenfalls mit Hilfe der bewaffneten Macht einschreiten. Zu diesem Zwecke darf er vorübergehend die in den Artikeln 114, 115, 117, 118, 123, 124 und 153 festgesetzten Grundrechte ganz oder zum Teil außer Kraft setzen.

Von allen gemäß Abs. 1 oder Abs. 2 dieses Artikels getroffenen Maßnahmen hat der Reichspräsident unverzüglich dem Reichstag Kenntnis zu geben. Die Maßnahmen sind auf Verlangen des Reichstags außer Kraft zu setzen.

Bei Gefahr im Verzuge kann die Landesregierung für ihr Gebiet einstweilige Maßnahmen der in Abs. 2 bezeichneten Art treffen. Die Maßnahmen sind auf Verlangen des Reichspräsidenten oder des Reichstags außer Kraft zu setzen.

Das Nähere bestimmt ein Reichsgesetz.

Art. 49. Der Reichspräsident übt für das Reich das Begnadigungsrecht aus.

Reichsamnestien bedürfen eines Reichsgesetzes.

Art. 50. Alle Anordnungen und Verfügungen des Reichspräsidenten, auch solche auf dem Gebiete der Wehrmacht, bedürfen zu ihrer Gültigkeit der Gegenzeichnung durch den Reichskanzler oder den zuständigen Reichsminister. Durch die Gegenzeichnung wird die Verantwortung übernommen.

Art. 51.[1] Der Reichspräsident wird im Falle seiner Verhinderung zunächst durch den Reichskanzler vertreten. Dauert die Verhinderung voraussichtlich längere Zeit, so ist die Vertretung durch ein Reichsgesetz zu regeln.

Das gleiche gilt für den Fall einer vorzeitigen Erledigung der Präsidentschaft bis zur Durchführung der neuen Wahl.

Art. 52. Die Reichsregierung besteht aus dem Reichskanzler und den Reichsministern.

Art. 53. Der Reichskanzler und auf seinen Vorschlag die Reichsminister werden vom Reichspräsidenten ernannt und entlassen.

Art. 54. Der Reichskanzler und die Reichsminister bedürfen zu ihrer Amtsführung des Vertrauens des Reichstags. Jeder von ihnen muß zurücktreten, wenn ihm der Reichstag durch ausdrücklichen Beschluß sein Vertrauen entzieht.

Art. 55. Der Reichskanzler führt den Vorsitz in der Reichsregierung und leitet ihre Geschäfte nach einer Geschäftsordnung, die von der Reichsregierung beschlossen und vom Reichspräsidenten genehmigt wird.

---

[1] Geändert durch Gesetz vom 17. Dezember 1932 (RGBl. S. 547):
„Der Reichspräsident wird im Falle seiner Verhinderung durch den Präsidenten des Reichsgerichts vertreten. Das gleiche gilt für den Fall einer vorzeitigen Erledigung der Präsidentschaft bis zur Durchführung der neuen Wahl."

Art. 56. Der Reichskanzler bestimmt die Richtlinien der Politik und trägt dafür gegenüber dem Reichstag die Verantwortung. Innerhalb dieser Richtlinien leitet jeder Reichsminister den ihm anvertrauten Geschäftszweig selbständig und unter eigener Verantwortung gegenüber dem Reichstag.

Art. 57. Die Reichsminister haben der Reichsregierung alle Gesetzentwürfe, ferner Angelegenheiten, für welche Verfassung oder Gesetz dieses vorschreiben, sowie Meinungsverschiedenheiten über Fragen, die den Geschäftsbereich mehrerer Reichsminister berühren, zur Beratung und Beschlußfassung zu unterbreiten.

Art. 58. Die Reichsregierung faßt ihre Beschlüsse mit Stimmenmehrheit. Bei Stimmengleichheit entscheidet die Stimme des Vorsitzenden.

Art. 59. Der Reichstag ist berechtigt, den Reichspräsidenten, den Reichskanzler und die Reichsminister vor dem Staatsgerichtshof für das Deutsche Reich anzuklagen, daß sie schuldhafterweise die Reichsverfassung oder ein Reichsgesetz verletzt haben. Der Antrag auf Erhebung der Anklage muß von mindestens hundert Mitgliedern des Reichstags unterzeichnet sein und bedarf der Zustimmung der für Verfassungsänderungen vorgeschriebenen Mehrheit. Das Nähere regelt das Reichsgesetz über den Staatsgerichtshof.

Vierter Abschnitt. Der Reichsrat.

Art. 60. Zur Vertretung der deutschen Länder bei der Gesetzgebung und Verwaltung des Reichs wird ein Reichsrat gebildet.

Art. 61. Im Reichsrat hat jedes Land mindestens eine Stimme. Bei den größeren Ländern entfällt auf eine Million Einwohner eine Stimme. Ein Überschuß, der mindestens der Einwohnerzahl des kleinsten Landes gleichkommt, wird einer vollen Million gleichgerechnet. Kein Land darf durch mehr als zwei Fünftel aller Stimmen vertreten sein.

Deutschösterreich erhält nach seinem Anschluß an das Deutsche Reich das Recht der Teilnahme am Reichsrat mit der seiner Bevölkerung entsprechenden Stimmenzahl. Bis dahin haben die Vertreter Deutschösterreichs beratende Stimme.

Die Stimmenzahl wird durch den Reichsrat nach jeder allgemeinen Volkszählung neu festgesetzt.

Art. 62. In den Ausschüssen, die der Reichsrat aus seiner Mitte bildet, führt kein Land mehr als eine Stimme.

Art. 63. Die Länder werden im Reichsrat durch Mitglieder ihrer Regierungen vertreten. Jedoch wird die Hälfte der preußischen Stimmen nach Maßgabe eines Landesgesetzes von den preußischen Provinzialverwaltungen bestellt.

Die Länder sind berechtigt, so viele Vertreter in den Reichsrat zu entsenden, wie sie Stimmen führen.

Art. 64. Die Reichsregierung muß den Reichsrat auf Verlangen von einem Drittel seiner Mitglieder einberufen.

Art. 65. Den Vorsitz im Reichsrat und in seinen Ausschüssen führt ein Mitglied der Reichsregierung. Die Mitglieder der Reichsregierung haben das Recht und auf Verlangen die Pflicht, an den Verhandlungen des Reichsrats und seiner Ausschüsse teilzunehmen. Sie müssen während der Beratung auf Verlangen jederzeit gehört werden.

Art. 66. Die Reichsregierung sowie jedes Mitglied des Reichsrats sind befugt, im Reichsrat Anträge zu stellen.

Der Reichsrat regelt seinen Geschäftsgang durch eine Geschäftsordnung.

Die Vollsitzungen des Reichsrats sind öffentlich. Nach Maßgabe der Geschäftsordnung kann die Öffentlichkeit für einzelne Beratungsgegenstände ausgeschlossen werden.

Bei der Abstimmung entscheidet die einfache Mehrheit der Abstimmenden.

Art. 67. Der Reichsrat ist von den Reichsministerien über die Führung der Reichsgeschäfte auf dem Laufenden zu halten. Zu Beratungen über wichtige Gegenstände sollen von den Reichsministerien die zuständigen Ausschüsse des Reichsrats zugezogen werden.

Fünfter Abschnitt. Die Reichsgesetzgebung.

Art. 68. Die Gesetzesvorlagen werden von der Reichsregierung oder aus der Mitte des Reichstags eingebracht.

Die Reichsgesetze werden vom Reichstag beschlossen.

Art. 69. Die Einbringung von Gesetzesvorlagen der Reichsregierung bedarf der Zustimmung des Reichsrats. Kommt eine Übereinstimmung zwischen der Reichsregierung und dem Reichsrat nicht zustande, so kann die Reichsregierung die Vorlage gleichwohl einbringen, hat aber hierbei die abweichende Auffassung des Reichsrats darzulegen.

Beschließt der Reichsrat eine Gesetzesvorlage, welcher die Reichsregierung nicht zustimmt, so hat diese die Vorlage unter Darlegung ihres Standpunkts beim Reichstag einzubringen.

Art. 70. Der Reichspräsident hat die verfassungsmäßig zustande gekommenen Gesetze auszufertigen und binnen Monatsfrist im Reichsgesetzblatt zu verkünden.

Art. 71. Reichsgesetze treten, soweit sie nichts anderes bestimmen, mit dem vierzehnten Tage nach Ablauf des Tages in Kraft, an dem das Reichsgesetzblatt in der Reichshauptstadt ausgegeben worden ist.

Art. 72. Die Verkündung eines Reichsgesetzes ist um zwei Monate auszusetzen, wenn es ein Drittel des Reichstags verlangt. Gesetze, die der Reichstag und der

Reichsrat für dringlich erklären, kann der Reichspräsident ungeachtet dieses Verlangens verkünden.

Art. 73. Ein vom Reichstag beschlossenes Gesetz ist vor seiner Verkündung zum Volksentscheid zu bringen, wenn der Reichspräsident binnen eines Monats es bestimmt.

Ein Gesetz, dessen Verkündung auf Antrag von mindestens einem Drittel des Reichstags ausgesetzt ist, ist dem Volksentscheid zu unterbreiten, wenn ein Zwanzigstel der Stimmberechtigten es beantragt.

Ein Volksentscheid ist ferner herbeizuführen, wenn ein Zehntel der Stimmberechtigten das Begehren nach Vorlegung eines Gesetzentwurfs stellt. Dem Volksbegehren muß ein ausgearbeiteter Gesetzentwurf zugrunde liegen. Er ist von der Regierung unter Darlegung ihrer Stellungnahme dem Reichstag zu unterbreiten. Der Volksentscheid findet nicht statt, wenn der begehrte Gesetzentwurf im Reichstag unverändert angenommen worden ist.

Über den Haushaltsplan, über Abgabengesetze und Besoldungsordnungen kann nur der Reichspräsident einen Volksentscheid veranlassen.

Das Verfahren beim Volksentscheid und beim Volksbegehren regelt ein Reichsgesetz.

Art. 74. Gegen die vom Reichstag beschlossenen Gesetze steht dem Reichsrat der Einspruch zu.

Der Einspruch muß innerhalb zweier Wochen nach der Schlußabstimmung im Reichstag bei der Reichsregierung eingebracht und spätestens binnen zwei weiteren Wochen mit Gründen versehen werden.

Im Falle des Einspruchs wird das Gesetz dem Reichstag zur nochmaligen Beschlußfassung vorgelegt. Kommt hierbei keine Übereinstimmung zwischen Reichstag und Reichsrat zustande, so kann der Reichspräsident binnen drei Monaten über den Gegenstand der Meinungsverschiedenheit einen Volksentscheid anordnen. Macht der Präsident von diesem Rechte keinen Gebrauch, so gilt das Gesetz als nicht zustande gekommen. Hat der Reichstag mit Zweidrittelmehrheit entgegen dem Einspruch des Reichsrats beschlossen, so hat der Präsident das Gesetz binnen drei Monaten in der vom Reichstag beschlossenen Fassung zu verkünden oder einen Volksentscheid anzuordnen.

Art. 75. Durch den Volksentscheid kann ein Beschluß des Reichstags nur dann außer Kraft gesetzt werden, wenn sich die Mehrheit der Stimmberechtigten an der Abstimmung beteiligt.

Art. 76. Die Verfassung kann im Wege der Gesetzgebung geändert werden. Jedoch kommen Beschlüsse des Reichstags auf Abänderung der Verfassung nur zustande, wenn zwei Drittel der gesetzlichen Mitgliederzahl anwesend sind und wenigstens zwei Drittel der Anwesenden zustimmen. Auch Beschlüsse des Reichsrats auf Abänderung der Verfassung bedürfen einer Mehrheit von zwei Dritteln der abgegebenen Stimmen. Soll auf Volksbegehren durch Volksentscheid eine Verfassungsänderung beschlossen werden, so ist die Zustimmung der Mehrheit der Stimmberechtigten erforderlich.

Hat der Reichstag entgegen dem Einspruch des Reichsrats eine Verfassungsänderung beschlossen, so darf der Reichspräsident dieses Gesetz nicht verkünden, wenn der Reichsrat binnen zwei Wochen den Volksentscheid verlangt.

Art. 77. Die zur Ausführung der Reichsgesetze erforderlichen allgemeinen Verwaltungsvorschriften erläßt, soweit die Gesetze nichts anderes bestimmen, die Reichsregierung. Sie bedarf dazu der Zustimmung des Reichsrats, wenn die Ausführung der Reichsgesetze den Landesbehörden zusteht.

Sechster Abschnitt. Die Reichsverwaltung.

Art. 78. Die Pflege der Beziehungen zu den auswärtigen Staaten ist ausschließlich Sache des Reichs.

In Angelegenheiten, deren Regelung der Landesgesetzgebung zusteht, können die Länder mit auswärtigen Staaten Verträge schließen; die Verträge bedürfen der Zustimmung des Reichs.

Vereinbarungen mit fremden Staaten über Veränderung der Reichsgrenzen werden nach Zustimmung des beteiligten Landes durch das Reich abgeschlossen. Die Grenzveränderungen dürfen nur auf Grund eines Reichsgesetzes erfolgen, soweit es sich nicht um bloße Berichtigung der Grenzen unbewohnter Gebietsteile handelt.

Um die Vertretung der Interessen zu gewährleisten, die sich für einzelne Länder aus ihren besonderen wirtschaftlichen Beziehungen oder ihrer benachbarten Lage zu auswärtigen Staaten ergeben, trifft das Reich im Einvernehmen mit den beteiligten Ländern die erforderlichen Einrichtungen und Maßnahmen.

Art. 79. Die Verteidigung des Reichs ist Reichssache. Die Wehrverfassung des deutschen Volkes wird unter Berücksichtigung der besonderen landsmannschaftlichen Eigenarten durch ein Reichsgesetz einheitlich geregelt.

Art. 80. Das Kolonialwesen ist ausschließlich Sache des Reichs.

Art. 81. Alle deutschen Kauffahrteischiffe bilden eine einheitliche Handelsflotte.

Art. 82. Deutschland bildet ein Zoll- und Handelsgebiet, umgeben von einer gemeinschaftlichen Zollgrenze.

Die Zollgrenze fällt mit der Grenze gegen das Ausland zusammen. An der See bildet das Gestade des Festlandes und der zum Reichsgebiet gehörigen Inseln die Zollgrenze. Für den Lauf der Zollgrenze an der See und an anderen Gewässern können Abweichungen bestimmt werden.

Fremde Staatsgebiete oder Gebietsteile können durch Staatsverträge oder Übereinkommen dem Zollgebiet angeschlossen werden.

Aus dem Zollgebiet können nach besonderem Erfordernis Teile ausgeschlossen werden. Für Freihäfen kann der Ausschluß nur durch ein verfassungsänderndes Gesetz aufgehoben werden.

Zollausschlüsse können durch Staatsverträge oder Übereinkommen einem fremden Zollgebiet angeschlossen werden.

Alle Erzeugnisse der Natur sowie des Gewerbe- und Kunstfleißes, die sich im freien Verkehr des Reichs befinden, dürfen über die Grenze der Länder und Gemeinden ein-, aus- oder durchgeführt werden. Ausnahmen sind auf Grund eines Reichsgesetzes zulässig.

Art. 83. Die Zölle und Verbrauchssteuern werden durch Reichsbehörden verwaltet.

Bei der Verwaltung von Reichsabgaben durch Reichsbehörden sind Einrichtungen vorzusehen, die den Ländern die Wahrung besonderer Landesinteressen auf dem Gebiet der Landwirtschaft, des Handels, des Gewerbes und der Industrie ermöglichen.

Art. 84. Das Reich trifft durch Gesetz die Vorschriften über:
1. die Einrichtung der Abgabenverwaltung der Länder, soweit es die einheitliche und gleichmäßige Durchführung der Reichsabgabengesetze erfordert;
2. die Einrichtung und Befugnisse der mit der Beaufsichtigung der Ausführung der Reichsabgabengesetze betrauten Behörden;
3. die Abrechnung mit den Ländern;
4. die Vergütung der Verwaltungskosten bei Ausführung der Reichsabgabengesetze.

Art. 85. Alle Einnahmen und Ausgaben des Reichs müssen für jedes Rechnungsjahr veranschlagt und in den Haushaltsplan eingestellt werden.

Der Haushaltsplan wird vor Beginn des Rechnungsjahrs durch ein Gesetz festgestellt.

Die Ausgaben werden in der Regel für ein Jahr bewilligt; sie können in besonderen Fällen auch für eine längere Dauer bewilligt werden. Im übrigen sind Vorschriften im Reichshaushaltsgesetz unzulässig, die über das Rechnungsjahr hinausreichen oder sich nicht auf die Einnahmen und Ausgaben des Reichs oder ihre Verwaltung beziehen.

Der Reichstag kann im Entwurf des Haushaltsplans ohne Zustimmung des Reichsrats Ausgaben nicht erhöhen oder neu einsetzen.

Die Zustimmung des Reichsrats kann gemäß den Vorschriften des Artikel 74 ersetzt werden.

Art. 86. Über die Verwendung aller Reichseinnahmen legt der Reichsfinanzminister in dem folgenden Rechnungsjahr zur Entlastung der Reichsregierung dem Reichsrat und dem Reichstag Rechnung. Die Rechnungsprüfung wird durch Reichsgesetz geregelt.

Art. 87. Im Wege des Kredits dürfen Geldmittel nur bei außerordentlichem Bedarf und in der Regel nur für Ausgaben zu werbenden Zwecken beschafft werden. Eine solche Beschaffung sowie die Übernahme einer Sicherheitsleistung zu Lasten des Reichs dürfen nur auf Grund eines Reichsgesetzes erfolgen.

Art. 88. Das Post- und Telegraphenwesen samt dem Fernsprechwesen ist ausschließlich Sache des Reichs.

Die Postwertzeichen sind für das ganze Reich einheitlich.

Die Reichsregierung erläßt mit Zustimmung des Reichsrats die Verordnungen, welche Grundsätze und Gebühren für die Benutzung der Verkehrseinrichtungen festsetzen. Sie kann diese Befugnis mit Zustimmung des Reichsrats auf den Reichspostminister übertragen.

Zur beratenden Mitwirkung in Angelegenheiten des Post-, Telegraphen- und Fernsprechverkehrs und der Tarife errichtet die Reichsregierung mit Zustimmung des Reichsrats einen Beirat.

Verträge über den Verkehr mit dem Ausland schließt allein das Reich.

Art. 89. Aufgabe des Reichs ist es, die dem allgemeinen Verkehr dienenden Eisenbahnen in sein Eigentum zu übernehmen und als einheitliche Verkehrsanstalt zu verwalten.

Die Rechte der Länder, Privateisenbahnen zu erwerben, sind auf Verlangen dem Reich zu übertragen.

Art. 90. Mit dem Übergang der Eisenbahnen übernimmt das Reich die Enteignungsbefugnis und die staatlichen Hoheitsrechte, die sich auf das Eisenbahnwesen beziehen. Über den Umfang dieser Rechte entscheidet im Streitfall der Staatsgerichtshof.

Art. 91. Die Reichsregierung erläßt mit Zustimmung des Reichsrats die Verordnungen, die den Bau, den Betrieb und den Verkehr der Eisenbahnen regeln. Sie kann diese Befugnis mit Zustimmung des Reichsrats auf den zuständigen Reichsminister übertragen.

Art. 92. Die Reichseisenbahnen sind, ungeachtet der Eingliederung ihres Haushalts und ihrer Rechnung in den allgemeinen Haushalt und die allgemeine Rechnung des Reichs, als ein selbständiges wirtschaftliches Unternehmen zu verwalten, das seine Ausgaben einschließlich Verzinsung und Tilgung der Eisenbahnschuld selbst zu bestreiten und eine Eisenbahnrücklage anzusammeln hat. Die Höhe der Tilgung und der Rücklage sowie die Verwendungszwecke der Rücklage sind durch besonderes Gesetz zu regeln.

Art. 93. Zur beratenden Mitwirkung in Angelegenheiten des Eisenbahnverkehrs und der Tarife errichtet die Reichsregierung für die Reichseisenbahnen mit Zustimmung des Reichsrats Beiräte.

Art. 94. Hat das Reich die dem allgemeinen Verkehr dienenden Eisenbahnen eines bestimmten Gebiets in seine Verwaltung übernommen, so können innerhalb dieses Gebiets neue, dem allgemeinen Verkehr dienende Eisenbahnen nur vom Reiche oder mit seiner Zustimmung gebaut werden. Berührt der Bau neuer oder die Veränderung bestehender Reichseisenbahnanlagen den Geschäftsbereich der Landespolizei, so hat die Reichseisenbahnverwaltung vor der Entscheidung die Landesbehörden anzuhören.

Wo das Reich die Eisenbahnen noch nicht in seine Verwaltung übernommen hat, kann es für den allgemeinen Verkehr oder die Landesverteidigung als notwendig erachtete Eisenbahnen kraft Reichsgesetzes auch gegen den Widerspruch der Länder, deren Gebiet durchschnitten wird, jedoch unbeschadet der Landeshoheitsrechte, für eigene Rechnung anlegen oder den Bau einem anderen zur Ausführung überlassen, nötigenfalls unter Verleihung des Enteignungsrechts.

Jede Eisenbahnverwaltung muß sich den Anschluß anderer Bahnen auf deren Kosten gefallen lassen.

Art. 95. Eisenbahnen des allgemeinen Verkehrs, die nicht vom Reiche verwaltet werden, unterliegen der Beaufsichtigung durch das Reich.

Die der Reichsaufsicht unterliegenden Eisenbahnen sind nach den gleichen, vom Reiche festgesetzten Grundsätzen anzulegen und auszurüsten. Sie sind in betriebssicherem Zustand zu erhalten und entsprechend den Anforderungen des Verkehrs auszubauen. Personen- und Güterverkehr sind in Übereinstimmung mit dem Bedürfnis zu bedienen und auszugestalten.

Bei der Beaufsichtigung des Tarifwesens ist auf gleichmäßige und niedrige Eisenbahntarife hinzuwirken.

Art. 96. Alle Eisenbahnen, auch die nicht dem allgemeinen Verkehr dienenden, haben den Anforderungen des Reichs auf Benutzung der Eisenbahnen zum Zwecke der Landesverteidigung Folge zu leisten.

Art. 97. Aufgabe des Reichs ist es, die dem allgemeinen Verkehr dienenden Wasserstraßen in sein Eigentum und seine Verwaltung zu übernehmen.

Nach der Übernahme können dem allgemeinen Verkehr dienende Wasserstraßen nur noch vom Reiche oder mit seiner Zustimmung angelegt oder ausgebaut werden.

Bei der Verwaltung, dem Ausbau oder dem Neubau von Wasserstraßen sind die Bedürfnisse der Landeskultur und der Wasserwirtschaft im Einvernehmen mit den Ländern zu wahren. Auch ist auf deren Förderung Rücksicht zu nehmen.

Jede Wasserstraßenverwaltung hat sich den Anschluß anderer Binnenwasserstraßen auf Kosten der Unternehmer gefallen zu lassen. Die gleiche Verpflichtung besteht für die Herstellung einer Verbindung zwischen Binnenwasserstraßen und Eisenbahnen.

Mit dem Übergang der Wasserstraßen erhält das Reich die Enteignungsbefugnis, die Tarifhoheit sowie die Strom- und Schiffahrtspolizei.

Die Aufgaben der Strombauverbände in bezug auf den Ausbau natürlicher Wasserstraßen im Rhein-, Weser- und Elbgebiet sind auf das Reich zu übernehmen.

Art. 98. Zur Mitwirkung in Angelegenheiten der Wasserstraßen werden bei den Reichswasserstraßen nach näherer Anordnung der Reichsregierung unter Zustimmung des Reichsrats Beiräte gebildet.

Art. 99. Auf natürlichen Wasserstraßen dürfen Abgaben nur für solche Werke, Einrichtungen und sonstige Anstalten erhoben werden, die zur Erleichterung des Verkehrs bestimmt sind. Sie dürfen bei staatlichen und kommunalen Anstalten die zur Herstellung und Unterhaltung erforderlichen Kosten nicht übersteigen. Die Herstellungs- und Unterhaltungskosten für Anstalten, die nicht ausschließlich zur Erleichterung des Verkehrs, sondern auch zur Förderung anderer Zwecke bestimmt sind, dürfen nur zu einem verhältnismäßigen Anteil durch Schiffahrtsabgaben aufgebracht werden. Als Herstellungskosten gelten die Zinsen und Tilgungsbeträge für die aufgewandten Mittel.

Die Vorschriften des vorstehenden Absatzes finden Anwendung auf die Abgaben, die für künstliche Wasserstraßen sowie für Anstalten an solchen und in Häfen erhoben werden.

Im Bereiche der Binnenschiffahrt können für die Bemessung der Befahrungsabgaben die Gesamtkosten einer Wasserstraße, eines Stromgebiets oder eines Wasserstraßennetzes zugrunde gelegt werden.

Diese Bestimmungen gelten auch für die Flößerei auf schiffbaren Wasserstraßen.

Auf fremde Schiffe und deren Ladungen andere oder höhere Abgaben zu legen als auf deutsche Schiffe und deren Ladungen, steht nur dem Reiche zu.

Zur Beschaffung von Mitteln für die Unterhaltung und den Ausbau des deutschen Wasserstraßennetzes kann das Reich die Schiffahrtsbeteiligten auch auf andere Weise durch Gesetz zu Beiträgen heranziehen.

Art. 100. Zur Deckung der Kosten für Unterhaltung und Bau von Binnenschiffahrtswegen kann durch ein Reichsgesetz auch herangezogen werden, wer aus dem Bau von Talsperren in anderer Weise als durch Befahrung Nutzen zieht, sofern mehrere Länder beteiligt sind oder das Reich die Kosten der Anlage trägt.

Art. 101. Aufgabe des Reichs ist es, alle Seezeichen, insbesondere Leuchtfeuer, Feuerschiffe, Bojen, Tonnen und Baken in sein Eigentum und seine Verwaltung zu übernehmen. Nach der Übernahme können Seezeichen nur noch vom Reiche oder mit seiner Zustimmung hergestellt oder ausgebaut werden.

Siebenter Abschnitt. Die Rechtspflege.

Art. 102. Die Richter sind unabhängig und nur dem Gesetz unterworfen.

Art. 103. Die ordentliche Gerichtsbarkeit wird durch das Reichsgericht und durch die Gerichte der Länder ausgeübt.

Art. 104. Die Richter der ordentlichen Gerichtsbarkeit werden auf Lebenszeit ernannt. Sie können wider ihrer Willen nur kraft richterlicher Entscheidung und nur aus den Gründen und unter den Formen, welche die Gesetze bestimmen, dauernd oder zeitweise ihres Amtes enthoben oder an eine andere Stelle oder in den Ruhestand versetzt werden. Die Gesetzgebung kann Altersgrenzen festsetzen, bei deren Erreichung Richter in den Ruhestand treten.

Die vorläufige Amtsenthebung, die kraft Gesetzes eintritt, wird hierdurch nicht berührt.

Bei einer Veränderung in der Einrichtung der Gerichte oder ihrer Bezirke kann die Landesjustizverwaltung unfreiwillige Versetzungen an ein anderes Gericht oder Entfernungen vom Amte, jedoch nur unter Belassung des vollen Gehalts, verfügen.

Auf Handelsrichter, Schöffen und Geschworene finden diese Bestimmungen keine Anwendung.

Art. 105. Ausnahmegerichte sind unstatthaft. Niemand darf seinem gesetzlichen Richter entzogen werden. Die gesetzlichen Bestimmungen über Kriegsgerichte und Standgerichte werden hiervon nicht berührt. Die militärischen Ehrengerichte sind aufgehoben.

Art. 106. Die Militärgerichtsbarkeit ist aufzuheben, außer für Kriegszeiten und an Bord der Kriegsschiffe. Das Nähere regelt ein Reichsgesetz.

Art. 107. Im Reiche und in den Ländern müssen nach Maßgabe der Gesetze Verwaltungsgerichte zum Schutze der einzelnen gegen Anordnungen und Verfügungen der Verwaltungsbehörden bestehen.

Art. 108. Nach Maßgabe eines Reichsgesetzes wird ein Staatsgerichtshof für das Deutsche Reich errichtet.

Zweiter Hauptteil. Grundrechte und Grundpflichten der Deutschen.

Erster Abschnitt. Die Einzelperson.

Art. 109. Alle Deutschen sind vor dem Gesetze gleich.

Männer und Frauen haben grundsätzlich dieselben staatsbürgerlichen Rechte und Pflichten.

Öffentlichrechtliche Vorrechte oder Nachteile der Geburt oder des Standes sind aufzuheben. Adelsbezeichnungen gelten nur als Teil des Namens und dürfen nicht mehr verliehen werden.

Titel dürfen nur verliehen werden, wenn sie ein Amt oder einen Beruf bezeichnen; akademische Grade sind hierdurch nicht betroffen.

Orden und Ehrenzeichen dürfen vom Staat nicht verliehen werden.

Kein Deutscher darf von einer ausländischen Regierung Titel oder Orden annehmen.

Art. 110. Die Staatsangehörigkeit im Reiche und in den Ländern wird nach den Bestimmungen eines Reichsgesetzes erworben und verloren. Jeder Angehörige eines Landes ist zugleich Reichsangehöriger.

Jeder Deutsche hat in jedem Lande des Reichs die gleichen Rechte und Pflichten wie die Angehörigen des Landes selbst.

Art. 111. Alle Deutschen genießen Freizügigkeit im ganzen Reiche. Jeder hat das Recht, sich an beliebigem Orte des Reichs aufzuhalten und niederzulassen, Grundstücke zu erwerben und jeden Nahrungszweig zu betreiben. Einschränkungen bedürfen eines Reichsgesetzes.

Art. 112. Jeder Deutsche ist berechtigt, nach außerdeutschen Ländern auszuwandern. Die Auswanderung kann nur durch Reichsgesetz beschränkt werden. Dem Ausland gegenüber haben alle Reichsangehörigen inner- und außerhalb des Reichsgebiets Anspruch auf den Schutz des Reichs.

Kein Deutscher darf einer ausländischen Regierung zur Verfolgung oder Bestrafung überliefert werden.

Art. 113. Die fremdsprachigen Volksteile des Reichs dürfen durch die Gesetzgebung und Verwaltung nicht in ihrer freien, volkstümlichen Entwicklung, besonders nicht im Gebrauch ihrer Muttersprache beim Unterricht, sowie bei der inneren Verwaltung und der Rechtspflege beeinträchtigt werden.

Art. 114. Die Freiheit der Person ist unverletzlich. Eine Beeinträchtigung oder Entziehung der persönlichen Freiheit durch die öffentliche Gewalt ist nur auf Grund von Gesetzen zulässig.

Personen, denen die Freiheit entzogen wird, sind spätestens am darauffolgenden Tage in Kenntnis zu setzen, von welcher Behörde und aus welchen Gründen die Entziehung der Freiheit angeordnet worden ist; unverzüglich soll ihnen Gelegenheit gegeben werden, Einwendungen gegen ihre Freiheitsentziehung vorzubringen.

Art. 115. Die Wohnung jedes Deutschen ist für ihn eine Freistätte und unverletzlich. Ausnahmen sind nur auf Grund von Gesetzen zulässig.

Art. 116. Eine Handlung kann nur dann mit einer Strafe belegt werden, wenn die Strafbarkeit gesetzlich bestimmt war, bevor die Handlung begangen wurde.

Art. 117. Das Briefgeheimnis sowie das Post-, Telegraphen- und Fernsprechgeheimnis sind unverletzlich. Ausnahmen können nur durch Reichsgesetz zugelassen werden.

Art. 118. Jeder Deutsche hat das Recht, innerhalb der Schranken der allgemeinen Gesetze seine Meinung durch Wort, Schrift, Druck, Bild oder in sonstiger Weise frei zu äußern. An diesem Rechte darf ihn kein Arbeits- oder Anstellungsverhältnis hindern und niemand darf ihn benachteiligen, wenn er von diesem Rechte Gebrauch macht.

Eine Zensur findet nicht statt, doch können für Lichtspiele durch Gesetz abweichende Bestimmungen getroffen werden. Auch sind zur Bekämpfung der Schund- und Schmutzliteratur sowie zum Schutze der Jugend bei öffentlichen Schaustellungen und Darbietungen gesetzliche Maßnahmen zulässig.

Zweiter Abschnitt. Das Gemeinschaftsleben.

Art. 119. Die Ehe steht als Grundlage des Familienlebens und der Erhaltung und Vermehrung der Nation unter dem besonderen Schutz der Verfassung. Sie beruht auf der Gleichberechtigung der beiden Geschlechter.

Die Reinerhaltung, Gesundung und soziale Förderung der Familie ist Aufgabe des Staats und der Gemeinden. Kinderreiche Familien haben Anspruch auf ausgleichende Fürsorge.

Die Mutterschaft hat Anspruch auf den Schutz und die Fürsorge des Staats.

Art. 120. Die Erziehung des Nachwuchses zur leiblichen, seelischen und gesellschaftlichen Tüchtigkeit ist oberste Pflicht und natürliches Recht der Eltern, über deren Betätigung die staatliche Gemeinschaft wacht.

Art. 121. Den unehelichen Kindern sind durch die Gesetzgebung die gleichen Bedingungen für ihre leibliche, seelische und gesellschaftliche Entwicklung zu schaffen wie den ehelichen Kindern.

Art. 122. Die Jugend ist gegen Ausbeutung sowie gegen sittliche, geistige oder körperliche Verwahrlosung zu schützen. Staat und Gemeinde haben die erforderlichen Einrichtungen zu treffen.

Fürsorgemaßregeln im Wege des Zwanges können nur auf Grund des Gesetzes angeordnet werden.

Art. 123. Alle Deutschen haben das Recht, sich ohne Anmeldung oder besondere Erlaubnis friedlich und unbewaffnet zu versammeln.

Versammlungen unter freiem Himmel können durch Reichsgesetz anmeldepflichtig gemacht und bei unmittelbarer Gefahr für die öffentliche Sicherheit verboten werden.

Art. 124. Alle Deutschen haben das Recht, zu Zwecken, die den Strafgesetzen nicht zuwiderlaufen, Vereine oder Gesellschaften zu bilden. Dies Recht kann nicht durch Vorbeugungsmaßregeln beschränkt werden. Für religiöse Vereine und Gesellschaften gelten dieselben Bestimmungen.

Der Erwerb der Rechtsfähigkeit steht jedem Verein gemäß den Vorschriften des bürgerlichen Rechtes frei. Er darf einem Verein nicht aus dem Grunde versagt werden, daß er einen politischen, sozialpolitischen oder religiösen Zweck verfolgt.

Art. 125. Wahlfreiheit und Wahlgeheimnis sind gewährleistet. Das Nähere bestimmen die Wahlgesetze.

Art. 126. Jeder Deutsche hat das Recht, sich schriftlich mit Bitten oder Beschwerden an die zuständige Behörde oder an die Volksvertretung zu wenden.

Dieses Recht kann sowohl von einzelnen als auch von mehreren gemeinsam ausgeübt werden.

Art. 127. Gemeinden und Gemeindeverbände haben das Recht der Selbstverwaltung innerhalb der Schranken der Gesetze.

Art. 128. Alle Staatsbürger ohne Unterschied sind nach Maßgabe der Gesetze und entsprechend ihrer Befähigung und ihren Leistungen zu den öffentlichen Ämtern zuzulassen.

Alle Ausnahmebestimmungen gegen weibliche Beamte werden beseitigt.

Die Grundlagen des Beamtenverhältnisses sind durch Reichsgesetz zu regeln.

Art. 129. Die Anstellung der Beamten erfolgt auf Lebenszeit, soweit nicht durch Gesetz etwas anderes bestimmt ist. Ruhegehalt und Hinterbliebenenversorgung werden gesetzlich geregelt. Die wohlerworbenen Rechte der Beamten sind unverletzlich. Für die vermögensrechtlichen Ansprüche der Beamten steht der Rechtsweg offen.

Die Beamten können nur unter den gesetzlich bestimmten Voraussetzungen und Formen vorläufig ihres Amtes enthoben, einstweilen oder endgültig in den Ruhestand oder in ein anderes Amt mit geringerem Gehalt versetzt werden.

Gegen jedes dienstliche Strafekenntnis muß ein Beschwerdeweg und die Möglichkeit eines Wiederaufnahmeverfahrens eröffnet sein. In die Nachweise über die Person des Beamten sind Eintragungen von ihm ungünstigen Tatsachen erst vorzunehmen, wenn dem Beamten Gelegenheit gegeben war, sich über sie zu äußern. Dem Beamten ist Einsicht in seine Personalnachweise zu gewähren.

Die Unverletzlichkeit der wohlerworbenen Rechte und die Offenhaltung des Rechtswegs für die vermögensrechtlichen Ansprüche werden besonders auch den Berufssoldaten gewährleistet. Im übrigen wird ihre Stellung durch Reichsgesetz geregelt.

Art. 130. Die Beamten sind Diener der Gesamtheit, nicht einer Partei.

Allen Beamten wird die Freiheit ihrer politischen Gesinnung und die Vereinigungsfreiheit gewährleistet.

Die Beamten erhalten nach näherer reichsgesetzlicher Bestimmung besondere Beamtenvertretungen.

Art. 131. Verletzt ein Beamter in Ausübung der ihm anvertrauten öffentlichen Gewalt die ihm einem Dritten gegenüber obliegende Amtspflicht, so trifft die Verantwortlichkeit grundsätzlich den Staat oder die Körperschaft, in deren Dienste der Beamte steht. Der Rückgriff gegen den Beamten bleibt vorbehalten. Der ordentliche Rechtsweg darf nicht ausgeschlossen werden.

Die nähere Regelung liegt der zuständigen Gesetzgebung ob.

Art. 132. Jeder Deutsche hat nach Maßgabe der Gesetze die Pflicht zur Übernahme ehrenamtlicher Tätigkeiten.

Art. 133. Alle Staatsbürger sind verpflichtet, nach Maßgabe der Gesetze persönliche Dienste für den Staat und die Gemeinde zu leisten.

Die Wehrpflicht richtet sich nach den Bestimmungen des Reichswehrgesetzes. Dieses bestimmt auch, wieweit für Angehörige der Wehrmacht zur Erfüllung ihrer Aufgaben und zur Erhaltung der Mannszucht einzelne Grundrechte einzuschränken sind.

Art. 134. Alle Staatsbürger ohne Unterschied tragen im Verhältnis ihrer Mittel zu allen öffentlichen Lasten nach Maßgabe der Gesetze bei.

Dritter Abschnitt. Religion und Religionsgesellschaften.

Art. 135. Alle Bewohner des Reichs genießen volle Glaubens- und Gewissensfreiheit. Die ungestörte Religionsübung wird durch die Verfassung gewährleistet und steht unter staatlichem Schutz. Die allgemeinen Staatsgesetze bleiben hiervon unberührt.

Art. 136. Die bürgerlichen und staatsbürgerlichen Rechte und Pflichten werden durch die Ausübung der Religionsfreiheit weder bedingt noch beschränkt.

Der Genuß bürgerlicher und staatsbürgerlicher Rechte sowie die Zulassung zu öffentlichen Ämtern sind unabhängig von dem religiösen Bekenntnis.

Niemand ist verpflichtet, seine religiöse Überzeugung zu offenbaren. Die Behörden haben nur soweit das Recht, nach der Zugehörigkeit zu einer Religionsgesellschaft zu fragen, als davon Rechte und Pflichten abhängen oder eine gesetzlich angeordnete statistische Erhebung dies erfordert.

Niemand darf zu einer kirchlichen Handlung oder Feierlichkeit oder zur Teilnahme an religiösen Übungen oder zur Benutzung einer religiösen Eidesform gezwungen werden.

Art. 137. Es besteht keine Staatskirche.

Die Freiheit der Vereinigung zu Religionsgesellschaften wird gewährleistet. Der Zusammenschluß von Religionsgesellschaften innerhalb des Reichsgebiets unterliegt keinen Beschränkungen.

Jede Religionsgesellschaft ordnet und verwaltet ihre Angelegenheiten selbständig innerhalb der Schranken des für alle geltenden Gesetzes. Sie verleiht ihre Ämter ohne Mitwirkung des Staates oder der bürgerlichen Gemeinde.

Religionsgesellschaften erwerben die Rechtsfähigkeit nach den allgemeinen Vorschriften des bürgerlichen Rechtes.

Die Religionsgesellschaften bleiben Körperschaften des öffentlichen Rechtes, soweit sie solche bisher waren. Anderen Religionsgesellschaften sind auf ihren Antrag gleiche Rechte zu gewähren, wenn sie durch ihre Verfassung und die Zahl ihrer Mitglieder die Gewähr der Dauer bieten. Schließen sich mehrere derartige öffentlichrechtliche Religionsgesellschaften zu einem Verband zusammen, so ist auch dieser Verband eine öffentlichrechtliche Körperschaft.

Die Religionsgesellschaften, welche Körperschaften des öffentlichen Rechtes sind, sind berechtigt, auf Grund der bürgerlichen Steuerlisten nach Maßgabe der landesrechtlichen Bestimmungen Steuern zu erheben.

Den Religionsgesellschaften werden die Vereinigungen gleichgestellt, die sich die gemeinschaftliche Pflege einer Weltanschauung zur Aufgabe machen.

Soweit die Durchführung dieser Bestimmungen eine weitere Regelung erfordert, liegt diese der Landesgesetzgebung ob.

Art. 138. Die auf Gesetz, Vertrag oder besonderen Rechtstiteln beruhenden Staatsleistungen an die Religionsgesellschaften werden durch die Landesgesetzgebung abgelöst. Die Grundsätze hierfür stellt das Reich auf.

Das Eigentum und andere Rechte der Religionsgesellschaften und religiösen Vereine an ihren für Kultus-, Unterrichts- und Wohltätigkeitszwecke bestimmten Anstalten, Stiftungen und sonstigen Vermögen werden gewährleistet.

Art. 139. Der Sonntag und die staatlich anerkannten Feiertage bleiben als Tage der Arbeitsruhe und der seelischen Erhebung gesetzlich geschützt.

Art. 140. Den Angehörigen der Wehrmacht ist die nötige freie Zeit zur Erfüllung ihrer religiösen Pflichten zu gewähren.

Art. 141. Soweit das Bedürfnis nach Gottesdienst und Seelsorge im Heer, in Krankenhäusern, Strafanstalten oder sonstigen öffentlichen Anstalten besteht, sind die Religionsgesellschaften zur Vornahme religiöser Handlungen zuzulassen, wobei jeder Zwang fernzuhalten ist.

Vierter Abschnitt. Bildung und Schule.

Art. 142. Die Kunst, die Wissenschaft und ihre Lehre sind frei. Der Staat gewährt ihnen Schutz und nimmt an ihrer Pflege teil.

Art. 143. Für die Bildung der Jugend ist durch öffentliche Anstalten zu sorgen. Bei ihrer Einrichtung wirken Reich, Länder und Gemeinden zusammen.

Die Lehrerbildung ist nach den Grundsätzen, die für die höhere Bildung allgemein gelten, für das Reich einheitlich zu regeln.

Die Lehrer an öffentlichen Schulen haben die Rechte und Pflichten der Staatsbeamten.

Art. 144. Das gesamte Schulwesen steht unter der Aufsicht des Staates; er kann die Gemeinden daran beteiligen. Die Schulaufsicht wird durch hauptamtlich tätige, fachmännisch vorgebildete Beamte ausgeübt.

Art. 145. Es besteht allgemeine Schulpflicht. Ihrer Erfüllung dient grundsätzlich die Volksschule mit mindestens acht Schuljahren und die anschließende Fortbildungsschule bis zum vollendeten achtzehnten Lebensjahre. Der Unterricht und die Lernmittel in den Volksschulen und Fortbildungsschulen sind unentgeltlich.

Art. 146. Das öffentliche Schulwesen ist organisch auszugestalten. Auf einer für alle gemeinsamen Grundschule baut sich das mittlere und höhere Schulwesen auf. Für diesen Aufbau ist die Mannigfaltigkeit der Lebensberufe, für die Aufnahme eines Kindes in eine bestimmte Schule sind seine Anlage und Neigung, nicht die wirtschaftliche und gesellschaftliche Stellung oder das Religionsbekenntnis seiner Eltern maßgebend.

Innerhalb der Gemeinden sind indes auf Antrag von Erziehungsberechtigten Volksschulen ihres Bekenntnisses oder ihrer Weltanschauung einzurichten, soweit hierdurch ein geordneter Schulbetrieb, auch im Sinne des Abs. 1, nicht beeinträchtigt wird. Der Wille der Erziehungsberechtigten ist möglichst zu berücksichtigen. Das Nähere bestimmt die Landesgesetzgebung nach den Grundsätzen eines Reichsgesetzes.

Für den Zugang Minderbemittelter zu den mittleren und höheren Schulen sind durch Reich, Länder und Gemeinden öffentliche Mittel bereitzustellen, insbesondere Erziehungsbeihilfen für die Eltern von Kindern, die zur Ausbildung auf mittleren und höheren Schulen für geeignet erachtet werden, bis zur Beendigung der Ausbildung.

Art. 147. Private Schulen als Ersatz für öffentliche Schulen bedürfen der Genehmigung des Staates und unterstehen den Landesgesetzen. Die Genehmigung ist zu erteilen, wenn die Privatschulen in ihren Lehrzielen und Einrichtungen sowie in der wissenschaftlichen Ausbildung ihrer Lehrkräfte nicht hinter den öffentlichen Schulen zurückstehen und eine Sonderung der Schüler nach den Besitzverhältnissen der Eltern nicht gefördert wird. Die Genehmigung ist zu versagen, wenn die wirtschaftliche und rechtliche Stellung der Lehrkräfte nicht genügend gesichert ist.

Private Volksschulen sind nur zuzulassen, wenn für eine Minderheit von Erziehungsberechtigten, deren Wille nach Artikel 146 Abs. 2 zu berücksichtigen ist, eine öffentliche Volksschule ihres Bekenntnisses oder ihrer Weltanschauung in der Gemeinde nicht besteht oder die Unterrichtsverwaltung ein besonderes pädagogisches Interesse anerkennt.

Private Vorschulen sind aufzuheben.

Für private Schulen, die nicht als Ersatz für öffentliche Schulen dienen, verbleibt es bei dem geltenden Recht.

Art. 148. In allen Schulen ist sittliche Bildung, staatsbürgerliche Gesinnung, persönliche und berufliche Tüchtigkeit im Geiste des deutschen Volkstums und der Völkerversöhnung zu erstreben.

Beim Unterricht in öffentlichen Schulen ist Bedacht zu nehmen, daß die Empfindungen Andersdenkender nicht verletzt werden.

Staatsbürgerkunde und Arbeitsunterricht sind Lehrfächer der Schulen. Jeder Schüler erhält bei Beendigung der Schulpflicht einen Abdruck der Verfassung.

Das Volksbildungswesen, einschließlich der Volkshochschulen, soll von Reich, Ländern und Gemeinden gefördert werden.

Art. 149. Der Religionsunterricht ist ordentliches Lehrfach der Schulen mit Ausnahme der bekenntnisfreien (weltlichen) Schulen. Seine Erteilung wird im Rahmen der Schulgesetzgebung geregelt. Der Religionsunterricht wird in Übereinstimmung mit den Grundsätzen der betreffenden Religionsgesellschaft unbeschadet des Aufsichtsrechts des Staates erteilt.

Die Erteilung religiösen Unterrichts und die Vornahme kirchlicher Verrichtungen bleibt der Willenserklärung der Lehrer, die Teilnahme an religiösen Unterrichtsfächern und an kirchlichen Feiern und Handlungen der Willenserklärung desjenigen überlassen, der über die religiöse Erziehung des Kindes zu bestimmen hat.

Die theologischen Fakultäten an den Hochschulen bleiben erhalten.

Art. 150. Die Denkmäler der Kunst, der Geschichte und der Natur sowie die Landschaft genießen den Schutz und die Pflege des Staates.

Es ist Sache des Reichs, die Abwanderung deutschen Kunstbesitzes in das Ausland zu verhüten.

Fünfter Abschnitt. Das Wirtschaftsleben.

Art. 151. Die Ordnung des Wirtschaftslebens muß den Grundsätzen der Gerechtigkeit mit dem Ziele der Gewährleistung eines menschenwürdigen Daseins für alle entsprechen. In diesen Grenzen ist die wirtschaftliche Freiheit des Einzelnen zu sichern.

Gesetzlicher Zwang ist nur zulässig zur Verwirklichung bedrohter Rechte oder im Dienst überragender Forderungen des Gemeinwohls.

Die Freiheit des Handels und Gewerbes wird nach Maßgabe der Reichsgesetze gewährleistet.

Art. 152. Im Wirtschaftsverkehr gilt Vertragsfreiheit nach Maßgabe der Gesetze.

Wucher ist verboten. Rechtsgeschäfte, die gegen die guten Sitten verstoßen, sind nichtig.

Art. 153. Das Eigentum wird von der Verfassung gewährleistet. Sein Inhalt und seine Schranken ergeben sich aus den Gesetzen.

Eine Enteignung kann nur zum Wohle der Allgemeinheit und auf gesetzlicher Grundlage vorgenommen werden. Sie erfolgt gegen angemessene Entschädigung, soweit nicht ein Reichsgesetz etwas anderes bestimmt. Wegen der Höhe der Entschädigung ist im Streitfalle der Rechtsweg bei den ordentlichen Gerichten offen zu halten, soweit Reichsgesetze nichts anderes bestimmen. Enteignung durch das Reich gegenüber Ländern, Gemeinden und gemeinnützigen Verbänden kann nur gegen Entschädigung erfolgen.

Eigentum verpflichtet. Sein Gebrauch soll zugleich Dienst sein für das Gemeine Beste.

Art. 154. Das Erbrecht wird nach Maßgabe des bürgerlichen Rechtes gewährleistet.

Der Anteil des Staates am Erbgut bestimmt sich nach den Gesetzen.

Art. 155. Die Verteilung und Nutzung des Bodens wird von Staats wegen in einer Weise überwacht, die Mißbrauch verhütet und dem Ziele zustrebt, jedem Deutschen eine gesunde Wohnung und allen deutschen Familien, besonders den kinderreichen, eine ihren Bedürfnissen entsprechende Wohn- und Wirtschaftsheimstätte zu sichern. Kriegsteilnehmer sind bei dem zu schaffenden Heimstättenrecht besonders zu berücksichtigen.

Grundbesitz, dessen Erwerb zur Befriedigung des Wohnungsbedürfnisses, zur Förderung der Siedlung und Urbarmachung oder zur Hebung der Landwirtschaft nötig ist, kann enteignet werden. Die Fideikommisse sind aufzulösen.

Die Bearbeitung und Ausnutzung des Bodens ist eine Pflicht des Grundbesitzers gegenüber der Gemeinschaft. Die Wertsteigerung des Bodens, die ohne eine Arbeits- oder Kapitalaufwendung auf das Grundstück entsteht, ist für die Gesamtheit nutzbar zu machen.

Alle Bodenschätze und alle wirtschaftlich nutzbaren Naturkräfte stehen unter Aufsicht des Staates. Private Regale sind im Wege der Gesetzgebung auf den Staat zu überführen.

Art. 156. Das Reich kann durch Gesetz unbeschadet der Entschädigung, in sinngemäßer Anwendung der für Enteignung geltenden Bestimmungen, für die Vergesellschaftung geeignete private wirtschaftliche Unternehmungen in Gemeineigentum überführen. Es kann sich selbst, die Länder oder die Gemeinden an der Verwaltung wirtschaftlicher Unternehmungen und Verbände beteiligen oder sich daran in anderer Weise einen bestimmenden Einfluß sichern.

Das Reich kann ferner im Falle dringenden Bedürfnisses zum Zwecke der Gemeinwirtschaft durch Gesetz wirtschaftliche Unternehmungen und Verbände auf der Grundlage der Selbstverwaltung zusammenschließen mit dem Ziele, die Mitwirkung aller schaffenden Volksteile zu sichern, Arbeitgeber und Arbeitnehmer an der Verwaltung zu beteiligen und Erzeugung, Herstellung, Verteilung, Verwendung, Preisgestaltung sowie Ein- und Ausfuhr der Wirtschaftsgüter nach gemeinwirtschaftlichen Grundsätzen zu regeln.

Die Erwerbs- und Wirtschaftsgenossenschaften und deren Vereinigungen sind auf ihr Verlangen unter Berücksichtigung ihrer Verfassung und Eigenart in die Gemeinwirtschaft einzugliedern.

Art. 157. Die Arbeitskraft steht unter dem besonderen Schutz des Reichs.

Das Reich schafft ein einheitliches Arbeitsrecht.

Art. 158. Die geistige Arbeit, das Recht der Urheber, der Erfinder und der Künstler, genießt den Schutz und die Fürsorge des Reichs.

Den Schöpfungen deutscher Wissenschaft, Kunst und Technik ist durch zwischenstaatliche Vereinbarung auch im Ausland Geltung und Schutz zu verschaffen.

Art. 159. Die Vereinigungsfreiheit zur Wahrung und Förderung der Arbeits- und Wirtschaftsbedingungen ist für jedermann und für alle Berufe gewährleistet.

Alle Abreden und Maßnahmen, welche diese Freiheit einzuschränken oder zu behindern suchen, sind rechtswidrig.

Art. 160. Wer in einem Dienst- oder Arbeitsverhältnis als Angestellter oder Arbeiter steht, hat das Recht auf die zur Wahrnehmung staatsbürgerlicher Rechte und, soweit dadurch der Betrieb nicht erheblich geschädigt wird, zur Ausübung ihm übertragener öffentlicher Ehrenämter nötige freie Zeit. Wieweit ihm der Anspruch auf Vergütung erhalten bleibt, bestimmt das Gesetz.

Art. 161. Zur Erhaltung der Gesundheit und Arbeitsfähigkeit, zum Schutz der Mutterschaft und zur Vorsorge gegen die wirtschaftlichen Folgen von Alter, Schwäche und Wechselfällen des Lebens schafft das Reich ein umfassendes Versicherungswesen unter maßgebender Mitwirkung der Versicherten.

Art. 162. Das Reich tritt für eine zwischenstaatliche Regelung der Rechtsverhältnisse der Arbeiter ein, die für die gesamte arbeitende Klasse der Menschheit ein allgemeines Mindestmaß der sozialen Rechte erstrebt.

Art. 163. Jeder Deutsche hat unbeschadet seiner persönlichen Freiheit die sittliche Pflicht, seine geistigen und körperlichen Kräfte so zu betätigen, wie es das Wohl der Gesamtheit erfordert.

Jedem Deutschen soll die Möglichkeit gegeben werden, durch wirtschaftliche Arbeit seinen Unterhalt zu erwerben. Soweit ihm angemessene Arbeitsgelegenheit nicht nachgewiesen werden kann, wird für seinen notwendigen Unterhalt gesorgt. Das Nähere wird durch besondere Reichsgesetze bestimmt.

Art. 164. Der selbständige Mittelstand in Landwirtschaft, Gewerbe und Handel ist in Gesetzgebung und Verwaltung zu fördern und gegen Überlastung und Aufsaugung zu schützen.

Art. 165. Die Arbeiter und Angestellten sind dazu berufen, gleichberechtigt in Gemeinschaft mit den Unternehmern an der Regelung der Lohn- und Arbeitsbedingungen sowie an der gesamten wirtschaftlichen Entwicklung der produktiven Kräfte mitzuwirken. Die beiderseitigen Organisationen und ihre Vereinbarungen werden anerkannt.

Die Arbeiter und Angestellten erhalten zur Wahrnehmung ihrer sozialen und wirtschaftlichen Interessen gesetzliche Vertretungen in Betriebsarbeiterräten sowie in nach Wirtschaftsgebieten gegliederten Bezirksarbeiterräten und in einem Reichsarbeiterrat.

Die Bezirksarbeiterräte und der Reichsarbeiterrat treten zur Erfüllung der gesamten wirtschaftlichen Aufgaben und zur Mitwirkung bei der Ausführung der Sozialisierungsgesetze mit den Vertretungen der Unternehmer und sonst beteiligter Volkskreise zu Bezirkswirtschaftsräten und zu einem Reichswirtschaftsrat zusammen. Die Bezirkswirtschaftsräte und der Reichswirtschaftsrat sind so zu gestalten, daß alle wichtigen Berufsgruppen entsprechend ihrer wirtschaftlichen und sozialen Bedeutung darin vertreten sind.

Sozialpolitische und wirtschaftspolitische Gesetzentwürfe von grundlegender Bedeutung sollen von der Reichsregierung vor ihrer Einbringung dem Reichswirtschaftsrat zur Begutachtung vorgelegt werden. Der Reichswirtschaftsrat hat das Recht, selbst solche Gesetzesvorlagen zu beantragen. Stimmt ihnen die Reichsregierung nicht zu, so hat sie trotzdem die Vorlage unter Darlegung ihres Standpunkts beim Reichstag einzubringen. Der Reichswirtschaftsrat kann die Vorlage durch eines seiner Mitglieder vor dem Reichstag vertreten lassen.

Den Arbeiter- und Wirtschaftsräten können auf den ihnen überwiesenen Gebieten Kontroll- und Verwaltungsbefugnisse übertragen werden.

Aufbau und Aufgabe der Arbeiter- und Wirtschaftsräte sowie ihr Verhältnis zu anderen sozialen Selbstverwaltungskörpern zu regeln, ist ausschließlich Sache des Reichs.

Übergangs- und Schlußbestimmungen

Art. 166. Bis zur Errichtung des Reichsverwaltungsgerichts tritt an seine Stelle für die Bildung des Wahlprüfungsgerichts das Reichsgericht.

Art. 167. Die Bestimmungen des Artikel 18 Abs. 3 bis 6 treten erst zwei Jahre nach Verkündung der Reichsverfassung in Kraft.

Art. 168. Bis zum Erlaß des im Artikel 63 vorgesehenen Landesgesetzes, aber höchstens auf die Dauer eines Jahres, können die sämtlichen preußischen Stimmen im Reichsrat von Mitgliedern der Regierung abgegeben werden.

Art. 169. Der Zeitpunkt des Inkrafttretens der Bestimmung im Artikel 83 Abs. 1 wird durch die Reichsregierung festgesetzt.

Für eine angemessene Übergangszeit kann die Erhebung und Verwaltung der Zölle und Verbrauchssteuern den Ländern auf ihren Wunsch belassen werden.

Art. 170. Die Post- und Telegraphenverwaltungen Bayerns und Württembergs gehen spätestens am 1. April 1921 auf das Reich über.

Soweit bis zum 1. Oktober 1920 noch keine Verständigung über die Bedingungen der Übernahme erzielt ist, entscheidet der Staatsgerichtshof.

Bis zur Übernahme bleiben die bisherigen Rechte und Pflichten Bayerns und Württembergs in Kraft. Der Post- und Telegraphenverkehr mit den Nachbarstaaten des Auslandes wird jedoch ausschließlich vom Reiche geregelt.

Art. 171. Die Staatseisenbahnen, Wasserstraßen und Seezeichen gehen spätestens am 1. April 1921 auf das Reich über.

Soweit bis zum 1. Oktober 1920 noch keine Verständigung über die Bedingungen der Übernahme erzielt ist, entscheidet der Staatsgerichtshof.

Art. 172. Bis zum Inkrafttreten des Reichsgesetzes über den Staatsgerichtshof übt seine Befugnisse ein Senat von sieben Mitgliedern aus, wovon der Reichstag vier und das Reichsgericht aus seiner Mitte drei wählt. Sein Verfahren regelt er selbst.

Art. 173. Bis zum Erlaß eines Reichsgesetzes gemäß Artikel 138 bleiben die bisherigen auf Gesetz, Vertrag oder besonderen Rechtstiteln beruhenden Staatsleistungen an die Religionsgesellschaften bestehen.

Art. 174. Bis zum Erlaß des in Artikel 146 Abs. 2 vorgesehenen Reichsgesetzes bleibt es bei der bestehenden Rechtslage. Das Gesetz hat Gebiete des Reichs, in denen eine nach Bekenntnissen nicht getrennte Schule gesetzlich besteht, besonders zu berücksichtigen.

Art. 175. Die Bestimmung des Artikel 109 findet keine Anwendung auf Orden und Ehrenzeichen, die für Verdienste in den Kriegsjahren 1914-1919 verliehen werden sollen.

Art. 176. Alle öffentlichen Beamten und Angehörigen der Wehrmacht sind auf diese Verfassung zu vereidigen. Das Nähere wird durch Verordnung des Reichspräsidenten bestimmt.

Art. 177. Wo in den bestehenden Gesetzen die Eidesleistung unter Benutzung einer religiösen Eidesform vorgesehen ist, kann die Eidesleistung rechtswirksam auch in der Weise erfolgen, daß der Schwörende unter Weglassung der religiösen Eidesform erklärt: „ich schwöre“. Im übrigen bleibt der in den Gesetzen vorgesehene Inhalt des Eides unberührt.

Art. 178. Die Verfassung des Deutschen Reichs vom 16. April 1871 und das Gesetz über die vorläufige Reichsgewalt vom 10. Februar 1919 sind aufgehoben.

Die übrigen Gesetze und Verordnungen des Reichs bleiben in Kraft, soweit ihnen diese Verfassung nicht entgegensteht. Die Bestimmungen des am 28. Juni 1919 in Versailles unterzeichneten Friedensvertrags werden durch die Verfassung nicht berührt.

Anordnungen der Behörden, die auf Grund bisheriger Gesetze in rechtsgültiger Weise getroffen waren, behalten ihre Gültigkeit bis zur Aufhebung im Wege anderweiter Anordnung oder Gesetzgebung.

Art. 179. Soweit in Gesetzen oder Verordnungen auf Vorschriften und Einrichtungen verwiesen ist, die durch diese Verfassung aufgehoben sind, treten an ihre Stelle die entsprechenden Vorschriften und Einrichtungen dieser Verfassung. Insbesondere treten an die Stelle der Nationalversammlung der Reichstag, an die Stelle des Staatenausschusses der Reichsrat, an die Stelle des auf Grund des Gesetzes über die vorläufige Reichsgewalt gewählten Reichspräsidenten der auf Grund dieser Verfassung gewählte Reichspräsident.

Die nach den bisherigen Vorschriften dem Staatenausschuß zustehende Befugnis zum Erlaß von Verordnungen geht auf die Reichsregierung über; sie bedarf zum Erlaß der Verordnungen der Zustimmung des Reichsrats nach Maßgabe dieser Verfassung.

Art. 180. Bis zum Zusammentritt des ersten Reichstags gilt die Nationalversammlung als Reichstag. Bis zum Amtsantritt des ersten Reichspräsidenten wird sein Amt von dem auf Grund des Gesetzes über die vorläufige Reichsgewalt gewählten Reichspräsidenten geführt.

Art. 181. Das Deutsche Volk hat durch seine Nationalversammlung diese Verfassung beschlossen und verabschiedet. Sie tritt mit dem Tage ihrer Verkündung in Kraft.

Schwarzburg, den 11. August 1919

Der Reichspräsident.
Ebert

Das Reichsministerium.
Bauer

Erzberge   Hermann *Müller*   *Dr. David*   *Noske*   *Schmidt*
Schlicke   *Giesberts*   *Dr. Mayer*   *Dr. Bell*

GRUNDGESETZ FÜR DIE BUNDESREPUBLIK DEUTSCHLAND
vom 23. Mai 1949

Quelle: *Bundesgesetzblatt 1949, S. 1; zuletzt geändert durch Gesetz vom 26. Juli 2002 (BGBl. I S. 2862)*

Präambel[1]

Im Bewußtsein seiner Verantwortung vor Gott und den Menschen, von dem Willen beseelt, als gleichberechtigtes Glied in einem vereinten Europa dem Frieden der Welt zu dienen, hat sich das Deutsche Volk kraft seiner verfassungsgebenden Gewalt dieses Grundgesetz gegeben.

Die Deutschen in den Ländern Baden-Württemberg, Bayern, Berlin, Brandenburg, Bremen, Hamburg, Hessen, Mecklenburg-Vorpommern, Niedersachsen, Nordrhein-Westfalen, Rheinland-Pfalz, Saarland, Sachsen, Sachsen-Anhalt, Schleswig-Holstein und Thüringen haben in freier Selbstbestimmung die Einheit und Freiheit Deutschlands vollendet. Damit gilt dieses Grundgesetz für das gesamte Deutsche Volk.

I. Die Grundrechte

Artikel 1

(1) Die Würde des Menschen ist unantastbar. Sie zu achten und zu schützen ist Verpflichtung aller staatlichen Gewalt.

(2) Das Deutsche Volk bekennt sich darum zu unverletzlichen und unveräußerlichen Menschenrechten als Grundlage jeder menschlichen Gemeinschaft, des Friedens und der Gerechtigkeit in der Welt.

(3) Die nachfolgenden Grundrechte binden Gesetzgebung, vollziehende Gewalt und Rechtsprechung als unmittelbar geltendes Recht.

Artikel 2

(1) Jeder hat das Recht auf die freie Entfaltung seiner Persönlichkeit, soweit er nicht die Rechte anderer verletzt und nicht gegen die verfassungsmäßige Ordnung oder das Sittengesetz verstößt.

(2) Jeder hat das Recht auf Leben und körperliche Unversehrtheit. Die Freiheit der Person ist unverletzlich. In diese Rechte darf nur auf Grund eines Gesetzes eingegriffen werden.

Artikel 3

(1) Alle Menschen sind vor dem Gesetz gleich.

---

[1] Fassung bis zum 23.09.1990: „Im Bewußtsein seiner Verantwortung vor Gott und den Menschen, von dem Willen beseelt, seine nationale und staatliche Einheit zu wahren und als gleichberechtigtes Glied in einem vereinten Europa dem Frieden der Welt zu dienen, hat das deutsche Volk in den Ländern Baden, Bayern, Bremen, Hamburg, Hessen, Niedersachsen, Nordrhein-

(2) Männer und Frauen sind gleichberechtigt. Der Staat fördert die tatsächliche Durchsetzung der Gleichberechtigung von Frauen und Männern und wirkt auf die Beseitigung bestehender Nachteile hin.[2]

(3) Niemand darf wegen seines Geschlechtes, seiner Abstammung, seiner Rasse, seiner Sprache, seiner Heimat und Herkunft, seines Glaubens, seiner religiösen oder politischen Anschauungen benachteiligt oder bevorzugt werden. Niemand darf wegen seiner Behinderung benachteiligt werden.[3]

Artikel 4

(1) Die Freiheit des Glaubens, des Gewissens und die Freiheit des religiösen und weltanschaulichen Bekenntnisses sind unverletzlich.

(2) Die ungestörte Religionsausübung wird gewährleistet.

(3) Niemand darf gegen sein Gewissen zum Kriegsdienst mit der Waffe gezwungen werden. Das Nähere regelt ein Bundesgesetz.

Artikel 5

(1) Jeder hat das Recht, seine Meinung in Wort, Schrift und Bild frei zu äußern und zu verbreiten und sich aus allgemein zugänglichen Quellen ungehindert zu unterrichten. Die Pressefreiheit und die Freiheit der Berichterstattung durch Rundfunk und Film werden gewährleistet. Eine Zensur findet nicht statt.

(2) Diese Rechte finden ihre Schranken in den Vorschriften der allgemeinen Gesetze, den gesetzlichen Bestimmungen zum Schutze der Jugend und in dem Recht der persönlichen Ehre.

(3) Kunst und Wissenschaft, Forschung und Lehre sind frei. Die Freiheit der Lehre entbindet nicht von der Treue zur Verfassung.

Artikel 6

(1) Ehe und Familie stehen unter dem besonderen Schutze der staatlichen Ordnung.

(2) Pflege und Erziehung der Kinder sind das natürliche Recht der Eltern und die zuvörderst ihnen obliegende Pflicht. Über ihre Betätigung wacht die staatliche Gemeinschaft.

(3) Gegen den Willen der Erziehungsberechtigten dürfen Kinder nur auf Grund eines Gesetzes von der Familie getrennt werden, wenn die Erziehungsberechtigten versagen oder wenn die Kinder aus anderen Gründen zu verwahrlosen drohen.

(4) Jede Mutter hat Anspruch auf den Schutz und die Fürsorge der Gemeinschaft.

Westfalen, Rheinland-Pfalz, Schleswig-Holstein, Württemberg-Baden und Württemberg-Hohenzollern, um dem staatlichen Leben für eine Übergangszeit eine neue Ordnung zu geben, kraft seiner verfassungsgebenden Gewalt dieses Grundgesetz der Bundesrepublik Deutschland beschlossen. Es hat auch jene Deutschen gehandelt, denen mitzuwirken versagt war. Das gesamte Deutsche Volk bleibt aufgefordert, in freier Selbstbestimmung die Einheit und Freiheit Deutschlands zu vollenden."

[2] Abs. 2 Satz 2 ergänzt durch Gesetz vom 27.10.1994 (BGBl. I S. 3146).

[3] Abs. 3 Satz 2 ergänzt durch Gesetz vom 27.10.1994 (BGBl. I S. 3146).

(5) Den nichtehelichen Kindern sind durch die Gesetzgebung die gleichen Bedingungen für ihre leibliche und seelische Entwicklung und ihre Stellung in der Gesellschaft zu schaffen wie den ehelichen Kindern.

Artikel 7

(1) Das gesamte Schulwesen steht unter der Aufsicht des Staates.

(2) Die Erziehungsberechtigten haben das Recht, über die Teilnahme des Kindes am Religionsunterricht zu bestimmen.

(3) Der Religionsunterricht ist in den öffentlichen Schulen mit Ausnahme der bekenntnisfreien Schulen ordentliches Lehrfach. Unbeschadet des staatlichen Aufsichtsrechtes wird der Religionsunterricht in Übereinstimmung mit den Grundsätzen der Religionsgemeinschaften erteilt. Kein Lehrer darf gegen seinen Willen verpflichtet werden, Religionsunterricht zu erteilen.

(4) Das Recht zur Errichtung von privaten Schulen wird gewährleistet. Private Schulen als Ersatz für öffentliche Schulen bedürfen der Genehmigung des Staates und unterstehen den Landesgesetzen. Die Genehmigung ist zu erteilen, wenn die privaten Schulen in ihren Lehrzielen und Einrichtungen sowie in der wissenschaftlichen Ausbildung ihrer Lehrkräfte nicht hinter den öffentlichen Schulen zurückstehen und eine Sonderung der Schüler nach den Besitzverhältnissen der Eltern nicht gefördert wird. Die Genehmigung ist zu versagen, wenn die wirtschaftliche und rechtliche Stellung der Lehrkräfte nicht genügend gesichert ist.

(5) Eine private Volksschule ist nur zuzulassen, wenn die Unterrichtsverwaltung ein besonderes pädagogisches Interesse anerkennt oder, auf Antrag von Erziehungsberechtigten, wenn sie als Gemeinschaftsschule, als Bekenntnis- oder Weltanschauungsschule errichtet werden soll und eine öffentliche Volksschule dieser Art in der Gemeinde nicht besteht.

(6) Vorschulen bleiben aufgehoben.

Artikel 8

(1) Alle Deutschen haben das Recht, sich ohne Anmeldung oder Erlaubnis friedlich und ohne Waffen zu versammeln.

(2) Für Versammlungen unter freiem Himmel kann dieses Recht durch Gesetz oder auf Grund eines Gesetzes beschränkt werden.

Artikel 9

(1) Alle Deutschen haben das Recht, Vereine und Gesellschaften zu bilden.

(2) Vereinigungen, deren Zwecke oder deren Tätigkeit den Strafgesetzen zuwiderlaufen oder die sich gegen die verfassungsmäßige Ordnung oder gegen den Gedanken der Völkerverständigung richten, sind verboten.

(3) Das Recht, zur Wahrung und Förderung der Arbeits- und Wirtschaftsbedingungen Vereinigungen zu bilden, ist für jedermann und für alle Berufe gewährleistet. Abreden, die dieses Recht einschränken oder zu behindern suchen, sind nichtig, hierauf gerichtete Maßnahmen sind rechtswidrig. Maßnahmen nach den Artikeln 12a, 35 Abs. 2 und 3, Artikel 87a Abs. 4 und Artikel 91 dürfen sich nicht gegen

Arbeitskämpfe richten, die zur Wahrung und Förderung der Arbeits- und Wirtschaftsbedingungen von Vereinigungen im Sinne des Satzes 1 geführt werden.

Artikel 10

(1) Das Briefgeheimnis sowie das Post- und Fernmeldegeheimnis sind unverletzlich.

(2) Beschränkungen dürfen nur auf Grund eines Gesetzes angeordnet werden. Dient die Beschränkung dem Schutze der freiheitlichen demokratischen Grundordnung oder des Bestandes oder der Sicherung des Bundes oder eines Landes, so kann das Gesetz bestimmen, daß sie dem Betroffenen nicht mitgeteilt wird und daß an die Stelle des Rechtsweges die Nachprüfung durch von der Volksvertretung bestellte Organe und Hilfsorgane tritt.

Artikel 11

(1) Alle Deutschen genießen Freizügigkeit im ganzen Bundesgebiet.

(2) Dieses Recht darf nur durch Gesetz oder auf Grund eines Gesetzes und nur für die Fälle eingeschränkt werden, in denen eine ausreichende Lebensgrundlage nicht vorhanden ist und der Allgemeinheit daraus besondere Lasten entstehen würden oder in denen es zur Abwehr einer drohenden Gefahr für den Bestand oder die freiheitliche demokratische Grundordnung des Bundes oder eines Landes, zur Bekämpfung von Seuchengefahr, Naturkatastrophen oder besonders schweren Unglücksfällen, zum Schutze der Jugend vor Verwahrlosung oder um strafbaren Handlungen vorzubeugen, erforderlich ist.

Artikel 12

(1) Alle Deutschen haben das Recht, Beruf, Arbeitsplatz und Ausbildungsstätte frei zu wählen. Die Berufsausübung kann durch Gesetz oder auf Grund eines Gesetzes geregelt werden.

(2) Niemand darf zu einer bestimmten Arbeit gezwungen werden, außer im Rahmen einer herkömmlichen allgemeinen, für alle gleichen öffentlichen Dienstleistungspflicht.

(3) Zwangsarbeit ist nur bei einer gerichtlich angeordneten Freiheitsentziehung zulässig.

Artikel 12a

(1) Männer können vom vollendeten achtzehnten Lebensjahr an zum Dienst in den Streitkräften, im Bundesgrenzschutz oder in einem Zivilschutzverband verpflichtet werden.

(2) Wer aus Gewissensgründen den Kriegsdienst mit der Waffe verweigert, kann zu einem Ersatzdienst verpflichtet werden. Die Dauer des Ersatzdienstes darf die Dauer des Wehrdienstes nicht übersteigen. Das Nähere regelt ein Gesetz, das die Freiheit der Gewissensentscheidung nicht beeinträchtigen darf und auch eine Möglichkeit des Ersatzdienstes vorsehen muß, die in keinem Zusammenhang mit den Verbänden der Streitkräfte und des Bundesgrenzschutzes steht.

(3) Wehrpflichtige, die nicht zu einem Dienst nach Absatz 1 oder 2 herangezogen sind, können im Verteidigungsfalle durch Gesetz oder auf Grund eines Geset-

zes zu zivilen Dienstleistungen für Zwecke der Verteidigung einschließlich des
Schutzes der Zivilbevölkerung in Arbeitsverhältnisse verpflichtet werden; Verpflichtungen in öffentlich-rechtliche Dienstverhältnisse sind nur zur Wahrnehmung polizeilicher Aufgaben oder solcher hoheitlichen Aufgaben der öffentlichen Verwaltung, die nur in einem öffentlich-rechtlichen Dienstverhältnis
erfüllt werden können, zulässig. Arbeitsverhältnisse nach Satz 1 können bei den
Streitkräften, im Bereich ihrer Versorgung sowie bei der öffentlichen Verwaltung begründet werden; Verpflichtungen in Arbeitsverhältnisse im Bereiche der
Versorgung der Zivilbevölkerung sind nur zulässig, um ihren lebensnotwendi-
gen Bedarf zu decken oder ihren Schutz sicherzustellen.

(4) Kann im Verteidigungsfalle der Bedarf an zivilen Dienstleistungen im zivilen
Sanitäts- und Heilwesen sowie in der ortsfesten militärischen Lazarettorganisa-
tion nicht auf freiwilliger Grundlage gedeckt werden, so können Frauen vom
vollendeten achtzehnten bis zum vollendeten fünfundfünfzigsten Lebensjahr
durch Gesetz oder auf Grund eines Gesetzes zu derartigen Dienstleistungen
herangezogen werden. Sie dürfen auf keinen Fall zum Dienst mit der Waffe verpflichtet werden.

(5) Für die Zeit vor dem Verteidigungsfalle können Verpflichtungen nach Absatz
3 nur nach Maßgabe des Artikels 80a Abs. 1 begründet werden. Zur Vorbereitung auf Dienstleistungen nach Absatz 3, für die besondere Kenntnisse oder
Fertigkeiten erforderlich sind, kann durch Gesetz oder auf Grund eines Gesetzes die Teilnahme an Ausbildungsveranstaltungen zur Pflicht gemacht werden.
Satz 1 findet insoweit keine Anwendung.

(6) Kann im Verteidigungsfalle der Bedarf an Arbeitskräften für die in Absatz 3
Satz 2 genannten Bereiche auf freiwilliger Grundlage nicht gedeckt werden, so
kann zur Sicherung dieses Bedarfs die Freiheit der Deutschen, die Ausübung
eines Berufs oder den Arbeitsplatz aufzugeben, durch Gesetz oder auf Grund
eines Gesetzes eingeschränkt werden. Vor Eintritt des Verteidigungsfalles gilt
Absatz 5 Satz 1 entsprechend.

Artikel 13

(1) Die Wohnung ist unverletzlich.

(2) Durchsuchungen dürfen nur durch den Richter, bei Gefahr im Verzuge auch
durch die in den Gesetzen vorgesehenen anderen Organe angeordnet und nur
in der dort vorgeschriebenen Form durchgeführt werden.

(3) Begründen bestimmte Tatsachen den Verdacht, daß jemand eine durch Gesetz
einzeln bestimmte besonders schwere Straftat begangen hat, so dürfen zur Verfolgung der Tat auf Grund richterlicher Anordnung technische Mittel zur aku-
stischen Überwachung von Wohnungen, in denen der Beschuldigte sich ver-
mutlich aufhält, eingesetzt werden, wenn die Erforschung des Sachverhalts auf
andere Weise unverhältnismäßig erschwert oder aussichtslos wäre. Die Maßnahme ist zu befristen. Die Anordnung erfolgt durch einen mit drei Richtern

besetzten Spruchkörper. Bei Gefahr im Verzuge kann sie auch durch einen einzelnen Richter getroffen werden.

(4) Zur Abwehr dringender Gefahren für die öffentliche Sicherheit, insbesondere einer gemeinen Gefahr oder einer Lebensgefahr, dürfen technische Mittel zur Überwachung von Wohnungen nur auf Grund richterlicher Anordnung eingesetzt werden. Bei Gefahr im Verzuge kann die Maßnahme auch durch eine andere gesetzlich bestimmte Stelle angeordnet werden; eine richterliche Entscheidung ist unverzüglich nachzuholen.

(5) Sind technische Mittel ausschließlich zum Schutze der bei einem Einsatz in Wohnungen tätigen Personen vorgesehen, kann die Maßnahme durch eine gesetzlich bestimmte Stelle angeordnet werden. Eine anderweitige Verwertung der hierbei erlangten Erkenntnisse ist nur zum Zwecke der Strafverfolgung oder der Gefahrenabwehr und nur zulässig, wenn zuvor die Rechtmäßigkeit der Maßnahme richterlich festgestellt ist; bei Gefahr im Verzuge ist die richterliche Entscheidung unverzüglich nachzuholen.

(6) Die Bundesregierung unterrichtet den Bundestag jährlich über den nach Absatz 3 sowie über den im Zuständigkeitsbereich des Bundes nach Absatz 4 und, soweit richterlich überprüfungsbedürftig, nach Absatz 5 erfolgten Einsatz technischer Mittel. Ein vom Bundestag gewähltes Gremium übt auf Grundlage dieses Berichts die parlamentarische Kontrolle aus. Die Länder gewährleisten eine gleichwertige parlamentarische Kontrolle.

(7) Eingriffe und Beschränkungen dürfen im übrigen nur zur Abwehr einer gemeinen Gefahr oder einer Lebensgefahr für einzelne Personen, auf Grund eines Gesetzes auch zur Verhütung dringender Gefahren für die öffentliche Sicherheit und Ordnung, insbesondere zur Behebung der Raumnot, zur Bekämpfung von Seuchengefahr oder zum Schutze gefährdeter Jugendlicher vorgenommen werden.

Artikel 14

(1) Das Eigentum und das Erbrecht werden gewährleistet. Inhalt und Schranken werden durch die Gesetze bestimmt.

(2) Eigentum verpflichtet. Sein Gebrauch soll zugleich dem Wohle der Allgemeinheit dienen.

(3) Eine Enteignung ist nur zum Wohle der Allgemeinheit zulässig. Sie darf nur durch Gesetz oder auf Grund eines Gesetzes erfolgen, das Art und Ausmaß der Entschädigung regelt. Die Entschädigung ist unter gerechter Abwägung der Interessen der Allgemeinheit und der Beteiligten zu bestimmen. Wegen der Höhe der Entschädigung steht im Streitfalle der Rechtsweg vor den ordentlichen Gerichten offen.

Artikel 15

Grund und Boden, Naturschätze und Produktionsmittel können zum Zwecke der Vergesellschaftung durch ein Gesetz, das Art und Ausmaß der Entschädigung regelt, in Gemeineigentum oder in andere Formen der Gemeinwirtschaft überführt werden. Für die Entschädigung gilt Artikel 14 Absatz 3 Satz 3 und 4 entsprechend.

Artikel 16

(1) Die deutsche Staatsangehörigkeit darf nicht entzogen werden. Der Verlust der Staatsangehörigkeit darf nur auf Grund eines Gesetzes und gegen den Willen des Betroffenen nur dann eintreten, wenn der Betroffene dadurch nicht staatenlos wird.[4]

(2) Kein Deutscher darf an das Ausland ausgeliefert werden. Durch Gesetz kann eine abweichende Regelung für Auslieferungen an einen Mitgliedstaat der Europäischen Union oder an einen internationalen Gerichtshof getroffen werden, soweit rechtsstaatliche Grundsätze gewahrt sind.

Artikel 16a[5]

(1) Politisch Verfolgte genießen Asylrecht.

(2) Auf Absatz 1 kann sich nicht berufen, wer aus einem Mitgliedstaat der Europäischen Gemeinschaften oder aus einem anderen Drittstaat einreist, in dem die Anwendung des Abkommens über die Rechtsstellung der Flüchtlinge und der Konvention zum Schutze der Menschenrechte und Grundfreiheiten sichergestellt ist. Die Staaten außerhalb der Europäischen Gemeinschaften, auf die die Voraussetzungen des Satzes 1 zutreffen, werden durch Gesetz, das der Zustimmung des Bundesrates bedarf, bestimmt. In den Fällen des Satzes 1 können aufenthaltsbeendende Maßnahmen unabhängig von einem hiergegen eingelegten Rechtsbehelf vollzogen werden.

(3) Durch Gesetz, das der Zustimmung des Bundesrates bedarf, können Staaten bestimmt werden, bei denen auf Grund der Rechtslage, der Rechtsanwendung und der allgemeinen politischen Verhältnisse gewährleistet erscheint, daß dort weder politische Verfolgung noch unmenschliche oder erniedrigende Bestrafung oder Behandlung stattfindet. Es wird vermutet, daß ein Ausländer aus einem solchen Staat nicht verfolgt wird, solange er nicht Tatsachen vorträgt, die die Annahme begründen, daß er entgegen dieser Vermutung politisch verfolgt wird.

(4) Die Vollziehung aufenthaltsbeendender Maßnahmen wird in den Fällen des Absatzes 3 und in anderen Fällen, die offensichtlich unbegründet sind oder als offensichtlich unbegründet gelten, durch das Gericht nur ausgesetzt, wenn ernstliche Zweifel an der Rechtmäßigkeit der Maßnahme bestehen; der Prüfungsumfang kann eingeschränkt werden und verspätetes Vorbringen unberücksichtigt bleiben. Das Nähere ist durch Gesetz zu bestimmen.

(5) Die Absätze 1 bis 4 stehen völkerrechtlichen Verträgen von Mitgliedstaaten der Europäischen Gemeinschaften untereinander und mit dritten Staaten nicht ent-

---

4 Abs. 1 Satz 2 ergänzt durch Gesetz vom 29.11.2000 (BGBl. I 1633).
5 Fassung des Art. 16 Abs. 2 Satz 2 bis zum 28.6.1993: „Politisch Verfolgte genießen Asylrecht."

gegen, die unter Beachtung der Verpflichtungen aus dem Abkommen über die Rechtsstellung der Flüchtlinge und der Konvention zum Schutze der Menschenrechte und Grundfreiheiten, deren Anwendung in den Vertragsstaaten sichergestellt sein muß, Zuständigkeitsregelungen für die Prüfung von Asylbegehren einschließlich der gegenseitigen Anerkennung von Asylentscheidungen treffen.

Artikel 17

Jedermann hat das Recht, sich einzeln oder in Gemeinschaft mit anderen schriftlich mit Bitten oder Beschwerden an die zuständigen Stellen und an die Volksvertretung zu wenden.

Artikel 17a

(1) Gesetze über Wehrdienst und Ersatzdienst können bestimmen, daß für die Angehörigen der Streitkräfte und des Ersatzdienstes während der Zeit des Wehr- oder Ersatzdienstes das Grundrecht, seine Meinung in Wort, Schrift und Bild frei zu äußern und zu verbreiten (Artikel 5 Absatz 1 Satz 1 erster Halbsatz), das Grundrecht der Versammlungsfreiheit (Artikel 8) und das Petitionsrecht (Artikel 17), soweit es das Recht gewährt, Bitten oder Beschwerden in Gemeinschaft mit anderen vorzubringen, eingeschränkt werden.

(2) Gesetze, die der Verteidigung einschließlich des Schutzes der Zivilbevölkerung dienen, können bestimmen, daß die Grundrechte der Freizügigkeit (Artikel 11) und der Unverletzlichkeit der Wohnung (Artikel 13) eingeschränkt werden.

Artikel 18

Wer die Freiheit der Meinungsäußerung, insbesondere die Pressefreiheit (Artikel 5 Absatz 1), die Lehrfreiheit (Artikel 5 Absatz 3), die Versammlungsfreiheit (Artikel 8), die Vereinigungsfreiheit (Artikel 9), das Brief-, Post- und Fernmeldegeheimnis (Artikel 10), das Eigentum (Artikel 14) oder das Asylrecht (Artikel 16a) zum Kampfe gegen die freiheitliche demokratische Grundordnung mißbraucht, verwirkt diese Grundrechte. Die Verwirkung und ihr Ausmaß werden durch das Bundesverfassungsgericht ausgesprochen.

Artikel 19

(1) Soweit nach diesem Grundgesetz ein Grundrecht durch Gesetz oder auf Grund eines Gesetzes eingeschränkt werden kann, muß das Gesetz allgemein und nicht nur für den Einzelfall gelten. Außerdem muß das Gesetz das Grundrecht unter Angabe des Artikels nennen.

(2) In keinem Falle darf ein Grundrecht in seinem Wesensgehalt angetastet werden.

(3) Die Grundrechte gelten auch für inländische juristische Personen, soweit sie ihrem Wesen nach auf diese anwendbar sind.

(4) Wird jemand durch die öffentliche Gewalt in seinen Rechten verletzt, so steht ihm der Rechtsweg offen. Soweit eine andere Zuständigkeit nicht begründet

ist, ist der ordentliche Rechtsweg gegeben. Artikel 10 Abs. 2 Satz 2 bleibt unberührt.

II. Der Bund und die Länder

Artikel 20

(1) Die Bundesrepublik Deutschland ist ein demokratischer und sozialer Bundesstaat.

(2) Alle Staatsgewalt geht vom Volke aus. Sie wird vom Volke in Wahlen und Abstimmungen und durch besondere Organe der Gesetzgebung, der vollziehenden Gewalt und der Rechtsprechung ausgeübt.

(3) Die Gesetzgebung ist an die verfassungsmäßige Ordnung, die vollziehende Gewalt und die Rechtsprechung sind an Gesetz und Recht gebunden.

(4) Gegen jeden, der es unternimmt, diese Ordnung zu beseitigen, haben alle Deutschen das Recht zum Widerstand, wenn andere Abhilfe nicht möglich ist.[6]

Artikel 20a[7]

Der Staat schützt auch in Verantwortung für die künftigen Generationen die natürlichen Lebensgrundlagen und die der Tiere im Rahmen der verfassungsmäßigen Ordnung durch die Gesetzgebung und nach Maßgabe von Gesetz und Recht durch die vollziehende Gewalt und die Rechtsprechung.

Artikel 21

(1) Die Parteien wirken bei der politischen Willensbildung des Volkes mit. Ihre Gründung ist frei. Ihre innere Ordnung muß demokratischen Grundsätzen entsprechen. Sie müssen über die Herkunft und Verwendung ihrer Mittel sowie über ihr Vermögen öffentlich Rechenschaft geben.

(2) Parteien, die nach ihren Zielen oder nach dem Verhalten ihrer Anhänger darauf ausgehen, die freiheitliche demokratische Grundordnung zu beeinträchtigen oder zu beseitigen oder den Bestand der Bundesrepublik Deutschland zu gefährden, sind verfassungswidrig. Über die Frage der Verfassungswidrigkeit entscheidet das Bundesverfassungsgericht.

(3) Das Nähere regeln Bundesgesetze.

Artikel 22

Die Bundesflagge ist schwarz-rot-gold.

---

[6] Abs. 4 ergänzt durch Gesetz vom 24.6.1968 (BGBl. I 709).
[7] Eingefügt durch Gesetz vom 27.10.1994 (BGBl. I S. 3146). Durch Gesetz vom 26. Juli 2002 (BGBl. 2862) wurden die Worte „und die der Tiere" eingefügt.

Artikel 23[8]

(1) Zur Verwirklichung eines vereinten Europas wirkt die Bundesrepublik Deutschland bei der Entwicklung der Europäischen Union mit, die demokratischen, rechtsstaatlichen, sozialen und föderativen Grundsätzen und dem Grundsatz der Subsidiarität verpflichtet ist und einen diesem Grundgesetz im wesentlichen vergleichbaren Grundrechtsschutz gewährleistet. Der Bund kann hierzu durch Gesetz mit Zustimmung des Bundesrates Hoheitsrechte übertragen. Für die Begründung der Europäischen Union sowie für Änderungen ihrer vertraglichen Grundlagen und vergleichbare Regelungen, durch die dieses Grundgesetz seinem Inhalt nach geändert oder ergänzt wird oder solche Änderungen oder Ergänzungen ermöglicht werden, gilt Artikel 79 Abs. 2 und 3.

(2) In Angelegenheiten der Europäischen Union wirken der Bundestag und durch den Bundesrat die Länder mit. Die Bundesregierung hat den Bundestag und den Bundesrat umfassend und zum frühestmöglichen Zeitpunkt zu unterrichten.

(3) Die Bundesregierung gibt dem Bundestag Gelegenheit zur Stellungnahme vor ihrer Mitwirkung an Rechtsetzungsakten der Europäischen Union. Die Bundesregierung berücksichtigt die Stellungnahmen des Bundestages bei den Verhandlungen. Das Nähere regelt ein Gesetz.

(4) Der Bundesrat ist an der Willensbildung des Bundes zu beteiligen, soweit er an einer entsprechenden innerstaatlichen Maßnahme mitzuwirken hätte oder soweit die Länder innerstaatlich zuständig wären.

(5) Soweit in einem Bereich ausschließlicher Zuständigkeiten des Bundes Interessen der Länder berührt sind oder soweit im übrigen der Bund das Recht zur Gesetzgebung hat, berücksichtigt die Bundesregierung die Stellungnahme des Bundesrates. Wenn im Schwerpunkt Gesetzgebungsbefugnisse der Länder, die Einrichtung ihrer Behörden oder ihre Verwaltungsverfahren betroffen sind, ist bei der Willensbildung des Bundes insoweit die Auffassung des Bundesrates maßgeblich zu berücksichtigen; dabei ist die gesamtstaatliche Verantwortung des Bundes zu wahren. In Angelegenheiten, die zu Ausgabenerhöhungen oder Einnahmeminderungen für den Bund führen können, ist die Zustimmung der Bundesregierung erforderlich.

(6) Wenn im Schwerpunkt ausschließliche Gesetzgebungsbefugnisse der Länder betroffen sind, soll die Wahrnehmung der Rechte, die der Bundesrepublik Deutschland als Mitgliedstaat der Europäischen Union zustehen, vom Bund auf einen vom Bundesrat benannten Vertreter der Länder übertragen werden. Die Wahrnehmung der Rechte erfolgt unter Beteiligung und in Abstimmung mit der Bundesregierung; dabei ist die gesamtstaatliche Verantwortung des Bundes zu wahren.

---

[8] Fassung bis zum 21.12.1992: „Dieses Grundgesetz gilt zunächst im Gebiete der Länder Baden, Bayern, Bremen, Groß-Berlin, Hamburg, Hessen, Niedersachsen, Nordrhein-Westfalen, Rheinland-Pfalz, Schleswig-Holstein, Württemberg-Baden und Württemberg-Hohenzollern. In anderen Teilen Deutschlands ist es nach deren Beitritt in Kraft zu setzten."

(7) Das Nähere zu den Absätzen 4 bis 6 regelt ein Gesetz, das der Zustimmung des Bundesrates bedarf.

Artikel 24

(1) Der Bund kann durch Gesetz Hoheitsrechte auf zwischenstaatliche Einrichtungen übertragen.

(1a) Soweit die Länder für die Ausübung der staatlichen Befugnisse und die Erfüllung der staatlichen Aufgaben zuständig sind, können sie mit Zustimmung der Bundesregierung Hoheitsrechte auf grenznachbarschaftliche Einrichtungen übertragen.[9]

(2) Der Bund kann sich zur Wahrung des Friedens einem System gegenseitiger kollektiver Sicherheit einordnen; er wird hierbei in die Beschränkungen seiner Hoheitsrechte einwilligen, die eine friedliche und dauerhafte Ordnung in Europa und zwischen den Völkern der Welt herbeiführen und sichern.

(3) Zur Regelung zwischenstaatlicher Streitigkeiten wird der Bund Vereinbarungen über eine allgemeine, umfassende, obligatorische, internationale Schiedsgerichtsbarkeit beitreten.

Artikel 25

Die allgemeinen Regeln des Völkerrechtes sind Bestandteil des Bundesrechtes. Sie gehen den Gesetzen vor und erzeugen Rechte und Pflichten unmittelbar für die Bewohner des Bundesgebietes.

Artikel 26

(1) Handlungen, die geeignet sind und in der Absicht vorgenommen werden, das friedliche Zusammenleben der Völker zu stören, insbesondere die Führung eines Angriffskrieges vorzubereiten, sind verfassungswidrig. Sie sind unter Strafe zu stellen.

(2) Zur Kriegführung bestimmte Waffen dürfen nur mit Genehmigung der Bundesregierung hergestellt, befördert und in Verkehr gebracht werden. Das Nähere regelt ein Bundesgesetz.

Artikel 27

Alle deutschen Kauffahrteischiffe bilden eine einheitliche Handelsflotte.

Artikel 28

(1) Die verfassungsmäßige Ordnung in den Ländern muß den Grundsätzen des republikanischen, demokratischen und sozialen Rechtsstaates im Sinne dieses Grundgesetzes entsprechen. In den Ländern, Kreisen und Gemeinden muß das Volk eine Vertretung haben, die aus allgemeinen, unmittelbaren, freien, gleichen und geheimen Wahlen hervorgegangen ist. Bei Wahlen in Kreisen und Gemeinden sind auch Personen, die die Staatsangehörigkeit eines Mitgliedstaates der

---

[9] Abs. 1a eingefügt durch Gesetz vom 21.12.1992 (BGBl. I S. 2086).

Europäischen Gemeinschaft besitzen, nach Maßgabe von Recht der Europäischen Gemeinschaft wahlberechtigt und wählbar. In Gemeinden kann an die Stelle einer gewählten Körperschaft die Gemeindeversammlung treten.[10]

(2) Den Gemeinden muß das Recht gewährleistet sein, alle Angelegenheiten der örtlichen Gemeinschaft im Rahmen der Gesetze in eigener Verantwortung zu regeln. Auch die Gemeindeverbände haben im Rahmen ihres gesetzlichen Aufgabenbereiches nach Maßgabe der Gesetze das Recht der Selbstverwaltung. Die Gewährleistung der Selbstverwaltung umfaßt auch die Grundlagen der finanziellen Eigenverantwortung; zu diesen Grundlagen gehört eine den Gemeinden mit Hebesatzrecht zustehende wirtschaftskraftbezogene Steuerquelle.

(3) Der Bund gewährleistet, daß die verfassungsmäßige Ordnung der Länder den Grundrechten und den Bestimmungen der Absätze 1 und 2 entspricht.

Artikel 29

(1) Das Bundesgebiet kann neu gegliedert werden, um zu gewährleisten, daß die Länder nach Größe und Leistungsfähigkeit die ihnen obliegenden Aufgaben wirksam erfüllen können. Dabei sind die landsmannschaftliche Verbundenheit, die geschichtlichen und kulturellen Zusammenhänge, die wirtschaftliche Zweckmäßigkeit sowie die Erfordernisse der Raumordnung und der Landesplanung zu berücksichtigen.

(2) Maßnahmen zur Neugliederung des Bundesgebietes ergehen durch Bundesgesetz, das der Bestätigung durch Volksentscheid bedarf. Die betroffenen Länder sind zu hören.

(3) Der Volksentscheid findet in den Ländern statt, aus deren Gebieten oder Gebietsteilen ein neues oder neu umgrenztes Land gebildet werden soll (betroffene Länder). Abzustimmen ist über die Frage, ob die betroffenen Länder wie bisher bestehenbleiben sollen oder ob das neue oder neu umgrenzte Land gebildet werden soll. Der Volksentscheid für die Bildung eines neuen oder neu umgrenzten Landes kommt zustande, wenn in dessen künftigem Gebiet und insgesamt in den Gebieten oder Gebietsteilen eines betroffenen Landes, deren Landeszugehörigkeit im gleichen Sinne geändert werden soll, jeweils eine Mehrheit der Änderung zustimmt. Er kommt nicht zustande, wenn im Gebiet eines der betroffenen Länder eine Mehrheit die Änderung ablehnt; die Ablehnung ist jedoch unbeachtlich, wenn in einem Gebietsteil, dessen Zugehörigkeit zu dem betroffenen Land geändert werden soll, eine Mehrheit von zwei Dritteln der Änderung zustimmt, es sei denn, daß im Gesamtgebiet des betroffenen Landes eine Mehrheit von zwei Dritteln die Änderung ablehnt.

(4) Wird in einem zusammenhängenden, abgegrenzten Siedlungs- und Wirtschaftsraum, dessen Teile in mehreren Ländern liegen und der mindestens eine Million Einwohner hat, von einem Zehntel der in ihm zum Bundestag Wahlbe-

---

[10] Abs. 1 Satz 3 eingefügt durch Gesetz vom 21.12.1992 (BGBl. I S. 2086).

rechtigten durch Volksbegehren gefordert, daß für diesen Raum eine einheitliche Landeszugehörigkeit herbeigeführt werde, so ist durch Bundesgesetz innerhalb von zwei Jahren entweder zu bestimmen, ob die Landeszugehörigkeit gemäß Absatz 2 geändert wird, oder daß in den betroffenen Ländern eine Volksbefragung stattfindet.

(5) Die Volksbefragung ist darauf gerichtet festzustellen, ob eine in dem Gesetz vorzuschlagende Änderung der Landeszugehörigkeit Zustimmung findet. Das Gesetz kann verschiedene, jedoch nicht mehr als zwei Vorschläge der Volksbefragung vorlegen. Stimmt eine Mehrheit einer vorgeschlagenen Änderung der Landeszugehörigkeit zu, so ist durch Bundesgesetz innerhalb von zwei Jahren zu bestimmen, ob die Landeszugehörigkeit gemäß Absatz 2 geändert wird. Findet ein der Volksbefragung vorgelegter Vorschlag eine den Maßgaben des Absatzes 3 Satz 3 und 4 entsprechende Zustimmung, so ist innerhalb von zwei Jahren nach der Durchführung der Volksbefragung ein Bundesgesetz zur Bildung des vorgeschlagenen Landes zu erlassen, das der Bestätigung durch Volksentscheid nicht mehr bedarf.

(6) Mehrheit im Volksentscheid und in der Volksbefragung ist die Mehrheit der abgegebenen Stimmen, wenn sie mindestens ein Viertel der zum Bundestag Wahlberechtigten umfaßt. Im übrigen wird das Nähere über Volksentscheid, Volksbegehren und Volksbefragung durch ein Bundesgesetz geregelt; dieses kann auch vorsehen, daß Volksbegehren innerhalb eines Zeitraumes von fünf Jahren nicht wiederholt werden können.

(7) Sonstige Änderungen des Gebietsbestandes der Länder können durch Staatsverträge der beteiligten Länder oder durch Bundesgesetz mit Zustimmung des Bundesrates erfolgen, wenn das Gebiet, dessen Landeszugehörigkeit geändert werden soll, nicht mehr als 50 000 Einwohner hat. Das Nähere regelt ein Bundesgesetz, das der Zustimmung des Bundesrates und der Mehrheit der Mitglieder des Bundestages bedarf. Es muß die Anhörung der betroffenen Gemeinden und Kreise vorsehen.

(8) Die Länder können eine Neugliederung für das jeweils von ihnen umfaßte Gebiet oder für Teilgebiete abweichend von den Vorschriften der Absätze 2 bis 7 durch Staatsvertrag regeln. Die betroffenen Gemeinden und Kreise sind zu hören. Der Staatsvertrag bedarf der Bestätigung durch Volksentscheid in jedem beteiligten Land. Betrifft der Staatsvertrag Teilgebiete der Länder, kann die Bestätigung auf Volksentscheide in diesen Teilgebieten beschränkt werden; Satz 5 zweiter Halbsatz findet keine Anwendung. Bei einem Volksentscheid entscheidet die Mehrheit der abgegebenen Stimmen, wenn sie mindestens ein Viertel der zum Bundestag Wahlberechtigten umfaßt; das Nähere regelt ein Bundesgesetz. Der Staatsvertrag bedarf der Zustimmung des Bundestages.[11]

---

[11] Abs. 8 eingefügt durch Gesetz vom 27.10.1994 (BGBl. I S. 3146).

Artikel 30
Die Ausübung der staatlichen Befugnisse und die Erfüllung der staatlichen Aufgaben ist Sache der Länder, soweit dieses Grundgesetz keine andere Regelung trifft oder zuläßt.

Artikel 31
Bundesrecht bricht Landesrecht.

Artikel 32
(1) Die Pflege der Beziehungen zu auswärtigen Staaten ist Sache des Bundes.
(2) Vor dem Abschlusse eines Vertrages, der die besonderen Verhältnisse eines Landes berührt, ist das Land rechtzeitig zu hören.
(3) Soweit die Länder für die Gesetzgebung zuständig sind, können sie mit Zustimmung der Bundesregierung mit auswärtigen Staaten Verträge abschließen.

Artikel 33
(1) Jeder Deutsche hat in jedem Lande die gleichen staatsbürgerlichen Rechte und Pflichten.
(2) Jeder Deutsche hat nach seiner Eignung, Befähigung und fachlichen Leistung gleichen Zugang zu jedem öffentlichen Amte.
(3) Der Genuß bürgerlicher und staatsbürgerlicher Rechte, die Zulassung zu öffentlichen Ämtern sowie die im öffentlichen Dienste erworbenen Rechte sind unabhängig von dem religiösen Bekenntnis. Niemandem darf aus seiner Zugehörigkeit oder Nichtzugehörigkeit zu einem Bekenntnisse oder einer Weltanschauung ein Nachteil erwachsen.
(4) Die Ausübung hoheitsrechtlicher Befugnisse ist als ständige Aufgabe in der Regel Angehörigen des öffentlichen Dienstes zu übertragen, die in einem öffentlich-rechtlichen Dienst- und Treueverhältnis stehen.
(5) Das Recht des öffentlichen Dienstes ist unter Berücksichtigung der hergebrachten Grundsätze des Berufsbeamtentums zu regeln.

Artikel 34
Verletzt jemand in Ausübung eines ihm anvertrauten öffentlichen Amtes die ihm einem Dritten gegenüber obliegende Amtspflicht, so trifft die Verantwortlichkeit grundsätzlich den Staat oder die Körperschaft, in deren Dienst er steht. Bei Vorsatz oder grober Fahrlässigkeit bleibt der Rückgriff vorbehalten. Für den Anspruch auf Schadensersatz und für den Rückgriff darf der ordentliche Rechtsweg nicht ausgeschlossen werden.

Artikel 35
(1) Alle Behörden des Bundes und der Länder leisten sich gegenseitig Rechts- und Amtshilfe.
(2) Zur Aufrechterhaltung oder Wiederherstellung der öffentlichen Sicherheit oder Ordnung kann ein Land in Fällen von besonderer Bedeutung Kräfte und Ein-

richtungen des Bundesgrenzschutzes zur Unterstützung seiner Polizei anfordern, wenn die Polizei ohne diese Unterstützung eine Aufgabe nicht oder nur unter erheblichen Schwierigkeiten erfüllen könnte. Zur Hilfe bei einer Naturkatastrophe oder bei einem besonders schweren Unglücksfall kann ein Land Polizeikräfte anderer Länder, Kräfte und Einrichtungen anderer Verwaltungen sowie des Bundesgrenzschutzes und der Streitkräfte anfordern.

(3) Gefährdet die Naturkatastrophe oder der Unglücksfall das Gebiet mehr als eines Landes, so kann die Bundesregierung, soweit es zur wirksamen Bekämpfung erforderlich ist, den Landesregierungen die Weisung erteilen, Polizeikräfte anderen Ländern zur Verfügung zu stellen, sowie Einheiten des Bundesgrenzschutzes und der Streitkräfte zur Unterstützung der Polizeikräfte einsetzen. Maßnahmen der Bundesregierung nach Satz 1 sind jederzeit auf Verlangen des Bundesrates, im übrigen unverzüglich nach Beseitigung der Gefahr aufzuheben.

Artikel 36

(1) Bei den obersten Bundesbehörden sind Beamte aus allen Ländern in angemessenem Verhältnis zu verwenden. Die bei den übrigen Bundesbehörden beschäftigten Personen sollen in der Regel aus dem Lande genommen werden, in dem sie tätig sind.

(2) Die Wehrgesetze haben auch die Gliederung des Bundes in Länder und ihre besonderen landsmannschaftlichen Verhältnisse zu berücksichtigen.

Artikel 37

(1) Wenn ein Land die ihm nach dem Grundgesetze oder einem anderen Bundesgesetze obliegenden Bundespflichten nicht erfüllt, kann die Bundesregierung mit Zustimmung des Bundesrates die notwendigen Maßnahmen treffen, um das Land im Wege des Bundeszwanges zur Erfüllung seiner Pflichten anzuhalten.

(2) Zur Durchführung des Bundeszwanges hat die Bundesregierung oder ihr Beauftragter das Weisungsrecht gegenüber allen Ländern und ihren Behörden.

III. Der Bundestag

Artikel 38

(1) Die Abgeordneten des Deutschen Bundestages werden in allgemeiner, unmittelbarer, freier, gleicher und geheimer Wahl gewählt. Sie sind Vertreter des ganzen Volkes, an Aufträge und Weisungen nicht gebunden und nur ihrem Gewissen unterworfen.

(2) Wahlberechtigt ist, wer das achtzehnte Lebensjahr vollendet hat; wählbar ist, wer das Alter erreicht hat, mit dem die Volljährigkeit eintritt.[12]

(3) Das Nähere bestimmt ein Bundesgesetz.

---

[12] Fassung bis zum 31.07.1970: „Wahlberechtigt ist, wer das einundzwanzigste, wählbar, wer das fünfundzwanzigste Lebensjahr vollendet hat."

Artikel 39

(1) Der Bundestag wird vorbehaltlich der nachfolgenden Bestimmungen auf vier Jahre gewählt. Seine Wahlperiode endet mit dem Zusammentritt eines neuen Bundestages. Die Neuwahl findet frühestens sechsundvierzig, spätestens achtundvierzig Monate nach Beginn der Wahlperiode statt. Im Falle einer Auflösung des Bundestages findet die Neuwahl innerhalb von sechzig Tagen statt.

(2) Der Bundestag tritt spätestens am dreißigsten Tage nach der Wahl zusammen.

(3) Der Bundestag bestimmt den Schluß und den Wiederbeginn seiner Sitzungen. Der Präsident des Bundestages kann ihn früher einberufen. Er ist hierzu verpflichtet, wenn ein Drittel der Mitglieder, der Bundespräsident oder der Bundeskanzler es verlangen.

Artikel 40

(1) Der Bundestag wählt seinen Präsidenten, dessen Stellvertreter und die Schriftführer. Er gibt sich eine Geschäftsordnung.

(2) Der Präsident übt das Hausrecht und die Polizeigewalt im Gebäude des Bundestages aus. Ohne seine Genehmigung darf in den Räumen des Bundestages keine Durchsuchung oder Beschlagnahme stattfinden.

Artikel 41

(1) Die Wahlprüfung ist Sache des Bundestages. Er entscheidet auch, ob ein Abgeordneter des Bundestages die Mitgliedschaft verloren hat.

(2) Gegen die Entscheidung des Bundestages ist die Beschwerde an das Bundesverfassungsgericht zulässig.

(3) Das Nähere regelt ein Bundesgesetz.

Artikel 42

(1) Der Bundestag verhandelt öffentlich. Auf Antrag eines Zehntels seiner Mitglieder oder auf Antrag der Bundesregierung kann mit Zweidrittelmehrheit die Öffentlichkeit ausgeschlossen werden. Über den Antrag wird in nichtöffentlicher Sitzung entschieden.

(2) Zu einem Beschlusse des Bundestages ist die Mehrheit der abgegebenen Stimmen erforderlich, soweit dieses Grundgesetz nichts anderes bestimmt. Für die vom Bundestage vorzunehmenden Wahlen kann die Geschäftsordnung Ausnahmen zulassen.

(3) Wahrheitsgetreue Berichte über die öffentlichen Sitzungen des Bundestages und seiner Ausschüsse bleiben von jeder Verantwortlichkeit frei.

Artikel 43

(1) Der Bundestag und seine Ausschüsse können die Anwesenheit jedes Mitgliedes der Bundesregierung verlangen.

(2) Die Mitglieder des Bundesrates und der Bundesregierung sowie ihre Beauftragten haben zu allen Sitzungen des Bundestages und seiner Ausschüsse Zutritt. Sie müssen jederzeit gehört werden.

Artikel 44

(1) Der Bundestag hat das Recht und auf Antrag eines Viertels seiner Mitglieder die Pflicht, einen Untersuchungsausschuß einzusetzen, der in öffentlicher Verhandlung die erforderlichen Beweise erhebt. Die Öffentlichkeit kann ausgeschlossen werden.

(2) Auf Beweiserhebungen finden die Vorschriften über den Strafprozeß sinngemäß Anwendung. Das Brief-, Post- und Fernmeldegeheimnis bleibt unberührt.

(3) Gerichte und Verwaltungsbehörden sind zur Rechts- und Amtshilfe verpflichtet.

(4) Die Beschlüsse der Untersuchungsausschüsse sind der richterlichen Erörterung entzogen. In der Würdigung und Beurteilung des der Untersuchung zugrunde liegenden Sachverhaltes sind die Gerichte frei.

Artikel 45

Der Bundestag bestellt einen Ausschuß für die Angelegenheiten der Europäischen Union. Er kann ihn ermächtigen, die Rechte des Bundestages gemäß Artikel 23 gegenüber der Bundesregierung wahrzunehmen.

Artikel 45a

(1) Der Bundestag bestellt einen Ausschuß für auswärtige Angelegenheiten und einen Ausschuß für Verteidigung.

(2) Der Ausschuß für Verteidigung hat auch die Rechte eines Untersuchungsausschusses. Auf Antrag eines Viertels seiner Mitglieder hat er die Pflicht, eine Angelegenheit zum Gegenstand seiner Untersuchung zu machen.

(3) Artikel 44 Absatz 1 findet auf dem Gebiet der Verteidigung keine Anwendung.

Artikel 45b

Zum Schutze der Grundrechte und als Hilfsorgan des Bundestages bei der Ausübung der parlamentarischen Kontrolle wird ein Wehrbeauftragter des Bundestages berufen. Das Nähere regelt ein Bundesgesetz.

Artikel 45c

(1) Der Bundestag bestellt einen Petitionsausschuß, dem die Behandlung der nach Artikel 17 an den Bundestag gerichteten Bitten und Beschwerden obliegt.

(2) Die Befugnisse des Ausschusses zur Überprüfung von Beschwerden regelt ein Bundesgesetz.

Artikel 46

(1) Ein Abgeordneter darf zu keiner Zeit wegen seiner Abstimmung oder wegen einer Äußerung, die er im Bundestage oder in einem seiner Ausschüsse getan hat, gerichtlich oder dienstlich verfolgt oder sonst außerhalb des Bundestages zur Verantwortung gezogen werden. Dies gilt nicht für verleumderische Beleidigungen.

(2) Wegen einer mit Strafe bedrohten Handlung darf ein Abgeordneter nur mit Genehmigung des Bundestages zur Verantwortung gezogen oder verhaftet wer-

den, es sei denn, daß er bei Begehung der Tat oder im Laufe des folgenden Tages festgenommen wird.

(3) Die Genehmigung des Bundestages ist ferner bei jeder anderen Beschränkung der persönlichen Freiheit eines Abgeordneten oder zur Einleitung eines Verfahrens gegen einen Abgeordneten gemäß Artikel 18 erforderlich.

(4) Jedes Strafverfahren und jedes Verfahren gemäß Artikel 18 gegen einen Abgeordneten, jede Haft und jede sonstige Beschränkung seiner persönlichen Freiheit sind auf Verlangen des Bundestages auszusetzen.

Artikel 47

Die Abgeordneten sind berechtigt, über Personen, die ihnen in ihrer Eigenschaft als Abgeordnete oder denen sie in dieser Eigenschaft Tatsachen anvertraut haben, sowie über diese Tatsachen selbst das Zeugnis zu verweigern. Soweit dieses Zeugnisverweigerungsrecht reicht, ist die Beschlagnahme von Schriftstücken unzulässig.

Artikel 48

(1) Wer sich um einen Sitz im Bundestage bewirbt, hat Anspruch auf den zur Vorbereitung seiner Wahl erforderlichen Urlaub.

(2) Niemand darf gehindert werden, das Amt eines Abgeordneten zu übernehmen und auszuüben. Eine Kündigung oder Entlassung aus diesem Grunde ist unzulässig.

(3) Die Abgeordneten haben Anspruch auf eine angemessene, ihre Unabhängigkeit sichernde Entschädigung. Sie haben das Recht der freien Benutzung aller staatlichen Verkehrsmittel. Das Nähere regelt ein Bundesgesetz.

Artikel 49

[aufgehoben]

IV. Der Bundesrat

Artikel 50

Durch den Bundesrat wirken die Länder bei der Gesetzgebung und Verwaltung des Bundes und in Angelegenheiten der Europäischen Union mit.[13]

Artikel 51

(1) Der Bundesrat besteht aus Mitgliedern der Regierungen der Länder, die sie bestellen und abberufen. Sie können durch andere Mitglieder ihrer Regierungen vertreten werden.

---

[13] Durch Gesetz vom 21.12.1992 (BGBl. I S. 2086) wurden die Worte „und in Angelegenheiten der Europäischen Union" eingefügt.

(2) Jedes Land hat mindestens drei Stimmen, Länder mit mehr als zwei Millionen Einwohnern haben vier, Länder mit mehr als sechs Millionen Einwohnern fünf, Länder mit mehr als sieben Millionen Einwohnern sechs Stimmen.

(3) Jedes Land kann so viele Mitglieder entsenden, wie es Stimmen hat. Die Stimmen eines Landes können nur einheitlich und nur durch anwesende Mitglieder oder deren Vertreter abgegeben werden.

Artikel 52

(1) Der Bundesrat wählt seinen Präsidenten auf ein Jahr.

(2) Der Präsident beruft den Bundesrat ein. Er hat ihn einzuberufen, wenn die Vertreter von mindestens zwei Ländern oder die Bundesregierung es verlangen.

(3) Der Bundesrat faßt seine Beschlüsse mit mindestens der Mehrheit seiner Stimmen. Er gibt sich eine Geschäftsordnung. Er verhandelt öffentlich. Die Öffentlichkeit kann ausgeschlossen werden.

(3a) Für Angelegenheiten der Europäischen Union kann der Bundesrat eine Europakammer bilden, deren Beschlüsse als Beschlüsse des Bundesrates gelten; Artikel 51 Abs. 2 und 3 Satz 2 gilt entsprechend.

(4) Den Ausschüssen des Bundesrates können andere Mitglieder oder Beauftragte der Regierungen der Länder angehören.

Artikel 53

Die Mitglieder der Bundesregierung haben das Recht und auf Verlangen die Pflicht, an den Verhandlungen des Bundesrates und seiner Ausschüsse teilzunehmen. Sie müssen jederzeit gehört werden. Der Bundesrat ist von der Bundesregierung über die Führung der Geschäfte auf dem laufenden zu halten.

IVa. Gemeinsamer Ausschuß

Artikel 53a[14]

(1) Der Gemeinsame Ausschuß besteht zu zwei Dritteln aus Abgeordneten des Bundestages, zu einem Drittel aus Mitgliedern des Bundesrates. Die Abgeordneten werden vom Bundestage entsprechend dem Stärkeverhältnis der Fraktionen bestimmt; sie dürfen nicht der Bundesregierung angehören. Jedes Land wird durch ein von ihm bestelltes Mitglied des Bundesrates vertreten; diese Mitglieder sind nicht an Weisungen gebunden. Die Bildung des Gemeinsamen Ausschusses und sein Verfahren werden durch eine Geschäftsordnung geregelt, die vom Bundestage zu beschließen ist und der Zustimmung des Bundesrates bedarf.

(2) Die Bundesregierung hat den Gemeinsamen Ausschuß über ihre Planungen für den Verteidigungsfall zu unterrichten. Die Rechte des Bundestages und seiner Ausschüsse nach Artikel 43 Abs. 1 bleiben unberührt.

---

[14] Eingefügt durch Gesetz vom 24.6.1968 (BGBl. I S. 709).

V. Der Bundespräsident

Artikel 54

(1) Der Bundespräsident wird ohne Aussprache von der Bundesversammlung gewählt. Wählbar ist jeder Deutsche, der das Wahlrecht zum Bundestage besitzt und das vierzigste Lebensjahr vollendet hat.

(2) Das Amt des Bundespräsidenten dauert fünf Jahre. Anschließende Wiederwahl ist nur einmal zulässig.

(3) Die Bundesversammlung besteht aus den Mitgliedern des Bundestages und einer gleichen Anzahl von Mitgliedern, die von den Volksvertretungen der Länder nach den Grundsätzen der Verhältniswahl gewählt werden.

(4) Die Bundesversammlung tritt spätestens dreißig Tage vor Ablauf der Amtszeit des Bundespräsidenten, bei vorzeitiger Beendigung spätestens dreißig Tage nach diesem Zeitpunkt zusammen. Sie wird von dem Präsidenten des Bundestages einberufen.

(5) Nach Ablauf der Wahlperiode beginnt die Frist des Absatzes 4 Satz 1 mit dem ersten Zusammentritt des Bundestages.

(6) Gewählt ist, wer die Stimmen der Mehrheit der Mitglieder der Bundesversammlung erhält. Wird diese Mehrheit in zwei Wahlgängen von keinem Bewerber erreicht, so ist gewählt, wer in einem weiteren Wahlgang die meisten Stimmen auf sich vereinigt.

(7) Das Nähere regelt ein Bundesgesetz.

Artikel 55

(1) Der Bundespräsident darf weder der Regierung noch einer gesetzgebenden Körperschaft des Bundes oder eines Landes angehören.

(2) Der Bundespräsident darf kein anderes besoldetes Amt, kein Gewerbe und keinen Beruf ausüben und weder der Leitung noch dem Aufsichtsrate eines auf Erwerb gerichteten Unternehmens angehören.

Artikel 56

Der Bundespräsident leistet bei seinem Amtsantritt vor den versammelten Mitgliedern des Bundestages und des Bundesrates folgenden Eid:

„Ich schwöre, daß ich meine Kraft dem Wohle des deutschen Volkes widmen, seinen Nutzen mehren, Schaden von ihm wenden, das Grundgesetz und die Gesetze des Bundes wahren und verteidigen, meine Pflichten gewissenhaft erfüllen und Gerechtigkeit gegen jedermann üben werde. So wahr mir Gott helfe."

Der Eid kann auch ohne religiöse Beteuerung geleistet werden.

Artikel 57

Die Befugnisse des Bundespräsidenten werden im Falle seiner Verhinderung oder bei vorzeitiger Erledigung des Amtes durch den Präsidenten des Bundesrates wahrgenommen.

Artikel 58
Anordnungen und Verfügungen des Bundespräsidenten bedürfen zu ihrer Gültigkeit der Gegenzeichnung durch den Bundeskanzler oder durch den zuständigen
Bundesminister. Dies gilt nicht für die Ernennung und Entlassung des Bundeskanzlers, die Auflösung des Bundestages gemäß Artikel 63 und das Ersuchen gemäß Artikel 69 Absatz 3.

Artikel 59
(1) Der Bundespräsident vertritt den Bund völkerrechtlich. Er schließt im Namen
des Bundes die Verträge mit auswärtigen Staaten. Er beglaubigt und empfängt
die Gesandten.
(2) Verträge, welche die politischen Beziehungen des Bundes regeln oder sich auf
Gegenstände der Bundesgesetzgebung beziehen, bedürfen der Zustimmung
oder der Mitwirkung der jeweils für die Bundesgesetzgebung zuständigen Körperschaften in der Form eines Bundesgesetzes. Für Verwaltungsabkommen gelten die Vorschriften über die Bundesverwaltung entsprechend.

Artikel 59a
[aufgehoben]

Artikel 60
(1) Der Bundespräsident ernennt und entläßt die Bundesrichter, die Bundesbeamten, die Offiziere und Unteroffiziere, soweit gesetzlich nichts anderes bestimmt
ist.
(2) Er übt im Einzelfalle für den Bund das Begnadigungsrecht aus.
(3) Er kann diese Befugnisse auf andere Behörden übertragen.
(4) Die Absätze 2 bis 4 des Artikels 46 finden auf den Bundespräsidenten entsprechende Anwendung.

Artikel 61
(1) Der Bundestag oder der Bundesrat können den Bundespräsidenten wegen vorsätzlicher Verletzung des Grundgesetzes oder eines anderen Bundesgesetzes vor
dem Bundesverfassungsgericht anklagen. Der Antrag auf Erhebung der Anklage muß von mindestens einem Viertel der Mitglieder des Bundestages oder
einem Viertel der Stimmen des Bundesrates gestellt werden. Der Beschluß auf
Erhebung der Anklage bedarf der Mehrheit von zwei Dritteln der Mitglieder
des Bundestages oder von zwei Dritteln der Stimmen des Bundesrates. Die Anklage wird von einem Beauftragten der anklagenden Körperschaft vertreten.
(2) Stellt das Bundesverfassungsgericht fest, daß der Bundespräsident einer vorsätzlichen Verletzung des Grundgesetzes oder eines anderen Bundesgesetzes
schuldig ist, so kann es ihn des Amtes für verlustig erklären. Durch einstweilige Anordnung kann es nach der Erhebung der Anklage bestimmen, daß er an
der Ausübung seines Amtes verhindert ist.

VI. Die Bundesregierung

Artikel 62
Die Bundesregierung besteht aus dem Bundeskanzler und aus den Bundesministern.

Artikel 63
(1) Der Bundeskanzler wird auf Vorschlag des Bundespräsidenten vom Bundestage ohne Aussprache gewählt.
(2) Gewählt ist, wer die Stimmen der Mehrheit der Mitglieder des Bundestages auf sich vereinigt. Der Gewählte ist vom Bundespräsidenten zu ernennen.
(3) Wird der Vorgeschlagene nicht gewählt, so kann der Bundestag binnen vierzehn Tagen nach dem Wahlgange mit mehr als der Hälfte seiner Mitglieder einen Bundeskanzler wählen.
(4) Kommt eine Wahl innerhalb dieser Frist nicht zustande, so findet unverzüglich ein neuer Wahlgang statt, in dem gewählt ist, wer die meisten Stimmen erhält. Vereinigt der Gewählte die Stimmen der Mehrheit der Mitglieder des Bundestages auf sich, so muß der Bundespräsident ihn binnen sieben Tagen nach der Wahl ernennen. Erreicht der Gewählte diese Mehrheit nicht, so hat der Bundespräsident binnen sieben Tagen entweder ihn zu ernennen oder den Bundestag aufzulösen.

Artikel 64
(1) Die Bundesminister werden auf Vorschlag des Bundeskanzlers vom Bundespräsidenten ernannt und entlassen.
(2) Der Bundeskanzler und die Bundesminister leisten bei der Amtsübernahme vor dem Bundestage den in Artikel 56 vorgesehenen Eid.

Artikel 65
Der Bundeskanzler bestimmt die Richtlinien der Politik und trägt dafür die Verantwortung. Innerhalb dieser Richtlinien leitet jeder Bundesminister seinen Geschäftsbereich selbständig und unter eigener Verantwortung. Über Meinungsverschiedenheiten zwischen den Bundesministern entscheidet die Bundesregierung. Der Bundeskanzler leitet ihre Geschäfte nach einer von der Bundesregierung beschlossenen und vom Bundespräsidenten genehmigten Geschäftsordnung.

Artikel 65a
(1) Der Bundesminister für Verteidigung hat die Befehls- und Kommandogewalt über die Streitkräfte.
(2) [aufgehoben]

Artikel 66
Der Bundeskanzler und die Bundesminister dürfen kein anderes besoldetes Amt, kein Gewerbe und keinen Beruf ausüben und weder der Leitung noch ohne Zustimmung des Bundestages dem Aufsichtsrate eines auf Erwerb gerichteten Unternehmens angehören.

Artikel 67

(1) Der Bundestag kann dem Bundeskanzler das Mißtrauen nur dadurch aussprechen, daß er mit der Mehrheit seiner Mitglieder einen Nachfolger wählt und
den Bundespräsidenten ersucht, den Bundeskanzler zu entlassen. Der Bundespräsident muß dem Ersuchen entsprechen und den Gewählten ernennen.

(2) Zwischen dem Antrage und der Wahl müssen achtundvierzig Stunden liegen.

Artikel 68

(1) Findet ein Antrag des Bundeskanzlers, ihm das Vertrauen auszusprechen, nicht
die Zustimmung der Mehrheit der Mitglieder des Bundestages, so kann der
Bundespräsident auf Vorschlag des Bundeskanzlers binnen einundzwanzig Tagen den Bundestag auflösen. Das Recht zur Auflösung erlischt, sobald der Bundestag mit der Mehrheit seiner Mitglieder einen anderen Bundeskanzler wählt.

(2) Zwischen dem Antrage und der Abstimmung müssen achtundvierzig Stunden
liegen.

Artikel 69

(1) Der Bundeskanzler ernennt einen Bundesminister zu seinem Stellvertreter.

(2) Das Amt des Bundeskanzlers oder eines Bundesministers endigt in jedem Falle mit dem Zusammentritt eines neuen Bundestages, das Amt eines Bundesministers auch mit jeder anderen Erledigung des Amtes des Bundeskanzlers.

(3) Auf Ersuchen des Bundespräsidenten ist der Bundeskanzler, auf Ersuchen des
Bundeskanzlers oder des Bundespräsidenten ein Bundesminister verpflichtet,
die Geschäfte bis zur Ernennung seines Nachfolgers weiterzuführen.

VII. Die Gesetzgebung des Bundes

Artikel 70

(1) Die Länder haben das Recht der Gesetzgebung, soweit dieses Grundgesetz
nicht dem Bunde Gesetzgebungsbefugnisse verleiht.

(2) Die Abgrenzung der Zuständigkeit zwischen Bund und Ländern bemißt sich
nach den Vorschriften dieses Grundgesetzes über die ausschließliche und die
konkurrierende Gesetzgebung.

Artikel 71

Im Bereiche der ausschließlichen Gesetzgebung des Bundes haben die Länder die
Befugnis zur Gesetzgebung nur, wenn und soweit sie hierzu in einem Bundesgesetze ausdrücklich ermächtigt werden.

Artikel 72[15]

(1) Im Bereich der konkurrierenden Gesetzgebung haben die Länder die Befugnis

---

[15] Fassung bis zum 27.10.1994:
(1) Im Bereiche der konkurrierenden Gesetzgebung haben die Länder die Befugnis zur Gesetzgebung, solange und soweit der Bund von seinem Gesetzgebungsrechte keinen Gebrauch macht.

zur Gesetzgebung, solange und soweit der Bund von seiner Gesetzgebungszuständigkeit nicht durch Gesetz Gebrauch gemacht hat.

(2) Der Bund hat in diesem Bereich das Gesetzgebungsrecht, wenn und soweit die Herstellung gleichwertiger Lebensverhältnisse im Bundesgebiet oder die Wahrung der Rechts- oder Wirtschaftseinheit im gesamtstaatlichen Interesse eine bundesgesetzliche Regelung erforderlich macht.

(3) Durch Bundesgesetz kann bestimmt werden, daß eine bundesgesetzliche Regelung, für die eine Erforderlichkeit im Sinne des Absatzes 2 nicht mehr besteht, durch Landesrecht ersetzt werden kann.

Artikel 73
Der Bund hat die ausschließliche Gesetzgebung über:
1. die auswärtigen Angelegenheiten sowie die Verteidigung einschließlich des Schutzes der Zivilbevölkerung;
2. die Staatsangehörigkeit im Bunde;
3. die Freizügigkeit, das Paßwesen, die Ein- und Auswanderung und die Auslieferung;
4. das Währungs-, Geld- und Münzwesen, Maße und Gewichte sowie die Zeitbestimmung;
5. die Einheit des Zoll- und Handelsgebietes, die Handels- und Schiffahrtsverträge, die Freizügigkeit des Warenverkehrs und den Waren- und Zahlungsverkehr mit dem Auslande einschließlich des Zoll- und Grenzschutzes;
6. den Luftverkehr;
6a. den Verkehr von Eisenbahnen, die ganz oder mehrheitlich im Eigentum des Bundes stehen (Eisenbahnen des Bundes), den Bau, die Unterhaltung und das Betreiben von Schienenwegen der Eisenbahnen des Bundes sowie die Erhebung von Entgelten für die Benutzung dieser Schienenwege;
7. das Postwesen und die Telekommunikation;
8. die Rechtsverhältnisse der im Dienste des Bundes und der bundesunmittelbaren Körperschaften des öffentlichen Rechtes stehenden Personen;
9. den gewerblichen Rechtsschutz, das Urheberrecht und das Verlagsrecht;
10. die Zusammenarbeit des Bundes und der Länder
    a) in der Kriminalpolizei,
    b) zum Schutze der freiheitlichen demokratischen Grundordnung, des Bestandes und der Sicherheit des Bundes oder eines Landes (Verfassungsschutz) und

---

(2) Der Bund hat in diesem Bereiche das Gesetzgebungsrecht, soweit ein Bedürfnis nach bundesgesetzlicher Regelung besteht, weil
1. eine Angelegenheit durch die Gesetzgebung einzelner Länder nicht wirksam geregelt werden kann oder
2. die Regelung einer Angelegenheit durch ein Landesgesetz die Interessen anderer Länder oder der Gesamtheit beeinträchtigen könnte oder
3. die Wahrung der Rechts- oder Wirtschaftseinheit, insbesondere die Wahrung der Einheitlichkeit der Lebensverhältnisse über das Gebiet eines Landes hinaus sie erfordert.

c) zum Schutze gegen Bestrebungen im Bundesgebiet, die durch Anwendung von Gewalt oder darauf gerichtete Vorbereitungshandlungen auswärtige Belange der Bundesrepublik Deutschland gefährden, sowie die Einrichtung eines Bundeskriminalpolizeiamtes und die internationale Verbrechensbekämpfung;

11. die Statistik für Bundeszwecke.

Artikel 74

(1) Die konkurrierende Gesetzgebung erstreckt sich auf folgende Gebiete:

1. das bürgerliche Recht, das Strafrecht und den Strafvollzug, die Gerichtsverfassung, das gerichtliche Verfahren, die Rechtsanwaltschaft, das Notariat und die Rechtsberatung;
2. das Personenstandswesen;
3. das Vereins- und Versammlungsrecht;
4. das Aufenthalts- und Niederlassungsrecht der Ausländer;
4a. das Waffen- und das Sprengstoffrecht;
5. [aufgehoben];
6. die Angelegenheiten der Flüchtlinge und Vertriebenen;
7. die öffentliche Fürsorge;
8. [aufgehoben];
9. die Kriegsschäden und die Wiedergutmachung;
10. die Versorgung der Kriegsbeschädigten und Kriegshinterbliebenen und die Fürsorge für die ehemaligen Kriegsgefangenen;
10a. die Kriegsgräber und Gräber anderer Opfer des Krieges und Opfer von Gewaltherrschaft;
11. das Recht der Wirtschaft (Bergbau, Industrie, Energiewirtschaft, Handwerk, Gewerbe, Handel, Bank- und Börsenwesen, privatrechtliches Versicherungswesen);
11a. die Erzeugung und Nutzung der Kernenergie zu friedlichen Zwecken, die Errichtung und den Betrieb von Anlagen, die diesen Zwecken dienen, den Schutz gegen Gefahren, die bei Freiwerden von Kernenergie oder durch ionisierende Strahlen entstehen, und die Beseitigung radioaktiver Stoffe;
12. das Arbeitsrecht einschließlich der Betriebsverfassung, des Arbeitsschutzes und der Arbeitsvermittlung sowie die Sozialversicherung einschließlich der Arbeitslosenversicherung;
13. die Regelung der Ausbildungsbeihilfen und die Förderung der wissenschaftlichen Forschung;
14. das Recht der Enteignung, soweit sie auf den Sachgebieten der Artikel 73 und 74 in Betracht kommt;
15. die Überführung von Grund und Boden, von Naturschätzen und Produktionsmitteln in Gemeineigentum oder in andere Formen der Gemeinwirtschaft;

16. die Verhütung des Mißbrauchs wirtschaftlicher Machtstellung;
17. die Förderung der land- und forstwirtschaftlichen Erzeugung, die Sicherung der Ernährung, die Ein- und Ausfuhr land- und forstwirtschaftlicher Erzeugnisse, die Hochsee- und Küstenfischerei und den Küstenschutz;
18. den Grundstücksverkehr, das Bodenrecht (ohne das Recht der Erschließungsbeiträge) und das landwirtschaftliche Pachtwesen, das Wohnungswesen, das Siedlungs- und Heimstättenwesen;
19. die Maßnahmen gegen gemeingefährliche und übertragbare Krankheiten bei Menschen und Tieren, die Zulassung zu ärztlichen und anderen Heilberufen und zum Heilgewerbe, den Verkehr mit Arzneien, Heil- und Betäubungsmitteln und Giften;
19a. die wirtschaftliche Sicherung der Krankenhäuser und die Regelung der Krankenhauspflegesätze;
20. den Schutz beim Verkehr mit Lebens- und Genußmitteln, Bedarfsgegenständen, Futtermitteln und land- und forstwirtschaftlichem Saat- und Pflanzgut, den Schutz der Pflanzen gegen Krankheiten und Schädlinge sowie den Tierschutz;
21. die Hochsee- und Küstenschiffahrt sowie die Seezeichen, die Binnenschiffahrt, den Wetterdienst, die Seewasserstraßen und die dem allgemeinen Verkehr dienenden Binnenwasserstraßen;
22. den Straßenverkehr, das Kraftfahrwesen, den Bau und die Unterhaltung von Landstraßen für den Fernverkehr sowie die Erhebung und Verteilung von Gebühren für die Benutzung öffentlicher Straßen mit Fahrzeugen;
23. die Schienenbahnen, die nicht Eisenbahnen des Bundes sind, mit Ausnahme der Bergbahnen;
24. die Abfallbeseitigung, die Luftreinhaltung und die Lärmbekämpfung;
25. die Staatshaftung;
26. die künstliche Befruchtung beim Menschen, die Untersuchung und die künstliche Veränderung von Erbinformationen sowie Regelungen zur Transplantation von Organen und Geweben.

(2) Gesetze nach Absatz 1 Nr. 25 bedürfen der Zustimmung des Bundesrates.

Artikel 74a

(1) Die konkurrierende Gesetzgebung erstreckt sich ferner auf die Besoldung und Versorgung der Angehörigen des öffentlichen Dienstes, die in einem öffentlich-rechtlichen Dienst- und Treueverhältnis stehen, soweit dem Bund nicht nach Artikel 73 Nr. 8 die ausschließliche Gesetzgebung zusteht.
(2) Bundesgesetze nach Absatz 1 bedürfen der Zustimmung des Bundesrates.
(3) Der Zustimmung des Bundesrates bedürfen auch Bundesgesetze nach Artikel 73 Nr. 8, soweit sie andere Maßstäbe für den Aufbau oder die Bemessung der Besoldung und Versorgung einschließlich der Bewertung der Ämter oder andere Mindest- oder Höchstbeträge vorsehen als Bundesgesetze nach Absatz 1.

(4) Die Absätze 1 und 2 gelten entsprechend für die Besoldung und Versorgung der Landesrichter. Für Gesetze nach Artikel 98 Abs. 1 gilt Absatz 3 entsprechend.

Artikel 75

(1) Der Bund hat das Recht, unter den Voraussetzungen des Artikels 72 Rahmenvorschriften für die Gesetzgebung der Länder zu erlassen über:
1. die Rechtsverhältnisse der im öffentlichen Dienste der Länder, Gemeinden und anderen Körperschaften des öffentlichen Rechtes stehenden Personen, soweit Artikel 74a nichts anderes bestimmt;
1a. die allgemeinen Grundsätze des Hochschulwesens;
2. die allgemeinen Rechtsverhältnisse der Presse;
3. das Jagdwesen, den Naturschutz und die Landschaftspflege;
4. die Bodenverteilung, die Raumordnung und den Wasserhaushalt;
5. das Melde- und Ausweiswesen;
6. den Schutz deutschen Kulturgutes gegen Abwanderung ins Ausland.
Artikel 72 Abs. 3 gilt entsprechend.
(2) Rahmenvorschriften dürfen nur in Ausnahmefällen in Einzelheiten gehende oder unmittelbar geltende Regelungen enthalten.
(3) Erläßt der Bund Rahmenvorschriften, so sind die Länder verpflichtet, innerhalb einer durch das Gesetz bestimmten angemessenen Frist die erforderlichen Landesgesetze zu erlassen.

Artikel 76

(1) Gesetzesvorlagen werden beim Bundestage durch die Bundesregierung, aus der Mitte des Bundestages oder durch den Bundesrat eingebracht.
(2) Vorlagen der Bundesregierung sind zunächst dem Bundesrat zuzuleiten. Der Bundesrat ist berechtigt, innerhalb von sechs Wochen zu diesen Vorlagen Stellung zu nehmen. Verlangt er aus wichtigem Grunde, insbesondere mit Rücksicht auf den Umfang einer Vorlage, eine Fristverlängerung, so beträgt die Frist neun Wochen. Die Bundesregierung kann eine Vorlage, die sie bei der Zuleitung an den Bundesrat ausnahmsweise als besonders eilbedürftig bezeichnet hat, nach drei Wochen oder, wenn der Bundesrat ein Verlangen nach Satz 3 geäußert hat, nach sechs Wochen dem Bundestag zuleiten, auch wenn die Stellungnahme des Bundesrates noch nicht bei ihr eingegangen ist; sie hat die Stellungnahme des Bundesrates unverzüglich nach Eingang dem Bundestag nachzureichen. Bei Vorlagen zur Änderung dieses Grundgesetzes und zur Übertragung von Hoheitsrechten nach Artikel 23 oder Artikel 24 beträgt die Frist zur Stellungnahme neun Wochen; Satz 4 findet keine Anwendung.
(3) Vorlagen des Bundesrates sind dem Bundestag durch die Bundesregierung innerhalb von sechs Wochen zuzuleiten. Sie soll hierbei ihre Auffassung darlegen. Verlangt sie aus wichtigem Grunde, insbesondere mit Rücksicht auf den Umfang einer Vorlage, eine Fristverlängerung, so beträgt die Frist neun Wo-

chen. Wenn der Bundesrat eine Vorlage ausnahmsweise als besonders eilbedürftig bezeichnet hat, beträgt die Frist drei Wochen oder, wenn die Bundesregierung ein Verlangen nach Satz 3 geäußert hat, sechs Wochen. Bei Vorlagen
zur Änderung dieses Grundgesetzes und zur Übertragung von Hoheitsrechten nach Artikel 23 oder Artikel 24 beträgt die Frist neun Woche; Satz 4 findet
keine Anwendung. Der Bundestag hat über die Vorlagen in angemessener Frist
zu beraten und Beschluß zu fassen.

Artikel 77

(1) Die Bundesgesetze werden vom Bundestage beschlossen. Sie sind nach ihrer
Annahme durch den Präsidenten des Bundestages unverzüglich dem Bundesrate zuzuleiten.

(2) Der Bundesrat kann binnen drei Wochen nach Eingang des Gesetzesbeschlusses verlangen, daß ein aus Mitgliedern des Bundestages und des Bundesrates
für die gemeinsame Beratung von Vorlagen gebildeter Ausschuß einberufen
wird. Die Zusammensetzung und das Verfahren dieses Ausschusses regelt eine
Geschäftsordnung, die vom Bundestag beschlossen wird und der Zustimmung
des Bundesrates bedarf. Die in diesen Ausschuß entsandten Mitglieder des
Bundesrates sind nicht an Weisungen gebunden. Ist zu einem Gesetze die Zustimmung des Bundesrates erforderlich, so können auch der Bundestag und
die Bundesregierung die Einberufung verlangen. Schlägt der Ausschuß eine
Änderung des Gesetzesbeschlusses vor, so hat der Bundestag erneut Beschluß
zu fassen.

(2a) Soweit zu einem Gesetz die Zustimmung des Bundesrates erforderlich ist, hat
der Bundesrat, wenn ein Verlangen nach Absatz 2 Satz 1 nicht gestellt oder das
Vermittlungsverfahren ohne einen Vorschlag zur Änderung des Gesetzesbeschlusses beendet ist, in angemessener Frist über die Zustimmung Beschluß zu
fassen.

(3) Soweit zu einem Gesetze die Zustimmung des Bundesrates nicht erforderlich
ist, kann der Bundesrat, wenn das Verfahren nach Absatz 2 beendigt ist, gegen
ein vom Bundestage beschlossenes Gesetz binnen zwei Wochen Einspruch ein-
legen. Die Einspruchsfrist beginnt im Falle des Absatzes 2 letzter Satz mit dem
Eingange des vom Bundestage erneut gefaßten Beschlusses, in allen anderen
Fällen mit dem Eingange der Mitteilung des Vorsitzenden des in Absatz 2 vorgesehenen Ausschusses, daß das Verfahren vor dem Ausschusse abgeschlossen
ist.

(4) Wird der Einspruch mit der Mehrheit der Stimmen des Bundesrates beschlossen, so kann er durch Beschluß der Mehrheit der Mitglieder des Bundestages
zurückgewiesen werden. Hat der Bundesrat den Einspruch mit einer Mehrheit
von mindestens zwei Dritteln seiner Stimmen beschlossen, so bedarf die Zu-
rückweisung durch den Bundestag einer Mehrheit von zwei Dritteln, mindestens der Mehrheit der Mitglieder des Bundestages.

Artikel 78

Ein vom Bundestage beschlossenes Gesetz kommt zustande, wenn der Bundesrat zustimmt, den Antrag gemäß Artikel 77 Absatz 2 nicht stellt, innerhalb der Frist des Artikels 77 Absatz 3 keinen Einspruch einlegt oder ihn zurücknimmt oder wenn der Einspruch vom Bundestage überstimmt wird.

Artikel 79

(1) Das Grundgesetz kann nur durch ein Gesetz geändert werden, das den Wortlaut des Grundgesetzes ausdrücklich ändert oder ergänzt. Bei völkerrechtlichen Verträgen, die eine Friedensregelung, die Vorbereitung einer Friedensregelung oder den Abbau einer besatzungsrechtlichen Ordnung zum Gegenstand haben oder der Verteidigung der Bundesrepublik zu dienen bestimmt sind, genügt zur Klarstellung, daß die Bestimmungen des Grundgesetzes dem Abschluß und dem Inkraftsetzen der Verträge nicht entgegenstehen, eine Ergänzung des Wortlautes des Grundgesetzes, die sich auf diese Klarstellung beschränkt.

(2) Ein solches Gesetz bedarf der Zustimmung von zwei Dritteln der Mitglieder des Bundestages und zwei Dritteln der Stimmen des Bundesrates.

(3) Eine Änderung dieses Grundgesetzes, durch welche die Gliederung des Bundes in Länder, die grundsätzliche Mitwirkung der Länder bei der Gesetzgebung oder die in den Artikeln 1 und 20 niedergelegten Grundsätze berührt werden, ist unzulässig.

Artikel 80

(1) Durch Gesetz können die Bundesregierung, ein Bundesminister oder die Landesregierungen ermächtigt werden, Rechtsverordnungen zu erlassen. Dabei müssen Inhalt, Zweck und Ausmaß der erteilten Ermächtigung im Gesetze bestimmt werden. Die Rechtsgrundlage ist in der Verordnung anzugeben. Ist durch Gesetz vorgesehen, daß eine Ermächtigung weiter übertragen werden kann, so bedarf es zur Übertragung der Ermächtigung einer Rechtsverordnung.

(2) Der Zustimmung des Bundesrates bedürfen, vorbehaltlich anderweitiger bundesgesetzlicher Regelung, Rechtsverordnungen der Bundesregierung oder eines Bundesministers über Grundsätze und Gebühren für die Benutzung der Einrichtungen des Postwesens und der Telekommunikation, über die Grundsätze der Erhebung des Entgelts für die Benutzung der Einrichtungen der Eisenbahnen des Bundes, über den Bau und Betrieb der Eisenbahnen, sowie Rechtsverordnungen auf Grund von Bundesgesetzen, die der Zustimmung des Bundesrates bedürfen oder die von den Ländern im Auftrage des Bundes oder als eigene Angelegenheit ausgeführt werden.

(3) Der Bundesrat kann der Bundesregierung Vorlagen für den Erlaß von Rechtsverordnungen zuleiten, die seiner Zustimmung bedürfen.

(4) Soweit durch Bundesgesetz oder auf Grund von Bundesgesetzen Landesregierungen ermächtigt werden, Rechtsverordnungen zu erlassen, sind die Länder zu einer Regelung auch durch Gesetz befugt.

Artikel 80a

(1) Ist in diesem Grundgesetz oder in einem Bundesgesetz über die Verteidigung einschließlich des Schutzes der Zivilbevölkerung bestimmt, daß Rechtsvorschriften nur nach Maßgabe dieses Artikels angewandt werden dürfen, so ist die Anwendung außer im Verteidigungsfalle nur zulässig, wenn der Bundestag den Eintritt des Spannungsfalles festgestellt oder wenn er der Anwendung besonders zugestimmt hat. Die Feststellung des Spannungsfalles und die besondere Zustimmung in den Fällen des Artikels 12a Abs. 5 Satz 1 und Abs. 6 Satz 2 bedürfen einer Mehrheit von zwei Dritteln der abgegebenen Stimmen.

(2) Maßnahmen auf Grund von Rechtsvorschriften nach Absatz 1 sind aufzuheben, wenn der Bundestag es verlangt.

(3) Abweichend von Absatz 1 ist die Anwendung solcher Rechtsvorschriften auch auf der Grundlage und nach Maßgabe eines Beschlusses zulässig, der von einem internationalen Organ im Rahmen eines Bündnisvertrages mit Zustimmung der Bundesregierung gefaßt wird. Maßnahmen nach diesem Absatz sind aufzuheben, wenn der Bundestag es mit der Mehrheit seiner Mitglieder verlangt.

Artikel 81

(1) Wird im Falle des Artikels 68 der Bundestag nicht aufgelöst, so kann der Bundespräsident auf Antrag der Bundesregierung mit Zustimmung des Bundesrates für eine Gesetzesvorlage den Gesetzgebungsnotstand erklären, wenn der Bundestag sie ablehnt, obwohl die Bundesregierung sie als dringlich bezeichnet hat. Das gleiche gilt, wenn eine Gesetzesvorlage abgelehnt worden ist, obwohl der Bundeskanzler mit ihr den Antrag des Artikels 68 verbunden hatte.

(2) Lehnt der Bundestag die Gesetzesvorlage nach Erklärung des Gesetzgebungsnotstandes erneut ab oder nimmt er sie in einer für die Bundesregierung als unannehmbar bezeichneten Fassung an, so gilt das Gesetz als zustande gekommen, soweit der Bundesrat ihm zustimmt. Das gleiche gilt, wenn die Vorlage vom Bundestage nicht innerhalb von vier Wochen nach der erneuten Einbringung verabschiedet wird.

(3) Während der Amtszeit eines Bundeskanzlers kann auch jede andere vom Bundestage abgelehnte Gesetzesvorlage innerhalb einer Frist von sechs Monaten nach der ersten Erklärung des Gesetzgebungsnotstandes gemäß Absatz 1 und 2 verabschiedet werden. Nach Ablauf der Frist ist während der Amtszeit des gleichen Bundeskanzlers eine weitere Erklärung des Gesetzgebungsnotstandes unzulässig.

(4) Das Grundgesetz darf durch ein Gesetz, das nach Absatz 2 zustande kommt, weder geändert noch ganz oder teilweise außer Kraft oder außer Anwendung gesetzt werden.

Artikel 82

(1) Die nach den Vorschriften dieses Grundgesetzes zustande gekommenen Gesetze werden vom Bundespräsidenten nach Gegenzeichnung ausgefertigt und

im Bundesgesetzblatte verkündet. Rechtsverordnungen werden von der Stelle, die sie erläßt, ausgefertigt und vorbehaltlich anderweitiger gesetzlicher Regelung im Bundesgesetzblatte verkündet.

(2) Jedes Gesetz und jede Rechtsverordnung soll den Tag des Inkrafttretens bestimmen. Fehlt eine solche Bestimmung, so treten sie mit dem vierzehnten Tage nach Ablauf des Tages in Kraft, an dem das Bundesgesetzblatt ausgegeben worden ist.

VIII. Die Ausführung der Bundesgesetze und die Bundesverwaltung

Artikel 83

Die Länder führen die Bundesgesetze als eigene Angelegenheit aus, soweit dieses Grundgesetz nichts anderes bestimmt oder zuläßt.

Artikel 84

(1) Führen die Länder die Bundesgesetze als eigene Angelegenheit aus, so regeln sie die Einrichtung der Behörden und das Verwaltungsverfahren, soweit nicht Bundesgesetze mit Zustimmung des Bundesrates etwas anderes bestimmen.

(2) Die Bundesregierung kann mit Zustimmung des Bundesrates allgemeine Verwaltungsvorschriften erlassen.

(3) Die Bundesregierung übt die Aufsicht darüber aus, daß die Länder die Bundesgesetze dem geltenden Rechte gemäß ausführen. Die Bundesregierung kann zu diesem Zwecke Beauftragte zu den obersten Landesbehörden entsenden, mit deren Zustimmung und, falls diese Zustimmung versagt wird, mit Zustimmung des Bundesrates auch zu den nachgeordneten Behörden.

(4) Werden Mängel, die die Bundesregierung bei der Ausführung der Bundesgesetze in den Ländern festgestellt hat, nicht beseitigt, so beschließt auf Antrag der Bundesregierung oder des Landes der Bundesrat, ob das Land das Recht verletzt hat. Gegen den Beschluß des Bundesrates kann das Bundesverfassungsgericht angerufen werden.

(5) Der Bundesregierung kann durch Bundesgesetz, das der Zustimmung des Bundesrates bedarf, zur Ausführung von Bundesgesetzen die Befugnis verliehen werden, für besondere Fälle Einzelweisungen zu erteilen. Sie sind, außer wenn die Bundesregierung den Fall für dringlich erachtet, an die obersten Landesbehörden zu richten.

Artikel 85

(1) Führen die Länder die Bundesgesetze im Auftrage des Bundes aus, so bleibt die Einrichtung der Behörden Angelegenheit der Länder, soweit nicht Bundesgesetze mit Zustimmung des Bundesrates etwas anderes bestimmen.

(2) Die Bundesregierung kann mit Zustimmung des Bundesrates allgemeine Verwaltungsvorschriften erlassen. Sie kann die einheitliche Ausbildung der Beamten und Angestellten regeln. Die Leiter der Mittelbehörden sind mit ihrem Einvernehmen zu bestellen.

(3) Die Landesbehörden unterstehen den Weisungen der zuständigen obersten Bundesbehörden. Die Weisungen sind, außer wenn die Bundesregierung es für dringlich erachtet, an die obersten Landesbehörden zu richten. Der Vollzug der Weisung ist durch die obersten Landesbehörden sicherzustellen.

(4) Die Bundesaufsicht erstreckt sich auf Gesetzmäßigkeit und Zweckmäßigkeit der Ausführung. Die Bundesregierung kann zu diesem Zwecke Bericht und Vorlage der Akten verlangen und Beauftragte zu allen Behörden entsenden.

Artikel 86

Führt der Bund die Gesetze durch bundeseigene Verwaltung oder durch bundesunmittelbare Körperschaften oder Anstalten des öffentlichen Rechtes aus, so erläßt die Bundesregierung, soweit nicht das Gesetz Besonderes vorschreibt, die allgemeinen Verwaltungsvorschriften. Sie regelt, soweit das Gesetz nichts anderes bestimmt, die Einrichtung der Behörden.

Artikel 87

(1) In bundeseigener Verwaltung mit eigenem Verwaltungsunterbau werden geführt der Auswärtige Dienst, die Bundesfinanzverwaltung und nach Maßgabe des Artikels 89 die Verwaltung der Bundeswasserstraßen und der Schiffahrt. Durch Bundesgesetz können Bundesgrenzschutzbehörden, Zentralstellen für das polizeiliche Auskunfts- und Nachrichtenwesen, für die Kriminalpolizei und zur Sammlung von Unterlagen für Zwecke des Verfassungsschutzes und des Schutzes gegen Bestrebungen im Bundesgebiet, die durch Anwendung von Gewalt oder darauf gerichtete Vorbereitungshandlungen auswärtige Belange der Bundesrepublik Deutschland gefährden, eingerichtet werden.

(2) Als bundesunmittelbare Körperschaften des öffentlichen Rechtes werden diejenigen sozialen Versicherungsträger geführt, deren Zuständigkeitsbereich sich über das Gebiet eines Landes hinaus erstreckt. Soziale Versicherungsträger, deren Zuständigkeitsbereich sich über das Gebiet eines Landes, aber nicht über mehr als drei Länder hinaus erstreckt, werden abweichend von Satz 1 als landesunmittelbare Körperschaften des öffentlichen Rechtes geführt, wenn das aufsichtsführende Land durch die beteiligten Länder bestimmt ist.

(3) Außerdem können für Angelegenheiten, für die dem Bunde die Gesetzgebung zusteht, selbständige Bundesoberbehörden und neue bundesunmittelbare Körperschaften und Anstalten des öffentlichen Rechtes durch Bundesgesetz errichtet werden. Erwachsen dem Bunde auf Gebieten, für die ihm die Gesetzgebung zusteht, neue Aufgaben, so können bei dringendem Bedarf bundeseigene Mittel- und Unterbehörden mit Zustimmung des Bundesrates und der Mehrheit der Mitglieder des Bundestages errichtet werden.

Artikel 87a

(1) Der Bund stellt Streitkräfte zur Verteidigung auf. Ihre zahlenmäßige Stärke und die Grundzüge ihrer Organisation müssen sich aus dem Haushaltsplan ergeben.

(2) Außer zur Verteidigung dürfen die Streitkräfte nur eingesetzt werden, soweit dieses Grundgesetz es ausdrücklich zuläßt.

(3) Die Streitkräfte haben im Verteidigungsfalle und im Spannungsfalle die Befugnis, zivile Objekte zu schützen und Aufgaben der Verkehrsregelung wahrzunehmen, soweit dies zur Erfüllung ihres Verteidigungsauftrages erforderlich ist. Außerdem kann den Streitkräften im Verteidigungsfalle und im Spannungsfalle der Schutz ziviler Objekte auch zur Unterstützung polizeilicher Maßnahmen übertragen werden; die Streitkräfte wirken dabei mit den zuständigen Behörden zusammen.

(4) Zur Abwehr einer drohenden Gefahr für den Bestand oder die freiheitliche demokratische Grundordnung des Bundes oder eines Landes kann die Bundesregierung, wenn die Voraussetzungen des Artikels 91 Abs. 2 vorliegen und die Polizeikräfte sowie der Bundesgrenzschutz nicht ausreichen, Streitkräfte zur Unterstützung der Polizei und des Bundesgrenzschutzes beim Schutze von zivilen Objekten und bei der Bekämpfung organisierter und militärisch bewaffneter Aufständischer einsetzen. Der Einsatz von Streitkräften ist einzustellen, wenn der Bundestag oder der Bundesrat es verlangen.

Artikel 87b

(1) Die Bundeswehrverwaltung wird in bundeseigener Verwaltung mit eigenem Verwaltungsunterbau geführt. Sie dient den Aufgaben des Personalwesens und der unmittelbaren Deckung des Sachbedarfs der Streitkräfte. Aufgaben der Beschädigtenversorgung und des Bauwesens können der Bundeswehrverwaltung nur durch Bundesgesetz, das der Zustimmung des Bundesrates bedarf, übertragen werden. Der Zustimmung des Bundesrates bedürfen ferner Gesetze, soweit sie die Bundeswehrverwaltung zu Eingriffen in Rechte Dritter ermächtigen; das gilt nicht für Gesetze auf dem Gebiete des Personalwesens.

(2) Im übrigen können Bundesgesetze, die der Verteidigung einschließlich des Wehrersatzwesens und des Schutzes der Zivilbevölkerung dienen, mit Zustimmung des Bundesrates bestimmen, daß sie ganz oder teilweise in bundeseigener Verwaltung mit eigenem Verwaltungsunterbau oder von den Ländern im Auftrag des Bundes ausgeführt werden. Werden solche Gesetze von den Ländern im Auftrage des Bundes ausgeführt, so können sie mit Zustimmung des Bundesrates bestimmen, daß die der Bundesregierung und den zuständigen obersten Bundesbehörden auf Grund des Artikels 85 zustehenden Befugnisse ganz oder teilweise Bundesoberbehörden übertragen werden; dabei kann bestimmt werden, daß diese Behörden beim Erlaß allgemeiner Verwaltungsvorschriften gemäß Artikel 85 Abs. 2 Satz 1 nicht der Zustimmung des Bundesrates bedürfen.

Artikel 87c

Gesetze, die auf Grund des Artikels 74 Nr. 11a ergehen, können mit Zustimmung des Bundesrates bestimmen, daß sie von den Ländern im Auftrage des Bundes ausgeführt werden.

Artikel 87d

(1) Die Luftverkehrsverwaltung wird in bundeseigener Verwaltung geführt. Über die öffentlich-rechtliche oder privat-rechtliche Organisationsform wird durch Bundesgesetz entschieden.

(2) Durch Bundesgesetz, das der Zustimmung des Bundesrates bedarf, können Aufgaben der Luftverkehrsverwaltung den Ländern als Auftragsverwaltung übertragen werden.

Artikel 87e[16]

(1) Die Eisenbahnverkehrsverwaltung für Eisenbahnen des Bundes wird in bundeseigener Verwaltung geführt. Durch Bundesgesetz können Aufgaben der Eisenbahnverkehrsverwaltung den Ländern als eigene Angelegenheit übertragen werden.

(2) Der Bund nimmt die über den Bereich der Eisenbahnen des Bundes hinausgehenden Aufgaben der Eisenbahnverkehrsverwaltung wahr, die ihm durch Bundesgesetz übertragen werden.

(3) Eisenbahnen des Bundes werden als Wirtschaftsunternehmen in privat-rechtlicher Form geführt. Diese stehen im Eigentum des Bundes, soweit die Tätigkeit des Wirtschaftsunternehmens den Bau, die Unterhaltung und das Betreiben von Schienenwegen umfaßt. Die Veräußerung von Anteilen des Bundes an den Unternehmen nach Satz 2 erfolgt auf Grund eines Gesetzes; die Mehrheit der Anteile an diesen Unternehmen verbleibt beim Bund. Das Nähere wird durch Bundesgesetz geregelt.

(4) Der Bund gewährleistet, daß dem Wohl der Allgemeinheit, insbesondere den Verkehrsbedürfnissen, beim Ausbau und Erhalt des Schienennetzes der Eisenbahnen des Bundes sowie bei deren Verkehrsangeboten auf diesem Schienennetz, soweit diese nicht den Schienenpersonennahverkehr betreffen, Rechnung getragen wird. Das Nähere wird durch Bundesgesetz geregelt.

(5) Gesetze auf Grund der Absätze 1 bis 4 bedürfen der Zustimmung des Bundesrates. Der Zustimmung des Bundesrates bedürfen ferner Gesetze, die die Auflösung, die Verschmelzung und die Aufspaltung von Eisenbahnunternehmen des Bundes, die Übertragung von Schienenwegen der Eisenbahnen des Bundes an Dritte sowie die Stillegung von Schienenwegen der Eisenbahnen des Bundes regeln oder Auswirkungen auf den Schienenpersonennahverkehr haben.

Artikel 87f[17]

(1) Nach Maßgabe eines Bundesgesetzes, das der Zustimmung des Bundesrates bedarf, gewährleistet der Bund im Bereich des Postwesens und der Telekommunikation flächendeckend angemessene und ausreichende Dienstleistungen.

[16] Eingefügt durch Gesetz vom 20.12.1993 (BGBl. I S. 2089).
[17] Eingefügt durch Gesetz vom 30.8.1994 (BGBl. I S. 2245).

(2) Dienstleistungen im Sinne des Absatzes 1 werden als privatwirtschaftliche Tätigkeiten durch die aus dem Sondervermögen Deutsche Bundespost hervorgegangenen Unternehmen und durch andere private Anbieter erbracht. Hoheitsaufgaben im Bereich des Postwesens und der Telekommunikation werden in bundeseigener Verwaltung ausgeführt.

(3) Unbeschadet des Absatzes 2 Satz 2 führt der Bund in der Rechtsform einer bundesunmittelbaren Anstalt des öffentlichen Rechts einzelne Aufgaben in bezug auf die aus dem Sondervermögen Deutsche Bundespost hervorgegangenen Unternehmen nach Maßgabe eines Bundesgesetzes aus.

Artikel 88

Der Bund errichtet eine Währungs- und Notenbank als Bundesbank. Ihre Aufgaben und Befugnisse können im Rahmen der Europäischen Union der Europäischen Zentralbank übertragen werden, die unabhängig ist und dem vorrangigen Ziel der Sicherung der Preisstabilität verpflichtet.

Artikel 89

(1) Der Bund ist Eigentümer der bisherigen Reichswasserstraßen.

(2) Der Bund verwaltet die Bundeswasserstraßen durch eigene Behörden. Er nimmt die über den Bereich eines Landes hinausgehenden staatlichen Aufgaben der Binnenschiffahrt und die Aufgaben der Seeschiffahrt wahr, die ihm durch Gesetz übertragen werden. Er kann die Verwaltung von Bundeswasserstraßen, soweit sie im Gebiete eines Landes liegen, diesem Lande auf Antrag als Auftragsverwaltung übertragen. Berührt eine Wasserstraße das Gebiet mehrerer Länder, so kann der Bund das Land beauftragen, für das die beteiligten Länder es beantragen.

(3) Bei der Verwaltung, dem Ausbau und dem Neubau von Wasserstraßen sind die Bedürfnisse der Landeskultur und der Wasserwirtschaft im Einvernehmen mit den Ländern zu wahren.

Artikel 90

(1) Der Bund ist Eigentümer der bisherigen Reichsautobahnen und Reichsstraßen.

(2) Die Länder oder die nach Landesrecht zuständigen Selbstverwaltungskörperschaften verwalten die Bundesautobahnen und sonstigen Bundesstraßen des Fernverkehrs im Auftrage des Bundes.

(3) Auf Antrag eines Landes kann der Bund Bundesautobahnen und sonstige Bundesstraßen des Fernverkehrs, soweit sie im Gebiet dieses Landes liegen, in bundeseigene Verwaltung übernehmen.

Artikel 91

(1) Zur Abwehr einer drohenden Gefahr für den Bestand oder die freiheitliche demokratische Grundordnung des Bundes oder eines Landes kann ein Land Polizeikräfte anderer Länder sowie Kräfte und Einrichtungen anderer Verwaltungen und des Bundesgrenzschutzes anfordern.

(2) Ist das Land, in dem die Gefahr droht, nicht selbst zur Bekämpfung der Gefahr bereit oder in der Lage, so kann die Bundesregierung die Polizei in diesem Lande und die Polizeikräfte anderer Länder ihren Weisungen unterstellen sowie Einheiten des Bundesgrenzschutzes einsetzen. Die Anordnung ist nach Beseitigung der Gefahr, im übrigen jederzeit auf Verlangen des Bundesrates aufzuheben. Erstreckt sich die Gefahr auf das Gebiet mehr als eines Landes, so kann die Bundesregierung, soweit es zur wirksamen Bekämpfung erforderlich ist, den Landesregierungen Weisungen erteilen; Satz 1 und Satz 2 bleiben unberührt.

VIIIa. Gemeinschaftsaufgaben[17]

Artikel 91a

(1) Der Bund wirkt auf folgenden Gebieten bei der Erfüllung von Aufgaben der Länder mit, wenn diese Aufgaben für die Gesamtheit bedeutsam sind und die Mitwirkung des Bundes zur Verbesserung der Lebensverhältnisse erforderlich ist (Gemeinschaftsaufgaben):
1. Ausbau und Neubau von Hochschulen einschließlich der Hochschulkliniken,
2. Verbesserung der regionalen Wirtschaftsstruktur,
3. Verbesserung der Agrarstruktur und des Küstenschutzes.

(2) Durch Bundesgesetz mit Zustimmung des Bundesrates werden die Gemeinschaftsaufgaben näher bestimmt. Das Gesetz soll allgemeine Grundsätze für ihre Erfüllung enthalten.

(3) Das Gesetz trifft Bestimmungen über das Verfahren und über Einrichtungen für eine gemeinsame Rahmenplanung. Die Aufnahme eines Vorhabens in die Rahmenplanung bedarf der Zustimmung des Landes, in dessen Gebiet es durchgeführt wird.

(4) Der Bund trägt in den Fällen des Absatzes 1 Nr. 1 und 2 die Hälfte der Ausgaben in jedem Land. In den Fällen des Absatzes 1 Nr. 3 trägt der Bund mindestens die Hälfte; die Beteiligung ist für alle Länder einheitlich festzusetzen. Das Nähere regelt das Gesetz. Die Bereitstellung der Mittel bleibt der Feststellung in den Haushaltsplänen des Bundes und der Länder vorbehalten.

(5) Bundesregierung und Bundesrat sind auf Verlangen über die Durchführung der Gemeinschaftsaufgaben zu unterrichten.

Artikel 91b

Bund und Länder können auf Grund von Vereinbarungen bei der Bildungsplanung und bei der Förderung von Einrichtungen und Vorhaben der wissenschaftlichen Forschung von überregionaler Bedeutung zusammenwirken. Die Aufteilung der Kosten wird in der Vereinbarung geregelt.

---

[17] Eingefügt durch Gesetz vom 12.5.1969 (BGBl. I S. 359).

IX. Die Rechtsprechung

Artikel 92

Die rechtsprechende Gewalt ist den Richtern anvertraut; sie wird durch das Bundesverfassungsgericht, durch die in diesem Grundgesetze vorgesehenen Bundesgerichte und durch die Gerichte der Länder ausgeübt.

Artikel 93[18]

(1) Das Bundesverfassungsgericht entscheidet:
1. über die Auslegung dieses Grundgesetzes aus Anlaß von Streitigkeiten über den Umfang der Rechte und Pflichten eines obersten Bundesorgans oder anderer Beteiligter, die durch dieses Grundgesetz oder in der Geschäftsordnung eines obersten Bundesorgans mit eigenen Rechten ausgestattet sind;
2. bei Meinungsverschiedenheiten oder Zweifeln über die förmliche und sachliche Vereinbarkeit von Bundesrecht oder Landesrecht mit diesem Grundgesetze oder die Vereinbarkeit von Landesrecht mit sonstigem Bundesrechte auf Antrag der Bundesregierung, einer Landesregierung oder eines Drittels der Mitglieder des Bundestages;
2a. bei Meinungsverschiedenheiten, ob ein Gesetz den Voraussetzungen des Artikels 72 Abs. 2 entspricht, auf Antrag des Bundesrates, einer Landesregierung oder der Volksvertretung eines Landes;
3. bei Meinungsverschiedenheiten über Rechte und Pflichten des Bundes und der Länder, insbesondere bei der Ausführung von Bundesrecht durch die Länder und bei der Ausübung der Bundesaufsicht;
4. in anderen öffentlich-rechtlichen Streitigkeiten zwischen dem Bunde und den Ländern, zwischen verschiedenen Ländern oder innerhalb eines Landes, soweit nicht ein anderer Rechtsweg gegeben ist;
4a. über Verfassungsbeschwerden, die von jedermann mit der Behauptung erhoben werden können, durch die öffentliche Gewalt in einem seiner Grundrechte oder in einem seiner in Artikel 20 Abs. 4, 33, 38, 101, 103 und 104 enthaltenen Rechte verletzt zu sein;
4b. über Verfassungsbeschwerden von Gemeinden und Gemeindeverbänden wegen Verletzung des Rechts auf Selbstverwaltung nach Artikel 28 durch ein Gesetz, bei Landesgesetzen jedoch nur, soweit nicht Beschwerde beim Landesverfassungsgericht erhoben werden kann;
5. in den übrigen in diesem Grundgesetze vorgesehenen Fällen.

(2) Das Bundesverfassungsgericht wird ferner in den ihm sonst durch Bundesgesetz zugewiesenen Fällen tätig.

---

[18] Ziff. 2a eingefügt durch Gesetz vom 27.10.1994 (BGBl. I S. 3146), Ziff. 4a und 4b eingefügt durch Gesetz vom 29.1.1969 (BGBl. I. S. 97).

Artikel 94

(1) Das Bundesverfassungsgericht besteht aus Bundesrichtern und anderen Mitgliedern. Die Mitglieder des Bundesverfassungsgerichtes werden je zur Hälfte vom Bundestage und vom Bundesrate gewählt. Sie dürfen weder dem Bundestage, dem Bundesrate, der Bundesregierung noch entsprechenden Organen eines Landes angehören.

(2) Ein Bundesgesetz regelt seine Verfassung und das Verfahren und bestimmt, in welchen Fällen seine Entscheidungen Gesetzeskraft haben. Es kann für Verfassungsbeschwerden die vorherige Erschöpfung des Rechtsweges zur Voraussetzung machen und ein besonderes Annahmeverfahren vorsehen.

Artikel 95

(1) Für die Gebiete der ordentlichen, der Verwaltungs-, der Finanz-, der Arbeits- und der Sozialgerichtsbarkeit errichtet der Bund als oberste Gerichtshöfe den Bundesgerichtshof, das Bundesverwaltungsgericht, den Bundesfinanzhof, das Bundesarbeitsgericht und das Bundessozialgericht.

(2) Über die Berufung der Richter dieser Gerichte entscheidet der für das jeweilige Sachgebiet zuständige Bundesminister gemeinsam mit einem Richterwahlausschuß, der aus den für das jeweilige Sachgebiet zuständigen Ministern der Länder und einer gleichen Anzahl von Mitgliedern besteht, die vom Bundestage gewählt werden.

(3) Zur Wahrung der Einheitlichkeit der Rechtsprechung ist ein Gemeinsamer Senat der in Absatz 1 genannten Gerichte zu bilden. Das Nähere regelt ein Bundesgesetz.

Artikel 96

(1) Der Bund kann für Angelegenheiten des gewerblichen Rechtsschutzes ein Bundesgericht errichten.

(2) Der Bund kann Wehrstrafgerichte für die Streitkräfte als Bundesgerichte errichten. Sie können die Strafgerichtsbarkeit nur im Verteidigungsfalle sowie über Angehörige der Streitkräfte ausüben, die in das Ausland entsandt oder an Bord von Kriegsschiffen eingeschifft sind. Das Nähere regelt ein Bundesgesetz. Diese Gerichte gehören zum Geschäftsbereich des Bundesjustizministers. Ihre hauptamtlichen Richter müssen die Befähigung zum Richteramt haben.

(3) Oberster Gerichtshof für die in Absatz 1 und 2 genannten Gerichte ist der Bundesgerichtshof.

(4) Der Bund kann für Personen, die zu ihm in einem öffentlich-rechtlichen Dienstverhältnis stehen, Bundesgerichte zur Entscheidung in Disziplinarverfahren und Beschwerdeverfahren errichten.

(5) Für Strafverfahren auf den Gebieten des Artikels 26 Abs. 1 und des Staatsschutzes kann ein Bundesgesetz mit Zustimmung des Bundesrates vorsehen, daß Gerichte der Länder Gerichtsbarkeit des Bundes ausüben.

Artikel 97

(1) Die Richter sind unabhängig und nur dem Gesetze unterworfen.

(2) Die hauptamtlich und planmäßig endgültig angestellten Richter können wider ihren Willen nur kraft richterlicher Entscheidung und nur aus Gründen und unter den Formen, welche die Gesetze bestimmen, vor Ablauf ihrer Amtszeit entlassen oder dauernd oder zeitweise ihres Amtes enthoben oder an eine andere Stelle oder in den Ruhestand versetzt werden. Die Gesetzgebung kann Altersgrenzen festsetzen, bei deren Erreichung auf Lebenszeit angestellte Richter in den Ruhestand treten. Bei Veränderung der Einrichtung der Gerichte oder ihrer Bezirke können Richter an ein anderes Gericht versetzt oder aus dem Amte entfernt werden, jedoch nur unter Belassung des vollen Gehaltes.

Artikel 98

(1) Die Rechtsstellung der Bundesrichter ist durch besonderes Bundesgesetz zu regeln.

(2) Wenn ein Bundesrichter im Amte oder außerhalb des Amtes gegen die Grundsätze des Grundgesetzes oder gegen die verfassungsmäßige Ordnung eines Landes verstößt, so kann das Bundesverfassungsgericht mit Zweidrittelmehrheit auf Antrag des Bundestages anordnen, daß der Richter in ein anderes Amt oder in den Ruhestand zu versetzen ist. Im Falle eines vorsätzlichen Verstoßes kann auf Entlassung erkannt werden.

(3) Die Rechtsstellung der Richter in den Ländern ist durch besondere Landesgesetze zu regeln. Der Bund kann Rahmenvorschriften erlassen, soweit Artikel 74a Abs. 4 nichts anderes bestimmt.

(4) Die Länder können bestimmen, daß über die Anstellung der Richter in den Ländern der Landesjustizminister gemeinsam mit einem Richterwahlausschuß entscheidet.

(5) Die Länder können für Landesrichter eine Absatz 2 entsprechende Regelung treffen. Geltendes Landesverfassungsrecht bleibt unberührt. Die Entscheidung über eine Richteranklage steht dem Bundesverfassungsgericht zu.

Artikel 99

Dem Bundesverfassungsgerichte kann durch Landesgesetz die Entscheidung von Verfassungsstreitigkeiten innerhalb eines Landes, den in Artikel 95 Abs. 1 genannten obersten Gerichtshöfen für den letzten Rechtszug die Entscheidung in solchen Sachen zugewiesen werden, bei denen es sich um die Anwendung von Landesrecht handelt.

Artikel 100

(1) Hält ein Gericht ein Gesetz, auf dessen Gültigkeit es bei der Entscheidung ankommt, für verfassungswidrig, so ist das Verfahren auszusetzen und, wenn es sich um die Verletzung der Verfassung eines Landes handelt, die Entscheidung des für Verfassungsstreitigkeiten zuständigen Gerichtes des Landes, wenn es sich um die Verletzung dieses Grundgesetzes handelt, die Entscheidung des

Bundesverfassungsgerichtes einzuholen. Dies gilt auch, wenn es sich um die Verletzung dieses Grundgesetzes durch Landesrecht oder um die Unvereinbarkeit eines Landesgesetzes mit einem Bundesgesetze handelt.

(2) Ist in einem Rechtsstreit zweifelhaft, ob eine Regel des Völkerrechtes Bestandteil des Bundesrechtes ist und ob sie unmittelbar Rechte und Pflichten für den Einzelnen erzeugt (Artikel 25), so hat das Gericht die Entscheidung des Bundesverfassungsgerichtes einzuholen.

(3) Will das Verfassungsgericht eines Landes bei der Auslegung des Grundgesetzes von einer Entscheidung des Bundesverfassungsgerichtes oder des Verfassungsgerichtes eines anderen Landes abweichen, so hat das Verfassungsgericht die Entscheidung des Bundesverfassungsgerichtes einzuholen.

Artikel 101

(1) Ausnahmegerichte sind unzulässig. Niemand darf seinem gesetzlichen Richter entzogen werden.

(2) Gerichte für besondere Sachgebiete können nur durch Gesetz errichtet werden.

Artikel 102

Die Todesstrafe ist abgeschafft.

Artikel 103

(1) Vor Gericht hat jedermann Anspruch auf rechtliches Gehör.

(2) Eine Tat kann nur bestraft werden, wenn die Strafbarkeit gesetzlich bestimmt war, bevor die Tat begangen wurde.

(3) Niemand darf wegen derselben Tat auf Grund der allgemeinen Strafgesetze mehrmals bestraft werden.

Artikel 104

(1) Die Freiheit der Person kann nur auf Grund eines förmlichen Gesetzes und nur unter Beachtung der darin vorgeschriebenen Formen beschränkt werden. Festgehaltene Personen dürfen weder seelisch noch körperlich mißhandelt werden.

(2) Über die Zulässigkeit und Fortdauer einer Freiheitsentziehung hat nur der Richter zu entscheiden. Bei jeder nicht auf richterlicher Anordnung beruhenden Freiheitsentziehung ist unverzüglich eine richterliche Entscheidung herbeizuführen. Die Polizei darf aus eigener Machtvollkommenheit niemanden länger als bis zum Ende des Tages nach dem Ergreifen in eigenem Gewahrsam halten. Das Nähere ist gesetzlich zu regeln.

(3) Jeder wegen des Verdachtes einer strafbaren Handlung vorläufig Festgenommene ist spätestens am Tage nach der Festnahme dem Richter vorzuführen, der ihm die Gründe der Festnahme mitzuteilen, ihn zu vernehmen und ihm Gelegenheit zu Einwendungen zu geben hat. Der Richter hat unverzüglich entweder einen mit Gründen versehenen schriftlichen Haftbefehl zu erlassen oder die Freilassung anzuordnen.

(4) Von jeder richterlichen Entscheidung über die Anordnung oder Fortdauer einer Freiheitsentziehung ist unverzüglich ein Angehöriger des Festgehaltenen oder eine Person seines Vertrauens zu benachrichtigen.

X. Das Finanzwesen

Artikel 104a[19]

(1) Der Bund und die Länder tragen gesondert die Ausgaben, die sich aus der Wahrnehmung ihrer Aufgaben ergeben, soweit dieses Grundgesetz nichts anderes bestimmt.

(2) Handeln die Länder im Auftrage des Bundes, trägt der Bund die sich daraus ergebenden Ausgaben.

(3) Bundesgesetze, die Geldleistungen gewähren und von den Ländern ausgeführt werden, können bestimmen, daß die Geldleistungen ganz oder zum Teil vom Bund getragen werden. Bestimmt das Gesetz, daß der Bund die Hälfte der Ausgaben oder mehr trägt, wird es im Auftrage des Bundes durchgeführt. Bestimmt das Gesetz, daß die Länder ein Viertel der Ausgaben oder mehr tragen, so bedarf es der Zustimmung des Bundesrates.

(4) Der Bund kann den Ländern Finanzhilfen für besonders bedeutsame Investitionen der Länder und Gemeinden (Gemeindeverbände) gewähren, die zur Abwehr einer Störung des gesamtwirtschaftlichen Gleichgewichts oder zum Ausgleich unterschiedlicher Wirtschaftskraft im Bundesgebiet oder zur Förderung des wirtschaftlichen Wachstums erforderlich sind. Das Nähere, insbesondere die Arten der zu fördernden Investitionen, wird durch Bundesgesetz, das der Zustimmung des Bundesrates bedarf, oder auf Grund des Bundeshaushaltsgesetzes durch Verwaltungsvereinbarung geregelt.

(5) Der Bund und die Länder tragen die bei ihren Behörden entstehenden Verwaltungsausgaben und haften im Verhältnis zueinander für eine ordnungsmäßige Verwaltung. Das Nähere bestimmt ein Bundesgesetz, das der Zustimmung des Bundesrates bedarf.

Artikel 105

(1) Der Bund hat die ausschließliche Gesetzgebung über die Zölle und Finanzmonopole.

(2) Der Bund hat die konkurrierende Gesetzgebung über die übrigen Steuern, wenn ihm das Aufkommen dieser Steuern ganz oder zum Teil zusteht oder die Voraussetzungen des Artikels 72 Abs. 2 vorliegen.

(2a) Die Länder haben die Befugnis zur Gesetzgebung über die örtlichen Verbrauch- und Aufwandsteuern, solange und soweit sie nicht bundesgesetzlich geregelten Steuern gleichartig sind.

---

[19] Eingefügt durch Gesetz vom 12.5.1969 (BGBl. I S. 359).

(3) Bundesgesetze über Steuern, deren Aufkommen den Ländern oder den Gemeinden (Gemeindeverbänden) ganz oder zum Teil zufließt, bedürfen der Zustimmung des Bundesrates.

Artikel 106

(1) Der Ertrag der Finanzmonopole und das Aufkommen der folgenden Steuern stehen dem Bund zu:
1 die Zölle,
2. die Verbrauchsteuern, soweit sie nicht nach Absatz 2 den Ländern, nach Absatz 3 Bund und Ländern gemeinsam oder nach Absatz 6 den Gemeinden zustehen,
3. die Straßengüterverkehrsteuer,
4. die Kapitalverkehrsteuern, die Versicherungsteuer und die Wechselsteuer,
5. die einmaligen Vermögensabgaben und die zur Durchführung des Lastenausgleichs erhobenen Ausgleichsabgaben,
6. die Ergänzungsabgabe zur Einkommensteuer und zur Körperschaftsteuer,
7. Abgaben im Rahmen der Europäischen Gemeinschaften.

(2) Das Aufkommen der folgenden Steuern steht den Ländern zu:
1. die Vermögensteuer,
2. die Erbschaftsteuer,
3. die Kraftfahrzeugsteuer,
4. die Verkehrsteuern, soweit sie nicht nach Absatz 1 dem Bund oder nach Absatz 3 Bund und Ländern gemeinsam zustehen,
5. die Biersteuer,
6. die Abgabe von Spielbanken.

(3) Das Aufkommen der Einkommensteuer, der Körperschaftsteuer und der Umsatzsteuer steht dem Bund und den Ländern gemeinsam zu (Gemeinschaftsteuern), soweit das Aufkommen der Einkommensteuer nicht nach Absatz 5 und das Aufkommen der Umsatzsteuer nicht nach Absatz 5a den Gemeinden zugewiesen wird. Am Aufkommen der Einkommensteuer und der Körperschaftsteuer sind der Bund und die Länder je zur Hälfte beteiligt. Die Anteile von Bund und Ländern an der Umsatzsteuer werden durch Bundesgesetz, das der Zustimmung des Bundesrates bedarf, festgesetzt. Bei der Festsetzung ist von folgenden Grundsätzen auszugehen:
1. Im Rahmen der laufenden Einnahmen haben der Bund und die Länder gleichmäßig Anspruch auf Deckung ihrer notwendigen Ausgaben. Dabei ist der Umfang der Ausgaben unter Berücksichtigung einer mehrjährigen Finanzplanung zu ermitteln.
2. Die Deckungsbedürfnisse des Bundes und der Länder sind so aufeinander abzustimmen, daß ein billiger Ausgleich erzielt, eine Überbelastung der Steuerpflichtigen vermieden und die Einheitlichkeit der Lebensverhältnisse im Bundesgebiet gewahrt wird. Zusätzlich werden in die Festsetzung der

Anteile von Bund und Ländern an der Umsatzsteuer Steuermindereinnahmen einbezogen, die den Ländern ab 1. Januar 1996 aus der Berücksichtigung von Kindern im Einkommensteuerrecht entstehen. Das Nähere bestimmt das Bundesgesetz nach Satz 3.

(4) Die Anteile von Bund und Ländern an der Umsatzsteuer sind neu festzusetzen, wenn sich das Verhältnis zwischen den Einnahmen und Ausgaben des Bundes und der Länder wesentlich anders entwickelt; Steuermindereinnahmen, die nach Absatz 3 Satz 5 in die Festsetzung der Umsatzsteueranteile zusätzlich einbezogen werden, bleiben hierbei unberücksichtigt. Werden den Ländern durch Bundesgesetz zusätzliche Ausgaben auferlegt oder Einnahmen entzogen, so kann die Mehrbelastung durch Bundesgesetz, das der Zustimmung des Bundesrates bedarf, auch mit Finanzzuweisungen des Bundes ausgeglichen werden, wenn sie auf einen kurzen Zeitraum begrenzt ist. In dem Gesetz sind die Grundsätze für die Bemessung dieser Finanzzuweisungen und für ihre Verteilung auf die Länder zu bestimmen.

(5) Die Gemeinden erhalten einen Anteil an dem Aufkommen der Einkommensteuer, der von den Ländern an ihre Gemeinden auf der Grundlage der Einkommensteuerleistungen ihrer Einwohner weiterzuleiten ist. Das Nähere bestimmt ein Bundesgesetz, das der Zustimmung des Bundesrates bedarf. Es kann bestimmen, daß die Gemeinden Hebesätze für den Gemeindeanteil festsetzen.

(5a) Die Gemeinden erhalten ab dem 1. Januar 1998 einen Anteil an dem Aufkommen der Umsatzsteuer. Er wird von den Ländern auf der Grundlage eines orts- und wirtschaftsbezogenen Schlüssels an ihre Gemeinden weitergeleitet. Das Nähere wird durch Bundesgesetz, das der Zustimmung des Bundesrates bedarf, bestimmt.

(6) Das Aufkommen der Grundsteuer und Gewerbesteuer steht den Gemeinden, das Aufkommen der örtlichen Verbrauch- und Aufwandsteuern steht den Gemeinden oder nach Maßgabe der Landesgesetzgebung den Gemeindeverbänden zu. Den Gemeinden ist das Recht einzuräumen, die Hebesätze der Grundsteuer und Gewerbesteuer im Rahmen der Gesetze festzusetzen. Bestehen in einem Land keine Gemeinden, so steht das Aufkommen der Grundsteuer und Gewerbesteuer sowie der örtlichen Verbrauch- und Aufwandsteuern dem Land zu. Bund und Länder können durch eine Umlage an dem Aufkommen der Gewerbesteuer beteiligt werden. Das Nähere über die Umlage bestimmt ein Bundesgesetz, das der Zustimmung des Bundesrates bedarf. Nach Maßgabe der Landesgesetzgebung können die Grundsteuer und Gewerbesteuer sowie der Gemeindeanteil vom Aufkommen der Einkommensteuer und der Umsatzsteuer als Bemessungsgrundlagen für Umlagen zugrunde gelegt werden.

(7) Von dem Länderanteil am Gesamtaufkommen der Gemeinschaftssteuern fließt den Gemeinden und Gemeindeverbänden insgesamt ein von der Landesgesetzgebung zu bestimmender Hundertsatz zu. Im übrigen bestimmt die Landesgesetzgebung, ob und inwieweit das Aufkommen der Landessteuern den Gemeinden (Gemeindeverbänden) zufließt.

(8) Veranlaßt der Bund in einzelnen Ländern oder Gemeinden (Gemeindeverbänden) besondere Einrichtungen, die diesen Ländern oder Gemeinden (Gemeindeverbänden) unmittelbar Mehrausgaben oder Mindereinnahmen (Sonderbelastungen) verursachen, gewährt der Bund den erforderlichen Ausgleich, wenn und soweit den Ländern oder Gemeinden (Gemeindeverbänden) nicht zugemutet werden kann, die Sonderbelastungen zu tragen. Entschädigungsleistungen Dritter und finanzielle Vorteile, die diesen Ländern oder Gemeinden (Gemeindeverbänden) als Folge der Einrichtungen erwachsen, werden bei dem Ausgleich berücksichtigt.

(9) Als Einnahmen und Ausgaben der Länder im Sinne dieses Artikels gelten auch die Einnahmen und Ausgaben der Gemeinden (Gemeindeverbände).

Artikel 106a

Den Ländern steht ab 1. Januar 1996 für den öffentlichen Personennahverkehr ein Betrag aus dem Steueraufkommen des Bundes zu. Das Nähere regelt ein Bundesgesetz, das der Zustimmung des Bundesrates bedarf. Der Betrag nach Satz 1 bleibt bei der Bemessung der Finanzkraft nach Artikel 107 Abs. 2 unberücksichtigt.

Artikel 107

(1) Das Aufkommen der Landessteuern und der Länderanteil am Aufkommen der Einkommensteuer und der Körperschaftsteuer stehen den einzelnen Ländern insoweit zu, als die Steuern von den Finanzbehörden in ihrem Gebiet vereinnahmt werden (örtliches Aufkommen). Durch Bundesgesetz, das der Zustimmung des Bundesrates bedarf, sind für die Körperschaftsteuer und die Lohnsteuer nähere Bestimmungen über die Abgrenzung sowie über Art und Umfang der Zerlegung des örtlichen Aufkommens zu treffen. Das Gesetz kann auch Bestimmungen über die Abgrenzung und Zerlegung des örtlichen Aufkommens anderer Steuern treffen. Der Länderanteil am Aufkommen der Umsatzsteuer steht den einzelnen Ländern nach Maßgabe ihrer Einwohnerzahl zu; für einen Teil, höchstens jedoch für ein Viertel dieses Länderanteils, können durch Bundesgesetz, das der Zustimmung des Bundesrates bedarf, Ergänzungsanteile für die Länder vorgesehen werden, deren Einnahmen aus den Landessteuern und aus der Einkommensteuer und der Körperschaftsteuer je Einwohner unter dem Durchschnitt der Länder liegen.

(2) Durch das Gesetz ist sicherzustellen, daß die unterschiedliche Finanzkraft der Länder angemessen ausgeglichen wird; hierbei sind die Finanzkraft und der Finanzbedarf der Gemeinden (Gemeindeverbände) zu berücksichtigen. Die Voraussetzungen für die Ausgleichsansprüche der ausgleichsberechtigten Länder und für die Ausgleichsverbindlichkeiten der ausgleichspflichtigen Länder sowie die Maßstäbe für die Höhe der Ausgleichsleistungen sind in dem Gesetz zu bestimmen. Es kann auch bestimmen, daß der Bund aus seinen Mitteln leistungsschwachen Ländern Zuweisungen zur ergänzenden Deckung ihres allgemeinen Finanzbedarfs (Ergänzungszuweisungen) gewährt.

Artikel 108

(1) Zölle, Finanzmonopole, die bundesgesetzlich geregelten Verbrauchsteuern einschließlich der Einfuhrumsatzsteuer und die Abgaben im Rahmen der Europäischen Gemeinschaften werden durch Bundesfinanzbehörden verwaltet. Der Aufbau dieser Behörden wird durch Bundesgesetz geregelt. Soweit Mittelbehörden eingerichtet sind, werden deren Leiter im Benehmen mit den Landesregierungen bestellt.

(2) Die übrigen Steuern werden durch Landesfinanzbehörden verwaltet. Der Aufbau dieser Behörden und die einheitliche Ausbildung der Beamten können durch Bundesgesetz mit Zustimmung des Bundesrates geregelt werden. Soweit Mittelbehörden eingerichtet sind, werden deren Leiter im Einvernehmen mit der Bundesregierung bestellt.

(3) Verwalten die Landesfinanzbehörden Steuern, die ganz oder zum Teil dem Bund zufließen, so werden sie im Auftrage des Bundes tätig. Artikel 85 Abs. 3 und 4 gilt mit der Maßgabe, daß an die Stelle der Bundesregierung der Bundesminister der Finanzen tritt.

(4) Durch Bundesgesetz, das der Zustimmung des Bundesrates bedarf, kann bei der Verwaltung von Steuern ein Zusammenwirken von Bundes- und Landesfinanzbehörden sowie für Steuern, die unter Absatz 1 fallen, die Verwaltung durch Landesfinanzbehörden und für andere Steuern die Verwaltung durch Bundesfinanzbehörden vorgesehen werden, wenn und soweit dadurch der Vollzug der Steuergesetze erheblich verbessert oder erleichtert wird. Für die den Gemeinden (Gemeindeverbänden) allein zufließenden Steuern kann die den Landesfinanzbehörden zustehende Verwaltung durch die Länder ganz oder zum Teil den Gemeinden (Gemeindeverbänden) übertragen werden.

(5) Das von den Bundesfinanzbehörden anzuwendende Verfahren wird durch Bundesgesetz geregelt. Das von den Landesfinanzbehörden und in den Fällen des Absatzes 4 Satz 2 von den Gemeinden (Gemeindeverbänden) anzuwendende Verfahren kann durch Bundesgesetz mit Zustimmung des Bundesrates geregelt werden.

(6) Die Finanzgerichtsbarkeit wird durch Bundesgesetz einheitlich geregelt.

(7) Die Bundesregierung kann allgemeine Verwaltungsvorschriften erlassen, und zwar mit Zustimmung des Bundesrates, soweit die Verwaltung den Landesfinanzbehörden oder Gemeinden (Gemeindeverbänden) obliegt.

Artikel 109

(1) Bund und Länder sind in ihrer Haushaltswirtschaft selbständig und voneinander unabhängig.

(2) Bund und Länder haben bei ihrer Haushaltswirtschaft den Erfordernissen des gesamtwirtschaftlichen Gleichgewichts Rechnung zu tragen.

(3) Durch Bundesgesetz, das der Zustimmung des Bundesrates bedarf, können für Bund und Länder gemeinsam geltende Grundsätze für das Haushaltsrecht, für

eine konjunkturgerechte Haushaltswirtschaft und für eine mehrjährige Finanzplanung aufgestellt werden.

(4) Zur Abwehr einer Störung des gesamtwirtschaftlichen Gleichgewichts können durch Bundesgesetz, das der Zustimmung des Bundesrates bedarf, Vorschriften über

1. Höchstbeträge, Bedingungen und Zeitfolge der Aufnahme von Krediten durch Gebietskörperschaften und Zweckverbände und

2. eine Verpflichtung von Bund und Ländern, unverzinsliche Guthaben bei der Deutschen Bundesbank zu unterhalten (Konjunkturausgleichsrücklagen), erlassen werden. Ermächtigungen zum Erlaß von Rechtsverordnungen können nur der Bundesregierung erteilt werden. Die Rechtsverordnungen bedürfen der Zustimmung des Bundesrates. Sie sind aufzuheben, soweit der Bundestag es verlangt; das Nähere bestimmt das Bundesgesetz.

Artikel 110

(1) Alle Einnahmen und Ausgaben des Bundes sind in den Haushaltsplan einzustellen; bei Bundesbetrieben und bei Sondervermögen brauchen nur die Zuführungen oder die Ablieferungen eingestellt zu werden. Der Haushaltsplan ist in Einnahme und Ausgabe auszugleichen.

(2) Der Haushaltsplan wird für ein oder mehrere Rechnungsjahre, nach Jahren getrennt, vor Beginn des ersten Rechnungsjahres durch das Haushaltsgesetz festgestellt. Für Teile des Haushaltsplanes kann vorgesehen werden, daß sie für unterschiedliche Zeiträume, nach Rechnungsjahren getrennt, gelten.

(3) Die Gesetzesvorlage nach Absatz 2 Satz 1 sowie Vorlagen zur Änderung des Haushaltsgesetzes und des Haushaltsplanes werden gleichzeitig mit der Zuleitung an den Bundesrat beim Bundestage eingebracht; der Bundesrat ist berechtigt, innerhalb von sechs Wochen, bei Änderungsvorlagen innerhalb von drei Wochen, zu den Vorlagen Stellung zu nehmen.

(4) In das Haushaltsgesetz dürfen nur Vorschriften aufgenommen werden, die sich auf die Einnahmen und die Ausgaben des Bundes und auf den Zeitraum beziehen, für den das Haushaltsgesetz beschlossen wird. Das Haushaltsgesetz kann vorschreiben, daß die Vorschriften erst mit der Verkündung des nächsten Haushaltsgesetzes oder bei Ermächtigung nach Artikel 115 zu einem späteren Zeitpunkt außer Kraft treten.

Artikel 111

(1) Ist bis zum Schluß eines Rechnungsjahres der Haushaltsplan für das folgende Jahr nicht durch Gesetz festgestellt, so ist bis zu seinem Inkrafttreten die Bundesregierung ermächtigt, alle Ausgaben zu leisten, die nötig sind,

a) um gesetzlich bestehende Einrichtungen zu erhalten und gesetzlich beschlossene Maßnahmen durchzuführen,

b) um die rechtlich begründeten Verpflichtungen des Bundes zu erfüllen,

c) um Bauten, Beschaffungen und sonstige Leistungen fortzusetzen oder Beihilfen für diese Zwecke weiter zu gewähren, sofern durch den Haushaltsplan eines Vorjahres bereits Beträge bewilligt worden sind.

(2) Soweit nicht auf besonderem Gesetz beruhende Einnahmen aus Steuern, Abgaben und sonstigen Quellen oder die Betriebsmittelrücklage die Ausgaben unter Absatz 1 decken, darf die Bundesregierung die zur Aufrechterhaltung der Wirtschaftsführung erforderlichen Mittel bis zur Höhe eines Viertels der Endsumme des abgelaufenen Haushaltsplanes im Wege des Kredits flüssig machen.

Artikel 112

Überplanmäßige und außerplanmäßige Ausgaben bedürfen der Zustimmung des Bundesministers der Finanzen. Sie darf nur im Falle eines unvorhergesehenen und unabweisbaren Bedürfnisses erteilt werden. Näheres kann durch Bundesgesetz bestimmt werden.

Artikel 113

(1) Gesetze, welche die von der Bundesregierung vorgeschlagenen Ausgaben des Haushaltsplanes erhöhen oder neue Ausgaben in sich schließen oder für die Zukunft mit sich bringen, bedürfen der Zustimmung der Bundesregierung. Das gleiche gilt für Gesetze, die Einnahmeminderungen in sich schließen oder für die Zukunft mit sich bringen. Die Bundesregierung kann verlangen, daß der Bundestag die Beschlußfassung über solche Gesetze aussetzt. In diesem Fall hat die Bundesregierung innerhalb von sechs Wochen dem Bundestage eine Stellungnahme zuzuleiten.

(2) Die Bundesregierung kann innerhalb von vier Wochen, nachdem der Bundestag das Gesetz beschlossen hat, verlangen, daß der Bundestag erneut Beschluß faßt.

(3) Ist das Gesetz nach Artikel 78 zustande gekommen, kann die Bundesregierung ihre Zustimmung nur innerhalb von sechs Wochen und nur dann versagen, wenn sie vorher das Verfahren nach Absatz 1 Satz 3 und 4 oder nach Absatz 2 eingeleitet hat. Nach Ablauf dieser Frist gilt die Zustimmung als erteilt.

Artikel 114

(1) Der Bundesminister der Finanzen hat dem Bundestage und dem Bundesrate über alle Einnahmen und Ausgaben sowie über das Vermögen und die Schulden im Laufe des nächsten Rechnungsjahres zur Entlastung der Bundesregierung Rechnung zu legen.

(2) Der Bundesrechnungshof, dessen Mitglieder richterliche Unabhängigkeit besitzen, prüft die Rechnung sowie die Wirtschaftlichkeit und Ordnungsmäßigkeit der Haushalts- und Wirtschaftsführung. Er hat außer der Bundesregierung unmittelbar dem Bundestage und dem Bundesrate jährlich zu berichten. Im übrigen werden die Befugnisse des Bundesrechnungshofes durch Bundesgesetz geregelt.

Artikel 115

(1) Die Aufnahme von Krediten sowie die Übernahme von Bürgschaften, Garantien oder sonstigen Gewährleistungen, die zu Ausgaben in künftigen Rech-

nungsjahren führen können, bedürfen einer der Höhe nach bestimmten oder bestimmbaren Ermächtigung durch Bundesgesetz. Die Einnahmen aus Krediten dürfen die Summe der im Haushaltsplan veranschlagten Ausgaben für Investitionen nicht überschreiten; Ausnahmen sind nur zulässig zur Abwehr einer Störung des gesamtwirtschaftlichen Gleichgewichts. Das Nähere wird durch Bundesgesetz geregelt.

(2) Für Sondervermögen des Bundes können durch Bundesgesetz Ausnahmen von Absatz 1 zugelassen werden.

Xa. Verteidigungsfall[20]

Artikel 115a

(1) Die Feststellung, daß das Bundesgebiet mit Waffengewalt angegriffen wird oder ein solcher Angriff unmittelbar droht (Verteidigungsfall), trifft der Bundestag mit Zustimmung des Bundesrates. Die Feststellung erfolgt auf Antrag der Bundesregierung und bedarf einer Mehrheit von zwei Dritteln der abgegebenen Stimmen, mindestens der Mehrheit der Mitglieder des Bundestages.

(2) Erfordert die Lage unabweisbar ein sofortiges Handeln und stehen einem rechtzeitigen Zusammentritt des Bundestages unüberwindliche Hindernisse entgegen oder ist er nicht beschlußfähig, so trifft der Gemeinsame Ausschuß diese Feststellung mit einer Mehrheit von zwei Dritteln der abgegebenen Stimmen, mindestens der Mehrheit seiner Mitglieder.

(3) Die Feststellung wird vom Bundespräsidenten gemäß Artikel 82 im Bundesgesetzblatte verkündet. Ist dies nicht rechtzeitig möglich, so erfolgt die Verkündung in anderer Weise; sie ist im Bundesgesetzblatte nachzuholen, sobald die Umstände es zulassen.

(4) Wird das Bundesgebiet mit Waffengewalt angegriffen und sind die zuständigen Bundesorgane außerstande, sofort die Feststellung nach Absatz 1 Satz 1 zu treffen, so gilt diese Feststellung als getroffen und als zu dem Zeitpunkt verkündet, in dem der Angriff begonnen hat. Der Bundespräsident gibt diesen Zeitpunkt bekannt, sobald die Umstände es zulassen.

(5) Ist die Feststellung des Verteidigungsfalles verkündet und wird das Bundesgebiet mit Waffengewalt angegriffen, so kann der Bundespräsident völkerrechtliche Erklärungen über das Bestehen des Verteidigungsfalles mit Zustimmung des Bundestages abgeben. Unter den Voraussetzungen des Absatzes 2 tritt an die Stelle des Bundestages der Gemeinsame Ausschuß.

Artikel 115b

Mit der Verkündung des Verteidigungsfalles geht die Befehls- und Kommandogewalt über die Streitkräfte auf den Bundeskanzler über.

---

[20] Eingefügt durch Gesetz vom 24.6.1968 (BGBl. I S. 709).

Artikel 115c

(1) Der Bund hat für den Verteidigungsfall das Recht der konkurrierenden Gesetzgebung auch auf den Sachgebieten, die zur Gesetzgebungszuständigkeit der Länder gehören. Diese Gesetze bedürfen der Zustimmung des Bundesrates.

(2) Soweit es die Verhältnisse während des Verteidigungsfalles erfordern, kann durch Bundesgesetz für den Verteidigungsfall

1. bei Enteignungen abweichend von Artikel 14 Abs. 3 Satz 2 die Entschädigung vorläufig geregelt werden,

2. für Freiheitsentziehungen eine von Artikel 104 Abs. 2 Satz 3 und Abs. 3 Satz 1 abweichende Frist, höchstens jedoch eine solche von vier Tagen, für den Fall festgesetzt werden, daß ein Richter nicht innerhalb der für Normalzeiten geltenden Frist tätig werden konnte.

(3) Soweit es zur Abwehr eines gegenwärtigen oder unmittelbar drohenden Angriffs erforderlich ist, kann für den Verteidigungsfall durch Bundesgesetz mit Zustimmung des Bundesrates die Verwaltung und das Finanzwesen des Bundes und der Länder abweichend von den Abschnitten VIII, VIIIa und X geregelt werden, wobei die Lebensfähigkeit der Länder, Gemeinden und Gemeindeverbände, insbesondere auch in finanzieller Hinsicht, zu wahren ist.

(4) Bundesgesetze nach den Absätzen 1 und 2 Nr. 1 dürfen zur Vorbereitung ihres Vollzuges schon vor Eintritt des Verteidigungsfalles angewandt werden.

Artikel 115d

(1) Für die Gesetzgebung des Bundes gilt im Verteidigungsfalle abweichend von Artikel 76 Abs. 2, Artikel 77 Abs. 1 Satz 2 und Abs. 2 bis 4, Artikel 78 und Artikel 82 Abs. 1 die Regelung der Absätze 2 und 3.

(2) Gesetzesvorlagen der Bundesregierung, die sie als dringlich bezeichnet, sind gleichzeitig mit der Einbringung beim Bundestage dem Bundesrate zuzuleiten. Bundestag und Bundesrat beraten diese Vorlagen unverzüglich gemeinsam. Soweit zu einem Gesetze die Zustimmung des Bundesrates erforderlich ist, bedarf es zum Zustandekommen des Gesetzes der Zustimmung der Mehrheit seiner Stimmen. Das Nähere regelt eine Geschäftsordnung, die vom Bundestage beschlossen wird und der Zustimmung des Bundesrates bedarf.

(3) Für die Verkündung der Gesetze gilt Artikel 115a Abs. 3 Satz 2 entsprechend.

Artikel 115e

(1) Stellt der Gemeinsame Ausschuß im Verteidigungsfalle mit einer Mehrheit von zwei Dritteln der abgegebenen Stimmen, mindestens mit der Mehrheit seiner Mitglieder fest, daß dem rechtzeitigen Zusammentritt des Bundestages unüberwindliche Hindernisse entgegenstehen oder daß dieser nicht beschlußfähig ist, so hat der Gemeinsame Ausschuß die Stellung von Bundestag und Bundesrat und nimmt deren Rechte einheitlich wahr.

(2) Durch ein Gesetz des Gemeinsamen Ausschusses darf das Grundgesetz weder geändert noch ganz oder teilweise außer Kraft oder außer Anwendung gesetzt

werden. Zum Erlaß von Gesetzen nach Artikel 23 Abs. 1 Satz 2, Artikel 24 Abs. 1 oder Artikel 29 ist der Gemeinsame Ausschuß nicht befugt.

Artikel 115f

(1) Die Bundesregierung kann im Verteidigungsfalle, soweit es die Verhältnisse erfordern,

1. den Bundesgrenzschutz im gesamten Bundesgebiete einsetzen;

2. außer der Bundesverwaltung auch den Landesregierungen und, wenn sie es für dringlich erachtet, den Landesbehörden Weisungen erteilen und diese Befugnis auf von ihr zu bestimmende Mitglieder der Landesregierungen übertragen.

(2) Bundestag, Bundesrat und der Gemeinsame Ausschuß sind unverzüglich von den nach Absatz 1 getroffenen Maßnahmen zu unterrichten.

Artikel 115g

Die verfassungsmäßige Stellung und die Erfüllung der verfassungsmäßigen Aufgaben des Bundesverfassungsgerichtes und seiner Richter dürfen nicht beeinträchtigt werden. Das Gesetz über das Bundesverfassungsgericht darf durch ein Gesetz des Gemeinsamen Ausschusses nur insoweit geändert werden, als dies auch nach Auffassung des Bundesverfassungsgerichtes zur Aufrechterhaltung der Funktionsfähigkeit des Gerichtes erforderlich ist. Bis zum Erlaß eines solchen Gesetzes kann das Bundesverfassungsgericht die zur Erhaltung der Arbeitsfähigkeit des Gerichtes erforderlichen Maßnahmen treffen. Beschlüsse nach Satz 2 und Satz 3 faßt das Bundesverfassungsgericht mit der Mehrheit der anwesenden Richter.

Artikel 115h

(1) Während des Verteidigungsfalles ablaufende Wahlperioden des Bundestages oder der Volksvertretungen der Länder enden sechs Monate nach Beendigung des Verteidigungsfalles. Die im Verteidigungsfalle ablaufende Amtszeit des Bundespräsidenten sowie bei vorzeitiger Erledigung seines Amtes die Wahrnehmung seiner Befugnisse durch den Präsidenten des Bundesrates enden neun Monate nach Beendigung des Verteidigungsfalles. Die im Verteidigungsfalle ablaufende Amtszeit eines Mitgliedes des Bundesverfassungsgerichtes endet sechs Monate nach Beendigung des Verteidigungsfalles.

(2) Wird eine Neuwahl des Bundeskanzlers durch den Gemeinsamen Ausschuß erforderlich, so wählt dieser einen neuen Bundeskanzler mit der Mehrheit seiner Mitglieder; der Bundespräsident macht dem Gemeinsamen Ausschuß einen Vorschlag. Der Gemeinsame Ausschuß kann dem Bundeskanzler das Mißtrauen nur dadurch aussprechen, daß er mit der Mehrheit von zwei Dritteln seiner Mitglieder einen Nachfolger wählt.

(3) Für die Dauer des Verteidigungsfalles ist die Auflösung des Bundestages ausgeschlossen.

Artikel 115i

(1) Sind die zuständigen Bundesorgane außerstande, die notwendigen Maßnahmen

zur Abwehr der Gefahr zu treffen, und erfordert die Lage unabweisbar ein sofortiges selbständiges Handeln in einzelnen Teilen des Bundesgebietes, so sind die Landesregierungen oder die von ihnen bestimmten Behörden oder Beauftragten befugt, für ihren Zuständigkeitsbereich Maßnahmen im Sinne des Artikels 115f Abs. 1 zu treffen.

(2) Maßnahmen nach Absatz 1 können durch die Bundesregierung, im Verhältnis zu Landesbehörden und nachgeordneten Bundesbehörden auch durch die Ministerpräsidenten der Länder, jederzeit aufgehoben werden.

Artikel 115k

(1) Für die Dauer ihrer Anwendbarkeit setzen Gesetze nach den Artikeln 115c, 115e und 115g und Rechtsverordnungen, die auf Grund solcher Gesetze ergehen, entgegenstehendes Recht außer Anwendung. Dies gilt nicht gegenüber früherem Recht, das auf Grund der Artikel 115c, 115e und 115g erlassen worden ist.

(2) Gesetze, die der Gemeinsame Ausschuß beschlossen hat, und Rechtsverordnungen, die auf Grund solcher Gesetze ergangen sind, treten spätestens sechs Monate nach Beendigung des Verteidigungsfalles außer Kraft.

(3) Gesetze, die von den Artikeln 91a, 91b, 104a, 106 und 107 abweichende Regelungen enthalten, gelten längstens bis zum Ende des zweiten Rechnungsjahres, das auf die Beendigung des Verteidigungsfalles folgt. Sie können nach Beendigung des Verteidigungsfalles durch Bundesgesetz mit Zustimmung des Bundesrates geändert werden, um zu der Regelung gemäß den Abschnitten VIII a und X überzuleiten.

Artikel 115l

(1) Der Bundestag kann jederzeit mit Zustimmung des Bundesrates Gesetze des Gemeinsamen Ausschusses aufheben. Der Bundesrat kann verlangen, daß der Bundestag hierüber beschließt. Sonstige zur Abwehr der Gefahr getroffene Maßnahmen des Gemeinsamen Ausschusses oder der Bundesregierung sind aufzuheben, wenn der Bundestag und der Bundesrat es beschließen.

(2) Der Bundestag kann mit Zustimmung des Bundesrates jederzeit durch einen vom Bundespräsidenten zu verkündenden Beschluß den Verteidigungsfall für beendet erklären. Der Bundesrat kann verlangen, daß der Bundestag hierüber beschließt. Der Verteidigungsfall ist unverzüglich für beendet zu erklären, wenn die Voraussetzungen für seine Feststellung nicht mehr gegeben sind.

(3) Über den Friedensschluß wird durch Bundesgesetz entschieden.

XI. Übergangs- und Schlußbestimmungen

Artikel 116

(1) Deutscher im Sinne dieses Grundgesetzes ist vorbehaltlich anderweitiger gesetzlicher Regelung, wer die deutsche Staatsangehörigkeit besitzt oder als

Flüchtling oder Vertriebener deutscher Volkszugehörigkeit oder als dessen Ehegatte oder Abkömmling in dem Gebiete des Deutschen Reiches nach dem Stande vom 31. Dezember 1937 Aufnahme gefunden hat.

(2) Frühere deutsche Staatsangehörige, denen zwischen dem 30. Januar 1933 und dem 8. Mai 1945 die Staatsangehörigkeit aus politischen, rassischen oder religiösen Gründen entzogen worden ist, und ihre Abkömmlinge sind auf Antrag wieder einzubürgern. Sie gelten als nicht ausgebürgert, sofern sie nach dem 8. Mai 1945 ihren Wohnsitz in Deutschland genommen haben und nicht einen entgegengesetzten Willen zum Ausdruck gebracht haben.

Artikel 117

(1) Das dem Artikel 3 Absatz 2 entgegenstehende Recht bleibt bis zu seiner Anpassung an diese Bestimmung des Grundgesetzes in Kraft, jedoch nicht länger als bis zum 31. März 1953.

(2) Gesetze, die das Recht der Freizügigkeit mit Rücksicht auf die gegenwärtige Raumnot einschränken, bleiben bis zu ihrer Aufhebung durch Bundesgesetz in Kraft.

Artikel 118

Die Neugliederung in dem die Länder Baden, Württemberg-Baden und Württemberg-Hohenzollern umfassenden Gebiete kann abweichend von den Vorschriften des Artikels 29 durch Vereinbarung der beteiligten Länder erfolgen. Kommt eine Vereinbarung nicht zustande, so wird die Neugliederung durch Bundesgesetz geregelt, das eine Volksbefragung vorsehen muß.

Artikel 118a

Die Neugliederung in dem die Länder Berlin und Brandenburg umfassenden Gebiet kann abweichend von den Vorschriften des Artikels 29 unter Beteiligung ihrer Wahlberechtigten durch Vereinbarung beider Länder erfolgen.

Artikel 119

In Angelegenheiten der Flüchtlinge und Vertriebenen, insbesondere zu ihrer Verteilung auf die Länder, kann bis zu einer bundesgesetzlichen Regelung die Bundesregierung mit Zustimmung des Bundesrates Verordnungen mit Gesetzeskraft erlassen. Für besondere Fälle kann dabei die Bundesregierung ermächtigt werden, Einzelweisungen zu erteilen. Die Weisungen sind außer bei Gefahr im Verzuge an die obersten Landesbehörden zu richten.

Artikel 120

(1) Der Bund trägt die Aufwendungen für Besatzungskosten und die sonstigen inneren und äußeren Kriegsfolgelasten nach näherer Bestimmung von Bundesgesetzen. Soweit diese Kriegsfolgelasten bis zum 1. Oktober 1969 durch Bundesgesetze geregelt worden sind, tragen Bund und Länder im Verhältnis zueinander die Aufwendungen nach Maßgabe dieser Bundesgesetze. Soweit Aufwendungen für Kriegsfolgelasten, die in Bundesgesetzen weder geregelt worden sind noch geregelt werden, bis zum 1. Oktober 1965 von den Ländern,

Gemeinden (Gemeindeverbänden) oder sonstigen Aufgabenträgern, die Aufgaben von Ländern oder Gemeinden erfüllen, erbracht worden sind, ist der Bund zur Übernahme von Aufwendungen dieser Art auch nach diesem Zeitpunkt nicht verpflichtet. Der Bund trägt die Zuschüsse zu den Lasten der Sozialversicherung mit Einschluß der Arbeitslosenversicherung und der Arbeitslosenhilfe. Die durch diesen Absatz geregelte Verteilung der Kriegsfolgelasten auf Bund und Länder läßt die gesetzliche Regelung von Entschädigungsansprüchen für Kriegsfolgen unberührt.

(2) Die Einnahmen gehen auf den Bund zu demselben Zeitpunkte über, an dem der Bund die Ausgaben übernimmt.

Artikel 120a

(1) Die Gesetze, die der Durchführung des Lastenausgleichs dienen, können mit Zustimmung des Bundesrates bestimmen, daß sie auf dem Gebiete der Ausgleichsleistungen teils durch den Bund, teils im Auftrage des Bundes durch die Länder ausgeführt werden und daß die der Bundesregierung und den zuständigen obersten Bundesbehörden auf Grund des Artikels 85 insoweit zustehenden Befugnisse ganz oder teilweise dem Bundesausgleichsamt übertragen werden. Das Bundesausgleichsamt bedarf bei Ausübung dieser Befugnisse nicht der Zustimmung des Bundesrates; seine Weisungen sind, abgesehen von den Fällen der Dringlichkeit, an die obersten Landesbehörden (Landesausgleichsämter) zu richten.

(2) Artikel 87 Absatz 3 Satz 2 bleibt unberührt.

Artikel 121

Mehrheit der Mitglieder des Bundestages und der Bundesversammlung im Sinne dieses Grundgesetzes ist die Mehrheit ihrer gesetzlichen Mitgliederzahl.

Artikel 122

(1) Vom Zusammentritt des Bundestages an werden die Gesetze ausschließlich von den in diesem Grundgesetze anerkannten gesetzgebenden Gewalten beschlossen.

(2) Gesetzgebende und bei der Gesetzgebung beratend mitwirkende Körperschaften, deren Zuständigkeit nach Absatz 1 endet, sind mit diesem Zeitpunkt aufgelöst.

Artikel 123

(1) Recht aus der Zeit vor dem Zusammentritt des Bundestages gilt fort, soweit es dem Grundgesetze nicht widerspricht.

(2) Die vom Deutschen Reich abgeschlossenen Staatsverträge, die sich auf Gegenstände beziehen, für die nach diesem Grundgesetze die Landesgesetzgebung zuständig ist, bleiben, wenn sie nach allgemeinen Rechtsgrundsätzen gültig sind und fortgelten, unter Vorbehalt aller Rechte und Einwendungen der Beteiligten in Kraft, bis neue Staatsverträge durch die nach diesem Grundgesetze zuständigen Stellen abgeschlossen werden oder ihre Beendigung auf Grund der in ihnen enthaltenen Bestimmungen anderweitig erfolgt.

Artikel 124
Recht, das Gegenstände der ausschließlichen Gesetzgebung des Bundes betrifft, wird innerhalb seines Geltungsbereiches Bundesrecht.

Artikel 125
Recht, das Gegenstände der konkurrierenden Gesetzgebung des Bundes betrifft, wird innerhalb seines Geltungsbereiches Bundesrecht,
1. soweit es innerhalb einer oder mehrerer Besatzungszonen einheitlich gilt,
2. soweit es sich um Recht handelt, durch das nach dem 8. Mai 1945 früheres Reichsrecht abgeändert worden ist.

Artikel 125a
(1) Recht, das als Bundesrecht erlassen worden ist, aber wegen Änderung des Artikels 74 Abs. 1 oder des Artikels 75 Abs. 1 nicht mehr als Bundesrecht erlassen werden könnte, gilt als Bundesrecht fort. Es kann durch Landesrecht ersetzt werden.
(2) Recht, das auf Grund des Artikels 72 Abs. 2 in der bis zum 15. November 1994 geltenden Fassung erlassen worden ist, gilt als Bundesrecht fort. Durch Bundesgesetz kann bestimmt werden, daß es durch Landesrecht ersetzt werden kann. Entsprechendes gilt für Bundesrecht, das vor diesem Zeitpunkt erlassen worden ist und das nach Artikel 75 Abs. 2 nicht mehr erlassen werden könnte.

Artikel 126
Meinungsverschiedenheiten über das Fortgelten von Recht als Bundesrecht entscheidet das Bundesverfassungsgericht.

Artikel 127
Die Bundesregierung kann mit Zustimmung der Regierungen der beteiligten Länder Recht der Verwaltung des Vereinigten Wirtschaftsgebietes, soweit es nach Artikel 124 oder 125 als Bundesrecht fortgilt, innerhalb eines Jahres nach Verkündung dieses Grundgesetzes in den Ländern Baden, Groß-Berlin, Rheinland-Pfalz und Württemberg-Hohenzollern in Kraft setzen.

Artikel 128
Soweit fortgeltendes Recht Weisungsrechte im Sinne des Artikels 84 Absatz 5 vorsieht, bleiben sie bis zu einer anderweitigen gesetzlichen Regelung bestehen.

Artikel 129
(1) Soweit in Rechtsvorschriften, die als Bundesrecht fortgelten, eine Ermächtigung zum Erlasse von Rechtsverordnungen oder allgemeinen Verwaltungsvorschriften sowie zur Vornahme von Verwaltungsakten enthalten ist, geht sie auf die nunmehr sachlich zuständigen Stellen über. In Zweifelsfällen entscheidet die Bundesregierung im Einvernehmen mit dem Bundesrate; die Entscheidung ist zu veröffentlichen.
(2) Soweit in Rechtsvorschriften, die als Landesrecht fortgelten, eine solche Ermächtigung enthalten ist, wird sie von den nach Landesrecht zuständigen Stellen ausgeübt.

(3) Soweit Rechtsvorschriften im Sinne der Absätze 1 und 2 zu ihrer Änderung oder Ergänzung oder zum Erlaß von Rechtsvorschriften anstelle von Gesetzen ermächtigen, sind diese Ermächtigungen erloschen.

(4) Die Vorschriften der Absätze 1 und 2 gelten entsprechend, soweit in Rechtsvorschriften auf nicht mehr geltende Vorschriften oder nicht mehr bestehende Einrichtungen verwiesen ist.

Artikel 130

(1) Verwaltungsorgane und sonstige der öffentlichen Verwaltung oder Rechtspflege dienende Einrichtungen, die nicht auf Landesrecht oder Staatsverträgen zwischen Ländern beruhen, sowie die Betriebsvereinigung der südwestdeutschen Eisenbahnen und der Verwaltungsrat für das Post- und Fernmeldewesen für das französische Besatzungsgebiet unterstehen der Bundesregierung. Diese regelt mit Zustimmung des Bundesrates die Überführung, Auflösung oder Abwicklung.

(2) Oberster Disziplinarvorgesetzter der Angehörigen dieser Verwaltungen und Einrichtungen ist der zuständige Bundesminister.

(3) Nicht landesunmittelbare und nicht auf Staatsverträgen zwischen den Ländern beruhende Körperschaften und Anstalten des öffentlichen Rechtes unterstehen der Aufsicht der zuständigen obersten Bundesbehörde.

Artikel 131

Die Rechtsverhältnisse von Personen einschließlich der Flüchtlinge und Vertriebenen, die am 8. Mai 1945 im öffentlichen Dienste standen, aus anderen als beamten- oder tarifrechtlichen Gründen ausgeschieden sind und bisher nicht oder nicht ihrer früheren Stellung entsprechend verwendet werden, sind durch Bundesgesetz zu regeln. Entsprechendes gilt für Personen einschließlich der Flüchtlinge und Vertriebenen, die am 8. Mai 1945 versorgungsberechtigt waren und aus anderen als beamten- oder tarifrechtlichen Gründen keine oder keine entsprechende Versorgung mehr erhalten. Bis zum Inkrafttreten des Bundesgesetzes können vorbehaltlich anderweitiger landesrechtlicher Regelung Rechtsansprüche nicht geltend gemacht werden.

Artikel 132

(1) Beamte und Richter, die im Zeitpunkte des Inkrafttretens dieses Grundgesetzes auf Lebenszeit angestellt sind, können binnen sechs Monaten nach dem ersten Zusammentritt des Bundestages in den Ruhestand oder Wartestand oder in ein Amt mit niedrigerem Diensteinkommen versetzt werden, wenn ihnen die persönliche oder fachliche Eignung für ihr Amt fehlt. Auf Angestellte, die in einem unkündbaren Dienstverhältnis stehen, findet diese Vorschrift entsprechende Anwendung. Bei Angestellten, deren Dienstverhältnis kündbar ist, können über die tarifmäßige Regelung hinausgehende Kündigungsfristen innerhalb der gleichen Frist aufgehoben werden.

(2) Diese Bestimmung findet keine Anwendung auf Angehörige des öffentlichen Dienstes, die von den Vorschriften über die „Befreiung von Nationalsozialis-

mus und Militarismus" nicht betroffen oder die anerkannte Verfolgte des Nationalsozialismus sind, sofern nicht ein wichtiger Grund in ihrer Person vorliegt.

(3) Den Betroffenen steht der Rechtsweg gemäß Artikel 19 Absatz 4 offen.

(4) Das Nähere bestimmt eine Verordnung der Bundesregierung, die der Zustimmung des Bundesrates bedarf.

Artikel 133
Der Bund tritt in die Rechte und Pflichten der Verwaltung des Vereinigten Wirtschaftsgebietes ein.

Artikel 134
(1) Das Vermögen des Reiches wird grundsätzlich Bundesvermögen.

(2) Soweit es nach seiner ursprünglichen Zweckbestimmung überwiegend für Verwaltungsaufgaben bestimmt war, die nach diesem Grundgesetze nicht Verwaltungsaufgaben des Bundes sind, ist es unentgeltlich auf die nunmehr zuständigen Aufgabenträger und, soweit es nach seiner gegenwärtigen, nicht nur vorübergehenden Benutzung Verwaltungsaufgaben dient, die nach diesem Grundgesetze nunmehr von den Ländern zu erfüllen sind, auf die Länder zu übertragen. Der Bund kann auch sonstiges Vermögen den Ländern übertragen.

(3) Vermögen, das dem Reich von den Ländern und Gemeinden (Gemeindeverbänden) unentgeltlich zur Verfügung gestellt wurde, wird wiederum Vermögen der Länder und Gemeinden (Gemeindeverbände), soweit es nicht der Bund für eigene Verwaltungsaufgaben benötigt.

(4) Das Nähere regelt ein Bundesgesetz, das der Zustimmung des Bundesrates bedarf.

Artikel 135
(1) Hat sich nach dem 8. Mai 1945 bis zum Inkrafttreten dieses Grundgesetzes die Landeszugehörigkeit eines Gebietes geändert, so steht in diesem Gebiete das Vermögen des Landes, dem das Gebiet angehört hat, dem Lande zu, dem es jetzt angehört.

(2) Das Vermögen nicht mehr bestehender Länder und nicht mehr bestehender anderer Körperschaften und Anstalten des öffentlichen Rechtes geht, soweit es nach seiner ursprünglichen Zweckbestimmung überwiegend für Verwaltungsaufgaben bestimmt war, oder nach seiner gegenwärtigen, nicht nur vorübergehenden Benutzung überwiegend Verwaltungsaufgaben dient, auf das Land oder die Körperschaft oder Anstalt des öffentlichen Rechtes über, die nunmehr diese Aufgaben erfüllen.

(3) Grundvermögen nicht mehr bestehender Länder geht einschließlich des Zubehörs, soweit es nicht bereits zu Vermögen im Sinne des Absatzes 1 gehört, auf das Land über, in dessen Gebiet es belegen ist.

(4) Sofern ein überwiegendes Interesse des Bundes oder das besondere Interesse eines Gebietes es erfordert, kann durch Bundesgesetz eine von den Absätzen 1 bis 3 abweichende Regelung getroffen werden.

(5) Im übrigen wird die Rechtsnachfolge und die Auseinandersetzung, soweit sie nicht bis zum 1. Januar 1952 durch Vereinbarung zwischen den beteiligten Ländern oder Körperschaften oder Anstalten des öffentlichen Rechtes erfolgt, durch Bundesgesetz geregelt, das der Zustimmung des Bundesrates bedarf.

(6) Beteiligungen des ehemaligen Landes Preußen an Unternehmen des privaten Rechtes gehen auf den Bund über. Das Nähere regelt ein Bundesgesetz, das auch Abweichendes bestimmen kann.

(7) Soweit über Vermögen, das einem Lande oder einer Körperschaft oder Anstalt des öffentlichen Rechtes nach den Absätzen 1 bis 3 zufallen würde, von dem danach Berechtigten durch ein Landesgesetz, auf Grund eines Landesgesetzes oder in anderer Weise bei Inkrafttreten des Grundgesetzes verfügt worden war, gilt der Vermögensübergang als vor der Verfügung erfolgt.

Artikel 135a

(1) Durch die in Artikel 134 Absatz 4 und Artikel 135 Absatz 5 vorbehaltene Gesetzgebung des Bundes kann auch bestimmt werden, daß nicht oder nicht in voller Höhe zu erfüllen sind

1. Verbindlichkeiten des Reiches sowie Verbindlichkeiten des ehemaligen Landes Preußen und sonstiger nicht mehr bestehender Körperschaften und Anstalten des öffentlichen Rechts,

2. Verbindlichkeiten des Bundes oder anderer Körperschaften und Anstalten des öffentlichen Rechts, welche mit dem Übergang von Vermögenswerten nach Artikel 89, 90, 134 und 135 im Zusammenhang stehen, und Verbindlichkeiten dieser Rechtsträger, die auf Maßnahmen der in Nummer 1 bezeichneten Rechtsträger beruhen,

3. Verbindlichkeiten der Länder und Gemeinden (Gemeindeverbände), die aus Maßnahmen entstanden sind, welche diese Rechtsträger vor dem 1. August 1945 zur Durchführung von Anordnungen der Besatzungsmächte oder zur Beseitigung eines kriegsbedingten Notstandes im Rahmen dem Reich obliegender oder vom Reich übertragener Verwaltungsaufgaben getroffen haben.

(2) Absatz 1 findet entsprechende Anwendung auf Verbindlichkeiten der Deutschen Demokratischen Republik oder ihrer Rechtsträger sowie auf Verbindlichkeiten des Bundes oder anderer Körperschaften und Anstalten des öffentlichen Rechts, die mit dem Übergang von Vermögenswerten der Deutschen Demokratischen Republik auf Bund, Länder und Gemeinden im Zusammenhang stehen, und auf Verbindlichkeiten, die auf Maßnahmen der Deutschen Demokratischen Republik oder ihrer Rechtsträger beruhen.

Artikel 136

(1) Der Bundesrat tritt erstmalig am Tage des ersten Zusammentrittes des Bundestages zusammen.

(2) Bis zur Wahl des ersten Bundespräsidenten werden dessen Befugnisse von dem Präsidenten des Bundesrates ausgeübt. Das Recht der Auflösung des Bundestages steht ihm nicht zu.

Artikel 137

(1) Die Wählbarkeit von Beamten, Angestellten des öffentlichen Dienstes, Berufssoldaten, freiwilligen Soldaten auf Zeit und Richtern im Bund, in den Ländern
und den Gemeinden kann gesetzlich beschränkt werden.

(2) Für die Wahl des ersten Bundestages, der ersten Bundesversammlung und des
ersten Bundespräsidenten der Bundesrepublik gilt das vom Parlamentarischen
Rat zu beschließende Wahlgesetz.

(3) Die dem Bundesverfassungsgerichte gemäß Artikel 41 Absatz 2 zustehende Befugnis wird bis zu seiner Errichtung von dem Deutschen Obergericht für das
Vereinigte Wirtschaftsgebiet wahrgenommen, das nach Maßgabe seiner Verfah-
rensordnung entscheidet.

Artikel 138

Änderungen der Einrichtungen des jetzt bestehenden Notariats in den Ländern
Baden, Bayern, Württemberg-Baden und Württemberg-Hohenzollern bedürfen
der Zustimmung der Regierungen dieser Länder.

Artikel 139

Die zur „Befreiung des deutschen Volkes vom Nationalsozialismus und Militarismus" erlassenen Rechtsvorschriften werden von den Bestimmungen dieses Grundgesetzes nicht berührt.

Artikel 140

Die Bestimmungen der Artikel 136, 137, 138, 139 und 141 der deutschen Verfassung vom 11. August 1919 sind Bestandteil dieses Grundgesetzes.

Artikel 141

Artikel 7 Absatz 3 Satz 1 findet keine Anwendung in einem Lande, in dem am 1.
Januar 1949 eine andere landesrechtliche Regelung bestand.

Artikel 142

Ungeachtet der Vorschrift des Artikels 31 bleiben Bestimmungen der Landesverfassungen auch insoweit in Kraft, als sie in Übereinstimmung mit den Artikeln 1
bis 18 dieses Grundgesetzes Grundrechte gewährleisten.

Artikel 142a

[aufgehoben]

Artikel 143

(1) Recht in dem in Artikel 3 des Einigungsvertrags genannten Gebiet kann längstens bis zum 31. Dezember 1992 von Bestimmungen dieses Grundgesetzes
abweichen, soweit und solange infolge der unterschiedlichen Verhältnisse
die völlige Anpassung an die grundgesetzliche Ordnung noch nicht erreicht
werden kann. Abweichungen dürfen nicht gegen Artikel 19 Abs. 2 verstoßen
und müssen mit den in Artikel 79 Abs. 3 genannten Grundsätzen vereinbar
sein.

(2) Abweichungen von den Abschnitten II, VIII, VIII a, IX, X und XI sind längstens bis zum 31. Dezember 1995 zulässig.

(3) Unabhängig von Absatz 1 und 2 haben Artikel 41 des Einigungsvertrags und Regelungen zu seiner Durchführung auch insoweit Bestand, als sie vorsehen, daß Eingriffe in das Eigentum auf dem in Artikel 3 dieses Vertrags genannten Gebiet nicht mehr rückgängig gemacht werden.

Artikel 143a

(1) Der Bund hat die ausschließliche Gesetzgebung über alle Angelegenheiten, die sich aus der Umwandlung der in bundeseigener Verwaltung geführten Bundeseisenbahnen in Wirtschaftsunternehmen ergeben. Artikel 87e Abs. 5 findet entsprechende Anwendung. Beamte der Bundeseisenbahnen können durch Gesetz unter Wahrung ihrer Rechtsstellung und der Verantwortung des Dienstherrn einer privat-rechtlich organisierten Eisenbahn des Bundes zur Dienstleistung zugewiesen werden.

(2) Gesetze nach Absatz 1 führt der Bund aus.

(3) Die Erfüllung der Aufgaben im Bereich des Schienenpersonennahverkehrs der bisherigen Bundeseisenbahnen ist bis zum 31. Dezember 1995 Sache des Bundes. Dies gilt auch für die entsprechenden Aufgaben der Eisenbahnverkehrsverwaltung. Das Nähere wird durch Bundesgesetz geregelt, das der Zustimmung des Bundesrates bedarf.

Artikel 143b

(1) Das Sondervermögen Deutsche Bundespost wird nach Maßgabe eines Bundesgesetzes in Unternehmen privater Rechtsform umgewandelt. Der Bund hat die ausschließliche Gesetzgebung über alle sich hieraus ergebenden Angelegenheiten.

(2) Die vor der Umwandlung bestehenden ausschließlichen Rechte des Bundes können durch Bundesgesetz für eine Übergangszeit den aus der Deutschen Bundespost POSTDIENST und der Deutschen Bundespost TELEKOM hervorgegangenen Unternehmen verliehen werden. Die Kapitalmehrheit am Nachfolgeunternehmen der Deutschen Bundespost POSTDIENST darf der Bund frühestens fünf Jahre nach Inkrafttreten des Gesetzes aufgeben. Dazu bedarf es eines Bundesgesetzes mit Zustimmung des Bundesrates.

(3) Die bei der Deutschen Bundespost tätigen Bundesbeamten werden unter Wahrung ihrer Rechtsstellung und der Verantwortung des Dienstherrn bei den privaten Unternehmen beschäftigt. Die Unternehmen üben Dienstherrenbefugnisse aus. Das Nähere bestimmt ein Bundesgesetz.

Artikel 144

(1) Dieses Grundgesetz bedarf der Annahme durch die Volksvertretungen in zwei Dritteln der deutschen Länder, in denen es zunächst gelten soll.

(2) Soweit die Anwendung dieses Grundgesetzes in einem der in Artikel 23 aufgeführten Länder oder in einem Teile eines dieser Länder Beschränkungen unter-

liegt, hat das Land oder der Teil des Landes das Recht, gemäß Artikel 38 Vertreter in den Bundestag und gemäß Artikel 50 Vertreter in den Bundesrat zu entsenden.

Artikel 145

(1) Der Parlamentarische Rat stellt in öffentlicher Sitzung unter Mitwirkung der Abgeordneten Groß-Berlins die Annahme dieses Grundgesetzes fest, fertigt es aus und verkündet es.

(2) Dieses Grundgesetz tritt mit Ablauf des Tages der Verkündung in Kraft.

(3) Es ist im Bundesgesetzblatte zu veröffentlichen.

Artikel 146[21]

Dieses Grundgesetz, das nach Vollendung der Einheit und Freiheit Deutschlands für das gesamte deutsche Volk gilt, verliert seine Gültigkeit an dem Tage, an dem eine Verfassung in Kraft tritt, die von dem deutschen Volke in freier Entscheidung beschlossen worden ist.

---

[21] Durch Gesetz vom 31.8.1990 (BGBl. II S. 889) wurde der Halbsatz „das nach Vollendung der Einheit und Freiheit Deutschlands für das gesamte deutsche Volk gilt" eingefügt.

Verfassung der Deutschen Demokratischen Republik vom 6. April 1968 i. d. F. des Gesetzes zur Ergänzung und Änderung der Verfassung der Deutschen Demokratischen Republik

vom 7. Oktober 1974

Quelle: *Gesetzblatt der Deutschen Demokratischen Republik 1974, Teil I, S. 432 ff.*

Gliederung

Präambel

In Fortsetzung der revolutionären Traditionen der deutschen Arbeiterklasse und gestützt auf die Befreiung vorn Faschismus hat das Volk der Deutschen Demokratischen Republik in Übereinstimmung mit den Prozessen der geschichtlichen Entwicklung unserer Epoche sein Recht auf sozial-ökonomische, staatliche und nationale Selbstbestimmung verwirklicht und gestaltet die entwickelte sozialistische Gesellschaft.

Erfüllt von dem Willen, seine Geschicke frei zu bestimmen, unbeirrt auch weiter den Weg des Sozialismus und Kommunismus, des Friedens, der Demokratie und Völkerfreundschaft zu gehen, hat sich das Volk der Deutschen Demokratischen Republik diese sozialistische Verfassung gegeben.

Abschnitt 1. Grundlagen der sozialistischen Gesellschafts- und Staatsordnung

Kapitel 1. Politische Grundlagen

Art. 1 Die Deutsche Demokratische Republik ist ein sozialistischer Staat der Arbeiter und Bauern. Sie ist die politische Organisation der Werktätigen in Stadt und Land unter Führung der Arbeiterklasse und ihrer marxistisch-leninistischen Partei.[1]

Die Hauptstadt der Deutschen Demokratischen Republik ist Berlin.

Die Staatsflagge der Deutschen Demokratischen Republik besteht aus den Farben Schwarz-Rot-Gold und trägt auf beiden Seiten in der Mitte das Staatswappen der Deutschen Demokratischen Republik.

Das Staatswappen der Deutschen Demokratischen Republik besteht aus Hammer und Zirkel, umgeben von einem Ährenkranz, der im unteren Teil von einem schwarz-rot-goldenen Band umschlungen ist.

Art. 2 (1) Alle politische Macht in der Deutschen Demokratischen Republik wird von den Werktätigen in Stadt und Land ausgeübt. Der Mensch steht im Mittelpunkt aller Bemühungen der sozialistischen Gesellschaft und ihres Staates. Die weitere Erhöhung des materiellen und kulturellen Lebensniveaus des Volkes auf der Grundlage eines hohen Entwicklungstempos der sozialistischen Produktion, der Erhöhung der Effektivität, des wissenschaftlich-technischen Fortschritts und des Wachstums der Arbeitsproduktivität ist die entscheidende Aufgabe der entwickelten sozialistischen Gesellschaft.

(2) Das feste Bündnis der Arbeiterklasse mit der Klasse der Genossenschaftsbauern, den Angehörigen der Intelligenz und den anderen Schichten des Volkes,

---

[1]   Durch Gesetz vom 1.12.1989 (GBl. I S. 265) wurde im 2. Satz „unter Führung der Arbeiterklasse und ihrer marxistisch-leninistischen Partei" gestrichen.

das sozialistische Eigentum an Produktionsmitteln, die Leistung und Planung der gesellschaftlichen Entwicklung nach den fortgeschrittensten Erkenntnissen der Wissenschaft bilden unantastbare Grundlagen der sozialistischen Gesellschaftsordnung.

(3) Die Ausbeutung des Menschen durch den Menschen ist für immer beseitigt. Was des Volkes Hände schaffen, ist des Volkes Eigen. Das sozialistische Prinzip „Jeder nach seinen Fähigkeiten, jedem nach seiner Leistung" wird verwirklicht.

Art. 3[2] (1) Das Bündnis aller Kräfte des Volkes findet in der Nationalen Front der Deutschen Demokratischen Republik seinen organisierten Ausdruck.

(2) In der Nationalen Front der Deutschen Demokratischen Republik vereinigen die Parteien und Massenorganisationen alle Kräfte des Volkes zum gemeinsamen Handeln für die Entwicklung der sozialistischen Gesellschaft. Dadurch verwirklichen sie das Zusammenleben aller Bürger in der sozialistischen Gemeinschaft nach dem Grundsatz, daß jeder Verantwortung für das Ganze trägt.

Art. 4 Alle Macht dient dem Wohle des Volkes. Sie sichert sein friedliches Leben, schützt die sozialistische Gesellschaft und gewährleistet die sozialistische Lebensweise der Bürger, die freie Entwicklung des Menschen, wahrt seine Würde und garantiert die in dieser Verfassung verbürgten Rechte.

Art. 5 (1) Die Bürger der Deutschen Demokratischen Republik üben ihre politische Macht durch demokratisch gewählte Volksvertretungen aus.

(2) Die Volksvertretungen sind die Grundlage des Systems der Staatsorgane. Sie stützen sich in ihrer Tätigkeit auf die aktive Mitgestaltung der Bürger an der Vorbereitung, Durchführung und Kontrolle ihrer Entscheidungen.

(3) Zu keiner Zeit und unter keinen Umständen können andere als die verfassungsmäßig vorgesehenen Organe staatliche Macht ausüben.

Art. 6 (1) Die Deutsche Demokratische Republik hat getreu den Interessen des Volkes und den internationalen Verpflichtungen auf ihrem Gebiet den deutschen Militarismus und Nazismus ausgerottet. Sie betreibt eine dem Sozialismus und dem Frieden, der Völkerverständigung und der Sicherheit dienende Außenpolitik.

(2) Die Deutsche Demokratische Republik ist für immer und unwiderruflich mit der Union der Sozialistischen Sowjetrepubliken verbündet. Das enge und brüderliche Bündnis mit ihr garantiert dem Volk der Deutschen Demokratischen Republik das weitere Voranschreiten auf dem Wege des Sozialismus und des Friedens.

Die Deutsche Demokratische Republik ist untrennbarer Bestandteil der sozialistischen Staatengemeinschaft. Sie trägt getreu den Prinzipien des sozialistischen Internationalismus zu ihrer Stärkung bei, pflegt und entwickelt die Freundschaft, die allseitige Zusammenarbeit und den gegenseitigen Beistand mit allen Staaten der sozialistischen Gemeinschaft.

---

[2] Aufgehoben durch Gesetz vom 20.2.1990 (GBl. I S. 59).

(3) Die Deutsche Demokratische Republik unterstützt die Staaten und Völker, die gegen den Imperialismus und sein Kolonialregime, für nationale Freiheit und Unabhängigkeit kämpfen, in ihrem Ringen um gesellschaftlichen Fortschritt. Die Deutsche Demokratische Republik tritt für die Verwirklichung der Prinzipien der friedlichen Koexistenz von Staaten unterschiedlicher Gesellschaftsordnung ein und pflegt auf der Grundlage der Gleichberechtigung und gegenseitigem Achtung die Zusammenarbeit mit allen Staaten.

(4) Die Deutsche Demokratische Republik setzt sich für Sicherheit und Zusammenarbeit in Europa, für eine stabile Friedensordnung in der Welt und für die allgemeine Abrüstung ein.

(5) Militaristische und revanchistische Propaganda in jeder Form, Kriegshetze und Bekundung von Glaubens-, Rassen- und Völkerhaß werden als Verbrechen geahndet.

Art. 7 (1) Die Staatsorgane gewährleisten die territoriale Integrität der Deutschen Demokratischen Republik und die Unverletzlichkeit ihrer Staatsgrenzen einschließlich ihres Luftraumes und ihrer Territorialgewässer sowie den Schutz und die Nutzung ihres Festlandsockels.

(2) Die Deutsche Demokratische Republik organisiert die Landesverteidigung sowie den Schutz der sozialistischen Ordnung und des friedlichen Lebens der Bürger. Die Nationale Volksarmee und die anderen Organe der Landesverteidigung schützen die sozialistischen Errungenschaften des Volkes gegen alle Angriffe von außen. Die Nationale Volksarmee pflegt im Interesse der Wahrung des Friedens und der Sicherung des sozialistischen Staates enge Waffenbrüderschaft mit den Armeen der Sowjetunion und anderer sozialistischer Staaten.

Art. 8 (1) Die allgemein anerkannten, dem Frieden und der friedlichen Zusammenarbeit der Völker dienenden Regeln des Völkerrechts sind für die Staatsmacht und jeden Bürger verbindlich.

(2) Die Deutsche Demokratische Republik wird niemals einen Eroberungskrieg unternehmen oder ihre Streitkräfte gegen die Freiheit eines anderen Volkes einsetzen.

Kapitel 2. Ökonomische Grundlagen, Wissenschaft, Bildung und Kultur

Art. 9 (1) Die Volkswirtschaft der Deutschen Demokratischen Republik beruht auf dem sozialistischen Eigentum an den Produktionsmitteln. Sie entwickelt sich gemäß den ökonomischen Gesetzen des Sozialismus auf der Grundlage der sozialistischen Produktionsverhältnisse und der zielstrebigen Verwirklichung der sozialistischen ökonomischen Integration.

(2) Die Volkswirtschaft der Deutschen Demokratischen Republik dient der Stärkung der sozialistischen Ordnung, der ständig besseren Befriedigung der materiellen und kulturellen Bedürfnisse der Bürger, der Entfaltung ihrer Persönlichkeit und ihrer sozialistischen gesellschaftlichen Beziehungen.

(3) In der Deutschen Demokratischen Republik gilt der Grundsatz der Leitung und Planung der Volkswirtschaft sowie aller anderen gesellschaftlichen Bereiche. Die Volkswirtschaft der Deutschen Demokratischen Republik ist sozialistische Planwirtschaft. Die zentrale staatliche Leitung und Planung der Grundfragen der gesellschaftlichen Entwicklung ist mit der Eigenverantwortung der örtlichen Staatsorgane und Betriebe sowie der Initiative der Werktätigen verbunden.

(4) Die Festlegung des Währungs- und Finanzsystems ist Sache des sozialistischen Staates. Abgaben und Steuern werden auf der Grundlage von Gesetzen erhoben.

(5) Die Außenwirtschaft einschließlich des Außenhandels und der Valutawirtschaft ist staatliches Monopol.

Art. 10 (1) Das sozialistische Eigentum besteht als gesamtgesellschaftliches Volkseigentum, als genossenschaftliches Gemeineigentum werktätiger Kollektive sowie als Eigentum gesellschaftlicher Organisationen der Bürger.

(2) Das sozialistische Eigentum zu schützen und zu mehren ist Pflicht des sozialistischen Staates und seiner Bürger.

Art. 11 (1) Das persönliche Eigentum der Bürger und das Erbrecht sind gewährleistet.

Das persönliche Eigentum dient der Befriedigung der materiellen und kulturellen Bedürfnisse der Bürger.

(2) Die Rechte von Urhebern und Erfindern genießen den Schutz des sozialistischen Staates.

(3) Der Gebrauch des Eigentums sowie von Urheber- und Erfinderrechten darf den Interessen der Gesellschaft nicht zuwiderlaufen.

Art. 12 (1) Die Bodenschätze, die Bergwerke, Kraftwerke, Talsperren und großen Gewässer, die Naturreichtümer des Festlandsockels, Industriebetriebe, Banken und Versicherungseinrichtungen, die volkseigenen Güter, die Verkehrswege, die Transportmittel der Eisenbahn, der Seeschiffahrt sowie der Luftfahrt, die Post- und Fernmeldeanlagen sind Volkseigentum. Privateigentum daran ist unzulässig.

(2) Der sozialistische Staat gewährleistet die Nutzung des Volkseigentums mit dem Ziel des höchsten Ergebnisses für die Gesellschaft. Dem dienen die sozialistische Planwirtschaft und das sozialistische Wirtschaftsrecht. Die Nutzung und Bewirtschaftung des Volkseigentums erfolgt grundsätzlich durch die volkseigenen Betriebe und staatlichen Einrichtungen. Seine Nutzung und Bewirtschaftung kann der Staat durch Verträge genossenschaftlichen oder gesellschaftlichen Organisationen und Vereinigungen übertragen. Eine solche Übertragung hat den Interessen der Allgemeinheit und der Mehrung des gesellschaftlichen Reichtums zu dienen.

Art. 13 Die Geräte, Maschinen, Anlagen, Bauten der landwirtschaftlichen, handwerklichen und sonstigen sozialistischen Genossenschaften sowie die Tierbestände der landwirtschaftlichen Produktionsgenossenschaften und das aus genossenschaftlicher Nutzung des Bodens sowie genossenschaftlicher Produktionsmittel erzielte Ergebnis sind genossenschaftliches Eigentum.

Art. 14 (1) Privatwirtschaftliche Vereinigungen zur Begründung wirtschaftlicher Macht sind nicht gestattet.

(2) Die auf überwiegend persönlicher Arbeit beruhenden kleinen Handwerks- und anderen Gewerbebetriebe sind auf gesetzlicher Grundlage tätig. In der Wahrnehmung ihrer Verantwortung für die sozialistische Gesellschaft werden sie vom Staat gefördert.

Art. 15 (1) Der Boden der Deutschen Demokratischen Republik gehört zu ihren kostbarsten Naturreichtümern. Er muß geschützt und rationell genutzt werden. Land- und forstwirtschaftlich genutzter Boden darf nur mit Zustimmung der verantwortlichen staatlichen Organe seiner Zweckbestimmung entzogen werden.

(2) Im Interesse des Wohlergehens der Bürger sorgen Staat und Gesellschaft für den Schutz der Natur. Die Reinhaltung der Gewässer und der Luft sowie der Schutz der Pflanzen- und Tierwelt und der landschaftlichen Schönheiten der Heimat sind durch die zuständigen Organe zu gewährleisten und sind darüber hinaus auch Sache jedes Bürgers.

Art. 16 Enteignungen sind nur für gemeinnützige Zwecke auf gesetzlicher Grundlage und gegen angemessene Entschädigung zulässig. Sie dürfen nur erfolgen, wenn auf andere Weise der angestrebte gemeinnützige Zweck nicht erreicht werden kann.

Art. 17 (1) Die Deutsche Demokratische Republik fördert Wissenschaft, Forschung und Bildung mit dem Ziel, die Gesellschaft und das Leben der Bürger zu schützen und zu bereichern. Dem dient die Vereinigung der wissenschaftlich-technischen Revolution mit den Vorzügen des Sozialismus.

(2) Mit dem einheitlichen sozialistischen Bildungssystem sichert die Deutsche Demokratische Republik allen Bürgern eine den ständig steigenden gesellschaftlichen Erfordernissen entsprechende hohe Bildung. Sie befähigt die Bürger, die sozialistische Gesellschaft zu gestalten und an der Entwicklung der sozialistischen Demokratie schöpferisch mitzuwirken.

(3) Jeder gegen den Frieden, die Völkerverständigung, gegen das Leben und die Würde des Menschen gerichtete Mißbrauch der Wissenschaft ist verboten.

Art. 18 (1) Die sozialistische Nationalkultur gehört zu den Grundlagen der sozialistischen Gesellschaft. Die Deutsche Demokratische Republik fördert und schützt die sozialistische Kultur, die dem Frieden, dem Humanismus und der Entwicklung der sozialistischen Gesellschaft dient. Sie bekämpft die imperialistische Unkultur, die der psychologischen Kriegführung und der Herabwürdigung des Menschen dient. Die sozialistische Gesellschaft fördert das kulturvolle Leben der Werktätigen, pflegt alle humanistischen Werte des nationalen Kulturerbes und der Weltkultur und entwickelt die sozialistische Nationalkultur als Sache des ganzen Volkes.

(2) Die Förderung der Künste, der künstlerischen Interessen und Fähigkeiten aller Werktätigen und die Verbreitung künstlerischer Werke und Leistungen sind

Obliegenheiten des Staates und aller gesellschaftlichen Kräfte. Das künstlerische Schaffen beruht auf einer engen Verbindung der Kulturschaffenden mit dem Leben des Volkes.

(3) Körperkultur, Sport und Touristik als Elemente der sozialistischen Kultur dienen der allseitigen körperlichen und geistigen Entwicklung der Bürger.

Abschnitt II. Bürger und Gemeinschaften in der sozialistischen Gesellschaft

Kapitel 1. Grundrechte und Grundpflichten der Bürger

Art. 19 (1) Die Deutsche Demokratische Republik garantiert allen Bürgern die Ausübung ihrer Rechte und ihre Mitwirkung an der Lestung der gesellschaftlichen Entwicklung. Sie gewährleistet die sozialistische Gesetzlichkeit und Rechtssicherheit.

(2) Achtung und Schutz der Würde und Freiheit der Persönlichkeit sind Gebot für alle staatlichen Organe, alle gesellschaftlichen Kräfte und jeden einzelnen Bürger.

(3) Frei von Ausbeutung, Unterdrückung und wirtschaftlicher Abhängigkeit hat jeder Bürger gleiche Rechte und vielfältige Möglichkeiten, seine Fähigkeiten in vollem Umfange zu entwickeln und seine Kräfte aus freiem Entschluß zum Wohle der Gesellschaft und zu seinem eigenen Nutzen in der sozialistischen Gemeinschaft ungehindert zu entfalten. So verwirklicht er Freiheit und Würde seiner Persönlichkeit. Die Beziehungen der Bürger werden durch gegenseitige Achtung und Hilfe, durch die Grundsätze sozialistischer Moral geprägt.

(4) Die Bedingungen für den Erwerb und den Verlust der Staatsbürgerschaft der Deutschen Demokratischen Republik werden durch Gesetz bestimmt.

Art. 20 (1) Jeder Bürger der Deutschen Demokratischen Republik hat unabhängig von seiner Nationalität, seiner Rasse, seinem weltanschaulichen oder religiösen Bekenntnis, seiner sozialen Herkunft und Stellung die gleichen Rechte und Pflichten. Gewissens- und Glaubensfreiheit sind gewährleistet. Alle Bürger sind vor dem Gesetz gleich.

(2) Mann und Frau sind gleichberechtigt und haben die gleiche Rechtsstellung in allen Bereichen des gesellschaftlichen, staatlichen und persönlichen Lebens. Die Förderung der Frau, besonders in der beruflichen Qualifizierung, ist eine gesellschaftliche und staatliche Aufgabe.

(3) Die Jugend wird in ihrer gesellschaftlichen und beruflichen Entwicklung besonders gefördert. Sie hat alle Möglichkeiten, an der Entwicklung der sozialistischen Gesellschaftsordnung verantwortungsbewußt teilzunehmen.

Art. 21 (1) Jeder Bürger der Deutschen Demokratischen Republik hat das Recht, das politische, wirtschaftliche, soziale und kulturelle Leben der sozialistischen Gemeinschaft und des sozialistischen Staates umfassend mitzugestalten. Es gilt der Grundsatz „Arbeite mit, plane mit, regiere mit!"

(2) Das Recht auf Mitbestimmung und Mitgestaltung ist dadurch gewährleistet, daß die Bürger alle Machtorgane demokratisch wählen, an ihrer Tätigkeit und an der Leitung, Planung und Gestaltung des gesellschaftlichen Lebens mitwirken;
Rechenschaft von den Volksvertretungen, ihren Abgeordneten, den Leitern staatlicher und wirtschaftlicher Organe über ihre Tätigkeit fordern können;
mit der Autorität ihrer gesellschaftlichen Organisationen ihrem Wollen und ihren Forderungen Ausdruck geben;
sich mit ihren Anliegen und Vorschlägen an die gesellschaftlichen, staatlichen und wirtschaftlichen Organe und Einrichtungen wenden können;
in Volksabstimmungen ihren Willen bekunden.

(3) Die Verwirklichung dieses Rechts der Mitbestimmung und Mitgestaltung ist zugleich eine hohe moralische Verpflichtung für jeden Bürger.

Die Ausübung gesellschaftlicher oder staatlicher Funktionen findet die Anerkennung und Unterstützung der Gesellschaft und des Staates.

Art. 22 (1) Jeder Bürger der Deutschen Demokratischen Republik, der am Wahltage das 18. Lebensjahr vollendet hat, ist wahlberechtigt.

(2) Jeder Bürger kann in die Volkskammer und in die örtlichen Volksvertretungen gewählt werden, wenn er am Wahltage das 18. Lebensjahr vollendet hat.

(3) Die Leitung der Wahlen durch demokratisch gebildete Wahlkommissionen, die Volksaussprache über die Grundfragen der Politik und die Aufstellung und Prüfung der Kandidaten durch die Wähler sind unverzichtbare sozialistische Wahlprinzipien.[3]

Art. 23 (1) Der Schutz des Friedens und des sozialistischen Vaterlandes und seiner Errungenschaften ist Recht und Ehrenpflicht der Bürger der Deutschen Demokratischen Republik. Jeder Bürger ist zum Dienst und zu Leistungen für die Verteidigung der Deutschen Demokratischen Republik entsprechend den Gesetzen verpflichtet.[4]

(2) Kein Bürger darf an kriegerischen Handlungen und ihrer Vorbereitung teilnehmen, die der Unterdrückung eines Volkes dienen.

(3) Die Deutsche Demokratische Republik kann Bürgern anderer Staaten oder Staatenlosen Asyl gewähren, wenn sie wegen politischer, wissenschaftlicher oder kultureller Tätigkeit zur Verteidigung des Friedens, der Demokratie, der Interessen des werktätigen Volkes oder wegen ihrer Teilnahme am sozialen und nationalen Befreiungskampf verfolgt werden.

---

[3] Abs. 3 geändert durch das Gesetz vom 20.2.1990 (GBl. I S. 59):
„Wahlen werden unter öffentlicher Kontrolle durchgeführt und durch demokratisch gebildete Wahlkommissionen geleitet."

[4] Abs. 1 geändert durch das Gesetz vom 20.2.1990 (GBl. I S. 60):
„Jeder Bürger ist zum Dienst und zu Leistungen für die Verteidigung der Deutschen Demokratischen Republik oder zu einem Zivildienst entsprechend den Rechtsvorschriften verpflichtet."

Art. 24 (1) Jeder Bürger der Deutschen Demokratischen Republik hat das Recht auf Arbeit. Er hat das Recht auf einen Arbeitsplatz und dessen freie Wahl entsprechend den gesellschaftlichen Erfordernissen und der persönlichen Qualifikation. Er hat das Recht auf Lohn nach Qualität und Quantität der Arbeit. Mann und Frau, Erwachsene und Jugendliche haben das Recht auf gleichen Lohn bei gleicher Arbeitsleistung.

(2) Gesellschaftlich nützliche Tätigkeit ist eine ehrenvolle Pflicht für jeden arbeitsfähigen Bürger. Das Recht auf Arbeit und die Pflicht zur Arbeit bilden eine Einheit.

(3) Das Recht auf Arbeit wird gewährleistet

durch das sozialistische Eigentum an den Produktionsmitteln;

durch die sozialistische Leitung und Planung des gesellschaftlichen Reproduktionsprozesses; durch das stetige und planmäßige Wachstum der sozialistischen Produktivkräfte und der Arbeitsproduktivität;

durch die konsequente Durchführung der wissenschaftlich-technischen Revolution;

durch ständige Bildung und Weiterbildung der Bürger und durch das einheitliche sozialistische Arbeitsrecht.

Art. 25 (1) Jeder Bürger der Deutschen Demokratischen Republik hat das gleiche Recht auf Bildung. Die Bildungsstätten stehen jedermann offen. Das einheitliche sozialistische Bildungssystem gewährleistet jedem Bürger eine kontinuierliche sozialistische Erziehung, Bildung und Weiterbildung.

(2) Die Deutsche Demokratische Republik sichert das Voranschreiten des Volkes zur sozialistischen Gemeinschaft allseitig gebildeter und harmonisch entwickelter Menschen, die vom Geist des sozialistischen Patriotismus und Internationalismus durchdrungen sind und über eine hohe Allgemeinbildung und Spezialbildung verfügen.

(3) Alle Bürger haben das Recht auf Teilnahme am kulturellen Leben. Es erlangt unter den Bedingungen der wissenschaftlich-technischen Revolution und der Erhöhung der geistigen Anforderungen wachsende Bedeutung. Zur vollständigen Ausprägung der sozialistischen Persönlichkeit und zur wachsenden Befriedigung der kulturellen Interessen und Bedürfnisse wird die Teilnahme der Bürger am kulturellen Leben, an der Körperkultur und am Sport durch den Staat und die Gesellschaft gefördert.

(4) In der Deutschen Demokratischen Republik besteht allgemeine zehnjährige Oberschulpflicht, die durch den Besuch der zehnklassigen allgemeinbildenden polytechnischen Oberschule zu erfüllen ist. In bestimmten Fällen kann die Oberschulbildung in den Einrichtungen der Berufsausbildung oder der Aus- und Weiterbildung der Werktätigen beendet werden. Alle Jugendlichen haben das Recht und die Pflicht, einen Beruf zu erlernen.

(5) Für Kinder und Erwachsene mit psychischen und physischen Schädigungen bestehen Sonderschul- und -ausbildungseinrichtungen.

(6) Die Lösung dieser Aufgaben wird durch den Staat und alle gesellschaftlichen Kräfte in gemeinsamer Bildungs- und Erziehungsarbeit gesichert.

Art. 26 (1) Der Staat sichert die Möglichkeit des Übergangs zur nächsthöheren Bildungsstufe bis zu den höchsten Bildungsstätten, den Universitäten und Hochschulen, entsprechend dem Leistungsprinzip, den gesellschaftlichen Erfordernissen und unter Berücksichtigung der sozialen Struktur der Bevölkerung.

(2) Es besteht Schulgeldfreiheit. Ausbildungsbeihilfen und Lernmittelfreiheit werden nach sozialen Gesichtspunkten gewährt.

(3) Direktstudenten an den Universitäten, Hoch- und Fachschulen sind von Studiengebühren befreit.

Stipendien und Studienbeihilfen werden nach sozialen Gesichtspunkten und nach Leistung gewährt.

Art. 27 (1) Jeder Bürger der Deutschen Demokratischen Republik hat das Recht, den Grundsätzen dieser Verfassung gemäß seine Meinung frei und öffentlich zu äußern. Dieses Recht wird durch kein Dienst- oder Arbeitsverhältnis beschränkt. Niemand darf benachteiligt werden, wenn er von diesem Recht Gebrauch macht.

(2) Die Freiheit der Presse, des Rundfunks und des Fernsehens ist gewährleistet.

Art. 28 (1) Alle Bürger haben das Recht, sich im Rahmen der Grundsätze und Ziele der Verfassung friedlich zu versammeln.

(2) Die Nutzung der materiellen Voraussetzungen zur unbehinderten Ausübung dieses Rechts, der Versammlungsgebäude, Straßen und Kundgebungsplätze, Druckereien und Nachrichtenmittel wird gewährleistet.

Art. 29 Die Bürger der Deutschen Demokratischen Republik haben das Recht auf Vereinigung, um durch gemeinsames Handeln in politischen Parteien, gesellschaftlichen Organisationen, Vereinigungen und Kollektiven ihre Interessen in Übereinstimmung mit den Grundsätzen und Zielen der Verfassung zu verwirklichen.

Art. 30 (1) Die Persönlichkeit und Freiheit jedes Bürgers der Deutschen Demokratischen Republik sind unantastbar.

(2) Einschränkungen sind nur im Zusammenhang mit strafbaren Handlungen oder einer Heilbehandlung zulässig und müssen gesetzlich begründet sein. Dabei dürfen die Rechte solcher Bürger nur insoweit eingeschränkt werden, als dies gesetzlich zulässig und unumgänglich ist.

(3) Zum Schutze seiner Freiheit und der Unantastbarkeit seiner Persönlichkeit hat jeder Bürger den Anspruch auf die Hilfe der staatlichen und gesellschaftlichen Organe.

Art. 31 (1) Post- und Fernmeldegeheimnis sind unverletzbar.

(2) Sie dürfen nur auf gesetzlicher Grundlage eingeschränkt werden, wenn es die Sicherheit des sozialistischen Staates oder eine strafrechtliche Verfolgung erfordern.

Art. 32 Jeder Bürger der Deutschen Demokratischen Republik hat im Rahmen der Gesetze das Recht auf Freizügigkeit innerhalb des Staatsgebietes der Deutschen Demokratischen Republik.

Art. 33 (1) Jeder Bürger der Deutschen Demokratischen Republik hat bei Aufenthalt außerhalb der Deutschen Demokratischen Republik Anspruch auf Rechtsschutz durch die Organe der Deutschen Demokratischen Republik.

(2) Kein Bürger der Deutschen Demokratischen Republik darf einer auswärtigen Macht ausgeliefert werden.

Art. 34 (1) Jeder Bürger der Deutschen Demokratischen Republik hat das Recht auf Freizeit und Erholung.

(2) Das Recht auf Freizeit und Erholung wird gewährleistet
durch die gesetzliche Begrenzung der täglichen und wöchentlichen Arbeitszeit,
durch einen vollbezahlten Jahresurlaub und
durch den planmäßigen Ausbau des Netzes volkseigener und anderer gesellschaftlicher Erholungs- und Urlaubszentren.

Art. 35 (1) Jeder Bürger der Deutschen Demokratischen Republik hat das Recht auf Schutz seiner Gesundheit und seiner Arbeitskraft.

(2) Dieses Recht wird durch die planmäßige Verbesserung der Arbeits- und Lebensbedingungen, die Pflege der Volksgesundheit, eine umfassende Sozialpolitik, die Förderung der Körperkultur, des Schul- und Volkssports und der Touristik gewährleistet.

(3) Auf der Grundlage eines sozialen Versicherungssystems werden bei Krankheit und Unfällen materielle Sicherheit, unentgeltliche ärztliche Hilfe, Arzneimittel und andere medizinische Sachleistungen gewährt.

Art. 36 (1) Jeder Bürger der Deutschen Demokratischen Republik hat das Recht auf Fürsorge der Gesellschaft im Alter und bei Invalidität.

(2) Dieses Recht wird durch eine steigende materielle, soziale und kulturelle Versorgung und Betreuung alter und arbeitsunfähiger Bürger gewährleistet.

Art. 37 (1) Jeder Bürger der Deutschen Demokratischen Republik hat das Recht auf Wohnraum für sich und seine Familie entsprechend den volkswirtschaftlichen Möglichkeiten und örtlichen Bedingungen. Der Staat ist verpflichtet, dieses Recht durch die Förderung des Wohnungsbaus, die Werterhaltung vorhandenen Wohnraumes und die öffentliche Kontrolle über die gerechte Verteilung des Wohnraumes zu verwirklichen.

(2) Es besteht Rechtsschutz bei Kündigungen.

(3) Jeder Bürger hat das Recht auf Unverletzbarkeit seiner Wohnung.

Art. 38 (1) Ehe, Familie und Mutterschaft stehen unter dem besonderen Schutz des Staates.
Jeder Bürger der Deutschen Demokratischen Republik hat das Recht auf Achtung, Schutz und Förderung seiner Ehe und Familie.

(2) Dieses Recht wird durch die Gleichberechtigung von Mann und Frau in Ehe und Familie, durch die gesellschaftliche und staatliche Unterstützung der Bürger bei der Festigung und Entwicklung ihrer Ehe und Familie gewährleistet. Kinderreichen Familien, alleinstehenden Müttern und Vätern gilt die Fürsorge und Unterstützung des sozialistischen Staates durch besondere Maßnahmen.

(3) Mutter und Kind genießen den besonderen Schutz des sozialistischen Staates. Schwangerschaftsurlaub, spezielle medizinische Betreuung, materielle und finanzielle Unterstützung bei Geburten und Kindergeld werden gewährt.

(4) Es ist das Recht und die vornehmste Pflicht der Eltern, ihre Kinder zu gesunden und lebensfrohen, tüchtigen und allseitig gebildeten Menschen, zu staatsbewußten Bürgern zu erziehen. Die Eltern haben Anspruch auf ein enges und vertrauensvolles Zusammenwirken mit den gesellschaftlichen und staatlichen Erziehungs- und Bildungseinrichtungen.

Art. 39 (1) Jeder Bürger der Deutschen Demokratischen Republik hat das Recht, sich zu einem religiösen Glauben zu bekennen und religiöse Handlungen auszuüben.

(2) Die Kirchen und anderen Religionsgemeinschaften ordnen ihre Angelegenheiten und üben ihre Tätigkeit aus in Übereinstimmung mit der Verfassung und den gesetzlichen Bestimmungen der Deutschen Demokratischen Republik. Näheres kann durch Vereinbarungen geregelt werden.

Art. 40 Bürger der Deutschen Demokratischen Republik sorbischer Nationalität haben das Recht zur Pflege ihrer Muttersprache und Kultur. Die Ausübung dieses Rechts wird vom Staat gefördert.

Kapitel 2. Betriebe, Städte und Gemeinden in der sozialistischen Gesellschaft

Art. 41 Die sozialistischen Betriebe, Städte, Gemeinden und Gemeindeverbände sind im Rahmen der zentralen staatlichen Leitung und Planung eigenverantwortliche Gemeinschaften, in denen die Bürger arbeiten und ihre gesellschaftlichen Verhältnisse gestalten. Sie sichern die Wahrnehmung der Grundrechte der Bürger, die wirksame Verbindung der persönlichen mit den gesellschaftlichen Interessen sowie ein vielfältiges gesellschaftlich-politisches und kulturell-geistiges Leben. Sie stehen unter dem Schutz der Verfassung. Eingriffe in ihre Rechte können nur auf der Grundlage von Gesetzen erfolgen.

Art. 42 (1) Im Betrieb, dessen Tätigkeit die Grundlage für die Schaffung und Mehrung des gesellschaftlichen Reichtums ist, wirken die Werktätigen unmittelbar und mit Hilfe ihrer gewählten Organe an der Leitung mit. Näheres regeln Gesetze oder Statuten.

(2) Zur Erhöhung der gesellschaftlichen Produktivität können von den staatlichen Organen, den Betrieben und Genossenschaften Vereinigungen und Gesellschaften gebildet sowie andere Formen der kooperativen Zusammenarbeit entwickelt werden.

Art. 43 (1) Die Städte, Gemeinden und Gemeindeverbände der Deutschen Demokratischen Republik gestalten die notwendigen Bedingungen für eine ständig bessere Befriedigung der materiellen, sozialen, kulturellen und sonstigen gemeinsamen Bedürfnisse der Bürger. Zur Lösung dieser Aufgaben arbeiten sie mit den Betrieben und Genossenschaften ihres Gebietes zusammen. Alle Bürger nehmen daran durch die Ausübung ihrer politischen Rechte teil.

(2) Die Verantwortung für die Verwirklichung der gesellschaftlichen Funktion der Städte und Gemeinden obliegt den von den Bürgern gewählten Volksvertretungen. Sie entscheiden eigenverantwortlich auf der Grundlage der Gesetze über ihre Angelegenheiten. Sie tragen die Verantwortung für die rationelle Nutzung aller Werte des Volksvermögens, über die sie verfügen.

Kapitel 3. Die Gewerkschaften und ihre Rechte

Art. 44 (1) Die freien Gewerkschaften, vereinigt im Freien Deutschen Gewerkschaftsbund, sind die umfassende Klassenorganisation der Arbeiterklasse. Sie nehmen die Interessen der Arbeiter, Angestellten und Angehörigen der Intelligenz durch umfassende Mitbestimmung in Staat, Wirtschaft und Gesellschaft wahr.

(2) Die Gewerkschaften sind unabhängig. Niemand darf sie in ihrer Tätigkeit einschränken oder behindern.

(3) Die Gewerkschaften nehmen durch die Tätigkeit ihrer Organisationen und Organe, durch ihre Vertreter in den gewählten staatlichen Machtorganen und durch ihre Vorschläge an die staatlichen und wirtschaftlichen Organe maßgeblich teil

an der Gestaltung der sozialistischen Gesellschaft,

an der Leitung und Planung der Volkswirtschaft,

an der Verwirklichung der wissenschaftlich-technischen Revolution,

an der Entwicklung der Arbeits- und Lebensbedingungen, des Gesundheits- und Arbeitsschutzes, der Arbeitskultur, des kulturellen und sportlichen Lebens der Werktätigen.

Die Gewerkschaften arbeiten in den Betrieben und Institutionen an der Ausarbeitung der Pläne mit. Sie leiten die Ständigen Produktionsberatungen.[5]

Art. 45 (1) Die Gewerkschaften haben das Recht, über alle die Arbeits- und Lebensbedingungen der Werktätigen betreffenden Fragen mit staatlichen Organen,

---

5 Geändert durch das Gesetz vom 6.3.1990 (GBl. I S. 109):
   „(1) Die Gewerkschaften sind überparteiliche und unabhängige Vereinigungen von Werktätigen, die bereit und fähig sind, deren Interessen zu vertreten und Forderungen in einem Arbeitskampf geltend zu machen.
   (2) Niemand darf die Gewerkschaften in ihrer rechtmäßigen Tätigkeit einschränken oder behindern.
   (3) Das Streikrecht der Gewerkschaften ist gewährleistet. Der Schadensersatz ist bei Arbeitskämpfen ausgeschlossen. Jegliche Form der Aussperrung ist verboten."

mit Betriebsleitungen und anderen wirtschaftsleitenden Organen Vereinbarungen abzuschließen.

(2) Die Gewerkschaften nehmen aktiven Anteil an der Gestaltung der sozialistischen Rechtsordnung. Sie besitzen das Recht der Gesetzesinitiative sowie der gesellschaftlichen Kontrolle über die Wahrung der gesetzlich garantierten Rechte der Werktätigen.

(3) Die Gewerkschaften leiten die Sozialversicherung der Arbeiter und Angestellten auf der Grundlage der Selbstverwaltung der Versicherten. Sie nehmen an der umfassenden materiellen und finanziellen Versorgung und Betreuung der Bürger bei Krankheit, Arbeitsunfall, Invalidität und im Alter teil.

(4) Alle Staatsorgane und Wirtschaftsleiter sind verpflichtet, für eine enge und vertrauensvolle Zusammenarbeit mit den Gewerkschaften Sorge zu tragen.

Kapitel 4. Die sozialistischen Produktionsgenossenschaften und ihre Rechte

Art. 46 (1) Die landwirtschaftlichen Produktionsgenossenschaften sind die freiwilligen Vereinigungen der Bauern zur gemeinsamen sozialistischen Produktion, zur ständig besseren Befriedigung ihrer materiellen und kulturellen Bedürfnisse und zur Versorgung des Volkes und der Volkswirtschaft. Sie gestalten auf der Grundlage der Gesetze eigenverantwortlich ihre Arbeits- und Lebensbedingungen.

(2) Durch ihre Organisationen und ihre Vertreter in den Staatsorganen nehmen die landwirtschaftlichen Produktionsgenossenschaften aktiv an der staatlichen Leitung und Planung der gesellschaftlichen Entwicklung teil.

(3) Der Staat hilft den landwirtschaftlichen Produktionsgenossenschaften, die sozialistische Großproduktion auf der Grundlage fortgeschrittener Wissenschaft und Technik zu entwickeln.

(4) Für die sozialistischen Produktionsgenossenschaften der Fischer, der Gärtner und der Handwerker gelten die gleichen Grundsätze.

Abschnitt III. Aufbau und System der staatlichen Leitung

Art. 47[6] (1) Der Aufbau und die Tätigkeit der staatlichen Organe werden durch die in dieser Verfassung festgelegten Ziele und Aufgaben der Staatsmacht bestimmt.

(2) Die Souveränität des werktätigen Volkes, verwirklicht auf der Grundlage des demokratischen Zentralismus, ist das tragende Prinzip des Staatsaufbaus.

Kapitel 1. Die Volkskammer

Art. 48 (1) Die Volkskammer ist das oberste staatliche Machtorgan der Deutschen Demokratischen Republik. Sie entscheidet in ihren Plenarsitzungen über die Grundfragen der Staatspolitik.

---

[6] Aufgehoben durch Gesetz vom 22.7.1990 (GBl. I S. 955, 958).

(2) Die Volkskammer ist das einzige verfassungs- und gesetzgebende Organ in der Deutschen Demokratischen Republik. Niemand kann ihre Rechte einschränken.

Die Volkskammer verwirklicht in ihrer Tätigkeit den Grundsatz der Einheit von Beschlußfassung und Durchführung.[7]

Art. 49 (1) Die Volkskammer bestimmt durch Gesetze und Beschlüsse endgültig und für jedermann verbindlich die Ziele der Entwicklung der Deutschen Demokratischen Republik.

(2) Die Volkskammer legt die Hauptregeln für das Zusammenwirken der Bürger, Gemeinschaften und Staatsorgane sowie deren Aufgaben bei der Durchführung der staatlichen Pläne der gesellschaftlichen Entwicklung fest.

(3)Die Volkskammer gewährleistet die Verwirklichung ihrer Gesetze und Beschlüsse. Sie bestimmt die Grundsätze der Tätigkeit des Staatsrates, des Ministerrates, des Nationalen Verteidigungsrates, des Obersten Gerichts und des Generalstaatsanwalts.

Art. 50 Die Volkskammer wählt den Vorsitzenden und die Mitglieder des Staatsrates, den Vorsitzenden und die Mitglieder des Ministerrates, den Vorsitzenden des Nationalen Verteidigungsrates, den Präsidenten und die Richter des Obersten Gerichts und den Generalstaatsanwalt. Sie können jederzeit von der Volkskammer abberufen werden.

Art. 51 Die Volkskammer bestätigt Staatsverträge der Deutschen Demokratischen Republik und andere völkerrechtliche Verträge, soweit durch sie Gesetze der Volkskammer geändert werden. Sie entscheidet über die Kündigung dieser Verträge.

Art. 52 Die Volkskammer beschließt über den Verteidigungszustand der Deutschen Demokratischen Republik. Im Dringlichkeitsfalle ist der Staatsrat berechtigt, den Verteidigungszustand zu beschließen. Der Vorsitzende des Staatsrates verkündet den Verteidigungszustand.

Art. 53 Die Volkskammer kann die Durchführung von Volksabstimmungen beschließen.

Art. 54 Die Volkskammer besteht aus 500 Abgeordneten, die vom Volke auf die Dauer von 5 Jahren in freier, allgemeiner, gleicher und geheimer Wahl gewählt werden.

Art. 55 (1) Die Volkskammer wählt für die Dauer der Wahlperiode ein Präsidium. Das Präsidium besteht aus dem Präsidenten der Volkskammer, einem Stellvertreter des Präsidenten und weiteren Mitgliedern.

(2) Das Präsidium leitet die Arbeit der Volkskammer gemäß ihrer Geschäftsordnung.

---

[7] Abs. 2 aufgehoben durch Gesetz vom 22.7. 1990 (GBl. I S. 955, 958).

Art. 56 (1) Die Abgeordneten der Volkskammer erfüllen ihre verantwortungsvollen Aufgaben im Interesse und zum Wohle des gesamten Volkes.

(2) Die Abgeordneten fördern die Mitwirkung der Bürger an der Vorbereitung und Verwirklichung der Gesetze in Zusammenarbeit mit den Ausschüssen der Nationalen Front der Deutschen Demokratischen Republik, den gesellschaftlichen Organisationen und den staatlichen Organen.

(3) Die Abgeordneten halten enge Verbindung zu ihren Wählern. Sie sind verpflichtet, deren Vorschläge, Hinweise und Kritiken zu beachten und für eine gewissenhafte Behandlung Sorge zu tragen.

(4) Die Abgeordneten erläutern den Bürgern die Politik des sozialistischen Staates.

Art. 57 (1) Die Abgeordneten der Volkskammer sind verpflichtet, regelmäßig Sprechstunden und Aussprachen durchzuführen sowie den Wählern über ihre Tätigkeit Rechenschaft zu legen.

(2) Ein Abgeordneter, der seine Pflichten gröblich verletzt, kann von den Wählern gemäß dem gesetzlich festgelegten Verfahren abberufen werden.

Art. 58 Die Abgeordneten der Volkskammer haben das Recht, an den Tagungen der örtlichen Volksvertretungen mit beratender Stimme teilzunehmen.

Art. 59 Jeder Abgeordnete der Volkskammer hat das Recht, Anfragen an den Ministerrat und jedes seiner Mitglieder zu richten.

Art. 60 (1) Alle staatlichen und wirtschaftlichen Organe sind verpflichtet, die Abgeordneten bei der Wahrnehmung ihrer Aufgaben zu unterstützen.

(2) Die Abgeordneten der Volkskammer besitzen die Rechte der Immunität. Beschränkungen der persönlichen Freiheit, Hausdurchsuchungen, Beschlagnahmen oder Strafverfolgungen sind gegen Abgeordnete der Volkskammer nur mit Zustimmung der Volkskammer oder in der Zeit zwischen ihren Tagungen mit Zustimmung des Staatsrates zulässig. Die Entscheidung des Staatsrates bedarf der Bestätigung durch die Volkskammer.

Die Abgeordneten der Volkskammer sind berechtigt, über Personen, die ihnen in ihrer Eigenschaft als Abgeordnete Tatsachen anvertrauen oder denen sie in Ausübung ihrer Abgeordnetentätigkeit solche Tatsachen anvertraut haben, sowie über diese Tatsachen selbst die Aussage zu verweigern.

(3) Den Abgeordneten dürfen aus ihrer Abgeordnetentätigkeit keinerlei berufliche oder sonstige persönliche Nachteile entstehen. Sie sind von ihrer beruflichen Tätigkeit freigestellt, soweit die Wahrnehmung ihrer Aufgaben als Abgeordnete es erfordert. Gehälter und Löhne sind weiterzuzahlen.

Art. 61 (1) Die Volkskammer bildet aus ihrer Mitte Ausschüsse. Ihnen obliegt in enger Zusammenarbeit mit den Wählern die Beratung von Gesetzentwürfen und die ständige Kontrolle der Durchführung der Gesetze.

(2) Die Ausschüsse können die Anwesenheit der zuständigen Minister und Leiter anderer staatlicher Organe in ihren Beratungen zum Zwecke der Erteilung von Auskünften verlangen. Alle Staatsorgane sind verpflichtet, den Ausschüssen die erforderlichen Informationen zu erteilen.

(3) Die Ausschüsse haben das Recht, Fachleute zur ständigen oder zeitweiligen Mitarbeit heranzuziehen.

Art. 62 (1) Die Volkskammer tritt spätestens am 30. Tage nach ihrer Wahl zusammen. Ihre erste Tagung wird vom Staatsrat einberufen.

(2) Die weiteren Tagungen der Volkskammer werden vom Präsidium der Volkskammer einberufen.

(3) Das Präsidium der Volkskammer ist verpflichtet, die Volkskammer einzuberufen, wenn die Volkskammer darüber Beschluß gefaßt hat oder mindestens ein Drittel der Abgeordneten es verlangt.

(4) Die Tagungen der Volkskammer sind öffentlich. Auf Antrag von mindestens zwei Dritteln der anwesenden Abgeordneten kann die Öffentlichkeit ausgeschlossen werden.

Art. 63 (1) Die Volkskammer ist beschlußfähig, wenn mehr als die Hälfte der Abgeordneten anwesend ist.

(2) Die Volkskammer faßt ihre Beschlüsse mit Stimmenmehrheit. Verfassungsändernde Gesetze sind beschlossen, wenn mindestens zwei Drittel der gewählten Abgeordneten zustimmen.

Art. 64 (1) Vor Ablauf der Wahlperiode findet eine Auflösung der Volkskammer nur durch eigenen Beschluß statt.

(2) Ein solcher Beschluß bedarf der Zustimmung von mindestens zwei Dritteln der gewählten Abgeordneten.

(3) Spätestens am 60. Tage nach Ablauf der Wahlperiode oder am 45. Tage nach Auflösung der Volkskammer muß deren Neuwahl stattfinden.

Art. 65 (1) Das Recht zur Einbringung von Gesetzesvorlagen haben die Abgeordneten der in der Volkskammer vertretenen Parteien und Massenorganisationen, die Ausschüsse der Volkskammer, der Staatsrat, der Ministerrat und der Freie Deutsche Gewerkschaftsbund.

(2) Die Ausschlüsse der Volkskammer beraten die Gesetzesvorlagen und legen ihre Auffassung dem Plenum der Volkskammer vor.

(3) Entwürfe grundlegender Gesetze werden vor ihrer Verabschiedung der Bevölkerung zur Erörterung unterbreitet. Die Ergebnisse der Volksdiskussion sind bei der endgültigen Fassung auszuwerten.

(4) Die von der Volkskammer verabschiedeten Gesetze werden vom Vorsitzenden des Staatsrates innerhalb eines Monats im Gesetzblatt verkündet.

(5) Gesetze treten am 14. Tage nach ihrer Verkündung in Kraft, soweit sie nichts anderes bestimmen.

Kapitel 2. Der Staatsrat

Art. 66 (1) Der Staatsrat nimmt als Organ der Volkskammer die Aufgaben wahr, die ihm durch die Verfassung sowie die Gesetze und Beschlüsse der Volkskammer übertragen sind. Er ist der Volkskammer für seine Tätigkeit verantwortlich. Zur Durchführung der ihm übertragenen Aufgaben faßt er Beschlüsse.

(2) Der Staatsrat vertritt die Deutsche Demokratische Republik völkerrechtlich. Er ratifiziert und kündigt Staatsverträge und andere völkerrechtliche Verträge, für die die Ratifizierung vorgesehen ist.

Art. 67 (1) Der Staatsrat besteht aus dem Vorsitzenden, seinen Stellvertretern, den Mitgliedern und dem Sekretär.

(2) Der Vorsitzende, die Stellvertreter des Vorsitzenden, die Mitglieder und der Sekretär des Staatsrates werden von der Volkskammer auf ihrer ersten Tagung nach der Neuwahl auf die Dauer von 5 Jahren gewählt.

(3) Der Vorschlag für die Wahl des Vorsitzenden des Staatsrates wird von der stärksten Fraktion der Volkskammer unterbreitet.

(4) Nach Ablauf der Wahlperiode der Volkskammer setzt der Staatsrat seine Tätigkeit bis zur Wahl des neuen Staatsrates durch die Volkskammer fort.

Art. 68 Der Vorsitzende, die Stellvertreter des Vorsitzenden, die Mitglieder und der Sekretär des Staatsrates leisten bei ihrem Amtsantritt der Volkskammer folgenden Eid:

„Ich schwöre, daß ich meine Kraft dem Wohle des Volkes der Deutschen Demokratischen Republik widmen, ihre Verfassung und die Gesetze wahren, meine Pflichten gewissenhaft erfüllen und Gerechtigkeit gegenüber jedermann üben werde".

Art. 69 Der Vorsitzende leitet die Arbeit des Staatsrates. Im Falle seiner Verhinderung nimmt ein beauftragter Stellvertreter des Vorsitzenden des Staatsrates diese Aufgabe wahr.

Art. 70 Im Auftrage der Volkskammer unterstützt der Staatsrat die örtlichen Volksvertretungen als Organe der einheitlichen sozialistischen Staatsmacht, fördert deren demokratische Aktivität bei der Gestaltung der entwickelten sozialistischen Gesellschaft und nimmt Einfluß auf die Wahrung sowie die ständige Festigung der sozialistischen Gesetzlichkeit in der Tätigkeit der örtlichen Volksvertretungen.

Art. 71 (1) Der Vorsitzende des Staatsrates ernennt die bevollmächtigten Vertreter der Deutschen Demokratischen Republik in anderen Staaten und beruft sie ab. Er nimmt Beglaubigungs- und Abberufungsschreiben der bei ihm akkreditierten Vertreter anderer Staaten entgegen.

(2) Der Staatsrat legt die militärischen Dienstgrade, die diplomatischen Ränge und andere spezielle Titel fest.

Art. 72 Der Staatsrat schreibt die Wahlen zur Volkskammer und zu den anderen Volksvertretungen aus.

Art. 73 (1) Der Staatsrat faßt grundsätzliche Beschlüsse zu Fragen der Verteidigung und Sicherheit des Landes. Er organisiert die Landesverteidigung mit Hilfe des Nationalen Verteidigungsrates.

(2) Der Staatsrat beruft die Mitglieder des Nationalen Verteidigungsrates. Der Nationale Verteidigungsrat ist der Volkskammer und dem Staatsrat für seine Tätigkeit verantwortlich.

Art. 74 (1) Der Staatsrat nimmt im Auftrage der Volkskammer die ständige Aufsicht über die Verfassungsmäßigkeit und Gesetzlichkeit der Tätigkeit des Obersten Gerichts und des Generalstaatsanwalts wahr.

(2) Der Staatsrat übt das Amnestie- und Begnadigungsrecht aus.

Art. 75 Der Staatsrat stiftet staatliche Orden, Auszeichnungen und Ehrentitel, die von seinem Vorsitzenden verliehen werden.

Kapitel 3. Der Ministerrat

Art. 76 (1) Der Ministerrat ist als Organ der Volkskammer die Regierung der Deutschen Demokratischen Republik. Er leitet im Auftrage der Volkskammer die einheitliche Durchführung der Staatspolitik und organisiert die Erfüllung der politischen, ökonomischen, kulturellen und sozialen sowie der ihm übertragenen Verteidigungsaufgaben. Für seine Tätigkeit ist er der Volkskammer verantwortlich und rechenschaftspflichtig.

(2) Der Ministerrat leitet die Volkswirtschaft und die anderen gesellschaftlichen Bereiche. Er sichert die planmäßige proportionale Entwicklung der Volkswirtschaft, die harmonisch abgestimmte Gestaltung der gesellschaftlichen Bereiche und Territorien sowie die Verwirklichung der sozialistischen ökonomischen Integration.

(3) Der Ministerrat leitet die Durchführung der Außenpolitik der Deutschen Demokratischen Republik entsprechend den Grundsätzen dieser Verfassung. Er vertieft die allseitige Zusammenarbeit mit der Union der Sozialistischen Sowjetrepubliken und den anderen sozialistischen Staaten und gewährleistet den aktiven Beitrag der Deutschen Demokratischen Republik zur Stärkung der sozialistischen Staatengemeinschaft.

(4) Der Ministerrat entscheidet entsprechend seiner Zuständigkeit über den Abschluß und die Kündigung völkerrechtlicher Verträge. Er bereitet Staatsverträge vor.

Art. 77 Der Ministerrat arbeitet die zu lösenden Aufgaben der staatlichen Innen- und Außenpolitik aus und unterbreitet der Volkskammer Entwürfe von Gesetzen und Beschlüssen.

Art. 78 (1) Der Ministerrat leitet, koordiniert und kontrolliert die Tätigkeit der Ministerien, der anderen zentralen Staatsorgane und der Räte der Bezirke. Er fördert die Anwendung wissenschaftlicher Leitungsmethoden und die Einbeziehung der Werktätigen in die Verwirklichung der Politik des sozialistischen Staates. Er gewährleistet, daß die ihm unterstellten staatlichen Organe, die wirtschaftsleitenden Organe, Kombinate, Betriebe und Einrichtungen ihre Tätigkeit auf der Grundlage der Gesetze und anderen Rechtsvorschriften ausüben.

(2) Im Rahmen der Gesetze und Beschlüsse der Volkskammer erläßt der Ministerrat Verordnungen und faßt Beschlüsse.

Art. 79 (1) Der Ministerrat besteht aus dem Vorsitzenden des Ministerrates, den Stellvertretern des Vorsitzenden und den Ministern.

(2) Der Vorsitzende des Ministerrates wird von der stärksten Fraktion der Volkskammer vorgeschlagen und von der Volkskammer mit der Bildung des Ministerrates beauftragt.

(3) Der Vorsitzende und die Mitglieder des Ministerrates werden nach der Neuwahl der Volkskammer von ihr auf die Dauer von 5 Jahren gewählt.

(4) Der Vorsitzende und die Mitglieder des Ministerrates werden vom Vorsitzenden des Staatsrates auf die Verfassung vereidigt.

Art. 80 (1) Der Ministerrat ist ein kollektiv arbeitendes Organ. Für die Tätigkeit des Ministerrates tragen alle seine Mitglieder die Verantwortung. Jeder Minister leitet verantwortlich das ihm übertragene Aufgabengebiet.

(2) Der Ministerrat bildet aus seiner Mitte das Präsidium des Ministerrates.

(3) Der Vorsitzende des Ministerrates leitet den Ministerrat und das Präsidium.

(4) Nach Ablauf der Wahlperiode der Volkskammer setzt der Ministerrat seine Tätigkeit bis zur Wahl des neuen Ministerrates durch die Volkskammer fort.

Kapitel 4. Die örtlichen Volksvertretungen und ihre Organe

Art. 81 (1) Die örtlichen Volksvertretungen sind die von den wahlberechtigten Bürgern gewählten Organe der Staatsmacht in den Bezirken, Kreisen, Städten, Stadtbezirken, Gemeinden und Gemeindeverbänden.

(2) Die örtlichen Volksvertretungen entscheiden auf der Grundlage der Gesetze in eigener Verantwortung über alle Angelegenheiten, die ihr Gebiet und seine Bürger betreffen. Sie organisieren die Mitwirkung der Bürger an der Gestaltung des politischen, wirtschaftlichen, kulturellen und sozialen Lebens und arbeiten mit den gesellschaftlichen Organisationen der Werktätigen zusammen.

(3) Die Tätigkeit der örtlichen Volksvertretungen ist darauf gerichtet,

das sozialistische Eigentum zu mehren und zu schützen, die Arbeits- und Lebensbedingungen der Bürger ständig zu verbessern und das gesellschaftliche und kulturelle Leben der Bürger und ihrer Gemeinschaften zu fördern,

das sozialistische Staats- und Rechtsbewußtsein der Bürger zu heben und die öffentliche Ordnung zu sichern, die sozialistische Gesetzlichkeit zu festigen und die Rechte der Bürger zu wahren.

Art. 82 (1) Die örtlichen Volksvertretungen fassen Beschlüsse, die für ihre Organe und Einrichtungen sowie für die Volksvertretungen, Gemeinschaften und Bürger ihres Gebietes verbindlich sind. Diese Beschlüsse sind zu veröffentlichen.

(2) Die örtlichen Volksvertretungen haben eigene Einnahmen und verfügen über ihre Verwendung.

Art. 83 (1) Zur Wahrnehmung ihrer Verantwortung wählt jede örtliche Volksvertretung ihren Rat und Kommissionen. Die Mitglieder des Rates sollen nach Möglichkeit Abgeordnete sein. In die Kommissionen können auch Mitglieder berufen werden, die nicht Abgeordnete sind.

(2) Der Rat sichert die Entfaltung der Tätigkeit der Volksvertretung und organisiert die Leitung der gesellschaftlichen Entwicklung in deren Verantwortungsbereich. Er ist der Volksvertretung für seine gesamte Tätigkeit verantwortlich und dem übergeordneten Rat rechenschaftspflichtig. Der Rat ist ein kollektiv arbeitendes Organ.

(3) Die Kommissionen organisieren die sachkundige Mitwirkung der Bürger bei der Vorbereitung und Durchführung der Beschlüsse der Volksvertretung. Sie kontrollieren die Durchführung der Gesetze und anderen Rechtsvorschriften sowie der Beschlüsse der Volksvertretung durch den Rat und dessen Fachorgane.

Art. 84 Die örtlichen Volksvertretungen können zur gemeinsamen Wahrnehmung ihrer Aufgaben Verbände bilden.

Art. 85 Die Aufgaben und Befugnisse der örtlichen Volksvertretungen, ihrer Abgeordneten, Kommissionen und ihrer Räte in den Bezirken, Kreisen, Städten, Stadtbezirken, Gemeinden und Gemeindeverbänden werden durch Gesetz festgelegt.

Abschnitt IV. Sozialistische Gesetzlichkeit und Rechtspflege

Art. 86 Die sozialistische Gesellschaft, die politische Macht des werktätigen Volkes, ihre Staats- und Rechtsordnung sind die grundlegende Garantie für die Einhaltung und die Verwirklichung der Verfassung im Geiste der Gerechtigkeit, Gleichheit, Brüderlichkeit und Menschlichkeit.

Art. 87 Gesellschaft und Staat gewährleisten die Gesetzlichkeit durch die Einbeziehung der Bürger und ihrer Gemeinschaften in die Rechtspflege und in die gesellschaftliche und staatliche Kontrolle über die Einhaltung des sozialistischen Rechts.

Art. 88 Die Verantwortlichkeit aller leitenden Mitarbeiter in Staat und Wirtschaft gegenüber den Bürgern ist durch ein System der Rechenschaftspflicht gewährleistet.

Art. 89 (1) Gesetze und andere allgemeinverbindliche Rechtsvorschriften der Deutschen Demokratischen Republik werden im Gesetzblatt und anderweitig veröffentlicht.

(2) Rechtsvorschriften der örtlichen Volksvertretungen und ihrer Organe werden in geeigneter Form veröffentlicht.

(3) Rechtsvorschriften dürfen der Verfassung nicht widersprechen. Über Zweifel an der Verfassungsmäßigkeit von Rechtsvorschriften entscheidet die Volkskammer.

Art. 90 (1) Die Rechtspflege dient der Durchführung der sozialistischen Gesetzlichkeit, dem Schutz und der Entwicklung der Deutschen Demokratischen Republik und ihrer Staats- und Gesellschaftsordnung. Sie schützt die Freiheit, das friedliche Leben, die Rechte und die Würde der Menschen.

(2) Die Bekämpfung und Verhütung von Straftaten und anderen Rechtsverletzungen sind gemeinsames Anliegen der sozialistischen Gesellschaft, ihres Staates und aller Bürger.

(3) Die Teilnahme der Bürger an der Rechtspflege ist gewährleistet. Sie wird im einzelnen durch Gesetz bestimmt.

Art. 91 Die allgemein anerkannten Normen des Völkerrechts über die Bestrafung von Verbrechen gegen den Frieden, gegen die Menschlichkeit und von Kriegsverbrechen sind unmittelbar geltendes Recht. Verbrechen dieser Art unterliegen nicht der Verjährung.

Art. 92 Die Rechtsprechung wird in der Deutschen Demokratischen Republik durch das Oberste Gericht, die Bezirksgerichte, die Kreisgerichte und die gesellschaftlichen Gerichte im Rahmen der ihnen durch Gesetz übertragenen Aufgaben ausgeübt. In Militärstrafsachen üben das Oberste Gericht, die Militärobergerichte und die Militärgerichte die Rechtsprechung aus.

Art. 93 (1) Das Oberste Gericht ist das höchste Organ der Rechtsprechung.

(2) Das Oberste Gericht leitet die Rechtsprechung der Gerichte auf der Grundlage der Verfassung, der Gesetze und anderen Rechtsvorschriften der Deutschen Demokratischen Republik. Es sichert die einheitliche Rechtsanwendung durch alle Gerichte.

(3) Das Oberste Gericht ist der Volkskammer und zwischen ihren Tagungen dem Staatsrat verantwortlich.

Art. 94 (1) Richter kann nur sein, wer dem Volk und seinem sozialistischen Staat treu ergeben ist und über ein hohes Maß an Wissen und Lebenserfahrung, an menschlicher Reife und Charakterfestigkeit verfügt.

(2) Die demokratische Wahl aller Richter, Schöffen und Mitglieder gesellschaftlicher Gerichte gewährleistet, daß die Rechtsprechung von Frauen und Männern aller Klassen und Schichten des Volkes ausgeübt wird.

Art. 95 Alle Richter, Schöffen und Mitglieder der gesellschaftlichen Gerichte werden durch die Volksvertretungen oder unmittelbar durch die Bürger gewählt. Sie erstatten ihren Wählern Bericht über ihre Arbeit. Sie können von ihren Wählern abberufen werden, wenn sie gegen die Verfassung oder die Gesetze verstoßen oder sonst ihre Pflichten gröblich verletzen.

Art. 96 (1) Die Richter, Schöffen und Mitglieder der gesellschaftlichen Gerichte sind in ihrer Rechtsprechung unabhängig. Sie sind nur an die Verfassung, die Gesetze und andere Rechtsvorschriften der Deutschen Demokratischen Republik gebunden.

(2) Die Schöffen üben die Funktion eines Richters in vollem Umfang und mit gleichem Stimmrecht wie die Berufsrichter aus.[8]

Art. 97 Zur Sicherung der sozialistischen Gesellschafts- und Staatsordnung und der Rechte der Bürger wacht die Staatsanwaltschaft auf der Grundlage der Gesetze und anderer Rechtsvorschriften der Deutschen Demokratischen Republik über die strikte Einhaltung der sozialistischen Gesetzlichkeit. Sie schützt die Bürger vor Gesetzesverletzungen. Die Staatsanwaltschaft leitet den Kampf gegen Straftaten und sichert, daß die Personen, die Verbrechen oder Vergehen begangen haben, vor Gericht zur Verantwortung gezogen werden.

Art. 98 (1) Die Staatsanwaltschaft wird vom Generalstaatsanwalt geleitet.

(2) Dem Generalstaatsanwalt unterstehen die Staatsanwälte der Bezirke und Kreise sowie die Militärstaatsanwälte.

(3) Die Staatsanwälte werden vom Generalstaatsanwalt berufen und abberufen, sie sind ihm verantwortlich und an seine Weisungen gebunden.

(4) Der Generalstaatsanwalt ist der Volkskammer und zwischen ihren Tagungen dem Staatsrat verantwortlich.

Art. 99 (1) Die strafrechtliche Verantwortlichkeit wird durch die Gesetze der Deutschen Demokratischen Republik bestimmt.

(2) Eine Tat zieht strafrechtliche Verantwortlichkeit nur nach sich, wenn diese zur Zeit der Begehung der Tat gesetzlich festgelegt ist, wenn der Täter schuldhaft gehandelt hat und die Schuld zweifelsfrei nachgewiesen ist. Strafgesetze haben keine rückwirkende Kraft.

(3) Eine strafrechtliche Verfolgung ist nur in Übereinstimmung mit den Strafgesetzen möglich.

(4) Die Rechte des Bürgers dürfen im Zusammenhang mit einem Strafverfahren nur insoweit eingeschränkt werden, wie dies gesetzlich zulässig und unumgänglich ist.

Art. 100 (1) Über die Zulässigkeit von Untersuchungshaft hat nur der Richter zu entscheiden. Verhaftete sind spätestens am Tage nach ihrer Verhaftung dem Richter vorzuführen.

---

[8] Geändert durch Gesetz vom 5.7.1990 (GBl. I S. 634):
„(1) Richter und ehrenamtliche Richter sind in ihrer Rechtsprechung unabhängig. Sie sind nur an die Verfassung, die Gesetze und das Recht gebunden."

(2) Der Richter oder der Staatsanwalt haben im Rahmen ihrer Verantwortung jederzeit zu prüfen, ob die Voraussetzungen der Untersuchungshaft noch vorliegen.

(3) Der Staatsanwalt hat nächste Angehörige des Verhafteten innerhalb von 24 Stunden nach der ersten richterlichen Vernehmung zu benachrichtigen. Ausnahmen sind nur zulässig, wenn durch die Benachrichtigung der Zweck der Untersuchung gefährdet wird. In diesen Fällen erfolgt die Benachrichtigung nach Wegfall der Gefährdungsgründe.

Art. 101 (1) Niemand darf seinem gesetzlichen Richter entzogen werden.

(2) Ausnahmegerichte sind unstatthaft.

Art. 102 (1) Jeder Bürger hat das Recht, vor Gericht gehört zu werden.

(2) Das Recht auf Verteidigung wird während des gesamten Strafverfahrens gewährleistet.

Art. 103 (1) Jeder Bürger kann sich mit Eingaben (Vorschlägen, Hinweisen, Anliegen oder Beschwerden) an die Volksvertretungen, ihre Abgeordneten oder die staatlichen und wirtschaftlichen Organe wenden. Dieses Recht steht auch den gesellschaftlichen Organisationen und den Gemeinschaften der Bürger zu. Ihnen darf aus der Wahrnehmung dieses Rechts kein Nachteil entstehen.

(2) Die für die Entscheidung verantwortlichen Organe sind verpflichtet, die Eingaben der Bürger oder der Gemeinschaften innerhalb der gesetzlich vorgeschriebenen Frist zu bearbeiten und den Antragstellern das Ergebnis mitzuteilen.

(3) Das Verfahren der Bearbeitung der Eingaben wird durch Gesetz bestimmt.

Art. 104 (1) Für Schäden, die einem Bürger oder seinem persönlichen Eigentum durch ungesetzliche Maßnahmen von Mitarbeitern der Staatsorgane zugefügt werden, haftet das staatliche Organ, dessen Mitarbeiter den Schaden verursacht hat.

(2) Voraussetzungen und Verfahren der Staatshaftung werden durch Gesetz geregelt.

Abschnitt V. Schlußbestimmungen

Art. 105 Die Verfassung ist unmittelbar geltendes Recht.

Art. 106 Die Verfassung kann nur von der Volkskammer der Deutschen Demokratischen Republik durch Gesetz geändert werden, das den Wortlaut der Verfassung ausdrücklich ändert oder ergänzt.

Verfassung des Landes Baden-Württemberg

vom 11. November 1953

Quelle: *Gesetzblatt für Baden-Württemberg 1993, S. 173 ff.*

mit Änderungen und Ergänzungen

vom 7. Dezember 1959 (GBl. S. 171), vom 8. Februar 1967 (GBl. S. 7),
vom 11. Februar 1969 (GBl. S. 15),
vom 17. März 1970 (GBl. S. 83),
vom 17. November 1970 (GBl. S. 492),
vom 26. Juli 1971 (GBl. S. 313),
vom 19. Oktober 1971 (GBl. S. 425),
vom 16. Mai 1974 (GBl. S. 186),
vom 19. November 1974 (GBl. S. 454),
vom 4. November 1975 (GBl. S. 726),
vom 10. Februar 1976 (GBl. S. 98),
vom 3. März 1976 (GBl. S. 176),
vom 6. Februar 1979 (GBl. S. 65),
vom 11. April 1983 (GBl. S. 141),
vom 14. Mai 1984 (GBl. S. 301),
vom 12. Februar 1991 (GBl. S. 81)
vom 15. Februar 1995 (GBl. S. 269)
und vom 9. Juni 2000 (GBL S. 449)

Die Verfassung ist am 19. November 1953 in Kraft getreten.

Gliederung:

Vorspruch[1]

Im Bewußtsein der Verantwortung vor Gott und den Menschen, von dem Willen beseelt, die Freiheit und Würde des Menschen zu sichern, dem Frieden zu dienen, das Gemeinschaftsleben nach den Grundsätzen der sozialen Gerechtigkeit zu ordnen, den wirtschaftlichen Fortschritt aller zu fördern, und entschlossen, dieses demokratische Land als lebendiges Glied der Bundesrepublik Deutschland in einem vereinten Europa, dessen Aufbau föderativen Prinzipien und dem Grundsatz der Subsidiarität entspricht, zu gestalten und an der Schaffung eines Europas der Regionen sowie der Förderung der grenzüberschreitenden Zusammenarbeit aktiv mitzuwirken, hat sich das Volk von Baden-Württemberg in feierlichem Bekenntnis zu den unverletzlichen und unveräußerlichen Menschenrechten und den Grundrechten der Deutschen kraft seiner verfassunggebenden Gewalt durch die Verfassunggebende Landesversammlung diese Verfassung gegeben.

Erster Hauptteil

Vom Menschen und seinen Ordnungen

I. Mensch und Staat

Artikel 1

(1) Der Mensch ist berufen, in der ihn umgebenden Gemeinschaft seine Gaben in Freiheit und in der Erfüllung des christlichen Sittengesetzes zu seinem und der anderen Wohl zu entfalten.

(2) Der Staat hat die Aufgabe, den Menschen hierbei zu dienen. Er faßt die in seinem Gebiet lebenden Menschen zu einem geordneten Gemeinwesen zusammen, gewährt ihnen Schutz und Förderung und bewirkt durch Gesetz und Gebot einen Ausgleich der wechselseitigen Rechte und Pflichten.

---

[1] Neugefaßt durch Gesetz v. 15.2.1995 (GBl. S. 269).

Artikel 2

(1) Die im Grundgesetz für die Bundesrepublik Deutschland festgelegten Grundrechte und staatsbürgerlichen Rechte sind Bestandteil dieser Verfassung und unmittelbar geltendes Recht.

(2) Das Volk von Baden Württemberg bekennt sich darüber hinaus zu dem unveräußerlichen Menschenrecht auf die Heimat.

Artikel 2a[2]

Niemand darf wegen seiner Behinderung benachteiligt werden.

Artikel 3

(1) Die Sonntage und die staatlich anerkannten Feiertage stehen als Tage der Arbeitsruhe und der Erhebung unter Rechtsschutz. Die staatlich anerkannten Feiertage werden durch Gesetz bestimmt. Hierbei ist die christliche Überlieferung zu wahren.

(2) Der 1. Mai ist gesetzlicher Feiertag. Er gilt dem Bekenntnis zu sozialer Gerechtigkeit, Frieden, Freiheit und Völkerverständigung.

Artikel 3a[3]

Der Staat schützt auch in Verantwortung für die künftigen Generationen die natürlichen Lebensgrundlagen im Rahmen der verfassungsmäßigen Ordnung durch die Gesetzgebung und nach Maßgabe von Gesetz und Recht durch die vollziehende Gewalt und die Rechtsprechung.

Artikel 3b[4]

Tiere werden als Lebewesen und Mitgeschöpfe im Rahmen der verfassungsmäßigen Ordnung geachtet und geschützt.

Artikel 3c[5]

(1) Der Staat und die Gemeinden fördern das kulturelle Leben und den Sport unter Wahrung der Autonomie der Träger.

(2) Die Landschaft sowie die Denkmale der Kunst, der Geschichte und der Natur genießen öffentlichen Schutz und die Pflege des Staates und der Gemeinden.

II. Religion und Religionsgemeinschaften

Artikel 4

(1) Die Kirchen und die anerkannten Religions- und Weltanschauungsgemeinschaften entfalten sich in der Erfüllung ihrer religiösen Aufgaben frei von staatlichen Eingriffen.

---

[2] Eingefügt durch Gesetz v. 15.2.1995 (GBl. S. 269).
[3] Eingefügt durch Gesetz v. 15.2.1995 (GBl. S. 269).
[4] Eingefügt durch Gesetz v. 23.5.2000 (GBl. S. 449).
[5] Eingefügt durch Gesetz v. 23.5.2000 (GBl. S. 449).

(2) Ihre Bedeutung für die Bewahrung und Festigung der religiösen und sittlichen Grundlagen des menschlichen Lebens wird anerkannt.

Artikel 5

Für das Verhältnis des Staates zu den Kirchen und den anerkannten Religions- und Weltanschauungsgemeinschaften gilt Artikel 140 des Grundgesetzes für die Bundesrepublik Deutschland. Er ist Bestandteil dieser Verfassung.

Artikel 6

Die Wohlfahrtspflege der Kirchen und der anerkannten Religions- und Weltanschauungsgemeinschaften wird gewährleistet.

Artikel 7

(1) Die dauernden Verpflichtungen des Staates zu wiederkehrenden Leistungen an die Kirchen bleiben dem Grunde nach gewährleistet.
(2) Art und Höhe dieser Leistungen werden durch Gesetz oder Vertrag geregelt.
(3) Eine endgültige allgemeine Regelung soll durch Gesetz oder Vertrag getroffen werden.

Artikel 8

Rechte und Pflichten, die sich aus Verträgen mit der evangelischen und katholischen Kirche ergeben, bleiben von dieser Verfassung unberührt.

Artikel 9

Die Kirchen sind berechtigt, für die Ausbildung der Geistlichen Konvikte und Seminare zu errichten und zu führen.

Artikel 10

Die Besetzung der Lehrstühle der theologischen Fakultäten geschieht unbeschadet der in Artikel 8 genannten Verträge und unbeschadet abweichender Übung im Benehmen mit der Kirche.

III. Erziehung und Unterricht

Artikel 11

(1) Jeder junge Mensch hat ohne Rücksicht auf Herkunft oder wirtschaftliche Lage das Recht auf eine seiner Begabung entsprechende Erziehung und Ausbildung.
(2) Das öffentliche Schulwesen ist nach diesem Grundsatz zu gestalten.
(3) Staat, Gemeinden und Gemeindeverbände haben die erforderlichen Mittel, insbesondere auch Erziehungsbeihilfen, bereitzustellen.
(4) Das Nähere regelt ein Gesetz.

Artikel 12

(1) Die Jugend ist in Ehrfurcht vor Gott, im Geiste der christlichen Nächstenliebe, zur Brüderlichkeit aller Menschen und zur Friedensliebe, in der Liebe zu Volk

und Heimat, zu sittlicher und politischer Verantwortlichkeit, zu beruflicher und sozialer Bewährung und zu freiheitlicher demokratischer Gesinnung zu erziehen.

(2) Verantwortliche Träger der Erziehung sind in ihren Bereichen die Eltern, der Staat, die Religionsgemeinschaften, die Gemeinden und die in ihren Bünden gegliederte Jugend.

Artikel 13

Die Jugend ist gegen Ausbeutung und gegen sittliche, geistige und körperliche Gefährdung zu schützen. Staat und Gemeinden schaffen die erforderlichen Einrichtungen. Ihre Aufgaben können auch durch die freie Wohlfahrtspflege wahrgenommen werden.

Artikel 14

(1) Es besteht allgemeine Schulpflicht.

(2) Unterricht und Lernmittel an den öffentlichen Schulen sind unentgeltlich. Die Unentgeltlichkeit wird stufenweise verwirklicht. Auf gemeinnütziger Grundlage arbeitende private mittlere und höhere Schulen, die einem öffentlichen Bedürfnis entsprechen, als pädagogisch wertvoll anerkannt sind und eine gleichartige Befreiung gewähren, haben Anspruch auf Ausgleich der hierdurch entstehenden finanziellen Belastung. Den gleichen Anspruch haben auf gemeinnütziger Grundlage arbeitende private Volksschulen nach Artikel 15 Abs. 2. Näheres regelt ein Gesetz.

(3) Das Land hat den Gemeinden und Gemeindeverbänden den durch die Schulgeld- und Lernmittelfreiheit entstehenden Ausfall und Mehraufwand zu ersetzen. Die Schulträger können an dem Ausfall und Mehraufwand beteiligt werden. Näheres regelt ein Gesetz.

Artikel 15

(1) Die öffentlichen Volksschulen (Grund- und Hauptschulen) haben die Schulform der christlichen Gemeinschaftsschule nach den Grundsätzen und Bestimmungen, die am 9. Dezember 1951 in Baden für die Simultanschule mit christlichem Charakter gegolten haben.

(2) Öffentliche Volksschulen (Grund- und Hauptschulen) in Südwürttemberg-Hohenzollern, die am 31. März 1966 als Bekenntnisschulen eingerichtet waren, können auf Antrag der Erziehungsberechtigten in staatlich geförderte private Volksschulen desselben Bekenntnisses umgewandelt werden. Das Nähere regelt ein Gesetz, das einer Zweidrittelmehrheit bedarf.

(3) Das natürliche Recht der Eltern, die Erziehung und Bildung ihrer Kinder mitzubestimmen, muß bei der Gestaltung des Erziehungs- und Schulwesens berücksichtigt werden.

Artikel 16

(1) In christlichen Gemeinschaftsschulen werden die Kinder auf der Grundlage christlicher und abendländischer Bildungs- und Kulturwerte erzogen. Der Unterricht wird mit Ausnahme des Religionsunterrichts gemeinsam erteilt.

(2) Bei der Bestellung der Lehrer an den Volksschulen ist auf das religiöse und weltanschauliche Bekenntnis der Schüler nach Möglichkeit Rücksicht zu nehmen. Bekenntnismäßig nicht gebundene Lehrer dürfen jedoch nicht benachteiligt werden.

(3) Ergeben sich bei der Auslegung des christlichen Charakters der Volksschule Zweifelsfragen, so sind sie in gemeinsamer Beratung zwischen dem Staat, den Religionsgemeinschaften, den Lehrern und den Eltern zu beheben.

Artikel 17

(1) In allen Schulen waltet der Geist der Duldsamkeit und der sozialen Ethik.

(2) Die Schulaufsicht wird durch fachmännisch vorgebildete, hauptamtlich tätige Beamte ausgeübt.

(3) Prüfungen, durch die eine öffentlich anerkannte Berechtigung erworben werden soll, müssen vor staatlichen oder staatlich ermächtigten Stellen abgelegt werden.

(4) Die Erziehungsberechtigten wirken durch gewählte Vertreter an der Gestaltung des Lebens und der Arbeit der Schule mit. Näheres regelt ein Gesetz.

Artikel 18

Der Religionsunterricht ist an den öffentlichen Schulen ordentliches Lehrfach. Er wird nach den Grundsätzen der Religionsgemeinschaften und unbeschadet des allgemeinen Aufsichtsrechts des Staates von deren Beauftragten erteilt und beaufsichtigt. Die Teilnahme am Religionsunterricht und an religiösen Schulfeiern bleibt der Willenserklärung der Erziehungsberechtigten, die Erteilung des Religionsunterrichts der des Lehrers überlassen.

Artikel 19

(1) Die Ausbildung der Lehrer für die öffentlichen Grund- und Hauptschulen muß gewährleisten, daß die Lehrer zur Erziehung und zum Unterricht gemäß den in Artikel 15 genannten Grundsätzen befähigt sind. An staatlichen Einrichtungen erfolgt sie mit Ausnahme der in Absatz 2 genannten Fächer gemeinsam.

(2) Die Dozenten für Theologie und Religionspädagogik werden im Einvernehmen mit der zuständigen Kirchenleitung berufen.

Artikel 20

(1) Die Hochschule ist frei in Forschung und Lehre.

(2) Die Hochschule hat unbeschadet der staatlichen Aufsicht das Recht auf eine ihrem besonderen Charakter entsprechende Selbstverwaltung im Rahmen der Gesetze und ihrer staatlich anerkannten Satzungen.

(3) Bei der Ergänzung des Lehrkörpers wirkt sie durch Ausübung ihres Vorschlagsrechts mit.

Artikel 21

(1) Die Jugend ist in den Schulen zu freien und verantwortungsfreudigen Bürgern zu erziehen und an der Gestaltung des Schullebens zu beteiligen.

(2) In allen Schulen ist Gemeinschaftskunde ordentliches Lehrfach.

Artikel 22

Die Erwachsenenbildung ist vom Staat, den Gemeinden und den Landkreisen zu fördern.

Zweiter Hauptteil

Vom Staat und seinen Ordnungen

I. Die Grundlagen des Staates

Artikel 23

(1) Das Land Baden-Württemberg ist ein republikanischer, demokratischer und sozialer Rechtsstaat.

(2) Das Land ist ein Glied der Bundesrepublik Deutschland.

Artikel 24

(1) Die Landesfarben sind Schwarz-Gold.

(2) Das Landeswappen wird durch Gesetz bestimmt.

Artikel 25

(1) Die Staatsgewalt geht vom Volke aus. Sie wird vom Volke in Wahlen und Abstimmungen und durch besondere Organe der Gesetzgebung, der vollziehenden Gewalt und der Rechtsprechung ausgeübt.

(2) Die Gesetzgebung ist an die verfassungsmäßige Ordnung in Bund und Land, die vollziehende Gewalt und die Rechtsprechung sind an Gesetz und Recht gebunden.

(3) Die Gesetzgebung steht den gesetzgebenden Organen zu. Die Rechtsprechung wird durch unabhängige Richter ausgeübt. Die Verwaltung liegt in der Hand von Regierung und Selbstverwaltung.

Artikel 26

(1) Wahl- und stimmberechtigt ist jeder Deutsche, der im Lande wohnt oder sich sonst gewöhnlich aufhält und am Tage der Wahl oder Abstimmung das 18. Lebensjahr vollendet hat.[6]

(2) [aufgehoben][7]

(3) Die Ausübung des Wahl- und Stimmrechts ist Bürgerpflicht.

(4) Alle nach der Verfassung durch das Volk vorzunehmenden Wahlen und Abstimmungen sind allgemein, frei, gleich, unmittelbar und geheim.

---

[6]   Geändert durch Gesetz v. 17.3.1970 (GBl. S. 83).
[7]   Aufgehoben durch Gesetz v. 12.2.1991 (GBl. S. 81).

(5) Bei Volksabstimmungen wird mit Ja oder Nein gestimmt.

(6) Der Wahl- oder Abstimmungstag muß ein Sonntag sein.

(7) Das Nähere bestimmt ein Gesetz. Es kann das Wahl- und Stimmrecht von einer bestimmten Dauer des Aufenthalts im Lande und, wenn der Wahl- und Stimmberechtigte mehrere Wohnungen innehat, auch davon abhängig machen, daß seine Hauptwohnung im Lande liegt.[8]

(8) Für Wahlen und Abstimmungen in Gemeinden und Kreisen gilt Artikel 72.

II. Der Landtag

Artikel 27

(1) Der Landtag ist die gewählte Vertretung des Volkes.

(2) Der Landtag übt die gesetzgebende Gewalt aus und überwacht die Ausübung der vollziehenden Gewalt nach Maßgabe dieser Verfassung.

(3) Die Abgeordneten sind Vertreter des ganzen Volkes. Sie sind nicht an Aufträge und Weisungen gebunden und nur ihrem Gewissen unterworfen.

Artikel 28

(1) Die Abgeordneten werden nach einem Verfahren gewählt, das die Persönlichkeitswahl mit den Grundsätzen der Verhältniswahl verbindet.

(2) Wählbar ist jeder Wahlberechtigte.[9] Die Wählbarkeit kann von einer bestimmten Dauer der Staatsangehörigkeit und des Aufenthalts im Lande abhängig gemacht werden.

(3) Das Nähere bestimmt ein Gesetz. Es kann die Zuteilung von Sitzen davon abhängig machen, daß ein Mindestanteil der im Lande abgegebenen gültigen Stimmen erreicht wird. Der geforderte Anteil darf fünf vom Hundert nicht überschreiten.

Artikel 29

(1) Wer sich um einen Sitz im Landtag bewirbt, hat Anspruch auf den zur Vorbereitung seiner Wahl erforderlichen Urlaub.

(2) Niemand darf gehindert werden, das Amt eines Abgeordneten zu übernehmen und auszuüben. Eine Kündigung oder Entlassung aus einem Dienst- oder Arbeitsverhältnis aus diesem Grunde ist unzulässig.

Artikel 30

(1) Die Wahlperiode des Landtags dauert fünf Jahre.[10] Sie beginnt mit dem Ablauf der Wahlperiode des alten Landtags, nach einer Auflösung des Landtags mit dem Tage der Neuwahl.

---

[8] Geändert durch Gesetz v. 11.4.1983 (GBl. S. 141).

[9] Geändert durch Gesetz v. 19.11.1974 (GBl. S. 186).

[10] Geändert durch Gesetz v. 15.2.1995 (GBl. S. 269)

(2) Die Neuwahl muß vor Ablauf der Wahlperiode, im Falle der Auflösung des Landtags binnen sechzig Tagen stattfinden.

(3) Der Landtag tritt spätestens am sechzehnten Tage nach Beginn der Wahlperiode zusammen. Die erste Sitzung wird vom Alterspräsidenten einberufen und geleitet.

(4) Der Landtag bestimmt den Schluß und den Wiederbeginn seiner Sitzungen. Der Präsident kann den Landtag früher einberufen. Er ist dazu verpflichtet, wenn ein Viertel der Mitglieder des Landtags oder die Regierung es verlangt.

Artikel 31

(1) Die Wahlprüfung ist Sache des Landtags. Er entscheidet auch, ob ein Abgeordneter seinen Sitz im Landtag verloren hat.

(2) Die Entscheidungen können beim Staatsgerichtshof angefochten werden.

(3) Das Nähere bestimmt ein Gesetz.

Artikel 32

(1) Der Landtag wählt seinen Präsidenten und dessen Stellvertreter, die zusammen mit weiteren Mitgliedern das Präsidium bilden, sowie die Schriftführer. Der Landtag gibt sich eine Geschäftsordnung, die nur mit einer Mehrheit von zwei Dritteln der anwesenden Abgeordneten geändert werden kann.

(2) Der Präsident übt das Hausrecht und die Polizeigewalt im Sitzungsgebäude aus. Ohne seine Zustimmung darf im Sitzungsgebäude keine Durchsuchung oder Beschlagnahme stattfinden.

(3) Der Präsident verwaltet die wirtschaftlichen Angelegenheiten des Landtags nach Maßgabe des Haushaltsgesetzes. Er vertritt das Land im Rahmen der Verwaltung des Landtags. Ihm steht die Einstellung und Entlassung der Angestellten und Arbeiter sowie im Einvernehmen mit dem Präsidium die Ernennung und Entlassung der Beamten des Landtags zu. Der Präsident ist oberste Dienstbehörde für die Beamten, Angestellten und Arbeiter des Landtags.

(4) Bis zum Zusammentritt eines neugewählten Landtags führt der bisherige Präsident die Geschäfte fort.

Artikel 33

(1) Der Landtag verhandelt öffentlich. Die Öffentlichkeit wird ausgeschlossen, wenn der Landtag es auf Antrag von zehn Abgeordneten oder eines Mitglieds der Regierung mit einer Mehrheit von zwei Dritteln der anwesenden Abgeordneten beschließt. Über den Antrag wird in nichtöffentlicher Sitzung entschieden.

(2) Der Landtag beschließt mit der Mehrheit der abgegebenen Stimmen, sofern die Verfassung nichts anderes bestimmt. Für die vom Landtag vorzunehmenden Wahlen kann die Geschäftsordnung Ausnahmen zulassen. Der Landtag gilt als beschlußfähig, solange nicht auf Antrag eines seiner Mitglieder vom Präsidenten festgestellt wird, daß weniger als die Hälfte der Abgeordneten anwesend sind.

(3) Für wahrheitsgetreue Berichte über die öffentlichen Sitzungen des Landtags und seiner Ausschüsse darf niemand zur Verantwortung gezogen werden.

Artikel 34

(1) Der Landtag und seine Ausschüsse können die Anwesenheit eines jeden Mitglieds der Regierung verlangen.

(2) Die Mitglieder der Regierung und ihre Beauftragten haben zu den Sitzungen des Landtags und seiner Ausschüsse Zutritt und müssen jederzeit gehört werden. Sie unterstehen der Ordnungsgewalt des Präsidenten und der Vorsitzenden der Ausschüsse. Der Zutritt der Mitglieder der Regierung und ihrer Beauftragten zu den Sitzungen der Untersuchungsausschüsse und ihr Rederecht in diesen Sitzungen wird durch Gesetz geregelt.

Artikel 34a[11]

(1) Die Landesregierung unterrichtet zum frühestmöglichen Zeitpunkt den Landtag über alle Vorhaben im Rahmen der Europäischen Union, die für das Land von herausragender politischer Bedeutung sind und wesentliche Interessen des Landes unmittelbar berühren, und gibt ihm die Gelegenheit zur Stellungnahme.

(2) Bei Vorhaben, die Gesetzgebungszuständigkeiten der Länder wesentlich berühren, berücksichtigt die Landesregierung die Stellungnahmen des Landtags. Entsprechendes gilt bei der Übertragung von Hoheitsrechten der Länder auf die Europäische Union.

(3) Einzelheiten der Unterrichtung und Beteiligung des Landtags bleiben einer Vereinbarung zwischen Landesregierung und Landtag vorbehalten.

Artikel 35

(1) Der Landtag hat das Recht und auf Antrag von einem Viertel seiner Mitglieder die Pflicht, Untersuchungsausschüsse einzusetzen. Der Gegenstand der Untersuchung ist im Beschluß genau festzulegen.

(2) Die Ausschüsse erheben in öffentlicher Verhandlung die Beweise, welche sie oder die Antragsteller für erforderlich erachten. Beweise sind zu erheben, wenn sie von einem Viertel der Mitglieder des Ausschusses beantragt werden. Die Öffentlichkeit kann ausgeschlossen werden.

(3) Gerichte und Verwaltungsbehörden sind zur Rechts- und Amtshilfe verpflichtet.

(4) Das Nähere über die Einsetzung, die Befugnisse und das Verfahren der Untersuchungsausschüsse wird durch Gesetz geregelt. Das Briefgeheimnis sowie das Post- und Fernmeldegeheimnis bleiben unberührt.

(5) Die Gerichte sind frei in der Würdigung und Beurteilung des Sachverhalts, welcher der Untersuchung zugrunde liegt.

---

[11] Eingefügt durch Gesetz v. 15.2.1995 (GBl. S. 269).

Artikel 35a[12]

(1) Der Landtag bestellt einen Petitionsausschuß, dem die Behandlung der nach Artikel 2 Abs. 1 dieser Verfassung und Artikel 17 des Grundgesetzes an den Landtag gerichteten Bitten und Beschwerden obliegt. Nach Maßgabe der Geschäftsordnung des Landtags können Bitten und Beschwerden auch einem anderen Ausschuß überwiesen werden.

(2) Die Befugnisse des Petitionsausschusses zur Überprüfung von Bitten und Beschwerden werden durch Gesetz geregelt.

Artikel 36

(1) Der Landtag bestellt einen Ständigen Ausschuß, der die Rechte des Landtags gegenüber der Regierung vom Ablauf der Wahlperiode oder von der Auflösung des Landtags an bis zum Zusammentritt eines neugewählten Landtags wahrt. Der Ausschuß hat in dieser Zeit auch die Rechte eines Untersuchungsausschusses.

(2) Weitergehende Befugnisse, insbesondere das Recht der Gesetzgebung, der Wahl des Ministerpräsidenten sowie der Anklage von Abgeordneten und von Mitgliedern der Regierung, stehen dem Ausschuß nicht zu.

Artikel 37

Ein Abgeordneter darf zu keiner Zeit wegen seiner Abstimmung oder wegen einer Äußerung, die er im Landtag, in einem Ausschuß, in einer Fraktion oder sonst in Ausübung seines Mandats getan hat, gerichtlich oder dienstlich verfolgt oder anderweitig außerhalb des Landtags zur Verantwortung gezogen werden.

Artikel 38

(1) Ein Abgeordneter kann nur mit Einwilligung des Landtags wegen einer mit Strafe bedrohten Handlung oder aus sonstigen Gründen zur Untersuchung gezogen, festgenommen, festgehalten oder verhaftet werden, es sei denn, daß er bei Verübung einer strafbaren Handlung oder spätestens im Laufe des folgenden Tages festgenommen wird.

(2) Jedes Strafverfahren gegen einen Abgeordneten und jede Haft oder sonstige Beschränkung seiner persönlichen Freiheit ist auf Verlangen des Landtags für die Dauer der Wahlperiode aufzuheben.

Artikel 39

Die Abgeordneten können über Personen, die ihnen in ihrer Eigenschaft als Abgeordnete oder denen sie als Abgeordnete Tatsachen anvertraut haben, sowie über diese Tatsachen selbst das Zeugnis verweigern. Personen, deren Mitarbeit ein Abgeordneter in Ausübung seines Mandats in Anspruch nimmt, können das Zeugnis über die Wahrnehmungen verweigern, die sie anläßlich dieser Mitarbeit ge-

---

[12] Eingefügt durch Gesetz v. 6.2.1975 (GBl. S. 65).

macht haben. Soweit Abgeordnete und ihre Mitarbeiter dieses Recht haben, ist die Beschlagnahme von Schriftstücken unzulässig.

Artikel 40

Die Abgeordneten haben Anspruch auf eine angemessene Entschädigung, die ihre Unabhängigkeit sichert. Sie haben innerhalb des Landes das Recht der freien Benutzung aller staatlichen Verkehrsmittel. Näheres bestimmt ein Gesetz.

Artikel 41

(1) Wer zum Abgeordneten gewählt ist, erwirbt die rechtliche Stellung eines Abgeordneten mit der Annahme der Wahl. Der Gewählte kann die Wahl ablehnen.

(2) Ein Abgeordneter kann jederzeit auf sein Mandat verzichten. Der Verzicht ist von ihm selbst dem Präsidenten des Landtags schriftlich zu erklären. Die Erklärung ist unwiderruflich.

(3) Verliert ein Abgeordneter die Wählbarkeit, so erlischt sein Mandat.

Artikel 42

(1) Erhebt sich der dringende Verdacht, daß ein Abgeordneter seine Stellung als solcher in gewinnsüchtiger Absicht mißbraucht habe, so kann der Landtag beim Staatsgerichtshof ein Verfahren mit dem Ziel beantragen, ihm sein Mandat abzuerkennen.

(2) Der Antrag auf Erhebung der Anklage muß von mindestens einem Drittel der Mitglieder des Landtags gestellt werden. Der Beschluß auf Erhebung der Anklage erfordert bei Anwesenheit von mindestens zwei Dritteln der Mitglieder des Landtags eine Zweidrittelmehrheit, die jedoch mehr als die Hälfte der Mitglieder des Landtags betragen muß.

Artikel 43[13]

(1) Der Landtag kann sich auf Antrag eines Viertels seiner Mitglieder vor Ablauf seiner Wahlperiode durch eigenen Beschluß, der der Zustimmung von zwei Dritteln seiner Mitglieder bedarf, selbst auflösen. Zwischen Antrag und Abstimmung müssen mindestens drei Tage liegen.

(2) Der Landtag ist ferner aufgelöst, wenn die Auflösung von einem Sechstel der Wahlberechtigten verlangt wird und bei einer binnen sechs Wochen vorzunehmenden Volksabstimmung die Mehrheit der Stimmberechtigten diesem Verlangen beitritt.

Artikel 44

Die Vorschriften der Artikel 29 Abs. 2, 37, 38, 39 und 40 gelten für die Mitglieder des Präsidiums und des Ständigen Ausschusses sowie deren erste Stellvertreter auch

---

[13] Neugefaßt durch Gesetz v. 15.2.1995 (GBl. S. 269).

für die Zeit nach Ablauf der Wahlperiode oder nach Auflösung des Landtags bis zum Zusammentritt eines neugewählten Landtags.

III. Die Regierung

Artikel 45

(1) Die Regierung übt die vollziehende Gewalt aus.

(2) Die Regierung besteht aus dem Ministerpräsidenten und den Ministern. Als weitere Mitglieder der Regierung können Staatssekretäre und ehrenamtliche Staatsräte ernannt werden. Die Zahl der Staatssekretäre darf ein Drittel der Zahl der Minister nicht übersteigen. Staatssekretären und Staatsräten kann durch Beschluß des Landtags Stimmrecht verliehen werden.

(3) Die Regierung beschließt unbeschadet des Gesetzgebungsrechts des Landtags über die Geschäftsbereiche ihrer Mitglieder. Der Beschluß bedarf der Zustimmung des Landtags.

(4) Der Ministerpräsident kann einen Geschäftsbereich selbst übernehmen.

Artikel 46

(1) Der Ministerpräsident wird vom Landtag mit der Mehrheit seiner Mitglieder ohne Aussprache in geheimer Abstimmung gewählt. Wählbar ist, wer zum Abgeordneten gewählt werden kann und das 35. Lebensjahr vollendet hat.

(2) Der Ministerpräsident beruft und entläßt die Minister, Staatssekretäre und Staatsräte. Er bestellt seinen Stellvertreter.

(3) Die Regierung bedarf zur Amtsübernahme der Bestätigung durch den Landtag. Der Beschluß muß mit mehr als der Hälfte der abgegebenen Stimmen gefaßt werden.

(4) Die Berufung eines Mitglieds der Regierung durch den Ministerpräsidenten nach der Bestätigung bedarf der Zustimmung des Landtags.

Artikel 47

Wird die Regierung nicht innerhalb von drei Monaten nach dem Zusammentritt des neugewählten Landtags oder nach der sonstigen Erledigung des Amtes des Ministerpräsidenten gebildet und bestätigt, so ist der Landtag aufgelöst.

Artikel 48

Die Mitglieder der Regierung leisten beim Amtsantritt den Amtseid vor dem Landtag. Er lautet:

> „Ich schwöre, daß ich meine Kraft dem Wohle des Volkes widmen, seinen Nutzen mehren, Schaden von ihm wenden, Verfassung und Recht wahren und verteidigen, meine Pflichten gewissenhaft erfüllen und Gerechtigkeit gegen jedermann üben werde. So wahr mir Gott helfe."

Der Eid kann auch ohne religiöse Beteuerung geleistet werden.

Artikel 49

(1) Der Ministerpräsident bestimmt die Richtlinien der Politik und trägt dafür die Verantwortung. Er führt den Vorsitz in der Regierung und leitet ihre Geschäfte nach einer von der Regierung zu beschließenden Geschäftsordnung. Die Geschäftsordnung ist zu veröffentlichen. Innerhalb der Richtlinien der Politik leitet jeder Minister seinen Geschäftsbereich selbständig unter eigener Verantwortung.

(2) Die Regierung beschließt insbesondere über Gesetzesvorlagen, über die Stimmabgabe des Landes im Bundesrat, über Angelegenheiten, in denen ein Gesetz dies vorschreibt, über Meinungsverschiedenheiten, die den Geschäftskreis mehrerer Ministerien berühren, und über Fragen von grundsätzlicher oder weittragender Bedeutung.

(3) Die Regierung beschließt mit Mehrheit der anwesenden stimmberechtigten Mitglieder. Jedes Mitglied hat nur eine Stimme, auch wenn es mehrere Geschäftsbereiche leitet.

Artikel 50

Der Ministerpräsident vertritt das Land nach außen. Der Abschluß von Staatsverträgen bedarf der Zustimmung der Regierung und des Landtags.

Artikel 51

Der Ministerpräsident ernennt die Richter und Beamten des Landes. Dieses Recht kann durch Gesetz auf andere Behörden übertragen werden.

Artikel 52

(1) Der Ministerpräsident übt das Gnadenrecht aus. Er kann dieses Recht, soweit es sich nicht um schwere Fälle handelt, mit Zustimmung der Regierung auf andere Behörden übertragen.

(2) Ein allgemeiner Straferlaß und eine allgemeine Niederschlagung anhängiger Strafverfahren können nur durch Gesetz ausgesprochen werden.

Artikel 53

(1) Das Amtsverhältnis der Mitglieder der Regierung, insbesondere die Besoldung und Versorgung der Minister und Staatssekretäre, regelt ein Gesetz.

(2) Die hauptamtlichen Mitglieder der Regierung dürfen kein anderes besoldetes Amt, kein Gewerbe und keinen Beruf ausüben. Kein Mitglied der Regierung darf der Leitung oder dem Aufsichtsorgan eines auf wirtschaftliche Betätigung gerichteten Unternehmens angehören. Ausnahmen kann der Landtag zulassen.

Artikel 54

(1) Der Landtag kann dem Ministerpräsidenten das Vertrauen nur dadurch entziehen, daß er mit der Mehrheit seiner Mitglieder einen Nachfolger wählt und die von diesem gebildete Regierung gemäß Artikel 46 Abs. 3 bestätigt.

(2) Zwischen dem Antrag auf Abberufung und der Wahl müssen mindestens drei Tage liegen.

Artikel 55

(1) Die Regierung und jedes ihrer Mitglieder können jederzeit ihren Rücktritt erklären.

(2) Das Amt des Ministerpräsidenten und der übrigen Mitglieder der Regierung endet mit dem Zusammentritt eines neuen Landtags, das Amt eines Ministers, eines Staatssekretärs und eines Staatsrats auch mit jeder anderen Erledigung des Amtes des Ministerpräsidenten.

(3) Im Falle des Rücktritts oder einer sonstigen Beendigung des Amtes haben die Mitglieder der Regierung bis zur Amtsübernahme der Nachfolger ihr Amt weiterzuführen.

Artikel 56

Auf Beschluß von zwei Dritteln der Mitglieder des Landtags muß der Ministerpräsident ein Mitglied der Regierung entlassen.

Artikel 57

(1) Die Mitglieder der Regierung können wegen vorsätzlicher oder grobfahrlässiger Verletzung der Verfassung oder eines anderen Gesetzes auf Beschluß des Landtags vor dem Staatsgerichtshof angeklagt werden.

(2) Der Antrag auf Erhebung der Anklage muß von mindestens einem Drittel der Mitglieder des Landtags unterzeichnet werden. Der Beschluß erfordert bei Anwesenheit von mindestens zwei Dritteln der Mitglieder des Landtags eine Zweidrittelmehrheit, die jedoch mehr als die Hälfte der Mitglieder des Landtags betragen muß. Der Staatsgerichtshof kann einstweilen anordnen, daß das angeklagte Mitglied der Regierung sein Amt nicht ausüben darf. Die Anklage wird durch den vor oder nach ihrer Erhebung erfolgten Rücktritt des Mitglieds der Regierung oder durch dessen Abberufung oder Entlassung nicht berührt.

(3) Befindet der Staatsgerichtshof im Sinne der Anklage, so kann er dem Mitglied der Regierung sein Amt aberkennen; Versorgungsansprüche können ganz oder teilweise entzogen werden.

(4) Wird gegen ein Mitglied der Regierung in der Öffentlichkeit ein Vorwurf im Sinne des Absatzes 1 erhoben, so kann es mit Zustimmung der Regierung die Entscheidung des Staatsgerichtshofs beantragen.

IV. Die Gesetzgebung

Artikel 58

Niemand kann zu einer Handlung, Unterlassung oder Duldung gezwungen werden, wenn nicht ein Gesetz oder eine auf Gesetz beruhende Bestimmung es verlangt oder zuläßt.

Artikel 59[14]

(1) Gesetzesvorlagen werden von der Regierung, von Abgeordneten oder vom Volk durch Volksbegehren eingebracht.

(2) Dem Volksbegehren muß ein ausgearbeiteter und mit Gründen versehener Gesetzentwurf zugrunde liegen. Das Volksbegehren ist zustande gekommen, wenn es von mindestens einem Sechstel der Wahlberechtigten gestellt wird. Das Volksbegehren ist von der Regierung mit ihrer Stellungnahme unverzüglich dem Landtag zu unterbreiten.

(3) Die Gesetze werden vom Landtag oder durch Volksabstimmung beschlossen.

Artikel 60[15]

(1) Eine durch Volksbegehren eingebrachte Gesetzesvorlage ist zur Volksabstimmung zu bringen, wenn der Landtag der Gesetzesvorlage nicht unverändert zustimmt. In diesem Fall kann der Landtag dem Volk einen eigenen Gesetzentwurf zur Entscheidung mitvorlegen.

(2) Die Regierung kann ein vom Landtag beschlossenes Gesetz vor seiner Verkündung zur Volksabstimmung bringen, wenn ein Drittel der Mitglieder des Landtags es beantragt. Die angeordnete Volksabstimmung unterbleibt, wenn der Landtag mit Zweidrittelmehrheit das Gesetz erneut beschließt.

(3) Wenn ein Drittel der Mitglieder des Landtags es beantragt, kann die Regierung eine von ihr eingebrachte, aber vom Landtag abgelehnte Gesetzesvorlage zur Volksabstimmung bringen.

(4) Der Antrag nach Absatz 2 und Absatz 3 ist innerhalb von zwei Wochen nach der Schlußabstimmung zu stellen. Die Regierung hat sich innerhalb von zehn Tagen nach Eingang des Antrags zu entscheiden, ob sie die Volksabstimmung anordnen will.

(5) Bei der Volksabstimmung entscheidet die Mehrheit der abgegebenen gültigen Stimmen. Das Gesetz ist beschlossen, wenn mindestens ein Drittel der Stimmberechtigten zustimmt.

(6) Über Abgabengesetze, Besoldungsgesetze und das Staatshaushaltsgesetz findet keine Volksabstimmung statt.

Artikel 61

(1) Die Ermächtigung zum Erlaß von Rechtsverordnungen kann nur durch Gesetz erteilt werden. Dabei müssen Inhalt, Zweck und Ausmaß der erteilten Ermächtigung bestimmt werden. Die Rechtsgrundlage ist in der Verordnung anzugeben.

(2) Die zur Ausführung der Gesetze erforderlichen Rechtsverordnungen und Verwaltungsvorschriften erläßt, soweit die Gesetze nichts anderes bestimmen, die Regierung.

---

[14] Neugefaßt durch Gesetz v. 16.5.1974 (GBl. S. 186).
[15] Neugefaßt durch Gesetz v. 16.5.1974 (GBl. S. 186).

Artikel 62

(1) Ist bei drohender Gefahr für den Bestand oder die freiheitliche demokratische Grundordnung des Landes oder für die lebensnotwendige Versorgung der Bevölkerung sowie bei einem Notstand infolge einer Naturkatastrophe oder eines besonders schweren Unglückfalls der Landtag verhindert, sich alsbald zu versammeln, so nimmt ein Ausschuß des Land tags als Notparlament die Rechte des Landtags wahr. Die Verfassung darf durch ein von diesem Ausschuß beschlossenes Gesetz nicht geändert werden. Die Befugnis, dem Ministerpräsidenten das Vertrauen zu entziehen, steht dem Ausschuß nicht zu.

(2) Solange eine Gefahr für den Bestand oder die freiheitliche demokratische Grundordnung des Landes droht, finden durch das Volk vorzunehmende Wahlen und Abstimmungen nicht statt. Die Feststellung, daß Wahlen und Abstimmungen nicht stattfinden, trifft der Landtag mit einer Mehrheit von zwei Dritteln seiner Mitglieder. Ist der Landtag verhindert, sich alsbald zu versammeln, so trifft der in Absatz 1 Satz 1 genannte Ausschuß die Feststellung mit einer Mehrheit von zwei Dritteln seiner Mitglieder. Die verschobenen Wahlen und Abstimmungen sind innerhalb von sechs Monaten, nachdem der Landtag festgestellt hat, daß die Gefahr beendet ist, durchzuführen. Die Amtsdauer der in Betracht kommen den Personen und Körperschaften verlängert sich bis zum Ablauf des Tages der Neuwahl.

(3) Die Feststellung, daß der Landtag verhindert ist, sich alsbald zu versammeln, trifft der Präsident des Landtags.

Artikel 63

(1) Die verfassungsmäßig zustande gekommenen Gesetze werden durch den Ministerpräsidenten ausgefertigt und binnen Monatsfrist im Gesetzblatt des Landes verkündet. Sie werden vom Ministerpräsidenten und mindestens der Hälfte der Minister unterzeichnet. Wenn der Landtag die Dringlichkeit beschließt, müssen sie sofort ausgefertigt und verkündet werden.

(2) Rechtsverordnungen werden von der Stelle, die sie erläßt, ausgefertigt und, soweit das Gesetz nichts anderes bestimmt, im Gesetzblatt verkündet.

(3) Gesetze nach Artikel 62 werden, falls eine rechtzeitige Verkündung im Gesetzblatt nicht möglich ist, auf andere Weise öffentlich bekanntgemacht. Die Verkündung im Gesetzblatt ist nachzuholen, sobald die Umstände es zulassen.

(4) Gesetze und Rechtsverordnungen sollen den Tag bestimmen, an dem sie in Kraft treten. Fehlt eine solche Bestimmung, so treten sie mit dem vierzehnten Tage nach Ablauf des Tages in Kraft, an dem das Gesetzblatt ausgegeben worden ist.

Artikel 64

(1) Die Verfassung kann durch Gesetz geändert werden. Ein Änderungsantrag darf den Grundsätzen des republikanischen, demokratischen und sozialen Rechtsstaats nicht widersprechen. Die Entscheidung, ob ein Änderungsantrag zuläs-

sig ist, trifft auf Antrag der Regierung oder eines Viertels der Mitglieder des Landtags der Staatsgerichtshof.

(2) Die Verfassung kann vom Landtag geändert werden, wenn bei Anwesenheit von mindestens zwei Dritteln seiner Mitglieder eine Zweidrittelmehrheit, die jedoch mehr als die Hälfte seiner Mitglieder betragen muß, es beschließt.

(3) Die Verfassung kann durch Volksabstimmung geändert werden, wenn mehr als die Hälfte der Mitglieder des Landtags dies beantragt hat. Sie kann ferner durch eine Volksabstimmung nach Artikel 60 Abs. 1 geändert werden. Das verfassungsändernde Gesetz ist beschlossen, wenn die Mehrheit der Stimmberechtigten zustimmt.[16]

(4) Ohne vorherige Änderung der Verfassung können Gesetze, welche Bestimmungen der Verfassung durchbrechen, nicht beschlossen werden.

V. Die Rechtspflege

Artikel 65

(1) Die rechtsprechende Gewalt wird im Namen des Volkes durch die Gerichte ausgeübt, die gemäß den Gesetzen des Bundes und des Landes errichtet sind.

(2) Die Richter sind unabhängig und nur dem Gesetz unterworfen.

Artikel 66

(1) Die hauptamtlich und planmäßig endgültig angestellten Richter können wider ihren Willen nur kraft richterlicher Entscheidung und nur aus Gründen und unter den Formen, welche die Gesetze bestimmen, vor Ablauf ihrer Amtszeit entlassen oder dauernd oder zeitweise ihres Amtes enthoben oder an eine andere Stelle oder in den Ruhestand versetzt werden. Die Gesetzgebung kann Altersgrenzen festsetzen, bei deren Erreichung auf Lebenszeit angestellte Richter in den Ruhestand treten. Bei Veränderung der Einrichtung der Gerichte oder ihrer Bezirke können Richter an ein anderes Gericht versetzt oder aus dem Amte entfernt werden, jedoch nur unter Belassung des vollen Gehaltes.

(2) Verstößt ein Richter im Amt oder außerhalb des Amtes gegen die verfassungsmäßige Ordnung, so kann auf Antrag der Mehrheit der Mitglieder des Landtags das Bundesverfassungsgericht mit Zweidrittelmehrheit anordnen, daß der Richter in ein anderes Amt oder in den Ruhestand zu versetzen ist. Im Falle eines vorsätzlichen Verstoßes kann auf Entlassung erkannt werden.

(3) Im übrigen wird die Rechtsstellung der Richter durch ein besonderes Gesetz geregelt. Das Gesetz bestimmt auch den Amtseid der Richter.

---

[16] Neugefaßt durch Gesetz v. 16.5.1974 (GBl. S. 186).

Artikel 67

(1) Wird jemand durch die öffentliche Gewalt in seinen Rechten verletzt, so steht ihm der Rechtsweg offen.

(2) Über Streitigkeiten im Sinne des Absatzes 1 sowie über sonstige öffentlich-rechtliche Streitigkeiten entscheiden Verwaltungsgerichte, soweit nicht die Zuständigkeit eines anderen Gerichtes gesetzlich begründet ist.

(3) Gegen Entscheidungen der Verwaltungsgerichte im ersten Rechtszug ist ein Rechtsmittel zulässig.

(4) Das Nähere bestimmt ein Gesetz.

Artikel 68

(1) Es wird ein Staatsgerichtshof gebildet. Er entscheidet

1. über die Auslegung dieser Verfassung aus Anlaß von Streitigkeiten über den Umfang der Rechte und Pflichten eines obersten Landesorgans oder anderer Beteiligter, die durch die Verfassung oder in der Geschäftsordnung des Landtags oder der Regierung mit eigener Zuständigkeit ausgestattet sind,

2. bei Zweifeln oder Meinungsverschiedenheiten über die Vereinbarkeit von Landesrecht mit dieser Verfassung,

3. über die Vereinbarkeit eines Landesgesetzes mit dieser Verfassung, nachdem ein Gericht das Verfahren gemäß Artikel 100 Abs. 1 des Grundgesetzes für die Bundesrepublik Deutschland ausgesetzt hat,

4. in den übrigen durch diese Verfassung oder durch Gesetz ihm zugewiesenen Angelegenheiten.

(2) Antragsberechtigt sind in den Fällen

1. des Absatzes 1 Nr. 1 die obersten Landesorgane oder die Beteiligten im Sinne des Absatzes 1 Nr. 1,

2. des Absatzes 1 Nr. 2 ein Viertel der Mitglieder des Landtags oder die Regierung.

(3) Der Staatsgerichtshof besteht aus neun Mitgliedern, und zwar drei Berufsrichtern, drei Mitgliedern mit der Befähigung zum Richteramt und drei Mitgliedern, bei denen diese Voraussetzung nicht vorliegt. Die Mitglieder des Staatsgerichtshofs werden vom Landtag auf die Dauer von neun Jahren gewählt. Aus jeder Gruppe ist ein Mitglied alle drei Jahre neu zu bestellen. Scheidet ein Richter vorzeitig aus, so wird für den Rest seiner Amtszeit ein Nachfolger gewählt. Zum Vorsitzenden ist einer der Berufsrichter zu bestellen. Die Mitglieder dürfen weder dem Bundestag, dem Bundesrat, der Bundesregierung noch entsprechenden Organen eines Landes angehören.

(4) Ein Gesetz regelt das Nähere, insbesondere Verfassung und Verfahren des Staatsgerichtshofs. Es bestimmt, in welchen Fällen seine Entscheidungen Gesetzeskraft haben.

VI. Die Verwaltung

Artikel 69

Die Verwaltung wird durch die Regierung, die ihr unterstellten Behörden und durch die Träger der Selbstverwaltung ausgeübt.

Artikel 70

(1) Aufbau, räumliche Gliederung und Zuständigkeiten der Landesverwaltung werden durch Gesetz geregelt. Aufgaben, die von nachgeordneten Verwaltungsbehörden zuverlässig und zweckmäßig erfüllt werden können, sind diesen zuzuweisen.

(2) Die Einrichtung der staatlichen Behörden im einzelnen obliegt der Regierung, auf Grund der von ihr erteilten Ermächtigung den Ministern.

Artikel 71

(1) Das Land gewährleistet den Gemeinden und Gemeindeverbänden sowie den Zweckverbänden das Recht der Selbstverwaltung. Sie verwalten ihre Angelegenheiten im Rahmen der Gesetze unter eigener Verantwortung. Das gleiche gilt für sonstige öffentlich-rechtliche Körperschaften und Anstalten in den durch Gesetz gezogenen Grenzen.

(2) Die Gemeinden sind in ihrem Gebiet die Träger der öffentlichen Aufgaben, soweit nicht bestimmte Aufgaben im öffentlichen Interesse durch Gesetz anderen Stellen übertragen sind. Die Gemeindeverbände haben innerhalb ihrer Zuständigkeit die gleiche Stellung.

(3) Den Gemeinden und Gemeindeverbänden kann durch Gesetz die Erledigung bestimmter öffentlicher Aufgaben übertragen werden. Dabei sind Bestimmungen über die Deckung der Kosten zu treffen. Führen diese Aufgaben zu einer Mehrbelastung der Gemeinden oder Gemeindeverbände, so ist ein entsprechender finanzieller Ausgleich zu schaffen.

(4) Bevor durch Gesetz oder Verordnung allgemeine Fragen geregelt werden, welche die Gemeinden und Gemeindeverbände berühren, sind diese oder ihre Zusammenschlüsse rechtzeitig zu hören.

Artikel 72[17]

(1) In den Gemeinden und Kreisen muß das Volk eine Vertretung haben, die aus allgemeinen, unmittelbaren, freien, gleichen und geheimen Wahlen hervorgegangen ist. Bei Wahlen in Kreisen und Gemeinden sind auch Personen, die die Staatsangehörigkeit eines Mitgliedstaates der Europäischen Gemeinschaft besitzen, nach Maßgabe von Recht der Europäischen Gemeinschaft wahlberechtigt und wählbar sowie bei Abstimmung stimmberechtigt.

---

[17] Neugefaßt durch Gesetz v. 15.2.1995 (GBl. S. 269).

(2) Wird in einer Gemeinde mehr als eine gültige Wahlvorschlagliste eingereicht, so muß die Wahl unter Berücksichtigung der Grundsätze der Verhältniswahl erfolgen. Durch Gemeindesatzung kann Teilorten eine Vertretung im Gemeinderat gesichert werden. In kleinen Gemeinden kann an die Stelle einer gewählten Vertretung die Gemeindeversammlung treten.

(3) Das Nähere regelt ein Gesetz.

Artikel 73

(1) Das Land sorgt dafür, daß die Gemeinden und Gemeindeverbände ihre Aufgaben erfüllen können.

(2) Die Gemeinden und Kreise haben das Recht, eigene Steuern und andere Abgaben nach Maßgabe der Gesetze zu erheben.

(3) Die Gemeinden und Gemeindeverbände werden unter Berücksichtigung der Aufgaben des Landes an dessen Steuereinnahmen beteiligt. Näheres regelt ein Gesetz.

Artikel 74

(1) Das Gebiet von Gemeinden und Gemeindeverbänden kann aus Gründen des öffentlichen Wohls geändert werden.

(2) Das Gemeindegebiet kann durch Vereinbarung der beteiligten Gemeinden mit staatlicher Genehmigung, durch Gesetz oder auf Grund eines Gesetzes geändert werden. Die Auflösung von Gemeinden gegen deren Willen bedarf eines Gesetzes. Vor einer Änderung des Gemeindegebiets muß die Bevölkerung der unmittelbar betroffenen Gebiete gehört werden.

(3) Das Gebiet von Gemeindeverbänden kann durch Gesetz oder auf Grund eines Gesetzes geändert werden. Die Auflösung von Landkreisen bedarf eines Gesetzes.

(4) Das Nähere wird durch Gesetz geregelt.

Artikel 75

(1) Das Land überwacht die Gesetzmäßigkeit der Verwaltung der Gemeinden und Gemeindeverbände. Durch Gesetz kann bestimmt werden, daß die Übernahme von Schuldverpflichtungen und Gewährschaften sowie die Veräußerung von Vermögen von der Zustimmung der mit der Überwachung betrauten Staatsbehörde abhängig gemacht werden und daß diese Zustimmung unter dem Gesichtspunkt einer geordneten Wirtschaftsführung erteilt oder versagt werden kann.

(2) Bei der Übertragung staatlicher Aufgaben kann sich das Land ein Weisungsrecht nach näherer gesetzlicher Vorschrift vorbehalten.

Artikel 76

Gemeinden und Gemeindeverbände können den Staatsgerichtshof mit der Behauptung anrufen, daß ein Gesetz die Vorschriften der Artikel 71 bis 75 verletze.

Artikel 77

(1) Die Ausübung hoheitsrechtlicher Befugnisse ist als ständige Aufgabe in der Regel Angehörigen des öffentlichen Dienstes zu übertragen, die in einem öffentlich-rechtlichen Dienst- oder Treueverhältnis stehen.

(2) Alle Angehörigen des öffentlichen Dienstes sind Sachwalter und Diener des ganzen Volkes.

Artikel 78

Jeder Beamte leistet folgenden Amtseid:

„Ich schwöre, daß ich mein Amt nach besten Wissen und Können führen, Verfassung und Recht achten und verteidigen und Gerechtigkeit gegen jedermann üben werde. So wahr mir Gott helfe."

Der Eid kann auch ohne religiöse Beteuerung geleistet werden.

VII. Das Finanzwesen

Artikel 79

(1) Alle Einnahmen und Ausgaben des Landes sind in den Haushaltsplan einzustellen; bei Landesbetrieben und bei Sondervermögen brauchen nur die Zuführungen oder die Ablieferungen eingestellt zu werden. Der Haushaltsplan soll in Einnahme und Ausgabe ausgeglichen sein.

(2) Der Haushaltsplan wird für ein Rechnungsjahr oder mehrere Rechnungsjahre, nach Jahren getrennt, durch das Haushaltsgesetz festgestellt. Die Feststellung soll vor Beginn des Rechnungsjahres, bei mehreren Rechnungsjahren vor Beginn des ersten Rechnungsjahres erfolgen.

(3) In das Haushaltsgesetz dürfen nur Vorschriften aufgenommen werden, die sich auf die Einnahmen und die Ausgaben des Landes und auf den Zeitraum beziehen, für den das Haushaltsgesetz beschlossen wird. Das Haushaltsgesetz kann vorschreiben, daß die Vorschriften erst mit der Verkündung des nächsten Haushaltsgesetzes oder bei Ermächtigungen nach Artikel 84 zu einem späteren Zeitpunkt außer Kraft treten.

(4) Das Vermögen und die Schulden sind in einer Anlage des Haushaltsplans nachzuweisen.

Artikel 80

(1) Ist bis zum Schluß eines Rechnungsjahres weder der Haushaltsplan für das folgende Rechnungsjahr festgestellt worden noch ein Nothaushaltsgesetz ergangen, so kann bis zur gesetzlichen Regelung die Regierung diejenigen Ausgaben leisten, die nötig sind, um

1. gesetzlich bestehende Einrichtungen zu erhalten und gesetzlich beschlossene Maßnahmen durchzuführen,

2. die rechtlich begründeten Verpflichtungen des Landes zu erfüllen,

3. Bauten, Beschaffungen und sonstige Leistungen fortzusetzen oder Beihilfen für diese Zwecke weiter zu gewähren, sofern durch den Haushaltsplan eines Vorjahres bereits Beträge bewilligt worden sind.

(2) Soweit die auf besonderem Gesetz beruhenden Einnahmen aus Steuern, Abgaben und sonstigen Quellen oder die Betriebsmittelrücklage die in Absatz 1 genannten Ausgaben nicht decken, kann die Regierung den für eine geordnete Haushaltsführung erforderlichen Kredit beschaffen. Dieser darf ein Viertel der Endsumme des letzten Haushaltsplans nicht übersteigen.

Artikel 81

Über- und außerplanmäßige Ausgaben bedürfen der Zustimmung des Finanzministers. Sie darf nur im Falle eines unvorhergesehenen und unabweisbaren Bedürfnisses erteilt werden. Die Genehmigung des Landtags ist nachträglich einzuholen.

Artikel 82

(1) Beschlüsse des Landtags, welche die im Haushaltsplan festgesetzten Ausgaben erhöhen oder neue Ausgaben mit sich bringen, bedürfen der Zustimmung der Regierung. Das gleiche gilt für Beschlüsse des Landtags, die Einnahmenminderungen mit sich bringen. Die Deckung muß gesichert sein.

(2) Die Regierung kann verlangen, daß der Landtag die Beschlußfassung nach Absatz 1 aussetzt. In diesem Fall hat die Regierung innerhalb von sechs Wochen dem Landtag eine Stellungnahme zuzuleiten.

Artikel 83

(1) Der Finanzminister hat dem Landtag über alle Einnahmen und Ausgaben sowie über das Vermögen und die Schulden des Landes zur Entlastung der Regierung jährlich Rechnung zu legen.

(2) Die Rechnung sowie die gesamte Haushalts- und Wirtschaftsführung des Landes werden durch den Rechnungshof geprüft. Seine Mitglieder besitzen die gleiche Unabhängigkeit wie die Richter. Die Ernennung des Präsidenten und des Vizepräsidenten des Rechnungshofs bedarf der Zustimmung des Landtags. Der Rechnungshof berichtet jährlich unmittelbar dem Landtag und unterrichtet gleichzeitig die Regierung. Im übrigen werden Stellung und Aufgaben des Rechnungshofs durch Gesetz geregelt.

Artikel 84

Die Aufnahme von Krediten sowie jede Übernahme von Bürgschaften, Garantien oder sonstigen Gewährleistungen bedürfen einer Ermächtigung durch Gesetz. Die Einnahmen aus Krediten dürfen die Summe der im Haushaltsplan veranschlagten Ausgaben für Investitionen nicht überschreiten; Ausnahmen sind nur zulässig zur Abwehr einer Störung des gesamtwirtschaftlichen Gleichgewichts. Das Nähere wird durch Gesetz geregelt.

Schlußbestimmungen

Artikel 85
Die Universitäten und Hochschulen mit Promotionsrecht bleiben in ihrem Bestand erhalten.

Artikel 86
[Aufgehoben.]

Artikel 87
Die Wohlfahrtspflege der freien Wohlfahrtsverbände wird gewährleistet.

Artikel 88
Landesrecht im Sinne der Artikel 68 Abs. 1 Nr. 2 und 3 und 76 ist auch das vor Inkrafttreten dieser Verfassung geltende Recht.

Artikel 89
Bei der ersten Wahl der gemäß Artikel 68 Abs. 3 zu bestellenden Mitglieder des Staatsgerichtshofs wird je ein Mitglied der genannten drei Gruppen auf die Dauer von sechs Jahren, je ein weiteres Mitglied auf die Dauer von drei Jahren gewählt.

Artikel 90
Die Organisation der Polizei bleibt im Grundsatz bis zu einer gesetzlichen Neuregelung bestehen.

Artikel 91
Bei den Ministerien und sonstigen obersten Landesbehörden sollen Beamte aus den bisherigen Ländern in angemessenem Verhältnis verwendet werden.

Artikel 92
Mehrheiten oder Minderheiten der „Mitglieder des Landtags" im Sinne dieser Verfassung werden nach der gesetzlichen Zahl der Mitglieder des Landtags berechnet.

Artikel 93
(1) Die Abgeordneten der nach § 13 des Zweiten Gesetzes über die Neugliederung in den Ländern Baden, Württemberg-Baden und Württemberg-Hohenzollern vom 4. Mai 1951 (BGBl. I S. 283 ff.) gewählten Verfassunggebenden Landesversammlung bilden nach Inkrafttreten dieser Verfassung den ersten Landtag.
(2) Die Wahlperiode dieses Landtags endet am 31. März 1956.

Artikel 93a
Die wegen Ablaufs der am 1. April 1956 begonnenen Wahlperiode notwendige Neuwahl des Landtags kann abweichend von Artikel 30 Abs. 2 spätestens am sechzigsten Tage nach Ablauf dieser Wahlperiode stattfinden. Wird von dieser Möglichkeit Gebrauch gemacht, so beginnt die neue Wahlperiode am 1. Juni 1960.

Artikel 94

(1) Die von der Verfassunggebenden Landesversammlung beschlossene Verfassung ist von ihrem Präsidenten auszufertigen und von der vorläufigen Regierung im Gesetzblatt des Landes zu verkünden.

(2) Die Verfassung tritt am Tage ihrer Verkündung in Kraft. Zum gleichen Zeitpunkt treten die Verfassungen der bisherigen Länder Baden, Württemberg-Baden und Württemberg-Hohenzollern außer Kraft.

(3) Sonstiges Recht der bisherigen Länder bleibt, soweit es dieser Verfassung nicht widerspricht, in seinem Geltungsbereich bestehen. Soweit in Gesetzen oder Verordnungen Organe der bisherigen Länder genannt sind, treten an ihre Stelle die entsprechenden Organe des Landes Baden-Württemberg.

Verfassung des Freistaates Sachsen
vom 27. Mai 1992

Quelle: *Sächsisches Gesetz- und Verordnungsblatt 1992, S. 243 ff.*

Präambel

Anknüpfend an die Geschichte der Mark Meißen, des sächsischen Staates und des niederschlesischen Gebietes, gestützt auf Traditionen der sächsischen Verfassungsgeschichte, ausgehend von den leidvollen Erfahrungen nationalsozialistischer und kommunistischer Gewaltherrschaft, eingedenk eigener Schuld an seiner Vergangenheit, von dem Willen geleitet, der Gerechtigkeit, dem Frieden und der Bewahrung der Schöpfung zu dienen, hat sich das Volk im Freistaat Sachsen dank der friedlichen Revolution des Oktober 1989 diese Verfassung gegeben.

1. Abschnitt:
Die Grundlagen des Staates

Artikel 1
Der Freistaat Sachsen ist ein Land der Bundesrepublik Deutschland. Er ist ein demokratischer, dem Schutz der natürlichen Lebensgrundlagen und der Kultur verpflichteter sozialer Rechtsstaat.

Artikel 2
(1) Die Hauptstadt des Freistaates ist Dresden.
(2) Die Landesfarben sind Weiß und Grün.
(3) Das Landeswappen zeigt im neunmal von Schwarz und Gold geteilten Feld einen schrägrechten grünen Rautenkranz. Das Nähere bestimmt ein Gesetz.
(4) Im Siedlungsgebiet der Sorben können neben den Landesfarben und dem Landeswappen Farben und Wappen der Sorben, im schlesischen Teil des Landes die Farben und das Wappen Niederschlesiens, gleichberechtigt geführt werden.

Artikel 3
(1) Alle Staatsgewalt geht vom Volk aus. Sie wird vom Volk in Wahlen und Abstimmungen sowie durch besondere Organe der Gesetzgebung, der vollziehenden Gewalt und der Rechtsprechung ausgeübt.
(2) Die Gesetzgebung steht dem Landtag oder unmittelbar dem Volk zu. Die vollziehende Gewalt liegt in der Hand von Staatsregierung und Verwaltung. Die Rechtsprechung wird durch unabhängige Richter ausgeübt.
(3) Die Gesetzgebung ist an die verfassungsmäßige Ordnung, die vollziehende Gewalt und die Rechtsprechung sind an Gesetz und Recht gebunden.

Artikel 4

(1) Alle nach der Verfassung durch das Volk vorzunehmenden Wahlen und Abstimmungen sind allgemein, unmittelbar, frei, gleich und geheim.

(2) Wahl- und stimmberechtigt sind alle Bürger, die im Land wohnen oder sich dort gewöhnlich aufhalten und am Tag der Wahl oder Abstimmung das 18. Lebensjahr vollendet haben.

(3) Das Nähere bestimmen die Gesetze. Dabei kann das Wahl- und Stimmrecht von einer bestimmten Dauer des Aufenthaltes im Land und, wenn die Wahl- und Stimmberechtigten mehrere Wohnungen innehaben, auch davon abhängig gemacht werden, daß ihre Hauptwohnung im Land liegt.

Artikel 5

(1) Dem Volk des Freistaates Sachsen gehören Bürger deutscher, sorbischer und anderer Volkszugehörigkeit an. Das Land erkennt das Recht auf die Heimat an.

(2) Das Land gewährleistet und schützt das Recht nationaler und ethnischer Minderheiten deutscher Staatsangehörigkeit auf Bewahrung ihrer Identität sowie auf Pflege ihrer Sprache, Religion, Kultur und Überlieferung.

(3) Das Land achtet die Interessen ausländischer Minderheiten, deren Angehörige sich rechtmäßig im Land aufhalten.

Artikel 6

(1) Die im Land lebenden Bürger sorbischer Volkszugehörigkeit sind gleichberechtigter Teil des Staatsvolkes. Das Land gewährleistet und schützt das Recht auf Bewahrung ihrer Identität sowie auf Pflege und Entwicklung ihrer angestammten Sprache, Kultur und Überlieferung, insbesondere durch Schulen, vorschulische und kulturelle Einrichtungen.

(2) In der Landes- und Kommunalplanung sind die Lebensbedürfnisse des sorbischen Volkes zu berücksichtigen. Der deutsch-sorbische Charakter des Siedlungsgebietes der sorbischen Volksgruppe ist zu erhalten.

(3) Die landesübergreifende Zusammenarbeit der Sorben, insbesondere in der Ober- und Niederlausitz, liegt im Interesse des Landes.

Artikel 7

(1) Das Land erkennt das Recht eines jeden Menschen auf ein menschenwürdiges Dasein, insbesondere auf Arbeit, auf angemessenen Wohnraum, auf angemessenen Lebensunterhalt, auf soziale Sicherung und auf Bildung, als Staatsziel an.

(2) Das Land bekennt sich zur Verpflichtung der Gemeinschaft, alte und behinderte Menschen zu unterstützen und auf die Gleichwertigkeit ihrer Lebensbedingungen hinzuwirken.

Artikel 8

Die Förderung der rechtlichen und tatsächlichen Gleichstellung von Frauen und Männern ist Aufgabe des Landes.

Artikel 9

(1) Das Land erkennt das Recht eines jeden Kindes auf eine gesunde seelische, geistige und körperliche Entwicklung an.

(2) Die Jugend ist vor sittlicher, geistiger und körperlicher Gefährdung besonders zu schützen.

(3) Das Land fördert den vorbeugenden Gesundheitsschutz für Kinder und Jugendliche sowie Einrichtungen zu ihrer Betreuung.

Artikel 10

(1) Der Schutz der Umwelt als Lebensgrundlage ist, auch in Verantwortung für kommende Generationen, Pflicht des Landes und Verpflichtung aller im Land. Das Land hat insbesondere den Boden, die Luft und das Wasser, Tiere und Pflanzen sowie die Landschaft als Ganzes einschließlich ihrer gewachsenen Siedlungsräume zu schützen. Es hat auf den sparsamen Gebrauch und die Rückgewinnung von Rohstoffen und die sparsame Nutzung von Energie und Wasser hinzuwirken.

(2) Anerkannte Naturschutzverbände haben das Recht, nach Maßgabe der Gesetze an umweltbedeutsamen Verwaltungsverfahren mitzuwirken. Ihnen ist Klagebefugnis in Umweltbelangen einzuräumen; das Nähere bestimmt ein Gesetz.

(3) Das Land erkennt das Recht auf Genuß der Naturschönheiten und Erholung in der freien Natur an, soweit dem nicht die Ziele nach Absatz 1 entgegenstehen. Der Allgemeinheit ist in diesem Rahmen der Zugang zu Bergen, Wäldern, Feldern, Seen und Flüssen zu ermöglichen.

Artikel 11

(1) Das Land fördert das kulturelle, das künstlerische und wissenschaftliche Schaffen, die sportliche Betätigung sowie den Austausch auf diesen Gebieten.

(2) Die Teilnahme an der Kultur in ihrer Vielfalt und am Sport ist dem gesamten Volk zu ermöglichen. Zu diesem Zweck werden öffentlich zugängliche Museen, Bibliotheken, Archive, Gedenkstätten, Theater, Sportstätten, musikalische und weitere kulturelle Einrichtungen sowie allgemein zugängliche Universitäten, Hochschulen, Schulen und andere Bildungseinrichtungen unterhalten.

(3) Denkmale und andere Kulturgüter stehen unter dem Schutz und der Pflege des Landes. Für ihr Verbleiben in Sachsen setzt sich das Land ein.

Artikel 12

Das Land strebt grenzüberschreitende regionale Zusammenarbeit an, die auf den Ausbau nachbarschaftlicher Beziehungen, auf das Zusammenwachsen Europas und auf eine friedliche Entwicklung in der Welt gerichtet ist.

Artikel 13

Das Land hat die Pflicht, nach seinen Kräften die in dieser Verfassung niedergelegten Staatsziele anzustreben und sein Handeln danach auszurichten.

2. Abschnitt:
Die Grundrechte

Artikel 14

(1) Die Würde des Menschen ist unantastbar. Sie zu achten und zu schützen ist Verpflichtung aller staatlichen Gewalt.

(2) Die Unantastbarkeit der Würde des Menschen ist Quelle aller Grundrechte.

Artikel 15

Jeder Mensch hat das Recht auf die freie Entfaltung seiner Persönlichkeit, soweit er nicht die Rechte anderer verletzt und nicht gegen die verfassungsmäßige Ordnung oder das Sittengesetz verstößt.

Artikel 16

(1) Jeder Mensch hat das Recht auf Leben und körperliche Unversehrtheit. Die Freiheit der Person ist unverletzlich. In diese Rechte darf nur auf Grund eines Gesetzes eingegriffen werden.

(2) Niemand darf grausamer, unmenschlicher oder erniedrigender Behandlung oder Strafe und ohne seine freiwillige und ausdrückliche Zustimmung wissenschaftlichen oder anderen Experimenten unterworfen werden.

Artikel 17

(1) Die Freiheit der Person kann nur auf Grund eines förmlichen Gesetzes und nur unter Beachtung der darin vorgeschriebenen Formen beschränkt werden. Die betroffene Person muß unverzüglich über die Gründe der Freiheitsbeschränkung unterrichtet werden.

(2) Über die Zulässigkeit und Fortdauer einer Freiheitsentziehung hat nur der Richter zu entscheiden. Bei jeder nicht auf richterlicher Anordnung beruhenden Freiheitsentziehung ist unverzüglich eine richterliche Entscheidung herbeizuführen. Die Polizei darf aus eigener Machtvollkommenheit niemanden länger als bis zum Ende des Tages nach dem Ergreifen in eigenem Gewahrsam halten. Das Nähere bestimmt ein Gesetz.

(3) Jede wegen des Verdachtes einer strafbaren Handlung vorläufig festgenommene Person ist spätestens am Tag nach der Festnahme dem Richter vorzuführen, der ihr die Gründe der Festnahme mitzuteilen, sie zu vernehmen und ihr Gelegenheit zu Einwendungen zu geben hat. Der Richter hat unverzüglich entweder einen mit Gründen versehenen schriftlichen Haftbefehl zu erlassen oder die Freilassung anzuordnen.

(4) Von jeder richterlichen Entscheidung über die Anordnung oder Fortdauer einer Freiheitsentziehung ist unverzüglich eine Vertrauensperson oder ein Familienmitglied der festgehaltenen Person zu benachrichtigen.

Artikel 18

(1) Alle Menschen sind vor dem Gesetz gleich.

(2) Frauen und Männer sind gleichberechtigt.

(3) Niemand darf wegen seines Geschlechtes, seiner Abstammung, seiner Rasse, seiner Sprache, seiner Heimat und Herkunft, seines Glaubens, seiner religiösen oder politischen Anschauungen benachteiligt oder bevorzugt werden.

Artikel 19

(1) Die Freiheit des Glaubens, des Gewissens und die Freiheit des religiösen und weltanschaulichen Bekenntnisses sind unverletzlich.

(2) Die ungestörte Religionsausübung wird gewährleistet.

Artikel 20

(1) Jede Person hat das Recht, ihre Meinung in Wort, Schrift und Bild frei zu äußern und zu verbreiten und sich aus allgemein zugänglichen Quellen ungehindert zu unterrichten. Die Pressefreiheit und die Freiheit der Berichterstattung durch Rundfunk und Film werden gewährleistet. Eine Zensur findet nicht statt.

(2) Unbeschadet des Rechtes, Rundfunk in privater Trägerschaft zu betreiben, werden Bestand und Entwicklung des öffentlich-rechtlichen Rundfunks gewährleistet.

(3) Diese Rechte finden ihre Schranken in den Vorschriften der allgemeinen Gesetze, den gesetzlichen Bestimmungen zum Schutz der Jugend und in dem Recht der persönlichen Ehre.

Artikel 21

Kunst und Wissenschaft, Forschung und Lehre sind frei. Die Freiheit der Lehre entbindet nicht von der Treue zur Verfassung.

Artikel 22

(1) Ehe und Familie stehen unter dem besonderen Schutz des Landes.

(2) Wer in häuslicher Gemeinschaft Kinder erzieht oder für Hilfsbedürftige sorgt, verdient Förderung und Entlastung.

(3) Pflege und Erziehung der Kinder sind das natürliche Recht der Eltern und die zuerst ihnen obliegende Pflicht. Über ihre Betätigung wacht das Land.

(4) Gegen den Willen der Erziehungsberechtigten dürfen Kinder nur auf Grund eines Gesetzes von der Familie getrennt werden, wenn die Erziehungsberechtigten versagen oder wenn die Kinder aus anderen Gründen zu verwahrlosen drohen.

(5) Jede Mutter hat Anspruch auf den Schutz und die Fürsorge der Gemeinschaft.

Artikel 23

(1) Alle haben das Recht, sich ohne Anmeldung oder Erlaubnis friedlich und ohne Waffen zu versammeln.

(2) Für Versammlungen unter freiem Himmel kann dieses Recht durch Gesetz oder auf Grund eines Gesetzes beschränkt werden.

Artikel 24

(1) Alle Bürger haben das Recht, Vereinigungen zu bilden.

(2) Vereinigungen, deren Zwecke oder deren Tätigkeit den Strafgesetzen zuwiderlaufen oder die sich gegen die verfassungsmäßige Ordnung oder gegen den Gedanken der Völkerverständigung richten, sind verboten.

Artikel 25

Das Recht, zur Wahrung und Förderung der Arbeits- und Wirtschaftsbedingungen Vereinigungen zu bilden, ist für jede Person und für alle Berufe gewährleistet.
Abreden, die dieses Recht einschränken oder zu behindern suchen, sind nichtig;
hierauf gerichtete Maßnahmen sind rechtswidrig.

Artikel 26

In Betrieben, Dienststellen und Einrichtungen des Landes sind Vertretungsorgane
der Beschäftigten zu bilden. Diese haben nach Maßgabe der Gesetze das Recht auf
Mitbestimmung.

Artikel 27

(1) Das Briefgeheimnis sowie das Post- und Fernmeldegeheimnis sind unverletzlich.
(2) Beschränkungen dürfen nur auf Grund eines Gesetzes angeordnet werden.
Dient die Beschränkung dem Schutz der freiheitlichen demokratischen Grundordnung oder des Bestandes oder der Sicherung des Bundes oder eines Landes,
so kann das Gesetz bestimmen, daß sie dem Betroffenen nicht mitgeteilt wird
und daß an die Stelle des Rechtsweges die Nachprüfung durch von der Volksvertretung bestellte Organe und Hilfsorgane tritt. Für diesen Fall ist vorzusehen, daß die Beschränkungsmaßnahmen dem Betroffenen nach ihrem Abschluß
mitzuteilen sind, wenn eine Gefährdung des Zweckes der Beschränkung ausgeschlossen werden kann.

Artikel 28

(1) Beruf und Arbeitsplatz können frei gewählt werden, soweit Bundesrecht nicht
entgegensteht. Die Berufsausübung kann durch Gesetz oder auf Grund eines
Gesetzes geregelt werden.
(2) Erwerbsmäßige Kinderarbeit ist grundsätzlich verboten.
(3) Niemand darf zu einer bestimmten Arbeit gezwungen werden, außer im Rahmen einer herkömmlichen allgemeinen, für alle gleichen öffentlichen Dienstleistungspflicht.

Artikel 29

(1) Alle Bürger haben das Recht, die Ausbildungsstätte frei zu wählen.
(2) Alle Bürger haben das Recht auf gleichen Zugang zu den öffentlichen Bildungseinrichtungen.

Artikel 30

(1) Die Wohnung ist unverletzlich.
(2) Durchsuchungen dürfen nur durch den Richter, bei Gefahr im Verzug auch

durch die in den Gesetzen vorgesehenen anderen Organe angeordnet und nur in der dort vorgeschriebenen Form durchgeführt werden.

(3) Eingriffe und Beschränkungen dürfen im übrigen nur zur Abwehr einer gemeinsamen Gefahr oder einer Lebensgefahr für einzelne Personen, auf Grund eines Gesetzes auch zur Verhütung dringender Gefahren für die öffentliche Sicherheit und Ordnung, insbesondere zur Behebung der Raumnot, zur Bekämpfung von Seuchengefahr oder zum Schutz gefährdeter Jugendlicher vorgenommen werden.

Artikel 31

(1) Das Eigentum und das Erbrecht werden gewährleistet. Inhalt und Schranken werden durch die Gesetze bestimmt.

(2) Eigentum verpflichtet. Sein Gebrauch soll zugleich dem Wohl der Allgemeinheit dienen, insbesondere die natürlichen Lebensgrundlagen schonen.

Artikel 32

(1) Eine Enteignung ist nur zum Wohl der Allgemeinheit zulässig. Sie darf nur durch Gesetz oder auf Grund eines Gesetzes erfolgen, das Art und Ausmaß der Entschädigung regelt.

(2) Grund und Boden, Naturschätze und Produktionsmittel können zum Zweck der Vergesellschaftung durch ein Gesetz, das Art und Ausmaß der Entschädigung regelt, in Gemeineigentum oder in andere Formen der Gemeinwirtschaft überführt werden.

(3) Die Entschädigung ist unter gerechter Abwägung der Interessen der Allgemeinheit und der Beteiligten zu bestimmen.

Artikel 33

Jeder Mensch hat das Recht, über die Erhebung, Verwendung und Weitergabe seiner personenbezogenen Daten selbst zu bestimmen. Sie dürfen ohne freiwillige und ausdrückliche Zustimmung der berechtigten Person nicht erhoben, gespeichert, verwendet oder weitergegeben werden. In dieses Recht darf nur durch Gesetz oder auf Grund eines Gesetzes eingegriffen werden.

Artikel 34

Jede Person hat das Recht auf Auskunft über die Daten, welche die natürliche Umwelt in ihrem Lebensraum betreffen, soweit sie durch das Land erhoben oder gespeichert worden sind und soweit nicht Bundesrecht, rechtlich geschützte Interessen Dritter oder überwiegende Belange der Allgemeinheit entgegenstehen.

Artikel 35

Jede Person hat das Recht, sich einzeln oder in Gemeinschaft mit anderen schriftlich mit Bitten oder Beschwerden an die zuständigen Stellen und an die Volksvertretung zu wenden. Es besteht Anspruch auf begründeten Bescheid in angemessener Frist.

Artikel 36

Die in dieser Verfassung niedergelegten Grundrechte binden Gesetzgebung, vollziehende Gewalt und Rechtsprechung als unmittelbar geltendes Recht.

Artikel 37

(1) Soweit nach dieser Verfassung ein Grundrecht durch Gesetz oder auf Grund eines Gesetzes eingeschränkt werden kann, muß das Gesetz allgemein und nicht nur für den Einzelfall gelten. Außerdem muß das Gesetz das Grundrecht unter Angabe des Artikels nennen.

(2) In keinem Fall darf ein Grundrecht in seinem Wesensgehalt angetastet werden.

(3) Die Grundrechte gelten auch für juristische Personen mit Sitz innerhalb der Bundesrepublik Deutschland, soweit sie ihrem Wesen nach auf diese anwendbar sind.

Artikel 38

Wird jemand durch die öffentliche Gewalt in seinen Rechten verletzt, so steht ihm der Rechtsweg offen. Soweit eine andere Zuständigkeit nicht begründet ist, ist der ordentliche Rechtsweg gegeben. Artikel 27 Absatz 2 Satz 2 bleibt unberührt.

3. Abschnitt:
Der Landtag

Artikel 39

(1) Der Landtag ist die gewählte Vertretung des Volkes.

(2) Der Landtag übt die gesetzgebende Gewalt aus, überwacht die Ausübung der vollziehenden Gewalt nach Maßgabe dieser Verfassung und ist Stätte der politischen Willensbildung.

(3) Die Abgeordneten vertreten das ganze Volk. Sie sind nur ihrem Gewissen unterworfen und an Aufträge und Weisungen nicht gebunden.

Artikel 40

Das Recht auf Bildung und Ausübung parlamentarischer Opposition ist wesentlich für die freiheitliche Demokratie. Die Regierung nicht tragende Teile des Landtages haben das Recht auf Chancengleichheit in Parlament und Öffentlichkeit.

Artikel 41

(1) Der Landtag besteht in der Regel aus 120 Abgeordneten. Sie werden nach einem Verfahren gewählt, das die Persönlichkeitswahl mit den Grundsätzen der Verhältniswahl verbindet.

(2) Wählbar sind alle Wahlberechtigten. Die Wählbarkeit kann von einer bestimmten Dauer des Aufenthaltes im Land abhängig gemacht werden.

(3) Das Nähere bestimmt ein Gesetz.

Artikel 42

(1) Wer sich um einen Sitz im Landtag bewirbt, hat Anspruch auf den zur Vorbereitung seiner Wahl erforderlichen Urlaub.

(2) Niemand darf gehindert werden, das Amt eines Abgeordneten zu übernehmen und auszuüben. Eine Kündigung oder Entlassung aus einem Dienst- oder Arbeitsverhältnis aus diesem Grund ist unzulässig.

(3) Die Abgeordneten haben Anspruch auf eine angemessene, ihre Unabhängigkeit sichernde Entschädigung. Sie haben innerhalb des Landes das Recht der kostenfreien Benutzung aller staatlichen Verkehrsmittel.

(4) Das Nähere bestimmt ein Gesetz.

Artikel 43

(1) Wer zum Abgeordneten gewählt ist, erwirbt sein Mandat mit der Annahme der Wahl, die rechtliche Stellung eines Mitgliedes des Landtages jedoch nicht vor Zusammentritt des neuen Landtages. Die Annahme der Wahl kann abgelehnt werden.

(2) Abgeordnete können jederzeit auf ihr Mandat verzichten. Der Verzicht ist dem Präsidenten des Landtages schriftlich zu erklären. Die Erklärung ist unwiderruflich.

(3) Verlieren Abgeordnete die Wählbarkeit, so erlischt ihr Mandat.

Artikel 44

(1) Der Landtag wird auf fünf Jahre gewählt. Seine Wahlperiode endet mit dem Zusammentritt eines neuen Landtages. Dies gilt auch für den Fall der Auflösung des Landtages.

(2) Die Neuwahl muß vor Ablauf der Wahlperiode, im Fall der Auflösung des Landtages binnen sechzig Tagen stattfinden.

(3) Der Landtag tritt spätestens am dreißigsten Tag nach der Neuwahl zusammen. Die erste Sitzung wird vom Alterspräsidenten einberufen und bis zur Wahl des Landtagspräsidenten geleitet.

(4) Der Landtag bestimmt den Schluß und den Wiederbeginn seiner Sitzungen. Der Präsident kann den Landtag früher einberufen. Er ist dazu verpflichtet, wenn ein Viertel der Mitglieder des Landtages oder die Staatsregierung es verlangt.

Artikel 45

(1) Die Wahlprüfung ist Sache des Landtages. Er entscheidet auch, ob ein Mitglied sein Mandat verloren hat.

(2) Gegen die Entscheidung ist die Beschwerde an den Verfassungsgerichtshof zulässig.

(3) Das Nähere bestimmt ein Gesetz.

Artikel 46

(1) Der Landtag gibt sich eine Geschäftsordnung.

(2) In der Geschäftsordnung sind Regelungen für den Zusammenschluß der Abgeordneten zu Fraktionen zu treffen.

(3) Die Rechte fraktionsloser Abgeordneter dürfen nicht beschränkt werden.

(4) Die Änderung der Geschäftsordnung bedarf der Mehrheit von zwei Dritteln der anwesenden Abgeordneten.

Artikel 47

(1) Der Landtag wählt seinen Präsidenten und dessen Stellvertreter, die zusammen mit weiteren Mitgliedern das Präsidium bilden, und die Schriftführer.

(2) Der Präsident leitet die Verhandlungen nach Maßgabe der Geschäftsordnung.

(3) Der Präsident übt das Hausrecht und die Polizeigewalt im Gebäude des Landtages aus. Ohne seine Zustimmung darf in den Räumen des Landtages keine Durchsuchung oder Beschlagnahme stattfinden.

(4) Der Präsident verwaltet die wirtschaftlichen Angelegenheiten des Landtages nach Maßgabe des Haushaltsgesetzes. Er vertritt den Freistaat im Rahmen der Verwaltung des Landtages. Ihm steht die Einstellung und Entlassung der Angestellten und Arbeiter sowie im Benehmen mit dem Präsidium die Ernennung und Entlassung der Beamten des Landtages zu. Der Präsident ist oberste Dienstbehörde für die Beamten, Angestellten und Arbeiter des Landtages.

Artikel 48

(1) Die Verhandlungen des Landtages sind öffentlich. Die Öffentlichkeit kann ausgeschlossen werden, wenn der Landtag es auf Antrag von zwölf Abgeordneten oder eines Mitgliedes der Staatsregierung mit einer Mehrheit von zwei Dritteln der anwesenden Abgeordneten beschließt. Über den Antrag wird in nichtöffentlicher Sitzung entschieden.

(2) Der Landtag ist beschlußfähig, wenn nicht auf Antrag eines seiner Mitglieder, der nur bis zum Beginn einer Abstimmung zulässig ist, vom Präsidenten festgestellt wird, daß weniger als die Hälfte der Abgeordneten anwesend sind.

(3) Der Landtag beschließt mit der Mehrheit der abgegebenen Stimmen, sofern diese Verfassung nichts anderes bestimmt. Für die vom Landtag vorzunehmenden Wahlen kann die Geschäftsordnung Ausnahmen zulassen.

(4) Für wahrheitsgetreue Berichte über die öffentlichen Sitzungen des Landtages und seiner Ausschüsse darf niemand zur Verantwortung gezogen werden.

Artikel 49

(1) Der Landtag und seine Ausschüsse können die Anwesenheit eines jeden Mitgliedes der Staatsregierung verlangen.

(2) Die Mitglieder der Staatsregierung und ihre Beauftragten haben zu den Sitzungen des Landtages und seiner Ausschüsse Zutritt und müssen jederzeit gehört werden. Sie unterstehen der Ordnungsgewalt des Präsidenten und der Vorsitzenden der Ausschüsse.

(3) Zu nichtöffentlichen Sitzungen der Untersuchungsausschüsse, die nicht der Beweiserhebung dienen, haben die Mitglieder der Staatsregierung und ihre Beauf-

tragten nur Zutritt, wenn sie geladen sind. Sie können gehört werden. In jedem Fall gibt der Untersuchungsausschuß der Staatsregierung Gelegenheit, zu den Ergebnissen der Beweisaufnahme Stellung zu nehmen. Weitere Beschränkungen des Zutrittsrechtes der Mitglieder und Beauftragten der Staatsregierung zu den Sitzungen der Untersuchungsausschüsse können durch Gesetz bestimmt werden.

Artikel 50
Die Staatsregierung ist verpflichtet, über ihre Tätigkeit den Landtag insoweit zu informieren, als dies zur Erfüllung seiner Aufgaben erforderlich ist.

Artikel 51
(1) Fragen einzelner Abgeordneter oder parlamentarische Anfragen haben die Staatsregierung oder ihre Mitglieder im Landtag und in seinen Ausschüssen nach bestem Wissen unverzüglich und vollständig zu beantworten. Die gleiche Verpflichtung trifft die Beauftragten der Staatsregierung in den Ausschüssen.
(2) Die Staatsregierung kann die Beantwortung von Fragen ablehnen, wenn diese den Kernbereich exekutiver Eigenverantwortung berühren oder einer Beantwortung gesetzliche Regelungen, Rechte Dritter oder überwiegende Belange des Geheimschutzes entgegenstehen.
(3) Das Nähere regelt die Geschäftsordnung des Landtages.

Artikel 52
(1) Der Landtag bildet ständige Ausschüsse. Die Geschäftsordnung bestimmt Aufgaben, Zusammensetzung und Arbeitsweise.
(2) Der Landtag kann auf Antrag von zwölf Abgeordneten oder einer Fraktion die Bildung zeitweiliger Ausschüsse beschließen. Gegenstand und Ziel des jeweiligen Ausschusses sind im Beschluß festzulegen.
(3) Die Ausschüsse können öffentlich tagen.

Artikel 53
(1) Der Landtag bestellt einen Petitionsausschuß zur Behandlung der an ihn gerichteten Bitten und Beschwerden.
(2) Nach Maßgabe der Geschäftsordnung des Landtages können Bitten und Beschwerden auch einem anderen Ausschuß überwiesen werden.
(3) Die Befugnisse des Petitionsausschusses, insbesondere das Zutrittsrecht zu den öffentlichen Einrichtungen und das Recht auf Aktenvorlage, werden durch Gesetz geregelt.

Artikel 54
(1) Der Landtag hat das Recht und auf Antrag von einem Fünftel seiner Mitglieder die Pflicht, Untersuchungsausschüsse einzusetzen. Der Gegenstand der Untersuchung ist im Beschluß festzulegen. Der in einem Minderheitsantrag bezeichnete Untersuchungsgegenstand darf gegen den Willen der Antragsteller nicht verändert werden.

(2) Die Ausschüsse erheben in öffentlicher Verhandlung die Beweise, die sie oder die Antragsteller für erforderlich halten. Die Öffentlichkeit ist auszuschließen, wenn zwei Drittel der anwesenden Mitglieder des Ausschusses dies verlangen.

(3) Beweise sind zu erheben, wenn sie von einem Fünftel der Mitglieder des Ausschusses beantragt werden.

(4) Auf Verlangen eines Fünftels der Mitglieder des Untersuchungsausschusses ist die Staatsregierung verpflichtet, Akten vorzulegen und ihren Bediensteten Aussagegenehmigung zu erteilen, soweit nicht der Kernbereich exekutiver Eigenverantwortung berührt wird oder gesetzliche Regelungen, Rechte Dritter oder überwiegende Belange des Geheimschutzes entgegenstehen.

(5) Gerichte und Verwaltungsbehörden sind zur Rechts- und Amtshilfe verpflichtet.

(6) Das Nähere über die Einsetzung, die Befugnisse und das Verfahren der Untersuchungsausschüsse wird durch Gesetz geregelt. Das Brief-, Post- und Fernmeldegeheimnis bleibt unberührt.

(7) Die Beschlüsse und Ergebnisse der Untersuchungsausschüsse unterliegen nicht der gerichtlichen Nachprüfung. Die Gerichte sind jedoch frei in der Würdigung und Beurteilung des Sachverhaltes, der der Untersuchung zugrunde liegt.

Artikel 55

(1) Abgeordnete dürfen zu keiner Zeit wegen ihrer Abstimmung oder wegen einer Äußerung, die sie im Landtag oder sonst in Ausübung ihres Mandates getan haben, gerichtlich oder dienstlich verfolgt oder anderweitig außerhalb des Landtages zur Verantwortung gezogen werden. Dies gilt nicht für verleumderische Beleidigungen.

(2) Abgeordnete dürfen nur mit Einwilligung des Landtages wegen einer mit Strafe bedrohten Handlung zur Untersuchung gezogen, festgenommen, festgehalten oder verhaftet werden, es sei denn, daß sie bei Begehung einer strafbaren Handlung oder im Lauf des folgenden Tages festgenommen werden. Die Einwilligung des Landtages ist auch bei jeder anderen Beschränkung der persönlichen Freiheit von Abgeordneten erforderlich.

(3) Jedes Strafverfahren gegen Abgeordnete und jede Haft oder sonstige Beschränkung ihrer persönlichen Freiheit ist auf Verlangen des Landtages für die Dauer der Wahlperiode oder einen kürzer begrenzten Zeitraum auszusetzen.

Artikel 56

(1) Die Abgeordneten können über Personen, die ihnen in ihrer Eigenschaft als Abgeordnete oder denen sie als Abgeordnete Tatsachen anvertraut haben, sowie über diese Tatsachen selbst das Zeugnis verweigern.

(2) Personen, deren Mitarbeit Abgeordnete in Ausübung ihres Mandates in Anspruch nehmen, können das Zeugnis über die Wahrnehmungen verweigern, die sie anläßlich dieser Mitarbeit gemacht haben.

(3) Soweit dieses Zeugnisverweigerungsrecht reicht, sind die Durchsuchung und die Beschlagnahme von Schriftstücken und anderen Informationsträgern unzulässig.

Artikel 57
Zur Wahrung des Rechtes auf Datenschutz und zur Unterstützung bei der Ausübung der parlamentarischen Kontrolle wird beim Landtag ein Datenschutzbeauftragter berufen. Das Nähere bestimmt ein Gesetz.

Artikel 58
Der Landtag kann sich auf Beschluß von zwei Dritteln seiner Mitglieder selbst auflösen.

4. Abschnitt:
Die Staatsregierung

Artikel 59
(1) Die Staatsregierung steht an der Spitze der vollziehenden Gewalt. Ihr obliegt die Leitung und Verwaltung des Landes. Sie hat nach Maßgabe der Verfassung Anteil an der Gesetzgebung.
(2) Die Staatsregierung besteht aus dem Ministerpräsidenten und den Staatsministern. Als weitere Mitglieder der Staatsregierung können Staatssekretäre ernannt werden.
(3) Die Staatsregierung beschließt über die Geschäftsbereiche ihrer Mitglieder. Der Ministerpräsident kann einen Geschäftsbereich selbst übernehmen.

Artikel 60
(1) Der Ministerpräsident wird vom Landtag mit der Mehrheit seiner Mitglieder ohne Aussprache in geheimer Abstimmung gewählt.
(2) Kommt eine Wahl nach Absatz 1 nicht zustande, so ist gewählt, wer in einem weiteren Wahlgang die Mehrheit der abgegebenen Stimmen erhält.
(3) Wird der Ministerpräsident nicht innerhalb von vier Monaten nach dem Zusammentritt des neugewählten Landtages oder nach der sonstigen Erledigung des Amtes des Ministerpräsidenten gewählt, so ist der Landtag aufgelöst.
(4) Der Ministerpräsident beruft und entläßt die Staatsminister und Staatssekretäre. Er bestellt seinen Stellvertreter.

Artikel 61
Die Mitglieder der Staatsregierung leisten beim Amtsantritt den Amtseid vor dem Landtag. Er lautet: „Ich schwöre, daß ich meine Kraft dem Wohl des Volkes widmen, seinen Nutzen mehren, Schaden von ihm wenden, Verfassung und Recht wahren und verteidigen, meine Pflichten gewissenhaft erfüllen und Gerechtigkeit gegenüber allen üben werde." Der Eid kann auch mit der Beteuerung „So wahr mir Gott helfe" geleistet werden.

Artikel 62

(1) Das Amtsverhältnis der Mitglieder der Staatsregierung, insbesondere die Besoldung und Versorgung, ist durch Gesetz zu regeln.

(2) Die Mitglieder der Staatsregierung dürfen kein anderes besoldetes Amt, keinen Beruf und kein Gewerbe ausüben. Sie dürfen nicht dem Aufsichtsrat oder dem Vorstand einer privaten Erwerbsgesellschaft angehören. Eine Ausnahme besteht für Gesellschaften, bei denen der überwiegende Einfluß des Staates sichergestellt ist. Die Staatsregierung gibt dem Landtag jede Übernahme einer Funktion gemäß Satz 3 bekannt. Weitere Ausnahmen kann die Staatsregierung mit Zustimmung des Landtages zulassen.

Artikel 63

(1) Der Ministerpräsident bestimmt die Richtlinien der Politik und trägt dafür die Verantwortung.

(2) Innerhalb der Richtlinien der Politik leitet jeder Staatsminister seinen Geschäftsbereich selbständig unter eigener Verantwortung.

Artikel 64

(1) Die Staatsregierung beschließt insbesondere über Gesetzesvorlagen, über die Stimmabgabe des Freistaates im Bundesrat, über Angelegenheiten, in denen die Verfassung oder ein Gesetz dies vorschreibt, über Meinungsverschiedenheiten, die den Geschäftskreis mehrerer Staatsministerien berühren, und über Fragen von grundsätzlicher oder weittragender Bedeutung.

(2) Die Staatsregierung gibt sich eine Geschäftsordnung.

Artikel 65

(1) Der Ministerpräsident vertritt das Land nach außen.

(2) Der Abschluß von Staatsverträgen bedarf der Zustimmung der Staatsregierung und des Landtages.

Artikel 66

Der Ministerpräsident ernennt und entläßt die Richter und Beamten des Freistaates. Dieses Recht kann durch Gesetz oder auf Grund eines Gesetzes auf andere Staatsbehörden übertragen werden.

Artikel 67

(1) Der Ministerpräsident übt das Begnadigungsrecht aus. Er kann dieses Recht, soweit es sich nicht um schwere Fälle handelt, mit Zustimmung der Staatsregierung auf andere Staatsbehörden übertragen.

(2) Ein allgemeiner Straferlaß und eine allgemeine Niederschlagung anhängiger Strafverfahren können nur durch Gesetz ausgesprochen werden.

Artikel 68

(1) Die Staatsregierung und jedes ihrer Mitglieder können jederzeit ihren Rücktritt erklären.

(2) Das Amt des Ministerpräsidenten und der übrigen Mitglieder der Staatsregierung endet mit dem Zusammentritt eines neuen Landtages, das Amt eines Staatsministers und eines Staatssekretärs auch mit jeder anderen Erledigung des Amtes des Ministerpräsidenten.

(3) Im Fall des Rücktritts oder einer sonstigen Beendigung des Amtes haben die Mitglieder der Staatsregierung bis zur Amtsübernahme der Nachfolger die Amtsgeschäfte weiterzuführen.

Artikel 69

(1) Der Landtag kann dem Ministerpräsidenten das Vertrauen nur dadurch entziehen, daß er mit der Mehrheit seiner Mitglieder einen Nachfolger wählt.

(2) Zwischen dem Antrag auf Abberufung und der Wahl müssen mindestens drei Tage liegen.

5. Abschnitt:
Die Gesetzgebung

Artikel 70

(1) Gesetzesvorlagen werden von der Staatsregierung, aus der Mitte des Landtages oder vom Volk durch Volksantrag eingebracht.

(2) Die Gesetze werden vom Landtag oder unmittelbar vom Volk durch Volksentscheid beschlossen.

Artikel 71

(1) Alle im Land Stimmberechtigten haben das Recht, einen Volksantrag in Gang zu setzen. Er muß von mindestens 40 000 Stimmberechtigten durch ihre Unterschrift unterstützt sein. Ihm muß ein mit Begründung versehener Gesetzentwurf zugrunde liegen.

(2) Der Volksantrag ist beim Landtagspräsidenten einzureichen. Er entscheidet nach Einholen der Stellungnahme der Staatsregierung unverzüglich über die Zulässigkeit. Hält er den Volksantrag für verfassungswidrig, entscheidet auf seinen Antrag der Verfassungsgerichtshof. Der Volksantrag darf bis zu einer gegenteiligen Entscheidung nicht als unzulässig behandelt werden.

(3) Der Landtagspräsident veröffentlicht den zulässigen Volksantrag mit Begründung.

(4) Der Landtag gibt den Antragstellern Gelegenheit zur Anhörung.

Artikel 72

(1) Stimmt der Landtag dem unveränderten Volksantrag nicht binnen sechs Monaten zu, können die Antragsteller ein Volksbegehren mit dem Ziel in Gang setzen, einen Volksentscheid über den Antrag herbeizuführen. Dem Volksbegehren kann von den Antragstellern ein gegenüber dem Volksantrag veränderter Gesetzentwurf zugrunde gelegt werden. In diesem Falle findet Artikel 71 Absatz 2 entsprechende Anwendung.

(2) Ein Volksentscheid findet statt, wenn mindestens 450 000, jedoch nicht mehr als 15 vom Hundert, der Stimmberechtigten das Volksbegehren durch ihre Unterschrift unterstützen. Für die Unterstützung müssen mindestens sechs Monate zur Verfügung stehen. Der Landtag kann zum Volksentscheid einen eigenen Gesetzentwurf beifügen.

(3) Zwischen einem erfolgreich abgeschlossenen Volksbegehren und dem Volksentscheid muß eine Frist von mindestens drei und höchstens sechs Monaten liegen, die der öffentlichen Information und Diskussion über den Gegenstand des Volksentscheides dient. Diese Frist kann nur mit Einverständnis der Antragsteller unter- oder überschritten werden.

(4) Bei dem Volksentscheid wird mit Ja oder Nein gestimmt. Es entscheidet die Mehrheit der abgegebenen gültigen Stimmen.

Artikel 73

(1) Über Abgaben-, Besoldungs- und Haushaltsgesetze finden Volksantrag, Volksbegehren und Volksentscheid nicht statt.

(2) Ein durch Volksentscheid abgelehnter Volksantrag kann frühestens nach Ablauf der Wahlperiode des Landtages erneut in Gang gesetzt werden.

(3) Das Nähere über Volksantrag, Volksbegehren und Volksentscheid bestimmt ein Gesetz, in dem auch der Anspruch auf Erstattung der notwendigen Kosten für die Organisation des Volksbegehrens und eines angemessenen Abstimmungskampfes geregelt wird.

Artikel 74

(1) Die Verfassung kann nur durch Gesetz geändert werden, das den Wortlaut der Verfassung ausdrücklich ändert oder ergänzt. Die Änderung darf den Grundsätzen der Artikel 1, 3, 14 und 36 dieser Verfassung nicht widersprechen. Die Entscheidung, ob ein Änderungsantrag zulässig ist, trifft auf Antrag der Staatsregierung oder eines Viertels der Mitglieder des Landtages der Verfassungsgerichtshof.

(2) Ein verfassungsänderndes Gesetz bedarf der Zustimmung von zwei Dritteln der Mitglieder des Landtages.

(3) Die Verfassung kann durch Volksentscheid geändert werden, wenn mehr als die Hälfte der Mitglieder des Landtages dies beantragt. Sie kann ferner durch einen Volksentscheid gemäß Artikel 72 geändert werden. Das verfassungsändernde Gesetz ist beschlossen, wenn die Mehrheit der Stimmberechtigten zustimmt.

Artikel 75

(1) Die Ermächtigung zum Erlaß von Rechtsverordnungen kann nur durch Gesetz erteilt werden. Dabei müssen Inhalt, Zweck und Ausmaß der erteilten Ermächtigung bestimmt werden. Die Rechtsgrundlage ist in der Verordnung anzugeben.

(2) Die zur Ausführung der Gesetze erforderlichen allgemeinen Verwaltungsvorschriften werden von der Staatsregierung erlassen, soweit die Gesetze nichts anderes bestimmen.

Artikel 76

(1) Die verfassungsmäßig beschlossenen Gesetze werden vom Landtagspräsidenten nach Gegenzeichnung des Ministerpräsidenten und des zuständigen Staatsministers ausgefertigt und vom Ministerpräsidenten binnen Monatsfrist im Gesetz- und Verordnungsblatt des Freistaates Sachsen verkündet. Wenn der Landtag die Dringlichkeit beschließt, müssen sie unverzüglich ausgefertigt und verkündet werden.

(2) Rechtsverordnungen werden von der Stelle, die sie erläßt, solche der Staatsregierung vom Ministerpräsidenten und den zuständigen Staatsministern, ausgefertigt und, soweit das Gesetz nichts anderes bestimmt, im Gesetz- und Verordnungsblatt des Freistaates Sachsen verkündet.

(3) Gesetze und Rechtsverordnungen sollen den Tag bestimmen, an dem sie in Kraft treten. Fehlt eine solche Bestimmung, so treten sie mit dem vierzehnten Tag nach Ablauf des Tages in Kraft, an dem das Gesetz- und Verordnungsblatt ausgegeben worden ist.

6. Abschnitt:
Die Rechtsprechung

Artikel 77

(1) Die Rechtsprechung wird im Namen des Volkes durch den Verfassungsgerichtshof und die Gerichte ausgeübt, die gemäß den Gesetzen des Bundes und des Freistaates errichtet sind.

(2) Die Richter sind unabhängig und nur dem Gesetz unterworfen.

(3) An der Rechtsprechung wirken Frauen und Männer aus dem Volk nach Maßgabe der Gesetze mit.

Artikel 78

(1) Niemand darf seinem gesetzlichen Richter entzogen werden. Ausnahmegerichte sind unzulässig.

(2) Vor Gericht hat jede Person Anspruch auf rechtliches Gehör.

(3) Jede Person hat Anspruch auf ein gerechtes, zügiges und öffentliches Verfahren und das Recht auf Verteidigung. Die Öffentlichkeit darf nur nach Maßgabe des Gesetzes ausgeschlossen werden.

Artikel 79

(1) Die hauptamtlich und planmäßig endgültig angestellten Richter können gegen ihren Willen nur kraft richterlicher Entscheidung und nur aus Gründen und unter den Formen, die die Gesetze bestimmen, vor Ablauf ihrer Amtszeit ent-

lassen oder dauernd oder zeitweise ihres Amtes enthoben oder an eine andere Stelle oder in den Ruhestand versetzt werden. Durch Gesetz können Altersgrenzen festgesetzt werden, bei deren Erreichung auf Lebenszeit angestellte Richter in den Ruhestand treten. Bei Veränderung der Einrichtung der Gerichte oder ihrer Bezirke können Richter an ein anderes Gericht versetzt oder aus dem Amt entfernt werden, jedoch nur unter Belassung des vollen Gehaltes.

(2) Die Ernennung, der Amtseid und die Rechtsstellung der Richter werden im übrigen durch Gesetz geregelt.

(3) Durch Gesetz kann bestimmt werden, daß bei der Ernennung und Anstellung der Richter ein Richterwahlausschuß mitwirkt.

Artikel 80

(1) Wenn ein Richter im Amt oder außerhalb des Amtes gegen die verfassungsmäßige Ordnung des Bundes oder des Freistaates verstößt, so kann auf Antrag des Landtages das Bundesverfassungsgericht anordnen, daß der Richter in ein anderes Amt oder in den Ruhestand zu versetzen ist. Im Fall eines vorsätzlichen Verstoßes kann auf Entlassung erkannt werden.

(2) Der Antrag auf Erhebung der Anklage muß mindestens von einem Drittel der Mitglieder des Landtages gestellt werden. Der Beschluß auf Erhebung der Anklage erfordert bei Anwesenheit von mindestens zwei Dritteln der Mitglieder des Landtages eine Zweidrittelmehrheit, die jedoch mehr als die Hälfte der Mitglieder betragen muß.

Artikel 81

(1) Der Verfassungsgerichtshof entscheidet
1. über die Auslegung dieser Verfassung aus Anlaß von Streitigkeiten über den Umfang der Rechte und Pflichten eines obersten Staatsorganes oder anderer Beteiligter, die durch die Verfassung oder in der Geschäftsordnung des Landtages oder der Staatsregierung mit eigener Zuständigkeit ausgestattet sind, auf Antrag des obersten Staatsorganes oder anderer Beteiligter,
2. bei Zweifeln oder Meinungsverschiedenheiten über die Vereinbarkeit von Landesrecht mit dieser Verfassung auf Antrag eines Viertels der Mitglieder des Landtages oder auf Antrag der Staatsregierung,
3. über die Vereinbarkeit eines Landesgesetzes mit dieser Verfassung, nachdem ein Gericht das Verfahren gemäß Artikel 100 Absatz 1 des Grundgesetzes ausgesetzt hat,
4. über Verfassungsbeschwerden, die von jeder Person erhoben werden können, die sich durch die öffentliche Gewalt in einem ihrer in dieser Verfassung niedergelegten Grundrechte (Artikel 4, 14 bis 38, 41, 78, 91, 102, 105 und 107) verletzt fühlt,
5. in den weiteren in dieser Verfassung ihm zugewiesenen Angelegenheiten,
6. in den ihm durch Gesetz zugewiesenen Angelegenheiten.

(2) Der Verfassungsgerichtshof besteht aus fünf Berufsrichtern und vier anderen Mitgliedern.

(3) Die Mitglieder des Verfassungsgerichtshofes werden vom Landtag mit zwei Dritteln seiner Mitglieder auf die Dauer von neun Jahren gewählt. Den Vorsitz führt einer der Berufsrichter. Die Mitglieder dürfen weder dem Bundestag, dem Bundesrat, der Bundesregierung noch entsprechenden Organen eines Landes angehören.

(4) Das Nähere bestimmt ein Gesetz. Es kann auch vorsehen, daß Wahlen zum Verfassungsgerichtshof im Abstand von drei Jahren stattfinden und daß die Amtszeit der bei der ersten Wahl zum Verfassungsgerichtshof zu bestellenden Mitglieder sowie der bei vorzeitigem Ausscheiden eines Richters nachgewählten Mitglieder abweichend von Absatz 3 geregelt wird.

7. Abschnitt:
Die Verwaltung

Artikel 82

(1) Die Verwaltung wird durch die Staatsregierung, die ihr unterstellten Behörden und durch die Träger der Selbstverwaltung ausgeübt. Sie ist dem Wohl der Allgemeinheit verpflichtet und dient dem Menschen.

(2) Träger der Selbstverwaltung sind die Gemeinden, die Landkreise und andere Gemeindeverbände. Ihnen ist das Recht gewährleistet, ihre Angelegenheiten im Rahmen der Gesetze unter eigener Verantwortung zu regeln.

(3) Andere öffentlich-rechtliche Körperschaften, Anstalten und Stiftungen sind nach Maßgabe der Gesetze Träger der Selbstverwaltung.

Artikel 83

(1) Aufbau, räumliche Gliederung und Zuständigkeiten der Landesverwaltung werden durch Gesetz geregelt. Aufgaben, die von den nachgeordneten Verwaltungsbehörden zuverlässig und zweckmäßig erfüllt werden können, sind diesen zuzuweisen.

(2) Die Einrichtung der staatlichen Behörden im einzelnen obliegt der Staatsregierung. Sie kann Staatsminister hierzu ermächtigen.

(3) Der Freistaat unterhält keinen Geheimdienst mit polizeilichen Befugnissen. Der Einsatz nachrichtendienstlicher Mittel unterliegt einer Nachprüfung durch von der Volksvertretung bestellte Organe und Hilfsorgane, sofern dieser Einsatz nicht der richterlichen Kontrolle unterlegen hat. Das Nähere bestimmt das Gesetz.

Artikel 84

(1) Die Gemeinden sind in ihrem Gebiet die Träger der öffentlichen Aufgaben, soweit nicht bestimmte Aufgaben im öffentlichen Interesse durch Gesetz anderen Stellen übertragen sind. Die Gemeindeverbände haben innerhalb ihrer Zuständigkeit die gleiche Stellung.

(2) Bevor durch Gesetz oder Rechtsverordnung allgemeine Fragen geregelt werden, welche die Gemeinden und Gemeindeverbände berühren, sind diese oder ihre Zusammenschlüsse rechtzeitig zu hören.

Artikel 85

(1) Den kommunalen Trägern der Selbstverwaltung kann durch Gesetz die Erledigung bestimmter Aufgaben übertragen werden. Sie sollen ihnen übertragen werden, wenn sie von ihnen zuverlässig und zweckmäßig erfüllt werden können. Dabei sind Bestimmungen über die Deckung der Kosten zu treffen.

(2) Führt die Übertragung der Aufgaben zu einer Mehrbelastung der kommunalen Träger der Selbstverwaltung, so ist ein entsprechender finanzieller Ausgleich zu schaffen.

(3) Bei Übertragung öffentlicher Aufgaben kann sich der Freistaat ein Weisungsrecht nach näherer gesetzlicher Vorschrift vorbehalten.

Artikel 86

(1) In den Gemeinden und Landkreisen muß das Volk eine gewählte Vertretung haben. In kleinen Gemeinden kann an die Stelle einer gewählten Vertretung die Gemeindeversammlung treten.

(2) In den Gemeinden wirken die Einwohner an der Selbstverwaltung mit, insbesondere durch Übernahme von Ehrenämtern.

(3) Das Nähere bestimmt ein Gesetz.

Artikel 87

(1) Der Freistaat sorgt dafür, daß die kommunalen Träger der Selbstverwaltung ihre Aufgaben erfüllen können.

(2) Die Gemeinden und Landkreise haben das Recht, eigene Steuern und andere Abgaben nach Maßgabe der Gesetze zu erheben.

(3) Die Gemeinden und Landkreise werden unter Berücksichtigung der Aufgaben des Freistaates im Rahmen übergemeindlichen Finanzausgleiches an dessen Steuereinnahmen beteiligt.

(4) Das Nähere bestimmt ein Gesetz.

Artikel 88

(1) Das Gebiet von Gemeinden und Landkreisen kann aus Gründen des Wohles der Allgemeinheit geändert werden.

(2) Das Gemeindegebiet kann durch Vereinbarung der beteiligten Gemeinden mit staatlicher Genehmigung, durch Gesetz oder auf Grund eines Gesetzes geändert werden. Die Auflösung von Gemeinden gegen deren Willen bedarf eines Gesetzes. Vor einer Gebietsänderung muß die Bevölkerung der unmittelbar betroffenen Gebiete gehört werden.

(3) Das Gebiet von Landkreisen kann durch Gesetz oder auf Grund eines Gesetzes geändert werden. Die Auflösung von Landkreisen bedarf eines Gesetzes.

(4) Das Nähere bestimmt ein Gesetz.

Artikel 89

(1) Der Freistaat überwacht die Gesetzmäßigkeit der Verwaltung der Gemeinden, der Landkreise und der anderen Gemeindeverbände.

(2) Durch Gesetz kann bestimmt werden, daß die Übernahme von Schuldverpflichtungen und Gewährschaften sowie die Veräußerung von Vermögen von der Zustimmung der mit der Überwachung betrauten Behörde abhängig gemacht und daß diese Zustimmung unter dem Gesichtspunkt einer geordneten Wirtschaftsführung erteilt oder versagt werden kann.

Artikel 90

Die kommunalen Träger der Selbstverwaltung können den Verfassungsgerichtshof mit der Behauptung anrufen, daß ein Gesetz die Bestimmungen des Artikels 82 Absatz 2 oder der Artikel 84 bis 89 verletze.

Artikel 91

(1) Die Ausübung hoheitsrechtlicher Befugnisse ist als ständige Aufgabe in der Regel Angehörigen des öffentlichen Dienstes zu übertragen, die in einem öffentlich-rechtlichen Dienst- und Treueverhältnis stehen.

(2) Alle Bürger haben nach ihrer Eignung, Befähigung und fachlichen Leistung gleichen Zugang zu jedem öffentlichen Amt.

Artikel 92

(1) Die Bediensteten des Freistaates und der Träger der Selbstverwaltung sind Diener des ganzen Volkes, nicht einer Partei oder sonstigen Gruppe, und haben ihr Amt und ihre Aufgaben unparteiisch und ohne Ansehen der Person nur nach sachlichen Gesichtspunkten auszuüben.

(2) Jeder Beamte leistet folgenden Amtseid: „Ich schwöre, daß ich mein Amt nach bestem Wissen und Können führen, Verfassung und Recht achten und verteidigen und Gerechtigkeit gegenüber allen üben werde." Der Eid kann auch mit der Beteuerung „So wahr mir Gott helfe" geleistet werden.

8. Abschnitt:
Das Finanzwesen

Artikel 93

(1) Alle Einnahmen und Ausgaben des Freistaates sind in den Haushaltsplan einzustellen; bei Staatsbetrieben und bei Sondervermögen brauchen nur die Zuführungen oder Ablieferungen eingestellt zu werden. Der Haushaltsplan ist in Einnahme und Ausgabe auszugleichen.

(2) Der Haushaltsplan wird für ein Rechnungsjahr oder mehrere Rechnungsjahre, nach Jahren getrennt, durch das Haushaltsgesetz festgestellt. Die Feststellung soll vor Beginn des Rechnungsjahres, bei mehreren Rechnungsjahren vor Beginn des ersten Rechnungsjahres, erfolgen.

(3) In das Haushaltsgesetz dürfen nur Vorschriften aufgenommen werden, die sich auf die Einnahmen und die Ausgaben des Freistaates und auf den Zeitraum beziehen, für den das Haushaltsgesetz beschlossen wird. Das Haushaltsgesetz kann vorschreiben, daß die Vorschriften erst mit der Verkündung des nächsten Haushaltsgesetzes oder bei Ermächtigungen nach Artikel 95 zu einem späteren Zeitpunkt außer Kraft treten.

(4) Die Schulden sind in einer Anlage des Haushaltsplanes nachzuweisen.

Artikel 94

(1) Der Haushaltsplan dient der Feststellung und Deckung des Finanzbedarfes, der zur Erfüllung der Aufgaben des Freistaates im Zeitraum, für den der Haushaltsplan aufgestellt ist, voraussichtlich notwendig ist. Der Haushaltsplan ist die Grundlage für die Haushalts- und Wirtschaftsführung.

(2) Bei Aufstellung und Ausführung des Haushaltsplanes ist den Erfordernissen des gesamtwirtschaftlichen Gleichgewichtes sowie den Grundsätzen der Wirtschaftlichkeit und Sparsamkeit Rechnung zu tragen.

(3) Der Haushaltsplan ermächtigt die Verwaltung, Ausgaben zu leisten und Verpflichtungen einzugehen.

(4) Durch den Haushaltsplan werden Ansprüche oder Verbindlichkeiten weder begründet noch aufgehoben.

Artikel 95

Die Aufnahme von Krediten sowie jede Übernahme von Bürgschaften, Garantien oder sonstigen Gewährleistungen, die zu Ausgaben in künftigen Jahren führen können, bedürfen einer Ermächtigung durch Gesetz. Die Einnahmen aus Krediten dürfen die Summe der im Haushaltsplan veranschlagten Ausgaben für Investitionen nicht überschreiten; Ausnahmen sind nur zulässig zur Abwehr einer Störung des gesamtwirtschaftlichen Gleichgewichtes. Das Nähere bestimmt ein Gesetz.

Artikel 96

Über- und außerplanmäßige Ausgaben und Verpflichtungen bedürfen der Zustimmung des Staatsministers der Finanzen. Sie darf nur im Fall eines unvorhergesehenen und unabweisbaren Bedürfnisses erteilt werden. Die Genehmigung des Landtages ist nachträglich einzuholen. Näheres kann durch Gesetz bestimmt werden.

Artikel 97

(1) Beschlüsse des Landtages, welche die im Haushaltsplan festgesetzten Ausgaben erhöhen oder neue Ausgaben mit sich bringen, bedürfen der Zustimmung der Staatsregierung. Das gleiche gilt für Beschlüsse des Landtages, die Einnahmeminderungen mit sich bringen. Die Deckung muß gesichert sein.

(2) Die Staatsregierung kann verlangen, daß der Landtag die Beschlußfassung nach Absatz 1 aussetzt. In diesem Fall hat die Staatsregierung innerhalb von sechs Wochen dem Landtag eine Stellungnahme zuzuleiten.

Artikel 98

(1) Ist bis zum Schluß eines Jahres weder der Haushaltsplan für das folgende Jahr festgestellt worden noch ein Nothaushaltsgesetz ergangen, so kann bis zur gesetzlichen Regelung die Staatsregierung diejenigen Ausgaben leisten, die nötig sind, um

1. gesetzlich bestehende Einrichtungen zu erhalten und gesetzlich beschlossene Maßnahmen durchzuführen,
2. die rechtlich begründeten Verpflichtungen des Freistaates zu erfüllen,
3. Bauten, Beschaffungen und sonstige Leistungen fortzusetzen oder Beihilfen für diese Zwecke weiter zu gewähren, sofern durch den Haushaltsplan eines Vorjahres bereits Beträge bewilligt worden sind.

(2) Soweit die auf besonderem Gesetz beruhenden Einnahmen aus Steuern, Abgaben und sonstigen Quellen oder die Betriebsmittelrücklage die in Absatz 1 genannten Ausgaben nicht decken, kann die Staatsregierung den für eine geordnete Haushaltsführung erforderlichen Kredit beschaffen. Dieser darf ein Viertel der Endsumme des letzten Haushaltsplanes nicht übersteigen.

Artikel 99

Der Staatsminister der Finanzen hat dem Landtag über alle Einnahmen und Ausgaben sowie über die Veränderung des Vermögens und der Schulden des Freistaates zur Entlastung der Staatsregierung jährlich Rechnung zu legen.

Artikel 100

(1) Die Rechnung sowie die gesamte Haushalts- und Wirtschaftsführung des Landes werden durch den Rechnungshof geprüft. Er ist eine unabhängige Staatsbehörde.

(2) Mitglieder sind der Präsident, der Vizepräsident und die Leiter der Prüfungsabteilungen. Sie besitzen die gleiche Unabhängigkeit wie die Richter.

(3) Der Präsident des Rechnungshofes wird vom Landtag auf Vorschlag des Ministerpräsidenten mit einer Mehrheit von zwei Dritteln der abgegebenen Stimmen gewählt. Der Vizepräsident wird vom Ministerpräsidenten auf Vorschlag des Präsidenten des Rechnungshofes mit Zustimmung des Landtages ernannt.

(4) Der Rechnungshof berichtet jährlich unmittelbar dem Landtag und unterrichtet gleichzeitig die Staatsregierung.

(5) Das Nähere bestimmt ein Gesetz.

9. Abschnitt:
Das Bildungswesen

Artikel 101

(1) Die Jugend ist zur Ehrfurcht vor allem Lebendigen, zur Nächstenliebe, zum Frieden und zur Erhaltung der Umwelt, zur Heimatliebe, zu sittlichem und politischem Verantwortungsbewußtsein, zu Gerechtigkeit und zur Achtung vor

der Überzeugung des anderen, zu beruflichem Können, zu sozialem Handeln und zu freiheitlicher demokratischer Haltung zu erziehen.

(2) Das natürliche Recht der Eltern, Erziehung und Bildung ihrer Kinder zu bestimmen, bildet die Grundlage des Erziehungs- und Schulwesens. Es ist insbesondere bei dem Zugang zu den verschiedenen Schularten zu achten.

Artikel 102

(1) Das Land gewährleistet das Recht auf Schulbildung. Es besteht allgemeine Schulpflicht.

(2) Für die Bildung der Jugend sorgen Schulen in öffentlicher und in freier Trägerschaft.

(3) Das Recht zur Errichtung von Schulen in freier Trägerschaft wird gewährleistet. Nehmen solche Schulen die Aufgaben von Schulen in öffentlicher Trägerschaft wahr, bedürfen sie der Genehmigung des Freistaates. Die Genehmigung ist zu erteilen, wenn sie in ihren Lehrzielen und Einrichtungen sowie in der wissenschaftlichen Ausbildung ihrer Lehrkräfte nicht hinter den Schulen in öffentlicher Trägerschaft zurückstehen und eine Sonderung der Schüler nach den Besitzverhältnissen der Eltern nicht gefördert wird. Die Genehmigung ist zu versagen, wenn die wirtschaftliche und rechtliche Stellung der Lehrkräfte nicht genügend gesichert ist.

(4) Unterricht und Lernmittel an den Schulen in öffentlicher Trägerschaft sind unentgeltlich. Soweit Schulen in freier Trägerschaft, welche die Aufgaben von Schulen in öffentlicher Trägerschaft wahrnehmen, eine gleichartige Befreiung gewähren, haben sie Anspruch auf finanziellen Ausgleich.

(5) Das Nähere bestimmt ein Gesetz.

Artikel 103

(1) Das gesamte Schulwesen steht unter der Aufsicht des Freistaates.

(2) Bei den Schulaufsichtsbehörden können ehrenamtlich tätige Beiräte gebildet werden.

(3) Prüfungen, durch die eine öffentlich anerkannte Berechtigung erworben werden soll, müssen vor den hierfür zuständigen Staatsbehörden oder den vom Freistaat hierzu ermächtigten Stellen abgelegt werden.

Artikel 104

(1) Eltern und Schüler haben das Recht, durch gewählte Vertreter an der Gestaltung des Lebens und der Arbeit der Schule mitzuwirken.

(2) Das Nähere bestimmt ein Gesetz.

Artikel 105

(1) Ethikunterricht und Religionsunterricht sind an den Schulen mit Ausnahme der bekenntnisgebundenen und bekenntnisfreien Schulen ordentliche Lehrfächer. Bis zum Eintritt der Religionsmündigkeit entscheiden die Erziehungsberechtigten, in welchem dieser Fächer ihr Kind unterrichtet wird.

(2) Der Religionsunterricht wird unbeschadet des allgemeinen Aufsichtsrechtes des Freistaates nach den Grundsätzen der Kirchen und Religionsgemeinschaften erteilt. Die Lehrer bedürfen zur Erteilung des Religionsunterrichtes der Bevollmächtigung durch die Kirchen und Religionsgemeinschaften. Diese haben das Recht, im Benehmen mit der staatlichen Aufsichtsbehörde die Erteilung des Religionsunterrichtes zu beaufsichtigen.

(3) Kein Lehrer darf gegen seinen Willen verpflichtet werden, Religionsunterricht zu erteilen.

Artikel 106
Die Berufsbildung findet in den praktischen Ausbildungsstätten und in den beruflichen Schulen statt. Das Land fördert das Berufsschulwesen.

Artikel 107
(1) Die Hochschule ist frei in Forschung und Lehre.

(2) Die Hochschule hat unbeschadet der Aufsicht des Freistaates das Recht auf eine ihrem besonderen Charakter entsprechende Selbstverwaltung im Rahmen der Gesetze und ihrer vom Freistaat anerkannten Satzungen. An dieser Selbstverwaltung sind auch die Studierenden zu beteiligen.

(3) Bei der Berufung des Lehrkörpers wirkt die Hochschule durch Ausübung des Vorschlagsrechtes mit.

(4) Hochschulen in freier Trägerschaft sind zulässig. Das Nähere bestimmt ein Gesetz.

Artikel 108
(1) Die Erwachsenenbildung ist zu fördern.

(2) Einrichtungen der Erwachsenenbildung können außer durch den Freistaat und die Träger der Selbstverwaltung auch durch freie Träger unterhalten werden.

10. Abschnitt:
Die Kirchen und Religionsgemeinschaften

Artikel 109
(1) Die Bedeutung der Kirchen und Religionsgemeinschaften für die Bewahrung und Festigung der religiösen und sittlichen Grundlagen des menschlichen Lebens wird anerkannt.

(2) Die Kirchen und Religionsgemeinschaften sind vom Staat getrennt. Sie entfalten sich bei der Erfüllung ihrer Aufgaben im Rahmen des für alle geltenden Gesetzes frei von staatlichen Eingriffen. Die Beziehungen des Landes zu den Kirchen und Religionsgemeinschaften werden im übrigen durch Vertrag geregelt.

(3) Die diakonische und karitative Arbeit der Kirchen und Religionsgemeinschaften wird gewährleistet.

(4) Die Bestimmungen der Artikel 136, 137, 138, 139 und 141 der Verfassung des Deutschen Reiches vom 11. August 1919 sind Bestandteil dieser Verfassung.

Artikel 110

(1) Werden durch die Kirchen und Religionsgemeinschaften im öffentlichen Interesse liegende gemeinnützige Einrichtungen oder Anstalten unterhalten, so besteht Anspruch auf angemessene Kostenerstattung durch das Land nach Maßgabe der Gesetze.

(2) Freie Träger mit vergleichbarer Tätigkeit und gleichwertigen Leistungen haben den gleichen Anspruch.

Artikel 111

(1) Die Kirchen und Religionsgemeinschaften sind berechtigt, zur Ausbildung von Pfarrern und kirchlichen Mitarbeitern eigene Lehreinrichtungen zu unterhalten. Diese sind staatlichen Lehreinrichtungen gleichgestellt, wenn sie den schul- und hochschulrechtlichen Bestimmungen entsprechen.

(2) Die Lehrstühle an theologischen Fakultäten und die Lehrstühle für Religionspädagogik werden im Benehmen mit der Kirche besetzt. Abweichende Vereinbarungen bleiben unberührt.

Artikel 112

(1) Die auf Gesetz, Vertrag oder besonderen Rechtstiteln beruhenden Leistungen des Landes an die Kirchen werden gewährleistet.

(2) Die Baudenkmale der Kirchen und Religionsgemeinschaften sind, unbeschadet des Eigentumsrechtes, Kulturgut der Allgemeinheit. Für ihre bauliche Unterhaltung haben die Kirchen und Religionsgemeinschaften daher Anspruch auf angemessene Kostenerstattung durch das Land nach Maßgabe der Gesetze.

11. Abschnitt:
Übergangs- und Schlußbestimmungen

Artikel 113

(1) Ist bei drohender Gefahr für den Bestand oder die freiheitliche demokratische Grundordnung des Landes oder für die lebensnotwendige Versorgung der Bevölkerung sowie bei einem Notstand infolge einer Naturkatastrophe oder eines besonders schweren Unglücksfalles der Landtag verhindert, sich alsbald zu versammeln, so nimmt ein aus allen Fraktionen des Landtages gebildeter Ausschuß des Landtages als Notparlament die Rechte des Landtages wahr. Die Verfassung darf durch ein von diesem Ausschuß beschlossenes Gesetz nicht geändert werden. Die Befugnis, dem Ministerpräsidenten das Vertrauen zu entziehen, steht dem Ausschuß nicht zu.

(2) Solange eine Gefahr für den Bestand oder die freiheitliche demokratische Grundordnung des Landes droht, finden durch das Volk vorzunehmende Wahlen und

Abstimmungen nicht statt. Die Feststellung, daß Wahlen und Abstimmungen nicht stattfinden, trifft der Landtag mit einer Mehrheit von zwei Dritteln seiner Mitglieder. Ist der Landtag verhindert, sich alsbald zu versammeln, so trifft der in Absatz 1 genannte Ausschuß die Feststellung mit einer Mehrheit von zwei Dritteln seiner Mitglieder. Die verschobenen Wahlen und Abstimmungen sind innerhalb von sechs Monaten, nachdem der Landtag festgestellt hat, daß die Gefahr beendet ist, durchzuführen. Die Amtsdauer der in Betracht kommenden Personen und Körperschaften verlängert sich bis zum Ablauf des Tages der Neuwahl.

(3) Die Feststellung, daß der Landtag verhindert ist, sich alsbald zu versammeln, trifft der Präsident des Landtages.

(4) Gesetze werden im Fall des Absatzes 1, falls eine rechtzeitige Verkündung im Gesetz- und Verordnungsblatt des Freistaates Sachsen nicht möglich ist, auf andere Weise öffentlich bekanntgemacht. Die Verkündung im Gesetz- und Verordnungsblatt ist nachzuholen, sobald die Umstände es zulassen.

(5) Beschlüsse des in Absatz 1 genannten Ausschusses können vom Landtag aufgehoben werden, wenn dies spätestens vier Wochen nach dem nächsten Zusammentritt des Landtages beantragt wird.

Artikel 114
Gegen jede Person, die es unternimmt, die verfassungsmäßige Ordnung zu beseitigen, haben alle Bürger das Recht zum Widerstand, wenn andere Abhilfe nicht möglich ist.

Artikel 115
Bürger im Sinne dieser Verfassung sind die Deutschen nach Artikel 116 Absatz 1 des Grundgesetzes.

Artikel 116
Wer im Gebiet des heutigen Freistaates Sachsen oder als Bewohner dieses Gebietes durch nationalsozialistische oder kommunistische Gewaltherrschaft wegen seiner politischen, religiösen oder weltanschaulichen Überzeugung oder wegen seiner Rasse, Abstammung oder Nationalität oder wegen seiner sozialen Stellung oder wegen seiner Behinderung oder wegen seiner gleichgeschlechtlichen Orientierung oder in anderer Weise willkürlich geschädigt wurde, hat nach Maßgabe der Gesetze Anspruch auf Wiedergutmachung.

Artikel 117
Das Land trägt im Rahmen seiner Möglichkeiten dazu bei, die Ursachen individuellen und gesellschaftlichen Versagens in der Vergangenheit abzubauen, die Folgen verletzter Menschenwürde zu mindern und die Fähigkeit zu selbstbestimmter und eigenverantwortlicher Lebensgestaltung zu stärken.

Artikel 118
(1) Erhebt sich der dringende Verdacht, daß ein Mitglied des Landtages oder der Staatsregierung vor seiner Wahl oder Berufung

1. gegen die Grundsätze der Menschlichkeit oder Rechtsstaatlichkeit verstoßen hat, insbesondere die im Internationalen Pakt über bürgerliche und politische Rechte vom 19. Dezember 1966 gewährleisteten Menschenrechte oder die in der Allgemeinen Erklärung der Menschenrechte vom 10. Dezember 1948 enthaltenen Grundrechte verletzt hat oder

2. für das frühere Ministerium für Staatssicherheit/Amt für nationale Sicherheit der DDR tätig war, und erscheint deshalb die fortdauernde Innehabung von Mandat oder Mitgliedschaft in der Staatsregierung als untragbar, kann der Landtag beim Verfassungsgerichtshof ein Verfahren mit dem Ziel der Aberkennung von Mandat oder Amt beantragen.

(2) Der Antrag auf Erhebung der Anklage muß von mindestens einem Drittel der Mitglieder des Landtages gestellt werden. Der Beschluß auf Erhebung der Anklage erfordert bei Anwesenheit von mindestens zwei Dritteln der Mitglieder des Landtages eine Zweidrittelmehrheit, die jedoch mehr als die Hälfte der Mitglieder betragen muß.

(3) Das Nähere bestimmt ein Gesetz, das auch den Verlust von Versorgungsansprüchen regeln kann.

Artikel 119

Für die Einstellung in den öffentlichen Dienst und die Weiterbeschäftigung im öffentlichen Dienst gelten die Bestimmungen des Vertrages über die Herstellung der Einheit Deutschlands (Einigungsvertrag). Die Eignung für den öffentlichen Dienst fehlt jeder Person, die

1. gegen die Grundsätze der Menschlichkeit oder Rechtsstaatlichkeit verstoßen hat, insbesondere die im Internationalen Pakt über bürgerliche und politische Rechte vom 19. Dezember 1966 gewährleisteten Menschenrechte oder die in der Allgemeinen Erklärung der Menschenrechte vom 10. Dezember 1948 enthaltenen Grundrechte verletzt hat oder

2. für das Ministerium für Staatssicherheit/Amt für nationale Sicherheit der DDR tätig war, und deren Beschäftigung im öffentlichen Dienst deshalb untragbar erscheint.

Artikel 120

(1) Das im Gebiet des Freistaates Sachsen als Landesrecht geltende Recht bleibt in Kraft, soweit es dieser Verfassung nicht widerspricht.

(2) Landesrecht und Landesgesetz im Sinne der Artikel 81 Absatz 1 Nr. 2 und 3 sowie Artikel 90 sind auch das Recht und die Gesetze aus der Zeit vor dem Inkrafttreten dieser Verfassung.

Artikel 121

Der Freistaat bekennt sich zur Trägerschaft für die Sächsische Akademie der Wissenschaften zu Leipzig.

Artikel 122

(1) Diese Verfassung bedarf der Zustimmung von zwei Dritteln der Mitglieder des Landtages.

(2) Sie wird vom Präsidenten des Landtages ausgefertigt und vom Ministerpräsidenten im Gesetz- und Verordnungsblatt des Freistaates Sachsen verkündet.

(3) Die Verfassung tritt am Tag nach ihrer Verkündung in Kraft.

Anhang zu Artikel 109 Absatz 4:

Artikel 136 Weimarer Verfassung

(1) Die bürgerlichen und staatsbürgerlichen Rechte und Pflichten werden durch die Ausübung der Religionsfreiheit weder bedingt noch beschränkt.

(2) Der Genuß bürgerlicher und staatsbürgerlicher Rechte sowie die Zulassung zu öffentlichen Ämtern sind unabhängig von dem religiösen Bekenntnis.

(3) Niemand ist verpflichtet, seine religiöse Überzeugung zu offenbaren. Die Behörden haben nur soweit das Recht, nach der Zugehörigkeit zu einer Religionsgesellschaft zu fragen, als davon Rechte und Pflichten abhängen oder eine gesetzlich angeordnete statistische Erhebung dies erfordert.

(4) Niemand darf zu einer kirchlichen Handlung oder Feierlichkeit oder zur Teilnahme an religiösen Übungen oder zur Benutzung einer religiösen Eidesform gezwungen werden.

Artikel 137 Weimarer Verfassung

(1) Es besteht keine Staatskirche.

(2) Die Freiheit der Vereinigung zu Religionsgesellschaften wird gewährleistet. Der Zusammenschluß von Religionsgesellschaften innerhalb des Reichsgebietes unterliegt keinen Beschränkungen.

(3) Jede Religionsgesellschaft ordnet und verwaltet ihre Angelegenheiten selbständig innerhalb der Schranken des für alle geltenden Gesetzes. Sie verleiht ihre Ämter ohne Mitwirkung des Staates oder der bürgerlichen Gemeinde.

(4) Religionsgesellschaften erwerben die Rechtsfähigkeit nach den allgemeinen Vorschriften des bürgerlichen Rechtes.

(5) Die Religionsgesellschaften bleiben Körperschaften des öffentlichen Rechtes, soweit sie solche bisher waren. Anderen Religionsgesellschaften sind auf ihren Antrag gleiche Rechte zu gewähren, wenn sie durch ihre Verfassung und die Zahl ihrer Mitglieder die Gewähr der Dauer bieten. Schließen sich mehrere derartige öffentlich-rechtliche Religionsgesellschaften zu einem Verbande zusammen, so ist auch dieser Verband eine öffentlich-rechtliche Körperschaft.

(6) Die Religionsgesellschaften, welche Körperschaften des öffentlichen Rechtes sind, sind berechtigt auf Grund der bürgerlichen Steuerlisten nach Maßgabe der landesrechtlichen Bestimmungen Steuern zu erheben.

(7) Den Religionsgesellschaften werden die Vereinigungen gleichgestellt, die sich die gemeinschaftliche Pflege einer Weltanschauung zur Aufgabe machen.

(8) Soweit die Durchführung dieser Bestimmungen eine weitere Regelung erfordert, liegt diese der Landesgesetzgebung ob.

Artikel 138 Weimarer Verfassung

(1) Die auf Gesetz, Vertrag oder besonderen Rechtstiteln beruhenden Staatsleistungen an die Religionsgesellschaften werden durch die Landesgesetzgebung abgelöst. Die Grundsätze hierfür stellt das Reich auf.

(2) Das Eigentum und andere Rechte der Religionsgesellschaften und religiösen Vereine an ihren für Kultus-, Unterrichts- und Wohltätigkeitszwecke bestimmten Anstalten, Stiftungen und sonstigen Vermögen werden gewährleistet.

Artikel 139 Weimarer Verfassung

Der Sonntag und die staatlich anerkannten Feiertage bleiben als Tage der Arbeitsruhe und der seelischen Erhebung gesetzlich geschützt.

Artikel 141 Weimarer Verfassung

Soweit das Bedürfnis nach Gottesdienst und Seelsorge im Heer, in Krankenhäusern, Strafanstalten oder sonstigen öffentlichen Anstalten besteht, sind die Religionsgesellschaften zur Vornahme religiöser Handlungen zuzulassen, wobei jeder Zwang fernzuhalten ist.

Die vorstehende Verfassung wird hiermit ausgefertigt.

Dresden, den 27. Mai 1992

    Erich Iltgen
    Präsident des Sächsischen Landtags
    als verfassungsgebende
    Landesversammlung

Die vorstehende Verfassung ist im Sächsischen Gesetz- und Verordnungsblatt zu verkünden.

Dresden, den 27. Mai 1992

    Prof. Dr. Kurt Biedenkopf

        Ministerpräsident des Freistaates Sachsen

KARTEN

Deutscher Bund 1818

1 FSM. LIPPE-DETMOLD
2 FSM. SCHAUMBURG-LIPPE
3 FSM. WALDECK
4 HZM. BRAUNSCHWEIG
5 LANDGFT. HESSEN-HOMBURG
6 HZM. LAUENBURG (dänisch)
7 GHZM. MECKLENBURG-STRELITZ
8 ANHALT (3 Herzogtümer)
9 FSM. LIECHTENSTEIN

Abkürzungen von Ortsnahmen:

A. Arolsen
B. Bückeburg
D. Detmold
K. Karlsruhe
L. Luxemburg
Old. Oldenburg
R. Rastatt
W. Wiesbaden

GFT. Grafschaft
FSM. Fürstentum
GHZM. Großherzogtum
HZM. Herzogtum
KFSM. Kurfürstentum
KGR. Königreich
KSR. Kaiserreich

———— Grenze des Deutschen Bundes im März 1848

·–·–· Grenze des am 8.12.1848 in den Deutschen Bund eingegliederten Gebietes der preußischen Provinzen Posen, West- und Ostpreußen

• Hauptstadt

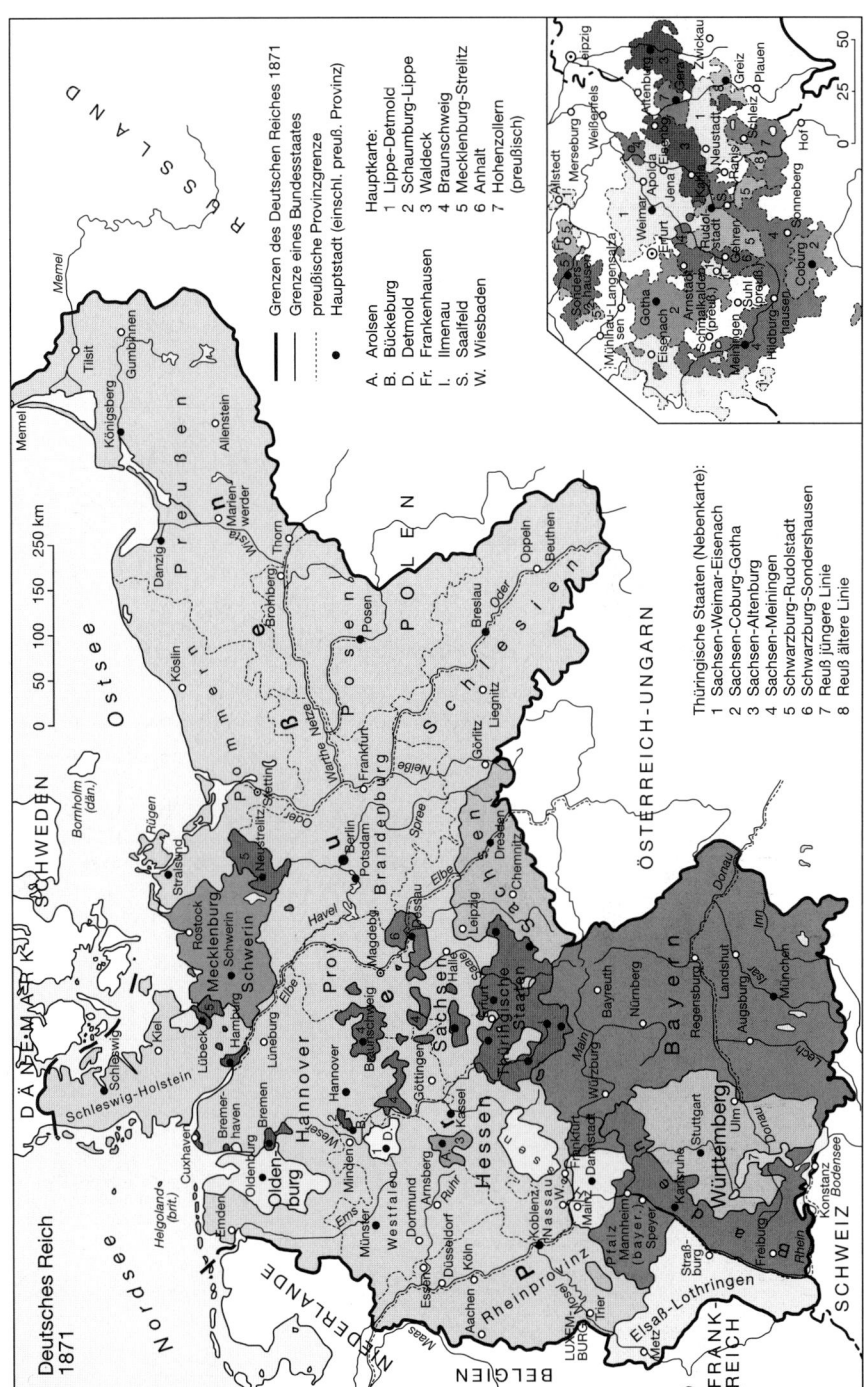

Deutsches Reich 1871

Grenzen des Deutschen Reiches 1871
Grenze eines Bundesstaates
preußische Provinzgrenze

• Hauptstadt (einschl. preuß. Provinz)

Hauptkarte:
A. Arolsen
B. Bückeburg
D. Detmold
Fr. Frankenhausen
I. Ilmenau
S. Saalfeld
W. Wiesbaden

1 Lippe-Detmold
2 Schaumburg-Lippe
3 Waldeck
4 Braunschweig
5 Mecklenburg-Strelitz
6 Anhalt
7 Hohenzollern (preußisch)

Thüringische Staaten (Nebenkarte):
1 Sachsen-Weimar-Eisenach
2 Sachsen-Coburg-Gotha
3 Sachsen-Altenburg
4 Sachsen-Meiningen
5 Schwarzburg-Rudolstadt
6 Schwarzburg-Sondershausen
7 Reuß jüngere Linie
8 Reuß ältere Linie

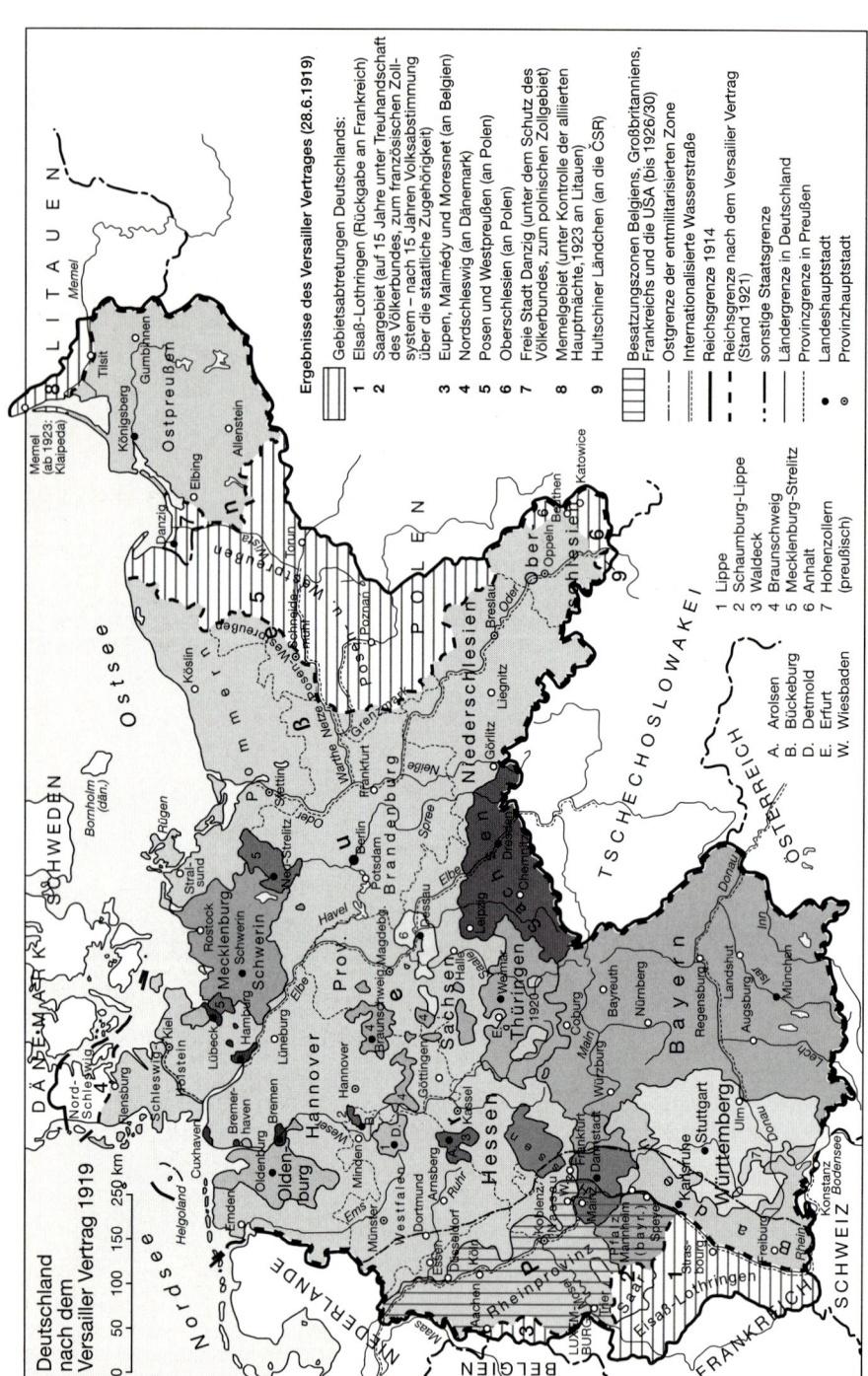

Deutschland
nach dem
Versailler Vertrag 1919

0 50 100 150 250 km

Ergebnisse des Versailler Vertrages (28.6.1919)

Gebietsabtretungen Deutschlands:

1 Elsaß-Lothringen (Rückgabe an Frankreich)
2 Saargebiet (auf 15 Jahre unter Treuhandschaft des Völkerbundes, zum französischen Zoll-system – nach 15 Jahren Volksabstimmung über die staatliche Zugehörigkeit)
3 Eupen, Malmédy und Moresnet (an Belgien)
4 Nordschleswig (an Dänemark)
5 Posen und Westpreußen (an Polen)
6 Oberschlesien (an Polen)
7 Freie Stadt Danzig (unter dem Schutz des Völkerbundes, zum polnischen Zollgebiet)
8 Memelgebiet (unter Kontrolle der alliierten Hauptmächte, 1923 an Litauen)
9 Hultschiner Ländchen (an die ČSR)

Besatzungszonen Belgiens, Großbritanniens, Frankreichs und die USA (bis 1926/30)

Ostgrenze der entmilitarisierten Zone

Internationalisierte Wasserstraße

Reichsgrenze 1914

Reichsgrenze nach dem Versailler Vertrag (Stand 1921)

sonstige Staatsgrenze

Ländergrenze in Deutschland

Provinzgrenze in Preußen

● Landeshauptstadt
◉ Provinzhauptstadt

1 Lippe
2 Schaumburg-Lippe
3 Waldeck
4 Braunschweig
5 Mecklenburg-Strelitz
6 Anhalt
7 Hohenzollern (preußisch)

A. Arolsen
B. Bückeburg
D. Detmold
E. Erfurt
W. Wiesbaden

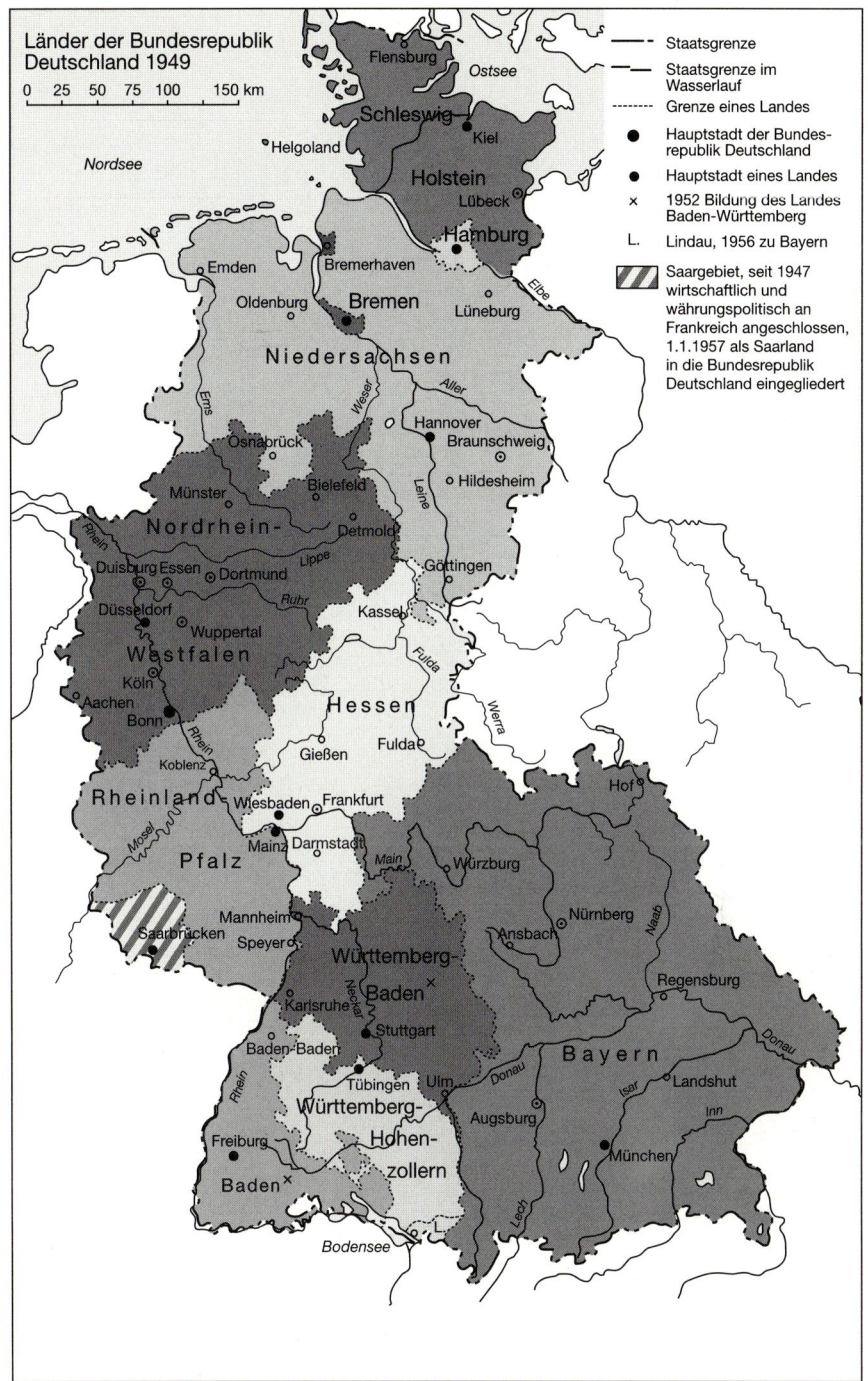

Länder der Bundesrepublik Deutschland 1949

0 25 50 75 100   150 km

Nordsee

Ostsee

Flensburg

Schleswig

Helgoland

Kiel

Holstein

Lübeck

Hamburg

Emden

Bremerhaven

Oldenburg

Bremen

Lüneburg

Elbe

Niedersachsen

Ems

Weser

Aller

Osnabrück

Hannover

Braunschweig

Münster

Bielefeld

Hildesheim

Rhein

Nordrhein-

Detmold

Lippe

Göttingen

Duisburg Essen

Dortmund

Ruhr

Düsseldorf

Wuppertal

Kassel

Westfalen

Leine

Fulda

Köln

Hessen

Aachen

Bonn

Koblenz

Gießen

Fulda

Werra

Rheinland

Wiesbaden

Frankfurt

Hof

Mosel

Pfalz

Mainz

Darmstadt

Main

Würzburg

Mannheim

Nürnberg

Saarbrücken

Speyer

Ansbach

Naab

Württemberg-

Regensburg

Baden

Karlsruhe

Neckar

Stuttgart

Bayern

Donau

Baden-Baden

Tübingen

Ulm

Donau

Landshut

Isar

Württemberg-

Augsburg

Inn

Freiburg

Hohen-

München

Lech

zollern

Baden

Bodensee

--- Staatsgrenze

— Staatsgrenze im Wasserlauf

---- Grenze eines Landes

● Hauptstadt der Bundesrepublik Deutschland

● Hauptstadt eines Landes

× 1952 Bildung des Landes Baden-Württemberg

L. Lindau, 1956 zu Bayern

▨ Saargebiet, seit 1947 wirtschaftlich und währungspolitisch an Frankreich angeschlossen, 1.1.1957 als Saarland in die Bundesrepublik Deutschland eingegliedert

DDR-Bezirke und Kreise 1968

0   20   40   60   80   100 km

Bezirke:

1 Berlin
2 Cottbus
3 Dresden
4 Erfurt
5 Frankfurt
6 Gera
7 Halle
8 Karl-Marx-Stadt
9 Leipzig
10 Magdeburg
11 Neubrandenburg
12 Potsdam
13 Rostock
14 Schwerin
15 Suhl

Ostsee

Mecklenburger Bucht

Oderbucht

Oderhaff

VR Polen

Tschechische Sozialistische Republik

Bundesrepublik Deutschland

Abkürzungen:

Br.-E.	Brand-Erbisdorf	K.-M.-St.	Karl-Marx-Stadt
H.	Hohenmölsen	R.	Reichenbach
H.-E.	Hohenstein-Ernstthal	Schw.	Schwarzenberg
H.-N.	Halle-Neustadt	W.	Weißenfels

Staatsgrenze
Staatsgrenze im Wasserlauf
Bezirksgrenze (seit der Bildung der Bezirke 1952)
Kreisgrenze (vorwiegend seit 1952)
Bezirkshauptstadt
Stadtkreis

GLOSSAR

GLOSSAR

Hans-Christof Kraus

Abolitions-Recht (97 WürttVerf;
126 KurhessVerf) = Recht eines Landesherrn zur Niederschlagung eines schwebenden Strafverfahrens.

Abzugsgeld (136 RV 1849;
11 PreußVerf) = Siehe: Nachsteuer.

Adresse (81 PreußVerf) = Hier: Schriftliche Kundgebung, die von einer Versammlung, besonders auch von einem Parlament, an den Monarchen, die Regierung oder eine hohe Behörde gerichtet werden kann, zum Zweck einer Meinungsäußerung, Bitte, Beschwerde oder auch zur Darbringung von Glückwünschen oder zur Danksagung. In manchen Verfassungen wurde das Adreßrecht des Parlaments ausdrücklich festgelegt.

Agnaten
(II 10 BayVerf; 13 WürttVerf;
7, 8 KurhessVerf; 56, 57 PreußVerf) = Angehörige einer Fürstenfamilie, die sich in rein männlicher Erbfolge auf einen Stammvater zurückführen.

Agnatische Linealfolge
(53 PreußVerf) = Siehe: **Linealfolge.**

Agnatisch-linealische Erbfolge
(II 2, V 1BayVerf) = Siehe: **Linealfolge.**

Akkord (117 WürttVerf) = Übereinkunft, Vertrag.

Aktuar (151 WürttVerf) = Gerichtsschreiber.

Amtskörperschaft
(64, 65, 67-69 WürttVerf) = Hier: der räumliche Zuständigkeitsbereich einer Oberbehörde.

Amts-Pfleger (115,116 WürttVerf) = Vorsteher, bzw. Leiter eines Verwaltungsamtes.

Amtsverweser (193 WürttVerf) = Verwalter eines Amtes für eine Übergangszeit.

Apanage
(105 WürttVerf;
14, 15, 17 KurhessVerf) = Jahresgehalt zum standesgemäßen Unterhalt von nichtregierenden Mitgliedern fürstlicher Häuser.

Apanagirte Linie (63 KurhessVerf) = Nichtregierender Seitenzweig einer fürstlichen Familie, der durch eine **Apanage** unterhalten wird.

Appellation (204 WürttVerf) = Berufung, d. h. ein Rechtsmittel, durch das ein gerichtliches Urteil angefochten wird, um nochmalige Prüfung und Entscheidung durch ein Berufungs- bzw. Appellationsgericht herbeizuführen.

Associationswesen (59 RV 1849) = Vereinswesen (hier i. d. R. bezogen auf politische oder ökonomisch-soziale Interessenvereine).

Ausstellungen (103 RV 1849) = Hier: Einwände, die von der zweiten Kammer des Parlaments gegen Beschlüsse der ersten Kammer erhoben werden können.

Austräge (XXIV WSA) = Schiedssprüche.

Austrägal-Gericht (XXI WSA) = Schiedsgericht (zur Schlichtung von Konflikten zwischen Mitgliedsstaaten des Deutschen Bundes).

Austrägal-Instanz (XI DBA;
XXI, XXII WSA) = Schiedsinstanz (zur Schlichtung von Konflikten zwischen Mitgliedsstaaten des Deutschen Bundes).

Avancement (66 RV 1871) = Beförderung.

Aversum (38 RV 1871) = pauschale Abfindungssumme, mit der eine verwickelte oder unliebsame Zahlungspflicht umgangen wird.

Bann- oder Zwangsrecht
(36 KurhessVerf) = Gewerberecht, kraft dessen der Bann- bzw. Zwangsberechtigte fordern darf, daß die Einwohner eines bestimmten Gebietes (Bannbezirk) gewisse wirtschaftliche Bedürfnisse nur durch ihn befriedigen lassen (z. B. Bier- und Brauzwang, Weinkelterbann, Branntweinzwang, Mahlzwang, Schmiedezwang).

Beisitzer (63 WürttVerf) = (Auch: Beisassen, Schutzverwandte). Stadtbewohner, die nicht über das volle Bürgerrecht verfügen.

Beisitz-Recht (19, 63 WürttVerf) = Das spezielle Recht der **Beisitzer** (im Gegensatz zum Bürgerrecht).

Beystimmung (VII 20 BayVerf) = Zustimmung.

Budget (VII 6 BayVerf) = Staatshaushalt (auch: Staatshaushaltsgesetz)

Bundacte (III WSA) = Deutsche Bundesakte (1815).

Bundesglied (III, V DBA;
7 RV 1871) = Mitgliedsstaat des Deutschen Bundes (1815-1866), des Norddeutschen Bundes (1866-1871) oder des Deutschen Reiches (1871-1918).

Bundeskrieg (XI DBA) = Krieg, der vom Deutschen Bund gegen eine feindliche auswärtige Macht geführt wird.

Bundesversammlung (3 WürttVerf) = Ständige Versammlung der Gesandten aller Mitgliedsstaaten des Deutschen Bundes (1815-1866) in Frankfurt am Main; auch als Bundestag bezeichnet.

Cabinetsjustiz (175 RV 1849) = (unberechtigter) Eingriff der Exekutive in die (unabhängige) Justiz.

Canzellist (193 WürttVerf) = Beamter, der für den Schriftverkehr einer Behörde (Kanzlei) zuständig ist.

Civilact (150 RV 1849)	=	Hier: Ziviltrauung; standesamtliche Eheschlie-ßung.
Civil-Commissär (XXXIV WSA)	=	Staatsbeamter, der die vorläufige Zivilverwaltung eines im Krieg besetzten Gebietes im Auftrag der Okkupationsmacht leitet. Im Deutschen Bund: Leiter eines Exekutionsverfahrens gegen einen Mitgliedsstaat des Bundes.
Civil-Liste (104, 106 WürttVerf; 72 RV 1849)	=	Jährliches Einkommen eines regierendenMonar-chen, das ihm durch die Verfassung für seinen persönlichen Lebensunterhalt zugesichert wird.
Collegien (43 WürttVerf)	=	Mehrköpfig zusammengesetzte Verwaltungsbe-hörden, die ihre Beschlüsse per Mehrheitsent-scheid fassen.
Collegial-Räthe (V 5 BayVerf)	=	Mitglieder eines Collegiums (einer mehrköpfig zusammengesetzten Verwaltungsbehörde).
Collegialstelle (47 WürttVerf)	=	Beamtenstelle als Mitglied eines Collegiums.
Commissaires, Commissarien (VII 14, 15 BayVerf; Präambel, 159, 168, 171 WürttVerf)	=	Mit speziellem, begrenztem Dienstauftrag vom Fürsten bzw. seiner Regierung versehene Staats-beamte.
(Vermögens-)Confiscation (VIII/6 BayVerf; 98 WürttVerf)	=	Einziehung von Vermögenswerten durch den Staat zugunsten des Fiskus aufgrund eines straf-gerichtlichen Urteils.
Consistorium (75 WürttVerf)	=	Oberste, kollegial organisierte Verwaltungs-behörde einer evangelischen Landeskirche, als Institution bereits in der Reformation entstan-den.
Contrasignatur (198 WürttVerf)	=	Gegenzeichnung (etwa eines Gesetzes) nach Un-terzeichnung des Landesherrn (Monarchen) durch den Ministerpräsidenten oder einen Minister.
Corporation (159 RV 1849)	=	Zusammenschluß mehrerer Personen zu einer Körperschaft (Zunft, Innung u. a.), die in Selbst-verwaltung ihre Angelegenheiten regeln.
Curiatstimme (VI DBA)	=	Stimme, die auf dem alten deutschen Reichstag von einer Kurie (Vertretung entweder der Kur-fürsten, der Fürsten oder der Städte) nur ge-schlossen abgegeben werden konnte.
Debit-Commission (135 WürttVerf)	=	Kommission zur Überprüfung der persönlichen Verschuldung und damit der Stimmfähigkeit ei-nes Mitgliedes der (württembergischen) Ersten Kammer.

Demokratischer Zentralismus
(47 II DDRVerf) = Organisationsprinzip des zentralisierten Staatsaufbaus in der DDR, nach dem die örtlichen Verwaltungsorgane („**Räte**") nicht nur der Volksvertretung ihrer Ebene, sondern maßgeblich dem
jeweils übergeordneten Exekutivorgan (Rat) verantwortlich und rechenschaftspflichtig sind.

Deputation
(170 WürttVerf; 115 RV 1849) = hier: Abordnung von Vertretern eines Parlaments
oder einer Körperschaft bzw. einer wirtschaftli-
chen oder politischen Interessengruppe, deren
Absicht darin besteht, Einfluß auf die Entschei-
dungsfindung einer Regierung oder (im umge-
kehrten Fall) einer gewählten parlamentarischen
Versammlung zu nehmen.

Descendenz (7 WürttVerf) = Erb- bzw. Thronfolge
Dienstpragmatik (V 6 BayVerf;
67, 191 RV 1849) = Geschäftsordnung im Staats- und Verwaltungs-
dienst.

Domaine (59 PreußVerf) = Siehe: **Staats-Domainen**.
**Domanial- (Kammer-) Güter und
Gefälle**
(139 KurhessVerf) = Siehe: **Domanial-Vermögen**.
Domanial-Vermögen
(141 KurhessVerf) = Staatlicher Grund- und Immobilienbesitz (Domänen).

Dominical-Rente (III 7 BayVerf,) = Rentenzahlungen aufgrund von Lasten, die auf
Grund und Boden liegen (etwa an einen ehema-
ligen Grund- oder Gutsherrn).

Domkapitel (78 WürttVerf) = Korporation von Geistlichen an einer (kathol.)
Kathedralkirche.

Domstifter (XV DBA) = Angehöriger eines Domstifts oder **Domkapitels**.
Bis zur Säkularisierung (1803) existierten reichs-
unmittelbare Domstifte; später wurden diese den
jeweiligen Landesfürsten untergeordnet.

Edict (IV 9, 11, V 2, 3, VI 10,
11 BayVerf; 49 KurhessVerf) = Obrigkeitlicher Erlaß; Verfügung; Bestimmung.
Emanirung (114 PreußVerf) = Erlaß, Verabschiedung (einer Verordnung oder
eines Gesetzes).

Episcopal-Rechte (eines Monarchen)
(76 WürttVerf) = Die Rechte eines evangelischen deutschen Landesfürsten als oberster Herr seiner Landeskirche
(landesherrliches Kirchenregiment).

Erbleihe (148 KurhessVerf) = (Auch: Erblehen, Kolonat) Bauerngut, das von
einem Pächter in Erbpacht bewirtschaftet wird;

Erbunterthänigkeit (42 PreußVerf)

Erbverbrüderung (II 4, 5 BayVerf;
4 KurhessVerf)

Executions-Ordnung (XXXI WSA)

Executions-Verfahren (XXXII WSA)

Exekution (19 RV 1871)

Exemte Güter (148 KurhessVerf)
Exemtensteuer (148 KurhessVerf)

Exemtion (167 RV 1849)

Exequatur (7 RV 1849)

Expedition (44 RV 1871)

Expropriationsrecht
(41 RV 1871)

Familien-Fidei-Commiß
(V 4 BayVerf; 102WürttVerf;
170 RV 1849; 40 PreußVerf;
155 WRV 1919)

Fidei-Commissarischer Verband
(VI 3 BayVerf)
Fideikommiß-Vermögen
(140 KurhessVerf)
Fiskus (94 WürttVerf)

der Pachtzins besteht in einem Viertel bis zur Hälfte des Bruttoertrags.

= Persönliche Abhängigkeit (Dienstpflichtigkeit) gegenüber einem Grundherrn.

= Erbvertrag, durch den sich regierende fürstliche Häuser für den Fall gänzlichen Aussterbens oder des Aussterbens im Mannesstamm gegenseitig das Erbrecht zusichern.

= Bestimmungen für die Exekution (Ausführung und Durchsetzung) eines Beschlusses des Deutschen Bundes gegen ein (sich diesem Beschluß verweigerndes) **Bundesglied.**

= Exekution eines Beschlusses des Deutschen Bundes gegen ein (sich diesem Beschluß verweigerndes) **Bundesglied.**

= Ausführung und Durchsetzung eines Beschlusses der Mehrheit der Mitgliedstaaten des Deutschen Reiches gegen ein **Bundesglied,** das seine verfassungsmäßigen Bundespflichten nicht erfüllt.

= Güter mit dem Privileg der Grundsteuerfreiheit.
= Das Privileg, eine geringere Steuer als die übliche Grundsteuer zu zahlen.

= Befreiung von einer Verbindlichkeit; Ausgliederung aus dem gewöhnlichen Gerichtsstand; Freistellung von Steuern und Abgaben.

= Ermächtigung eines Empfangsstaates gegenüber dem Entsendestaat zur Wahrnehmung der Aufgaben einer konsularischen Vertretung

= Hier: Beförderung durch öffentliche Verkehrsmittel.

= Enteignungsrecht.

= Unveräußerliches Vermögen (Familienstiftung; zumeist Guts- und Grundbesitz), das ungeteilt in der Hand eines Familienmitglieds bleibt.

= Siehe: **Familien-Fidei-Commiß.**

= Siehe: **Familien-Fidei-Commiß.**
= Staatskasse (auch: **Staats-Aerar**).

Forstgerichtsbarkeit
(XIV DBA) = Private Ausübung der Gerichtsrechte in Forstangelegenheiten durch den Forstinhaber.

Freie Städte (LXII WSA) = Die vier Stadtstaaten innerhalb des Deutschen Bundes (Hamburg, Bremen, Lübeck, Frankfurt a. M.), die von den 51 mittelalterlichen Städten mit dem Recht der **Reichsstandschaft** nach **Reichsdeputationshauptschluß** und Mediatisierung ihre Selbständigkeit bewahrt haben.

Freigut (47 KurhessVerf) = Bauerngut, auf dem keine **Reallasten** ruhen, dessen Inhaber nicht zu **Frohnen** verpflichtet ist.

Freizügigkeits-Verträge
(XVIII DBA) = Verträge (zwischen Mitgliedsstaaten des Deutschen Bundes) über das Recht gegenseitiger freier persönlicher und wirtschaftlicher Bewegung der eigenen Staatsangehörigen innerhalb des jeweils anderen Staates.

Frohn (IV 7 BayVerf;
33 KurhessVerf) = Untertänigkeit (meist auch Dienstpflicht) gegenüber einem Grundherrn.

Fruchtmagazins-Fuhren
(33 KurhessVerf) = Siehe: **Fuhren**.

Fuhren (33 KurhessVerf) = Von Teilen der Landbevölkerung ihrem Grundherrn unentgeltlich zu leistende Fuhrdienste zur Einbringung der Ernte oder zum Abtransport von Jagdbeute.

Fundirtes Papiergeld (4 RV 1871) = Papiergeld, dessen Wert durch entsprechende Rücklagen der ausgebenden Institution (meist Staatsbank) an Edelmetallen und anderen Vermögenswerten garantiert wird.

Gefälle (III 6, VII 13 BayVerf) = Auf Grund und Boden liegende Lasten.

Gegenzeichnung (44 PreußVerf;
50 WRV 1919) = Siehe: **Contrasignatur**.

Geheimer Rath
(15, 16, 30, 47, 54, 55,
57-61, 126, 160WürttVerf) = Seit dem 17. Jhdt. in allen größeren deutschen Staaten bestehende oberste Landesbehörde unter Vorsitz des Landesherrn. Im 19. Jhdt. in Württemberg nur noch beratende Staatsbehörde.

General-Consistorium (VI 2 BayVerf) = Oberste Behörde einer evangelischen Landeskirche.

Genossenschaften (13, 46 DDRVerf) = Häufig zwangsweiser Zusammenschluß von selbständigen Klein- und Familienbetrieben zu sogenannten Produktionsgenossenschaften (der Landwirtschaft – LPG; des Handwerks – PGH),

		mit der eine Überführung der Vermögenswerte in genossenschaftliches Eigentum verbunden ist.
Gerechtsame (32 KurhessVerf)	=	Rechtliche Befugnisse verschiedener Art, bes. an Privatpersonen verliehene Hoheitsrechte.
Gerichtsherrlichkeit (42 PreußVerf)	=	Siehe: **Patrimonialgerichtsbarkeit.**
Gerichtsstand (V 4, 5 BayVerf)	=	Das Recht, einem bestimmten (d. h. meist einem höheren oder standesspezifischen) Gericht unterstellt zu sein; siehe auch: **Privilegirter Gerichtsstand.**
Gesammt-Staats-Ministerium (II 19 BayVerf; 8, 106, 110, 111 KurhessVerf)	=	Regierung eines Landes (in der Gesamtheit aller Staatsminister und der leitenden Beamten der Fachministerien oder -departements).
Gesellschaftliche Gerichte (92 DDRVerf)	=	Entscheidungsinstanz in Gestalt von Laienrichtern zur Ahndung von Bagatellstrafsachen und Schlichtung von Arbeitsrechtsstreitigkeiten, die den Kreisgerichten vorgeschaltet sind und in Betrieben als Konfliktkommissionen, in Wohngebieten und **Genossenschaften** als Schiedskommissionen eingesetzt werden.
Grund- und Dominical-Steuern (VI 3 BayVerf)	=	Steuern, die auf Grundbesitz und auf Grund und Boden ruhendem **Gefälle** erhoben werden.
Grundherrliche Polizei (167 RV 1849)	=	Siehe: **Gutsherrliche Polizei.**
Grundlasten (42 PreußVerf)	=	Siehe: **Reallasten.**
Gutsherrliche Geld- und Naturalleistungen (34 KurhessVerf)	=	Leistungen, zu deren Erbringung Erbuntertänige ihrem Grundherrn gegenüber verpflichtet sind.
Gutsherrliche Gerichtsbarkeit (V 4 BayVerf)	=	Siehe: **Patrimonialgerichtsbarkeit.**
Gutsherrliche Polizei (42 PreußVerf)	=	Polizeigewalt eines Grundherrn auf dem Gebiet seines Besitzes, wobei nur die Polizeistrafgewalt durch die PreußVerf. vollständig aufgehoben wird (Art. 86 PreußVerf). Die gutsherrliche Polizeiverwaltung bleibt indes in vielen Provinzen erhalten.
Haus-Gesetz (18 WürttVerf)	=	Gesetz, in dem die Vorrechte und Pflichten der Mitglieder eines regierenden Fürstenhauses geregelt sind.
Heimathsrecht, Heimathsgesetz (58, 133 RV 1849)	=	(auch: Heimatrecht) Zugehörigkeit zu einer Heimatgemeinde, aus der sich verschiedene

	Rechte ableiten (Niederlassung, Ausübung eines Gewerbes, Verehelichung in der Gemeinde, Armenunterstützung).
Heiratsgut (105 WürttVerf)	= Aussteuer für eine fürstliche Prinzessin.
Hörigkeitsverband (166 RV 1849)	= Institution der **Leibeigenschaft** oder Erbuntertänigkeit.
Hof-Aemter (IV 4 BayVerf; 15 WürttVerf)	= Siehe: **Kron-Aemter**.
Hof-Domainen-Kammer-Gut (102, 108 WürttVerf)	= Steuerpflichtiges Privateigentum der fürstlichen Familie, dessen Grundstock nicht vermindert werden darf.
Hof-Intendanz (III 2 BayVerf)	= Leitung der Verwaltung eines Fürstenhofes.
Huldigungseid (10, 20 WürttVerf; 21 KurhessVerf)	= Seit dem frühen Mittelalter bestehender Rechtsbrauch: Treuegelöbnis der Untertanen eines Landes gegenüber ihrem Landesherrn; zumeist kurz nach der Thronbesteigung .
Indigenat (IV 1 BayVerf; 20 KurhessVerf; Präambel, 2, 3 RV 1871)	= In den frühliberalen Verfassungen im Sinne von Staatsangehörigkeit zu verstehen; in der RV 1871 erlangt es die Bedeutung einer Gleichheit in der Ausübung bürgerlicher und politischer Rechte des Staatsangehörigen in jedem Staat des gesamten Reiches.
Inquirent (200 WürttVerf)	= Untersuchungsrichter.
Internationalismus (6 II DDRVerf)	= Außenpolitische Grundorientierung und Selbstbindung der DDR, die neben ihrer aktuellen bündnispolitischen Aussage (Einbindung in Warschauer Pakt und RGW) auf eine künftige supranationale Staatengemeinschaft unter sowjetischer Führung gerichtet war.
Jagddienste, Jagdfrohnden (169 RV 1849)	= Siehe: **Jagd-, Waldkultur- und Teich-Dienste**.
Jagd-, Waldkultur- und Teich-Dienste (33 KurhessVerf)	= Dienste zur Hilfe bei der Jagd und zur Landschaftspflege, die von Teilen der ländlichen Bevölkerung dem Grundherrn geleistet werden mußten.
Jagdgerechtigkeit (169 RV 1849)	= Recht zur Jagd (früher zumeist in der Hand der Grundherren bzw. Fürsten).
Jura singulorum (VII DBA; XV WSA)	= Im Alten Reich die Reservatrechte des Kaisers, die er ohne Mitwirkung des Reichstags ausüben

durfte (Verleihung von Gnaden und Privilegien, Standeserklärung, Lehnshoheit).

Kaperbrief (19 RV 1849) = Staatliche Ermächtigung für Inhaber bewaffneter Seeschiffe zur Wegnahme oder Zerstörung feindlichen Eigentums auf See (durch die Pariser Seerechtskonvention 1856 verboten).

Kauffarteischiff (54 RV 1871; 81 WRV 1919) = Handelsschiff.

Kirchenpatronat (XIV DBA; XV WSA; 17 PreußVerf) = Seit dem hohen Mittelalter Recht eines Eigenkirchenherrn (eines Grundherrn, aber auch einer Gemeinde oder eines Klosters mit Kirchenbesitz) auf Besetzung einer Pfarrstelle, häufig verbunden mit der Pflicht zur Besoldung des Geistlichen und zur Unterhaltung der Kirchenbauten.

Königliche Declaration (V 3 BayVerf) = Öffentliche Erklärung des Monarchen von grundsätzlichem, meist verfassungsrechtlichem Charakter.

Kontrasignatur (108 KurhessVerf) = Siehe: **Contrasignatur**.

Korporation (32 PreußVerf) = Siehe: **Corporation**.

Kriegs-Contributionen (87 WürttVerf)= Entschädigungszahlungen eines in einem Krieg unterlegenen Landes an die Siegermacht.

Kron-Aemter (IV 4, V 1 BayVerf,) = Die höheren, nur von Angehörigen des Adels bekleideten Hofämter, die sich aus den altgermanischen Hausämtern (Kämmerer, Truchseß, Schenk, Marschall) entwickelt haben; im 19. Jhdt. werden darunter auch die Ehrenämter der Kammerherren und Kammerjunker verstanden.

Kron-Fideikommißfonds (59 PreußVerf) = Rechtlich gebundener Familienbesitz eines regierenden landesfürstlichen Geschlechts; siehe: **Familien-Fidei-Commiß**.

Kuratel (67, 131 KurhessVerf) = Staatliche Vormundschaft.

Kurhaus (150 KurhessVerf) = Kürfürstliche Familie (deren regierendes Oberhaupt im Alten Reich das Vorrecht besaß, zusammen mit den anderen Kurfürsten den deutschen König bzw. Römischen Kaiser zu wählen).

Kurstaat (19 KurhessVerf) = Hier: das Kurfürstentum Hessen.

Lagerbuch (67 WürttVerf) = Grundbuch.

Landfolgedienst (33 KurhessVerf) = Im Alten Reich Pflicht der Landbewohner zur Teilnahme an der Landesverteidigung, zur Verfolgung von Friedensbrechern und zur Hilfeleistung bei allgemeinen Notständen.

Landständische Verfassung (XIII DBA;
LVII, LVIII, LX, LXI WSA)   =   Verfassungen der deutschen Bundesstaaten, die
                                           ein dem Landesherrn nachgeordnetes Staatsor-
                                           gan in Form der Landstände schaffen. Die Stän-
                                           de sind auf bestimmte, ausdrücklich aufgezählte
                                           Rechte beschränkt und dürfen allein in diesem
                                           Umfang an der Verfassunggebung teilnehmen.
                                           Ob die Landstände lediglich – in altständischer
                                           Tradition – einzelne privilegierte Stände (Adel,
                                           Geistlichkeit und Städte) vertreten oder – in ei-
                                           nem modernen Sinne – das ganze Volk repräsen-
                                           tieren, ist der Entscheidung der einzelnen Bun-
                                           desstaaten anheimgestellt.

Landstandschaft, Landstandschaftsrecht
(XIV DBA; 137, 203 WürttVerf)   =   Recht zur Vertretung der eigenen Interessen im
                                           Rahmen einer landständischen Institution (Land-
                                           tag), sei es in eigener Person als Mitglied einer
                                           Ständeversammlung, sei es als Inhaber des Wahl-
                                           rechts zu einer solchen Institution. Die Land-
                                           standschaft ist Ausdruck der **landständischen
                                           Verfassung**, mithin der monarchisch konstitu-
                                           tionellen Regierungsform.

Landsturm (35 PreußVerf)   =   (Auch: Ersatzreserve) Bei außerordentlichem
                                           Verteidigungsbedarf Aufgebot aller ungedienten,
                                           aber wehrfähigen Männer.

Landsyndikus (103, 104 KurhessVerf) = Ständiger Sekretär und Rechtsvertreter der Land-
                                           stände.

Landwehr (IV 12; IX 3, 5 BayVerf;
35, 38 PreußVerf; 59, 63 RV 1871)   =   Im Verteidigungsfall Aufgebot sämtlicher älterer,
                                           gedienter und wehrfähiger Männer.

Lehen
(III 4, 5 BayVerf; 107 WürttVerf;
142 KurhessVerf; 40 PreußVerf)   =   Nutzungsrecht eines materiellen oder immateri-
                                           ellen Gutes durch Verleihung seitens des Eigen-
                                           tümers (Lehnsherr), die zwischen diesem und
                                           dem hiermit Beliehenen (Lehnsmann, Vasall) zu-
                                           gleich ein Verhältnis wechselseitiger Treue be-
                                           gründet.

Lehensverband (171 RV 1849)   =   Verbindung zwischen einem adligen Lehnsherrn
                                           und einem Lehnsmann, der vom Lehnsherrn das
                                           Nutzungsrecht eines Gutes (**Lehen**) erhalten hat,
                                           den Schutz seines Herrn genießt, ihm dafür im Ge-
                                           genzug zu bestimmten Diensten verpflichtet ist.

Leibeigenschaft (IV 6 BayVerf;
25 WürttVerf; 25 KurhessVerf)   =   Seit dem Mittelalter bestehende Pflicht, einem
                                           adligen Grundherrn Dienste (meist in der Land-

	wirtschaft) zu leisten, i. d. R. verbunden mit dem Verlust oder der Einschränkung der Freizügigkeit.
Lineal-Erbfolge (I 5 BayVerf; 7 WürttVerf)	= Siehe: **Linealfolge**.
Linealfolge (3 KurhessVerf; 65 PreußVerf)	= Erb- bzw. Thronfolge, bei der die Nähe zur (männlichen) Hauptlinie einer Regentenfamilie entscheidend ist.
Mahl- und Schlachtsteuer (72 PreußVerf)	= Auf den Verbrauch von Mehl- und Fleischprodukten erhobene Konsumsteuer, meist bereits nach dem Getreidemahlen und Schlachten eingezogen.
Manneszucht (133 WRV 1919)	= Militärische Disziplin; freiwillige Unterordnung des Soldaten unter seinen Vorgesetzten.
Marine-Etablissements (19 RV 1849)	= Einrichtungen, die von der Marine genutzt werden (Kasernen, Hafenanlagen usw.)
Marxistisch-leninistische Partei (1 I DDRVerf)	= Umschreibung der SED, die aus ihrer Funktion als Träger der herrschenden Weltanschauung ihren Richtigkeits- und Alleinvertretunganspruch ableitet.
Matrikelmäßiges Verhältnis (LII WSA)	= Höhe des von einem deutschen Einzelstaat zu leistenden **Matrikularbeitrages**.
Matrikularbeiträge (50, 102 RV 1849)	= Pflichtbeiträge der deutschen Einzelstaaten bzw. Länder zur Finanzierung der Reichsgewalt.
Mediatisierte Reichsstände (VI DBA)	= In der Zeit des Deutschen Bundes (1815-1866) Angehörige der bis 1806 reichsunmittelbaren (d. h. nur dem Kaiser unterstehenden) nichtgeistlichen **Reichsstände**, deren Territorien infolge des **Reichsdeputationshauptschlusses** (1803) anderen zugeschlagen wurden. Sie genießen seit 1815 besondere Vorrechte, wie etwa die **Patrimonialgerichtsbarkeit** und den **Familien-Fidei-Commiß**.
Meßbrief (54 RV 1871)	= Amtliche Bescheinigung über den Rauminhalt eines Schiffes.
Militaire-Conscription (V 4, 5 BayVerf)	= Aushebung zum Kriegsdienst aufgrund allgemeiner Wehr- und Dienstpflicht (im Gegensatz zur Anwerbung freiwilliger Soldaten).

Ministerialjustiz (175 RV 1849)   = Siehe: **Cabinetsjustiz.**
Moratorium (129 KurhessVerf)   = Verfügung, durch die einem Schuldner eine Frist gestattet wird, innerhalb derer er von seinem Gläubiger nicht belangt werden kann.
Münzrecht (50 PreußVerf)   = (Auch: Münzregal) Recht eines Landesherrn zur Prägung und Ausgabe von Geldmünzen.

Nachsteuer (XVIII DBA;
32 WürttVerf)   = Spezielle Besteuerung von Vermögenswerten, die durch Erbschaft, Schenkung oder Auswanderung außer Landes gehen.

Nahrungszweig (133 RV 1849;
111 WRV 1919)   = Lebenserwerb, Beruf.
Nationale Front (3 DDRVerf)   = Wichtigstes Anleitungs- und Koordinationsorgan der SED, das der Durchsetzung der sach- und personalpolitischen Vorentscheidungen im Verhältnis zu den „Blockparteien" (CDU, LDPD, DBD, NDPD) und Massenorganisationen dient.

Naturalisirung (IV 1 BayVerf)   = Einbürgerung; Erteilung der Staatsbürgerschaft an einen zugezogenen Ausländer.

Ober-Appellations-Gericht
(100 KurhessVerf)   = Berufungsgericht in dritter Instanz (zweite Instanz: Appellationsgericht).

Ober-Rechnungskammer
(104 PreußVerf)   = (auch: Oberster Rechnungshof) Staatsbehörde zur Kontrolle der Einnahmen und Ausgaben des Staates.

Ober-Tribunal (60, 196 WürttVerf)   = Oberster Gerichtshof des Landes (in Preußen und Württemberg).

Ökonomische Gesetze (9 I DDRVerf)   = Annahme einer ökonomischen Gesetzmäßigkeit, die Entstehung und Entwicklung der sozialistischen Gesellschaft als Teil der Naturgeschichte begreift. Grundlage u.a. der **Planwirtschaft.**

Organische Einrichtungen
(XIII WSA; X DBA)   = Möglichkeit des Deutschen Bundes zur Errichtung einer eigenen Zentralverwaltung. Von diesem Recht hat er jedoch nur in geringem Maße – etwa bei der Erhebung von **Matrikularbeiträgen** – Gebrauch gemacht.

Organische Gesetze
(VII, VIII DBA)   = Von der Bundesversammlung zu erlassende Gesetze über die staatsrechtlich-politische Organisation des Deutschen Bundes (X DBA), etwa in Form der **Austrägal**-Ordnung (1817), der Exekutions-Ordnung (1820) und der Kriegsverfassung (1821/22).

Ortspolizei (XIV DBA)	=	Siehe: **Gutsherrliche Polizei.**
Patrimonialgerichtsbarkeit (167, 174 RV 1849)	=	Gerichtsbarkeit des Grundherrn, die durch die Verleihung von (zivilen) Gerichtsrechten seitens des Landesherrn entsteht.
Patrimonial-Justiz (66 KurhessVerf)	=	Siehe: **Patrimonialgerichtsbarkeit.**
Peinliche Gerechtigkeitspflege (XIV DBA.)	=	Strafgerichtsbarkeit
Peinliche Gerichte (93 WürttVerf)	=	Strafgerichte.
Peinliche Strafe (23 KurhessVerf)	=	In einem Strafgerichtsverfahren verhängte Strafe.
Petition (32 PreußVerf)	=	Ein an das Staatsoberhaupt oder an die Regierung gerichtetes Bittgesuch.
Pfründe (IV 4, 5, VI 14 BayVerf)	=	Ein mit der Inhaberschaft eines Kirchenamtes verbundenes dauerndes Einkommen (etwa aus Landbesitz, Geldvermögen).
Placet (IV 9 BayVerf)	=	(lat.: „es gefällt") Vom Landesherrn beanspruchte Vorprüfung und Zustimmung zur öffentlichen Verkündigung kirchlicher Erlasse, Anordnungen und Gesetze.
Planung / Planwirtschaft (9 III, 12 II DDRVerf)	=	Prinzip der sozialistischen Volkswirtschaft, das von einer Planung und Lenkung des Wirtschaftslebens durch einen zentralen Volkswirtschaftsplan geprägt ist.
Prägravation (58 RV 1871)	=	Überbürdung (mit Steuern).
Präsentationsrecht (51 KurhessVerf)	=	Das Recht einer Gemeinde oder eines adligen Patrons, für die Besetzung eines (staatlichen oder kirchlichen) Amtes eigene Kandidaten vorzuschlagen.
Pragmatik (III 3 BayVerf)	=	Geschäftsordnung.
Pragmatisches Familien-Gesetz (II 8 BayVerf)	=	Gesetz, in dem die Rechte und Pflichten der einzelnen, nicht selbst regierenden Mitglieder eines Fürstenhauses festgelegt sind.
Preßfreiheit (XVIII DBA; 27 PreußVerf; 143 RV 1849)	=	Pressefreiheit; im Deutschland des 19. Jahrhunderts zumeist noch stark eingeschränkt durch gesetzliche Rahmenbedingungen (Konzessionspflicht, Zeitungsstempel, Inseratensteuer, Entziehung des Betriebsrechts, Zensur).
Preß-Vergehen (37, 116 KurhessVerf; 94 BayVerf)	=	Vergehen gegen geltende Pressegesetze.
Primogenitur (III 2 BayVerf)	=	Vorrecht des Erstgeborenen und seiner Nach-

Privat-Dienstherrschaft
(135 WürttVerf)

Privilegirter Gerichtsstand
(XIV DBA; 176 RV 1849)

Private Regale (155 WRV 1919)
pro rata (60 RV 1871)

Quartal-Extrakte (39 RV 1871)

Rat (83 I, II, 85 DDRVerf)

Reallasten (34, 65 KurhessVerf)

Regentschaft (II 16, 20-22 BayVerf;
15 WürttVerf; 7-8 KurhessVerf;
126 RV 1849; 56-58 PreußVerf)

Registrator (193 WürttVerf)

Regulativ (62 KurhessVerf)
Reichsdeputationsschluß
(VIII, XV DBA)

kommen bei der fürstlichenErb- bzw. Thronfolge.

= Dienstverhältnis zwischen einem Angestellten und einem privaten Dienstherrn (führte für den ersteren in Württemberg zum Verlust der Mitgliedschaft in der Ständeversammlung).

= Besonderer **Gerichtsstand** für Angehörige fürstlicher Familien (nicht nur für Mitglieder regierender Häuser, sondern auch für **Standesherren**).

= An Privatpersonen verliehene Hoheitsrechte.
= (lat.) Verhältnismäßig, dem Anteil entsprechend.

= Vierteljährliche Zusammenstellung der in diesem Zeitraum von den Landesbehörden eingezogenen, dem Reich zukommenden Zölle und Verbrauchssteuern.

= Exekutivorgane der örtlichen Volksvertretungen, die das Zentrum der Lokalverwaltung der DDR bildeten und Bestandteile der einheitlichen Staatsmacht nach dem Prinzip des **demokratischen Zentralismus** waren.

= (Auch: **Grundlasten**) Die auf einem Grundstück ruhenden und dessen Eigentümer persönlich verpflichtenden Verbindlichkeiten zu Leistungen (etwa Abgaben, Lieferungen, Fuhrdienste) bestimmter Art an andere Personen oder den Eigentümer eines anderen Grundstücks.

= Regierung durch den Stellvertreter eines (regierungsunfähigen) Monarchen, zumeist durch den nächsten männlichen Verwandten oder durch einen Regentschaftsrat.

= Kanzleibeamter, der die eingehenden Schriftstücke verzeichnet (registriert) und den Verbleib der Schriftstücke des Ein-, Aus- und Innenlaufs kontrolliert.

= Staatlicher Erlaß, Verordnung.

= Richtig: Reichsdeputationshauptschluß: Einschneidende territoriale Umgestaltung des Alten Deutschen Reiches durch Aufhebung der geistlichen Fürstentümer, die den weltlichen Landes-

		herrn zugeschlagen werden (Säkularisation), **Mediatisierung**, Abtretung der linksrheinischen Gebiete an Frankreich und Entschädigung deutscher Fürsten mit rechtsrheinischen Territorien.
Reichsfiskus (126 RV 1849)	=	Siehe: **Fiskus**.
Reichsstand (DBA VI)	=	Im Alten Reich Inhaber der Reichsstandschaft, d. h. des Rechts zur eigenen reichsunmittelbaren Vertretung im Reichstag (Kurfürsten, Reichsfürsten, Städte).
Reichs-Verwesung (II 9, 11-13, 16, 17 BayVerf; 11, 13, 17 WürttVerf)	=	Stellvertretende Regierung eines Landes oder Reiches durch einen Reichsverweser (bei Abwesenheit oder Regierungsunfähigkeit des regulären Throninhabers).
Religionsgesellschaften (147 RV 1849; 12, 13, 15, 16, 24 PreußVerf; 10, 136-138, 173 WRV 1919)	=	Vereinigungen, die der umfassenden Pflege einer ihren Mitgliedern gemeinsamen Religion dienen. Über die drei nach dem Westfälischen Frieden zu duldenden Hauptkonfessionen hinaus (Katholiken, Protestanten, Juden) werden damit auch andere religiöse Zusammenschlüsse rechtlich anerkannt.
Religions-Reversalien (76 WürttVerf)	=	Zusicherungen der freien Religionsausübung und der Respektierung der Rechte einer Konfession oder einer Religionsgemeinschaft durch den Landesherrn.
Repartition (117, 118 WürttVerf)	=	Anteilsmäßige Verteilung aufzuerlegender Steuerlasten.
Requisition (36 PreußVerf; 4 RV 1871)	=	Staatliche Inanspruchnahme von Privateigentum, meist in Not- und Kriegszeiten.
Rescript (149, 159 WürttVerf; 56 KurhessVerf)	=	Bescheid, Verfügung einer Oberbehörde.
Restitution (100 KurhessVerf)	=	Wiederherstellung eines früheren Rechtszustandes.
Revers (156 KurhessVerf)	=	Schriftlich abgegebene Selbstverpflichtung.
Rheinschifffahrts-Oktroi (XV DBA)	=	Aufrechterhaltung der freien Schiffahrt auf dem Rhein nach Rückfall der Gebiete an Deutschland (1815).
Rittergut (47 KurhessVerf)	=	Ländliches Besitztum in zumeist adliger Hand, ausgestattet mit einer Reihe von Privilegien und Vorrechten wie: Steuerbegünstigung, **Landstandschaft, Jagdgerechtigkeit, Kirchenpatro-**

nat, Mühlenbannrecht, z. T. auch **gutsherrliche Polizeigewalt** und **Patrimonialgerichtsbarkeit.**

Schifffahrtsanstalten
(20, 22 RV 1849) = Siehe: **Marine-Etablissements.**

Schöppenstühle (XII DBA) = Spruchkollegien von Rechtsgelehrten, meist Universitätsprofessoren, die auf Ersuchen der Justiz Urteile verfassen.

Schutzherrlichkeit (42 PreußVerf) = Ältere Bezeichnung für die Eigenschaft eines Landesfürsten als „Schutzherr" (Beschützer) seiner Untertanen.

Session (8, 26 RV 1871) = **Sitzungsperiode** eines Parlaments (meist vom Spätherbst bis zum folgenden Frühjahr).

Sicherheitsbestellung
(143 RV 1849) = Vorab gegebene Sicherheitsleistung (Kaution), entweder durch feierliches Versprechen oder Hinterlegung einer Geldsumme.

Siegelmäßigkeit (V 4, 5 BayVerf) = Das Recht zur Führung von Wappen und Siegel zur Besiegelung von Urkunden.

Sitzungsperiode (84 PreußVerf;
31 RV 1871) = Siehe: **Session.**

Souverain (XIV DBA) = Inhaber der obersten Staatsgewalt (Souveränität).

Souverainetäts-Rechte
(VI WSA) = Rechte, die sich aus der obersten Staatsgewalt (Souveränität) ableiten.

Sozialistische Gesetzlichkeit
(19 I, 87 DDRVerf) = Ambivalenter Begriff der „dialektischen Einheit" von strikter Gesetzesbindung und Parteilichkeit ihrer Anwendung; verpflichtete insbesondere die Justiz zu einer Berücksichtigung der Parteibeschlüsse und politischen Notwendigkeiten bei der Urteilsfindung.

Staats-Aerar (III 6 BayVerf) = Staatskasse (**Fiskus**).

Staats-Domainen
(III 5, VII 18BayVerf) = Immobilien (Güter, Ländereien, Forste, Bergwerke usw.) in Staatsbesitz.

Stände-Eid
(163 WürttVerf; 74 KurhessVerf) = Treueid, den jedes Mitglied der Ständeversammlung bei seinem Eintritt auf die Verfassung und den Landesherrn abzulegen hat.

Stände-Versammlung
(Präambel 163, 164, 170, 184-186, 188, 191,
192, 194, 196, 197, 199WürttVerf; 63, 67, 68,
71, 73, 74, 77, 79, 82-84, 87, 88, 92, 104,
144 KurhessVerf) = Organ, das im Sinne der **landständischen Verfassung** die Stände repräsentiert und überwiegend

auf einem Zweikammersystem, in Kurhessen und Braunschweig hingegen auf einem Einkammersystem beruht (Landtag). Aufgliederung und Zusammensetzung der Kammern – mit Vertretern der herrschenden Dynastie, des Adels, der Kirchen, bisweilen auch der Universitäten und Gemeinden in der Ersten Kammer und Vertretern des Bürgertums, der ländlichen Bevölkerung, der Grundbesitzer und Geistlichen in der Zweiten Kammer – machten deutlich, daß der Schritt von einer Vertretung privilegierter Stände hin zu einer Repräsentation des gesamten Volkes noch nicht getan war.

Ständische Commission
(169, 194 WürttVerf) = Spezial- oder Fachausschuß einer Ständeversammlung.

Ständischer Ausschuß
(190 WürttVerf) = Gemischter Ausschuß, bestehend aus Mitgliedern der ersten und der zweiten (württembergischen) Kammer.

Standesherr (XIV DBA;
129, 146, 163 WürttVerf;
49 KurhessVerf) = Angehöriger einer im Alten Reich (bis 1806) reichsunmittelbaren, d. h. nur dem Kaiser, jedoch keinem Landesfürsten untergebenen Adelsfamilie.

Standesvorrechte (137 RV 1849;
4 PreußVerf) = Politische oder ökonomische Vorrechte, die ein Staatsbürger aufgrund seiner Standeszugehörigkeit (i. d. R. zum Adel) genießt.

Standschaft (Präambel BayVerf) = Zugehörigkeit zu einem Stand und Inhaberschaft aller Rechte, die diesem Stand zukommen.

Stellvertretung (137 RV 1849) = Hier: Die Möglichkeit, sich als sozial Privilegierter vom Militärdienst (durch Zahlungen für einen „Stellvertreter") freistellen zu lassen.

Steuer-Contribuenten (140 Württ
Verf) = Steuerzahler.
Steuer-Repartition (117 WürttVerf) = Siehe: **Repartition**.
Strafe des bürgerlichen Todes
(135 RV 1849) = Verlust der bürgerlichen Rechtsfähigkeit (hinsichtlich Eigentumserwerb, Ehe, Vormundschaft, Schenkung, Testierung) bei Verurteilung zu schwersten Strafen.

Subsidien-Vertrag (85 WürttVerf) = Vertrag über die Zahlungen von Hilfsgeldern eines Staates an einen anderen; manchmal verbunden mit der Überlassung geschlossener Truppenteile an den Subsidienzahler (Soldatenhandel).

Successions-Fähigkeit (II 3 BayVerf) = Fähigkeit zum Antritt der Thronfolge.

Sustentations-Casse (XV DBA.) = Kasse zur Zahlung von **Apanagen** und anderen Unterhaltsgeldern.

Synodus (75 WürttVerf) = In der evangelischen Kirche oberstes, aus Geistlichen und (gewählten) Laien zusammengesetztes Leitungsorgan (gebräuchlicher: Synode); meist in Verbindung mit einem Konsistorium.

Thron-Erledigung
(4, 91 KurhessVerf) = Ende der Regierung eines Monarchen (durch Absetzung, Abdankung oder Tod).

Thron-Lehen (V 1 BayVerf,) = Lehen, das vom Landesherrn vergeben wird.

Todte Hand (165 RV 1849) = (Lat. manus mortua) Juristische Person (insbesondere Kirche, Kloster), die nicht beliebig über ihr Eigentum verfügen und es in der Regel auch nicht veräußern kann.

Unmittelbarer Reichsadel (XIV DBA) = Siehe: **Standesherr.**

Unterthänigkeitsverband
(166 RV 1849) = Siehe: **Hörigkeitsverband.**

Urwähler (65, 70, 71 PreußVerf) = Beim indirekten Wahlrecht: Wähler eines **Wahlmanns.**

Verwilligung der Steuern
(113 WürttVerf) = Steuerbewilligung durch die Landstände.

Volkseigentum (10 I, 12 DDRVerf) = Wichtigste Form des sozialistischen Eigentums in Gestalt des Staatseigentums, das vor allem Ausdruck der Verstaatlichung der Industriebetriebe ist.

Wahlmann (150 WürttVerf;
71, 72 PreußVerf) = Beim indirekten Wahlverfahren wählen die **Urwähler** im ersten Wahlgang Wahlmänner, diese wiederum wählen anschließend den oder die Abgeordneten eines Wahlbezirks.

Wandererfürsorge (7 WRV 1919) = Sorge für Handwerksgesellen auf Wanderschaft.

Wildprets- und Fisch-Fuhren
(33 KurhessVerf) = Siehe: **Fuhren.**

Wittum (105 WürttVerf;
16 KurhessVerf) = Staatliche Zahlungen zum Unterhalt fürstlicher Witwen.

Wüstenei (185 RV 1849) = (Auch: Wüstung) Von ihren Bewohnern verlassene Siedlungen oder aufgegebene, früher einmal landwirtschaftlich genutzte Flächen.

Zehnt, Zehnter (34 KurhessVerf;
168 RV 1849) = Periodische Abgabe des zehnten Teils des Rohertrages von Erwerbsgeschäften.

STICHWORTVERZEICHNIS

Die arabischen Ziffern verweisen auf die Bestimmung, die römischen Ziffern auf den Absatz der angegebenen Verfassung. Die Deutsche Bundesakte vom 8. Juni 1815 wird allein durch römische Ziffern benannt. Die Bayerische Verfassung vom 26. Mai 1818 ist hingegen nach Titeln (römische Ziffer) und Paragraphen (arabische Ziffer) zitiert.

– s. a. Corporation

Krieg XI II, XI IV DBA; IX. 5 I, IX. 6 Bay-
Verf; XXXIX-XLIX WSA; 111 Preuß-
Verf
– s. a. Verteidigung

Kriegs-Contribution 87 WürttVerf

Kron-Aemter IV. 4, V. 1 I BayVerf

Kron-Fideikommisfonds 59 PreußVerf
– s. a. Familien-Fidei-Commiß

Kultur
– Förderung 18 DDR-Verf.; 3c I BadWü-
Verf; 11 I, II SächsVerf
– Nationalkultur, sozialistische 18 I DDR-
Verf.
– s. a. Denkmalschutz
– s. a. Kunstfreiheit

Kunstfreiheit 142 WRV; 5 III GG; 21 Sächs-
Verf

Kuratel 67 I, 131 KurhessVerf

Kurhaus 150 KurhessVerf

Lagerbuch 67 WürttVerf

Landkreis 82 II, 83-90

Landesregierung 45-57 BadWüVerf; 59-69
SächsVerf
– Beschlußfassung 49 II, III BadWüVerf
– Eid 48 BadWüVerf
– Exekutive 45 I BadWüVerf; 59 I SächsVerf
– Landesminister 45 II, 56, 57 BadWüVerf;
59 II SächsVerf
– Ministerpräsident 45 II, IV, 46 I, II, IV, 49
I, 50, 51, 54, 55, 56 BadWüVerf; 59 II, III,
60, 63, 65-67, 68 II, 69 SächsVerf
– Rücktritt 55 BadWüVerf; 68 SächsVerf
– Vertrauensfrage 54 BadWüVerf; 69 Sächs-
Verf
– Zusammensetzung 45 II BadWüVerf; 59
II SächsVerf

Landfolgedienst 33 IV KurhessVerf

Landständische Verfassung XIII DBA;
LVII, LVIII, LX, LXI WSA

Landstandschaft, Landstandschaftsrecht
XIV III DBA; 63-105 KurhessVerf; 137,
203 I WürttVerf

Landsturm 35 II PreußVerf

Landsyndikus 103, 104 KurhessVerf

– Aufgaben 104 KurhessVerf
– Vergütung 103 III KurhessVerf
– Wahl 103 I KurhessVerf

Landtag 127 WürttVerf; 105, 186, 187 RV
1849; 27-44 BadWüVerf; 39-58 SächsVerf
– Aufgaben 27; 46 III BadWüVerf
– Auflösung 43 BadWüVerf; 58 SächsVerf
– Ausschüsse 34, 35-36 BadWüVerf; 49, 52-
54 SächsVerf
– Beschlußfassung 33 II BadWüVerf; 48 II,
III SächsVerf
– Präsidium 32 BadWüVerf; 47 SächsVerf
– Sitzungen 33 I BadWüVerf; 48 I SächsVerf
– Zusammensetzung 44 I SächsVerf

Landwehr IV. 12, IX. 3, IX. 5 BayVerf; 35 I,
38 PreußVerf; 59 II, 63 IV RV 1871

Länder
– s. Bundesstaat

Lehen III. 4 I, III. 5 I, II BayVerf; 107 III
WürttVerf; 142 III KurhessVerf; 40
PreußVerf
– Lehensverband 171 RV 1849

Leibeigenschaft IV. 6 BayVerf; 25 Württ-
Verf; 25 KurhessVerf
– s. a. Erbunterthänigkeit
– s. a. Hörigkeitsverband

Lineal-Erbfolge
– s. Monarchie

Linealfolge
– s. Monarchie

Mahl- und Schlachtsteuer 72 II PreußVerf

Mannszucht 133 II WRV

Marine-Etablissements 19 VI RV 1849

Marxistisch-leninistische Partei 1 I DDR-
Verf.

Maß- und Gewichtssytem 46 RV 1849

Matrikelmäßiges Verhältnis LII WSA

Matrikularbeiträge 50, 102 RV 1849

Mediatisierte VI II DBA
– s. a. Reichsdeputationsschluß

Meinungsfreiheit 39 KurhessVerf; 143 I RV
1849; 27 I PreußVerf; 118 WRV; 5 I GG;
27 I DDR-Verf.; 20 I SächsVerf

Menschenwürde 1 I GG; 19 II, III DDR-
Verf.; Präambel BadWüVerf; 14 SächsVerf